PERSONEN LEXIKON

1933-1945

Hermann Weiß

PERSONEN LEXIKON

1933 - 1945

tosa

Wir waren bemüht, die Inhaber der Coverbilder-Urheberrechte ausfindig zu machen. Sollten wir unabsichtlich bestehende Rechte verletzt haben, so bitten wir die Betroffenen, sich mit dem Verlag in Verbindung zu setzen.

Titel der Originalausgabe: „Biographisches Lexikon zum Dritten Reich“

Umschlaggestaltung: Joseph Koó

Druck: Ueberreuter Print

Vorbemerkung

Das Interesse der Öffentlichkeit am Nationalsozialismus, an seinen Führern und Handlangern ist nach wie vor lebendig. Zwar hat der Wirtschaftsboom der Nachkriegszeit in den westlichen Ländern Europas einschließlich der alten Bundesrepublik fast alle Wunden, die der von den Nationalsozialisten angezettelte Zweite Weltkrieg in den europäischen Städten und Landschaften hinterließ, wieder schließen lassen, aber manches Kleinod ging unwiederbringlich verloren, der Zauber alter Städte war nicht beliebig rekonstruierbar. Nachdrücklicher aber als alle materiellen Verluste gruben sich die zwölf Jahre der NS-Diktatur in die Köpfe und Herzen der Millionen Opfer ein, die durch Verfolgung und Gewaltherrschaft ihre Existenz, ihre Heimat, ihre Angehörigen und Freunde verloren, Verluste, die in fast allen Ländern Europas zu beklagen waren. Kriegsgefangenschaft und Hungerjahre, die Grenzveränderungen und Menschenvertreibungen der unmittelbaren Nachkriegszeit und schließlich die jahrzehntelange Teilung Deutschlands hielten die Frage nach den Ursachen und damit auch nach den Verursachern dieses Millionen Einzelschicksale berührenden Unheils weiterhin wach. Wenn es nach den Erfahrungen mit dem kollektiven Gedächtnis nicht zu verwundern braucht, daß für die Generation der postkommunistischen Zeit die Epoche des Nationalsozialismus bereits zur reinen Historie geworden ist, wenn Gedenkstätten immer häufiger die eigene Erfahrung und Erinnerung an den Nationalsozialismus ersetzen müssen, so kann das nicht darüber hinwegtäuschen, daß die Monstrosität seiner Verbrechen, die Tiefe seiner Niederlage und das Ausmaß deutschen Unrechts die Jahre zwischen 1933 und 1945 noch für lange Zeit aus der nationalen deutschen und aus der europäischen Geschichte herausheben werden. Die Kommentare der Auslandspresse anläßlich der Vereinigung Deutschlands oder in den »Jubiläumsjahren« von Kriegsbeginn und Kriegsende enthüllten dieses aus bitteren Erfahrungen gespeiste Nichtvergessenkönnen ebenso wie die Schwierigkeiten der deutschen Nation, das Nichtvergessenwollen auch an Denkmälern für die Opfer seiner Verbrechen und Verbrecher zu demonstrieren. Auch wenn wir heute bereits an der Schwelle zum nächsten Jahrhundert stehen und in der Gesamtheit der bundesdeutschen Gesellschaft weit entfernt sind von der Militanz und der Irrationalität der deutschen Gesellschaft der ersten Hälfte des 20. Jahrhunderts, werden wir im Ausland immer noch und vermutlich

noch lange an den Untaten des Dritten Reiches gemessen, sind unmittelbare Erinnerungen lebendig an Babi Yar, Lidice, Marzabotto und Oradur und warten Opfer grausamer Menschenversuche auf eine Entschädigung für unschuldig erlittene Qualen. Immer noch gedenken Menschen auf der ganzen Welt der Unmenschlichkeit des fabrikmäßigen Völkermordes an Juden, Sinti und Roma.
Die Besonderheit der Epoche des Dritten Reiches läßt sich auch an der außergewöhnlichen Intensität ermessen, mit der sich die Geschichtswissenschaft, speziell die zeitgeschichtliche Forschung, im In- und Ausland dieser Zeit gewidmet hat. Mit der Feststellung, daß die relativ kurze Epoche des Nationalsozialismus und seiner staatlichen Ausformung zur meistuntersuchten Periode der deutschen Geschichte geworden ist, geht Hand in Hand, daß bei allem Interesse die selbstverständliche Kenntnis dieser Zeit aus persönlichem Erleben allein schon aus biologischen Gründen seit den 80er Jahren des 20. Jahrhunderts kontinuierlich nachläßt. Dem Zeithistoriker fällt dies nicht zuletzt an dem geringer werdenden Wissen über das Personal des Dritten Reiches und dessen politische, militärische, wissenschaftliche und künstlerische Eliten auf.
Das vorliegende biographische Lexikon möchte eine bescheidene Hilfe sein, Kenntnisse auf diesem Gebiet zu sichern und weiterzureichen und damit den Zugang zu den Quellen des Dritten Reiches wie zu den darstellenden Werken über diese Epoche erleichtern.

Bei der Auswahl der Biographien war nicht daran gedacht, eine rein auf die NSDAP, ihre Gliederungen und angeschlossenen Verbände bezogene Sammlung vorzulegen. Die Absicht des Herausgebers war es vielmehr, die politische und die geistige Elite Deutschlands der Jahre 1933–1945 vorzustellen. Neben Politikern stehen Künstler, Militärs, Wirtschaftsführer, Sportler, Wissenschaftler, Kirchenführer, kurz: eine Zusammenstellung der Persönlichkeiten, die im öffentlichen Leben des Dritten Reiches eine Rolle spielten, sei es, weil sie als führende Nationalsozialisten oder weil sie wegen ihrer beruflichen oder anderer Bedeutung in der öffentlichen Meinung präsent waren und willentlich – oder nicht – das Erscheinungsbild des NS-Staates mitbestimmten. Als Kriterium für die Aufnahme in das Lexikon spielt damit nicht nur die damalige politische Bedeutung, sondern auch der gesellschaftliche Stellenwert eine Rolle. Unter diesem Gesichtspunkt wurden auch Gegner des Nationalsozialismus in die Auswahl aufgenommen, wenn das Kriterium der Elitenzugehörigkeit auf sie zutraf. Personen aus der Frühzeit der NSDAP, der sog.

Kampfzeit, wurden dagegen nur dann in das Lexikon aufgenommen, wenn sie auch nach dem 30. Januar 1933 noch in irgendeiner Beziehung zur Partei Hitlers standen und – wie im Fall Gregor Straßers oder des früheren thüringischen Gauleiters Artur Dinter – als eine Art schlafende politische Potenz jederzeit wieder in der politischen Arena auftauchen konnten.

Eine Auswahl von einigen hundert Personen aus den um ein Vielfaches größeren Eliten der NS-Zeit muß notgedrungen auch subjektive Entscheidungen enthalten. Der Herausgeber vertraut hier nicht zuletzt seiner jahrelangen Erfahrung im Umgang mit den Find- und Hilfsmitteln zur Geschichte des Nationalsozialismus. Bewußt gegen die eigenen Auswahlkriterien wurde nur im Fall des Möbeltischlers und Hitler-Attentäters Johann-Georg Elser verstoßen. Er gehörte keiner staatstragenden Elite an, blieb in der Literatur, von wenigen Ausnahmen abgesehen, unterbewertet – sein Name findet sich z.B. nicht in der großen Hitler-Biographie von Joachim Fest – und verdient, gerade deshalb und als absoluter Einzelgänger, dem Gedenken der Deutschen erhalten zu bleiben.

Mit Dankbarkeit sei vermerkt, daß die Abfassung der biographischen Artikel nicht möglich gewesen wäre ohne Rückgriff auf die reichen Buch- und Dokumentenbestände sowie die Findmittel des Instituts für Zeitgeschichte in München, dem auch die meisten Mitarbeiter des vorliegenden Werkes angehörten oder noch angehören. Ungeachtet der individuellen Arbeitsweisen der einzelnen Mitarbeiter bei der Abfassung der Kurzbiographien wurde bei allen Beiträgen versucht, Daten in Zweifelsfällen aus den vorhandenen Quellen zu verifizieren und den neusten Wissensstand einzuarbeiten. Allerdings sind sich Mitarbeiter wie Herausgeber darüber im klaren, daß ein Werk dieser Art immer auch einige Fehler enthalten wird. Die Beteiligten bedanken sich daher im voraus für jede Richtigstellung und Ergänzung, die über den Verlag an sie herangetragen wird.

Hermann Weiß

Abkürzungen

Abt.	Abteilung
Adm.	Admiral
AK	Armeekorps
AO	Auslandsorganisation (der NSDAP)
a.o.	außerordentliche, -r (Professur, -or)
Art.	Artillerie
Batl.	Bataillon
BHE	Bund der Heimatvertriebenen und Entrechteten
BND	Bundesnachrichtendienst
Brif.	Brigadeführer
brit.	britisch
d.	der, die, das
DAF	Deutsche Arbeitsfront
DAP	Deutsche Arbeiterpartei
DNVP	Deutschnationale Volkspartei
DRK	Deutsches Rotes Kreuz
dt.	deutsch
Dtschld.	Deutschland
evang.	evangelisch
FHQ	Führerhauptquartier
Fhr., -fhr.	Führer, -führer
frz.	französisch
Gen.	General
GenLtn.	Generalleutnant
GenObst.	Generaloberst
GenGouv.	Generalgouverneur, -gouvernement
GFM	Generalfeldmarschall
GG	Grundgesetz
GL	Gauleiter
Gruf.	Gruppenführer
Hb.	Handbuch
HGr.	Heeresgruppe
HIAG	Hilfsgemeinschaft auf Gegenseitigkeit
Hptm.	Hauptmann
Hrsg., hrsg.	Herausgeber, herausgegeben
HSSPF	Höherer SS- und Polizeiführer
Inf.	Infanterie

kath.	katholisch
Kdo.	Kommando
Kdr.	Kommandeur, Kommandierender (General)
KdS	Kommandeur der Sicherheitspolizei
Kdt.	Kommandant
KfdK	Kampfbund für deutsche Kultur
Kgf.	Kriegsgefangene(r)
Kl.	Klasse
Kptltn.	Kapitänleutnant
LG	Landgericht
Ltr.	Leiter
Maj.	Major
MinDir.	Ministerialdirektor
MinDirig.	Ministerialdirigent
MinRat	Ministerialrat
natsoz.	nationalsozialistisch
niederl.	niederländisch
NS	Nationalsozialismus
NSBO	Nationalsozialistische Betriebszellen-Organisation
NSDÄB	Nationalsozialistischer Deutscher Ärztebund
NSDStB	Nationalsozialistischer Deutscher Studentenbund
NSKK	Nationalsozialistisches Kraftfahrkorps
NSLB	Nationalsozialistischer Lehrerbund
NSV	Nationalsozialistische Volkswohlfahrt
o.	ordentliche, -r (Professur, -or)
OB	Oberbefehlshaber
OBdE	Oberbefehlshaber des Ersatzheeres
ObKdo.	Oberkommando
Obltn.	Oberleutnant
Obst.	Oberst
Obstltn.	Oberstleutnant
Offz.	Offizier
Ogruf.	Obergruppenführer
OHL	Oberste Heeresleitung
OKW	Oberkommando der Wehrmacht
OPG	Oberstes Parteigericht
OSAF	Oberste SA-Führung, Oberster SA-Führer
Pg.	Parteigenosse (NSDAP)
Präs.	Präsident
Prof.	Professor

Ps.	Pseudonym
RAD	Reichsarbeitsdienst
rd.	rund
RFSS	Reichsführer SS
Rgt.	Regiment
RJF	Reichsjugendführer
RK	Reichskommissar
RL	Reichsleiter, Reichsleitung (der NSDAP)
RMdI	Reichsministerium des Innern
RMfdbO	Reichsministerium für die besetzten Ostgebiete
RSHA	Reichssicherheitshauptamt
RSK	Reichsschrifttumskammer
RuSHA	Rasse- und Siedlungshauptamt
RVK	Reichsverteidigungskommissar
SA	Sturmabteilung
SD	Sicherheitsdienst
Sdr.-Kdo.	Sonderkommando
SS	Schutzstaffel
sowjet.	sowjetisch
SSPF	SS- und Polizeiführer
Staf.	Standartenführer
StdF	Stellvertreter des Führers
StSekr.	Staatssekretär
TH	Technische Hochschule
u.d.T.	unter dem Titel
v.a.	vor allem
VB	Völkischer Beobachter (NS-Zeitung)
VGH	Volksgerichtshof
VO	Verordnung
WFA	Wehrmachtführungsamt
WFSt.	Wehrmachtführungsstab
WHW	Winterhilfswerk
wg.	wegen
WK	Weltkrieg
WVHA	Wirtschafts-Verwaltungs-Hauptamt (der SS)
z.b.V.	zur besonderen Verwendung
Zschr.	Zeitschrift

A

Abetz, Otto Botschafter geb. 26. 3. 1903 in Schwetzingen,
gest. 5. 5. 1958 auf der Autobahn Köln–Düsseldorf (Unfall).
Sohn eines Verwaltungsbeamten. Nach Abitur 1923–1926 Studium an d. Kunsthochschule in Karlsruhe, dort seit 1927 Kunsterzieher am Gymnasium. Mitorganisator dt.-franz. Jugendtreffen; 1930 Mitbegründer d. *Sohlbergkreises* zur Verständigung d. Jugend beider Völker. 1934 Frankreichreferent in d. Reichsjugendführung, HJ-Unterbannführer. 1935 in gleicher Funktion in d. *Dienststelle Ribbentrop* tätig, häufige dienstliche Aufenthalte in Frankreich; in Zusammenhang mit dem Prozeß gegen d. faschistische Geheimorganisation der *Cagoulards* kam es Juli 1939 zur Ausweisung A.s. Trotzdem wurde er im Juni 1940 zum Bevollmächtigten d. Ausw. Amtes beim Militärbefehlshaber Frankreich, im Aug. 1940 zum dt. Botschafter in Vichy ernannt. Aus polit. Gründen zwischen Nov. 1942 u. Nov. 1943 u. erneut von März bis April 1944 nach Dtschld. zurückgerufen, amtierte er nach d. Emigration der Vichy-Regierung noch an deren Sitz in Sigmaringen, wurde im November 1944 jedoch durch den Gesandten Reinebeck ersetzt. Im Oktober 1945 v. d. Alliierten verhaftet u. im Juli 1949 von einem Militärtribunal in Paris zu 20 Jahren Zwangsarbeit verurteilt, im April 1954 jedoch entlassen. Als freier Mitarbeiter d. Wochenzeitschr. *Der Fortschritt* stand A. in d. Folgejahren politisch d. rheinländ. FDP nahe.
In seinen während der Haft verfaßten Memoiren (*Das offene Problem. Ein Rückblick auf zwei Jahrzehnte deutscher Frankreichpolitik*, 1951) setzte sich A., der mit einer Französin verheiratet war, kritisch mit der deutschen Frankreichpolitik u. seiner eigenen Rolle im deutsch-französischen Verhältnis auseinander. Persönlich Befürworter einer auf Verständigung abzielenden deutschen Frankreichpolitik, förderte er als Botschafter, gegen die konservativen Kreise in der französischen Armee und um Staatspräsident Pétain, vor allem die antiklerikalen, deutschfreundlichen Kräfte in Frankreich, deren gemeinsamer Nenner der Antisemitismus war.
We

Abs, Hermann Josef Großbankier und Finanzfachmann
geb. 15. 10. 1901 in Bonn,
gest. 5. 2. 1994 in Bad Soden.
Mit Jurastudium u. Banklehre folgte A. beruflich dem Vater, einem Wirtschaftsjuristen, nach. Ab 1923 Tätigkeit im Devisengeschäft mit Auslandserfahrungen in London, USA u. Lateinamerika. 1935 Teil-

haber beim privaten Bankhaus *Delbrück, Schickler & Co.* in Berlin; schon zu dieser Zeit Beteiligung an der Arisierung jüd. Vermögens. 1938 Vorstandsmitglied der *Dt. Bank*, zuständig für Auslandsgeschäfte. In dieser Funktion Aushandlung v. Krediten mit neutralen Ländern, die d. NS-Kriegsmaschinerie zugute kamen. Im Lauf d. Krieges übernahm A. über 40 Aufsichtsratsposten z.T. bei Firmen, die in d. besetzten Gebieten tätig wurden; ferner war er Mitglied d. *Rußlandausschusses d. Dt. Wirtschaft* u. des Beirats d. *Reichsbank*. Nach 1945 brachten ihm v.a. sein Mitwirken an der Arisierung jüd. Unternehmen u. sein Aufsichtsratsmandat im Vorstand der *IG Farben* Anfeindungen ein; in Jugoslawien wurde er in Abwesenheit als Kriegsverbrecher verurteilt. A.s Tätigkeit als Informant d. Widerstandsgruppe *Kreisauer Kreis* bewahrte ihn nach Kriegsende nicht vor d. Inhaftierung u. einem Spruchkammerverfahren. Als »politisch unbelastet« eingestuft, konnte er als Finanzfachmann beim Wiederaufbau mitwirken. Er organisierte u.a. die *Kreditanstalt für Wiederaufbau* u. war als Finanzberater Adenauers u. als Ltr. d. dt. Delegation an d. Londoner Schuldenkonferenz in den Jahren 1951–53 beteiligt. 1957 trat er in die Führung der *Dt. Bank* ein, deren Vorstandssprecher er bis 1976 blieb. Bei den vielfältigen Tätigkeiten von A. zwischen 1933 und 1945 konnte es nicht ausbleiben, daß seine berufliche Tätigkeit sich zugunsten des NS-Unrechtsstaates auswirkte. Als finanzpolitischer Berater d. Bundesregierung gelang es ihm jedoch, an der Konsolidierung d. deutschen Auslandsbeziehungen schon in den 50er Jahren führend mitzuwirken.

KK

Adam, Wilhelm Generaloberst
geb. 15. 9. 1877 in Ansbach,
gest. 8. 4. 1949 in Garmisch-Partenkirchen.

Sohn eines Amberger Kaufmanns. 1897 Eintritt in bayer. Heer, 1899 Ltn.; 1907–1912 Generalstabsausbildung. Teilnahme am 1. WK, zunächst als Kompaniechef, dann in Divisions- u. Armeestäben, seit Dez. 1917 als Major. 1923–24 Bataillonskdr. in Passau, bis 1927 Chef d. Stabes im Wehrkreis VII in München, bis 1929 Kdr. d. InfRegts. 19, dann Stabschef des Gruppenkdos. I in Berlin, seit 1. 2. 1930 als GenMaj. Am 1. 10. 1930 Chef des Truppenamtes, ab 1. 12. 1931 im Range eines GenLtns. Am 1. 10. 1933 Kdr. d. 7. Division u. Befehlshaber im Wehrkreis VII, im Zuge der Aufrüstung seit 1935 Kdr. General des VII. Armeekorps unter Ernennung z. Gen. d. Inf. Am 1. 10. 1935 Kdr. d. neugegründeten *Wehrmachtsakademie*. Seit 1. 4. 1938 OB d. (Hee-

res-)Gruppe 2 in Kassel. Im August 1938 reichte der mit GenObst. → Beck befreundete A. sein Verabschiedungsgesuch ein, am 10. 11. 1938 wurde er inaktiviert, am 31. 12. 1938 als charakterisierter GenObst. in den Ruhestand versetzt. A., der wesentlichen Anteil am Ausbau des Hunderttausend-Mann-Heeres hatte, wurde als Mann → Schleichers Chef d. Truppenamtes. Wg. seiner krit. Haltung, v.a. gegenüber seinem Minister → Blomberg, sollte A. bereits 1935 verabschiedet werden, wurde dann aber auf den Posten d. Kommandeurs der *Wehrmachtsakademie* abgeschoben, die er vergeblich – sie wurde nach seinem Weggang nicht weitergeführt – zur Keimzelle eines Wehrmachtgeneralstabes machen wollte. V.a. wg. seiner negativen Einschätzung des Westwallausbaues von → Hitler als Bremser u. Defätist kritisiert, kam er mit seinem Abschiedsgesuch nach dem großen Generalsrevirement von 1938 einer angeordneten Verabschiedung zuvor. Pessimist. Äußerungen über d. Kriegsausgang in d. Skat-Runde des Komponisten Richard → Strauss trugen ihm 1944 eine warnende Anfrage → Himmlers ein. Den alliierten Militärgerichten in Nürnberg stand er als Zeuge zur Verfügung.
A. gehörte zur Gruppe älterer Generale, die sich in militärischen Fragen an ihrem Sachverstand und ihrer Erfahrung orientierten und dem Wunschdenken und der Suada Hitlers einen Rest von Widerstand entgegensetzten (→ Guderian; → Hoßbach; → List).
We

Adenauer, Konrad Politiker; Bundeskanzler der Bundesrepublik Deutschland
geb. 5. 1. 1876 in Köln,
gest. 19. 4. 1967 in Rhöndorf.
Der Sohn aus einer katholischen Juristenfamilie studierte Rechts- und Volkswirtschaft in Freiburg, München und Bonn. 1906 Eintritt in d. Zentrumspartei, für die er im gleichen Jahr Beigeordneter der Stadt Köln wurde. 18. 9. 1917 – 12. 3. 1933 war A. Oberbürgermeister von Köln und von 1920 bis 1933 Präsident des Preußischen Staatsrats. Sein großes Engagement in d. Kölner Stadtpolitik – Gründung d. Kölner Messe, Jahrhundertausstellung d. Rheinprovinz, Eröffnung d. Universität, Autobahnbau – u. auf Reichsebene brachten ihn 1926 als Reichskanzlerkandidat f. d. Nachfolge Hans Luthers ins Gespräch, was A. allerdings ablehnte. Nach d. Machtergreifung der Nationalsozialisten wurde A. aus dem Amt des Oberbürgermeisters entfernt u. zog sich weitgehend ins Privatleben zurück. Zweimal, 1934 u. im Zusammenhang mit d. Verhaftungswelle nach dem Attentat v. 20. Juli 1944, wurde A. vorübergehend inhaftiert. Bei Kriegsende

setzten d. Amerikaner A. als Bürgermeister von Köln ein (4. Mai 1945); fünf Monate später entließen ihn die brit. Besatzungsbehörden »wegen Unfähigkeit« u. untersagten ihm jegliche politische Betätigung. Aufhebung d. Verbots Mitte Dezember 1945. A. arbeitete bei der Neugründung der CDU mit, die er im Gegensatz zum rein kath. Zentrum d. Weimarer Republik als Integrationspartei des neuen Staates f. d. beiden großen Konfessionen verstand. A.s politische Vorstellungen und Ziele knüpften größtenteils an seine früheren aus der Weimarer Zeit an: Außenpolitisch setzte er auf ein wirtschaftliches und politisches Bündnis der westlichen europäischen Staaten, in Rußland sah er eine Bedrohung; innenpolitisch wollte A. das Rheinland zur Brücke zwischen dem zentralisierten Norden u. dem landsmannschaftlich eigenwilligen Süden machen. Anfang 1946 übernahm A. den Vorsitz der rheinländ. CDU u. d. CDU in der brit. Besatzungszone, ein knappes Jahr später auch den der Arbeitsgemeinschaft CDU-CSU. Seit 1. 9. 1948 Präsident des *Parlamentarischen Rates* der Bundesrepublik, war A. maßgeblich an d. Formulierung des Grundgesetzes beteiligt. Am 15. 9. 1949 Wahl zum ersten Kanzler d. BRD; A. hatte das Amt bis zum 16. 10. 1963 inne. Seine Amtszeit war durch wirtschaftlichen Aufstieg und politische Stabilität gekennzeichnet; in seine Regierungszeit fallen d. Kriegsfolgengesetzgebung sowie Bestrebungen, durch eine offene Auseinandersetzung mit d. NS-Zeit für Deutschland auch international wieder Geltung zu erlangen. Dazu gehörten u.a. A.s Bemühungen um eine Aussöhnung mit Frankreich, die Wiedergutmachung mit Israel und d. Abkommen mit der UdSSR über d. Freilassung der Kriegsgefangenen.

KK

Albers, Hans Schauspieler
geb. 22. 9. 1892 in Hamburg,
gest. 24. 7. 1960 in Berg am Starnberger See.

Albers trat zunächst in die Fußstapfen seines Vaters u. absolvierte eine kaufmännische Lehre, ehe er eine Schauspieler-Ausbildung bei Arthur Hellmer in Frankfurt antrat. 1914–1917 Kriegsdienst, wegen Verwundung entlassen. In Berlin erste Auftritte als Schauspieler, zunächst in kleineren Rollen, ab 1929 Engagements auch an großen Häusern, wie Berliner Theater i. d. Stresemannstraße, Berliner Theater u. Berliner Volksbühne. Herausragende Erfolge feierte A. in den Stücken *Liliom* von Molnar, *Verbrecher* von Ferdinand Bruckner u. in d. Rolle des *Mackie Messer* in Brechts *Dreigroschenoper.* Seit den 30er Jahren wandte sich A. immer mehr d. Film zu. Hohe künstlerische und musikalische Fähigkeiten u. Witz zeigte er v.a. in Rollen, in denen er d. Abenteurer, d. draufgängerischen Helden oder auch d. unbeirrbaren Idealisten verkörperte. Während d. Dritten Reichs spielte A. in rd. 20 Spielfilmen u. avancierte zu einem d. beliebtesten Schauspieler. Großes Lob erntete er 1934 für seine Rolle in d. Verfilmung des Ibsen-Dramas *Peer Gynt.* Im selben Jahr spielte er im politischen Kriminalfilm *Flüchtlinge* mit, der mit dem erstmals vergebenen »Staatspreis« ausgezeichnet wurde (als weiterer ausgesprochen politischer Film im Sinne des NS folgte 1941 nur noch *Carl Peters*). Mit dem 1939 in München uraufgeführten Abenteuerfilm *Wasser für Canitoga* setzte A. seine erfolgreiche Karriere als »blonder Hans« in seinem ureigensten Genre, dem Abenteuerfilm, fort. 1939 Auszeichnung mit d. Titel »Staatsschauspieler«. Begeisterung über d. Grenzen Dtschld.s hinaus löste der *Münchhausen*-Film (1943) aus, den d. Ufa aus Anlaß ihres 25jährigen Bestehens drehte. Der mit modernsten technischen Mitteln hergestellte *Agfa-Color*-Spielfilm wies eine Starbesetzung auf: neben A. in der Rolle d. Titelhelden Brigitte Horney, Ilse Werner, Marianne Simson, Käthe Haack, Leo Slezak u.a. Der Kassenschlager war allerdings bei den mit Kultur befaßten NS-Behörden umstritten. So lehnte die *Dienststelle Rosenberg* den Film ab, weil d. Drehbuch von Berthold Bürger (Pseudonym für Erich → Kästner) stammte. Trotzdem war der *Münchhausen*-Film bis in d. letzten Kriegswochen in d. Kinos zu sehen. A.s letzter Film im Dritten Reich war die Revue *Große Freiheit Nr. 7* (1944). Nach d. Krieg wandte er sich wieder mehr d. Theater zu, spielte aber bis zu seinem Tode noch in fast 20 weniger bedeutenden Filmen mit.

A.s große Erfolge fielen in die Zeit des Dritten Reiches. Es spricht für den Menschen A., daß er trotzdem nicht zum Sympathisanten des NS-Staates wurde, auch wenn er mit der Verkörperung betont optimistischer Charaktere dem Zeitgeist entsprach. Er ging allerdings nicht so weit, sich dem politischen Propagandafilm gänzlich zu entziehen.

KK

Altstötter, Josef

Ministerialdirektor im Reichsjustizministerium

geb 4. 1. 1892 in Griesbach/Niederbayern.

Volksschule und Gymnasium in Landshut, ab 1911 Jurastudium in München und Erlangen. Teilnahme am 1. WK. 1920 juristische Staatsprüfung in München; 1921 Gerichtsassessor im bayer. Justizministerium. 1927 Wechsel ins Reichsjustizministerium, 1933 zum

Reichsgericht Leipzig, 1936 zum Reichsarbeitsgericht. 1939 bis 1942 Dienst in der Wehrmacht. Ab 1. 1. 1943 wieder Tätigkeit im Reichsjustizministerium/Abt VI (Bürgerliches Recht u. Rechtspflege). Als Ministerialdirektor von Mai 1943 bis Kriegsende Ltr. dieser Abt. Ein Teil d. Rassengesetzgebung fiel in d. Zuständigkeit A.s, so d. Änderung der Erb- u. Familiengesetze, die die Konfiskation jüdischen Eigentums legalisierte. A. war vor der natsoz. Machtübernahme Mitglied des *Stahlhelm*. Mit der Umwandlung des *Stahlhelm* zu einer NS-Organisation wurde er SA-Mitglied. Im Sept. 1938 trat er in die NSDAP ein. A. war mit mehreren SS-Führern befreundet, so mit → Himmler, → Kaltenbrunner, Gebhardt u. → Berger. Auf Aufforderung Himmlers trat er am 15. 5. 1937 in die SS ein, wo er die Ränge bis zum Oberführer (1944) durchlief. A. war 1947 Angeklagter im Nürnberger *Juristenprozeß* vor dem US-Militärgerichtshof III. Die Anklage beschuldigte ihn u.a. der Beteiligung an Kriegsverbrechen u. Verbrechen gg. d. Menschlichkeit wg. d. Mitwirkung an → Hitlers »Nacht-und-Nebel«-Erlaß u. an der Rassengesetzgebung. Die Beweise reichten jedoch nur zur Verurteilung wg. seiner SS-Zugehörigkeit. A. erhielt am 4. 12. 1947 fünf Jahre Gefängnis. Er arbeitete nach seiner Entlassung 1950 als Rechtsanwalt in Nürnberg. Spätere Daten seiner Biographie sind nicht bekannt.

PW

Alvensleben, Ludolf-Hermann v.
Führer d. Selbstschutzes in Westpreußen, SS-Gruppenführer
geb. 17. 3. 1901 in Halle a.d.S.,
gest. 17. 3. oder 1. 4. 1970 in Argentinien (?).

Sohn eines Rittergutsbesitzers u. preuß. GenMaj. 1911 Eintritt ins preuß. Kadettenkorps, 1918 Fähnrich. Während d. Landwirtschaftslehre Beteiligung an d. Niederwerfung d. Aufstände in Mitteldtschld. Seit 1923 Rittergutsbesitzer. 1923–1930 Mitglied d. *Stahlhelm*. 1929–1934 NSDAP-Kreisleiter im Mansfelder Industriegebiet u. Parteiredner. 1930– 1933 Hrsg. d. natsoz. Zeitung *Der Mansfelder*. 1931 SA-Standartenfhr., Organisator d. Motor-SA im Gau Halle-Merseburg. 1932 MdL in Preußen; seit 1933 MdR u. Gauinspekteur d. NSDAP. Von Febr. bis Juni 1933 geschäftsführender Landrat in Eisleben. Apr. 1934 Übertritt in d. SS als SS-Obersturmbannfhr., mit d. Führung d. Dresdner SS-Standarte beauftragt; 1935 gleiche Dienststellung in Halle. Apr. 1936 SS-Staf., Sept. 1936 Fhr. d. SS-Abschnitts X in Stuttgart; Jan. 1937 SS-Oberfhr. Juli 1938 Fhr. d. SS-Abschnitts XXXIII in Schwerin. 14. 8. 1938–Jan. 1941 Chefadjutant

→ Himmlers. 1939 Organisator u. Fhr. des westpreuß. Selbstschutzes. Aug. 1940 SS-Brif. Anfang 1941 Kommandierung zu verschiedenen SS-Hauptämtern. Ende 1941 SSPF Krim in Simferopol. 6. 10. 1943 Ernennung zum HSSPF bei d. Hgr. A in Südrußland. Nov. 1943 SS-Gruf. Juli 1944 Beförderung zum GenLtn. d. Waffen-SS u. Polizei. Bei Kriegsende untergetaucht; Flucht nach Argentinien.

A., dem ein enges Verhältnis zu Himmler nachgesagt wurde, war als Führer des westpreußischen Selbstschutzes einer der Hauptverantwortlichen für die Ermordung polnischer Zivilisten vor, während und nach dem Polenfeldzug.

We

Amann, Max Reichsleiter, Präsident der Reichspressekammer.

geb. 24. 11. 1891 in München, gest. 30. 3. 1957 ebd.

Ausbildung als Kaufmann. Während des 1. WKs Vizefeldwebel in einer Kompanie mit Hitler. Dank dieser Bekanntschaft von Sommer 1921 bis zum Hitlerputsch 1923 erster Geschäftsführer der NSDAP; seit 1. 4. 1922 Geschäftsführer des *Zentralverlags der NSDAP, Franz Eher Nachfolger GmbH*, u. des *Völkischen Beobachters*. Als Teilnehmer d. Hitlerputsches 1923 Verurteilung zu 6 Monaten Festungshaft. Nov. 1924–1933 Stadtrat in München. Seit März 1933 MdR. Anfang 1933 Reichsleiter f. d. Presse der NSDAP und Vors. des Vereins dt. Zeitungsverleger, im Dez. 1933 Ernennung z. Präs. der Reichspressekammer. Seit 30. 1. 1936 Ehrenrang eines SS-Ogruf. Zum 1. Mai 1941 als *Pionier d. Arbeit* geehrt. Am 8. 9. 1948 vom LG München weg. schweren Landfriedensbruchs, gefährlicher Körperverletzung am Redakteur der Zschr. *Der Gerade Weg*, Dr. Fritz Gerlich, u. Nötigung eines dt. Gerichts zu 2½ Jahren Gefängnis verurteilt; am 8. 12. 1948 verhängte die Spruchkammer in München die Höchststrafe v. 10 Jahren Arbeitslager u. Vermögenseinzug gegen den als »Hauptschuldigen« eingestuften A.

Zusammen mit Hermann → Esser bildete A. den Kern der vor allem in norddeutschen Kreisen der NSDAP wegen ihres intriganten Einflusses auf Hitler verhaßten »Münchner Clique«. Von Hitler stets gedeckt – A. verwaltete später Millionenbeträge aus dem Verkauf von »Mein Kampf« –, regierte der »Zeitungskönig des Dritten Reiches« dank seiner persönlichen Brutalität u. seines ebenso fähigen wie skrupellosen Stabsleiters Rienhard ein zunächst aus den Gauzeitungen der NSDAP, seit Kriegsbeginn zunehmend auch aus überregionalen Zeitungen bestehendes Imperium, das bis Kriegsende den größeren Teil d. dt. Presseverlage umfaßte, wobei

auch die kriegsbedingte Papierkontingentierung die Benachteiligung politisch unerwünschter Verlage u. eine Konzentration d. dt. Presse von rd. 4700 auf rd. 350 Zeitungen begünstigte. A.s Einfluß innerhalb der Partei beruhte nicht zuletzt auf den großzügigen Honoraren, die er der Parteiprominenz für veröffentlichte Beiträge zukommen ließ. Sein eigenes Jahreseinkommen steigerte er laut Steuerakten von 108 000 RM im Jahr 1934 auf 3,8 Mill. RM im Jahr 1942.
We

Ambros, Otto Manager bei IG Farben
Geb. 19. 5. 1901 in Weiden.
Sohn eines Prof. für Landwirtschaft, Schulbesuch in Landshut, Abitur in München, 1920 Studium d. Chemie u. Landwirtschaft ebd., 1925 Promotion. 1926 Eintritt bei *BASF*, 1930 Studienreise nach Fernost; 1934 Prokurist der *IG Farben*, 1935 stellv. Geschäftsführer des Buna-Werkes I in Schkopau. Leiter von acht der wichtigsten *IG Farben*-Werken. 1938 Eintritt in d. Vorstand u. den Techn. Ausschuß d. *IG Farben*; Leiter des Buna-Werkes II in Hüls, Mitglied des Chemikalien-Ausschusses, Vorsitzender d. *Kommission K* (Kampfstoffe). Im selben Jahr Eintritt in die NSDAP. Ab 1940 Vorsitzender d. *Waschrohstoff-Kommission* u. *Sonderbeauftragter für Forschung und Entwicklung beim Beauftragten des Führers für den Vierjahresplan* (→ Göring). Ltr. des *Sonderausschusses C* für Chemische Kampfstoffe im Heeres-Rüstungsamt. Ltr. der Rüstungswerke Gendorf, Dyhernfurth und des Buna-Werkes III in Ludwigshafen, Wehrwirtschaftsführer. A. war Teil der Verflechtung zwischen dem *IG Farben*-Konzern und d. NS-Staat. Neben anderen Funktionären koordinierte er die Unterstützung d. Konzerns für die dt. Kriegsführung. Seine Tätigkeit konzentrierte sich darauf, für ausfallende Rohstoffe Ersatzstoffe zur Verfügung zu stellen. 1941 wurde er Ltr. des Buna-Werkes IV, der Treibstoffproduktion in Auschwitz u. d. *Fachabteilung Textilhilfsmittel* u. d. *Sonderausschusses Kunststoffe* beim Reichsminister für Bewaffnung und Munition. A. berichtete → Hitler 1943 persönlich über d. Stand d. Rüstung auf dem Kampfstoffgebiet. Im Juli 1948 wurde A. im Nürnberger *IG-Farben-Prozeß* im Anklagepunkt »Versklavung« der Mitverantwortung f. d. Rekrutierung v. Zwangsarbeitern für schuldig befunden, in den anderen Punkten freigesprochen. Zu acht Jahren Haft verurteilt, wurde er 1952 begnadigt u. freigelassen. Ab 1954 war er als Wirtschaftsberater tätig u. Mitglied mehrerer Aufsichtsräte. Spätere Daten seiner Nachkriegsbiographie wurden nicht ermittelt.
PW

Anacker, Heinrich Schriftsteller
geb. 29. 1. 1901 in Aarau/Schweiz, gest. 14. 1. 1971 Wasserburg/Bodensee.

Sohn eines Fabrikanten. Nach Abitur in Aarau Literaturstudium an den Univ. Zürich u. Wien. »Wanderjahre« in Wien, Zürich, Berlin, München, Elbing, Leipzig u. auf Rügen. Kaufmännische Tätigkeit. Ab 1921 Veröffentlichungen von Natur- u. Liebeslyrik. 1922 Eintritt in NSDAP; bald darauf Eintritt in SA. 1928 Übersiedelung nach Berlin als freier Lyriker. 1931 Veröffentlichung eines ersten Bandes mit SA-Gedichten, *Die Trommel.* Zum 9. 11. 34 Verleihung d. *Dietrich-Ekkart-Preises.* 1935 Mitglied d. *Reichskultursenats.* 1936 Kunstpreis der NSDAP. 1939 Ehrenring der Mannschafts-Frontdichter. Im gleichen Jahr Ablegen der Schweizer Staatsbürgerschaft. Während des 2. WKs Tätigkeit in einer Propagandakompanie. 1948 Einstufung im Spruchkammerverfahren als »politisch minderbelastet«.

Nach seinen literarischen Anfängen als Naturlyriker u. Verfasser von Liebesgedichten avancierte A. nach seinem Eintritt in die NSDAP zu »dem jugendlichen Dichter der SA«. A. verstand sich selbst als »Dichter der Bewegung« u. verfaßte nationalsozialistische Kampfgedichte, Führerhymnen, Heldenlyrik u. Kriegsgedichte, die thematisch u. in ihrer Haltung mit dem Gedankengut des NS übereinstimmen u. die NS-Bewegung propagandistisch unterstützten.

AS

Arent, Benno von »Reichsbühnenbildner« und Architekt
geb. 19. 6. 1898 in Görlitz, gest. 14. 10. 1956 in Bonn.

Nach Abitur Kriegsteilnehmer, danach in Freikorps u. Reichswehr. Seit 1920 in versch. Berufen tätig, u.a. Autovertreter u. autodidaktisch als Architekt. Seit 1923 Ausstatter an Berliner Bühnen. 1931 Eintritt in die NSDAP. 1932 Gründung des *Bundes natsoz. Bühnen- und Filmkünstler* (nach 1933: *Kameradschaft der dt. Künstler*); nach d. Machtergreifung im Vorstand d. Reichstheaterkammer. Nach persönlichen Aufträgen für → Hitler 1936 zum Reichsbühnenbildner (Volksmund: Reibübi) ernannt, ein Titel, der v.a. dazu dienen sollte, A.s vorbildhafte Stellung als Bühnenbildner u. Ausstatter NS-gemäßer Theateraufführungen zu unterstreichen. Hitler drängte ihm gelegentlich in einer Art Lehrer-Schüler-Verhältnis eigene Bühnenentwürfe auf (Parteitagsinszenierung der *Meistersinger*), ein Verhältnis, das A.s Karriere mit begründete. Seine Aufgabe als Gestalter d. Feststraßen bei bedeutenden Aufmärschen (Reichsparteitag) wirkte sich auch auf seinen Bühnenstil aus. Daneben auch Betätigung als Architekt

(Berliner Haus der *Deutschen Arbeitsfront*). 1939 Reichsbeauftragter f. die Mode. 1944 SS-Oberfhr. Bei Kriegsende geriet A. in sowjet. Kriegsgefangenschaft, 1953 entlassen. Entnazifizierung 1956 in Berlin.

A., dessen künstlerische Ansichten von Hitler geteilt u. wohl auch beeinflußt wurden, bevorzugte bei seinen eigenen Bühnenbildern und -kostümen einen realistischen, oft monumentalen Stil, dem er durch Volkstümlichkeit und Verständlichkeit Massenwirkung zu geben versuchte. Einen eigenen Stil konnte er aber bis Kriegsausbruch angesichts künstlerisch bedeutenderer Konkurrenz nicht entwickeln oder gar durchsetzen.

We

August Wilhelm, Prinz von Preußen SA-Obergruppenführer
geb. als vierter Sohn Kaiser Wilhelms II. am 29. 1. 1887 in Potsdam,
gest. 25. 3. 1949 in Stuttgart.

1901–1905 Besuch der Prinzenschule in Plön. 1905 Offiziersexamen. 1906–1908 Studium d. Staatswissenschaften in Straßburg. Preuß. Oberst u. Regierungsassessor. 1919 Austritt aus d. Staatsdienst, Banktätigkeit, Malereistudien. Ab 1927 Mitglied des *Stahlhelm*, am 1. 4. 1930 Wechsel zur NSDAP, am 4. 6. 1931 Eintritt in die SA. 1932/33 MdL. in Preußen, 1933 MdR. SA-Oberführer, Goldenes Parteiabzeichen, im Juli preuß. Staatsrat. 1934 SA-Gruf. 1939 SA-Ogruf. Im Mai 1945 Internierung, am 13. 5. 1948 Verurteilung zu 30 Monaten Arbeitslager durch die Spruchkammer Ludwigsburg, die bereits als verbüßt galten, u. Einziehung v. 40% d. Vermögens. Weitere anhängige Verfahren wurden nicht mehr abgeschlossen.

A. W. war für → Hitler v. a. vor der Machtergreifung als Sympathiewerber in monarchistisch-konservativen Kreisen von erheblichem Wert.

Ri

Axmann, Art(h)ur
Reichsjugendführer
geb. 18. 2. 1913 in Hagen/Westfalen,
gest. 24. 10. 1996 in Berlin.

Nach dem Abitur in Berlin dort 2 Semester Rechts- u. Staatswissenschaft. 1928 Eintritt in die HJ; NSDAP-Jugendführer im Berliner Wedding. Seit Sept. 1931 Mitglied d. NSDAP. 1932 Berufung in d. Reichsleitung der HJ u. mit der Organisation der Jugendbetriebs- u. Berufsschulzellen beauftragt. Im Mai 1933 Gebietsführer u. Leiter des Sozialen Amtes d. Reichsjugendführung; Organisator des *Reichsberufswettkampfs d. dt. Jugend* u. dessen Leiter seit Juli 1936. Ab Nov. 1934 auch Führer des Gebiets Berlin der HJ. Nach Übernahme des Rechtsamtes d. Reichsjugendführung u., seit 1936, auch des Vorsitzes im Jugend-Rechtsausschuß d. *Akademie f. Dt. Recht* Abgabe d. Leitung des Jugendamtes d. DAF im Juli 1936. Mit Kriegsbeginn kurzzeitig bei d. Wehrmacht. Seit 1. 5. 1940 Stellv., seit 8. 8. 1940 Nachfolger B. v. → Schirachs als Reichsjugendführer. Seit Frühjahr 1941 wieder bei d. Wehrmacht. Nach schwerer Verwundung zu Beginn des Rußlandfeldzuges seit Dez. 1941 bis Kriegsende wieder als RJF tätig. Im Frühjahr 1945 ließ er aus Kindern bestehende Einheiten des *Deutschen Jungvolks* für den Endkampf um Berlin aufstellen. Ihm selbst gelang es, nach dem Tod → Hitlers aus dem Führerbunker auszubrechen, wobei er Zeuge von Martin → Bormanns Tod wurde. Seit Juli 1945 als Zeuge bei den Nürnberger Kriegsverbrecherprozessen. Im Dez. 1945 mit anderen HJ-Führern unter dem Vorwurf neonazist. Konspiration verhaftet. Von d. Nürnberger Hauptspruchkammer im April 1949 als »Hauptschuldiger« zu 3 Jahren u. 3 Monaten Arbeitslager verurteilt, durch Untersuchungshaft verbüßt. Wg. Verhetzung d. Jugend am 19. 8. 1949 von einem Berliner Gericht z. Zahlung v. 35000 DM verurteilt.

Als Fachmann für Jugendfragen vor allem auf den Gebieten des Jugendrechts u. der sozialen Betreuung im Sinne des NS blieb A., bis Kriegsende ohne eigenes politisches Konzept, gläubiger Anhänger seines Führers, für den er 1945 im eingeschlossenen Berlin in absolut hoffnungsloser Lage noch Kindereinheiten des *Deutschen Jungvolks* auf die Schlachtbank schickte. Aus gleichem Geiste hatte er, wie bereits sein Vorgänger Baldur v. Schirach, die Entwicklung der HJ, speziell des HJ-Streifendienstes, zur Nachwuchsorganisation der Waffen-SS gefördert.

We

B

Bach-Zelewski, Erich von dem

Chef der SS-Bandenkampfverbände und SS-Obergruppenführer

geb. 1. 3. 1899 in Lauenburg/Pommern,
gest. 8. 3. 1972 in München.

Als 15jähriger Gymnasiast Eintritt in die preuß. Armee, im 1. WK einer der jüngsten Kriegsteilnehmer, nach dem Krieg zeitweilig beim Grenzschutz, dann wieder Berufssoldat; Abschied 1924 als Leutnant. Taxifahrer, seit 1928 auf ererbtem Bauernhof. 1930 Eintritt in die NSDAP, 1931 in die SS. 1932 MdR für die NSDAP; Führer des SS-Abschnitts XII (Frankfurt/Oder), Febr. 1934 des SS-Oberabschnitts Nordost (Königsberg); am 11. 7. 1934 Beförderung zum SS-Gruf.; weg. Differenzen mit GL → Koch übernahm er am 15. Febr. 1936 den SS-Oberabschnitt Südost (Breslau), dort am 28. 6. 1938 auch HSSPF. Im Juni 1941 Ernennung zum HSSPF Rußland-Mitte, im Nov. 1941 Ogruf. Seit 23. 10. 1942 Bevollmächtigter des RFSS f. d. Bandenbekämpfung, persönliche Teilnahme an Judenmassakern in Weißrußland. Anfang 1943 Kdr. d. 1. SS-Inf.-Brigade. Seit 21. 6. 1943 als Chef d. Bandenkampfverbände f. d. Bekämpfung der Partisanen an der gesamten Ostfront verantwortlich. Mitte August 1944 Ernennung zum Kdr. General im Raum Warschau u. mit der Niederschlagung des Warschauer Aufstands betraut; ermöglichte den Aufständischen ehrenvolle Kapitulation. Bis Kriegsende Kdr. versch. SS-Korps. Als Belastungszeuge bei den Nürnberger Prozessen bei den Angeklagten verfemt, blieb er selbst von einer Anklage verschont. Nach Internierung im März 1951 Verurteilung zu 10 Jahren Arbeitslager durch Münchner Spruchkammer; im Berufungsverfahren Weihnachten 1951 blieb er »Hauptschuldiger«, seine 5jährige Untersuchungshaft wurde aber angerechnet. Den Rest der Strafe mußte er aus unbekannten Gründen nicht absitzen. Als Auftraggeber bei d. Ermordung des SS-Hauptsturmfhr.s Frhr. v. Hohberg u. Buchwald im Zusammenhang mit dem Röhm-»Putsch« seit Ende 1958 wieder in Haft, im Februar 1961 Verurteilung wg. Totschlags zu viereinhalb Jahren Haft, nach Revision wg. fahrlässigen Falscheides um vier Monate erhöht. Wg. Befehls zur Ermordung von sechs Kommunisten bald nach der Machtergreifung als damaliger SS-Führer im Abschnitt Frankfurt/Oder am 3. 8. 1962 vom Schwurgericht Nürnberg zu lebenslänglicher Haft verurteilt.

Dank seiner Rolle als Kronzeuge blieben B.-Z. eine Anklage vor dem Nürnberger Militärtribunal und die Auslieferung an die Sowjetunion erspart. Er war damit einer der prominentesten Vertreter der rassistischen Besatzungspolitik des NS-Regimes, der dafür nicht bestraft wurde. Dazu mag beigetragen haben, daß er, wenn auch bedenkenloser Erfüllungsgehilfe bei den »Befriedungsaktionen« in den rückwärtigen Gebieten der Ostfront, hin und wieder durch die Einhaltung militärischer Spielregeln überraschte. So ließ er den Führer der wegen ihrer Exzesse u.a. während des Warschauer Aufstands selbst der SS unbequem gewordenen Brigade Kaminski standrechtlich erschießen und ermöglichte den polnischen Aufständischen unter General Bor-Komorowski trotz eines gegenteiligen Führerbefehls die Kapitulation. Auf der anderen Seite beteiligte er sich, ohne zu widersprechen, an der Ermordung der russischen Juden und schreckte

auch vor persönlich motiviertem Mord nicht zurück.
We

Backe, Herbert Reichsminister
geb. 1. 5. 1896 in Batum,
gest. 6. 4. 1947 in Nürnberg.
Nachkomme deutscher Auswanderer, Vater Kaufmann. 1905 Gymnasium in Tiflis, 1914 Internierung im Ural. Juni 1918 Flucht nach Dtschld., Tätigkeit als Hilfsschlosser u. Buchhalter, nebenbei Abitur. Ab 1920 Landwirtschaftsstudium in Göttingen, 1923 als Diplom-Landwirt abgeschlossen. Nach versch. Stellungen in d. Landwirtschaft u. zeitweiliger Tätigkeit als Hochschulassistent an d. TH Hannover 1928 Pächter einer Domäne im Kreis Alfeld/Leine. 1922 Eintritt in d. SA, 1931 Bekanntschaft mit → Darré u. → Hitler. April 1932 NSDAP-MdL in Preußen. Tätigkeit im Agrarpolit. Apparat d. NSDAP, im Juni 1933 Berufung als Reichskommissar in das Reichsernährungsministerium unter Darré, seit 26. Okt. 1933 StSekr. 1936 Leiter d. Geschäftsgruppe Ernährung beim *Beauftragten f. d. Vierjahresplan*. Chef des *Reichsamts f. d. Landvolk* der NSDAP im Range eines Oberbereichsleiters. Seit Mai 1942 anstelle von Minister Darré Ltr. des Ministeriums u. des *Reichsnährstandes*; mit der Ernennung zum Minister (ohne Geschäftsbereich) am 1. 4. 1944 offizieller Nachfolger Darrés, Ernährungsminister auch im Kabinett → Dönitz. Als Angeklagter im Nürnberger *Wilhelmstraßenprozeß* beging B., der sich dafür eingesetzt hatte, in den eroberten Gebieten aus Staatsräson die »härtesten und die rücksichtslosesten Maßnahmen mit Würde durchzuführen«, am 6. 4. 1947 Selbstmord.
Als Gefolgsmann Darrés hatte B. durch die Mitwirkung am Erbhof-, am Reichsnährstandgesetz u. anderen natsoz. Agrargesetzen erheblichen Anteil an dessen romantisierender, für die Selbstorganisation (*Reichsnährstand*) der Landwirtschaft eintretender bäuerlicher Standespolitik. Persönlich ein Leistungsmensch, organisierte er auch die deutsche Landwirtschaft über die Blut-u.-Boden-Ideologie hinaus zu einem an Leistung orientierten, die Ernährung des Landes sichernden Wirtschaftszweig (»Mehrerzeugung« durch »Erzeugungsschlacht«) und schuf mit der durchorganisierten »Vorratswirtschaft« auf dem Gebiet der Ernährung eine der Voraussetzungen für Hitlers Expansionskriege, die er ihrerseits dazu nutzte, den deutschen Einflußbereich als unter deutscher Hegemonie stehenden großgermanisch-europäischen Landwirtschaftsraum in seine Ernährungspolitik einzubeziehen. Wie Darré war er ein überzeugter Rassist; der Gegensatz zu seinem Vorgänger beruhte daher

weniger auf ideologischen Differenzen als auf Unterschieden ihrer Persönlichkeiten.
Publ.: *Das Ende des Liberalismus* (ges. Aufsätze, 1938); *Um die Nahrungsfreiheit Europas* (1942).
We

Baeumler, Alfred Professor für Philosophie und Pädagogik
geb. 19. 11. 1887 in Neustadt a.d. Tafelfichte/Nordböhmen,
gest. 19. 3. 1968 in Eningen b. Reutlingen.
Nach Gymnasium in Nürnberg Studium der Philosophie, Philologie u. Pädagogik an den Universitäten München, Berlin u. Bonn; 1914 Promotion über Probleme d. Kantschen Ästhetik. 1915–18 Kriegsdienst. 1924 Habilitation, Privatdozent an der TH Dresden, 1929 dort ord. Prof. für theoretische Pädagogik u. Philosophie. Mitherausgeber d. *Internationalen Zschr. f. Erziehung*. Eintritt in NSDAP am 1. 4. 1933; zum Sommersemester 1933 Berufung auf d. neugeschaffenen Lehrstuhl für politische Pädagogik d. Berliner Universität. Erste Bekanntschaft mit → Rosenberg im Jahre 1931, der ihn in seiner Eigenschaft als *Beauftragter des Führers für die Überwachung der gesamten geistigen u. weltanschaulichen Schulung u. Erziehung der NSDAP* 1934 zum Ltr. d. Wissenschaftsabteilung (seit 1937: Amt Wissenschaft) in dieser Schulungs- u. Ideologie-Kontrollinstanz d. Partei ernannte. 1941 neue Verwendung als Leiter d. Aufbauamts der *Hohen Schule*, der von Rosenberg propagierten, aber nur mangelhaft konzipierten Parteihochschule, die nicht zuletzt d. wissenschaftlichen Untermauerung der NS-Ideologie dienen sollte. Seit Sommer 1945 interniert, wurde B. im Juli 1948 von d. Lagerspruchkammer Ludwigsburg zu $2\frac{1}{2}$ Jahren Arbeitslager verurteilt, von d. Berufungskammer im Mai 1949 als nicht belastet entlassen.
Vor 1933 blieb der als Bachofen- u. Nietzsche-Interpret bekannt gewordene B., dem Opportunismus nicht fremd war, gegenüber allen Werbungen aus Kreisen der NSDAP standhaft, um nach der Machtergreifung unverzüglich, wenn auch wissenschaftlich verbrämt, die Sprache des NS zu sprechen, den Liberalismus zu denunzieren u. sich geistig → Hitler als dem genialen Führer zu unterwerfen (Hitler »ist mehr als die Idee, denn er ist wirklich«). Nun erkannte er in dem Jahr 1933 das Ende des Mittelalters u. in Hitler dessen Überwinder und sah im NS-Staat »das höchste Kunstwerk«. Die rasch errungene Machtposition als Leiter eines Amtes, das den Zugang zu den Hochschulen kontrollierte und den wissenschaftlichen Nachwuchs auf seine ideologische Zuverlässigkeit prüfte, gab er zwar im Zuge der Aufgabenverschiebungen im Ge-

füge der Rosenbergschen Dienststellen und Kompetenzen zugunsten der *Hohen Schule* auf, aber er übte, auch über öffentliche Vorträge und Reden, mit seiner Interpretation der NS-Ideologie bis weit in den Krieg hinein erkennbaren Einfluß auf die Parteiintelligenz aus, obwohl es auch ihm nicht gelang, dem NS zu einem Fundament auf wissenschaftlich-philosophischer Grundlage zu verhelfen. Die Kulturfeindlichkeit des NS erkannte er erst im Internierungslager 1945/47 und beklagte sie in seinen dort entstandenen Notizen u. Aphorismen (hg. unter d. Titel: *Hitler u. d. NS*, s.u.), in denen er auch den Nationalismus, die Ablehnung universaler Ideen und den Glauben an die autonome Persönlichkeit als seine wesentlichen politischen Irrtümer bezeichnete.

Publ.: *Bachofen u. Nietzsche* (Aufsatz, 1929); *Nietzsche, der Philosoph u. Politiker* (1931); *Politik u. Erziehung* (Reden u. Aufsätze, 1937); *Studien z. dt. Geistesgeschichte* (1937); *Bildung u. Gemeinschaft. Die Neue Ordnung Europas als geschichtsphilosophisches Problem* (1942); *Weltdemokratie u. Nationalsozialismus* (1943); *Hitler u. der Nationalsozialismus. Aufzeichnungen von 1945* (in: *Der Pfahl* 5, 1991).

We

Banse, Ewald Geograph u. Schriftsteller

geb. 23. 5. 1883 in Braunschweig, gest. 31. 10. 1953 ebd.

Orientreisender 1906–14. 1932 als Geograph an d. TH Braunschweig berufen, 1934 Prof. an d. TH Hannover. Propagierte seit 1911 eine »gestaltende Geographie«, die ihre Objekte mit Mitteln d. Kunstwissenschaft darstellt. Neben d. Herausgabe erfolgreicher geographischer Werke (*Illustrierte Länderkunde*, 3. Aufl. 1922) u. belletristischer Reisebeschreibungen (*Harem, Sklaven, Karawanen*, 1921 u.a.) vertrat er auf völkischer Grundlage in *Raum u. Volk im Weltkriege* (1933) eine dt. Expansionspolitik, die in einem Großdt. Reich die dt. Siedlungsgebiete im Ausland mit dem Mutterland vereinen sollte u. im 2. WK der alliierten Propaganda als Beispiel kriegerischen dt. Expansionsdrangs diente. B. war bereits unmittelbar nach dem Kriege obsolet geworden und ist heute völlig in Vergessenheit geraten.

Weitere Publ.: *Landschaft u. Seele* (1928); *Wehrwissenschaft. Einführg. in eine neue nationale Wissenschaft* (1933); *Landschafts- u. Stammesfragen in Dtschld. Völkische Bausteine u. Umrisse* (1934).

We

Barbie, Klaus Leiter der Gestapo beim KdS in Lyon
geb. 25. 10. 1913 in Bad Godesberg, gest. 25. 9. 1991 in Lyon.
Der Sohn eines Lehrers leistete 1934 nach d. Abitur 6 Monate freiwilligen Arbeitsdienst ab. Anfang 1935 Begegnung mit → Himmler, am 26. 9. 1935 Eintritt in die SS. Mitarbeiter d. SD in Berlin, ab 1936 Tätigkeit im SS-Oberabschnitt West, dann im Abschnitt Dortmund. 1939 SS-Untersturmführer. Seit Mai 1940 im Ausland eingesetzt. Jan. 1941–März 1942 Tätigkeit b. d. Sipo in Amsterdam. Ab Mai 1942 in Frankreich. Nov. 1942–44 beim KdS in Lyon. Seit d. 9. 11. 1944 SS-Hauptsturmfhr. Gegen Ende des Krieges wieder beim SD-Abschnitt Dortmund. Nach dem Krieg von Frankreich gesucht; mit Hilfe des US-Geheimdienstes gelang B. jedoch d. Flucht nach Südamerika. Am 16. 5. 1947 u. 28. 11. 1952 in Lyon in Abwesenheit z. Tod verurteilt. Ende d. 60er Jahre in Bolivien unter dem Namen Klaus Altmann entdeckt, jedoch dort erst nach polit. Umsturz 1983 ausgewiesen. Am 4. 7. 1987 wurde er in Lyon zu lebenslanger Haft verurteilt.
B. war in Lyon für zahllose Deportierungen, Hinrichtungen und Folterungen verantwortlich und erhielt wegen seiner besonderen Grausamkeit den Beinamen »Schlächter von Lyon«.
Ri

Bartels, Adolf Schriftsteller
geb. 15. 11. 1862 in Wesselburen, gest. 7. 3. 1945 in Weimar.
Sohn eines Schlossermeisters. Aus wirtschaftl. Gründen Abbruch der Gymnasiumsausbildung, Privatlehrer in Hamburg, 1883 Schreiber u. Vortragsredner in seiner Heimat, ab 1885 Studium der Kunst- u. Literaturwissenschaft in Leipzig u. Berlin; 1889 Redakteur in Frankfurt/M., seit 1896 bis zu seinem Tod Schriftsteller u. Privatgelehrter in Weimar; dort 1905 Verleihung des Professorentitels. Seine Popularität beruhte weniger auf seiner Lyrik (*Lyrische Gedichte*, 1904; *Deutschvölkische Gedichte*, 1914) u. historischen Dramen (*Luthertrilogie*, 1903; *Römische Tragödien*, 1905) als auf heimatverbundenen Erzählungen u. dem Erfolgsroman *Die Dithmarscher* (1898). Problematisch waren seine literarhistorischen Arbeiten wg. ihrer völkisch-rassist. Haltung, die in einem verbohrten, militanten Antisemitismus gipfelte, der ihn fast zwangsläufig dem NS zuführte (Eintritt in die NSDAP 1925, ein Jahr nach dem Erscheinen seiner Schrift *Der Nationalsozialismus Deutschlands Rettung*). Als Kritiker im *Kunstwart* des Wagner-Neffen F. Avenarius (seit 1905) u. als Mitbegründer des Bundes *Deutschchristentum*, der Christus zum Arier stilisierte, verfügte er bereits über Foren für seine polemischen Attacken auf Liberalismus

u. Judentum, die seit dem Heine-Pamphlet von 1906 kontinuierlich sein Schaffen durchzogen: *Judentum* u. *Dt.-jüd. Parnaß* (beide 1912), *Rasse u. Volkstum* (Aufsätze, 1919), *Jüdische Herkunft u. Literaturwissenschaft* (1925), *Lessing u. d. Juden* (1928). 1933 erhielt der 70jährige in Jena die ersehnte Professur, 1937 den Adlerschild des Dt. Reichs. Über seinen Tod hinaus erregte der Ehrenbürger seines Geburtsortes Wesselburen die Gemüter auch von Ortsansässigen durch die Gestaltung seines Grabsteins, noch mehr aber durch die Absicht, Schulen und Straßen in Wesselburen nach ihm zu benennen.

Publ: *Dt. Dichtung d. Gegenwart* (1897); *Geschichte d. Dt. Literatur* (1901/02); *Hb. z. Geschichte d. Dt. Literatur* (1906); *Einführung in d. Weltliteratur* (1913); *Dt. Dichtung v. Hebbel bis z. Gegenwart* (1922).

We

Barthel, Ludwig Friedrich

Archivar u. Schriftsteller
geb. 12. 6. 1898 in Marktbreit/Main,
gest. 14. 2. 1962 in München.

Sohn eines Bautechnikers. 1908–17 Gymnasium Würzburg. 1917–18 Soldat. 1918–21 Studium d. Germanistik u. frz. Geistesgeschichte in Würzburg, 1921 Promotion. Seit 1922 Ausbildung zum Archivar am Hauptstaatsarchiv in München, 1926 Assessor am Staatsarchiv Würzburg. Seit 1930 (–1953) Archivrat in München. Trat erstmals Ende der 20er Jahre als Dichter heimatgebundener u. metaphysisch aufgeladener Naturlyrik hervor, beeinflußt von Hölderlin u. Nietzsche (*Gedichte der Landschaft*, 1931; *Gedichte der Versöhnung*, 1932); dann auch Prosaarbeiten in der Nachfolge seines Freundes R. G. → Binding u. H. → Carossas, kulturgeschichtl. u. zeitkritische Abhandlungen. Den NS, zu dessen festem Kanon junger Lyrik sein Werk bald zählte, begrüßte B. in den hymnischen Gedichtbänden *Dem inneren Vaterlande* (1933), einem Bekenntnis zur Idee der natsoz. Volksgemeinschaft u. zum »kommenden und immerwährenden Reiche«, u. *Tannenberg. Ruf und Requiem* (1934), einer mythisierenden Verklärung des verstorbenen GFM v. Hindenburg. Ähnlich *Dom aller Deutschen* (1938), *Inmitten* (1939), der die Geschlossenheit des Volks beschwörende Essay *Der Kampf um das Reich* (1937) u. die zuerst vor Jungvolkführern gehaltene *Rede vom inneren Vaterland* (1941). 1942 Verleihung d. Münchner Dichterpreises. In den Kriegsjahren Wandlung vom heroisierenden Kriegsapologeten zum Klagedichter (*Liebe, du große Gefährtin*, 1944). Seit den 50er Jahren bis zu seinem Tod trat der in d. Heimatpflege aktive B. v.a. mit religiös geprägter, kontemplativer Naturlyrik hervor (*Blumen*, 1951; *Kelter des Friedens*, 1952) sowie mit humor- u. gemütvoller Prosa (*Runkula. Tagebuch eines Karnickels*, 1954).

Weitere Publ. u.a.: *Das Leben ruft* (Erzählungen, 1935); *Die goldenen Spiele* (Roman, 1936); *Vom Eigentum der Seele* (Essays, 1941); *Zwischen Krieg und Frieden* (1943).

MV

Barthel, Max Schriftsteller

geb. 17. 11. 1893 in Dresden-Loschwitz,

gest. 17. 6. 1975 in Waldbröl/Rheinland.

Sohn eines Maurers. Nach Abschluß d. Volksschule seit 1907 als ungelernter Fabrikarbeiter tätig; Eintritt in d. *Sozialistische Arbeiterjugend*. Seit 1910 Wanderschaft durch Westeuropa, erste Gedichte. 1914–18 Infanterist an der Westfront; in dieser Zeit bekannt geworden durch seine vom Fronterlebnis geprägte, pazifistisch ausgerichtete Kriegslyrik (*Verse aus den Argonnen*, 1916; *Freiheit*, 1917). Nach Kriegsende in Stuttgart Mitglied d. KPD, dort wg. Beteiligung am Spartakusaufstand Anfang 1919 in mehrmonatiger Untersuchungshaft. In Berlin etabliert als Dichter revolutionärer, klassenkämpferischer Arbeiterlyrik (*Revolutionäre Gedichte*, 1919; *Das Herz in erhobener Faust*, 1920; *Arbeiterseele*, 1920). Mitbegründer d. Jugend-Internationale in Wien. Zw. 1920 u. 1923 wiederholt Reisen in d. UdSSR (u.a. als Delegierter zum 2. Kongreß der *Kommunistischen Internationale* in Petrograd); Bekanntschaft mit Gorki, Bucharin, Lenin. 1923, in seinen polit. Erwartungen enttäuscht, Austritt aus der KPD u. Beitritt zur SPD. Seitdem Journalist u. Verfasser v. Reiseberichten u. halb autobiographischen Unterhaltungsromanen. 1933 Beitritt zur NSDAP, zu deren Zielen sich B. v.a. in seinem Roman *Das unsterbliche Volk* (1933) bekannte, der die angebl. innere Wandlung des dt. Arbeitertums von parteiischer Verirrung zur NS-Volksgemeinschaft zum Thema hat. 1933 Mitarbeiter der NS-Zeitung *Angriff*, Lektor u. Schriftleiter der gleichgeschalteten *Büchergilde Gutenberg*, 1934 Ausschußmitglied der *Union nationaler Schriftsteller*. 1935 Entlassung aus dem Verlag (wg. »Unzuverlässigkeit«), fortan (seit 1938 in Dresden) Journalist, Reporter auf KdF-Reisen, Verfasser von Abenteuerromanen. Seit 1942 Wachtmeister bei d. Schutzpolizei, dann Kriegsberichterstatter u. Truppenbetreuer. Seit 1948 lebte B. in Niederbreisig/Rhein. Neben seiner Autobiographie *Kein Bedarf an Weltgeschichte* (1950) verfaßte er nur noch Natur- und Kinderlyrik. In den 60er Jahren war B. Vorsitzender des *Schutzverbandes dt. Schriftsteller* in Rheinland-Pfalz u. förderte junge Autoren.

Weitere Publ.: *Utopia* (Gedichte, 1920); *Schulter an Schulter* (Gedichte, mit Karl Bröger u. Heinrich Lersch, 1934); *Argonnerwald* (Erzählungen, 1938).
MV

Beck, Ludwig Generalstabschef
geb. 29. 6. 1880 in Biebrich a. Rhein,
gest. 20. 7. 1944 in Berlin
(Selbstmord).

Aus alter hessisch-prot. Offiziersfamilie; Sohn d. Metallurgen u. Eisenhüttendirektors Ludwig B. Nach Humanist. Gymnasium in Wiesbaden 1898 Abitur. Im gleichen Jahr Eintritt ins preuß. Heer. 1908–11 Kriegsakademie in Berlin; 1911/12 in den Großen Generalstab berufen. 1914–18 in verschiedenen Generalstabsstellungen an d. Westfront, seit 1916/17 in d. Heeresgruppe *Deutscher Kronprinz*. Nach Kriegsende als Major in d. Reichswehr übernommen; schneller Aufstieg bis zum GenLtn. (1932). Die natsoz. Machtübernahme begrüßte B. als »verheißungsvolle Voraussetzung für d. Wiederherstellung d. militärischen Gleichberechtigung« Dtschld.s. Am 1. 10. 1933 zum *Chef d. Truppenamtes* berufen (am 1. 7. 1935 umbenannt in *Chef des Generalstabs im OKH*), womit B. an die Spitze der operativen Planung des Heeres berufen wurde. Im Okt. 1935 Beförderung zum Gen. d. Art. Bereits in der Folge d. sog. Röhm-Putsches, v.a. aber unter dem Eindruck der Fritsch-Krise bzw. der zunehmenden Beschneidung d. Eigenständigkeit d. Wehrmacht zugunsten der Partei u. in Ablehnung von Hitlers riskanter expansionistischer »Gewaltpolitik« seit 1937/38 zunehmende Distanzierung von der polit. Führung. Auf den »Anschluß« Österreichs sowie die Vorbereitungen zur Annexion des Sudetenlandes hin bemühte sich B. mit Denkschriften an → Brauchitsch u. → Hitler vergeblich um eine Kurskorrektur, denn er fürchtete d. Provozierung eines europ. Krieges, für den er Dtschld. nicht gewappnet sah. Ebenso wurde B.s auch ethisch motivierte Forderung an die Generalität, durch einen kollektiven Rücktritt eine Umkehr zu erzwingen, wg. der ablehnenden Haltung Brauchitschs u.a. nicht verwirklicht. Daraufhin am 18. 8. 38 Rücktrittsgesuch B.s als Generalstabschef; im Okt. 38 als GenObst. endgültig verabschiedet. Seitdem, spätestens aber seit Winter 1939/1940, als sich eine oppositionelle Gruppe um B. darum bemühte, über Papst Pius XII. die brit. Regierung zu kontaktieren u. Friedensverhandlungen vorzubereiten, wurde der gewissenhafte, geistvolle u. sich seiner moralischen Verantwortung zutiefst bewußte General zum unbestrittenen Mittelpunkt des nationalkonservativen Widerstands u. zum Mittler zw. militär. u. zivilen Oppositionskreisen. Hatte

B. anfangs ein Attentat auf Hitler abgelehnt, kam er mit Fortdauer des Krieges u. unter dem Eindruck der Inhumanität der natsoz. Politik in den besetzten Ländern wie des gesamten polit. Systems überhaupt zu der Überzeugung, nur ein Tyrannenmord könne den »im angemaßten Namen des Volkes geübten Verbrechen Einhalt« tun u. einen polit. Neuanfang ermöglichen. Beteiligung an der Planung d. Verschwörung vom 20. Juli 1944, bei deren Gelingen B. als neues Staatsoberhaupt vorgesehen war. Nach dem Scheitern des Anschlags Festsetzung B.s im Bendlerblock; dort nach zwei fehlgeschlagenen Selbstmordversuchen nach Mithilfe eines Feldwebels noch in derselben Nacht durch Kopfschuß gestorben.
MV

Beckerle, Adolf Gesandter, SA-Gruppenführer
geb. 4. 2. 1902 in Frankfurt a. M., gest. 3. 4. 1976 ebd.
Sohn eines Post-Oberamtmanns. Nach Abitur an einem Frankfurter Gymnasium (1921) Studium d. Wirtschaftswissenschaft in Frankfurt. Mehrfache Unterbrechung durch Tätigkeiten als Krankenpfleger u. in kaufmänn. Berufen. 1919 Mitglied des *Jungdeutschen Ordens* u. Zeitfreiwilliger. Aug. 1922 bis zum Hitler-Putsch 1923 Mitglied d. NSDAP. Nach längerem Südamerikaaufenthalt v. April 1925 bis Mai 1926 Offiziersanwärter b. d. preuß. Schutzpolizei. Fortsetzung d. Studiums mit Diplomabschluß 1927. Im Sept. 1928 Eintritt in SA u. NSDAP; 1930 SA-Staf., Juli 1933 Fhr. d. SA-Gruppe Hessen. 1932 Abbruch eines zwischenzeitlich begonnenen Jurastudiums. 1932 MdL in Hessen, seit Juli 1932 MdR. u. Gauführer Südwest d. *Reichsbundes für Leibesübungen.* Seit 13. 9. 1933 Polizeipräsident v. Frankfurt. 1937 SA-Ogruf. Im Okt. 1939 kurzer Einsatz als Polizeipräsident in Lodz. Ab Febr. 1941 für den Ausw. Dienst beurlaubt. Am 17. 6. 1941 zum Gesandten in Bulgarien ernannt. Nach Einmarsch d. Roten Armee im Sept. 1944 nach Moskau gebracht u. zu 25 Jahren Haft verurteilt. 1950 v. d. Zentralspruchkammer Hessen mit Spruch v. 22. März in Abwesenheit als »Hauptschuldiger« eingestuft. 1951 Selbstmord von B.s Frau. Im Okt. 1955 vorzeitige Haftentlassung in die BRD. Aus seiner Stellung als Prokurist vor Eröffnung eines Prozesses vor d. OLG Frankfurt Nov. 1967 entlassen; im Prozeß der Mitwirkung an d. Deportation v. rd. 12000 Juden aus den neubulgarischen Gebieten (Mazedonien u. Thrazien) in die Vernichtungslager Auschwitz u. Treblinka beschuldigt. 1968 Einstellung d. Verfahrens wg. Erkrankung von B.
B. gehörte zur Gruppe höherer SA-Führer, die nach der Kritik → Hit-

lers an den in den Balkanländern tätigen deutschen Berufsdiplomaten dort als Diplomaten eingesetzt wurden. Obwohl selbst kein militanter Antisemit, setzte er, anders als Teile der bulgarischen Regierung, den von deutscher Seite initiierten Judendeportationen, deren Bestimmung er kannte, keinen Widerstand entgegen.
We

Beinhorn-Rosemeyer, Elly Sportfliegerin und Schriftstellerin
geb. 30. 5. 1907 in Hannover,
lebt in München.
Nach d. Schulzeit fand d. Kaufmannstochter nach einem Vortrag Hermann Köhls zur Fliegerei. Mit 21 Jahren erwarb B. bereits d. Sportfliegerschein, dann auch den Kunstflug- u. den Seeflugschein u. schloß mit d. Blindflugausbildung ab. Populär wurde B. bereits mit ihren ersten Langstreckenflügen: 1931 nach Zentralafrika, wo sie beim Rückflug in d. Nähe v. Timbuktu notlanden mußte u. tagelang verschollen war; 1933 erhielt sie f. einen 31000-km-Flug nach Asien mit Überquerung d. Himalaja, Australiens u. Südamerikas den Hindenburg-Pokal. Bis zum Kriegsausbruch steigerte sie ihre Popularität durch weitere Fernflüge nach Afrika (1933), Amerika (1934–35) u. mehrere Länder Asiens (1939) ebenso wie durch ihre Heirat mit Bernd Rosemeyer, dem dt. Rennfahreridol (tödl. verunglückt 28. 1. 1938). Nach d. 2. WK knüpfte sie an d. früheren Erfolge an, flog wg. d. Flugverbots f. Deutsche zunächst in d. Schweiz, gewann 1963 den internationalen Europaflug u. nützte ihre Flugreisen stärker als bisher auch als Schriftstellerin: Nach *Ein Mädchen fliegt allein* (1932) u. dem Rosemeyer-Buch *Mein Mann, der Rennfahrer* (1938) veröffentlichte sie nach dem Krieg mehrere Reiseberichte u. eine Sammlung v. Lebensbildern berühmter Flugpioniere *... so waren diese Flieger* (1966), in zweiter Aufl. erschienen schließlich 1978 ihre Memoiren *Alleinflug. Mein Leben.*
Elly B. wurde ebenso wie ihr erster Mann, Bernd Rosemeyer, von der NS-Propaganda als Prototyp der jungen deutschen Generation gerne angenommen und gefördert. Als Vorbild für die eigene Jugend und als sympathische Botschafterin eines tüchtigen, auch sportlich erfolgreichen neuen Deutschland paßte sie genau in das Bild, das man vorzeigen wollte.
We

Benn, Gottfried Schriftsteller und Mediziner
geb. 2. 5. 1886 in Mansfeld,
gest. 7. 7. 1956 in Berlin.
Der Sohn eines evangelischen Pastors studierte zunächst Theologie u. Philologie in Marburg und Berlin, dann Medizin. Im 1. WK Mili-

tärarzt, ab 1917 Facharzt für Haut- u. Geschlechtskrankheiten in Berlin. Schon vor dem 1. WK war B.s erster Gedichtband *Morgue* erschienen, der deutlich expressionist. Züge trug. Weitere Veröffentlichungen mit so sprechenden Titeln wie *Fleisch* (1916), *Gehirne* (1916) oder *Schutt* (1920) machten B. zu einem d. bedeutendsten expressionist. Schriftsteller d. Weimarer Republik. Mit d. Veröffentlichung seiner *Gesammelten Werke* im Jahre 1927 fand er auch internationale Anerkennung. 1932 wurde B. vom damaligen Präsidenten Max Liebermann in d. Berliner Akademie d. Künste aufgenommen. B.s Antrittsrede mit dem Titel *Nach dem Nihilismus* war geprägt durch ein irrationales Weltbild, das moderne Zivilisation u. Rationalismus ablehnte, an dessen Stelle ein ästhetischer Nihilismus treten sollte. In d. Machtergreifung der Nationalsozialisten sah B. eine Chance für d. Überwindung d. krisenhaften Zeiterscheinungen in Politik u. Kultur. B.s Schrift *Der neue Staat u. die Intellektuellen* (1933) bekundete seine Loyalität zum NS, von dem er sich d. Durchsetzung seiner heroischen Geschichtsvorstellungen erhoffte. Bereits 1934 aber wandte sich B. desillusioniert vom NS ab u. war zunehmend Angriffen von seiten d. NS ausgesetzt. 1938 wurde er aus d. *Reichsschrifttumskammer* ausgeschlossen, was einem Berufsverbot gleichkam. Um Konflikten mit den NS-Machthabern zu entgehen, meldete sich B. 1935 als Militärarzt, was er bis Kriegsende blieb. Nach 1945 mußte er sich wg. seiner Verstrickungen in den NS harsche Kritik gefallen lassen. Er erhielt vorübergehend Schreibverbot. 1949 konnte er seine *Statischen Gedichte* veröffentlichen, die d. Spätwerk einleiteten. 1951 wurde ihm der *Georg-Büchner-Preis* verliehen.
KK

Bergengruen, Werner

Schriftsteller, Lyriker, Übersetzer
geb. 16. 9. 1892 in Riga,
gest. 4. 9. 1964 in Baden-Baden.
Vater Arzt. Studium d. Rechte, Geschichte u. Literaturwiss. 1914 Kriegsfreiwilliger. 1919 Mitglied d. baltischen Landwehr. Danach Tätigkeit als Journalist u. Übersetzer in Tilsit und Memel, seit 1924 freier Schriftsteller. 1925 Chefredakteur d. *Baltischen Blätter.* 1936 Übertritt z. kath. Kirche, Umzug nach München-Solln. 1937 Ausschluß aus d. Reichsschrifttumskammer, Vortragsverbot, Veröffentlichungsverbot f. mehrere Bücher. 1942 Umzug nach Achenkirch in Tirol, kurzer Aufenthalt in Rom. 1946–58 in Zürich, dann bis zum Tod in Baden-Baden. 1951 Raabe-Preis d. Stadt Braunschweig, 1962 Schiller-Preisträger. Der Roman *Der Großtyrann und das Gericht* (1935) wurde bald nach seinem Erscheinen als ver-

schlüsselte Kritik an der Diktatur aufgefaßt und galt in oppositionellen Kreisen als Geheimtip.
In B.s Lyrik dominiert für die im Glauben starke Persönlichkeit noch immer die heile Welt, während in seinen epischen Werken die Dämonie der Zeit stärker zum Vorschein kommt. In der Sinnsuche B.s kann man aus heutiger Sicht sowohl Zeitgebundenheit und Zeitstil als auch den christlichen Hintergrund des Autors erkennen.
Publ. u.a.: *Das Kaiserreich in Trümmern* (1927); *Die Feuerprobe* (1933); *Der Starost* (1938); *Der Tod von Reval* (1938); *Die drei Falken* (1939); *Pelageja* (1946); *Das Feuerzeichen* (1949); *Der letzte Rittmeister* (1952).
Ri

Berger, Gottlob Chef des SS-Hauptamtes
geb. 16. 7. 1896 in Gerstetten,
gest. 5. 1. 1975 in Stuttgart.
Vater Besitzer eines Sägewerks. In Nürtingen Ausbildung als Lehrer, 1914–18 Kriegsdienst, zuletzt Oberltn. Zwischen 1919 u. 1934 als Lehrer in Württemberg tätig, 1933 Rektor. Ab 1. 10. 1935 Referent f. Leibeserziehung im württ. Kultusministerium u. Leiter d. Württ. Landesturnanstalt. Eintritt in NSDAP u. SA am 1. 1. 1931, 15. 10. 1932 SA-Oberf. Austritt aus d. SA Juni 1933, am 30. 1. 1936 Eintritt in d. SS. Von April 1937 bis Juni 1938 Referent für Leibeserziehung im Reichserziehungsministerium u. im Stabsamt des Reichsbauernfhrs.; ab Juli 1938 verantwortlich f. Leibeserziehung im SS-Hauptamt, das er bei dessen Umorganisation am 1. Jan. 1940 selbst als Chef (bis Kriegsende) übernahm, nachdem er schon 1938 zum Chef des Ergänzungsamtes der SS ernannt worden war (ab 1. 9. 1939: Chef des Ergänzungsamtes der Waffen-SS). Anfang 1942 Reorganisation u. Leitung des Reichspostschutzes. Ab Mitte Febr. 1943 bis 20. 1. 1945 Verbindungsmann → Himmlers im Range eines StSekrs. im RMfdbO. Vom 1. bis 16. Sept. 1944 als *Dt. General in d. Slowakei* mit d. Niederschlagung des militär. Aufstandes in der Slowakei beauftragt. Ab 1. 10. 1944 Chef d. Kriegsgefangenenwesens unter dem OB d. Ersatzheeres Himmler. Im Nürnberger *Wilhelmstraßenprozeß* am 14. 4. 1949 zu 25 Jahren Haft verurteilt, vom amerik. Hochkommissar zu 10 Jahren begnadigt u. bereits am 16. 12. 1951 entlassen.
B., der erst vier Jahre nach der Machtergreifung in d. SS eingetreten war, machte dort dank seiner Geschäftigkeit u. seines guten Verhältnisses zu Himmler rasch Karriere. Nachdem er seinen weniger aktiven Vorgänger → Heißmeyer aus dem SS-Hauptamt verdrängt hatte, kümmerte er sich um nahezu alle Angelegenheiten innerhalb

der SS. In der Erfindung neuer Aufgaben war er ähnlich phantasievoll wie sein Reichsführer; seine vielfältigen Ziele – darunter als besonderes Steckenpferd die aus Wilddieben u. Vorbestraften bestehende Bewährungseinheit Dirlewanger (→ Dirlewanger, Oskar) – verfolgte er mit Energie u. nicht ohne intrigante Fürsorglichkeit. Während des Krieges erwarb er sich den Spitznamen »General Wirrwarr«, der nicht nur die Vielfalt seiner Aufgaben, sondern auch seine Grenzen zum Ausdruck bringt.
We

Bertram, Adolf Kardinal-Erzbischof
geb. 14. 3. 1859 in Hildesheim,
gest. 6. 7. 1945 auf Schloß Johannesberg/Böhmen.
Sohn eines Kaufmanns. 1877–81 Theologiestudium, danach Priesterweihe. 1882–84 Studium d. kanon. Rechts in Rom. 1894 Domkapitular; 1906 Bischof von Hildesheim. Am 8. 9. 1914 Erhebung zum Fürstbischof v. Breslau. 1916 Kardinal. 1919–45 Vorsitzender d. Fuldaer Bischofskonferenz.
Als Vorsitzendem der Bischofskonferenz kam B. bei der Formulierung eines gemeinsamen Standpunktes der katholischen Bischöfe Deutschlands große Bedeutung zu. Er stand dem Nationalsozialismus zwar ablehnend gegenüber, sah im Vergleich zum Kommunismus in ihm aber das kleinere Übel. Er akzeptierte das Konkordat von 1933, wie er überhaupt im Ausgleich mit dem NS-System die der Kirche zuträglichste Politik sah. Seine Beschränkung auf Eingaben an die Reichsregierung trug ihm allerdings auch Kritik seiner Kirche ein u. führte spätestens seit 1940 zur Spaltung d. Bischofskonferenz u. zum Konflikt mit Bischof → Preysing. Aus Furcht vor Repressionen vermied er jedoch offene Stellungnahmen, auch als sich mit fortschreitendem Kirchenkampf seine Kritik am NS verstärkte, und konnte so seiner Aufgabe, die Rechte der Kirche gegenüber dem NS-Staat zu verteidigen, nicht gerecht werden.
Ri

Bertram, Hans Flieger, Schriftsteller und Verleger
geb. 26. 2. 1906 in Remscheid,
gest. 8. 1. 1993 in München.
B. besuchte in seiner Vaterstadt d. Gymnasium bis zum Abitur 1926 u. machte anschließend eine Schiff- u. Flugzeugbaulehre, u. a. bei Blohm u. Voss in Hamburg. 1927–28 Maschinenbaustudium an d. TH München. 1928–34 Berater d. chinesischen Regierung beim Aufbau d. chines. Marine-Luftwaffe, dabei auch als Geldbeschaffer tätig. Bei einem Flug nach Australien mußte er auf Timor notlanden; B. u. sein Bordmechaniker konnten erst nach 53 Tagen gerettet werden. Über

Flug u. Überlebenskampf verfaßte B. sein berühmtes Buch *Flug in d. Hölle*, das bis 1985 eine Auflage v. 2,5 Millionen erreichte. Anschließend war B. als Regieassistent u. v.a. als Drehbuchautor beim Film tätig. Nach einem neuen Buch *Ruf d. weiten Welt* (1936) flog B. erneut um die Welt. Während d. 2. WKs zeitweise Tätigkeit als Filmberichterstatter. 1943 Zerwürfnis mit dem Goebbelsschen Propagandaministerium wg. seines Films *Symphonie eines Lebens*, bei dem er den jüd. Schauspieler Harry Baur einsetzen wollte, u. Ausschluß aus d. Reichsfilm- u. Reichsschrifttumskammer, was einem Berufsverbot gleichkam.

Nach dem Krieg gründete B. 1947 die Atlantis Filmgesellschaft in Wiesbaden u. betätigte sich, z.T. von Syrien aus, als Filmemacher, Drehbuchautor u. Schriftsteller. Seit 1954 betrieb B. in Bayern eine Regionalfluglinie u. gründete den erfolgreichen *Luftbildverlag Hans Bertram* in München, in dem er bis zu seinem Tod mitarbeitete.

Publ. u.a.: *Sturmflug* (1952) u. *Flug zu den Sternen* (1954), beide Fortsetzungen seines Erfolgsbuches *Flug in d. Hölle*; ferner *Götterwind. Pioniere d. Luftfahrt* (1980). Drehbücher u.a. zu den Filmen *D III 88* (1938); *Feuertaufe*; *Kampfgeschwader Lützow*, drei militaristischen Epen zur Verherrlichung d. dt. Luftwaffe, u. nach dem Krieg zu einer Reihe von bereits vergessenen Filmen.

We

Best, Werner SS-Obergruppenführer und Reichsbevollmächtigter in Dänemark

geb. 10. 7. 1903 in Darmstadt,
gest. 23. 6. 1989 in Mülheim/Ruhr.

Vater Postinspektor. Nach Abitur in Mainz ab 1921 Jurastudium in Frankfurt/M., Freiburg u. Gießen. 1927 Promotion in Heidelberg. 1928 Assessor u. als Jurist im Staatsdienst tätig. Seit 1919 Mitglied d. DNVP u. Mitbegründer d. ersten Ortsgruppe d. *Deutschnationalen Jugendbundes* in Mainz. Aktive Teilnahme am sog. Ruhrkampf gg. d. frz. Besatzungsmacht; deshalb zu drei Jahren Haft verurteilt, von denen er ein halbes Jahr absaß. 1925 vergeblicher Versuch, einen *Nationalblock in Hessen* zu gründen. Im Nov. 1930 Übertritt zur NSDAP, beeindruckt v.a. von den wirtschaftspolit. Plänen Gregor → Straßers zur Bekämpfung d. Arbeitslosigkeit. Jurist. Berater d. NSDAP-Gauleitung Hessen-Darmstadt. 1931–1933 hess. MdL. Nov. 1931 Eintritt in SS. Als Autor d. *Boxheimer Dokumente*, die mit der Protokollierung d. Zwangsmaßnahmen im Falle einer natsoz. Machtübernahme das Gewaltpotential des NS enthüllten, wurde er im Dez. 1931 aus d. hess. Staatsdienst entlassen.

Nach Machtübernahme Staatskommissar f. d. Polizeiwesen in Hessen (13. 3. 1933), Aufbau d. Hess. Staatspolizeiamtes; seit 10. 7. 1933 Landespolizeipräsident u. Ltr. d. PolizeiAbt. im hess. Innenministerium. Im Sept. 1933 von Reichsstatthalter → Sprenger wg. Ungehorsams entlassen. Bekanntschaft mit → Himmler. 1933 Führer des SD-Oberabschnitts (OA) Südwest in Stuttgart; als Stellvertreter → Heydrichs im SD-Hauptamt ab März 1934 auch Übernahme des SD-OA Süd in München, dabei wichtige Rolle bei d. Niederschlagung des sog. Röhm-Putschs. Mit Heydrich ab Sept. 1934 in Berlin Ausbau des Geh. Staatspolizeiamts u. d. Gestapo. 1935 als Abteilungsleiter im SS-Hauptamt Sicherheitspolizei zuständig für Verwaltung u. Recht; Beförderung z. SS-Standartenfhr.; 1937 MinDirig. Beim Umbau u. der Zusammenfassung des Geh. Staatspolizeiamts mit d. SD-Hauptamt u. dem Hauptamt Sicherheitspolizei zum Reichssicherheitshauptamt (RSHA) 1939 führende organisator. Rolle B.s als Stellvertreter Heydrichs u. Amtschef von Amt I (später II) des RSHA mit Zuständigkeit f. Verwaltung, Organisation u. Recht sowie einige Zeit auch noch f. d. Aufbau d. Abwehrpolizei. Wg. wachsender persönl. Differenzen mit Heydrich im Mai 1940 aus dem RSHA ausgeschieden. Seit Aug. 1940 als Ministerialdirektor bis Juni 1942 Zivilverwaltungschef beim Militärbefehlshaber in Frankreich, zuständig f. d. landeseigene Verwaltung einschl. Polizei u. damit auch f. d. Bekämpfung des französischen Widerstands. Juli 1942 mit Zustimmung Himmlers Übertritt in den Ausw. Dienst, seit 5. 11. 1942 Bevollmächtigter des Dt. Reichs in Dänemark. 9. 11. 1942 SS-Gruppenfhr., April 1944 Ogruf. Nach Verhaftung bei Kriegsende 1947 als Zeuge bei den Nürnberger Kriegsverbrecherprozessen, anschl. an Dänemark ausgeliefert u. vom Kopenhagener Amtsgericht 1948 z. Tod, im Berufungsverfahren 1949 zunächst zu 5 Jahren, 1950 vom Obersten Dänischen Gerichtshof schließlich zu 12 Jahren Haft verurteilt, nach Begnadigung Ende Aug. 1951 in die BRD abgeschoben. 1951–53 in Essener Rechtsanwaltskanzlei beschäftigt. Seit 1953 Tätigkeit als Justitiar beim Stinnes-Konzern. Im Sept. 1958 von Westberliner Spruchkammer zu 70000 DM Sühne verurteilt, im Berufungsverfahren 1962 trotz Einstufung als »Hauptschuldiger« Reduzierung d. Strafe auf 100,40 DM. Unmittelbar nach Kriegsende angestellte Ermittlungen gg. B. wg. der im Juli 1933 erfolgten Ermordung des ehem. NSDAP-Kreisleiters, der die Existenz der *Boxheimer Dokumente* verraten hatte, verliefen 1955 ebenso im Sande wie Ermitt-

lungen üb. B.s Rolle beim sog. Röhm-Putsch. Im Zusammenhang mit Ermittlungen gg. SS-Einsatzgruppen in Polen Verhaftung B.s im März 1969 u. Beschuldigung, Befehle zur Ermordung von über 8700 Polen gegeben zu haben. 1972 Haftverschonung, Ende 1983 Einstellung des Verfahrens wg. Verhandlungsunfähigkeit; jedoch Ablehnung einer Haftentschädigung, weil bei Prozeßfähigkeit mit »annähernder Sicherheit« Verurteilung wg. Mordes zu erwarten gewesen wäre.
Als einer der professionellsten Mitarbeiter Himmlers u. Heydrichs war B. nicht nur entscheidend am Aufbau der Sicherheitspolizei beteiligt, er setzte sich in seinen theoretischen Veröffentlichungen auch nachhaltig für den totalitären Führerstaat ein u. bejahte den radikalen Kurs der »Vernichtung und Verdrängung fremden Volkstums« im Interesse des eigenen Volkes unter Berufung auf nicht näher definierte »Lebensgesetze« ebenso wie die »vorbeugende Verbrechensbekämpfung« der Polizei in einem weitgehend rechtsfreien Raum. Allerdings zeigte er in seinem praktischen Handeln, v.a. als Reichsbevollmächtigter in Dänemark, auch die Fähigkeit flexiblen Eingehens auf die Realitäten, teilweise trotz entgegengesetzter Weisungen aus Berlin. So stehen seine mittelbare Beteiligung an den Untaten der Einsatzgruppen in Polen u. an der Deportation der dänischen Juden neben den Bemühungen, im besetzten Dänemark eine gemäßigte deutsche Politik durchzuhalten u. die von ihm initiierte Deportation der dänischen Juden wieder rückgängig zu machen oder in ihren Auswirkungen abzuschwächen. Oberste Maxime seines Handelns dürften allerdings weniger humanitäre Erwägungen als die Erkenntnis gewesen sein, mit der Rettung seiner in Frankreich wie in Dänemark einigermaßen erfolgreichen »Aufsichtsverwaltung« (Verwaltung durch landeseigene Kräfte unter deutscher Aufsicht) dem Deutschen Reich – und damit dem NS-Staat – mehr zu nützen als mit der von Hitler favorisierten brutalen Unterdrückungspolitik.
Publ: *»---wird erschossen«. Die Wahrheit über das Boxheimer Dokument* (1932); *Die deutsche Polizei* (1940); *Die Verwaltung in Polen vor u. nach dem Zusammenbruch der Polnischen Republik* (1940); *Herrenschicht oder Führungsvolk*, in: *Reich, Volksordnung, Lebensraum* (1942).
We

Beumelburg, Werner Schriftsteller
geb. 19. 2. 1899 in Traben-Trarbach (Mosel),
gest. 9. 3. 1963 Würzburg.
Sohn eines Pfarrers. Nach Notabitur 1916 Freiwilliger im 1. WK, 1917 Ltn., EK II u. EK I. 1918/19 Stu-

dium der Staatswissenschaften in Köln. 1921 Redakteur bei der *Dt. Soldatenzeitung im Reichswehrministerium* u. bei der *Dt. Allgemeinen Zeitung*. 1922 Veröffentl. v. *Douaumont*, einer Auftragsarbeit f. d. Reichsarchiv. 1924 Redakteur bei den *Düsseldorfer Nachrichten*. Seit 1926 freier Schriftsteller in Traben-Trarbach. Ab 1929 Veröffentlichung zur Geschichte des 1. WKs u. des Dt. Reiches. 1932 Übersiedelung nach Berlin. Hrsg. der Schriftenreihe *Schriften an die Nation*. 1933 Senator u. Schriftführer der *Preuß. Akademie der Künste*, Berlin, später Generalsekretär. 1936 *Literaturpreis der Stadt Berlin*, 1937 *Kulturpreis der Westmark*. Während des 2. WKs Major der Luftwaffe im Stab → Görings. 1945–62 Aberkennung der Bürgerrechte durch die Stadt Traben-Trarbach. Nach 1950 Veröffentlichung von drei Romanen u. einer Chronik zum 2. WK.

B. war ein vielgelesener Verfasser nationalistischer Weltkriegsliteratur sowie historischer u. zeitgeschichtlicher Schriften u. Romane. Während des Dritten Reiches gehörte B. zu den von den Nationalsozialisten am meisten geförderten Schriftstellern. Er veröffentlichte u.a. 1940 eine Geschichte der Legion Condor *Kampf um Spanien*, die er im Auftrag Görings verfaßt hatte, u. wurde offiziell beauftragt, eine Geschichte des 2. WKs zu schreiben. Mit den *Schriften an die Nation* gab B. eine Reihe heraus, in der völkisch-nationale oder auch natsoz. Autoren zu Themen aus Politik, Kultur u. Geschichte publizierten (u.a. Richard → Euringer, Ernst → Krieck, Arthur Moeller van den Bruck, Hjalmar → Schacht, Franz Schauwecker, Oswald Spengler). Am bekanntesten wurde B. mit seinem 1929 veröffentlichten Kriegsbuch *Sperrfeuer um Dtschld.*; später wandte er sich in historischen Romanen Themen zu, die sich mit großen Taten u. Entscheidungen in der dt. Geschichte auseinandersetzen, u.a.: *Bismarck gründet d. Reich*; *Bismarck greift zum Steuer* (beide 1932); *Kaiser u. Herzog* (1936); *Reich u. Rom* (1937).
AS

Binding, Rudolf G(eorg) Schriftsteller
geb. 13. 8. 1867 in Basel,
gest. 4. 8. 1938 in Starnberg.
Sohn des bekannten Juristen Karl B. Kindheit u. Jugend in Basel, Freiburg im Breisgau, Straßburg, Leipzig, Frankfurt a. M. Nach Abitur Jura- u. Medizinstudium in Tübingen u. Leipzig. Freiwilliger Militärdienst, Reserveoffizier. Berufliche Tätigkeiten als Soldat, Pferdezüchter, Rennreiter. 1909 erste Veröffentlichung *Legenden der Zeit*. 1914–1918 als Rittmeister u., seit 1916, als Ordonnanzoffizier im 1. WK. Zeitweise Bürgermeister von

Buchschlag (b. Frankfurt), seinem damaligen Wohnsitz. 1935 Umzug nach Starnberg. 1932 Senator der *Preuß. Akademie der Künste*, 1934 zweiter Vorsitzender. *Goethe-Medaille d. Stadt Frankfurt*. Bereits 1928 veröffentlichte B. eine Autobiographie u.d.T. *Erlebtes Leben*, die 1941 noch einmal aufgelegt wurde. Erst nach seinem Tod erschienen 1957 *Die Briefe* 1884–1938.

Als weitgehend unpolitischer, nationalgesinnter Autor war B. für die Nationalsozialisten zunächst ein wichtiges Aushängeschild. Seine schriftstellerischen Werke, die von männlichem Heldentum, Ehre, Keuschheit, Ritterlichkeit, Krieg u. Reiterstolz erzählten, ließen sich teilweise gut in das natsoz. Weltbild einfügen. Mit seiner *Antwort eines Deutschen an die Welt* verteidigte er 1933 das entstehende Dritte Reich u. bezeichnete erste Übergriffe der Nationalsozialisten noch als Randerscheinungen. Später distanzierte sich B. vorsichtig vom NS. 1938 wurde er ohne öffentliche Ehrung beerdigt.

AS

Blessing, Karl Reichsbankdirektoriumsmitglied

geb. 5. 2. 1900 in Enzweihingen/ Württemberg,

gest. 25. 4. 1971 in Rasteau/ Provence.

1925 Diplom an d. Handelshochschule Berlin, 1920–39 Reichsbankbeamter, zuständig für Reparationsfragen, Assistent von → Schacht, 1929 Teilnahme an d. Pariser Young-Konferenz, an d. Haager Reparationskonferenzen u. an d. Konferenz über d. Gründung der Bank für Internationalen Zahlungsausgleich in Basel, an die er von 1930 bis 1934 abgestellt wurde. 1934–37 Generalreferent im Reichswirtschaftsministerium. 1937 Beitritt zur NSDAP; Mitglied d. Reichsbankdirektoriums u. d. engeren Beirats d. Dt. Bank. Abberufung aus dem Reichsbankdirektorium 1939, nachdem er sich geweigert hatte, die inflationistische Rüstungsfinanzierung weiter mitzuverantworten. 1939–41 u. wieder ab 1948 Vorstandsmitglied bei d. Margarine-Union AG (Uni-Lever), 1941–45 bei d. Kontinentalen Öl AG. Obwohl B. von 1939–45 Mitglied des *Freundeskreises Reichsführer SS* war u. die Partei auch mit Spenden versorgte, wurde er von → Goerdeler u. den Verschwörern des 20. Juli 1944 als Fachmann geschätzt u. für eine spätere Regierung als Reichsbankpräs. u. Wirtschaftsmin. gehandelt. Nach 1945 erhielt er mit zahlreichen Aufsichtsratsposten, ab 1950 auch als Senator der Max-Planck-Gesellschaft u. von 1958 bis 1969 als Bundesbankpräsident wieder großen Einfluß im wirtschaftl. u. gesellschaftl. Leben d. BRD.

Den

Blobel, Paul Führer eines SS-Sonderkommandos
geb. 13. 8. 1894 in Potsdam,
gest. 7. 6. 1951 in Landsberg am Lech (hingerichtet).
Vater Zimmermeister. Nach einer Zimmerer- u. Maurerlehre Besuch einer Kunstgewerbeschule. 1912–20 Architekturstudium, unterbrochen durch d. Kriegsdienst. Danach als freier Architekt tätig. Ab d. 1. 10. 1931 Mitglied d. NSDAP u. SA. 1932 Übertritt in die SS. Ab Nov. 1933 Tätigkeit b. d. Stapo Düsseldorf, Juli 1934–Juni 1941 beim SD in Düsseldorf. Am 20. 4. 1938 Ernennung zum SS-Stubaf. Juni 1941–Jan. 1942 Kdr. des Sonderkommandos 4a der Einsatzgruppe C im rückwärtigen Gebiet der 6. Armee, beauftragt mit Massenerschießungen v. a. von Juden. Ab Juni 1942 als Fhr. des *Sonderkommandos 1005* verantwortlich für d. Beseitigung aller Spuren der von den Einsatzgruppen u. -kdos. im Osten durchgeführten Exekutionen (»Enterdungsaktion«). Im Nürnberger *Einsatzgruppen-Prozeß* am 10. 4. 1948 z. Tod verurteilt.
B. war als Führer des Sonderkommandos 4a verantwortlich für den Tod von Zehntausenden von Menschen, unter anderem leitete er die Massenerschießung von 33 771 Juden in der Schlucht von Babi Jar bei Kiew.
Ri

Blomberg, Werner (Eduard Fritz) v. Reichswehrminister, Generalfeldmarschall
geb. 2. 9. 1878 in Stargard,
gest. 14. 3. 1946 in Nürnberg.
Sohn eines Garnisonsverwaltungsdirektors. 1894–97 Hauptkadettenanstalt Groß-Lichterfelde. 1897 Ltn. 1907–10 zur Kriegsakademie kommandiert. 1911 Hptm. 1914 Kompaniechef in Metz. Nach Kriegsausbruch Erster Generalstabsoffz. b. einer Reservedivision. 1916 Maj. 1917 1. Generalstabsoffz. b. d. 7. Armee. 3. 6. 1918 Verleihung d. *Pour le mérite.* 1919–21 Referent im Reichswehrministerium. 1920 Obstltn. 1921–24 Chef d. Stabes b. Wehrkreiskdo. 5 in Stuttgart. 1923 Obst. 1925–26 Chef d. Ausbildungswesens im Reichswehrministerium. 1927–29 Chef d. Truppenamts. 1928 GenMaj. 1929–33 Befehlshaber d. Wehrkreises 1 (Ostpreußen). 1929 GenLtn. 1932 Ltr. d. dt. Militärdelegation auf d. Abrüstungskonferenz in Genf. 30. 1. 1933 Ernennung zum Reichswehrminister unter Beförderung zum Gen. d. Infanterie. Aug. 1933 GenObst. Am 21. 5. 1935 Reichskriegsminister (Umbenennung) u. OB d. Wehrmacht. 20. 4. 1936 GFM. 30. 1. 1937 Verleihung d. Goldenen Parteiabzeichens d. NSDAP. 27. 1. 1938 aus d. Wehrmacht u. als Minister entlassen. 1945 v. d. Alliierten in Haft genommen, Verwahrung im Kriegsverbrechergefängnis in Nürnberg; dort verstorben.

B. war von der Person → Hitlers fasziniert. Als einer d. Hauptverantwortlichen für die Auslieferung der Reichswehr an die Nationalsozialisten schwieg er zu den Morden an ehem. Reichswehrgenerälen beim sog. Röhm-Putsch und ließ nach dem Tode von Reichspräsident v. → Hindenburg aus eigenem Antrieb die Reichswehr auf die Person Hitlers vereidigen. Er unterdrückte auch Proteste aus der Truppe gegen die Entfernung von Offizieren jüdischer Herkunft. B. stimmte grundsätzlich mit Hitlers weitreichenden Eroberungsplänen überein, warnte diesen jedoch auch vor deren Risiken. Als er eine polizeibekannte ehem. Prostituierte unter Mißachtung der von ihm selbst verschärften Vorschriften für Wehrmachtsangehörige heiratete, konnte ihn selbst der wohlwollende Hitler nicht halten. Es ist unwahrscheinlich, daß B. dabei einer Intrige zum Opfer gefallen ist.
KAL

Blume, Friedrich Musikwissenschaftler
geb. 5. 1. 1893 in Schlüchtern/Hessen,
gest. 22. 11. 1975 ebd.
B., ein Schüler Hermann Kretzschmars, studierte Musikwissenschaft, 1921 in Leipzig Promotion, seit 1923 als Lektor an d. Berliner Universität beschäftigt, daneben Habilitation. 1934 Prof. in Kiel. Forschungsarbeiten auf dem Gebiet d. Barockmusik. Mitarbeiter am Staatlichen Institut f. Musikforschung. 1938 veröffentlichte B. als Huldigung an d. Zeitgeist *Das Rasseproblem in d. Musik*. 1939 Ltr. des Projekts *Erbe d. Dt. Musik*. Nach d. Krieg erfolgreiche Karriere als Präsident d. *Gesellschaft f. Musikwissenschaft* u. als Hrsg. der vielbändigen Fachenzyklopädie *Die Musik in Geschichte u. Gegenwart* (MGG), die 1949–68 erschien.
We

Blunck, Hans Friedrich Schriftsteller und Präsident der Reichsschrifttumskammer
geb. 3. 9. 1888 in Altona,
gest. 25. 4. 1961 in Hamburg.
Der Sohn eines Lehrerehepaars studierte in Kiel u. Heidelberg Jura; Abschluß mit d. Promotion. Als Kriegsteilnehmer an d. Westfront, danach Verwaltungsbeamter. Ab 1925 als Syndikus d. Universität in Hamburg tätig. B. veröffentlichte schon vor dem 1. WK Bücher, in denen er Reiseeindrücke aus Dtschld., Skandinavien, dem Balkan u. Ägypten verarbeitete, später auch von Mittelamerika und Brasilien. 1928 erwarb B. Gut Mölenhoff in Holstein und lebte dort als Bauer u. freier Schriftsteller. Die Verbundenheit zum bäuerlichen Leben u. niederdt. Volkstum prägten auch sein schriftstellerisches Werk. Neben nord. Märchen- u. Sa-

gendarstellungen (*Märchen von der Niederelbe*, 1923–32; *Kindermärchen*, 1929; *Vom Muckerpucker u. anderem Geistervolk*, 1931) schrieb B. historisch-mythische Romane wie die *Urväter-Saga* (1934) oder die Romantrilogie *Werdendes Volk* (1940). Dazu kamen eine Reihe v. polit. Büchern, die die demokratische Weimarer Republik ablehnten und völk. Ideen propagierten. Deutliche Affinitäten zur NS-Ideologie weisen v.a. die sog. Führerromane (*Volkswende. Ein Roman dieser zwei Jahrzehnte*, 1930) auf. B.s Bücher erfuhren im Dritten Reich immense Auflagen. 1938 erschien eine Gesamtausgabe seiner Werke. Im selben Jahr wurde B. der *Goethe-Preis der Stadt Frankfurt* verliehen. B. selbst hatte bereits 1933 eine zentrale Rolle in der NS-Kulturpolitik übernommen: Im Juni war er zum 2. Vorsitzenden der Sektion Dichtkunst in d. Preußischen Akademie der Künste gewählt worden, u. im November bestimmte ihn Reichspropagandaminister → Goebbels zum Präsidenten d. neugegründeten *Reichsschrifttumskammer*. Zwei Jahre später fiel B. dem Kompetenzgerangel d. NS-Schrifttumsfunktionäre zum Opfer und trat Oktober 1935 von seinem Amt zurück. Er erhielt den Titel »Altpräsident e.h.«, war aber weiterhin an exponierter Stelle in der NS-Kulturpolitik tätig. Bis in die Kriegsjahre hinein warb B. auf zahlreichen Vortragsreisen für die Verbreitung d. NS-Literatur im Ausland. B., der 1937 in d. NSDAP eingetreten war, mußte sich nach Kriegsende in Kiel einem Entnazifizierungsverfahren unterziehen u. wurde als »Mitläufer« eingestuft. In seinem zweibändigen Lebensbericht *Licht auf den Zügeln* u. *Unwegsame Zeiten*, der 1952/53 erschien, verdrängte B. den NS-Unrechtsstaat und seine eigene NS-Vergangenheit.
KK

Bodenschatz, Karl Heinrich
General der Flieger, Adjutant Görings
geb. 10. 12. 1890 in Rehau/Obfr., gest. 25. 8. 1979 in Erlangen.
Von einfacher Herkunft. Nach Abitur 1910 Eintritt in d. Berufsoffizierslaufbahn. 1914 Kriegseintritt als Infanterieleutnant; 1916 Übertritt zur Fliegertruppe, seit 1917 Adjutant Manfred v. Richthofens, Juli bis Nov. 1918 Adjutant v. dessen Nachfolger Hermann → Göring. Seitdem lebenslange tiefe Ergebenheit B.s gegenüber Göring u. enger persönlicher Kontakt der Duzbrüder. 1919–33 aktiver Offizier bei der Reichswehr, zuletzt in Nürnberg-Fürth. 1933 von Göring als sein persönl. Berater u. Erster Adjutant in die entstehende Luftwaffe berufen. 1936–38 Leiter des neugebildeten Stabsamts d. preuß. Ministerpräsidenten, 1938–45 (seit 1941

als General) Chef d. Ministeramts im Reichsluftfahrtministerium sowie seit Kriegsbeginn ständiger Verbindungsoffz. Görings bei → Hitler. In der zweiten Hälfte d. Krieges in Vertretung Görings nahezu regelmäßiger Beiwohner der Führerlagebesprechungen im FHQ. Auch mit inoffiziellen außenpolit. Missionen im Sinne Görings betraut; beteiligt an der Blomberg-Fritsch-Krise 1938. Beitritt zur NSDAP erst am 1. 3. 1941. Nach ernster Verwundung beim Attentat vom 20. Juli 1944 bis Kriegsende dienstunfähig. 1945–47 in US-Gefangenschaft. 1946 während der Nürnberger Prozesse erster Entlastungszeuge Görings. Ende 1948 von einer Erlanger Spruchkammer in die Gruppe der Entlasteten eingestuft, da B.s Karriere im Dritten Reich nur auf seine persönlichen Beziehungen aus dem 1. WK gegründet gewesen sei.
MV

Bohle, Ernst Wilhelm Staatssekretär u. Chef der Auslandsorganisation (AO) der NSDAP
geb. 28. 7. 1903 in Bradford/ England,
gest. 9. 11. 1960 in Düsseldorf.
Sohn des üb. England nach Kapstadt ausgewanderten dt. College-Lehrers Hermann B., der – Träger des Goldenen Parteiabzeichens u. d. *Goethe-Medaille* – 1932–35 als Landesgruppenleiter d. NSDAP in Südafrika tätig war. Der Sohn ging nach dem Abitur in Kapstadt zum Studium d. Staats- u. Wirtschaftswissenschaft nach Köln u. Berlin. 1923 Studienabschluß als Diplomkaufmann u. kaufmänn. Tätigkeit, zuletzt als selbständiger Großhändler. Seit Nov. 1931 ehrenamtl. Mitarbeiter d. in Hamburg gegründeten *Auslandsorganisation (AO) d. NSDAP*, im März 1932 Eintritt in d. Partei, Afrika-Referent in der AO, seit 8. 5. 1933 deren Ltr. im Range eines GL, zunächst im Stab des Stellvs. d. Führers. Im Nov. 1933 MdR. Seit 22. 12. 1937 als StSekr. in das Ausw. Amt eingegliedert. Förderung durch → Himmler (1936 SS-Brif., Juni 1943 SS-Ogruf.), dagegen früh Probleme mit → Ribbentrop. Auch → Rosenberg, um seine Kompetenzen besorgter Chef des Außenpolitischen Amtes der NSDAP, sah in B. u. seiner AO nur lästige Konkurrenz. Nach der »Rückführung« ehemals dt. Gebiete u. volksdt. Minderheiten (Österreich, Sudetenland, Protektorat Böhmen u. Mähren, Memelgebiet), spätestens jedoch nach Kriegsbeginn u. dem Verbot der AO in mehreren Ländern ging ihre anfängliche Bedeutung für d. propagandist. u. nachrichtendienstl. Beeinflussung des Auslands ständig zurück. Nach Verlust seiner wertvollsten Stütze, Rudolf → Heß, dessen Englandflug im Mai 1941 ihn bei Hitler persönlich in Schwierig-

keiten brachte, weil er zugab, darüber informiert gewesen zu sein, wurde B. praktisch kaltgestellt. Als Ltr. der von der alliierten Propaganda als gefährliche Untergrundorganisation des Dritten Reiches im Ausland, als »5. Kolonne«, gebranntmarkten AO wurde B., seit 23. Mai 1945 in US-Gefangenschaft, in Nürnberg vor Gericht gestellt.
B. blieb der einzige Angeklagte im Nürnberger *Wilhelmstraßenprozeß*, der sich zur Schuld des Dritten Reiches und seiner Führer gegenüber den ausländischen Opfern, aber auch gegenüber dem irregeleiteten deutschen Volk bekannte. Aufgrund seiner Erklärung wurden die meisten der Anklagepunkte gegen ihn fallengelassen. Das Gericht verurteilte ihn am 14. 4. 1949 aber doch zu fünf Jahren Gefängnis. Vom amerikanischen Militärgouverneur McCloy begnadigt, kam er jedoch schon am 21. Dezember des gleichen Jahres frei. Er lebte danach als Kaufmann in Hamburg.
We

Bonhoeffer, Dietrich ev. Theologe
geb. 4. 2. 1906 in Breslau,
gest. 9. 4. 1945 im KZ Flossenbürg (hingerichtet).
Sohn d. bekannten Psychiaters Karl B. 1923 Abitur in Berlin. Theologiestudium in Tübingen u. Berlin, 1927 Promotion, 1927–29 Vikar in Barcelona u. Berlin-Wedding, 1929 Habilitation, anschließend USA-Aufenthalt, Gasthörer des Union Seminary in New York. Ab 1931 Studentenpfarrer in Berlin, 1933 Betreuung dt. Gemeinden in London, 1934 beratendes Mitglied d. Ökumenischen Rates. 1935–37 Ltr. d. illegalen Predigerseminars d. *Bekennenden Kirche* in Zingst, später in Finkenwalde. Sein Kampf für eine weltoffene, lebendige u. konfessionsübergreifende Kirche bestimmte B.s Engagement, früh wurde er zum führenden Kopf der *Bekennenden Kirche.* B. war den *Deutschen Christen* ein Dorn im Auge. 1936 erhielt er Lehr-, 1940 Rede- und 1941 Schreibverbot. Bonhoeffer hatte über seinen Schwager Hans v. → Dohnányi Kontakte zu politischen Widerstandskreisen u. konnte mit Hilfe der Abwehr offizielle Auslandskontakte knüpfen. Im Mai 1942 in Schweden Zusammentreffen mit Bischof Bell von Chichester. Erörterung von Friedensplänen nach einer Ausschaltung → Hitlers. Bereits am 5. 3. 1943 Verhaftung durch d. Gestapo unter dem Vorwurf d. Amtsmißbrauchs zugunsten kirchenpolit. Ziele. Es gelang aber erst nach dem gescheiterten Juli-Attentat, B. eine Widerstandstätigkeit nachzuweisen. Inhaftierung im Militärgefängnis Tegel u. in den KZs Buchenwald u. Flossenbürg, wo er kurz vor d. Befreiung d. Lagers durch d. Amerika-

ner von einem SS-Standgericht zusammen mit → Canaris, → Oster u. seinem Schwager → Dohnányi verurteilt u. gehängt wurde. In der Tegeler Haft entstanden Aufzeichnungen u. Briefe, die 1951 von seinem Freund Eberhard Bethge u.d.T. *Widerstand und Ergebung* herausgegeben wurden.
Den

Bonhoeffer, Klaus Jurist
geb. 5. 1. 1901 in Breslau,
gest. 23. 4. 1945 in Berlin (hingerichtet).
Sohn des bekannten Psychiaters Karl B., Bruder von Dietrich → B. Jura-Studium in Heidelberg, 1930 Rechtsanwalt, 1936 Syndikus der *Dt. Lufthansa*. Verbindungen zum kirchlichen Widerstand über seinen Bruder Dietrich, zum militärischen über seinen Schwager Hans v. → Dohnányi u. zum sozialdemokratischen über d. Vetter seiner Frau, Ernst v. → Harnack. 1940 einberufen ins Amt Ausland/Abwehr des OKW, von wo aus er unter → Canaris seine Widerstandsaktivitäten fortsetzen konnte. Am 1. 10. 1944 Verhaftung in Zusammenhang mit d. Attentat vom 20. Juli. Vom VGH am 2. 2. 1945 zum Tode verurteilt, wurde er von SS-Männern im Gefängnis an d. Lehrter Straße in Berlin durch Genickschuß ermordet – zu einem Zeitpunkt, als die Stadt schon umkämpft war. Sein Vermächtnis wurde u.d.T. *Auf dem Wege zur Freiheit* ([2]1947) veröffentlicht.
Den

Bormann, Martin Reichsleiter im Range eines Reichsministers u. Chef der Parteikanzlei
geb. 17. 6. 1900 in Halberstadt,
gest. am 1./2. 5. 1945 in Berlin.
Verlor den Vater, einen als Postbeamten tätigen ehem. Militärmusiker, mit 4 Jahren; d. Stiefvater war Bankbeamter. Nach Schulbesuch in Eisenach u. Weimar von Juni 1918 bis Febr. 1919 Militärdienst in Naumburg. 1920–26 Landwirtschaftseleve u. Inspektor auf mecklenburgischen Gütern, daneben Mitglied in dem antisemitischen *Verband gegen die Überhebung des Judentums*; 1922/23 Funktionär im Traditionsverband des ehem. *Freikorps Roßbach*. Als Mittäter beim Fememord an dem Lehrer Kadow zusammen mit dem späteren KZ-Kdt. Rudolf → Höß im März 1924 vom Reichsgericht zu 1 Jahr Gefängnis verurteilt. Nach Entlassung Mitglied im Weimarer *Frontbann* v. Ernst → Röhm. Anfang 1927 Eintritt in d. NSDAP, Gaupresseobmann u. Gaugeschäftsfhr. in Thüringen. Nov. 1928 bis Aug. 1930 im Stab d. Obersten SA-Führung, anschließend Leiter d. Hilfskasse d. NSDAP. 1929 Heirat mit Gerda Buch, Tochter d. Obersten Parteirichters, Walter → Buch, mit → Hitler als Trauzeugen. Im Juli

1933 Ernennung zum RL u. Wechsel als Stabsleiter zum Stellvertreter d. Fhrs., → Heß. Im gleichen Jahr MdR. Die Übertragung d. Verwaltung des Hitlerschen Privatvermögens einschl. des Berghofes auf dem Obersalzberg b. Berchtesgaden u. d. allmähliche Übersiedlung B.s mit einem Teil der Heßschen Parteizentrale nach Berlin verschafften ihm Zugang zu Hitler bis zur Teilnahme an dessen täglichem Mittagstisch. Hitlers Anerkennung u. Vertrauen hatte er durch Fleiß u. Zuverlässigkeit, Härte gegenüber Untergebenen u. Erfindungsreichtum beim Ausfindigmachen neuer Geldquellen, etwa der 1933 der dt. Wirtschaft nahegelegten *Adolf-Hitler-Spende d. dt. Wirtschaft*, bald mehr als jeder andere der führenden Parteifunktionäre erworben. Obwohl nach außen wenig in Erscheinung tretend, war schon vor Heß' Ausscheiden B.s Meinung bei Personalentscheidungen in der Parteiorganisation nicht zu übergehen. Bereits zwei Tage nach Heß' Englandflug v. 10. 5. 1941 als Leiter d. Parteikanzlei zu dessen Nachfolger, praktisch zum Parteiminister, befördert, liefen alle Parteigeschäfte u. auch die Bereiche des öffentlichen Lebens, in die d. Partei sich zunehmend hineindrängte, über B., der, um Hitler für sein Kriegsgeschäft abzuschirmen, über Zugang zu u. über die Einbeziehung Hitlers bei strittigen Fragen auch außerhalb der Zuständigkeit der Partei entschied. Der zunehmend mißtrauischer werdende Hitler sah schließlich in B. den einzigen, der seine Wünsche u. Befehle gehorsam und zuverlässig ausführte. B. rückte dadurch immer mehr in den Mittelpunkt der Regierungsspitze unter Hitler, begünstigt durch d. schwache Position der Fachminister bei Hitler, die polit. Farblosigkeit d. Konkurrenten → Keitel u. → Lammers im unmittelbaren Machtzentrum um Hitler, den sinkenden Stern → Görings u. seiner Luftwaffe u. die Ablenkung → Himmlers u. → Goebbels' durch eigene große Aufgabenbereiche. B.s Ernennung zum Sekretär d. Führers im April 1943 war eine späte u. von außen kaum wahrgenommene Kaschierung seiner tatsächlichen Position als Stellv. des Führers, die er weniger durch eine Vielzahl von Ämtern als über den Zugang zu Hitler regelte. Als Heß-Nachfolger hatte er zwar auch Ministerrang erhalten; die Gauleiter u. damit d. Partei disziplinierte er aber u.a. dadurch, daß er ihnen nach Klagen von Hitler über die zur Last werdenden Besuche von Gauleitern den direkten Zugang zu ihrem Führer sperrte. Als das Oberste Parteigericht (OPG) unter Walter Buch, der mit seinem Schwiegersohn in Unfrieden lebte, durch eine gewisse Unabhängigkeit gegenüber Hitlerschen

Bestrafungswünschen unangenehm aufgefallen war, mußten alle OPG-Urteile vor ihrer Verkündung von B. genehmigt werden. Wichtiger Aspekt seiner persönl. Politik war der Antiklerikalismus, den er 1942 trotz Hitlers Stillhaltegebots f. d. Dauer d. Krieges in d. Partei zu neuem Leben erwecken wollte. Gegen Kriegsende mobilisierte er, die erkennbare Niederlage verdrängend, die Partei als Reservoir u. Organisationsbasis f. d. Volkssturm u. trieb die Gauleiter zum letzten Widerstand an. Als einer der letzten Getreuen harrte er, seine Zweifel am Kriegsausgang verdrängend, mit Hitler im Führerbunker unter der Reichskanzlei aus u. bestärkte Hitler in den letzten Kriegstagen bei der Amtsenthebung seiner alten Rivalen Göring u. Himmler. Nach Hitlers Selbstmord schloß er sich am 1. 5. 1945 dem letzten Ausbruchsversuch aus d. Reichskanzlei in der Absicht an, zum neuen Staatschef → Dönitz nach Flensburg durchzubrechen. Der am Ausbruch beteiligte Reichsjugendfhr. → Axmann berichtete während der Nürnberger Prozesse, daß er am 2. Mai die Leiche B.s in d. Nähe des Lehrter Bahnhofs habe liegen sehen. Trotzdem blieb B.s Schicksal eine nie versiegende Quelle v. Spekulationen, bis 1973 seine Leiche beim Lehrter Bahnhof exhumiert u. identifiziert werden konnte. Von dem Nürnberger Militärtribunal war B. am 1. 10. 1946 in Abwesenheit zum Tode verurteilt worden. Alles andere als eine glänzende Persönlichkeit, ohne jegliche intellektuelle Ausstrahlung, beurteilt nach seinem robusten, oft groben Auftreten und seiner Stellung im Hintergrund, ist B. von seinen Zeitgenossen erst unterschätzt, dann, vor allem nach der Niederlage Deutschlands, zum bösen Dämon des NS-Staates u. Sündenbock überzeichnet u. damit überschätzt worden. Zweifellos war er für die Rolle des absolut zuverlässigen Erfüllungsgehilfen, die Hitler erwartete, der geeignete Mann. Die nach dem Krieg als »Bunkergespräche« Hitlers oder »Hitlers Testament« veröffentlichten, auf angeblichen Gesprächen zwischen Hitler und B. beruhenden »Bormann-Diktate« aus den Monaten Februar–April 1945 sind als Fälschungen allerdings weder für B. noch für Hitler von Aussagekraft.

We

Bouhler, Philipp Chef der Kanzlei des Führers

geb. 11. 9. 1899 in München,
gest. 19. 5. 1945 bei Dachau (Selbstmord).

Sohn eines bayerischen Obersten. 1912 Eintritt in das bayerische Kadettenkorps, Kriegsfreiwilliger, 1917 als Leutnant schwer verwundet, deshalb gezwungen, 1920 nach der Entlassung aus dem Lazarett den

Offiziersberuf aufzugeben. Nach Notabitur 4 Semester Germanistikstudium in München, 1921 von Max → Amann als Schriftleiter f. d. Anzeigenteil des *VB* gewonnen. Als Mitglied des *Deutsch-völkischen Schutz- u. Trutzbundes* seit 1919 bereits im völk. Fahrwasser, ab Juli 1922 Mitglied d. NSDAP, ab Oktober 1922 zweiter Geschäftsfhr. d. Partei. Während des NSDAP-Verbots 1924/25 Geschäftsfhr. d. *Großdeutschen Volksgemeinschaft*, im März 1925 Reichsgeschäftsfhr. d. neu gegründeten NSDAP. Ohne Durchsetzungsvermögen mußte B. Kompetenzen an den Hitler-Sekretär → Heß u. den Reichsorganisationsleiter → Straßer abgeben, seine Reichsgeschäftsstelle wurde 1934 aufgelöst. Zwar im März 1933 in d. Reichstag gewählt u. mit d. Ehrenrang eines SS-Ogruf. im Juni zum Reichsleiter ernannt, erlangte B. parteiinterne Bedeutung erst mit d. im April 1934 erfolgten Ernennung zum Kulturbeauftragten im Stab des Stellvertreters d. Fhrs., als der er d. *Parteiamtliche Prüfungskommission z. Schutze des NS-Schrifttums* (*PPK*) einrichtete, die das gesamte, die Partei u. ihre Führer betreffende Schrifttum kontrollierte. Mit der *Reichsstelle f. d. Schul- u. Unterrichtswesen* erhielt er 1940 eine weitere Kontrollfunktion. Der Berufung am 29. 8. 1934 zum Münchner Polizeipräsidenten folgte schon am 17. 11. 1934 d. Berufung nach Berlin als Leiter der *Kanzlei d. Führers* (KdF), die neben privaten Angelegenheiten Hitlers v.a. an Hitler gerichtete Gnadengesuche u. Beschwerden zu bearbeiten hatte. Über Gesuche um Sterbehilfe wurde die KdF auch mit Euthanasiefällen befaßt, B. nach persönl. Intervention bei Hitler anstelle von Dr. → Conti zusammen mit Dr. → Brandt, Hitlers Leibarzt, am 1. 9. 1939 mit ihrer Durchführung beauftragt, B.s Mitarbeiter → Brack erster Spezialist f. d. Tötung v. Menschen durch Giftgas. In Konkurrenz mit der Parteikanzlei unter → Bormann u. der Reichskanzlei unter → Lammers ging der Einfluß der KdF u. damit B.s bis Kriegsende ständig zurück. Er bemühte sich daher um neue Aufgaben u. war 1942 als Ltr. des *Einsatzstabes Ostafrika* vorgesehen. Bei Kriegsende kam er im Gefolge → Görings in amerik. Gefangenschaft u. nahm sich in der Nähe von Dachau das Leben.

Publ.: *Napoleon. Kometenbahn eines Genies* (1941).

We

Bracht, Fritz Gauleiter
geb. 18. 1. 1899 in Heiden/Lippe,
gest. um den 9. 5. 1945 in Bad Kudowa (Selbstmord).

Nach Ausbildung zum Gärtner ab 1917 Militärdienst u. Fronteinsatz bis Kriegsende, anschließend bis 1919 in brit. Kriegsgefangenschaft.

Partei- u. SA-Mitgliedschaft seit 1. 4. 1927; im Nov. 1928 Ernennung zum Leiter des NSDAP-Bezirks Sauerland, seit 1. 3. 1931 Kreisleiter in Altena/Lüdenscheid. 1932 für die NSDAP in den preuß. Landtag gewählt. Seit 1. 5. 1935 stellv. Gauleiter von Schlesien. Nach d. Absetzung Gauleiter Josef → Wagners, in dessen Schatten B. lange gestanden hatte, Aufteilung Schlesiens in d. Gaue Ober- und Niederschlesien u. Ernennung B.s am 27. 1. 1941 zum GL v. Oberschlesien; ab Febr. 1941 amtierte er auch als Oberpräsident d. Provinz Oberschlesien. Im Nov. 1942 Reichsverteidigungskommissar in seinem Gau. 1944 SA-Ogruf. Unmittelbar vor dem Einmarsch sowjetischer Truppen vergiftete B. sich gemeinsam mit seiner Frau.

B. war von seinem in den Vorkriegsjahren sehr angesehenen u. einflußreichen Vorgänger Josef → Wagner lange in den Hintergrund gedrängt worden. 1944, als er angesichts der bedrohlichen Kriegslage befahl, verstärkt Luftschutzanlagen in seinem Gau auszubauen, konnte er sich gegen das Rüstungsministerium wieder nicht durchsetzen.

Wc

Brack, Viktor Amtsleiter in der Kanzlei des Führers
geb. 9. 11. 1904 in Haaren,
gest. 2. 6. 1948 in Landsberg (hingerichtet).

Sohn eines Arztes. Nach Abitur 1923 Studium d. Wirtschaftswissenschaften in München, 1928 Diplomabschluß. Im Dez. 1929 Eintritt in NSDAP u. SS; 1932 Mitarbeiter d. Reichsgeschäftsstelle d. NSDAP unter → Bouhler, seit 1933 dessen Adjutant; 1934 Bouhlers Stabsleiter in d. Kanzlei des Führers (KdF), 1935 SS-Sturmbannfhr., 1936 als Reichsamtsleiter Ltr. d. Amtes II der KdF, zuletzt Oberdienstltr. u. Stellv. Bouhlers, SS-Oberfhr. (Nov. 1940). Zunächst mit Beschwerden u. Kontrollaufgaben befaßt, dann f. d. administrativen u. technischen Ablauf d. Euthanasie u. d. Auswahl des Personals in den Euthanasie-Anstalten verantwortlich. Unter seiner Leitung wurde erstmals Gas f. d. Massentötung von Menschen eingesetzt. Seit 1941 stellte er beim Aufbau d. Vernichtungslager im Osten Personal mit einschlägigen Erfahrungen im Einsatz von Gaswagen u. stationären Vergasungseinrichtungen zur Verfügung. Himmler interessierte er mit dem Vorschlag d. unbemerkten Kastration von Trägern »unerwünschten Erbgutes« durch Röntgenstrahlen. Wegen der direkten Mitverantwortung u.a. an der Tötung von über 50000 Insassen dt. Heilanstalten wurde er im Nürnberger Ärzteprozeß zum Tode verurteilt u. hingerichtet.

We

Bradfisch, Otto Führer eines SS-Sonderkommandos
geb. 10. 5. 1903 in Zweibrücken, gest. 22. 6. 1994 in Seeshaupt.
Sohn eines Kaufmanns. 1922–25 Volkswirtschaftsstudium. Anschließend Promotion, 1926 Jurastudium. Am 1. 1. 1931 Eintritt in die NSDAP. 1935 Absolvierung des zweiten Staatsexamens, seit 1936 Assessor bei d. Reg. v. Oberbayern u. beim bayer. Innenmin. März 1937–Juli 1938 Tätigkeit bei d. Stapo Saarbrücken, dann Ltr. der Stapo in Neustadt. Am 26. 9. 1938 Eintritt in die SS. Seit dem 20. 4. 1939 Sturmbannfhr. Ab Juni 1941 Fhr. d. Einsatzkommandos 8 der Einsatzgruppe B. Ab April 1942 Ltr. d. Stapo in Lodz, verantwortlich f. die Deportation der dortigen Juden ins KZ Kulmhof. Am 20. 4. 1943 Ernennung zum Obersturmbannfhr. Juli 1943–Ende 1944 kommissar. Oberbürgermeister v. Lodz, ab Sommer 1944 auch KdS. In den letzten Kriegsmonaten KdS in Potsdam. Nach dem Krieg einige Jahre als Karl Evers untergetaucht, dann unter richtigem Namen als Versicherungsangestellter tätig. 1958 Festnahme. Vom LG München I am 21. 7. 1961 zu 10 Jahren, vom LG Hannover am 18. 11. 1963 wg. Beihilfe zu gemeinschaftlichem Mord in 15000 Fällen zu 13 Jahren Haft verurteilt.
Ri

Brandt, Karl Generalkommissar für das Sanitäts- und Gesundheitswesen, Begleitarzt Hitlers.
geb. 8. 1. 1904 in Mülhausen/Elsaß, gest. 2. 6. 1948 in Landsberg (hingerichtet).
Offizierssohn. Abitur in Dresden 1922, Medizinstudium bis 1928 in Jena, Freiburg/Br., München u. Berlin, Assistenzarzt in Bochum. Seit 1. 3. 1932 NSDAP-Mitglied. Nach einer zufälligen Notfallversorgung des Hitler-Adjutanten → Brückner als Oberarzt an die Chirurg. Universitätsklinik Berlin berufen u. seit Sommer 1934 als ständiger Begleitarzt → Hitlers angestellt. Nach dem Übertritt v. d. SA zur SS rasche Karriere. Zusammen mit RL → Bouhler von Hitler am 1. 9. 1939 mit d. Durchführung d. als Euthanasie bezeichneten »Vernichtung lebensunwerten Lebens« beauftragt. Ernennung zum Generalkommissar f. d. Sanitäts- u. Gesundheitswesen durch FhrErl. v. 28. 7. 1942, neben d. Koordinierung der wiss. Forschung auch verantwortlich f. d. Koordinierung d. Menschenversuche in den KZs. Am 5. 9. 1943 auch Koordinator der Fertigung u. Verteilung v. Sanitätsmaterial, damit Schaltstelle zw. Wirtschaft, Wehrmacht u. zivilem Bedarf. Das Kompetenzgerangel mit Reichsgesundheitsfhr. Dr. → Conti wurde noch verstärkt durch B.s Ernennung z. *Reichsbeauftragten f. d. Sanitätswesen* im Rang ei-

ner Obersten Reichsbehörde (25. 8. 1944). Im März 1944 Gewährung e. Dotation v. 50000 RM durch Hitler, Beförderung z. SS-Gruf. u. GenLtn. d. Waffen-SS am 20. 4. 1944. Nach d. fachlichen Kritik d. Hitlerärzte v. Hasselbach, Giesing und B. an den Praktiken von Hitlers Leibarzt → Morell fiel B. in Ungnade u. wurde am 5. 10. 1944 als Begleitarzt entlassen. Am 16. 4. 1945 Verhaftung B.s auf Befehl Hitlers, am folgenden Tag Todesurteil eines Standgerichts unter Vorsitz v. SS-Ogruf. → Berger wegen Defätismus (B. hatte seine Frau aus Berlin in den Westen u. damit in d. Nähe der amerik. Truppen gebracht). Verschleppung d. Hinrichtung durch → Speer, der nach Hitlers Tod bei → Dönitz B.s Freilassung erreichte. Im Nürnberger Ärzteprozeß wurde B. weg. seiner Gesamtverantwortung f. d. Menschenversuche in den KZs u. teilweise eigener Beteiligung am 20. 8. 1947 zum Tode verurteilt u. am 2. 6. 1948 in Landsberg hingerichtet.

Hitlers Sympathie für den fähigen Arzt, den er mit der Übertragung der Verantwortung für Euthanasie u. Menschenversuche tief in die Verbrechen des Dritten Reiches verstrickte, schlug nach dem Vorstoß von Hitlers Ärzten gegen den als Quacksalber verachteten Kollegen Morell in Mißtrauen u. Haß um, dessen eigentliche Ursache allerdings in dem »Verrat« → Himmlers zu suchen ist, für den B. als hoher SS-Funktionär stellvertretend die von → Bormann geschürte Rache seines krankhaft mißtrauischen Führers zu spüren bekam.

We

Brauchitsch, Manfred von Autorennfahrer und Sportfunktionär

geb. 15. 8. 1905 in Hamburg.

Sohn eines Offz. Nach Schulzeit u. Abitur in Berlin 1923 schloß sich B. zunächst als Pionier d. *Brigade Ehrhardt* in Spandau an u. trat 1924 in die Reichswehr ein. Er absolvierte d. Infanterieschule in Dresden, bevor er 1928 nach einem Motorradunfall den Abschied nahm. 1929 Wechsel zum Automobilsport, seit 1933 als Werksfahrer bei Mercedes-Benz. 1932 Sieg beim Avusrennen. 1934 Sieger im Eifelrennen. 1937 Gewinner beim Großen Preis von Monaco, 1938 Großer Preis von Frankreich in Rekordzeit. Sturmführer im NSKK. Nach Kriegsbeginn zunächst in d. Schweiz. 1941–43 dem Generaldirektor d. Junkers-Werke in Dessau als Sekretär beigeordnet. 1944–45 Referent beim Panzerbeauftragten im Technischen Amt d. Reichsrüstungsministeriums. Im Entnazifizierungsverfahren als »nicht belastet« eingestuft, widmete er sich wieder dem Motorsport, zunächst in Bayern. 1948 Sportpräsident des *Automobilclubs von Deutschland.* 1949 nach Argentinien ausgewandert. Nach Rückkehr Engagement als Sportfunktionär f. d. gesamtdt. Sport; seit 1952 Präsident d. *Komitees f. Einheit u. Freiheit im dt. Sport*; 1951 u. 1953 Präsident d. westdt. Komitees zur Vorbereitung der Weltfestspiele d. Jugend u. Studenten in Berlin bzw. Bukarest. 1951 an d. Vorbereitung einer in d. BRD bald verbotenen Volksbefragung gg. die Remilitarisierung u. für den Abschluß eines Friedensvertrags mit Gesamt-Dtschld. beteiligt. Okt. 1953 achtmonatige Untersuchungshaft wg. Verdachts auf Vorbereitung zum Hochverrat; 1954 vor einer erneuten Verhaftung Flucht in die DDR; dort 1957–60 Sportpräsident des ADMV, 1960–90 Präsident d. *Gesellschaft zur Förderung d. olympischen Gedankens*.

B. war neben Bernd Rosemeyer u. Hans Stuck der bekannteste deutsche Autorennfahrer der 30er Jahre. Auch wenn seine Siege propagandistisch ausgeschlachtet wurden, trat er politisch während der NS-Zeit nicht in Erscheinung. Umstritten bleibt seine Rolle in der deutschen Sportpolitik der Nachkriegszeit.

Autobiographien: *Kampf um Meter u. Sekunden* (1953); *Ohne Kampf kein Sieg* (1964).

JR

Brauchitsch, Walther von

Generalfeldmarschall, Oberbefehlshaber des Heeres

geb. 4. 10. 1881 in Berlin,
gest. 18. 10. 1948 in Hamburg.

Offizierssohn, 1900 Ltn. in einem Garde-Rgt.; 1912 zum Großen Generalstab kommandiert, 1914–18 Teilnahme am 1. WK als Generalstabsoffizier; 1921 Übernahme in die Reichswehr als Major, 1927 Chef des Stabes des Wehrkreiskommandos VI, 1928 Oberst, 1929 AbtLtr. im Reichswehrministerium, 1931 GenMaj., 1932 Inspekteur der Artillerie, 1933 GenLtn., Kdr. der 1. Infanteriedivision, 1935 Kdr. General des I. Armeekorps, 1936 General, 1937 OB des Gruppenkommandos 4, 4. 2. 1938 GenObst., OB des Heeres, 19. 7. 1940 GFM. Am 19. 12. 1941 Entlassung, Versetzung in die »Führerreserve«, 1945 in brit. Kriegsgefangenschaft vor Beginn seines Prozesses verstorben.

Obwohl es sich bei B. um einen fähigen und erfahrenen General handelte, fehlten ihm die psychische Härte und die körperliche Belastbarkeit, um den hohen Anforderungen seines Amts als Oberbefehlshaber des Heeres gerecht zu werden. Seine Schwäche und Farblosigkeit waren jedoch genau die Charaktereigenschaften, die ihn aus → Hitlers Sicht für diese militärisch-politische Schlüsselstellung empfahlen. Während des Krieges

zwischen dem in der Kriegführung zunehmend dominierenden Hitler und dem ehrgeizigen Generalstabschef des Heeres, Franz Halder, zerrieben, mußte der überforderte B. schließlich noch die Rolle des Sündenbocks für das Scheitern der deutschen Offensive vor Moskau im Dezember 1941 übernehmen.
CH

Braun, Eva (Anna Paula)
Ehefrau Hitlers
geb. 6. 2. 1912 in München,
gest. 30. 4. 1945 in Berlin (Selbstmord).
Tochter eines Gewerbelehrers. Nach Lyzeumsbesuch in München 1928 einjährige Handelsschulausbildung in einer Klosterschule bei Simbach a. Inn. 1929 einige Monate als Sprechstundenhilfe in München; Wechsel als Bürokraft zum Fotografen Heinrich → Hoffmann, wo die Achtzehnjährige im Okt. 1929 dessen Duzfreund Adolf → Hitler kennenlernte. Erst nach dem Selbstmord v. Hitlers Nichte Geli → Raubal im Sept. 1931 u. zwei Selbstmordversuchen Evas 1932 u. 1935 intensivierte Hitler seine Beziehung zu ihr, so daß sie sich 1935 als gering bezahlte Bürohilfe in der Münchner Widenmayerstraße eine eigene kleine Wohnung leisten konnte; bereits Ende 1935 kaufte ihr Hoffmann auf Veranlassung Hitlers ein kleines Haus in bester Wohnlage Münchens in Bogenhausen. 1936 richtete sich Eva B. auch auf dem Obersalzberg ein. Dies war ihr erst möglich geworden, nachdem die Hausbesorgerin von Haus Wachenfeld, Hitlers Halbschwester Angela Raubal, die sich mit d. 29 Jahre jüngeren Geliebten ihres Bruders nicht gut verstand, im Febr. 1936 dort das Feld geräumt hatte. Eva B. trat aber auch hier nur als Gast, nicht als Gastgeberin u. Hausfrau auf u. konnte nur bei privaten Anlässen im Kreise ihrer Schwestern, Freundinnen u. Hausangestellten einigermaßen deutlich werden lassen, welche Rolle in Hitlers Leben sie wirklich spielte. Ihren gesellschaftlich nicht fixierten Status nützten auch d. beiden Ersten Damen der NS-Gesellschaft, Emmy → Göring u. Magda → Goebbels, zu kleinen Gehässigkeiten aus, gg. die Hitler allerdings energisch einschritt, so daß Emmy Göring nach einer Zurechtweisung Hitlers nicht mehr auf dem Berghof erschien. Lediglich zur vom »inner circle« auf dem Obersalzberg allgemein bedauerten Frau Bormann u. zu Frau Speer scheint sie ein normales Verhältnis gehabt zu haben, soweit die NS-Prominenz im Spiele war. Das Versteckspiel Hitlers machte Eva B. oft launisch, so daß sie sich nicht selten selbst isolierte. Hitlers chevalereske Art ggüb. seinem »Tschapperl«, wie er etwas herablassend die 23 Jahre Jüngere im vertrau-

ten Kreis nannte, seine Geschenke, ein eigener Mercedes mit Fahrer, die Möglichkeit, im nahen München Einkaufsbummel zu unternehmen, v.a. wohl auch ein kleiner Kreis v. Freundinnen u. die eigene Familie halfen der an sich lebenslustigen Frau, die deprimierende Isolierung im Zentrum d. Macht u. die damit zusammenhängenden Krisen in ihrem Leben zu überstehen. Erst d. Heirat ihrer Schwester mit → Himmlers Verbindungsoffz. im FHQ, Hermann → Fegelein, durch die sie als Familienangehörige der Fegeleins in der Umgebung Hitlers »erklärbar« gemacht werden konnte, brachte 1944 eine gewisse Änderung. Im Jan./Febr. 1945 war sie bei Hitler in Berlin, wo ihr 33. Geburtstag im kleinen Kreis gefeiert wurde. Hitler hatte kaum noch Zeit für sie: Die Ardennenoffensive war gescheitert, u. die Rote Armee näherte sich unaufhaltsam der unter täglichen Bombenangriffen leidenden dt. Hauptstadt. Da Hitler zudem v. Eva B. verlangte, daß sie seine vegetar. Kost mit ihm teilte, gab es häufig Streit zwischen beiden. Trotz Hitlers Verbot fuhr sie schließlich am 7. 3. 1945 erneut nach Berlin, nun in d. Absicht, sein Schicksal bis zum bitteren Ende mit ihm zu teilen. Als sie schon längst mit dem Leben abgeschlossen hatte, kämpfte sie noch kurz um d. Leben ihres Schwagers Fegelein, der am 25. 4. 1945 aus der Reichskanzlei desertiert war, am 27. April aber in seiner Wohnung – mit einem Koffer voll Preziosen u. d. Frau eines ungar. Diplomaten – aufgegriffen werden konnte. Hitler nahm sich Mussolini im Falle Cianos zum Vorbild u. befahl, Fegelein zu erschießen. Fegelein hatte seine Schwägerin noch am 26. April telefonisch aufgefordert, die Reichskanzlei zu verlassen u. zu ihm zu kommen. Am 28. April, kurz vor Mitternacht, heirateten Hitler u. Eva B. in einer makabren standesamtl. Zeremonie vor einem provisorischen Standesbeamten; → Goebbels u. → Bormann waren die Trauzeugen. Fegelein wurde etwa zur gleichen Zeit erschossen. Am Nachmittag des 30. April tötete sich Eva B., gemeinsam mit Hitler, im Bunker unter der Reichskanzlei mit Blausäure.

Eva B., ohne politische Ambitionen, aber verhängnisvoll gebunden an einen eher väterlichen Freund denn leidenschaftlichen Liebhaber, der sein öffentliches Leben nicht mit der etwas naiv wirkenden, sicherlich attraktiven, aber für die Rolle der Ersten Dame oder gar Landesmutter voraussetzungslosen Mädchen-Frau nicht teilen wollte, erreichte in den letzten Wochen ihres Lebens durchaus persönliche Größe.

We

Braun, Wernher v. Ingenieur und Raumfahrtexperte
geb. 23. 3. 1912 in Wirsitz bei Posen, gest. 16. 6. 1977 in Alexandria bei Washington.
Sohn des Bankdirektors u. Reichsernährungsministers im Kabinett von → Papen, Magnus v. Braun. Technische Lehre in Berlin; früh Hinwendung zur Raketen- u. Raumfahrttechnik. Während seines naturwissenschaftlichen Studiums an der TH Berlin hatte er enge Kontakte zu großen Raumfahrtforschern der Zeit. Über Walter Dornberger kam B. 1932 zur Raketenversuchsstelle Kummersdorf, einer Abteilung d. Heereswaffenamts; dort entwickelte er eine Reihe von Flüssigkeitsraketen. Nach Promotion 1934 wurde er 1937 zum technischen Ltr. der Raketenentwicklung in d. Heeres-Versuchsanstalt Peenemünde ernannt. Schon 1938 hatte B. den Prototyp der A4-Rakete entwickelt, die Ende des 2. WKs als »Vergeltungswaffe« V2 zum Arsenal der dt. »Geheimwaffen« gehörte. Zunächst aber scheiterten weitere Forschungen an Geldmangel u. Desinteresse d. Obersten Reichsführung. Erst 1943, als sich d. militärische Niederlage für Dtschld. abzuzeichnen begann, setzte → Hitler auf den Einsatz der Raketen. Erstmals wurden V2-Raketen am 8. Sept. 1944 bei einem Angriff auf London eingesetzt. Bei Kriegsende verlagerte B. Teile seines Laboratoriums nach Thüringen, er selbst floh mit etwa 100 Mitarbeitern quer durch Dtschld. nach Bayern. Dort wurden sie von US-Truppen gefangengenommen. In die USA gebracht, nahm B. sogleich seine Forschungen wieder auf u. gehörte zu den Organisatoren des Raketenzentrums Huntsville. 1955 erhielt er d. US-Staatsbürgerschaft. Ab 1960 war B. maßgeblich an der Entwicklung des US-Mondflugprogramms *Apollo* beteiligt. 1970 wurde er schließlich Leiter d. Planungsabteilung der *NASA*.
KK

Bredow, Ferdinand v. Generalmajor
geb. 16. 5. 1884 in Neuruppin, gest. 30. 6. 1934 in Berlin.
1912 bis 1914 Besuch der Kriegsakademie, 1914 bis 1918 als Offz. in Frankreich. 1929 Leiter d. Abwehr-Abt. im Reichswehrministerium, vom 2. 6. 1932 bis 31. 1. 1933 Chef des Ministeramtes im Reichswehrministerium. Generalmajor. Als langjähriger enger Mitarbeiter von Kurt v. → Schleicher wurde er im Zusammenhang mit dem »Röhm-Putsch« am 30. Juni 1934 in seiner Berliner Wohnung erschossen. Um etwaige staatsanwaltschaftliche Ermittlungen zu verhindern, wurde er tot in die Kaserne der *Leibstandarte Adolf Hitler* (die ehem. Kadettenanstalt in Berlin-Lichterfelde) eingeliefert. Niemand ver-

langte jedoch nach einer Aufklärung d. Mordes; selbst die Reichswehr schwieg zur Erschießung ihres Generals. Die Familie wurde entsprechend unter Druck gesetzt.
AK

Brehm, Bruno Schriftsteller
geb. 23. 7. 1892 in Laibach (Ljubliana),
gest. 5. 6. 1974 in Altaussee/Steiermark.
Der Sohn eines k.u.k. Offiziers meldete sich im Aug. 1914 als Kriegsfreiwilliger, wurde kurze Zeit später schwer verwundet u. geriet in Gefangenschaft; dabei Bekanntschaft mit Edwin E. → Dwinger, der später auch d. Vorwort für sein Erstlingswerk verfaßte. 1916 ausgetauscht. 1918 Studium der Kunst- und Frühgeschichte in Wien, 1922 Promotion zum Dr. phil. Nach Verlagstätigkeit seit 1928 freier Schriftsteller in Wien. Veröffentlichung autobiographisch geprägter Werke über d. Zeit d. 1. WKs, die ihn als völk.-konservativen Schriftsteller kennzeichneten. Bekannt wurde B. allerdings durch seine Österreich-Trilogie *Apis und Este* (1931), *Das war das Ende* (1932) u. *Weder Kaiser noch König* (1933), die den Niedergang des Habsburgerreichs beschrieb (1951 u.d.T. *Die Throne stürzen* als Trilogie erneut herausgebracht). 1939 erhielt B. dafür den Nationalen Buchpreis. Nach dem Anschluß Österreichs durchlief B. eine steile Karriere: 1939 Ratsherr von Wien, 1941 Präsident d. *Wiener Kulturvereinigung*. Seit 1938 war er außerdem Hrsg. der Monatszeitschr. *Der getreue Eckart*. Im 2. WK ab 1941 als Ordonnanzoffizier im Osten u. in Afrika. Nach Kriegsende war B. als »Belasteter« mehrere Monate lang inhaftiert. Anschließend lebte er in Alt-Aussee. Dort schrieb er 1960/61 die Romantrilogie *Das zwölfjährige Reich*, u.a. eine Auseinandersetzung mit der Person → Hitlers u. dem NS. Kritiker warfen B. eine völlig verharmlosende Sichtweise u. unzureichende Erklärungsmodelle für die NS-Zeit vor.
KK

Breitscheid, Rudolf Politiker u. Volkswirtschaftler
geb. 2. 11. 1874 in Köln,
gest. 24. 8. 1944 im KZ Buchenwald.
Sohn eines Buchhandlungsgehilfen. Abitur in Köln, Studium der Volkswirtschaft 1894–98 in München u. Marburg, 1898 Promotion. B. war ab 1895 publizistisch für linksliberale Zeitungen tätig. 1904 Wahl in die Berliner Stadtverordnetenversammlung, 1908 Mitgründer u. Vorsitzender der Demokratischen Vereinigung, 1905–10 Geschäftsführer des Handelsvertragsvereins, 1910–12 Herausgeber von »Das freie Volk«, 1912 Eintritt in die SPD, 1914–20 Mitglied der Stadtverordnetenversammlung Berlin-Wilmersdorf. Sol-

dat im 1. WK. Seine pazifist. Ideen führten ihn zur USPD, deren Wochenschrift »Der Sozialist« er 1915–23 herausgab. Nach der Novemberrevolution 1918 bis 4. 2. 1919 Preuß. Innenmin., von 1920 bis 1933 MdR, zunächst für die USPD, nach deren Wiedervereinigung mit der SPD Vorsitzender der Reichstagsfraktion u. Hauptsprecher für außenpolit. Fragen, Mitglied im SPD-Fraktionsvorsitz. 1926–30 Mitglied d. Dt. Völkerbundkommission. 1931–33 Mitglied im Parteivorstand der SPD. B., der bei der nationalen Rechten immer als »Erfüllungspolitiker« gegolten hatte, emigrierte 1933 in die Schweiz, im Aug. 1933 nach Paris, wo er sich publizistisch engagierte. 1936 Mitbegründer des Exilkomitees »Deutsche Volksfront«. Beim dt. Einmarsch in Paris Flucht nach Marseille, wo er am 11. Dez. 1941 von d. franz. Vichy-Regierung verhaftet u. an d. Deutschen ausgeliefert wurde. Nach Einstellung e. Hochverratsverfahrens Haft im KZ Sachsenhausen zusammen mit s. Frau Tony B., 1943 Verlegung ins KZ Buchenwald, wo er einem alliierten Luftangriff zum Opfer fiel.

Den

Breker, Arno Bildhauer
geb. 19. 7. 1900 in Elberfeld,
gest. 13. 2. 1991 in Düsseldorf.
B. wurde zunächst von seinem Vater, einem Steinmetz, bildhauerisch ausgebildet u. besuchte nebenbei d. Kunstgewerbeschule in Elberfeld. In den frühen 20er Jahren studierte er an d. Düsseldorfer Kunstakademie Plastik u. Architektur bei den Professoren Hubert Netzer und Wilhelm Kreis. Von 1927 bis 1933 lebte B. als freischaffender Künstler in Paris, wo er u.a. von den Werken Aristide Maillols beeinflußt wurde. Maillol nannte B. einmal den »deutschen Michelangelo«. 1933 Übersiedelung B.s nach Berlin. Seine klassizistischen u. heroisch-martialischen Monumentalfiguren fielen den Nationalsozialisten erstmals 1936 bei einem Gestaltungswettbewerb für das neuerbaute Berliner Olympiastadion auf. Die beiden Skulpturen *Zehnkämpfer* u. *Die Siegerin* wurden mit d. Silbermedaille f. künstlerische Leistungen ausgezeichnet. Weitere große u. einträgliche Staatsaufträge folgten. B. avancierte zum Paradebildhauer des Dritten Reichs. Er schuf zahlreiche Porträts von NS-Größen u. gestaltete 1938 die Plastiken f. d. Reichskanzlei. Er war Mitglied d. *Preußischen Akademie der Künste* u. bekleidete von 1938 bis Kriegsende eine Professur an d. Berliner *Hochschule f. Bildende Künste.* Bei Kriegsende floh B. aus Berlin. Im Oktober 1948 mußte er sich vor der Spruchkammer in Donauwörth verantworten, die ihn als »Mitläufer« einstufte u. zu einer Geldstrafe

von DM 100.– verurteilte. Trotzdem setzte B. seine künstlerische Karriere in d. Nachkriegszeit erfolgreich fort. Bekannt wurden v.a. seine architektonischen Arbeiten f. d. *Gerling*-Konzern u. d. Porträts von Persönlichkeiten d. öffentlichen Lebens wie Adenauer, das Ehepaar Ludwig, Ernst Jünger u.a. 1972 veröffentlichte B. seine Lebenserinnerungen *Im Strahlungsfeld der Ereignisse.*
KK

Bröger, Karl Schriftsteller
geb. 10. 3. 1886 in Nürnberg,
gest. 4. 5. 1944 in Erlangen.
Nach abgebrochener Kaufmannslehre war der Sohn eines Schusters als Bauhilfsarbeiter tätig. 1906–08 Ableistung d. Militärdienstes, dann freier Schriftsteller und sozialdem. Journalist. 1910 von Franz Müncker als »Arbeiterdichter« entdeckt, 1912–33 Redakteur bei d. *Fränkischen Tagespost.* Schriftstellerischer Erfolg mit nationalistischen Werken, die den Krieg als Gemeinschaftserlebnis feierten. Werke u.a.: *Bekenntnis eines Arbeiters* (1914), *Kamerad, als wir marschierten …* (1916), *Vom neuen Sinn der Arbeit* (1919), *Flamme* (1920), *Deutschland, ein lyrischer Gesang in drei Kreisen* (1923–25), *Geschichte einer Kameradschaft* (1929), *Volk, ich lebe aus dir* (1940).
Als Mitglied d. SPD war B. 1933 drei Monate im KZ Dachau interniert. Er arrangierte sich später mit dem NS-Regime, das mit B.s Werken Eigenpropaganda betrieb.
Ri

Bronnen, Arnolt (eigtl. *Arne Bronner*) Schriftsteller und Publizist
geb. 19. 8. 1895 in Wien,
gest. 12. 10. 1959 in Ost-Berlin.
Der Sohn eines Gymnasialprofessors studierte in Wien einige Semester Germanistik u. Jura. Nach dem 1. WK ging er nach Berlin, wo er verschiedene Tätigkeiten ausübte u. nebenbei Bühnenstücke schrieb. Durch seine anarchistischen u. avantgardistischen Werke fand er Zugang zu Bert Brecht, mit dem er zeitweise d. Wohnung teilte und der d. Regieanweisungen für B.s Theaterstück *Vatermord* (1920) schrieb. Die Aufführung des Stücks rief beim konservativen Publikum heftige Proteste hervor u. machte B. als expressiven, linksradikalen Dichter bekannt. In den späten 1920er Jahren durchlebte B. allerdings einen völligen Gesinnungswandel, dessen Ergebnis der 1929 erschienene Freikorpsroman *O.S.* (d.h. Oberschlesien) war. Brecht distanzierte sich sofort von B., → Goebbels allerdings wurde auf ihn aufmerksam. Er verschaffte B., der bereits seit Ende der 1920er Jahre Rundfunkdramaturg in Berlin gewesen war, nach 1933 den Posten des Programmleiters d. *Reichs-*

rundfunk GmbH. B.s jüd. Abstammung führte 1937 zum Ausschluß aus der *Reichsschrifttumskammer.* B. ging nach Österreich zurück, wo er seine politische Einstellung noch einmal radikal änderte. 1943 schloß er sich einer kommunist. Widerstandsgruppe an, ehe er noch 1944 zum Militär eingezogen wurde. Nach Kriegsende wurde B. vorübergehend kommunist. Dorfbürgermeister in seinem österreich. Wohnort. 1945–50 war er Kulturredakteur der kommunist. Zeitung *Neue Zeit* in Linz, bevor er 1951 Direktor der *Scala* in Wien wurde. 1954 veröffentlichte er seine Lebenserinnerungen *arnolt bronnen gibt zu protokoll,* die bei der Kritik wg. ihrer apologetischen Tendenz sehr umstritten waren. Mitte der 50er Jahre ging B. auf Einladung des damaligen DDR-Kulturministers Johannes R. Becher nach Ostberlin, wo er bis zu seinem Tode als Theaterkritiker tätig war. *KK*

Brückner, Helmuth Gauleiter
geb. 7. 5. 1896 in Peilau, Kreis Reichenbach/Schlesien,
gest. 1954 (?) UdSSR (?)
Sohn eines Volksschullehrers. Besuch des Realgymnasiums in Reichenbach. Studium der Geschichte, Geographie, Philosophie u. Volkswirtschaft in Breslau, früh unterbrochen durch den 1. WK, in den er im Aug. 1914 als Kriegsfreiwilliger zog. Im Dez. 1915 Ltn., 1916 Abteilungs-Adjutant. An der Westfront 1918 nach Auszeichnung schwer verwundet. Nach dem Krieg Beteiligung an den Grenzkämpfen in Oberschlesien, 1921 als Stabsoffizier bei der *Selbstschutzgruppe Nord.* Fortsetzung d. Studiums 1921, ohne Abschluß. 1924 Redakteur bei der *Schlesischen Volksstimme* u. Beginn einer polit. Karriere, zunächst in einer Ersatzorganisation der verbotenen NSDAP. 1924–26 Stadtverordneter in Breslau. Führend an der Wiedergründung der NSDAP in Schlesien am 1. 3. 1925 beteiligt, gleichzeitig zu deren (ehrenamtlichem) GL ernannt. Seit April 1925 Hrsg. der Gauzeitung *Schlesischer Beobachter.* 1930 gründete er den Breslauer *Zentral Verlag.* Am 14. 9. 1930 wurde B. für die NSDAP in den Reichstag gewählt, am 24. 4. 1932 in den preuß. Landtag. Mit der Ernennung zum *Landesinspekteur Ost* im Sommer 1932 übernahm er die Parteiaufsicht zusätzlich zu Schlesien auch über Ostpreußen u. Danzig. Nach der Machtergreifung seit 25. 3. 1933 Oberpräsident der Provinz Niederschlesien in Breslau, kommissarisch auch für d. Provinz Oberschlesien mit Sitz in Oppeln (am 2. 8. 1933 ihm endgültig übertragen). Am 7. 10. 1933 Beförderung zum SA-Gruf. Wahrscheinlich wg. Homosexualität u. seiner Kritik an den blutigen Vor-

fällen im Zusammenhang mit dem sog. Röhm-Putsch in Schlesien (→ Woyrsch, Udo v.) wurde B. am 5. 12. 1934 seiner sämtlichen Partei- u. Staatsämter enthoben u. aus der Partei ausgeschlossen. B. kam zeitweise in Haft. Seit 1938 lebte er – aus Schlesien verbannt – als Industriearbeiter mit seiner Familie bei Rostock. Im Juli 1945 v. den Sowjets verhaftet, soll er bis 1949 in Thüringen (Buchenwald?), später in Lagern der UdSSR gelebt haben, wo er angeblich 1954 starb.
We

Brückner, Wilhelm Chefadjutant Hitlers
geb. 11. 12. 1884 in Baden-Baden,
gest. 20. 8. 1954 in Herbsdorf (Krs. Traunstein).
Sohn eines Musikers. Nach dem Abitur 1904/05 als Einjährig-Freiwilliger bei d. Infanterie, anschließend bis 1914 Jura- u. Volkswirtschaftsstudium in Straßburg, Freiburg, Heidelberg u. München. Im 1. WK Militärdienst in Frankreich u. Rumänien, zuletzt als Obltn. u. Kompaniefhr. Febr. 1919 verabschiedet, bis Herbst 1919 im *Freikorps Epp*. Wiederaufnahme d. Studiums in München u. Arbeit als Ingenieur bei einer Münchner Filmfirma. 1922 Eintritt in d. SA, 1923 Fhr. des SA-Regiments München, mit dem er am Hitler-Putsch teilnahm. Verurteilung zu 1½ Jahren Haft, Entlassung nach 4½ Monaten. Erneute Übernahme d. SA-Regiments München u. Rückkehr zum Studium bis zu dessen Abbruch 1925. 1924–27 Generalsekretär b. *Verein für das Deutschtum im Ausland*, danach Sportlehrer u. Sportartikelvertreter. Seit 1. 8. 1930 SA-Adjutant u. später Chefadjutant → Hitlers. Entlassung am 18. 10. 1940 wegen interner Streitigkeiten in der Adjutantur. 1941 ging B. als Major zur Wehrmacht, wurde in Frankreich eingesetzt, zuletzt Oberst. Internierung durch d. Amerikaner am 4. 5. 1945. Einstufung in die Gruppe der »Hauptschuldigen« durch d. Spruchkammer Garmisch-Partenkirchen u. Verurteilung zu 3½ Jahren Arbeitslager u. zu Vermögenseinzug bis auf verbleibende 5000 DM. Das Urteil wurde v. d. Münchner Berufungskammer revidiert, B. zum »Belasteten« zurückgestuft u. sein Vermögen nur mehr zur Hälfte eingezogen.
Den

Buch, Walter Oberster Richter der NSDAP, Reichsleiter
geb. 24. 10. 1883 in Bruchsal,
gest. 12. 9. 1949 Schondorf (Selbstmord).
Sohn eines Senatspräsidenten am badischen Oberlandesgericht Karlsruhe. Nach Gymnasiumsbesuch in Konstanz u. Karlsruhe Berufsoffizier, 1904 Ltn. Im 1. WK zuletzt Major u. Bataillonskdr.; Abschied Dez. 1918. Tätigkeit im badischen

Verband ehem. Kriegsteilnehmer. 1922 Eintritt in d. NSDAP; Aug. 1923 Fhr. d. SA-Kdo. Franken in Nürnberg, dann SA-Fhr. d. Gaues Oberbayern-Schwaben. Beteiligung am Hitlerputsch, Träger d. Blutordens. Am 22. 11. 1927 v. → Hitler zum Vorsitzenden d. *Untersuchungs- u. Schlichtungsausschusses* d. Reichsleitung, des obersten Disziplinargerichts der NSDAP, bestellt, am 1. 1. 1928 dazu ernannt. 1928 wurde B. in den Reichstag gewählt. Die letzten Jahre vor d. Machtübernahme war B. auch Redakteur beim *VB*. Mit d. Umbenennung d. Uschla-Ausschusses in *Oberstes Parteigericht* (*OPG*) wurde B. am 9. 11. 1934 dessen Vorsitzender im Rang eines Reichsleiters u. unter Verleihung d. Ehrenranges eines SS-Ogruf. B. war außerdem Mitglied d. *Akademie f. Dt. Recht* u. des *Sachverständigenbeirats f. Bevölkerungs- u. Rassenpolitik* beim RMin. d. Innern. 1945 inhaftiert, wurde B. von d. Lager-Spruchkammer Garmisch im Aug. 1948 zunächst zu fünf Jahren Arbeitslager u. Vermögenseinzug, im Revisionsverfahren am 29. 7. 1949 v. einer Münchner Spruchkammer erneut als »Hauptschuldiger« zu dreieinhalb Jahren Arbeitslager verurteilt. Wenige Wochen nach seiner Verurteilung öffnete er sich d. Pulsadern u. ertränkte sich bei Schondorf im Ammersee.

B. bemühte sich nach Übernahme seines Amtes als Oberster Parteirichter um ein einheitliches Disziplinarrecht für die bis zur SA-Krise von 1934 von zahlreichen Auseinandersetzungen u. persönlichen Streitigkeiten bedrohte NSDAP. Geprägt von bürgerlichen u. soldatischen Moralvorstellungen, gehörte er zu den schärfsten innerparteilichen Gegnern des homosexuellen SA-Chefs Ernst → Röhm u. seines Kreises. Sein Antisemitismus setzte allerdings der Durchsetzung allgemeiner humaner Rechtsgrundsätze Grenzen. Dies zeigen besonders deutlich die Strafen des OPG gegen Parteigenossen, die sich im Verlauf der »Reichskristallnacht« an Juden bzw. deren Eigentum vergingen. Auch in Veröffentlichungen selbst fachlicher Art vertrat er den zur Staatsidee erhobenen rassistischen Antisemitismus der Partei. Trotz gewisser Zweifel an der charakterlichen Befähigung Hitlers zum Führer der NS-Bewegung unterwarf er sich widerstandslos dessen absolutem Machtanspruch. Bezeichnend für die tatsächlichen Machtverhältnisse auch innerhalb der NSDAP ist die Brüskierung B.s und seines Gerichts im Falle des Gauleiters von Schlesien, Josef → Wagner. Hitler hob hier das ihm nicht genehme Urteil nicht nur auf, er bestrafte B. auch durch die Auflage, die künftigen OPG-Urteile der Genehmigung Martin → Bormanns, des 27 Jahre jüngeren

Schwiegersohns von B., zu unterwerfen – angesichts des desolaten Verhältnisses zwischen B. u. Bormann eine zusätzliche Schikane für den Obersten Parteirichter, die er aber widerspruchslos hinnahm. *We*

Bülow, Bernhard Wilhelm v.

Staatssekretär
geb. 19. 6. 1885 in Potsdam,
gest. 21. 6. 1936 in Berlin.

Sohn eines Generalmajors u. Neffe d. Reichskanzlers Bernhard Fürst v. Bülow. 1904/05 Einjährig-Freiwilliger beim 2. Garde-Dragonerregiment. Studium d. Rechtswissenschaften u. Promotion zum Dr. jur. Januar 1912 Einberufung in d. Ausw. Amt; 1914/15 Kriegsdienst; Dez. 1916 wieder in d. Politischen Abt. d. Ausw. Amts u. zunächst bei d. Friedensdelegation in Brest-Litowsk u. später in Versailles. B. nahm aus Empörung über den Versailler Vertrag am 1. 7. 1919 seinen Abschied. 1923 veröffentlichte er die dickleibige, kritisch-emotionale Auseinandersetzung *Der Versailler Völkerbund.* Der damalige Außenminister, Frederic Hans von Rosenberg, bewegte ihn zum Wiedereintritt in d. Ausw. Dienst am 6. 2. 1923 u. übertrug ihm d. Leitung d. Sonderreferats Völkerbund. Zwei Jahre später wurde B., der d. Locarno-Politik Außenminister Stresemanns ablehnte, außerdem zum Dirigenten d. Westeuropa-Abteilung ernannt u. schließlich am 18. 6. 1930 – wenige Monate nach dem Tod Stresemanns – zum StSekr. des Ausw. Amts. Umgehend bemühte er sich nun außenpolitisch darum, seinen »Generalangriff auf das Versailler System überhaupt« umzusetzen. Nach dem 30. 1. 1933 widersetzte er sich erfolgreich einer Ernennung des *Stahlhelm*-Funktionärs und Rittmeisters a.D. Vicco v. Bülow-Schwante zum Ltr. oder Dirigenten d. Personalabt.; er begründete dies intern mit dem Hinweis auf eine zu vermeidende »Politisierung des Ausw. Dienstes«. Im Mai 1933 seinen Rücktritt erwägend, blieb er im Amt – in der Hoffnung, »Schlimmeres zu verhüten« u. die eigenen revisionistischen außenpolit. Ziele im Schlepptau → Hitlers zu erreichen. B. leitete auch eine Reorganisation des Ausw. Amts ein, die zu einer weitgehenden Aufhebung d. Schülerschen Reform von 1919/20 u. schließlich 1936 zur Wiedereinrichtung einer großen Handelspolitischen Abteilung führte. *RAB*

Bülow, Friedrich v.

Abteilungsdirektor bei Krupp
geb. 29. 11. 1889 in Köln,
gest. 17. 1. 1984.

1. 4. 1932 Eintritt in d. Berliner Zweigbüro der *Friedrich Krupp AG,* im Okt. 1932 bis 1936 Ltr. d. Berliner Vertretung u. persönlicher Assistent von Gustav → Krupp v.

Bohlen u. Halbach. Sept. 1933 Prokurist, 1936–38 Sonderverkäufer u. -vertreter in Brasilien, ab 1938 Ltr. zahlreicher Abteilungen in Krupps Essener Gußstahlfabrik. 1939 Militärischer Hauptabwehrbeauftragter u. Leiter des Werkschutzes der Gußstahlfabrik. 1943 Politischer Hauptabwehrbeauftragter, 1944 Abteilungsdirektor u. Krupps Vertreter bei Presse u. Propaganda u. bei sozialen Wohlfahrtsausschüssen. B. fungierte als ein Kontaktmann Krupps zu NS-Vertretern, insbesondere d. Gestapo u. d. SS. Er war f. d. Straflager d. Krupp-Konzerns zuständig, in denen Kgf. u. KZ-Häftlinge Sklavenarbeit leisten mußten. Damit war er mitverantwortlich für Mißhandlung u. Unterernährung in den Lagern. Zusammen mit Alfried → Krupp u. elf anderen leitenden Mitarbeitern wurde er im *Krupp-Prozeß* vor dem Nürnberger US-Militärtribunal III angeklagt u. im Juli 1948 wg. Verbrechen in Verbindung mit Kgf.- u. Sklavenarbeit zu 12 Jahren Haft verurteilt. Nur Alfried Krupp selbst sowie sein Mitarbeiter Erich Müller erhielten in dem Prozeß eine gleich hohe Haftstrafe.
PW

Bürckel, Josef Gauleiter und Reichsstatthalter
geb. 30. 3. 1895 in Lingenfeld/Pfalz, gest. 28. 9. 1944 in Neustadt a.d. Weinstraße.

Sohn eines Handwerkers. 1909–14 Besuch d. Lehrerbildungsanstalt Speyer. Kriegsfreiwilliger im 1. WK. Nach Ablegen der Staatsprüfung 1920–27 Lehrer in Rodalben (Pfalz) u. in Nußbach. Bereits seit 1921 aktiv in der nationalrevolutionären Bewegung. 1925 Eintritt in die NSDAP, ab März 1926 GL in d. Pfalz. Seit 1930 MdR. 10. 8. 1934 Ernennung zum *Saarbeauftragten der Reichsregierung*, nach der erfolgreichen Saarabstimmung im Jan. 1935 zum *Reichskommissar für die Rückgliederung des Saargebiets* u. am 17. 6. 1936 zum *Reichskommissar für das Saarland.* Im März 1938 wurde B. beauftragt, d. NSDAP u. d. Volksabstimmung in Österreich zu organisieren. Am 25. 4. 1938 Ernennung zum *Reichskommissar für die Wiedervereinigung Österreichs mit dem Reich* u. 1939 unter Beibehaltung der Ämter in der »Saarpfalz« zum GL u. Reichsstatthalter in Wien, wo er zwar die persönl. Bereicherung b. d. »Arisierung« jüd. Vermögens abstellte, die Entrechtung u. Deportation d. Juden jedoch ganz im Sinne der NS-Judenpolitik betrieb. Im Febr. 1939 wurde B. zusätzlich mit der kommissar. Leitung d. Zivilverwaltung in Mähren betraut. Ab Aug. 1940 Rückkehr in d. Westen als *Chef der Zivilverwaltung in Lothringen*, wo er die Juden-Deportationen ins frz. Lager Gurs veranlaßte u. 1944 beim Zusammenbruch d. dt. Front für d.

Räumung von Metz verantwortlich war. Dies erregte den Ärger → Hitlers u. soll zum Selbstmord B.s geführt haben; offiziell wurde verbreitet, er sei an einer Lungenentzündung gestorben. B. erhielt ein pompöses Staatsbegräbnis.
Den

Bütefisch, Heinrich Vorstandsmitglied der IG Farben
geb. 24. 2. 1894 in Hannover,
gest. 13. 8. 1969 in Essen.
Sohn eines Lehrers, Schulbesuch u. Chemiestudium in Hannover, 1914 Kriegsfreiwilliger, 1920 Promotion u. Eintritt bei BASF, Tätigkeit im Ammoniakwerk Merseburg. 1925 Abteilungsleiter, 1927 Prokurist, 1930 Direktor d. chem. Produktion in Leuna und Koordinator d. gesamten techn. Werksbelange. 1931 Mitglied im Techn. Ausschuß der IG Farben. 1932 Unterredung mit → Hitler über d. Haltung d. NSDAP zur Produktion v. synthetischem Benzin; ab 1934 Mitglied im *Freundeskreis Reichsführer SS*. B. war Teil der personellen Verflechtung v. NS-Staat u. IG Farben: Ab 1936 war er Mitarbeiter C. → Krauchs beim Vierjahresplan als Produktionsbeauftragter für Öl im Rüstungsministerium. 1937 trat er d. NSDAP bei, 1939 der SS, wo er die Ränge bis zum Obersturmbannführer (1943) durchlief. Seit 1938 war er ordentl. Vorstandsmitglied u. Mitglied des Techn. Ausschusses. Im selben Jahr wurde er zum Wehrwirtschaftsführer ernannt. 1941 übernahm er die Leitung d. Benzinsynthese des Werkes Auschwitz u. führte Verhandlungen über den Häftlingseinsatz. Das US-Militärtribunal VI verurteilte ihn 1948 im Nürnberger *IG Farben-Prozeß* wg. Versklavung von Zwangsarbeitern zu sechs Jahren Haft. Nach seiner Entlassung 1951 wurde er Aufsichtsratsmitglied d. Ruhrchemie AG, Aufsichtsratsvorsitzender d. Kohle-Öl-Chemie-GmbH Gelsenkirchen u. Ltr. d. Techn. Expertenkomitees der Internationalen Konvention der Stickstoffindustrie. Bundespräsident Lübke überreichte ihm im März 1964 d. Große Verdienstkreuz der Bundesrepublik, forderte es aber einige Tage später zurück, nachdem in der Presse Proteste laut geworden waren.
PW

Bumke, Erwin Präsident des Reichsgerichts
geb. 7. 7. 1874 in Stolp (Pommern),
gest. 20. 4. 1945 in Leipzig (Selbstmord).
Vater war Arzt. Nach Abitur in Stolp 1893 Jurastudium in Freiburg, Leipzig, München, Berlin und Greifswald. 1896 erste jurist. Staatsprüfung u. Promotion, 1902 Gerichtsassessor. 1905 Landrichter in Essen. 1907 Hilfsarbeiter im Reichsjustizamt, 1912 dort Ge-

heimer Oberregierungsrat. 1914–1918 als Hptm. Kriegsteilnehmer. 1919–29 Mitglied der DNVP. 1920 MinDir. im Reichsjustizministerium, Mitwirkung an der Strafrechtsreform. 1. 4. 1929 Präsident des Reichsgerichts und Vors. des Staatsgerichtshofs für d. Deutsche Reich. 1930–35 Präsident der *Internationalen Kommission für Strafrechts- u. Gefängniswesen.* Durch Gesetz vom 17. 12. 1932 Stellv. des Reichspräsidenten bei dessen Verhinderung. Ab 1. 4. 1935 Vorsitzender d. Dienststrafsenats beim Reichsgericht. Juli 1933 Förderndes Mitglied der SS, Mai 1937 Mitglied der NSDAP. 1939 Verlängerung der Amtszeit durch Erlaß → Hitlers. Ab September 1939 Vorsitzender des *Besonderen Strafsenats.*

In der Weimarer Republik begünstigte B. autoritäre Tendenzen (1932 Urteil zur Gleichschaltung Preußens durch → Papen) und zeigte eine unentschlossene Haltung gegenüber der NS-Bewegung. Im Dritten Reich erwies er sich als Vorsitzender des 3. Strafsenats bei der Blutschutzrechtsprechung sowie als Vorsitzender des *Besonderen Senats* bei der Korrektur rechtskräftiger Urteile als willfähriger Diener des Regimes.

Gch

Burger, Anton Kommandant von Theresienstadt, SS-Hauptsturmführer

geb. 19. 11. 1911 in Neunkirchen, gest. 25. 12. 1991 in Essen.

Vater Papierwarenhändler. Nach Volks- u. Bürgerschule kaufmänn. Ausbildung. Mit 18 Jahren Eintritt ins österr. Bundesheer. 1931 Mitglied d. NSDAP, deshalb im Juli 1933 unehrenhaft aus d. Heer entlassen. Illegal nach Dtschld. zur *Österr. Legion* im Lager Lechfeld; Aufnahme in d. SA. Seit 1935 dt. Staatsangehöriger. Als Arbeitsloser Verbleib in SA-Lagern, unterbrochen v. freiw. Arbeitsdienst. Mit d. *Österr. Legion* beim »Anschluß« Österreichs ab 12. 3. 1938 in Wien. Nach Übertritt in d. SS Mitarbeiter d. *Zentralstelle f. jüd. Auswanderung* in Wien (→ Eichmann, Adolf), Sommer 1939 Wechsel zur Prager *Zentralstelle.* April 1941 Beförderung zum SS-Untersturmfhr. Im Frühjahr 1941 mit Aufbau d. Zweigstelle in Brünn (*Auswanderungsfonds für Böhmen u. Mähren*) beauftragt. Ende 1942 ins Judenreferat des RSHA in Berlin zurückversetzt. Im Febr. 1943 v. Eichmann zusammen mit SS-Hauptsturmfhr. Wisliceny nach Saloniki entsandt, um die Deportation d. Juden Mazedoniens nach Auschwitz zu organisieren (bis Aug. 1943 Deportation v. 46000 Menschen). Am 5. 7. 1943 als Nachfolger v. Dr. Siegfried Seidl zum Lagerkommandanten des »Altersghettos« Theresienstadt bestimmt, wo er bald wg. seiner Brutalität gefürchtet war; Beteiligung an d. Zusammenstellung v. Transporten nach Auschwitz u. an Exekutionen in d. kleinen Festung Theresienstadt. Ab März 1944 Ltr. d. Judenreferats beim Befehlshaber der Sicherheitspolizei u. des SD in Athen mit d. Auftrag, die Deportation d. jüd. Bevölkerung v. Athen, auf Korfu u. Rhodos nach Auschwitz – insgesamt rd. 7000 Personen – durchzuführen. Bei Kriegsende Internierung in amerik. Lager bei Salzburg. Erst im März 1947 als Kdt. v. Theresienstadt erkannt. Inzwischen in d. Tschechoslowakei v. Volksgericht Leitmeritz in Abwesenheit zum Tode verurteilt. B. entzog sich d. Verurteilung durch d. Amerikaner im Juni 1947 durch Flucht aus d. Lager. Unter falschem Namen Leben im Untergrund bis zu seiner Verhaftung im März 1951 in Neunkirchen. Bereits am 9. 4. 1951 erneut auf d. Flucht; unter dem Namen Bauer mit wechselnden Vornamen illegale Existenz in Österr. u. Dtschld. 1960–61 unter dem Namen eines SS-Kameraden als Hüttenwart in den österr. Alpen. Seit Jan. 1962 unter dem Namen Wilhelm Bauer Anstellung bei einer dt. Firma in Essen, wo er nach mehrfachem Wechsel d. Arbeitsstelle 1974 arbeitslos wurde. Nach Herzinfarkt trotz mangelhafter, gefälschter Papiere bis zu seinem Tod Rentner in Dtschld. Fahnder d. Bayerischen Landeskriminalamts klärten 1992/93, daß Wilhelm Bauer mit Anton Burger identisch war.

B. war im Grunde eine »verkrachte Existenz«, der die ihm als SS-Funktionär zugefallene Macht als Herr über Leben und Tod der ihm ausgelieferten Juden gnadenlos auslebte. Die Arbeitsstellen in Dtschld., die ihm das Überleben ermöglichten, wurden ihm z.T. von alten Kameraden, z.T. von wohlwollenden Mitmenschen vermittelt, die nach dem Grund seiner Illegalität nicht fragten.

We

Busch, Ernst Generalfeldmarschall
geb. 6. 7. 1885 in Essen-Steele,
gest. 17. 7. 1945 in Aldershot
(brit. Gefangenschaft).

Sohn des Direktors des Militärwaisenhauses von Essen. 1909 Leutnant in d. preuß. Armee, 1915 Hptm. 1918 Orden *Pour le mérite.* 1919 im Stab der 6. Infanteriedivision in Münster. 1925 Maj. im Stab des Gruppenkommandos I. 1926 zur Inspektion der Verkehrstruppen kommandiert. 1928–29 Quartiermeister in Stettin. 1930 Obstltn., Bataillonskommandeur in Spandau. 1932 Oberst, Regimentskommandeur in Potsdam. 1935 Generalmajor, Kdr. der 23. Infanterie-Division; 1937 GenLtn.; 1. 2. 1938 Gen. d. Infanterie. 1. 3. 1938–1. 9.

1939 Kdr. General des VIII. Korps; 15. 10. 1939–12. 10. 1943 OB der 16. Armee, Einsatz in Frankreich, ab Mai 1941 im Osten im Bereich d. Heeresgruppe Nord. 19. 7. 1940 Generaloberst. 12. 10. 1943 GFM, OB der Heeresgruppe Mitte an der Ostfront. 21. 10. 1943 Eichenlaub zum Ritterkreuz. 28. 6. 1944 des Kommandos enthoben u. durch GFM → Model ersetzt. 15. 4. 1945 Oberbefehlshaber Nord in Nordwestdeutschland. 7. 5. 1945 Kapitulation in seinem Befehlsbereich. 29. 6. 1945 Internierung in Aldershot (England).

B. besaß persönliche Tapferkeit und war ein begabter Truppenführer, mit der Übernahme einer Heeresgruppe 1943 erhielt er jedoch eine Aufgabe, die die Grenzen seiner Fähigkeit überstieg. Zudem lehnte → Hitler B.s Vorschläge zur Stabilisierung der Front ab, so daß B. der am 22. 6. 1944 beginnenden sowjetischen Offensive bei Witebsk und Bobrujsk unvorbereitet gegenüberstand und ihr nichts mehr entgegenzusetzen hatte. Wegen seiner Erfolglosigkeit wurde er abgesetzt. B. beschränkte sich auf seine militärischen Aufgaben und entwikkelte keinerlei Verständnis oder Interesse für die politischen Vorgänge seiner Zeit.

KAL

Butenandt, Adolf Bio-Chemiker u. Nobelpreisträger
geb. 24. 3. 1903 in Lehe (heute Bremerhaven),
gest. 18. 1. 1995 in München.

Sohn einer Kaufmannsfamilie. Abitur 1921, anschließend Chemie- u. Biologie-Studium in Marburg u. Göttingen, dort Assistent beim Nobelpreisträger Windaus, bei dem B. 1927 promovierte u. sich 1931 habilitierte. 1931–33 AbtLtr. im Chemischen Inst. in Göttingen. Seine Sexualhormonforschungen waren grundlegend f. d. weiteren Fortschritte auf diesem Gebiet. Bereits 1929 gelang ihm d. Isolierung des Östrons, bis 1935 auch d. Darstellung des Testosterons u.a. Sexualhormone. Ab Okt. 1933 Prof. an der TH Danzig, 1935 Ablehnung eines Rufs nach Harvard, 1936 Direktor des *Kaiser-Wilhelm-Inst. für Biochemie* u. Honorarprof. an d. Univ. Berlin. 1939 Verleihung des Nobelpreises für Chemie, den er trotz des hohen Propagandawertes dieser Auszeichnung für die dt. Wissenschaft aus polit. Gründen (→ Ossietzky) nicht annehmen durfte (Aushändigung erst 1949). 1944 Verlagerung d. Berliner Instituts nach Tübingen, wo B. seit 1946 wieder lehrte. 1953 Wechsel an die Univ. München, wo er auch d. *Max-Planck-Inst. für Biochemie* leitete u. von 1960–72 Präsident der *Max-Planck-Gesellschaft* war. Dank dieser Funktion u. seines hohen wissenschaftl. Ansehens übte B. auf die Wissenschaftspolitik im Nachkriegsdeutschland einen nachhaltigen Einfluß aus.

Den

C

Canaris, Wilhelm Admiral und Chef der Abwehr
geb. 1. 1. 1887 in Aplerbeck bei Dortmund,
gest. 9. 4. 1945 im KZ Flossenbürg (hingerichtet).
Sohn e. Bergbauingenieurs. 1905 Eintritt in d. Reichsmarine, 1914 Teilnahme an d. Schlacht b. d. Falklandinseln, Flucht aus d. Internierung in Chile. 1916 Tätigkeit f. d. dt. Geheimdienst in Spanien. Seit 1917 als Kdt. eines U-Boots im Mittelmeer eingesetzt. Nach Kriegsende Aufbau v. Einwohnerwehren u. Sympathie f. d. Freikorps; Beteiligung am Kapp-Putsch (13. 3. 1920). Seit 1920 im Stab d. Ostseeflotte, 1932 Kdt. des Linienschiffes *Schlesien*. Seine Ablehnung d. Versailler Vertrags, der Weimarer Politik u. sein Antikommunismus machten ihn zu einem Freund d. NS. Am 1. 1. 1935 Berufung zum Chef d. Abwehr im Reichskriegsministerium (ab März 1938 *Amt Ausland/Abwehr* im OKW). In dieser Funktion hatte er Einblick in d. Kriegsvorbereitungspolitik → Hitlers, der seine Sympathien f. d. Nationalsozialisten verminderte. Spätestens seit der Sudetenkrise 1938 suchte C. Kontakte zu militärischen Widerstandsgruppen um → Beck u. → Halder. Trotz dieser Unterstützung der Opposition erfüllte er seine Aufgaben als Leiter d. mil. Geheimdienstes u. hatte Erfolge bei d. Spionageabwehr. Seine nachbarlichen Kontakte zu → Heydrich, der ihm zugleich Freund u. Rivale war, schützten ihn u. seine Mitarbeiter einige Zeit vor Ermittlungen der Gestapo u. d. SD. Als sich aber d. Pannen häuften u. Agenten zu den Briten überliefen, wurde C. nach d. teilweisen Enttarnung u. Kaltstellung seines Mitarbeiters Hans → Oster im Febr. 1944 entmachtet u. sein Amt unter die Kontrolle des RSHA gestellt. Nach d. Attentat vom 20. Juli 1944, das C. nicht befürwortet hatte, wurde er am 23. 7. 1944 verhaftet, aber erst am 8. 4. 1945 von einem SS-Standgericht im KZ Flossenbürg zusammen mit D. → Bonhoeffer u. Oster zum Tode verurteilt. Seine Rolle ist bis heute umstritten. Die Ablehnung des NS versteckte er hinter loyaler Pflichterfüllung, die Widerstandstätigkeit d. Kreises um Oster deckte er, ohne selbst aktiv zu werden.

Den

Carossa, Hans Schriftsteller geb. 15. 12. 1878 in Bad Tölz, gest. 12. 9. 1956 in Rittsteig b. Passau.

C. war Sohn eines Landarztes u. studierte ebenfalls Medizin in München, Würzburg u. Leipzig, wo er 1903 promovierte. Im gleichen Jahr als Arzt nach Passau. 1914 eröffnete er in München eine Praxis. Während dieser Zeit Bekanntschaft mit Frank Wedekind u. Richard Dehmel, der C.s schriftstellerische Anfänge förderte. 1910 erschien sein Erstlingswerk *Gedichte*. Im 1. WK war C. als Bataillonsarzt eingesetzt u. danach bis 1929 als selbständiger Arzt hauptsächlich in München tätig. Die zahlreichen in dieser Zeit entstandenen Werke C.s trugen teilweise stark autobiograph. Züge u. waren von Antimodernismus u. d. Absage an die avantgardistische Literatur geprägt. C. verteidigte statt dessen traditionelle Werte. Dadurch u. aufgrund seiner hohen literarischen Befähigung – C. selbst sah in Goethe sein Vorbild und wurde immer wieder mit ihm verglichen – avancierte C. zu einem populären u. hochgeehrten Dichter. 1928 erhielt C. den erstmals vergebenen *Münchner Dichterpreis* u. 1931 den *Gottfried-Keller-Preis* der Bodmer-Stiftung in Zürich. C.s Verhältnis zum Dritten Reich war ambivalent. Zwar lehnte er im Mai 1933 d. Berufung in d. *Preußische Akademie der Dichtkunst* ab u. versuchte den Rückzug ins Privatleben. Dennoch gehörte er zu den bekanntesten u. am meisten geförderten Schriftstellern des NS-Regimes; v.a. die autobiographische Darstellung *Rumänisches Tagebuch* (1924) sowie die Romane *Doktor Bürger* (1915), *Der Arzt Gion* (1931), *Eine Kindheit* (1922) u. *Verwandlungen der Jugend* (1928) aus der Weimarer Zeit wurden in immer neuen Auflagen verbreitet. Dazu kamen neue Bücher, die in Inhalt u. Stil an frühere Werke anknüpften. Bekannt wurden u.a. die *Geheimnisse des reifen Lebens* (1936) u. *Das Jahr der schönen Täuschungen* (1941). 1938 erhielt C. den *Goethepreis der Stadt Frankfurt*, ein Jahr später den *San-Remo-Preis für Literatur und Kunst* in Rom. Die Übernahme der Präsidentschaft für die faschistische *Europäische Schriftstellervereinigung*, die 1941 vom Reichspropagandaministerium ins Leben gerufen worden war, wurde C. nach 1945 angelastet. Dennoch blieb sein literarisches Werk auch nach Kriegsende unumstritten. C. erhielt 1948 die Ehrendoktorwürde der Universitäten Köln u. München. In seinem Roman *Ungleiche Welten* (1951) versuchte C., seine Vergangenheit im Dritten Reich zu bewältigen.

KK

Christiansen, Friedrich Korps-Führer des NS-Fliegerkorps und Wehrmachtsbefehlshaber Niederlande, General der Flieger
geb. 12. 12. 1879 in Wyk/Insel Föhr, gest. 3. 12. 1972 in Aukrug-Innien/ Schleswig-Holstein.

C. stammte aus alter Seefahrerfamilie u. wurde zunächst Handelsschiffskapitän, 1913 Berufssoldat, Marineflieger; März 1914 Pilotenprüfung, dann Fluglehrer. Im 1. WK ab 1915 Seeflieger an d. belg. Küste; 1917 Kdr. d. Seefliegerstation Flandern in Zeebrügge; als erfolgreichster Seeflieger Auszeichnung mit d. *Pour le mérite*. 1918 Kptltn. Ab 1922 wieder Betätigung in d. Handelsschiffahrt. Ab 1929 bei → Dornier; als Kdt. d. Großflugbootes Do X wurde er auch im Ausland populär (Amerikatour 1931). 1933–1935 MinRat im Reichsluftfahrtministerium, 1936 GenMaj., Kdr. bzw. Inspekteur d. Fliegerschulen. 1937 Korps-Fhr. des NS-Fliegerkorps u. GenLtn., 1938 Gen. d. Flieger. Nach d. Westfeldzug vom 29. 5. 1940 bis 7. 4. 1945 Wehrmachtbefehlshaber in den Niederlanden, vom 10. 11. 1944 bis 28. 1. 1945 zugleich OB d. dort eingesetzten 25. Armee. Bei Kriegsende verhaftet. Vom Sondergericht Arnheim am 12. 8. 1948 u.a. wg. d. von C. befohlenen Repressalien gg. das niederl. Dorf Putten (Niederbrennen d. Dorfes, Deportation d. 660 Männer des Dorfes, von denen 120 überlebten) zu zwölf Jahren Haft verurteilt, im Dez. 1951 begnadigt. C.s Freilassung nahm d. Stadtrat seiner Vaterstadt Wyk zum Anlaß, die ihm 1932 verliehene Ehrenbürgerschaft zu erneuern; zusätzlich wurde eine Straße nach ihm benannt, Handlungen, die in den Niederlanden unfreundlich aufgenommen wurden. C. lebte zuletzt in Innien b. Rendsburg.

Der hochdekorierte Soldat und als Do-X-Kommandant auch international sehr populäre C. war ein besonders geeigneter Repräsentant des NS-Fliegerkorps, der allein schon wegen seiner Zurückhaltung in Parteiangelegenheiten in der Hierarchie des Dritten Reiches mehr den Militaristen als den Ideologen zuzuzählen ist. In seiner Position als Wehrmachtbefehlshaber in den Niederlanden hatte er keine politische Entscheidungsmöglichkeit, blieb aber in den Niederlanden Exponent der verhaßten Besatzungsmacht. Die von ihm befohlene Repressalie gegen das Dorf Putten war eine Reaktion auf den Überfall niederländ. Widerständler auf ein Fahrzeug der Wehrmacht, dem zwei deutsche Offiziere zum Opfer fielen. Die Reaktion C.s war allein schon deshalb überzogen, weil nicht festgestellt wurde, ob der Beschuß des deutschen Fahrzeugs von Putten bzw. seinen Bewohnern ausgegangen war.

We

Clauberg, Carl Gynäkologe
geb. 28. 9. 1898 in Wupperhof,
gest. 9. 8. 1957 in Kiel.
Sohn e. Handwerkers. 1916 Teilnahme am 1. WK in Frankreich; nach Kriegsende Medizinstudium in Kiel, Hamburg u. Graz. 1925 Promotion; 1925–1932 Arzt an d. Universitätsfrauenklinik Kiel, ab 1932 an d. Frauenklinik Königsberg. 1933 Eintritt in die NSDAP, deren ideologische Rassenpolitik er befürwortete. 1933 Habilitation, 1937 Ernennung zum außerordentl., 1939 zum außerplanmäßigen Professor. Veröffentlichung zahlreicher Fachpublikationen in der Frauenheilkunde. Als Leiter der Frauenklinik Königshütte seit 1940 verstand es C., → Himmlers Interesse auf seine Sterilisationsforschungen zu lenken, wodurch er erreichte, daß er seine ohne Anästhesie u. z.T. tödlich endenden Versuche im berüchtigten Block 10 d. KZ Auschwitz an Jüdinnen u. Zigeunerinnen durchführen konnte. Himmler war an C.s Versuchen wg. der Möglichkeit interessiert, Jüdinnen u. Zigeunerinnen durch Massensterilisation ohne großen Aufwand unfruchtbar machen zu können. Beim Vordringen d. sowjet. Front verlegte C. seine Forschungen ins KZ Ravensbrück, floh von dort bei Kriegsende in Richtung Westen, geriet aber doch in sowjet. Kgf. 1948 durch ein sowjet. Gericht wg. Kriegsverbrechen zu 25 Jahren Haft verurteilt. Entlassung nach Dtschld. 1955. Als er wissenschaftlich wieder an die Öffentlichkeit trat, erstattete der *Zentralrat der Juden* Anzeige wg. »Körperverletzung an weiblichen jüdischen Häftlingen«. Verhaftung im Nov. 1955. Noch bevor der Prozeß begann, starb C. in der Untersuchungshaft.
Den

Clodius, Carl August Diplomat u. Wirtschaftsfachmann
geb. 9. 2. 1897 in Bremen,
gest. 15. 1. 1952 (?) in der Sowjetunion.
Nach d. Studium d. Technik begann C. im Jan. 1921 seine diplomatische Laufbahn als Angestellter in d. Außenhandelsstelle d. Ausw. Amtes. Ab Dez. 1926 war er Legationssekretär. Im Mai 1927 wurde C. an d. dt. Botschaft in Paris versetzt u. im Dez. 1928 zum Gesandtschaftsrat ernannt. In dieser Funktion war C. 1931 auch in Wien u. 1932/34 in Sofia tätig. Im Juni 1936 wurde C. Vortragender Legationsrat u. im Nov. 1938 Gesandter I. Kl. als Ministerialdirigent in d. Handelspolit. Abt. d. Ausw. Amtes. Im Nov. 1943 Ernennung zum Ministerialdirektor. C. war Sonderbeauftragter f. d. Führung handelspolit. Verhandlungen u. als Wirtschaftsexperte am Abschluß bedeutender Wirtschaftsverträge d. natsoz. Dtschld.s mit d. Ländern Südosteuropas beteiligt. Als C. im Mai

1944 Wirtschaftsverhandlungen mit d. rumän. Regierung in Bukarest führte, übernahm er faktisch auch d. Tätigkeit des dortigen dt. Gesandten, M. v. → Killinger, dem es nicht gelungen war, eine vertrauensvolle Beziehung zur rumän. Staatsführung aufzubauen. Nachdem Rumänien im Aug. 1944 aus d. gemeinsamen Front mit d. Dt. Reich ausscherte, geriet C. mit seiner Frau in sowjet. Gefangenschaft. Seitdem fehlen gesicherte Daten über sein weiteres Schicksal. Es wird berichtet, daß C. als Wirtschaftsexperte f. d. südosteurop. Raum in d. Sowjetunion tätig u. wesentlich an d. Einbindung der südosteurop. Wirtschaft in d. Sowjetwirtschaft beteiligt war. Nach amtlichen dt. Unterlagen soll C. 1952 in sowjet. Haft verstorben sein. Seine Frau kehrte erst 1955 in einem österr. Heimkehrertransport aus d. Sowjetunion zurück.
IPM

Conti, Leonardo Reichsgesundheitsführer und Staatssekretär
geb. 24. 8. 1900 in Lugano,
gest. 6. 10. 1945 in Nürnberg (Selbstmord).
Sohn eines italienischen Vaters u. einer dt. Mutter. Aufgewachsen in Dtschld. 1918 Militärdienst. 1919–23 Medizinstudium. Aktiv in d. völkischen Studentenbewegung; als »Curt Wetzel« Spitzeltätigkeit bei kommunist. Verbänden 1918 Mitbegründer d. antisemitischen *Kampfbundes f. Deutsche Kultur.* Mitglied eines Freikorps. 1919–22 Mitglied d. DNVP. Teilnahme am Kapp-Putsch. Wg. »Nichtanerkennung unserer Forderungen in der Judenfrage« Austritt aus d. DNVP u. Übertritt zur Deutsch-völkischen Freiheitspartei. 1923 Eintritt in die SA. Seit 1925 Tätigkeit als prakt. Arzt. 1927 Eintritt in d. NSDAP. 1928/29 Aufbau des SA-Sanitätsdienstes. 1929 Mitbegründer des NSDÄB, 1930 Gründer d. NS-Ärzteorganisation im Gau Berlin und Wechsel von der SA zur SS. 1932 MdL in Preußen. 1933 Berufung in das preuß. Innenmin. Ab Jan. 1934 Staatsrat. Für d. medizin. Vorkehrungen b. d. Olympischen Spielen 1936 verantwortlich. April 1939–Aug. 1944 Reichsgesundheitsführer, als Nachfolger Gerhard → Wagners Leiter d. *Hauptamts f. Volksgesundheit* in der Reichsleitung d. NSDAP. Ltr. d. NSDÄB. Seit Aug. 1939 StSekr. u. Chef d. Abt. Gesundheitswesen im RMdI u. im preuß. Innenmin. Verantwortlich für alle reichseinheitlich durchgeführten Maßnahmen im Bereich des Gesundheitswesens. Seit Aug. 1941 MdR. April 1944 SS-Ogruf. In Flensburg am 19. 5. 1945 verhaftet. Nahm sich in der Haft das Leben.
C. war maßgeblich an den Berufsbeschränkungen für jüdische Ärzte beteiligt und befürwortete während des Krieges Menschen-

versuche (Fleckfieberimpfstoff) an Häftlingen des KZ-Buchenwald. Seine Involvierung in das Euthanasieprogramm ist jedoch strittig.
Ri

Cramm, Gottfried Frhr. v. Tennisspieler
geb. 7. 7. 1909 in Nettlingen b. Hannover,
gest. 9. 11. 1976 bei Kairo (Unfall).
C. stammte aus niedersächs. Landadel. Er kam früh zum Tennisspiel u. entwickelte sich zu einem d. ersten international anerkannten dt. Tennisstars, v.a. durch seine Erfolge im Davis-Cup 1932 u. als Mixed-Sieger in Wimbledon 1933. Da er nicht in d. NSDAP eintrat u. sich nicht in gewünschtem Maße vom NS vereinnahmen ließ, wurde er nach erster Förderung frühzeitig nicht mehr eingesetzt u. kam 1937/38 zeitweise in Haft. C. konnte in der Nachkriegszeit seine Tenniserfolge als dt. Meister 1948 u. mehrfacher Wimbledon-Teilnehmer fortsetzen. Der »Tennisbaron«, Inbegriff d. fairen Sportsmanns, zog sich nach 1951 vom aktiven Tennissport zurück u. betätigte sich als Kaufmann. Während eines Ägyptenaufenthalts fiel er zwischen Alexandria u. Kairo einem Autounfall zum Opfer.
We

Cranz-Borchers, Christl Ski-Rennläuferin
geb. 1. 7. 1914 in Brüssel.
1918 Flucht ihrer dt. Familie v. Brüssel nach Dtschld. 1933 Abitur in Freiburg i. Br., 1936–1945 Sportstudium, Sportlehrerexamen u. Anstellung an d. *Dt. Hochschule für Leibesübungen* in Freiburg. Parallel dazu Studium d. Philosophie. Bekannt wurde sie als führende dt. u. internat. Skirennläuferin 1934–41. Ihr Sieg im Abfahrts- u. Torlauf bei den Olympischen Spielen in Garmisch-Partenkirchen 1936 wurde v. d. Nationalsozialisten propagandistisch ausgeschlachtet, u.a. wurde sie v. → Hitler persönlich empfangen. Zeitweise war sie Frauenreferentin im Fachamt Skilauf d. *Reichsbundes für Leibesübungen.* Als ihr Bruder Rudi, wie sie Ski-Rennläufer, 1941 im Osten fiel, beendete sie ihre Rennkarriere u. war von da an als Skilehrerin tätig. 1943 Heirat mit d. Jagdflieger u. Ritterkreuzträger Adolf Borchers. Seit 1947 leitete sie ihre Skischule Steibis/Allgäu u. ein Kinderheim. Seit 1949 Mitarbeit im *Deutschen Ski-Verband.*
Publ.: *Christl erzählt* (1949).
Den

Cuhorst, Hermann Jurist
geb. 22. 7. 1899 in Ellwangen,
gest. 5. 8. 1991 in Kressbronn.
C. schlug nach d. Jurastudium d. Richterlaufbahn ein. Seit 1930 Mit-

glied u. Kreisredner der NSDAP, seit 1. 1. 1933 Gauredner. 1933 Oberregierungsrat im württemberg. Justizministerium, 1934 Senatspräsident beim Oberlandesgericht Stuttgart. 1. 10. 1937 bis 20. 11. 1944 Vors. d. Sondergerichts in Stuttgart, das bereits im April 1933 eingerichtet worden war, aber erst unter C. zu einer berüchtigten Institution geriet. Anfang 1940 verurteilte er z.B. einen 20jährigen Stuttgarter, der nach einer Kneipentour einem Arbeiter seine Weihnachtsgratifikation (65 RM) gestohlen hatte, unter Berufung auf d. Volksschädlingsverordnung zum Tode. 20. 11. 1944 Einberufung zur Wehrmacht. Im Nov. 1946 wurde C. verhaftet und im Nürnberger *Juristenprozeß* angeklagt, im Dez. 1947 jedoch freigesprochen, da ihm der Mißbrauch d. Richteramtes nicht nachgewiesen werden konnte. Die Spruchkammer V Stuttgart-Bad-Cannstatt stufte ihn im Okt. 1948 aber in d. Gruppe der »Hauptschuldigen« ein und verurteilte ihn zu vier Jahren u. drei Monaten Arbeitslager, weitgehender Vermögenseinziehung u. legte ihm Berufsbeschränkungen auf. Die Zentral-Berufungskammer Nordwürttemberg, vor der er Einspruch eingelegt hatte, schloß sich dem Urteil an u. verlängerte seine Haft im Arbeitslager noch auf sechs Jahre.
AK

D

Dagover, Lil Schauspielerin
geb. 30. 9. 1897 in Madiun/Java,
gest. 23. 1. 1980 in München.
Die Tochter eines Forstbeamten in niederländischen Diensten wurde in England, Frankreich und in der Schweiz erzogen, ehe sie nach Weimar kam. Nach ihrer ersten Ehe mit dem Schauspieler Fritz Dagofer heiratete sie 1926 den Produzenten Georg Witt. D.s Schauspielkarriere begann 1919 mit dem Stummfilm *Das Kabinett des Dr. Caligari.* In den 20er Jahren drehte sie rd. ein Dutzend Filme mit prominenten dt. Regisseuren (u.a. *Der müde Tod, Luise Millerin, Tartuffe, Rot und Schwarz, Der Graf von Monte Christo*), ehe sie 1931 auch im Theater auftrat. Bekannt wurde sie dabei vor allem durch ihre Rolle als *Schönheit* in Hofmannsthals *Großem Welttheater* bei den *Salzburger Festspielen.* Während des Dritten Reichs konnte D. ihre erfolgreiche Karriere fortsetzen. Mit insgesamt 23 Rollen in d. Jahren 1933–44 gehörte sie zu den bekanntesten u. beliebtesten Leinwanddarstellern d. dt. Films dieser Zeit. Obwohl d. Nationalsozialisten sie hofierten, tat sie sich politisch nicht hervor. 1937 wurde ihr der Titel *Staatsschauspielerin* verliehen, u. 1944 erhielt sie für ihren Einsatz bei d. Truppenbetreuung

u. ihre Auftritte in Fronttheatern d. Kriegsverdienstkreuz. Bereits 1948 gelang es D., mit dem Film *Die Söhne des Herrn Gaspary* an ihre früheren Filmerfolge anzuknüpfen. Sie wirkte bei bekannten Filmen wie *Es kommt ein Tag* (1950), *Schloß Hubertus* (1954), *Die Barrings* (1955), *Geschichten aus dem Wienerwald* (1978) sowie einigen Thomas-Mann-Verfilmungen mit u. erhielt hohe Auszeichnungen, u.a. 1962 den *Bundesfilmpreis*, 1964 den *Bambi-Preis* u. 1967 das Große Bundesverdienstkreuz. 1979 erschien ihre Autobiographie *Ich war die Dame.*
KK

Daluege, Kurt SS-Oberstgruppenführer u. Chef der Ordnungspolizei
geb. 15. 9. 1897 in Kreuzburg/ Oberschlesien,
gest. 23. 10. 1946 in Prag (hingerichtet).
Sohn eines mittleren Beamten. Jugendfhr. im *Wandervogel.* 1916 Notabitur u. Kriegsfreiwilliger, 1918 schwere Verwundung. Fabrikarbeiter; 1918–21 zeitweilig Angehöriger der Organisation *Selbstschutz Oberschlesien.* Ab Nov. 1922 in Berlin, Tiefbaustudium, nach Examen 1924 als Diplomingenieur b. d. Stadtverwaltung Berlin tätig. Kurzzeitig Mitglied des *Freikorps Roßbach*, des *Deutsch-völkischen Schutz- u. Trutzbundes* u. d. *Großdeutschen Arbeiterpartei*; nach Begegnung mit → Hitler 1923 Eintritt in NSDAP; beim Münchner Hitler-Putsch 1923 gehörte er zu Hitlers Vertrauensleuten in Berlin. Während d. NSDAP-Verbots beim *Frontbann*, aus dem er im März 1926 mit rd. 450 Gesinnungsgenossen austrat u. die Berliner SA mitbegründete. 1926–28 SA-Fhr. v. Berlin u. stellv. GL; 1928 Übernahme d. Berliner SS. Im Juli 1930 auf Wunsch Hitlers kurzfristig wieder SA-Fhr. v. Berlin, um d. aufsässigen Teile d. Berliner SA unter ihrem früheren Führer Stennes dem NS zu erhalten; seitdem von Hitler als einer d. Treuesten geschätzt u. gefördert. 1931–33 Fhr. d. SS-Gruppe Ost. 1932 MdL in Preußen. 1933 MdR. Am 11. 5. 1933 MinDir. u. Ltr. d. Polizeiabt. im preuß. Innenministerium, vier Monate später als SS-Gruf. auch Befehlshaber d. preuß. Polizei, die unter ihm nach parteipolit. Gesichtspunkten »gesäubert« u. zu einer zuverlässigen u. beispielgebenden Stütze bei d. Konsolidierung des jungen NS-Staates aufgebaut wurde. Seine Hoffnung auf d. Spitzenstellung in einem verreichlichten Polizeiapparat konnte er im Machtkampf mit d. ihm intellektuell überlegenen Rivalen → Göring, → Himmler u. Reichsinnenminister → Frick nicht durchsetzen, wurde dank Hitlers Unterstützung jedoch im Sommer 1936 unter Beförderung z. SS-Ogruf. Stellvertreter Himmlers

im Polizeibereich u. Chef d. Ordnungspolizei (Schutzpolizei, kommunale Polizei u. Sonderpolizeien wie Wasserpolizei u.a). 20. 4. 1942 SS-Oberst-Gruf. Nach d. Attentat auf → Heydrich z. Stellv. Reichsprotektor f. Böhmen u. Mähren ernannt, trug er d. Verantwortung f. d. brutalen Sühnemaßnahmen gg. d. Bewohner Lidices u.a. Orte im Protektorat. Die von seinem Vorgänger Heydrich vorgezeichnete Linie des Ruhestifters im Protektorat konnte er nicht fortsetzen. Seiner Doppelrolle sichtlich nicht länger gewachsen, wurde er nach einem zweiten Herzinfarkt v. Himmler im Juni 1943 kaltgestellt u. zog sich auf ein v. Hitler geschenktes Gut zurück. Der Verhaftung durch d. Alliierten im Mai 1945 u. d. Überstellung als Hauptkriegsverbrecher nach Nürnberg folgte im Mai 1946 d. Auslieferung an d. Tschechoslowakei. Dem Todesurteil eines Prager Gerichts v. 23. 10. 1946 versuchte er sich unmittelbar vor d. Hinrichtung durch einen Selbstmordversuch zu entziehen.
Der in seinen hohen Positionen intellektuell überforderte D. war einer d. Hauptverantwortlichen für die Aufrichtung eines Polizeistaats in Deutschland, für die Nazifizierung und Militarisierung der Polizei u. mittelbar damit auch für deren brutales Vorgehen gegen die jüdische Bevölkerung in den eroberten Ostgebieten. Mit dem Todesurteil des Prager Gerichts büßte er für Zwangsarbeit, KZ-Haft, Hinrichtungen u.a. Repressalien, die er als amtierender Reichsprotektor gegenüber der tschechischen Bevölkerung zu verantworten hatte.
We

Dannecker, Theodor SS-Hauptsturmführer, Eichmann-Mitarbeiter
geb. 27. 3. 1913 in Tübingen,
gest. 10. 12. 1945 in Bad Tölz (Selbstmord).
Nach Handelsschule Tätigkeit als Textilwarenhändler. Ab 1932 Mitglied d. NSDAP u. SS. Seit 1934 Angehöriger der SS-Verfügungstruppen. Seit 1935 beim SD. Im März 1937 Versetzung zum Judenreferat im SD-Hauptamt. Von Sept. 1940 bis Juli 1942 Ltr. des Judenreferats d. SD-Dienststelle in Paris. Wg. Mißbrauchs seiner Stellung im Aug. 1942 nach Berlin zurückbeordert. Ab Jan. 1943 Organisation v. Judendeportationen aus Bulgarien, Sept. 1943–Jan. 1944 aus Italien, Frühjahr u. Sommer 1944 aus Ungarn. Im Dez. 1945 v. d. US-Army interniert; Selbstmord in der Haft.
D. entwickelte sich unter Adolf → Eichmann zu einem der versiertesten Experten der SS für »Judenfragen« und war seit seinem Einsatz in Frankreich hauptverantwortlich an der Vernichtung des europäischen Judentums beteiligt.
Ri

Darré, Walt(h)er (Richard [Ricardo]) Reichsminister und Reichsbauernführer
geb. 14. 7. 1895 in Belgrano/ Argentinien,
gest. 5. 9. 1953 in München.
Abstammung aus vermögender dt.-argentinischer Kaufmannsfamilie. Schulausbildung an versch. dt. Oberrealschulen u. an einem Londoner College. Besuch d. Kolonialschule in Witzenhausen. 1914 als Kriegsfreiwilliger an d. Front, zuletzt Ltn. 1918 Studium, 1920 Abschluß mit Diplom als Kolonialwirt; anschließend Landwirtschaftsstudium, v.a. Viehzucht, in Gießen u. Halle, 1925 Diplomlandwirt. Als sich d. Plan einer universitären Karriere nicht verwirklichen ließ, bearbeitete D. einige Zeit staatl. Aufträge auf d. Gebiet d. Zuchtauslese, über die er veröffentlichte. 1927 Studienreise durch Finnland. 1928–29 landwirtschaftl. Sachverständiger d. Dt. Gesandtschaft in Riga. Erkenntnisse dieser Reisen u. Tätigkeiten im Baltikum veröffentlichte D. 1929 in der Schrift *Das Bauerntum als Lebensquell d. nordischen Rasse*, worin er aus dem geringeren Entwicklungsstand d. Bauern in slawischen Ländern rassistische Folgerungen zog. 1930 folgte d. programmatische Schrift *Neuadel aus Blut u. Boden*. Aus völkischer Sicht entwickelte er in beiden Büchern Wege zur geistigen u. rassischen Erneuerung d. dt. Volkes durch Verbäuerlichung u. Abkehr v. d. Industrialisierung, Gedankengänge, die mit Anschauungen d. gesamten natsoz. Führung, nicht zuletzt → Himmlers, aber auch → Hitlers übereinstimmten. Den Führer d. SS hatte er durch gemeinsame Mitgliedschaft beim Artamanenbund kennengelernt. Der Architekt → Schultze-Naumburg vermittelte d. Bekanntschaft mit Hitler, der D. im Frühjahr 1930 mit d. Ausarbeitung eines Agrarprogramms u. dem Aufbau d. *Agrarpolitischen Apparats* d. NSDAP beauftragte. Im Juli 1930 trat D. in d. NSDAP ein. Bis zur Machtübernahme 1933 wurde D. zu einem d. wichtigsten Beschaffer v. Wählerstimmen f. d. NSDAP. In d. *NS-Landpost*, dem offiziellen Nachrichtenblatt f. d. natsoz. Bauern, das er herausgab, u. d. 1932 von ihm gegründeten Monatsschrift *Dt. Agrarpolitik* (ab 1939 *Odal*) propagierte er seine Vorstellungen vom neuen Bauernadel. Ende 1932 wurde D. in d. Reichstag gewählt. Bereits 1931 hatte er in Himmlers SS deren Rasse- u. Siedlungshauptamt (RuSHA) übernommen u. konnte damit auf d. Rassenpolitik u. die internen rassischen Normen d. SS mehrere Jahre bestimmenden Einfluß gewinnen. Nach d. Machtübernahme 1933 Ernennung zum Ltr. d. *Amts f. Agrarpolitik* d. NSDAP im Rang eines RL u. Beförderung zum SS-

Gruf. Am 4. 4. 1933 Berufung zum Reichsbauernführer, am 29. 6. 1933, als Nachfolger → Hugenbergs, zum RMin. f. Ernährung u. Landwirtschaft. Seit Sept. 1933 Aufbau des *Reichsnährstands*, der neuen bäuerlichen Standesorganisation, die durch Zwangsvereinigung aller gleichgeschalteten Erzeuger u. Verwerter landwirtschaftlicher Produkte in scheinbarer Selbstverwaltung, tatsächlich jedoch unter D.s Führung als Reichsbauernführer, geschaffen wurde. Ernennungen zum Ehrenpräs. d. *Dt. Landwirtschafts-Gesellschaft* u. Mitglied d. *Akad. f. Dt. Recht* folgten. Mit dem Aufbau der von → Göring geleiteten Vierjahresplan-Verwaltung ab 1936 geriet D. zunehmend in Gegensatz zu deren auf Massenerzeugung u. Kriegsvorbereitung abzielende Planungen. Da seine Pläne zur Förderung bäuerlicher Siedlung mit Himmlers Ostsiedlungsplänen konkurrierten, bootete ihn d. RFSS im Sept. 1938 als Leiter d. RuSHA aus. Nach Kriegsausbruch trat D. auch als Minister mehr u. mehr in den Hintergrund. Schließlich wurde er durch Verfügung Hitlers v. 16. 5. 1942 beurlaubt – lt. Presse aus gesundheitlichen Gründen – u. sein StSekr. → Backe mit d. Führung seiner sämtlichen Amtsgeschäfte, also auch des Reichsbauernführers u. d. preuß. Ministers f. Landwirtschaft u. Ernährung, beauftragt. 1945 kam D. in Internierungshaft, wurde im Nürnberger *Wilhelmstraßen-Prozeß* angeklagt u. am 14. 4. 1949 zu sieben Jahren Haft verurteilt; 1950 nach Begnadigung entlassen. Im Febr. 1952 trat er als Verfechter d. biologisch-dynamischen Düngung noch einmal an d. Öffentlichkeit.

D. war als Theoretiker der nationalsozialistischen Landwirtschaftspolitik bis Mitte der 30er Jahre von großem Einfluß. Mit dem Begriff »Blut u. Boden«, spätestens 1936 in seiner Schrift *Blut u. Boden, ein Grundgedanke des Nationalsozialismus* zu einem Leitthema nationalsozialistischer Politik erhoben, faßte er die völkischen Ideen von einem selbständigen, wirtschaftlich gesunden, wehrhaften Bauerntum als rassisch wertvollstem Teil eines Volkes schlagwortartig zusammen. Die wirtschaftlichen Entwicklungen der modernen Industrie- u. Massengesellschaft nahm er – wie andere NS-Theoretiker – allenfalls als »jüdisch-kapitalistische« oder »jüdisch-bolschewistische« Fehlentwicklung zur Kenntnis. Das Scheitern D.s an den Bedingungen der Kriegsernährungswirtschaft sah bezeichnenderweise auch die Führung des NS-Staates als sein persönliches Versagen an.

We

Decker, Will Generalarbeitsführer, Publizist
geb. 13. 12. 1899 in Rostock,
gest. 1. 5. 1945 bei Berlin.
Nach d. Abitur 1917/18 Frontdienst. 1919–22 Studium d. Geschichte u. Germanistik. Seit 1919 journalistische Tätigkeiten, seit 1926 freier Schriftsteller. Schon früh Mitglied d. NSDAP, seit 1929 Gauredner. 1930 MdR. Seit 1931 beim (Freiwilligen)Arbeitsdienst tätig, ab 1932 *Inspekteur f. Erziehung u. Ausbildung* in d. Reichsleitung. Seit 1934 Hrsg. d. Zeitschrift *Volk an der Arbeit.* 1935 Generalarbeitsführer im RAD. Lehrauftrag an der Universität Berlin. Seit Juni 1937 Honorarprof. in Berlin. Zahlreiche Schriften zum Arbeitsdienst, u.a. *Der deutsche Weg* (1933); *Die politische Aufgabe des Arbeitsdienstes* (1935); *Mit dem Spaten durch Polen* (1939).
Ri

Delp, Alfred katholischer Theologe, Jesuit
geb. 15. 9. 1907 in Mannheim,
gest. 2. 2. 1945 in Berlin-Plötzensee (hingerichtet).
Der Kaufmannssohn entstammte einer gemischt-konfess. Familie. Nach kath. Erziehung 1926 Abitur u. Eintritt in d. Jesuitenorden. 1937 Priesterweihe; seit 1939 Redakteur der 1941 am staatl. verordneten Papiermangel eingegangenen Zschr. *Stimmen der Zeit* in München. Im Kreis von Gleichgesinnten organisierte D. vertrauliche Diskussionsrunden. Von → Heideggers Existenzphilosophie ausgehend, entwickelte er sein System des *theonomischen Humanismus*, das im Gegensatz zum NS stand u. D.s Vorstellungen für eine christlich geprägte, aber sozialen Grundsätzen verpflichtete Gesellschaft nach d. Krieg aufzeigte. D. hatte Kontakte zu → Moltke u. dem *Kreisauer Kreis*, dem er seine Ideen nahebrachte. Nach dem gescheiterten Attentat auf → Hitler vom 20. 7. 1944 wurde er verhaftet u. vom VGH am 11. 1. 1945 zum Tode verurteilt.
Publ.: *Der Mensch u. d. Geschichte* (1943); *Im Angesicht des Todes* (1956).
Den

Dibelius, Otto evangelischer Bischof
geb. 15. 5. 1880 in Berlin,
gest. 31. 1. 1967 ebd.
Sohn eines höheren Postbeamten. Nach dem Studium d. evang. Theologie u. d. Promotion (1903) seit 1907 als Pastor tätig. 1921 Oberkonsistorialrat, von 1925 bis 1933 Generalsuperintendent der lutherischen Landeskirche in der Kurmark. Bis zur Machtergreifung dem NS gegenüber wohlwollend eingestellt, zeigte er bald Distanz zu den antichristlichen Zielen der Nationalsozialisten. Im Juni 1933 zwangspensioniert. Ab Herbst 1934 der *Bekennenden Kirche* zugehörig;

Widerstand gg. Übergriffe des totalitären Staates, rege literarische Tätigkeit. Zeitweise in Haft, Redeverbot, jedoch 1937 von der Anklage d. Hochverrats freigesprochen. 1945–66 evang. Bischof v. Berlin-Brandenburg. Mitarbeit am *Stuttgarter Schuldbekenntnis* v. 19. 10. 1945. 1949–61 Vorsitzender d. Rates d. EKD. 1954–61 Mitglied des Präsidiums d. Weltkirchenrates.

D. gehörte zu den profiliertesten Mitgliedern der *Bekennenden Kirche*. Allerdings galt sein Protest lediglich nationalsozialistischen Eingriffen in kirchliche Angelegenheiten, obwohl ihm von Kurt → Gerstein, Mitarbeiter des Sanitätsamtes im SS-Führungshauptamt, Einzelheiten der Judenvernichtung im Osten mitgeteilt worden waren.

Ri

Dieckhoff, Hans Heinrich Botschafter

geb. 23. 12. 1884 in Straßburg,
gest. 21. 3. 1952 in Lenzkirch.

1902–06 Studium in Lausanne, Oxford u. München. 1912 Eintritt in d. diplomat. Dienst. Sept. 1914–Juli 1916 Militärdienst, zuletzt Obltn. Juli 1916–Okt. 1918 Legationssekr. an d. Botschaft in Konstantinopel. 1919 Legationsrat im Ausw. Amt; Nov. 1922 Botschaftsrat in Washington, ab 1926 in London. 1930 als Referatsleiter »England/Amerika« wieder im Ausw. Amt, ab Aug. 1930 MinDir. u. Ltr. d. Politischen Abt. Von März 1937 bis 1938 Botschafter in Washington, während d. Tschecheikrise am 18. 11. 1938 abberufen. Mai 1943–Sept. 1944 Botschafter in Madrid.

D. suchte als Leiter der Politischen Abteilung eine deutsche Intervention im Spanischen Bürgerkrieg zu verhindern (weshalb in der Franco-Zeit seine Entsendung auf den Botschafterposten in Madrid dort nicht günstig aufgenommen wurde) und bemühte sich auch als Botschafter in Washington um eine von Aggressionen möglichst freie deutsche Politik gegenüber den USA, was nicht zuletzt an der Unfähigkeit seines Schwagers → Ribbentrop scheiterte.

We

Diels, Rudolf Leiter des Geheimen Staatspolizeiamtes

geb. 16. 12. 1900 in Berghausen/Taunus,
gest. 18. 11. 1957 in Katzenelnbogen/Rheinland-Pfalz.

Nach Abitur in Wiesbaden Kriegsfreiwilliger im 1. WK. Seit 1919 Jurastudium in Marburg, Mitglied eines Studentenfreikorps. Nach Ablegung des Ersten jur. Staatsexamens Regierungsreferendar in Kassel, nach d. Zweiten Staatsexamen Regierungsassessor an den Landratsämtern Neuruppin, Peine u. Teltow. 1930 RegRat im preuß. Innenministerium (unter d. Sozialdemokraten Carl Severing), zuständig f. d. Bekämpfung d. kommunist. Bewegung. Seit Aug. 1932 Ltr. d. polit. Polizeigruppe d. preuß. Innenministeriums. Vom preuß. Innenminister → Göring am 26. 4. 1933 mit d. Leitung des unter d. gleichen Datum geschaffenen *Geheimen Staatspolizeiamts* (*Gestapa*) betraut, das aus d. polit. Abt. (IA) des Polizeipräsidiums Berlin gebildet u. von Göring als neue Zentralbehörde für die polit. Polizei, die Geheime Staatspolizei (Gestapo), sich selbst unterstellt wurde. D. bekämpfte zwar d. Ausschreitungen u. »wilden« KZs, die d. SA in den ersten Monaten nach der natsoz. Machtübernahme betrieb, wirkte aber ebenso an gesetzlichen Regelungen zur Schutzhaft u. Judenverfolgung mit. Als Bauernopfer des Machtkampfes um die Führung d. polit. Polizei in Preußen zwischen → Himmler/ → Heydrich u. → Göring mußte D. schließlich weichen u. konnte froh sein, daß er am 9. 5. 1934 als RegPräs. nach Köln versetzt wurde. 1936 RegPräs. in Hannover. Nach dem Attentat v. 20. Juli 1944 in Gestapohaft, aus der er von Göring, in dessen Familie er mittlerweile eingeheiratet hatte, befreit wurde. Dieser schützte ihn auch in d. Folgezeit. Nach Kriegsende war D. bis 1948 in einem brit. Internierungslager inhaftiert. Er trat als Zeuge d. Anklage in den Nürnberger Prozessen auf. Bis zur Entnazifizierung 1953 lebte er danach auf seinem Hof Twenge bei Hannover. Aufsehen erregten 1950 seine apologetischen Memoiren *Lucifer ante Portas*, die dennoch als wichtige Quelle f. d. Frühgeschichte d. Dritten Reiches betrachtet werden müssen. Kritik an d. Einschätzung d. dt. Widerstands durch d. alliierten bzw. amerik. Gerichte in Nürnberg übte D. in seinem Buch *Der Fall Otto John* (1954). D. starb an Verletzungen, die er sich beim Herausnehmen seiner Jagdwaffe aus dem Auto zugezogen hatte.

D., der während der Weimarer Republik politisch den Liberalen nahegestanden hatte, war als junger und ehrgeiziger Beamter schnell den Verlockungen einer raschen Karriere erlegen. Wie Hermann → Rauschning entwickelte er die Distanz zum NS erst nach seiner Entfernung aus dem Amt. Als intimer Kenner der Verhältnisse im ersten Jahr der Machtergreifung des Dritten Reiches war für ihn ein Schicksal vergleichbar den Opfern des sog. Röhm-Putsches im Bereich des Möglichen. Sein Selbstverständnis als Opfer des NS verkleinert jedoch die Tatsache, daß er wie viele aus den Verwaltungen und Behörden des Weimarer Staates bereitwillig und wirkungsvoll am Auf- und Ausbau des nationalsozialistischen Verfolgungsapparates mitgewirkt hat.

AK

Diem, Carl Sportfunktionär u. Sportwissenschaftler
geb. 24. 6. 1882 in Würzburg,
gest. 17. 12. 1962 in Köln.
Gymnasium in Berlin; kaufmännische Ausbildung, zeitweise Medizinstudium; journalist. u. schriftstellerische Tätigkeit seit 1901. Frontoffizier im 1. Weltkrieg; 1917–33 Generalsekretär des *Deutschen Reichsausschusses f. Leibesübungen* (DRA); Missionschef der deutschen Olympiamannschaften 1912, 1928 und 1932; Mitbegründer u. langjähriger Prorektor d. *Deutschen Hochschule f. Leibesübungen* in Berlin. Als Konservativer u. wegen internationaler Bindungen im Mai 1933 an d. *Hochschule f. Leibesübungen* entlassen; jedoch schon unmittelbar nach der Liquidation des DRA 1933 Mitarbeit im neugegründeten natsoz. *Reichsbund f. Leibesübungen* u. Generalsekretär des Organisationskomitees für d. Olympischen Spiele von 1936 in Berlin u. Garmisch, 1940 u. 1941 Organisator d. Internationalen Wintersportwochen in Garmisch; 1938–45 Direktor des *Internationalen Olympischen Instituts* (Berlin); 1939 Leiter der Auslandsabteilung des *NS-Reichsbundes f. Leibesübungen* u. kommissar. Führer von dessen *Gau Ausland*. Seit 1945 Dozent an der von ihm mitbegründeten Dt. Sporthochschule in Köln, 1947–62 deren Rektor. 1950–53 Sportreferent im Bundesinnenministerium.
Als Sporttheoretiker u. -wissenschaftler, als Förderer des Schulsports wie der Leichtatletlethik u. Gymnastik, aber auch als Organisator von Massensportveranstaltungen eine der großen Persönlichkeiten des Sports im 20. Jh., stellte er sich, geleitet von einem soldatisch bestimmten Menschen- u. einem antidemokratischen Gesellschaftsbild, trotz Kenntnis und innerer Ablehnung der inhumanen Natur des NS, bereitwillig in dessen Dienst.
Publ. u.a.: *Zur Neugestaltung der Körpererziehung; Dt. Kampfspiele* (1922); *Die tägliche Turnstunde* (1923); *Persönlichkeit u. Körpererziehung* (1925); *Theorie der Gymnastik* (1930); *Handbuch d. Leibesübungen* (Mithrsg., 1923ff.); *Olympische Flamme* (3 Bde., 1942); *Wesen des Sports u. der Leibeserziehung* (1949); *Weltgeschichte des Sports* (1960).
We

Dietl, Eduard Generaloberst, »Held von Narvik«
geb. 21. 7. 1890 in Bad Aibling,
gest. 23. 6. 1944 bei Graz (Flugzeugabsturz).
Sohn eines Rentamtmanns. 1909 Abitur in Rosenheim, Eintritt in die bayer. Armee, 1911 Leutnant. 1919 Angehöriger des *Freikorps Epp*, durch Vermittlung von → Röhm Eintritt in die DAP noch vor → Hitler. 1920 Übernahme in die

Reichswehr als Hptm., Kompaniechef in München. 1921 Parteiaustritt wg. des allgemeinen Verbots der polit. Betätigung f. Soldaten, dennoch Unterstützung der NSDAP, Beteiligung an Aufbau und Ausbildung der SA. 22. 10. 1923–8. 11. 1923 vertretungsweise Lehrer an d. Infanterieschule in München. 1930 Major. 1931 Bataillonskommandeur in Kempten. 1934 Beobachter bei ital. Gebirgsmanövern. 1935 Oberst, Regiments-Kdr. in Kempten. 1937 kurzzeitig zur ital. Armee kommandiert. 1. 4. 1938 GenMaj., Divisionskommandeur in Graz. Im Rahmen d. Operation *Weserübung Nord* am 9. 4. 1940 Landung m. Teilen seiner Gebirgsjägerdivision im norweg. Erzhafen Narvik, den er – seit 17. 4. 1940 GenLtn. u. von 18. 4. 1940 bis 14. 6. 1940 als dem OKW direkt unterstellter Wehrmachtbefehlshaber der Gruppe Narvik – bis zum Abzug d. alliierten Truppen aus Nord-Norwegen am 10. 6. 1940 erfolgreich verteidigte. 14. 6. 1940 (bis 14. 1. 1942) Kdr. General des Gebirgskorps Norwegen. Am 19. 7. 1940 von Hitler zum »Helden von Narvik« proklamiert, zum Gen. d. Gebirgstruppen ernannt u. als erster Soldat der Wehrmacht mit d. Eichenlaub zum Ritterkreuz ausgezeichnet. 14. 1. 1942–23. 6. 1944 OB der Lappland-Armee (seit 22. 6. 1942: Gebirgsarmee-Obkdo. 20), wieder direkt dem OKW unterstellt. 4. 6. 1942 GenObst. 23. 8. 1943 Gesuch um Wiedereintritt in die NSDAP. 23. 6. 1944 Tod bei Flugzeugabsturz. 1. 7. 1944 Staatsakt mit Gedenkrede Hitlers.

D. verstand sich als politischer Soldat. Auch nach seinem Ausscheiden aus der DAP/NSDAP blieb er immer Sympathisant Hitlers. Während des November-Putsches 1923 begünstigte D. die SA. Da die äußeren Umstände verhinderten, daß er die Putschisten aktiv unterstützte, entging er der Entlassung aus der Reichswehr. Nach der Machtergreifung Hitlers beschleunigte sich D.s militärische Karriere. Die erfolgreiche Eroberung und Behauptung Narviks gegen weit überlegene Gegner waren weitgehend seinem Einsatz zu verdanken. Als »Held von Narvik« baute ihn die Propaganda zum Prototyp des nationalsozialistischen Soldaten auf, woran auch seine Erfolglosigkeit an der Finnlandfront nichts änderte. Durchhaltereden und -befehle D.s zeigten, daß er von der nationalsozialistischen Rasse- und Lebensraumideologie durchdrungen war. Für Vermutungen, daß sein Tod unmittelbar nach einem Besuch im Führerhauptquartier auf ein Attentat zurückzuführen war, fanden sich bisher keine glaubwürdigen Beweise. *KAL*

Dietrich, Otto Reichspressechef
geb. 31. 8. 1897 in Essen,
gest. 22. 11. 1952 in Düsseldorf.
Sohn eines Kaufmanns. 1915 Kriegsfreiwilliger, Auszeichnung mit dem EK I. 1918 Abitur, danach 1919/20 Politikstudium, 1921 Promotion. 1922 wissenschaftl. Assistent d. Essener Handelskammer. 1926–28 Redakteur d. *Essener Allgemeinen Zeitung*. Ab 1928 Ltr. des Handelsteils d. deutschnationalen *München-Augsburger Abendzeitung*, dadurch Annäherung an NS-Kreise. Über seinen Schwiegervater, Theodor Reismann-Grone, Besitzer der *Rheinisch-Westfälischen Zeitung*, berufliche Beziehungen zur rhein.-westfälischen Schwerindustrie. Ab April 1929 Mitglied d. NSDAP. 1931 stellv. Chefredakteur d. *Essener National-Zeitung*. Ab Aug. 1931 *Reichspressechef* d. NSDAP, Gründer der NS-Pressekonferenz, ständig in nächster Nähe → Hitlers. 1932 Eintritt in die SS. Organisation der natsoz. Wahlkampagnen von 1932. 1933 Vorsitzender des *Reichsverbandes d. dt. Presse*, nach d. Gründung d. *Reichskulturkammer* seit Anfang 1934 Vizepräsident d. *Reichspressekammer*. 1937–45 StSekr. im *RMin. f. Volksaufklärung u. Propaganda* u. Pressechef d. Reichsregierung. Seit 1938 MdR. Ab 1940 Ausgabe der sog. *Tagesparole* für die Presse. 1941 SS-Ogruf. Seit 1933 auch publizist. Tätigkeit, u.a. Autor d. Bücher *Mit Hitler an die Macht* (1933); *Die philosophischen Grundlagen des NS* (1935); *Auf den Straßen des Sieges. Mit dem Führer in Polen* (1939). 1945 von den Alliierten interniert, im *Wilhelmstraßenprozeß* am 11. 4. 1949 zu 7 Jahren Haft verurteilt. Am 16. 8. 1950 wg. guter Führung entlassen. Ltr. d. Düsseldorfer Zweigstelle d. *Dt. Kraftverkehrsgesellschaft*. 1955 erschienen posthum seine Erinnerungen *Zwölf Jahre mit Hitler*.
Als überzeugter Nationalsozialist instrumentalisierte D. die Presse für das Regime und stand als treibende Kraft hinter der Gleichschaltung der Presse und der Beschneidung der Pressefreiheit.
Ri

Dietrich, Sepp (Joseph)
SS-Oberstgruppenführer und
Generaloberst der Waffen-SS
geb. 28. 5. 1892 in Hawangen,
Unterallgäu,
gest. 21. 4. 1966 in Ludwigsburg.
Sohn eines Landarbeiter-Ehepaars. D. arbeitete 1909–11 als Hotelangestellter in d. Schweiz. 1911 nach einmonatigem Militärdienst wg. Unfall zurückgestellt. 1911–14 Bäckereibote. 1914 Kriegsdienst als Kanonier. 1917 EK II. 1918 Panzerwagenfhr. Nov. 1918 Vorsitzender d. Soldatenrats der Bayer. Sturmpanzerkampfwagen-Abt. 13; 1919 Abschied als Vizewachtmeister. 1919–27 Beamter der Bayer. Landespolizei, 1920 Wachtmeister.

1928 Eintritt in NSDAP u. SS. 1929 Kdr. der SS-Brigade Bayern, SS-Standartenführer. 1930 Führer der SS-Gruppe Süd, 1931 SS-Brigadeführer. 1932 Kommandeur der SS-Gruppe Nord. 1930–45 MdR. 1933 Kdr. der SS-Leibstandarte *Adolf Hitler* u. Beförderung zum SS-Gruf. Juni 1934 Kdr. der SS-Truppen, die eine Gruppe v. SA-Führern während des sog. Röhm-Putschs in München-Stadelheim exekutierten; dafür am 4. 7. 1934 Beförderung zum SS-Ogruf. Dez. 1934 mit d. Leibstandarte in die SS-Verfügungstruppe (seit 1940 Waffen-SS) überführt. 1940 Ritterkreuz, Dez. 1941 Eichenlaub zum Ritterkreuz, März 1943 Schwerter zum Ritterkreuz. 27. 7. 1943–23. 8. 1944 Kdr. General des I. SS-Panzerkorps. Aug. 1944 SS-Oberstgruf. u. Gen-Obst. d. Waffen-SS. Aug. 1944 Brillanten zum Ritterkreuz. 26. 10. 1944–8. 5. 1945 OB der 6. SS-Panzerarmee, mit der er an d. *Ardennenoffensive* beteiligt war. 9. 5. 1945 Gefangennahme. Im *Malmedy-Prozeß* am 16. 7. 1946 von US-Militärgericht in Dachau wg. Gefangenenerschießungen in seinem Befehlsbereich zu lebenslanger Haft verurteilt; nach Kritik in der amerik. Öffentlichkeit an der Prozeßführung 1950 in 25jährige Haft umgewandelt; im Okt. 1955 Haftentlassung. Tätigkeit in einer Werbeagentur in Ludwigsburg. 14. 5. 1957 wg. seiner Rolle bei d. Ermordung → Röhms von einem Münchner Gericht zu 18 Monaten Haft (wg. Beihilfe zum Totschlag) verurteilt. 2. 2. 1959 vorzeitige Haftentlassung wg. D.s angegriffener Gesundheit, die ihn allerdings in den kommenden Jahren nicht am persönlichen Engagement für die HIAG hinderte.

Der volkstümliche »Sepp« D. war bei den Soldaten außerordentlich beliebt, wurde jedoch von den ausgebildeten Stabsoffizieren weniger günstig beurteilt, weil er mangelhafte militärische Kenntnisse oft durch Draufgängertum ersetzte. Rücksichtslos erfüllte er → Hitlers Weisungen, in späteren Kriegsjahren auch gegen besseres Wissen. Auch wenn er reichlich spät Verständnis für die Kritik oppositioneller Wehrmachtsoffiziere an Hitlers Kriegführung zeigte, war er nicht in der Lage, seine Verstrikkung in die Verbrechen des Regimes und seine Mitverantwortung zu erfassen.

KAL

Ding-Schuler, Erwin-Oskar

SS-Lagerarzt

geb. 19. 9. 1912 in Bitterfeld a.d. Saale,

gest. 11. 8. 1945 in Freising (Selbstmord).

Als Medizinstudent 1932 Eintritt in die NSDAP, 1936 in die SS. 1937 Examen u. Promotion. Ab Nov. 1939 erster Lagerarzt im KZ Bu-

chenwald. Seit 31. 8. 1943 Leiter d. Abt. f. Fleckfieber- u. Virusforschung beim *Hygiene-Institut d. Waffen-SS* in Weimar-Buchenwald. Medizinische Versuche an ca. 1000 Personen mit Gift, Fleckfieber, Gelbfieber, Pocken, Typhus und Cholera; darüber zahlreiche Veröffentlichungen.
Ri

Dinter, Artur Gauleiter, Schriftsteller
geb. 27. 6. 1876 in Mülhausen/Elsaß, gest. 21. 5. 1948 in Offenburg.
Sohn eines Zollinspektors. Nach naturwissenschaftlichem Studium u. Promotion in Chemie 1903 war D. auch literarisch tätig; u.a. schrieb er ebenfalls 1903 sein erfolgreichstes Bühnenstück *D' Schmuggler.* Nach kurzer Lehrtätigkeit als Studienrat, u.a. 1904 an der dt. Schule in Konstantinopel, wechselte er 1905 ins Theaterfach u. arbeitete bis 1908 als Theaterleiter u. Regisseur an versch. dt. Bühnen, u.a. am Berliner Schillertheater. 1908 Mitbegründer des *Verbandes dt. Bühnenschriftsteller* und hauptamtliche Verbandsarbeit. Bei Kriegsausbruch 1914 als Obltn. im Feld; nach der Beförderung zum Hptm. 1916 schwer verwundet. Längere Lazarettaufenthalte ermöglichten ihm die Niederschrift des vielgelesenen antisemit. Romans *Die Sünde wider das Blut* (1917; Auflage bis 1934. 200000), den er später zur Trilogie *Die Sünde wider die Zeit* erweiterte. 1919–22 im Vorstand des extrem antisemit. u. nationalist. *Deutsch-völkischen Schutz- u. Trutzbundes;* 1922 in der *Deutschvölkischen Freiheitspartei.* Im Jahr darauf Bekanntschaft mit → Hitler. Seit Febr. 1924 Fraktionsvorsitzender des *Völkisch-sozialen Blocks* im thüringischen Landtag, im Herbst Zusammengehen mit der *Großdeutschen Volksgemeinschaft.* Bei der Wiedergründung der NSDAP in Thüringen am 27. Februar 1925 wurde D. zu deren GL gewählt, nachdem er 30 Ortsgruppen der *Großdeutschen Volksgemeinschaft* in die NSDAP überführt hatte. Hitler belohnte ihn mit der Bestätigung als GL u. der NSDAP-Mitgliedsnummer 5. D.s 1926 veröffentlichte *197 Thesen zur Vollendung der Reformation* ließen bereits erkennen, daß ihm inzwischen die Herbeiführung einer relig. Revolution wichtiger war als die einer polit. Veränderung. Seine Vereinnahmung durch die im Herbst 1927 von ihm gegründete *Geistchristliche Religionsgemeinschaft* (GCRG), ab 1933 *Dt. Volkskirche,* in der er seine Anhänger zu einer von allen jüd. Bestandteilen gereinigten »reinen Heilandslehre« im Christentum führen wollte, aber auch die abstruse Überspanntheit seiner völkisch inspirierten Lehre veranlaßte Hitler, ihn auf Wunsch seines eigenen Gaues am 30.9.1927

als GL abzusetzen. D. konterte mit dem von der Generalversammlung der NSDAP einstimmig abgelehnten Antrag, Hitler einen Senat als Beratergremium zur Seite zu stellen. Nach öffentlichen Angriffen auf Hitler in seiner seit 1928 erscheinenden Zeitschrift *Geistchristentum* wurde D. am 11. 10. 1928 aus der Partei ausgeschlossen. D.s Gnaden- u. Wiederaufnahmegesuche nach der Machtübernahme wurden nicht zuletzt wg. seiner Versuche, mit dem kurzlebigen *Dinterbund* im Wahljahr 1932 der NSDAP Stimmen wegzufangen, abgelehnt. Von der Gestapo überwacht u. zeitweilig verhaftet, konnte D. seine *Dt. Volkskirche*, die 1936 rd. 200000 Anhänger zählte u. im April 1937 vom Reichsinnenminister noch als Religionsgemeinschaft anerkannt worden war, nur noch bis zu → Himmlers Verbot am 31. 5. 1937 zusammenhalten. D. wurde jede rednerische u. schriftstellerische Betätigung verboten. Mit dem Ausschluß aus d. *Reichsschrifttumskammer* wurde er 1939 als Schriftsteller endgültig kaltgestellt. Wg. angeblichlicher Verstöße gg. d. Betätigungsverbot mußte er sich 1942 vor dem Sondergericht Freiburg verantworten. Für sein Lebenswerk *Das Evangelium,* den Versuch einer Verbesserung der Lutherschen Bibelübersetzung mit Kommentaren, von dem 1923 eine erste Auflage erschienen war, fand sich nach dem Kriege kein Verleger mehr, obwohl D. in dem Schwarzwalddorf Zell am Harmersbach die Anhänger seines *Geistchristentums* wieder um sich zu sammeln begann. Eine DDR-Illustrierte versuchte, über eine Beleidigungsklage an seinem Wohnsitz Offenburg auf D.s antisemit. Wühlarbeit u. nazistische Vergangenheit aufmerksam zu machen. D., dem das Gericht die intellektuelle Urheberschaft an den *Nürnberger Gesetzen* bescheinigte, wurde zu 1000 RM Strafe verurteilt.

Die während der Lazarettaufenthalte des Ersten Weltkrieges unter dem Einfluß der Schriften H. St. Chamberlains vollzogene Hinwendung D.s zum völkischen Radikalismus band ihn nur kurzzeitig an die NSDAP, der er sich v.a. wegen ihres Antisemitismus verbunden fühlte. Seinen nicht unbedeutenden Einfluß auf das nationalistische (Klein-)Bürgertum der Weimarer u. ersten NS-Zeit verdankte er weniger seinem sektiererischen Kampf gegen die »jüdisch-römische« u. »jüdisch-evangelische« Kirche als seinen antisemitischen Romanen, in denen er u.a. das Wirken der »jüdischen Weltverschwörung« in der Blutmischung der Rassen geißelte u. eine Rettung allein in der Erhaltung der naturgegebenen geistig-sittlichen Überlegenheit der germanischen Rasse erblickte.

Seine praktisch-politischen Gegenvorschläge nahmen mit dem Verbot der Rassenmischung u. dem Ausschluß der Juden aus dem öffentlichen Leben die *Nürnberger Gesetze* von 1935 in der Tat bereits vorweg.
Weitere Publ.: *Der Kampf um die Geistlehre* (1921); *Die Sünde wider den Geist* (1921, später Teil 2 von *Die Sünde wider die Zeit*); *Die Sünde wider die Liebe* (1922, später Teil 3 von *Die Sünde wider die Zeit*); *Nationale Erhebung u. religiöse Erneuerung* (um 1933); *Die dt. Volkskirche als Dienerin des nationalsozialistischen Volksstaates* (1934); *War Jesus Jude?* (1934); *Die reine Lehre Jesu als Grundlage zur religiösen Einigung des Dt. Volkes* (1936).
We

Dirksen, Herbert v. Botschafter
geb. 2. 4. 1882 in Berlin,
gest. 19. 12. 1955 in München.
Der Sohn eines Diplomaten u. Reichstagsabgeordneten studierte in Heidelberg u. Berlin Jura; nach Promotion in Rostock seit 1907 Tätigkeit in d. preuß. Verwaltung, zuletzt im preuß. Handelsministerium. 1918 Eintritt in diplomat. Dienst. Zunächst Tätigkeiten in Kiew, Warschau, dort 1921 Geschäftsträger, anschließend Ltr. d. Polenreferats u. 1923 Generalkonsul in Danzig. 1928 kurzzeitig Ltr. d. Ostabteilung im Ausw. Amt, dann Botschafter in Moskau; 1933–38 Botschafter in Tokio. Letzte diplomat. Station D.s war 1938 London, wo er als Nachfolger → Ribbentrops bis Kriegsausbruch amtierte. 1940 wurde D. auf eigenen Wunsch zur Disposition gestellt u. zog sich auf sein Gut in Oberbayern zurück. 1949 ging er aus dem Entnazifizierungsverfahren als »Entlasteter« hervor.
Der Osteuropakenner D. setzte die gegen die Folgen des Versailler Vertrags gerichtete deutsche Politik einer engeren Zusammenarbeit mit der UdSSR fort, war nach deren Scheitern als Botschafter in Japan am Abschluß des gegen die UdSSR gerichteten Antikominternpaktes beteiligt u. setzte sich in London erfolglos für einen deutsch-englischen Interessenausgleich ein. 1949 erschienen D.s Erinnerungen *Moskau, Tokio, London.*
We

Dirlewanger, Oskar Kommandeur einer SS-Sondereinheit, SS-Sturmbannführer
geb. 26. 9. 1895 in Würzburg,
gest. 7. 6. 1945 in Altshausen.
Nach d. Abitur 1913 Einjährig Freiwilliger, dann Soldat im 1. WK, zuletzt Ltn. Als Angehöriger v. Freikorps u. Zeitfreiwilligen-Einheiten 1919–21 bei d. Niederschlagung v. Generalstreiks u. kommunist. Erhebungen in Württemberg, im

Ruhrgebiet, Sachsen u. Thüringen, zuletzt in Oberschlesien, erwarb sich D. den Ruf eines rücksichtslosen Draufgängers. Studium an d. Handelshochschule Mannheim 1921 zum Diplomvolkswirt, Abschluß 1922 mit Promotion an d. Univ. Frankfurt a. M. Anschließend Bankvolontär. 1928–31 kaufmänn. Ltr. einer Wollwarenfabrik in Erfurt. Wg. Unterschlagungen entlassen, betätigte sich D. bis Juli 1933 als selbständiger Steuerberater. 1926 Wiedereintritt in d. NSDAP, der er 1922 beigetreten, aus der er aber zwischenzeitlich ausgetreten oder entlassen worden war. Ein Verfahren wg. Landfriedensbruchs im Dez. 1932 nach Ausschreitungen des v. ihm geführten Esslinger SA-Sturmbanns u. seine rechtsradikalen Aktivitäten prädestinierten den »alten Kämpfer« D. 1933 zur Versorgung durch d. NSDAP. Einen Posten im Arbeitsamt Heilbronn verlor er wg. Alkohol- u. Sittlichkeitsdelikten; zusätzlich zum SA-Disziplinarverfahren wurde er 1934 zu zwei Jahren Zuchthaus verurteilt, die er in Ludwigsburg weitgehend verbüßte. Offenbar wg. Kenntnis von Korruptionsfällen auf Betreiben von GL → Murr Anfang 1937 im KZ Welzheim inhaftiert, nach vier Wochen auf Veranlassung seines Regimentskameraden, des ranghohen SS-Funktionärs Gottlob → Berger, auf freien Fuß gesetzt, nahm er erst als span. Fremdenlegionär, dann als Angehöriger der *Legion Condor* am Span. Bürgerkrieg teil. Nach Rückkehr im April 1940 erreichte er durch Protektion d. Aufhebung seines Gerichtsurteils. Im Mai 1940 wieder als »wehrwürdig« erklärt, wurde er auf Vorschlag Bergers in d. Waffen-SS aufgenommen, wo er von → Himmler d. Auftrag erhielt, das *Wilddieb-Kdo. Oranienburg* auszubilden, das als *Sonderkommando Dirlewanger* am 1. 9. 1940 in den Raum Lublin verlegt wurde. Die Aufstellung der Formation beruhte auf d. Idee Himmlers, »anständigen« Wilderern Frontbewährung u. Straferlaß zu gewähren; sie wurden aus Haftanstalten ins KZ Sachsenhausen verlegt u. dort ausgebildet. Unter Führung D.s war die bis 1942 ausschließlich aus Wildschützen bestehende *Sturmbrigade Dirlewanger*, deren Kaderpersonal zumeist aus straffällig gewordenen SS-Unterführern bestand (→ Momm), bis Frühjahr 1942 in Polen u. d. Westukraine, bis Mitte 1944 in Weißrußland, in der zweiten Hälfte 1944 wieder in Polen u. d. Slowakei eingesetzt, u.a. bei der Niederschlagung d. Aufstände in Warschau u. d. Slowakei. Die wg. zahlreicher Verbrechen berüchtigte Einheit wurde mit Kriminellen u. als »asozial« in KZs Inhaftierten aufgefüllt, zunehmend auch mit vorbestraften SS- u. Wehrmachtangehörigen, ab Nov. 1944 schließlich mit polit. Gefangenen. Als 36. Waffengrenadier-Div. d. SS wurde d. Einheit bei Kriegsende an d. Oderfront vollkommen vernichtet. D., seit Aug. 1944 im Range eines SS-Oberführers u. im Okt. 1944 mit d. Ritterkreuz ausgezeichnet, geriet im frz.-besetzten oberschwäb. Altshausen in Gefangenschaft u. starb nach schweren Mißhandlungen. Nach Gerüchten, er sei noch am Leben, wurde seine Leiche im Nov. 1960 exhumiert u. identifiziert.

D. verkörperte, moralisch haltlos und machtbesessen, den Typ des Landsknechts, der, von Grausamkeit und Willkür getrieben, Verbrechen zum Prinzip des Kampfes macht.

Bz

Dittmar, Heini Segelflieger
geb. 30. 3. 1911 in Schweinfurt,
gest. 28. 4. 1960 bei Mülheim/Ruhr (Unfall).

Angeregt vom Vorbild seines segelfliegenden Bruders machte D. nach d. Schulzeit eine Lehre am Dt. Forschungsinstitut f. Segelflug u. errang 1932 als 20jähriger mit einem selbstgebauten Segelflugzeug den ersten Sieg in seiner Klasse im Rhön-Segelflugwettbewerb. Anschließend Tätigkeit als Forschungsflieger. Nach Erfolgen im Fernsegelflug wurde er 1934 (mit Hanna → Reitsch u. Wolf Hirth u.a.) Mitglied d. dt. Segelflugexpedition nach Argentinien, wo er neue Höhenweltrekorde f. Segelflugzeuge aufstellte. Nach neuem Langstreckenweltrekord 1934 gelang ihm 1936 d. erste Alpenüberquerung im Segelflugzeug. Während u. nach dem 2. WK Tätigkeit als Flugzeugkonstrukteur u. Versuchsflieger. Bei einem Probeflug mit einer Eigenkonstruktion stürzte er 1960 in d. Nähe d. Flugplatzes Essen-Mülheim ab.

Zur Heranbildung von fliegerischem Nachwuchs nicht zuletzt für die im Aufbau befindliche Luftwaffe machten sich die Nationalsozialisten auch die nach dem Ersten Weltkrieg aufgekommene Segelflugbegeisterung zunutze. Der bei aller Bescheidenheit auch im Ausland sehr populäre D. stellte durch sein Auftreten u. seine Erfolge die denkbar beste Werbung für den Flugsport dar, die mit jugendgerechten Büchern über D.s sportliche Leistungen bis in den Krieg hinein betrieben wurde.

We

Dittmar, Kurt Generalleutnant, Rundfunkkommentator
geb. 5. 1. 1891 in Magdeburg,
gest. 26. 4. 1959 in Holzminden.

Teilnahme am 1. WK als aktiver Offz., 1920 Verbindungsoffz. zur *Alliierten Militärkommission*, 1928 Lehrer an d. Infanterieschule Dresden, danach als Obstltn. Batail-

lonskommandeur in Königsberg. 1937 Oberst u. Kdr. d. Pionierschule Berlin-Karlshorst. 1941 Divisionskdr. an d. finnischen Front. Nach Erkrankung 1942 vom OKH als militärpolit. Kommentator an den Reichssender Berlin versetzt, wo er sich v.a. gegen Kriegsende durch ungewohnt realistische Radiokommentare zur militärischen Lage von den übrigen Kommentatoren abhob.
We

Dohna-Schlobitten, Heinrich Graf von Generalmajor
geb. 15. 10. 1882 in Waldenburg b. Königsberg,
gest. 14. 9. 1944 in Berlin-Plötzensee (hingerichtet).
Karriere als Berufssoldat, 1901 Fahnenjunker, im 1. WK Generalstabsoffizier; nahm 1919 seinen Abschied. 1919 Mitglied d. *Baltischen Landwehr*, dann Verwaltung der eigenen Güter. Aus Ablehnung des NS im Bruderrat d. *Bekennenden Kirche* in Ostpreußen tätig. 1939 als Generalstabsoffz. reaktiviert. 1939 Chef d. Stabes beim Wehrkreis I in Königsberg, dann Chef d. Stabes b. d. HGr. Mitte. Korpschef in Frankreich, Norwegen u. Finnland. Zuletzt GenMaj. u. Chef des stellv. GenKdo. in Danzig. Abschied 1943. Danach Landwirt in Tolksdorf in Ostpreußen. Kontakte zu → Goerdeler, durch Vermittlung v. Graf → Yorck Teilnahme an Besprechungen des *Kreisauer Kreises* (→ Moltke, Helmuth J. v.), in den Planungen vorgesehen als Landverweser v. Ostpreußen. Verhaftung am 21. 7. 1944. Am 14. 9. 1944 vom VGH zum Tod verurteilt. D.-S. trat als Wehrmachtsoffizier Übergriffen der SS entgegen. Seine Gegnerschaft zum Regime führte ihn in den innersten Kreis des militärischen Widerstands.
Ri

Dohnányi, Hans von Jurist
geb. 1. 1. 1902 in Wien,
gest. 9. 4. 1945 im KZ Sachsenhausen (hingerichtet).
Stammt aus einer Musikerfamilie. Schulzeit u. Jura-Studium in Berlin, 1926 Promotion in Hamburg. 1929–32 u. ab Juni 1933 pers. Referent im Reichsjustizministerium u.a. unter d. Ministern Koch-Weser u. → Gürtner. Hier legte er eine Kartei der natsoz. Verbrechen an u. knüpfte Kontakte zum konservativen Widerstandskreis um → Goerdeler u. zum militärischen um → Beck u. → Oster. Nach Arisierung durch → Hitler – D. war nicht »rein arischer« Abstammung – kam D. Ende 1938 auf Veranlassung von → Freisler an d. Reichsgericht in Leipzig. Im Herbst 1939 holte ihn Oster ins *Amt Ausland/Abwehr* des OKW. Sein dort erworbenes Wissen um d. Massenvernichtung d. Juden leitete er über seinen Schwager Dietrich → Bonhoeffer

an oppositionelle militär. Kreise, um sie zum Staatsstreich aufzufordern. Über Josef Müller hatte D. Verbindungen zum kirchlichen Widerstand. Einigen von Deportation bedrohten jüd. Familien verhalf D. zur Ausreise ins Ausland, indem er sie als Agenten der Abwehr ausgab (*Unternehmen Sieben*). Unter d. Vorwurf v. Devisenvergehen wurde D. am 5. 4. 1943 zusammen mit anderen Mitarbeitern d. Abwehr verhaftet u. vernommen. Nach d. Scheitern d. Attentats am 20. Juli 1944 gelangte die Gestapo an Beweismaterial gg. D. Nach langer Haft in versch. Gefängnissen u. Gefängniskrankenhäusern wurde er nach einem Standgerichtsverfahren kurz vor Kriegsende in Sachsenhausen gehängt.
Den

Dominik, Hans Schriftsteller, Ingenieur
geb. 15. 11. 1872 in Zwickau,
gest. 9. 12. 1945 in Berlin.
Sohn eines Verlagsbuchhändlers. Seit 1893 Studium d. Elektrotechnik u. d. Maschinenbaus. Nach Reisen durch Amerika, England, Italien und Skandinavien ab 1898 als Elektroingenieur in Dtschld u. Amerika tätig. Seit 1904 freier Schriftsteller.
D. verfaßte techn. Sachbücher, Kolonialreportagen, Kriegsromane, seit 1922 sehr populäre Zukunftsromane – u.a. *Die Macht der Drei* (1922); *Atlantis* (1925); *Atomgewicht 500* (1935); *Treibstoff SR* (1940) – und Jugendbücher. Nach 1933 vertrat er in seinen Romanen das Führerprinzip u. völkische Ideale. Seine Helden »bewiesen« die Überlegenheit der deutschen Wissenschaft, der deutschen Kolonisation etc. Die höchsten Auflagen erreichte D. zwischen 1940 und 1945. Seine Zukunftsromane wurden nach 1945 erneut verlegt.
Ri

Dönitz, Karl Großadmiral, Reichspräsident
geb. 16. 9. 1891 in Grünau bei Berlin,
gest. 24. 5. 1980 in Aumühle.
Sohn eines Ingenieurs. Realgymnasium in Jena und Weimar. 1910 Abitur. 1910 Seekadett. 1913 Leutnant z. S. 1916 Oberleutnant z. S., U-Bootausbildung. 1918 U-Bootkommandant. 4. 10. 1918–Juli 1919 brit. Kgf. 1919–20 Kommandierung zur Marinestation Ostsee. 1920–23 Torpedobootskommandant. 1921 Kapitänleutnant. 1923–24 Referent für U-Bootswesen bei der Inspektion des Torpedo- und Minenwesens. 1924 Admiralstabslehrgang. 1924–27 Dezernent für organisatorische, innerpolit. u. allgemeine militär. Angelegenheiten in d. Marineabt. des Reichswehrministeriums. 1928 Korvettenkapitän. 1928–30 Chef d. 4. Torpedobootshalbflotille, 1930–34 Erster Admiralstabsoffz.

bei der Marinestation d. Nordsee. 1933 Fregattenkapitän. 1934/35 Kommandant des Kreuzers *Emden*. 1935 Kapitän z. S. 1935/36 Chef der U-Bootsflottille *Weddigen*. 1936–Jan. 1943 Führer (seit Okt. 1939: Befehlshaber) der Unterseeboote. 1939 Konteradmiral. 1942 Admiral. 30. 1. 1943–1. 5. 1945 OB d. Kriegsmarine, Großadmiral. 1. 5. 1945–23. 5. 1945 Reichspräsident u. Oberster Befehlshaber der Wehrmacht. Im Nürnberger Prozeß gg. die Hauptkriegsverbrecher am 1. 10. 1946 zu 10 Jahren Haft verurteilt. Am 1. 10. 1956 entlassen.
D. war ein ehrgeiziger, energischer und begabter Marineoffizier. Er hielt sich für einen unpolitischen Soldaten, der unbedingte Loyalität zur Regierung zu wahren und deren Ziele nicht zu beurteilen hatte. Als Spezialist für U-Bootkriegführung war D. an der Entwicklung der zunächst erfolgreichen »Rudeltaktik« beteiligt. Seine ursprünglich weniger einflußreiche Position als Chef der U-Boote wurde im Kriegsverlauf immer wichtiger, als sich die Verwundbarkeit schwerer Überwasserstreitkräfte zeigte. Als Oberbefehlshaber verstärkte er mit Durchhaltereden den Einfluß der nationalsozialistischen Ideologie auf seine Teilstreitkraft, die allein schon im traditionellen Großmachtdenken der Marine eine gute Grundlage fand. D.s absolute Loyalität führte dazu, daß → Hitler ihn, enttäuscht über die meisten seiner Paladine, testamentarisch zum Nachfolger bestimmte. Als Reichspräsident sah er seine Aufgabe darin, den Krieg in einer für Deutschland günstigen Weise zu beenden. Auch als er vom vollen Umfang der Verbrechen des Regimes erfuhr, unternahm er nichts, sie zu unterbinden, und verbot lediglich *Werwolf*-Aktivitäten. D. veröffentlichte 1958 u.d.T. *10 Jahre und 20 Tage* apologetische Erinnerungen. Darin zeichnet er von sich das Bild eines untadeligen Marineexperten, eine Charakterisierung, die seine enge, auch ideologische Bindung an den NS-Staat außer acht läßt, jedoch vor allem im angelsächsischen Raum lange Zeit populär war.
KAL

Dornier, Claude Flugzeugkonstrukteur und -hersteller
geb. 14. 5. 1884 in Kempten,
gest. 5. 12. 1969 in Zug/Schweiz.
D. entstammte einer dt.-frz. Ehe. Nach Schulzeit im Allgäu studierte er Maschinenbau an d. TH in München. Nach d. Diplom erste Anstellung 1910 in d. Luftschiffbau-Firma v. Graf Zeppelin in Friedrichshafen. Spezialisierung auf f. Fluggeräte geeignete Metalle. Bis Kriegsende bereits Konstruktion v. Ganzmetallflugzeugen. 1922 Gründung d. Dornier-Werke in Friedrichshafen. Da d. Versailler Vertrag Flugzeugbau in Dtschld. verbot, ging

D. einige Zeit nach Italien u. in d. Schweiz u. ließ auch in Spanien, den Niederlanden u. Japan Fabriken für seine Flugzeuge errichten, mit denen er in den 20er Jahren international bekannt wurde. Mit einem D.-Flugboot v. Typ *Wal* überquerte Amundsen den Nordpol. Aufsehen erregten besonders d. Transatlantikflüge des Riesenflugboots Do X. Neben Willy → Messerschmitt u. Ernst → Heinkel gehörte D. zu den fähigsten dt. Flugzeugkonstrukteuren. 1932 wurde er Alleininhaber d. *Dornier Metallbauten GmbH.* D.s Firma, die zunächst auf Flugboote wie die Do 18 u. Do 26 spezialisiert war, stellte f. d. Luftwaffe noch vor dem 2. WK einen ihrer Standardbomber, die Do 17, her u. entwickelte bis Kriegsende mit der Do 335 das schnellste propellergetriebene Jagdflugzeug des 2. WK. 1940 war D. in d. NSDAP eingetreten. Er wurde zum Wehrwirtschaftsfhr. u. zum Ltr. d. Fachabt. Flugzeugbau innerhalb d. Wirtschaftsgruppe Luftfahrtindustrie ernannt. Nach Kriegsende war er zunächst gezwungen, Flugzeuge in Spanien bauen zu lassen, da seine Fabriken zerbomt u. Flugzeugbau in Dtschld. verboten war. Nach Aufhebung des Verbots machte sich seine Firma in Dtschld. durch Spezialisierung auf Kurzstartflugzeuge (Do 27 u. Do 28) u. Senkrechtstarter (Do 29 u. Do 31) bald wieder einen Namen. D.s Ansehen unterstrich die Wahl zum Präsidenten d. *Bundesverbandes d. Dt. Luft- u. Raumfahrtindustrie.* Die Leitung seines Konzerns hatte er 1962 abgegeben.
We

Dorpmüller, Julius Reichsverkehrsminister
geb. 24. 7. 1869 in Elberfeld/Wuppertal,
gest. 5. 7. 1945 in Malente-Gremsmühlen/Schleswig-Holstein.
Sohn eines Eisenbahningenieurs. 1889–93 Studium d. Eisenbahn- u. Straßenbaus. 1893–07 Regierungsbaumeister b. d. preuß. Eisenbahndirektion in Saarbrücken. 1907–17 Ingenieur b. d. chinesischen Staatsbahn. Nach Chinas Eintritt in d. 1. WK abenteuerliche Flucht nach Dtschld. Dort weiter Tätigkeit bei der Eisenbahn. 1922 Präsident d. Reichsbahndirektion Oppeln, 1924 der Reichsbahndirektion Essen. 1926–45 Generaldirektor der *Dt. Reichsbahn.* 1933 Beiratsvorsitzender des Unternehmens *Reichsautobahnen.* 1934 Goldene Medaille d. *Preuß. Akademie für das Bauwesen.* 1937–45 Reichsverkehrsminister als Nachfolger von → Eltz-Rübenach. Im Mai/Juni 1945 konnten Verhandlungen D.s mit d. Alliierten über den Wiederaufbau d. Bahn nicht mehr beendet werden.
D., der nach dem Zusammenbruch des Dritten Reiches als reiner Fachmann gesehen wurde, trug die

oberste Verantwortung für die Bereitstellung der Transportzüge zur Deportation der Juden aus ganz Europa.
Ri

Dreßler-Andreß, Horst Präsident der Reichsrundfunkkammer
geb. 8. 4. 1899 in Zeitz,
gest. 19. 12. 1979 in Berlin.
Herkunft aus einer Handwerkerfamilie. Freischüler d. Reinhardt-Schule in Berlin. 1917/18 als Freiwilliger b. d. Infanterie. Nach dem 1. WK Arbeiter, dann Schauspieler u. Regisseur. Seit 1918 politisch aktiv; Mitglied d. *Jungdeutschen Ordens*. NSDAP-Mitglied seit Mai 1930. Bereits 1929 Entwicklung rundfunkpolit. Konzepte. Gründer d. *NS-Gruppenbewegung der Künstler u. geistigen Arbeiter*. Ltr. d. Rundfunkabteilung in d. RL der NSDAP 1931–37. Ministerialrat im Reichsministerium f. Volksaufklärung u. Propaganda, zunächst Ltr. d. Rundfunkabteilung 1933–38, dann AbtLtr. IX f. kulturelle Fragen. Nov. 1933 Präsident d. *Reichsrundfunkkammer* (am 28. 10. 1939 aufgelöst). 1934–38 zusätzlich Amtsleiter in d. *NS-Gemeinschaft Kraft durch Freude*. 1940 als Dienstverpflichteter in versch. Arbeitsbereichen d. NSDAP im Generalgouvernement tätig, u.a. 1941 Ltr. d. Führungsamts beim Arbeitsbereich II d. NSDAP in Krakau, zeitweise auch Ltr. d. Prop-Abt. d. NSDAP im Distrikt Krakau. Nach dem Krieg 1945–48 Häftling in Buchenwald; nach gerichtl. Untersuchung am 1. 3. 48 Freispruch. Anschließend Bühnentätigkeit, Regisseur am Theater in Eisenach. Politisch maßgeblich am Aufbau d. Nationaldemokratischen Partei (NDP) in d. sowjet. Besatzungszone beteiligt; Mitglied d. Hauptvorstandes d. NDP. Seit 1. 4. 1964 Rentner.
We

Drexler, Anton Werkzeugschlosser und Parteigründer
geb. 13. 6. 1884 in München,
gest. 24. 2. 1942 ebd.
1902 Schlosser in einer Berliner Lokomotivenfabrik. 1917 Mitglied der Vaterlandpartei. März 1918 Gründer des *Freien Arbeitsausschusses für einen guten Frieden*. Okt. 1918 zusammen mit Karl Harrer Bildung des *Politischen Arbeiterzirkels*. 5. 1. 1919 Gründung der DAP, im selben Jahr Erscheinen der Broschüre *Mein politisches Erwachen*. Jan. 1920 Vorsitzender, ab 29. 7. 1921 Ehrenvorsitzender der NSDAP. 1924 führendes Mitglied des *Völkischen Blocks* in Bayern u. MdL 1924–28. 1925 Trennung v. d. neugegründeten NSDAP u. Mitbegründer des *Nationalsozialen Volksbundes*. 1933 Wiedereintritt in die NSDAP.
Drexler war von der Vorstellung erfüllt, dem deutschen Arbeiter

den Nationalismus nahezubringen. Er lehnte zwar Gewaltanwendung ab, doch Antisemitismus und eine umfassende Verschwörungstheorie waren zentrale Elemente seiner verworrenen politischen Ideen. Zeit seines Lebens blieb er ein politischer Sektierer, was zu einer zunehmenden Distanz zur NSDAP führte. Am Hitlerputsch war er nicht beteiligt, doch kurzzeitig in Haft, und wurde 1934 mit dem Blutorden ausgezeichnet. Das Regime nutzte ihn propagandistisch aus u. ehrte ihn 1937 mit der Neuauflage seiner Schrift, ließ ihm politisch aber keinerlei Raum mehr. An seiner von der NSDAP zelebrierten Trauerfeier nahmen nur noch Lokalgrößen der Partei teil.
KAL

Duesterberg, Theodor *Stahlhelm*-Führer
geb. 19. 10. 1875 in Darmstadt,
gest. 4. 11. 1950 in Hameln.
Sohn eines Militärarztes. 1893 Eintritt in die preuß. Armee, 1894 Ltn. 1900 Teilnahme am Chinafeldzug. Anschließend Besuch der Kriegsakademie. Im 1. WK nach kurzem Frontdienst im Kriegsmin. beschäftigt. 1918 Mitglied der Waffenstillstandskommission. Aus Protest gg. den Versailler Vertrag Abschied als Obstltn. 1919–24 Geschäftsführer d. DNVP in Halle. 1923 Führer d. *Stahlhelm*-Gaues Halle. Ab d. 9. 3. 1924 Zweiter Bundesführer d. *Stahlhelm.* Im März 1932 Kandidatur f. d. Reichspräsidentenamt, die nicht zuletzt wg. D.s jüdischem Großvater völlig chancenlos war. 1933 Ablehnung eines Kabinettspostens. Nach Konflikten mit dem *Stahlhelm*-Führer Franz → Seldte Niederlegung des Amts im *Stahlhelm* am 26. 4. 1933. Nach dem »Röhm-Putsch« kurze Inhaftierung in Dachau wg. seiner regimekritischen Haltung. 1943 Kontakte zum *Goerdeler-Kreis,* jedoch keine Involvierung in die Vorgänge um den 20. Juli 1944.
D. prangerte nach dem Krieg in seiner Schrift *Der Stahlhelm und Hitler* (1949) das Naziregime und die Indifferenz breiter Schichten an, leugnete jedoch den Beitrag des *Stahlhelm* und seiner Führung am Zugrundegehen der Weimarer Republik, der bei der Zusammenarbeit des *Stahlhelm* mit den Nationalsozialisten im Volksbegehren gegen den Young-Plan und in der *Harzburger Front* offen zutage getreten war.
Ri

Dwinger, Edwin Erich Schriftsteller
geb. 23. 4. 1898 in Kiel,
gest. 17. 12. 1981 in Gmund a. Tegernsee.
Der Sohn eines Seeoffiziers u. einer russischen Mutter meldete sich bei Ausbruch d. 1. WKs noch vor Ab-

schluß seiner Schulausbildung mit 16 Jahren freiwillig zu einem Dragonerregiment. Ein Jahr später geriet er schwerverwundet in russ. Kgf. Er floh u. kämpfte mehrere Jahre in d. weißrussischen Armee Adm. Koltschaks gg. d. Rotarmisten. 1921 kehrte D. nach Dtschld. zurück u. bewirtschaftete einen Bauernhof im Allgäu. Seine schriftstellerische Tätigkeit begann er mit der Verarbeitung eigener Erlebnisse in Rußland in der Romantrilogie *Die Armee hinter Stacheldraht* (1929), *Zwischen Weiß und Rot* (1930) u. *Wir rufen Deutschland* (1931), die dem Schriftsteller d. Ruf eines »Gestalters der Kriegsgefangenschaft« einbrachte. D. brachte in diesen Büchern seinen Antikommunismus u. die Verherrlichung der »Fronterfahrung« zum Ausdruck u. übernahm so eine Vorreiterrolle innerhalb d. völkisch-konservativen Literatur. Schon in den späten 20er Jahren gehörte er zu den erfolgreichsten »Kriegsschriftstellern«, dessen Bücher hohe Auflagen erreichten und teilw. in bis zu 12 Sprachen übersetzt wurden. Im Dritten Reich war D. eine steile Karriere beschieden: Im Jahre 1935 Berufung in den *Reichskultursenat*, am 9. Nov. desselben Jahres zeichnete man ihn mit dem *Dietrich-Eckart-Preis* aus. Bald darauf wurde er zum SS-Obersturmfhr. u. Ehrenführer einer SS-Reiterstandarte ernannt. Daneben veröffentlichte D. weitere Bücher, die von seinen persönlichen Erlebnissen im Krieg geprägt waren: Zu den bekanntesten gehören d. Roman über Freikorpskämpfer im Baltikum *Die letzten Reiter* (1935) u. die Aufzeichnungen über seine Eindrücke im Spanischen Bürgerkrieg *Spanische Silhouetten* (1937). Während des 2. WKs war D. als Kriegsberichterstatter an der Ostfront tätig. Mit Sondervollmachten des RFSS → Himmler ausgestattet, sollte er u.a. ein Filmdrehbuch über d. Aktivitäten d. Waffen-SS in der Sowjetunion schreiben. Nach Kriegsende mußte er sich einem Spruchkammerverfahren unterziehen u. wurde als »Mitläufer« eingestuft. D. übte weiterhin erfolgreich den Schriftstellerberuf aus, wobei seine nationalist. u. antikommunist. Grundhaltung auch seine späteren Werke prägte. In der Autobiographie *Die zwölf Gespräche* 1933–1945 (1966) versuchte sich D. als Widerstandskämpfer zu stilisieren.

KK

E

Eberstein, Friedrich Karl Freiherr v. Höherer SS- und Polizeiführer, SS-Obergruppenführer

geb. 14. 1. 1894 in Halle,
gest. 10. 2. 1979 in Tegernsee.

1904–12 Besuch d. Kadettenanstalten Naumburg u. Berlin-Lichterfelde. Verzicht auf Soldatenberuf aus gesundheitl. Gründen. Statt dessen 1913–14 Studium d. Landwirtschaft in Halle. Bei Ausbruch d. 1. WKs Kriegsfreiwilliger, zuletzt Ltn. u. Batteriefhr., EK I u. II. Nach Kriegsende Offz. in versch. Freikorps, eingesetzt bei d. Niederschlagung kommunist. Aufstände in Mitteldtschld. Mitglied d. *Stahlhelm* in Halle. Nicht in d. Reichswehr übernommen, beteiligte sich E. im März 1920 am Kapp-Putsch u. im Frühjahr 1921 an d. Kämpfen gg. d. Kommunisten Max Hölz u. seine Gefolgsleute in Mitteldtschld. Mai–Sept. 1921 Rgt.-Adjutant beim *Selbstschutz Oberschlesien.* Sept./Okt. 1921 als »politischer Flüchtling« in Tirol. Seit Okt. 1922 Mitglied d. *Notbund Halle*, einem Vorläufer d. NSDAP. Nach Banklehre ab 1928 selbständiger Fabrikant in Gotha. Im gleichen Jahr Eintritt in SS, 1929 in Adjutantenstellungen bei d. SS-Führung in Thüringen. 1930–31 Stadtrat in Gotha. 1930 SS-Sturmfhr., Febr. 1931 in den Stab der OSAF berufen. Seit Nov. 1931 Gausturmfhr. in München. Seit März 1933 SS-Gruf. u. Fhr. des SS-Abschnitts XVIII (Weimar). 1933 Wahl in den Reichstag. Nov. 1933 zum Fhr. d. SS-Oberabschnitts Mitte in Weimar ernannt (im März 1934 nach Dresden verlegt). Okt. 1933–Dez. 1934 Staatsrat u. Mitglied d. Landesregierung in Thüringen. Seit Juli 1934 Mitglied d. VGH. Juli 1934–April 1936 Kreishauptmann v. Dresden-Bautzen. Jan. 1936 SS-Ogruf. Ab April 1936 Polizeipräsident v. München u. zugleich Fhr. d. SS-Oberabschnitts Süd; zusätzlich ab 1. 12. 1937 Ltr. d. Polizeiabt. im bayer. Innenministerium, seit Juni 1939 als Ministerialdirektor; zugleich Berufung in den Persönlichen Stab d. RFSS. 1940 Ernennung z. Gen. d. Polizei u. HSSPF im Wehrkreis VII. 1945 v. d. Alliierten verhaftet u. interniert, sagte E. bei den Nürnberger Prozessen als Zeuge aus. Obwohl ehem. Gerichtsherr des KZs Dachau, leugnete er, Kenntnis von den dortigen Verbrechen erhalten zu haben. Ende Okt. 1948 stufte ihn eine Münchner Spruchkammer als Minderbelasteten ein u. verurteilte ihn zu 30% Vermögenseinzug bei einjähriger Bewährungsfrist; die Aufhebung d. Haftbefehls wurde v. Publikum d. Spruchkammerverhandlung mit Bravorufen quittiert.
We

Eckart, Dietrich Journalist u. Schriftsteller

geb. 23. 3. 1868 in Neumarkt/Oberpfalz,

gest. 26. 12. 1923 im Haus *Sonnenblick* bei Berchtesgaden.

Sohn eines Notars. Als 10jähriger verlor er die Mutter, durchlief, vom vielbeschäftigten Vater nicht gefördert, sieben Gymnasien. Das Studium der Medizin in Erlangen brach er 1891 ab u. versuchte sich nach zweijähriger Krankheit (vermutlich Morphinismus) u. Aufenthalt in einer Heilanstalt als Schriftsteller. Nach dem Tod des Vaters (1895) Erbe eines ansehnlichen Vermögens. Unstetes Reiseleben als Bohemien. Veröffentlichung von Novellen (in d. Literaturbeilage der *München-Augsburger Abendzeitung*) im Sinne des herrschenden Naturalismus u. zeitkritischen Studien, zeitweise auch Kritiken von den Bayreuther Festspielen. Seit Herbst 1899 fast mittellos in Berlin, wo er sich als Journalist u. Dramatiker, zeitweise auch als Werbetexter über Wasser hielt. Trotz Förderung durch den Intendanten d. königl. Hofbühne, Graf v. Hülsen-Haeseler, dem er u.a. den Auftrag zu dem patriotischen Hohenstaufendrama *Heinrich VI.* (1914) verdankte, blieb d. Nachdichtung des Ibsenschen *Peer Gynt* E.s einziger größerer Erfolg. Nach Heirat, finanzieller Erholung u. Gründung des *Hoheneichen-Verlags* Umzug nach München (Herbst 1915), dort Kontakte zu völk. Kreisen (*Fichte-Bund*) u. Veröffentlichungen in einschlägigen Blättern wie *Unser Vaterland*, *Münchner Beobachter* (Herbst 1918). E., der d. Jahre der Erfolglosigkeit mit elitärem Selbstgefühl u. zunehmendem Antisemitismus kompensierte, sah im Verlauf des 1. WKs nicht nur sich, sondern das ganze dt. Volk als Opfer des Materialismus der herrschenden Kreise, der internationalen Presse u. nicht zuletzt des die Weltherrschaft anstrebenden Judentums, dem er die »seelische Überlegenheit« des dt. Volkes gegenüberstellte. Bestätigung f. seine Thesen glaubte er in den linken, in seinen Augen v. Juden angezettelten Unruhen u. Revolutionen in Dtschld., Ungarn u. Rußland finden zu können. Einen Monat nach Gründung d. Eisner-Republik in Bayern schuf er sich mit d. Zschr. *Auf gut deutsch...* (ab Dez. 1918) ein Sprachrohr f. seine polit. Ansichten. Abgestoßen v. d. Inaktivität des Bürgertums suchte er d. polit. Zukunft beim Arbeiter, der allerdings seinen bisherigen Führern entzogen werden müßte. Wichtigstes Ziel seiner Arbeit war dabei d. Kampf gg. d. völkerzersetzende Kraft der jüd. Weltverschwörung. Politisch konservativ, vertrat E. dt. Nationalismus in seiner preuß. Gestalt. Im Gegensatz zu vielen Menschen, mit denen er verkehrte, hielt er hartnäckig am Christentum fest. Engster Mitarbeiter an E.s Zschr. war Alfred → Rosenberg; als Ideengeber für einen »nationalen Sozialismus« kann d. Propagandist d. bayer. Rechten, Grf. v. Bothmer, angesehen werden, zu dessen Zuhörern in den vom

Reichswehrgruppenkdo. 4 veranstalteten politischen Aufklärungslehrgängen auch → Hitler gehörte. Zu Wort kam noch ein anderer Theoretiker des NS, Gottfried → Feder. Als Karikaturist stellte sich Otto v. → Kursell zur Verfügung. Auf Einladung Anton → Drexlers hatte E. am 14. 8. 1919 ersten Kontakt mit dessen DAP; vermutlich im Herbst 1919 lernte er erstmals Hitler kennen. Während d. Kapp-Putsches im März 1920 flog E. mit Hitler nach Berlin; für kurze Zeit hatte er in Kapp den kommenden Retter Dtschld.s gesehen. Nach d. Scheitern Kapps wuchs in E.s Vorstellung allmählich Hitler in diese Rolle hinein, auf den er seinerseits wg. seiner Belesenheit u. Witzes, seiner gesellschaftlichen Gewandtheit u. seines großen Bekanntenkreises Eindruck machte. Für d. Partei war E. fixiert auf d. Rolle des Geldbeschaffers; sein größter Erfolg war im Dez. 1920 d. Erwerb des *VB*, dessen weitere Existenz er u.a. mit Tantiemen aus seinem *Peer Gynt* sichern half. Als »der bekannte Münchner Dichter« gehörte er bald zum Erscheinungsbild d. Partei. Als Promoter Hitlers in d. bayer. Gesellschaft, aber auch an den Stammtischen d. Dörfer, stellte er u.a. dessen Beziehungen zur Fam. Bechstein, zum Münchner Polizeipräsidenten Pöhner, zum *Miesbacher Anzeiger* u. seinem Verleger, für den E. ab u. zu schrieb, u. zu dem Chemiker Dr. Emil Gansser her, letzterer ebenfalls ein wichtiger Geldgeber u. -vermittler f. d. NSDAP. Nach seiner Scheidung im März 1921 gab E. *Auf gut deutsch*... zugunsten des *VB* auf u. widmete sich in einer Art Lehrer-Schüler-Verhältnis v.a. der Propagierung Hitlers als des kommenden Retters d. dt. Nation, wofür er diesem wohl als erster charismatische Fähigkeiten zuschrieb. Dank E.s Vermittlungsgeschick kam es nach Hitlers theaterhaftem Parteiaustritt zu einer Übereinkunft zwischen Drexler u. Hitler, die d. Wahl Hitlers zum Parteivorsitzenden am 29. 7. 1921 sicherstellte. Anfang Aug. 1921 erhielt E. den Posten d. Chefredakteurs beim *VB*. Im Dez. 1921 wurde Hitler (im *VB*) erstmals als »Führer« bezeichnet. In dem Maß, wie E.s Einfluß auf Hitler u. die Parteiführung allmählich zurückging, verstärkte sich sein Ruf als Parteidichter. Rosenberg löste den die Redaktionsarbeit längst vernachlässigenden E. im März 1923 als Chefredakteur d. *VB* ab, auf d. anderen Seite wurde E. mit seinem *Sturmlied* u. dessen Parole *Deutschland, erwache!* ungeheuer populär. Wg. Verunglimpfung → Hindenburgs vor den Leipziger Staatsgerichtshof zitiert, zog sich E. seit April 1923 mehr oder weniger heimlich nach Berchtesgaden zurück. Beim Putschversuch Hitlers am 9. Nov. 1923 befand er sich in München; seine Rolle während d. Putsches ist jedoch nicht klar. Immerhin verhaftete ihn d. Münchner Polizei am 15. 11. 1923. Wg. schwerer Herzanfälle wurde seinem Entlassungsgesuch von Ende Nov. am 20. 12. entsprochen, kurz danach starb er an einem dieser Anfälle.

E. hinterließ eine unvollendete Schrift, die 1924 u.d.T. *Der Bolschewismus v. Moses bis Lenin. Zwiegespräch zwischen Adolf Hitler u. mir* im Hoheneichen-Verlag veröffentlicht wurde. Eine zweite Auflage kam 1925 ohne den Untertitel heraus. Ursprünglich sollte die Schrift den Titel *A. Hitler u. die dt. Freiheitsbewegung* tragen u. war wohl als theoret. Basisschrift des NS gedacht, die die Mentorrolle E.s gegenüber Hitler unterstreichen sollte. Letzteres war aber keineswegs im Sinne Hitlers. Obwohl dazu aufgefordert, vollendete Hitler d. Schrift nicht. Dafür erschien 1925 seine eigene Sicht der Dinge mit dem ersten Teil von *Mein Kampf.*

We

Eggeling, Joachim Albrecht Gauleiter u. Oberpräsident

geb. 30. 11. 1884 in Blankenburg/Harz,

gest. 15. 4. 1945 auf der Moritzburg in Halle (Selbstmord).

Sohn eines Landwirts. Bis 1898 Besuch der Bürgerschule u. des Gymnasiums in Blankenburg. 1898–1904 Offiziersausbildung in den Kadettenanstalten Oranienstein u. Groß-Lichterfelde. Im März 1904 Eintritt in das Heer als Infanterieleutnant. Ab Aug. 1914 Kriegsteilnehmer; 1915 Hptm. u. Abteilungsführer. Im Okt. 1919 verabschiedet u. Lehre als Landwirt, danach Studium an der Landwirtschaftl. Hochschule in Halle. Im Nov. 1922 Verwalter der Domäne Frose/Anhalt. Im Juli 1925 Eintritt in die NSDAP. 1930 organisierte E. den agrarpolit. Apparat im Gau Sachsen-Anhalt, im Juni 1933 wurde er zum Landesbauernführer f. d. Provinzen Sachsen u. Anhalt ernannt; bei den Novemberwahlen 1933 auf der Einheitsliste der NSDAP in den Reichstag gewählt. Nach dem Tod von GL → Loeper seit Nov. 1935 mit der Führung der Gaugeschäfte beauftragt u. deshalb im Febr. 1936 als Landesbauernführer beurlaubt. Im gleichen Jahr Eintritt in die SS u. Ehrenrang eines Brigadeführers. Am 20. 4. 1937 Ernennung zum GL des Gaues Halle-Merseburg, gleichzeitig preuß. Staatsrat u. SS-Gruf. (1943: SS-Ogruf.), am 18. 8. 1944 Oberpräsident der Provinz Merseburg. Von der Sinnlosigkeit der Verteidigung der mit zahlreichen Flüchtlingen belegten Universitätsstadt Halle gegen die anrückenden amerikanischen Truppen überzeugt, erschoß er sich, nachdem er vergeblich versucht hatte, bei → Hitler eine Zu-

rücknahme des Befehls zur bedingungslosen Verteidigung zu erreichen.
We

Eggers, Kurt Schriftsteller, NS-Kulturpolitiker
geb. 10. 11. 1905 in Berlin,
gest. 12. 8. 1943 in Bjelograd.
Sohn eines Bankangestellten. Nach d. 1. WK Teilnahme an den Spartakistenkämpfen, Beteiligung am Kapp-Putsch 1920. 1921 Mitglied im *Freikorps Annaberg*. Nach abgebrochener kaufmänn. u. Landwirtschaftslehre zunächst Gutsarbeiter, 1924 kurzzeitig Soldat in d. Reichswehr. Nach einem Philosophie- und Theologiestudium 18 Monate Hilfspfarrer in Neustrelitz, dann Schriftsteller. Durch den leidenschaftl. Nationalismus in seinen frühen Werken in NS-Kreisen bekannt geworden; Berufung in den Goebbelsschen Dichterkreis. 1933 Sendeleiter des Reichssenders Leipzig. 1936 Leiter der Abt. Feiergestaltung im Rasse- u. Siedlungshauptamt d. SS. In dieser Eigenschaft Autor zahlreicher Dramen, Hörspiele, Thing- und Singspiele, völkischer Geschichten, Wander- u. Soldatenlieder u. Sprechchöre für kultische Feiern. E. verwendete bevorzugt Ereignisse der dt. Geschichte u. Zeitgeschichte, die er nationalistisch heroisierte; Beispiele sind die Hörspiele *Ulrich von Hutten* (1933); *Annaberg* (1933). Die Waffen-SS benannte nach E., der in Rußland gefallen war, d. Einheit, in der ihre Kriegsberichterstatter zusammengefaßt waren (SS-Standarte *Kurt Eggers*).
Ri

Eichmann, (Karl) Adolf Judenreferent im Reichssicherheitshauptamt
geb. 19. 3. 1906 in Solingen,
gest. 1. 6. 1962 in Ramleh bei Tel Aviv (hingerichtet).
Aufgewachsen in Linz (Oberösterreich), wohin d. mittelständische Familie d. Wohnort verlegt hatte, war E. nach abgebrochener Ausbildung zum Maschinenbauingenieur u. einer kaufmänn. Lehre als Verkäufer u. Vertreter tätig in der *Oberösterreichischen Elektrobau AG* u. von 1927 bis 1933 als Vertreter der *Vakuum Oil Company* in Wien. Am 1. 4. 1932 trat er d. österreich. NSDAP u. d. SS bei, nach deren Verbot übersiedelte er nach Dtschld., wurde im Rahmen d. *Österreichischen Legion* von der SS (u.a. in Dachau) militärisch ausgebildet, trat dem SD bei und war ab 1. 10. 1934 im SD-Hauptamt Berlin im Referat II/112 (»Judenfrage«) tätig. Er beschäftigte sich mit d. Möglichkeiten d. Vertreibung d. Juden u. unternahm 1937 eine Studienreise in den Nahen Osten. 1938 in d. Dienststelle d. SD-Führers beim SS-Oberabschnitt Donau versetzt, organisierte er im

Aug. 1938 die *Zentralstelle für jüdische Auswanderung* in Wien, die anfänglich d. Emigration d. österr. Juden forcierte, später deren Deportation durchführte. Nach dem Wiener Vorbild wurde im Juni 1939 auch in Prag eine *Zentralstelle für jüdische Auswanderung* errichtet, die E. bzw. sein Stellvertreter Hans Günther leitete. Seit Jan. 1939 existierte in Berlin auf Anordnung von → Heydrich die *Reichszentrale für jüdische Auswanderung*, deren Leitung E. im Okt. 1939 übernahm. Im Dez. 1939 erhielt er das Referat IV D 4 (*Auswanderung u. Räumung*), dann das Referat IV B 4 (*Judenangelegenheiten u. Räumung*) im Amt IV (Gestapo) des RSHA. Damit war der 1941 zum SS-Obersturmbannfhr. beförderte E. für die Deportation d. Juden aus Dtschld. u. allen annektierten u. besetzten Gebieten in d. Ghettos, KZs u. Vernichtungslager zuständig und damit maßgeblicher Organisator des Völkermords. Bei der *Wannsee-Konferenz* am 20. 1. 1942 führte E. das Protokoll.

E.s Büro in der Kurfürstenstraße in Berlin mit etwa fünf Mitarbeitern im Rang von SS-Offizieren u. entsprechendem Verwaltungspersonal war die Zentrale, in der der massenhafte Transport von Menschen in die Ghettos, KZs und Vernichtungsstätten organisiert wurde. Vom Erfolg seiner Tätigkeit überzeugte sich E. auf Dienstreisen, die ihn zu einer »Aktion« eines Einsatzkommandos, zu den Gaswagen in Chelmno, in die Vernichtungslager Auschwitz, Belzec, Sobibor u. Treblinka führten. Als gefühlloser, penibler Bürokrat war E. d. Prototyp d. Schreibtischtäters, bis er im März 1944 nach Ungarn kommandiert wurde, wo er in Budapest als Fhr. eines Sonderkommandos d. Deportation ungar. Juden nach Auschwitz leitete. Am Kriegsende verbarg sich E. in Österreich u. Bayern, konnte Anfang 1946 aus Internierungshaft fliehen u. arbeitete bis 1950 in d. Lüneburger Heide als Holzarbeiter. Nach d. Ausreise nach Argentinien lebte er unter d. Namen Ricardo Klement in Buenos Aires. Der israelische Geheimdienst spürte ihn dort auf, entführte ihn im Mai 1960 nach Israel, wo er sich ab Febr. 1961 in einem Prozeß in Jerusalem, verteidigt v. d. dt. Anwalt Robert Servatius, verantworten mußte. Im Dez. 1961 wurde d. Todesurteil gesprochen, das (nach einem Berufungsverfahren im März 1962) im Gefängnis Ramleh bei Tel Aviv vollstreckt wurde. E.s Leiche wurde verbrannt, die Asche ins Meer gestreut.

Im Prozeß hatte E., der beteuerte, kein Antisemit zu sein, versucht, sich in der Rolle als einflußloser Befehlsempfänger darzustellen. Der Eifer, mit dem er bis zur letzten Konsequenz den Völkermord

organisierte, strafte den eiskalten Bürokraten Lügen.
Bz

Eicke, Theodor Inspekteur der Konzentrationslager
geb. 17. 10. 1892 in Hampont/Elsaß-Lothringen,
gest. 26. 2. 1943 bei Orelka (Flugzeugabsturz).
Vater Bahnhofsvorsteher. 1909–19 Soldat. Nach d. Krieg im Polizeidienst tätig, 1921 Offiziersanwärter. Konflikte wg. E.s republikfeindlicher Haltung führten 1922 zu seiner Entlassung. 1923–32 zunächst Kaufmann, dann Sicherheitsbeauftragter d. IG Farben Ludwigshafen. Im Dez. 1928 Aufnahme in NSDAP u. SA, im Juli 1930 in die SS. 1931 SS-Standartenführer, Leiter d. SS in d. Rheinpfalz. Im Juli 1932 wg. politischer Bombenanschläge zu zwei Jahren Haft verurteilt, deshalb Flucht u. Aufenthalt in Italien v. Juli 1932 bis Febr. 1933. Nach Konflikten mit GL → Bürckel März–Juni 1933 Behandlung in einer psychiatrischen Klinik. Ab Juni 1933 Kdt. des KZs Dachau. Im Mai 1934 von → Himmler beauftragt, die Übernahme u. Neuordnung der KZs durch die SS zu leiten. Teilnahme an den Morden d. sog. Röhm-Putsches, darauf am 4. 7. 1934 zum Inspekteur d. Konzentrationslager u. der *SS-Totenkopfverbände* (SS-TV) u. am 11. 7. 1934 zum SS-Gruf. ernannt. Ab 14. 11. 1939 Kdr. d. SS-Totenkopfdivision. 1942 SS-Ogruf. u. Gen. d. Waffen-SS.
E., der als Lagerkommandant von Dachau die erste Lagerordnung für ein Konzentrationslager entwickelt hatte, machte als Inspekteur der KZs die von ihm in Dachau angewandten grausamen Unterdrückungsmethoden für alle KZs verbindlich. Von den SS-Wachmannschaften in den Lagern forderte er unbedingte Härte und Befehlserfüllung. Die Totenkopfdivision führte er rücksichtslos und mit hohen Verlusten.
Ri

Eigruber, August Gauleiter
geb. 16. 4. 1907 in Steyr/Oberösterreich,
gest. 28. 5. 1947 in Landsberg (hingerichtet).
Nach Absolvierung der Mittelschule Ausbildung zum Vermessungstechniker u. Feinmechaniker an der österr. Bundeslehranstalt f. Eisen- u. Stahlbearbeitung, anschließend als Feinmechaniker u. Vermessungsgehilfe tätig. Im Nov. 1922 Mitglied der *Nationalsozialistischen Arbeiterjugend Österreichs*; 1925 deren Führer. Seit April 1928 Mitglied d. NSDAP, deren Bezirksleitung für Steyr-Land er im Okt. 1930 übernahm. 1934 wg. seiner Betätigung für die NSDAP zu einigen Monaten Haft verurteilt, die er u.a. im Internierungslager Wöllersdorf absitzen mußte. Seit Mai 1935 Gau-

geschäftsführer d. illegalen NSDAP im Gau Oberösterreich, 1936 deren GL. Nach dem Anschluß im März 1938 vorläufiger Landeshauptmann v. Oberösterreich. MdR seit dem 10. 4. 1938. Im März 1938 Eintritt in die SA als Brif., nach der Ernennung zum GL des Gaues Oberösterreich am 22. 5. 1938 Übertritt zur SS als Staf. Am 1. 4. 1940 Einsetzung als Reichsstatthalter von Oberdonau, der im Nov. 1942 die Ernennung zum RVK folgte. Im Juni 1943 Beförderung zum SS-Ogruf. Von amerikanischen Truppen im Salzkammergut unmittelbar nach der Kapitulation im Mai 1945 aufgespürt, wurde er als Zeuge vor dem Internationalen Militärgerichtshof in Nürnberg vernommen. Im Mauthausen-Prozeß verurteilte ihn im März 1946 ein US-Militärgericht in Dachau wg. seiner Verantwortung für die Verbrechen im KZ Mauthausen bei Linz zum Tode.
We

Elsas, Fritz Bürgermeister
geb. 11. 7. 1890 in Bad Cannstatt/ Stuttgart,
gest. 4. 1. 1945 im KZ Sachsenhausen.
Sohn eines Textilindustriellen in Cannstatt. Nach d. Schulzeit in d. Vaterstadt Studium d. Rechts u. Staatswissenschaften in München, Berlin u. Tübingen. 1912/13 Arbeit als Privatgelehrter, Promotion u. Studienreisen in Europa. 1914 stellv. Syndikus b. d. Handelskammer Stuttgart. 1915 wiss. Hilfsarbeiter b. d. Stadtverwaltung Stuttgart. 1915–1918 Leiter d. städtischen Lebensmittelamtes, 1918 Stadtrechtsrat; 1919 Stadtrat in Stuttgart. Bereits kurz vor d. 1. WK bei den Jungliberalen engagiert, 1924–26 Mitglied des württemberg. Landtags (Deutsche Demokratische Partei), 1926 Vizepräsident u. Geschäftsfhr. d. *Dt. Städtetags* in Berlin. 1931 Zweiter Bürgermeister in Berlin. Zahlreiche Ehrenämter u. Aufsichtsratsmandate; Vorstandsmitglied d. *Reichsanstalt f. Arbeitsvermittlung u. Arbeitslosenversicherung*, Vorsitzender d. *Reichsarbeitgeberverbandes dt. Gemeinden u. Kommunalverbände.* Nach d. Machtübernahme wurde E. 1933 als entschiedener Demokrat u. Jude aus allen öffentlichen Ämtern entlassen. Er war dann als Wirtschafts- u. Devisenberater tätig u. 1937 im Zuge eines »Devisenprozesses« einige Wochen in Untersuchungshaft. E. spielte im Widerstand als Verbindungsmann zw. → Goerdeler u. d. sozialdemokrat. Opposition (→ Leuschner) sowie zum liberalen Straßmann-Kreis eine wichtige Rolle. Nach dem mißglückten Staatsstreich des 20. Juli 1944 verbarg E. Goerdeler in seinem Haus in Berlin-Dahlem; bei einem Spaziergang im Garten wurde Goerdeler am 10. 8. 1944 von Nachbarn erkannt u. denunziert. E. wurde ins KZ Sachsenhausen eingeliefert

u. dort mit weiteren Opfern des 20. Juli ohne Prozeß u. Urteil erschossen.
E. war als Kommunal- und Sozialpolitiker ein vorbehaltloser Verfechter rechtsstaatlicher und liberaler Ideale, er verstand sich als radikaler Demokrat.
Bz

Elser, (Johann) Georg Schreiner
geb. 4. 1. 1903 in Hermaringen/Württemberg,
gest. 9. 4. 1945 im KZ Dachau (ermordet).
Sohn eines kleinen Landwirtes und Holzhändlers. Nach Beendigung d. Volksschule Lehre als Eisendreher, nach zwei Jahren dann Schreinerlehre, die E. 1922 als Bester der Gesellenprüfung abschloß. Anschließend Arbeit an verschiedenen Orten Südwestdeutschlands, darunter in Konstanzer u. Meersburger Uhrenfabriken sowie als Schreiner in d. Schweiz. 1932 wg. d. Wirtschaftskrise entlassen; Lebensunterhalt durch Reparatur u. Anfertigung v. Möbelstücken. 1936 Arbeitsplatz in einer kleinen Heidenheimer Rüstungsfabrik, in der Schießpulver hergestellt wurde. E.s Interesse an politischen Ideologien war beschränkt. Vor 1933 wählte er KPD nur, weil sie Arbeitern bessere Lebensverhältnisse versprach, war aber kein Mitglied. 1928 trat er d. *Roten Frontkämpferbund* bei; nach dessen Verbot 1929 unterhielt er jedoch keine Verbindung zu ehemaligen Mitgliedern oder anderen Widerstandsgruppen. E.s Gegnerschaft gg. den NS entsprang d. Beobachtung seiner sozialen Umwelt u. tagespolit. Vorgängen, ferner seinem Gerechtigkeitsgefühl. Die Sudetenkrise im Herbst 1938 bestärkte E. in d. Überzeugung, daß → Hitlers maßlose Politik zum Kriege führen mußte. Daher Entschluß, 1939 während d. jährlich am 8. Nov. stattfindenden Traditionsfeier im Münchner Bürgerbräukeller ein Attentat durchzuführen. In den folgenden Monaten stahl er vom Arbeitsplatz Sprengstoff für ein Bombenattentat, kündigte im März 1939 in der Munitionsfabrik u. arbeitete als Hilfsarbeiter in einem Steinbruch, um sich Kenntnisse u. weiteres Material f. d. geplante Attentat anzueignen. Einen Krankenurlaub im Mai 1939 nutzte er zu Zündversuchen; f. d. Steuerung benutzte er ein Uhrwerk. Anfang Aug. 1939 zog er nach München. Seinen Lebensunterhalt bestritt er überwiegend vom Geld, das er durch den Verkauf seiner Musikinstrumente u. Werkstatteinrichtung erhalten hatte. 30 bis 35 Nächte lang ließ er sich unbemerkt im Saal des Bürgerbräus einschließen u. höhlte auf der Galerie die Säule hinter Hitlers Rednerpult aus, um den Sprengkörper darin zu verstecken. Wie beabsichtigt, detonierte dieser

am 8. November um 21.20 Uhr, zerstörte einen großen Teil des Saales, tötete sieben Personen u. verletzte 60 weitere. Zehn Minuten vorher hatte jedoch Hitler den Saal verlassen, um den eigens für ihn eingesetzten Sonderzug nach Berlin zu erreichen. Am selben Abend Verhaftung E.s beim Versuch, illegal d. Schweizer Grenze zu überschreiten. Als sich die Indizien gegen ihn verdichteten, legte E. ein volles Geständnis ab. Da Hitler u. → Himmler an »ausländische Auftraggeber« glaubten, obwohl E. trotz Mißhandlung bei seiner Aussage blieb, wurde über d. Medien die Meldung verbreitet, E. habe das Attentat im Auftrag des engl. Geheimdienstes verübt. Im KZ Sachsenhausen wurde E. als »Sonderhäftling« offensichtlich für einen Schauprozeß gg. die »Hintermänner« verwahrt, für den man nach dem Endsieg die notwendigen Beweise aus dem Ausland zu erhalten hoffte. Um die Jahreswende 1944/45 ins KZ Dachau überführt, wurde E. dort auf Weisung aus Berlin am 9. April 1945 getötet, da seine Person durch den militär. Zusammenbruch f. d. Regime wertlos geworden war. Die verdiente Anerkennung als Widerstandskämpfer blieb E. lange Zeit versagt, weil seine Tat als »Tyrannenmord auf eigene Faust« vom jurist. Standpunkt aus mit dem Makel kriminellen Unrechts behaftet war u. die Legende von E. als Handlanger des brit. *Secret Service* fortwirkte. Nach einer anderen weitverbreiteten Version sei E. von den NS selbst für ein »gestelltes Attentat« benutzt worden, um Hitler als Schutzbefohlenen der »Vorsehung« erscheinen zu lassen. Die nach dem Kriege von zwei seiner Mitgefangenen in Umlauf gesetzten Legenden, E. sei Mitglied der SS gewesen u. habe d. Attentat auf Hitlers »persönlichen Befehl« ausgeführt (Martin → Niemöller) oder er sei schon vorher KZ-Häftling gewesen u. von d. Gestapo für d. Scheinattentat angeheuert worden (Payne Best), hat d. Zeitgeschichtsforschung widerlegt, seine Alleintäterschaft u. d. Lauterkeit seiner Motive nachgewiesen.
Gch

Eltz-Rübenach, Paul Frhr. v.

Reichsverkehrsminister
geb. 9. 2. 1875 in Wahn bei Köln,
gest. 25. 8. 1943 in Linz am Rhein.
Nach einem Maschinenbaustudium ab 1902 Regierungsbauführer bei d. Eisenbahndirektion Münster, ab 1909 im Eisenbahnzentralamt in Berlin beschäftigt. 1911–1914 techn. Sachverständiger am Dt. Generalkonsulat in New York. Im Krieg beim Feldeisenbahndienst tätig, ab 1917 im Stab d. *Chefs d. Feldeisenbahnwesens*. Nach d. Krieg an der Abwicklung im Eisenbahn- u. Transportwesen beteiligt.

Ab Juli 1924 Präs. d. Eisenbahndirektion Karlsruhe. Seit d. 1. 6. 1932 Verkehrs- u. Postminister unter → Papen u. den folgenden Regierungen. Durchsetzung der NS-Rassengesetze in seinem Amtsbereich. Aus seiner streng kath. Haltung heraus zunehmende Distanz zum NS-Regime. Demission, nachdem E. in d. Kabinettssitzung vom 30. 1. 1937 wg. natsoz. Übergriffe auf die Kirche das Goldene Parteiabzeichen abgelehnt hatte. Überwachung durch die Gestapo u. kurzfristige Sperrung der Pension, als während des Krieges auch E.s Frau das Mutterkreuz ablehnte.
Ri

Epp, Franz Xaver Ritter von

Reichsstatthalter in Bayern
geb. 16. 10. 1868 in München,
gest. 31. 12. 1946 ebd.

Sohn eines Kunstmalers. Ausbildung an d. Kriegsschule u. Kriegsakademie in München. Teilnahme am 1. WK als Bataillions-Kdr., später Kdr. im Münchner Infanterie-Leibregiment. 1918 Verleihung des Ordens *Pour le mérite*. Mit finanzieller Unterstützung des Reichswehrministeriums 1919 Aufstellung des *Freikorps Epp* in Thüringen unter Epps Kdo.; 1919 mit dem Freikorps Beteiligung an d. Niederwerfung d. Münchner Räterepublik. Seit 1920 finanzielle Unterstützung des *VB*. 1923 nahm E. seinen Abschied von d. Reichswehr. 1928 Wechsel v. d. Bayerischen Volkspartei zur NSDAP, 1928–45 NSDAP-MdR. 1932 NSKK-Ogruf., 1933 SA-Ogruf. Am 9. 3. 1933 Ernennung zum Reichskommissar in Bayern, am 10. 4. 1933 zum Reichsstatthalter. Am 3. 8. 1933 Beförderung zum Reichsleiter d. NSDAP; seit 5. 5. 1934 Ltr. des *Kolonialpolitischen Amtes der NSDAP*, seit Aug. 1933 auch Landesjägermeister für das Land Bayern. 1935 Ernennung zum General d. Inf. Seit 13. 6. 1936 Bundesführer d. *Reichskolonialbundes*. Im Okt. 1938 Chef d. Grenadier-Rgt.s 61. Von d. amerik. Besatzungsmacht 1945 interniert.

E.s Werdegang war vorwiegend geprägt von karriereorientiertem Handeln. Als Reichsstatthalter fiel er nicht durch spektakuläre Aktionen auf, vielmehr verwaltete er sein Amt unter Berücksichtigung des bayerischen Partikularismus; seiner Bindung an den kathol. Glauben verdankte er den Scherznamen »Mutter-Gottes-General«. In der Endphase des Dritten Reichs zählte er zu den parteiinternen Kritikern → Hitlers, konnte sich aber nicht überwinden, dem Drängen seines Ordonnanzoffiziers, Major Carracciola, nachzugeben und sich an die Spitze kapitulationsbereiter Widerstandskreise und Truppeneinheiten in Oberbayern zu setzen. Carracciola wurde deshalb in den letzten Kriegstagen noch hingerichtet.
JR

Ernst, Karl SA-Gruppenführer u. Sonderbevollmächtigter der Obersten SA-Führung für Berlin und die Provinz Brandenburg
geb. 1. 9. 1904 in Berlin-Wilmersdorf,
gest. 30. 6. 1934 in Berlin-Lichterfelde (hingerichtet).
1918–21 Lehre als Exportkaufmann, 1921–23 kaufmännischer Angestellter in Berlin u. Mainz; danach war E. in wechselnden Berufen als Hotel-Page, Sekretär, Hilfssportlehrer, Heimleiter u. Verwalter tätig. 1923 Eintritt in NSDAP u. SA. 1929–31 studierte E. drei Semester an d. Hochschule f. Politik in Berlin. Schneller Aufstieg in d. SA dank persönlicher Beziehung zu → Röhm. 1. 4. 1931 SA-Führer (seit 1932 im Rang eines Oberführers) in der Untergruppe Berlin-Ost; Sonderbevollmächtigter der OSAF f. Berlin u. Brandenburg. Seit 1932 Reichstagsabgeordneter in d. NSDAP-Fraktion, Wahlkreis Berlin. Nach d. Machtübernahme preuß. Staatsrat. Am 21. 3. 1933 trat E. die Nachfolge v. Graf → Helldorf als Führer d. SA-Gruppe Berlin-Brandenburg an; damit unterstanden ihm die militanten SA-Stürme, die als staatlich legitimierte Hilfspolizei agierten. Am 11. 5. 1934 Fhr. der nun zur Obergruppe III (Berlin-Brandenburg) erhobenen SA-Gruppe; Beförderung zum SA-Gruf. E. befahl Anfang April 1933 den Mord an d. Hellseher u. Magier Erik Jan Hanussen u. errichtete in Berlin ein »wildes« (nicht der Gestapo unterstelltes) Konzentrationslager, das auf Veranlassung → Görings im Aug. 1933 geschlossen wurde. Im Zusammenhang mit dem »Röhm-Putsch« wurde er als einer d. angeblichen Hauptputschisten v. einem SS-Kdo. in Bremen, kurz vor Antritt seiner Hochzeitsreise nach Teneriffa, verhaftet, nach Berlin zur Exekution überstellt u. am 30. 6. 1934 in Lichterfelde erschossen. Bei seiner Ankunft auf dem Flughafen Tempelhof in Berlin wurden bereits Extrablätter mit Nachrichten über seinen Tod verkauft.
JW

Esser, Hermann Staatssekretär
geb. 29. 7. 1900 in Röhrmoos bei München,
gest. 7. 2. 1981 in Holzkirchen bei München.
Sohn eines Reichsbahndirektors. Nach dem Gymnasium Teilnahme am 1. WK als Kriegsfreiwilliger, danach sozialdemokrat. Journalist. 1919 Eintritt in die *Deutsche Arbeiterpartei*. 1920 Schriftleiter des *VB*. Teilnahme am Hitler-Putsch 1923 u. Verurteilung zu drei Monaten Haft. Bis 1925 Propagandaleiter der NSDAP. 1932 NSDAP-Abgeordneter des bayer. Landtags, 1933–35 bayer. Wirtschaftsminister u. Chef d. Staatskanzlei, ferner MdR u. dessen Vizepräsident. 1936 Präsident des *Reichsfremdenverkehrsverbandes*, 1939 StSekr. für Frem-

denverkehr im Reichsministerium für Volksaufklärung u. Propaganda. Nach Kriegsende zunächst als »Mitläufer« eingestuft, 1950 jedoch als »Hauptschuldiger« zu fünf Jahren Arbeitslager verurteilt.

Skrupellosigkeit, Antisemitismus, Demagogie u. Korruption kennzeichneten E.s politisches Auftreten u. machten ihn neben → Amann (»Münchner Clique«) u. → Streicher bereits in den 20er Jahren zum Ziel auch innerparteilicher Kritik v.a. in norddeutschen Parteikreisen. Auch wenn er nach 1939 kaum noch in Erscheinung trat, galt er → Hitler doch als früher u. treuer Weggefährte, der v.a. in den Anfangsjahren der NS-Bewegung viel zu deren Verbreitung über die bayerischen Grenzen hinaus beigetragen hatte.

JR

Ettighoffer, Paul C(oelestin) (Ps. *F. Löhr von Wachendorf*)
Schriftsteller, Journalist
geb. 14. 4. 1896 in Colmar/Elsaß,
gest. 15. 10. 1975 in Zülpich.

Nach Abitur Kriegsfreiwilliger im 1. WK, mehrfach ausgezeichnet. Seit 1924 Journalist u. freier Schriftsteller. Im 2. WK Hptm. in einer Propagandakompanie. Große schriftstellerische Erfolge 1931–1939 mit reportagehaften, im Stil literarischer Tatsachenberichte geschriebenen Kriegsromanen wie: *Gespenster am Toten Mann* (1931); *Tannenberg* (1939). Sein größter Erfolg in diesem Genre war *Verdun* (1936). 1941 erhielt er den *Erwin-von-Steinbach-Preis* der *Goethe-Stiftung*. Ab 1949 wieder literarische Tätigkeit (u.a. *Atomstadt*, 1949).

E.s Kriegsbücher entsprachen dem militanten Denken und Empfinden von großen Teilen der Frontkämpfergeneration, die sich im NS repräsentiert fand.

AS

Etzdorf, Hasso v. Vortragender Legationsrat, Generalkonsul
geb. 2. 3. 1900 in Elbing/Westpr.,
gest. 7. 7. 1989 in Eichtling/Obb.

Sohn eines höheren preuß. Verwaltungsbeamten. 1918 Ltn. Studium d. Rechts- u. Wirtschaftswissenschaften u. Promotion zum Dr. jur. Mai 1928 Einberufung in d. Ausw. Amt; Juli 1931 Attaché in Tokio. Eintritt in d. NSDAP am 1. 6. 1933. Okt. 1934 pers. Sekretär d. Reichsaußenministers Konstantin Frhr. v. → Neurath, Febr. 1937 Sekretär d. Botschafters Ulrich v. → Hassell in Rom; Juni 1938 in d. Personalabt. d. Ausw. Amts. Sept. 1939 als Rittmeister d. Res. Verbindungsmann zwischen StSekr. Ernst Frhr. v. → Weizsäcker u. dem Chef d. Generalstabs d. Heeres, Franz → Halder. Gemeinsam mit dem AbtLtr. im Amt Ausland/Abwehr, Helmuth Groscurth, u. d. Chef d. Ministerbüros im Ausw. Amt, Erich →

Kordt, verfaßte E. im Okt. 1939 d. Denkschrift *Das drohende Unheil* – eine Aufforderung an d. militär. Führung zum Hochverrat angesichts des geplanten Westfeldzuges. Nach dem Frankreich-Feldzug resignierte E., wenngleich er mit führenden Hitler-Gegnern wie dem im Febr. 1938 zur Disposition gestellten Hassell u. Generalquartiermeister Eduard Wagner in engem Kontakt stand; in die zum 20. Juli 1944 führenden Umsturzvorbereitungen war E. nicht aktiv involviert. Im Febr. 1945 zum Generalkonsul in Genua ernannt, konnte er dazu beitragen, Hafenanlagen u. Industriebetriebe d. Stadt vor der von → Hitler befohlenen Zerstörung zu bewahren. Seit 1950 im Ausw. Dienst d. Bundesrepublik Dtschld., war E. zuletzt von Sept. 1961 bis März 1965 Botschafter in London.
RAB

Euringer, Richard Schriftsteller
geb. 4. 4. 1891 in Augsburg,
gest. 29. 8. 1953 in Essen.
Erziehung in d. Benediktinerabtei St. Stephan, Augsburg. Nach Abitur Offiziersanwärter in der bayer. Armee. Während des 1. WK Flieger, Ltr. der Fliegerschule Lechfeld, Auszeichnung mit d. EK I. Nach dem Krieg zunächst Studium d. Kunstgeschichte u. Volkswirtschaft in München, dann u.a. Tätigkeit als Arbeiter in einem Sägewerk, Lehrling in einer Bank. 1920 erste Veröffentlichungen. 1930 Unterstützung der NSDAP als Redner in der Ortsgruppe Stadtlohn. Ab 1931 freier Mitarbeiter beim *VB*. 1933–36 Ltr. der Stadtbücherei Essen. 1934 erster Empfänger des natsoz. Staatspreises für Dichtung für das Hörspiel *Deutsche Passion 1933*. 1935 Reichskultursenator. Ab 1936 freier Schriftsteller. Während des 2. WK Major b. Jagdgeschwader Richthofen. 1945 Internierungslager. Ab 1948 Genehmigung, wieder schriftstellerisch tätig zu sein. Im Jahr vor seinem Tod veröffentlichte E. den autobiographischen »Erlebnisbericht« *Die Sargbreite Leben. Wir sind Internierte.* Bereits in seinem ersten Drama *Der neue Madig* (1920) verdeutlichte E. seine antisemit. u. nationalist. Haltung. Sein 1929 erschienenes Kriegsbuch *Fliegerschule 4, ein Buch der Mannschaft* galt in NSDAP-Kreisen als erstes natsoz. Kriegsbuch u. somit als Antwort auf Remarques *Im Westen nichts Neues.* Als Mitarbeiter des *VB* u. Parteiredner trat E. aktiv für → Hitler u. die NSDAP ein. Mit seinem Hörspiel *Deutsche Passion 1933* erlangte er schließlich höchste Anerkennung in natsoz. Kreisen. Im Mittelpunkt dieses »Sprechdramas« steht der »namenlose Soldat« (Hitler), der, im 1. Weltkrieg gefallen, im NS wieder aufersteht u. in der Auseinandersetzung mit »Verbrechern u. Demokraten, Ju-

den u. Pazifisten« der modernen (Weimarer) Zivilisation ein »drittes Reich« aufbaut. E. erzielte mit dieser Mischung aus natsoz. Propagandastück u. christlicher Passion auch auf der Bühne (1934) große Erfolge.
AS

F

Falkenhausen, Alexander Freiherr v. Militärbefehlshaber in Belgien und Nordfrankreich
geb. 29. 10. 1878 auf dem Rittergut Blumenthal/Kreis Neiße,
gest. 31. 7. 1966 in Nassau.
Sproß einer alten preuß. Gutsherrenfamilie. Berufssoldat, 1900/01 Teilnehmer der dt. China-Expedition, 1912–14 Militärattaché in Tokio. Im 1. WK Einsatz als Generalstabsoffz. an d. Westfront, in Rußland u. in d. Türkei. Auszeichnung mit dem Orden *Pour le mérite.* 1927–1930 Chef d. Dresdener Infanterieschule. 1930 als GenLtn. Abschied aus d. Militärdienst. Abgeordneter d. DNVP im sächs. Landtag. Im Okt. 1933 als Mitglied einer dt. Militärmission nach China; 1934 als Stellv. von Gen. Seeckt eigentlicher Ltr. der dt. Militärmission, dabei Berater Tschiang Kaischeks für Armee- u. Rüstungsfragen. 1939 Reaktivierung durch → Hitler, stellv. Kdr. im Wehrkreis IV (Dresden). 1. 9. 1940 Beförderung zum Gen. d. Inf. Am 20. Mai 1940 zum Chef d. Militärverwaltung in Belgien u. Nordfrankreich ernannt (bis 28. 5. 1940 auch in den Niederlanden, zwischen 29. 6. u. 2. 8. 1940 auch in Luxemburg). Obwohl er gg. d. Einführung d. Judensterns protestierte u. vereinzelt die einheimische Bevölkerung vor d. Zugriff der SS bewahren konnte, kam es in seinem Befehlsbereich zu Geiselerschießungen, Arisierungsmaßnahmen, Zwangsarbeit u. Deportation d. einheimischen Juden. Amtsenthebung F.s am 18. Juli 1944 wg. d. Verdachts, in Verbindung mit Widerstandskreisen zu stehen, u. Haft im KZ Dachau. Nach seiner Befreiung 1945 wurde F. Anfang 1948 v. d. Amerikanern verhaftet u. an d. belgischen Behörden übergeben. Vom 25. 9. 1950 an mußte sich der 73jährige in einem umstrittenen Prozeß vor einem belgischen Militärgericht in Brüssel verantworten u. wurde am 9. 3. 1951 wg. d. Deportation v. 25000 Juden aus Belgien u. wg. d. Erschießung v. 240 Geiseln zu 12 Jahren Zwangsarbeit verurteilt, jedoch nach 16 Tagen begnadigt, weil aufgrund seiner persönlichen Initiativen Hilfsaktionen zugunsten belgischer Bürger durchgeführt worden waren. F., der in zweiter Ehe mit einer Belgierin verheiratet war, lebte nach seiner Freilassung bis zu seinem Tod in Nassau a.d. Lahn.
Den

Falkenhorst (bis 1911: *Jastrzembski*), **Nikolaus v.**
Generaloberst, Wehrmachtbefehlshaber Norwegen
geb. 17. 1. 1885 in Breslau,
gest. 18. 6. 1968 in Holzminden.
Sohn eines Offiziers. Gymnasium in Liegnitz, Kadettenhaus Wahlstatt, Haupt-Kadettenanstalt Groß-Lichterfelde. 1904 preuß. Ltn.; 1914 Hptm. 1918 Erster Generalstabsoffizier der Ostseedivision in Finnland. 1919–23 Verwendung bei einem Bataillonsstab in Liegnitz. 1923–27 Verwendung bei d. Heeres-Abt. des Truppenamts im Reichswehrministerium. 1925 Major. 1928–30 Bataillonskdr. in Königsberg. 1930 Obstltn.; 1930–32 im Stab der 4. Division in Dresden, seit 1932 Oberst, Chef d. Stabes. 1933–35 Militärattachée f. d. Tschechoslowakei, Jugoslawien u. Rumänien mit Sitz in Prag. 1935 GenMaj. 1936–39 Divisionskdr. in Köslin. 1. 8. 1937 GenLtn. 1939 Kdr. General des XXI AK. Von 9. 4. 1940 bis April 1941 Befehlshaber der dem OKW direkt unterstellten Gruppe XXI, bestehend aus den f. d. Landung in Norwegen vorgesehenen Truppenteilen. Bereits vorher maßgebliche Beteiligung an der Vorbereitung v. *Weserübung* (Einmarsch bzw. Landung dt. Truppen in Dänemark u. Norwegen); seine Erfahrungen aus dem 1. WK mit Truppentransporten über d. Ostsee nach Finnland ließen ihn f. → Hitler für diese Aufgabe geeignet erscheinen. April 1940 Ritterkreuz, 19. 7. 1940 GenObst. April 1941 bis 18. 12. 1944 OB des AOK Norwegen, 25. 7. 1940 bis 18. 12. 1944 zusätzlich Wehrmachtbefehlshaber Norwegen, danach keine weitere militär. Verwendung; seine Ablösung erfolgte wg. Differenzen mit dem Reichskommissar in Norwegen, Josef → Terboven. 2. 8. 1946 Todesurteil eines brit.-norw. Gerichts wg. seiner Verantwortung für d. Erschießung von Angehörigen brit. Kommandotrupps. Später in eine Haftstrafe umgewandelt, die F. im Kriegverbrechergefängnis in Werl abbüßte, bis er am 23. 7. 1953 aus Gesundheitsgründen entlassen wurde.
KAL

Fallada, Hans (eigentl.: *Rudolf Ditzen*) Schriftsteller
geb. 21. 7. 1893 in Greifswald,
gest. 5. 2. 1947 in Berlin.
Sohn eines Landrichters. Bereits in jungen Jahren wurde F. in eine psychiatrische Heilanstalt eingeliefert, nachdem er einen Mitschüler im Duell getötet hatte. 1916 erste Behandlung wg. Drogensucht. Später übte er die verschiedensten Berufe aus. 1920 u. 1923 erschienen seine ersten beiden Romane *Der junge Goedeschal* und *Anton und Gerda*, die stark vom Expressionismus geprägt waren. 1925 wurde F. wegen Unterschlagung für 2 1/2 Jahre inhaftiert. Ein erster großer literarischer Erfolg gelang F. mit

dem Roman *Bauern, Bonzen und Bomben* (1931). F. schildert hier seine Eindrücke von d. Holsteiner Bauernrevolte, die er als Berichterstatter beim Landvolkprozeß in Neumünster im Jahre 1929 machte. 1932 erschien d. bekannteste Roman F.s: *Kleiner Mann – was nun?*, in dem d. Zustände in d. Zeit der Weltwirtschaftskrise geschildert werden. F. konnte auch während des Dritten Reichs publizieren, wenngleich ihm die Nationalsozialisten skeptisch gegenüberstanden. 1934 erschienen *Wer einmal aus dem Blechnapf frißt*, ein Roman, in dem F. seine Zeit im Gefängnis verarbeitete, und *Wir hatten mal ein Kind*. Verfilmt wurde später F.s Werk *Der eiserne Gustav* von 1938. Im Juli 1943 meldete der SD Bedenken gg. einen Einsatz F.s bei der Truppenbetreuung d. Wehrmacht an. Kurz nach Kriegsende wurde F. als Bürgermeister einer mecklenburgischen Kleinstadt eingesetzt. Kurze Zeit später holte ihn Johannes R. Becher, damals Präsident des *Kulturbundes*, nach Berlin, wo er kulturpolitisch tätig wurde. F. starb 1947 an den Folgen von Drogenkonsum u. Alkoholismus. Posthum erschienen u.a. die Romane *Der Trinker* (1950), den F. in einer Geheimschrift verschlüsselt hinterlassen hatte, ferner *Jeder stirbt für sich allein* (1947) und *Ein Mann will hinauf* (1953).
KK

Faulhaber, Michael von Erzbischof von München-Freising
geb. 5. 3. 1869 in Klosterheidenfeld/Unterfranken,
gest. 12. 6. 1952 in München.
Sohn eines Bäckers. 1892 Priesterweihe, nach kurzer Seelsorgetätigkeit wissenschaftl. Studien in Rom. 1899 Habilitation in alttestamentl. Exegese, dann Privatdozent in Würzburg. Ab 1903 Prof. in Straßburg. 1911 Bischof v. Speyer, im Krieg Feldpropst; 1917 Erzbischof v. München-Freising, 1921 Kardinal. Als überzeugter Monarchist ablehnende Haltung ggüb. der Weimarer Republik. Trotz Kritik am NS nahm F. die »legale« Machtergreifung → Hitlers hin und begrüßte das Reichskonkordat v. März 1933. Danach aber Proteste gg. Konkordatsverletzungen, in den »Adventspredigten« um Weihnachten 1933 Betonung der jüd. Ursprünge des Christentums (1934 veröffentlicht als *Judentum, Christentum, Germanentum, Adventspredigten*). Verurteilung des Rassenhasses als »giftiges Unkraut«. Am 4. 11. 1936 Unterredung mit Hitler auf d. Obersalzberg, dabei Versuch, kath. Interessen zu schützen. Mitarbeit an der Enzyklika *Mit brennender Sorge* (1937). In der »Kristallnacht« Hilfe bei der Rettung jüd. Kultgegenstände in München. Nov. 1939 Dankgottesdienst f. d. Rettung Hitlers vor dem Attentat Georg → Elsers. Trotz Pro-

tests gg. die Euthanasie u. mehrmaliger Kontakte Distanz zum Widerstand u. Festhalten an der Loyalität gegenüber der »gottgesetzten« Obrigkeit.
Die Rolle F.s im Dritten Reich erscheint ambivalent. Neben mutigem Einsatz für die Belange der katholischen Kirche und Kritik am Rassenhaß der Nazis standen fortdauernde Versuche, sich mit dem Regime zu arrangieren.
Ri

Feder, Gottfried Parteitheoretiker der NSDAP
geb. 27. 1. 1883 in Würzburg,
gest. 24. 9. 1941 in Murnau/Obb.
F.s Vater war Regierungsdirektor. Nach Abitur in Ansbach Studium d. Bauwesens an den THs München, Berlin-Charlottenburg u. Zürich mit Abschluß als Diplomingenieur 1905. Korpsstudent; wg. Schädelverletzung nach Mensur v. Militärdienst zurückgestellt. Seit 1908 Direktor u. Teilhaber einer Baufirma, für die er im europäischen Ausland Großbauten errichtete. Bei Kreditaufnahmen erste negative Erfahrungen mit d. Kreditwesen u. Bankgeschäften. Während d. 1. WKs Entwicklung eines Eisenbetonschiffes. Beschäftigung mit finanzpolit. Fragen. Angesichts d. hohen Verschuldung Dtschld.s nach d. Niederlage 1918 entwickelte F. eine Wirtschaftstheorie, die das als Hauptübel erkannte Leihzinssystem des Kapitalismus durch »Brechung d. Zinsknechtschaft«, d.h. durch Abschaffung der Zinsen u. durch Verstaatlichung d. Banken u. Börsen, überwinden sollte, ohne den Privatbesitz abzuschaffen. Geld als Selbstzweck (»raffendes Kapital«) sollte dem aus Leistung entstandenen, vom Staat verwalteten u. kontrollierten Kapital (»schaffendes Kapital«) Platz machen. F. prophezeite einem solchen Wirtschaftssystem nicht nur Unabhängigkeit d. Staaten v. Großbanken u.a. privaten Geldgebern – zu erreichen durch die Verkündung d. Staatsbankrotts –, sondern auch ein Ende d. Klassenkampfes u. eine Gesellschaft, in der Arbeitgeber u. Arbeitnehmer gemeinsam gesellschaftspolit. Ziele verfolgen würden. F. überreichte sein *Manifest zur Brechung d. Zinsknechtschaft*, das 1919 als Broschüre veröffentlicht wurde, am 20. 11. 1918 zunächst d. Regierung Eisner. Das Echo auf seine Thesen war jedoch bei den rechten Parteien größer. Anfang 1919 Gründung des *Dt. Kampfbundes zur Brechung der Zinsknechtschaft*. Als Redner u. Publizist verbreitete F., der sich aus seiner Firma zurückgezogen hatte, unter Einsatz seines priv. Vermögens seine Theorie vom »dt. Sozialismus« daraufhin v.a. in den rechten Parteien u. Splittergruppen, trat in Verbindung mit

d. *Thule-Gesellschaft* u. dem Parteidichter d. NSDAP/DAP, Dietrich → Eckart, u. referierte in Kursen d. Reichswehrgruppenkdos. 4 in München, wo er im Juni 1919 auch den Gefreiten → Hitler beeindruckte. Nach geringen Erfolgen als Einzelkämpfer trat F. 1922 in engeren Kontakt zur NSDAP. Als finanzpolit. Sprecher d. Partei – am 8. 11. 1923 sogar »Finanzminister« – legte er 1923 die programmat. Schrift *Der dt. Staat auf nationaler u. sozialer Grundlage. Neue Wege in Staat, Finanz u. Wirtschaft* vor. 1924 wurde er Abgeordneter d. *Großdt. Freiheitsbewegung* im Reichstag, nach d. Neugründung d. NSDAP 1925 bis 1936 für diese im Reichstag. 1927 Gründer u. Hrsg. d. Partei-Schriftenreihe *Natsoz. Bibliothek*, als deren erstes Heft seine hohe Auflagen erreichenden Erläuterungen zum Parteiprogramm erschienen. Allerdings verlor er 1928 sein restliches Vermögen mit d. Übernahme einiger süddt. Gauzeitungen. Ebenso scheiterte er mit dem Wunsch, in Hessen Minister bzw. GL zu werden. In Konkurrenz mit dem Ltr. d. *Wirtschaftspolit. Abt. der NSDAP*, Otto → Wagener, blieb für ihn die Leitung d. *Reichswirtschaftsrats*, die er Nov. 1931 erhielt, bedeutungslos. Während d. Straßer-Krise (→ Straßer, Gregor) im Dez. 1932 forderte er Hitler mit einem anklagenden Brief heraus, unterwarf sich ihm jedoch schon am nächsten Tag. Hitler scheint nie ein engeres Verhältnis zu F. gewonnen zu haben; die Popularität d. Federschen Finanztheorie u. F.s keinesfalls unterentwickeltes Selbstbewußtsein dürften Barrieren aufgebaut haben. F. zog von Juli 1933 bis zum Amtsantritt → Schachts im Aug. 1934 noch als StSekr. ins Reichswirtschaftsministerium ein, wurde im April 1934 auf den Posten des *Reichskommissars f. d. Siedlungswesen* abgeschoben u. im Sept. 1934 pensioniert. Von Nov. 1934 bis zu seinem Tod lehrte er als (ab 1936 planmäßiger) Prof. an d. Berliner TH Siedlungswesen, Raumordnung u. Stadtentwicklung.

Weitere Publ.: *Der Staatsbankrott. Die Rettung* (1919); *Die Wohnungsnot u. die soziale Bau- u. Wirtschaftsbank als Retterin aus Wohnungselend, Wirtschaftskrise u. Erwerbslosenelend* (1929); *Die Juden* (1933); *Kampf gg. die Hochfinanz* (1933); *Die neue Stadt* (1939); *Arbeitsstätte – Wohnstätte* (1939).

We

Fegelein, Hermann SS-Gruppenführer, Verbindungsoffizier Himmlers im Führerhauptquartier
geb. 30. 10. 1906 in Ansbach,
gest. 28. 4. 1945 in Berlin (exekutiert).

Als Sohn eines Offiziers nach abgebrochenem Studium 1925 Freiwilliger b. Reiterschwadron in Ans-

bach, 1927–29 Offiziersanwärter bei d. bayer. Landespolizei. Im Aug. 1932 Eintritt in die NSDAP, im April 1933 in die SS. Karriere bei d. Reiter-SS. Ab Jan. 1937 Ltr. d. *SS-Hauptreitschule München.* Juni 1941–Mai 1942 Frontdienst. Mai–Oktober 1942 *Inspekteur des Reit- u. Transportwesens* im SS-Führungshauptamt. Dez. 1942 SS-Oberführer. Nach Verwundung Ende Okt. 1943 Verwendung als Verbindungsoffz. → Himmlers z. Führerhauptquartier. 21. 6. 1944 SS-Gruf. Am 27. 4. 1945 Festnahme wg. eigenmächtigen Verlassens des Führerbunkers. Aus Verärgerung üb. Nachrichten von Himmlers Verhandlungen mit Bernadotte ließ → Hitler ihn zwei Tage vor seinem Selbstmord erschießen. Von der Spruchkammer München wurde F. im April 1950 posthum als »Hauptschuldiger« eingestuft.
Bereits in Polen war F. mit seiner Reitereinheit an d. Ermordung von Juden beteiligt. In Weißrußland fielen im Sommer 1941 der unter seinem Kommando stehenden 1. SS-Reiterbrigade über 13700 Juden, die sich in die Pripjet-Sümpfe geflüchtet hatten, zum Opfer. Durch seine Ehe mit Gretel Braun, der Schwester Eva → Brauns, hatte er Zugang zum inneren Kreis um seinen Schwager Hitler; seiner Schwägerin Eva stand er besonders nahe.
Ri

Fellgiebel, Erich General
geb. 4. 10. 1886 in (Breslau-) Pöpelwitz/Schlesien,
gest. 4. 9. 1944 in Berlin-Plötzensee (hingerichtet).
Sohn eines Gutsbesitzers in Posen. Gymnasium in Breslau, frühes Interesse u. Begabung auf naturwissenschaftl. Gebiet. 1905 Eintritt in d. Telegrafentruppe d. Heeres. Im 1. WK als Generalstabsoffz. beim ObKdo. der 7. Armee tätig, danach Verwendung auf versch. nachrichtentechnischen Posten d. Reichswehr. Ab 1939 *Chef des Nachrichtenverbindungswesen* im OKW. Seit Kriegsausbruch Sept. 1939 gehörte F. zum militär. Widerstand. Im Juli 1944 zählte er zum Kreis der Attentäter u. war in einer künftigen Regierung als Postminister vorgesehen. Am Tag des 20. Juli 1944 war er verantwortlich für d. nachrichtentechn. Isolierung des Führerhauptquartiers, die nur anfänglich glückte. Verhaftung bereits am Abend des 20. Juli, Todesurteil des VGH am 10. 8. 1944.
Den

Fiehler, Karl Kommunalpolitiker der NSDAP
geb. 31. 8. 1895 in Braunschweig,
gest. 8. 12. 1969 in Dießen/Ammersee.
Sohn eines Predigers. Nach Realschule kaufmänn. Lehre. 1915–18 Teilnahme am 1. WK. März 1919–

März 1933 im mittleren Verwaltungsdienst d. Stadt München. 1919 Beitritt zur Einwohnerwehr, im Nov. 1923 zur NSDAP. Als Mitglied d. *Stoßtrupps Hitler* am »Hitlerputsch« beteiligt u. 1924 zu 15 Monaten Festungshaft verurteilt; Haftentlassung Nov. 1924. Während d. Haft enger Kontakt zu → Hitler, dadurch Sprung in d. Parteispitze. 1925–35 Schriftführer d. Partei, ab 1928 im Rang eines Reichsleiters. 1924–25 zunächst f. den Völkischen Block, nach Wiedergründung d. NSDAP 1925 f. diese im Münchner Stadtrat; bis 1929 Fraktionsvorsitzender, als der er fast d. gesamte Fraktionsarbeit leistete. Seit 1927 Mitarbeit am *Mitteilungsblatt f. d. Nationalsozialisten in den Parlamenten u. Gemeinderäten*. Innerhalb d. NSDAP-Reichsorganisationsleitung ab Aug. 1927 Sachbearbeiter f. Kommunalfragen, ab 1929 (gemeinsam mit Buttmann) Ltr. d. *Kommunalpolitischen Abt.* (1934 umbenannt in *Hauptamt f. Kommunalpolitik*), seit Juni 1932 bis 1945 deren alleiniger Leiter. Juni 1930 in den Hauptausschuß d. *Bayerischen Städtebundes* gewählt. F. profilierte sich innerh. d. Münchner NSDAP v. a. als Führer d. erfolgreichen Schwabinger NSDAP (Juli 1926–Juni 1930). Am 20. 3. 1933 vom Innenminister u. GL Adolf → Wagner zum kommissar. Ersten Bürgermeister v. München bestimmt, Mai 1933–45 Oberbürgermeister. 1933–45 auch Vorsitzender des *Dt. Gemeindetages*. Im Mai 1945 Verhaftung u. Internierung. Im Jan. 1949 nach Spruchkammerverfahren zu zwei Jahren Arbeitslager u. zwölf Jahren Berufsverbot verurteilt. Haftentlassung jedoch schon im Frühjahr 1949.

F. zeigte als Kommunalpolitiker durchaus Befähigung. Aufgrund seines geringen Durchsetzungsvermögens erreichte er jedoch innerhalb der NS-Führungsspitze nur geringen Einfluß. Als überzeugter Antisemit verschaffte er München auf dem Verwaltungswege den zweifelhaften Ruf einer Führungsposition bei der Entrechtung und Verfolgung seiner jüdischen Bürger.

Publ.: Zahlreiche Aufsätze im *Mitteilungsblatt f. d. Nationalsozialisten in den Parlamenten u. Gemeinderäten* (1927–1933); *Nationalsozialistische Gemeindepolitik* (1929); *München baut auf* (1937).

MR

Fischer, Eugen Anthropologe
geb. 5. 6. 1874 in Karlsruhe,
gest. 9. 7. 1967 in Freiburg/Breisgau.

Der Sohn eines Kaufmanns studierte nach d. Besuch eines Freiburger Gymnasiums Medizin, Naturwissenschaften u. Volkskunde in Freiburg/Br. u. München. 1898 Promotion, 1900 Habilitation in den Fächern Anthropologie u. Anatomie. Ab 1904 a.o. Prof. in Freiburg.

Auf einer anthropolog. Studienreise nach Südwestafrika im Jahre 1908 wandte er als erster d. Mendelschen Vererbungsgesetze auf menschl. Rasseneigenschaften an (veröffentlicht 1913 in: *Die Rehobother Bastards u. das Bastardisierungsproblem b. Menschen*). 1912 Prosektor in Würzburg, 1914 in Freiburg/Br., wo er 1918 einen Lehrstuhl f. Anthropologie erhielt. 1919–26 Mitglied d. DNVP. 1927 gründete er mit Herm. Muckermann d. *Kaiser-Wilhelm-Institut f. Anthropologie, menschliche Erblehre u. Eugenik* in Berlin, dessen Direktor er v. 1927 bis zu seiner Emeritierung 1942 war. 1933–35 Rektor d. Berliner Universität. Ab 1937 Mitglied d. *Preuß. Akademie d. Wissenschaften.* 1940 Eintritt in die NSDAP. Nach dem Krieg Ehrenmitglied d. *Dt. Anthropologischen Gesellschaft.*

F. war Autor zahlreicher Aufsätze u. Bücher zur Rassenlehre, u.a. des Standardwerks *Menschliche Erblichkeitslehre u. Rassenhygiene* (zus. mit F. → Lenz u.E. Baur, 1921); *Dt. Rassenköpfe* (1923, zus. mit H.F.K. Günther); *Der Begriff d. völk. Staates, biologisch betrachtet* (1933); *Deutsche Rassenkunde. Forschungen üb. Rassen u. Stämme, Volkstum u. Familien im dt. Volk* (Reihe, o.D.). 1959 veröffentlichte er d. schmalen Band *Begegnungen mit Toten. Erinnerungen eines Anatomen.*

F. half durch Entwicklung und Propagierung der Rassenhygiene mit, eine pseudowissenschaftliche Grundlage für die nationalsozialistische Rassenpolitik zu schaffen. *Ri*

Flick, Friedrich Großindustrieller
geb. 10. 7. 1883 in Ernsdorf/Westfalen,
gest. 20. 7. 1972 in Konstanz.

Sohn eines Landwirts. Nach kaufmänn. Lehre Studium an d. Handelshochschule Köln, 1906 Diplom-Kaufmann. Bereits 1915 Vorstandsmitglied d. Charlottenhütte AG, 1919 Generaldirektor. Zentrale Rolle i. d. Schwerindustrie. 1926 Mitgründer der *Vereinigten Stahlwerke* (→ Kirdorf) u. der *Mitteldeutschen Stahlwerke.* Aufsichtsratsmitglied zahlreicher Firmen. 1932 Spenden an die NSDAP, ab 1933 regelmäßige Zuwendungen. Als Mitglied des *Freundeskreises RFSS* finanzielle Unterstützung für d. SS. Seit 1937 Mitglied d. NSDAP, 1938 Wehrwirtschaftsführer. Nutznießer d. Arisierungen u. d. Aufrüstung; im Krieg Beschäftigung einer großen Zahl von Zwangsarbeitern. 13. 6. 1945 in alliierter Haft. Am 22. 12. 1947 im Nürnberger *Flick-Prozeß* von amerik. Militärgericht zu sieben Jahren Haft verurteilt. Im Aug. 1950 amnestiert (wirksam ab Jan. 1951).

F. gehörte zu den frühen Finanziers der Nationalsozialisten aus der Industrie. Trotz hoher Gewinne, die

er während des Krieges auch dank der billigen Arbeitskraft von Häftlingen und Zwangsarbeitern erzielte, weigerte er sich beharrlich, Entschädigungszahlungen zu leisten.
Ri

Florian, Friedrich Karl Gauleiter
geb. 4. 2. 1894 in Essen,
gest. 24. 10. 1975 in Mettmann.
Sohn eines Oberbahnmeisters. 1912 preuß. Grubenbeamter. 1914 Kriegsfreiwilliger. 1916 Fliegerausbildung. 1918 Unteroffizier, im Luftkampf abgeschossen. 1918–19 in brit. Kriegsgefangenschaft. 1920–29 Grubenbeamter. 1920 Eintritt in den *Deutschvölkischen Schutz- und Trutzbund*, Gründer d. Ortsgruppe Buer des *Verbandes nationalgesinnter Soldaten*. 1923 Mitgründer des *Westfalentreubundes*. 1924 Eintritt in den Völkisch-Sozialen Block. 18. 8. 1925 Eintritt in die NSDAP, 25. 8. 1925 in die SA. 1927 Stadtverordneter der NSDAP in Buer. 1927–29 Kreisleiter Emscher-Lippe der NSDAP. 1929–30 Ltr. des Bezirks Bergisch-Land-Niederrhein der NSDAP. 1. 8. 1930–1945 GL des Gaues Düsseldorf. 1930–1945 MdR. 1. 9. 1933 preuß. Staatsrat. 25. 9. 1933 SA-Gruf. 1. 5. 1936 Berufung in die Reichsleitung der NSDAP. 30. 1. 1937 SA-Ogruf. 22. 9. 1939 Beauftragter des RVK für den Wehrkreis VI im Gau Düsseldorf. 16. 11. 1942 RVK für den Gau Düsseldorf. 17. 4. 1945 Gefangennahme durch die Amerikaner, Selbstmordversuch. 14. 6. 1949 wg. Zugehörigkeit zum NS-Führerkorps von der Bielefelder Spruchkammer zu $6^1/_2$ Jahren Haft u. Geldstrafe verurteilt. 5. 3. 1949 aus formaljurist. Gründen Freispruch des Schwurgerichts Düsseldorf vom Vorwurf des Mordes in Zusammenhang mit einem Standgerichtsurteil. 1. 5. 1951 Haftentlassung.
Der überzeugte Nationalsozialist gehörte nicht zur Spitzenprominenz der NSDAP, sorgte aber in seinem Verantwortungsbereich zunächst für den Aufbau der Parteiorganisation und nach 1933 für die Gleichschaltung und Durchdringung aller Lebensbereiche durch NS-Organisationen. Terrormaßnahmen, Judendeportationen und Euthanasiemaßnahmen hatte er mit zu verantworten. F. versuchte nach der Haftentlassung 1951, seine eigene Tätigkeit und die menschenverachtenden Ziele des NS einerseits zu verharmlosen, andererseits zu verherrlichen. In den 60er Jahren war er daher das Ziel staatsanwaltlicher Ermittlungen.
KAL

Forst, Willi (eigentlich *Wilhelm Frohs*) österreichischer Schauspieler und Regisseur
geb. 7. 4. 1903 in Wien,
gest. 12. 8. 1980 ebd.
Der Sohn eines Malers ging 1919 zum Theater. 1925–33 fast ständig

in Berlin, seit 1927 v.a. für Operetten engagiert. Ab 1929 Filmschauspieler, seit 1933 auch Regisseur. Tragende Rollen in zahlreichen Komödien und Operetten, z.B. in *Atlantik* (1929); *Peter Voss, der Millionendieb* (1932). 1933 Regie beim Film *Leise flehen meine Lieder*; 1939 *Bel Ami*. Zahlreiche weitere Filme.

F.s Filme sorgten für schwungvolle Unterhaltung fernab von jeder politischen oder sozialen Aktualität, wofür er v. → Goebbels kritisiert wurde. Nach dem Krieg drehte er den Skandalfilm *Die Sünderin* (1950), geriet aber mit seinen noch bis 1957 gedrehten Filmen früh in Vergessenheit.

Ri

Forster, Albert Gauleiter

geb. 26. 7. 1902 in Fürth,
gest. 28. 2. 1952 in Warschau (hingerichtet).

Sohn eines Gefängnisverwalters, besuchte das Gymnasium bis zum Einjährigen u. begann anschließend eine kaufmänn. Lehre. Wg. Betätigung f. NSDAP u. SA (Mitglied seit 7. 11. 1923) verlor er seine Anstellung in einer Bank. Während d. Verbotszeit d. NSDAP Führer der *Großdeutschen Volksgemeinschaft* in Fürth, dadurch Verbindung zu Julius → Streicher. 1925 Wiedereintritt in die neugegründete NSDAP, seit April 1926 SS-Mitglied, bis 1930 Ortsgruppenleiter der NSDAP in Fürth, 1928 Bezirksleiter f. Mittelfranken. Beruflich zunächst journalistisch für Streichers *Stürmer* tätig, ab 1928 Angestellter des *Deutschnationalen Handlungsgehilfen-Verbandes* (DHV) in Nürnberg u. Hamburg. Im März 1932 in Hamburg als Kreisgeschäftsführer Unterelbe des DHV aus polit. Gründen aus dem Verband ausgeschlossen. Bei der Septemberwahl 1930 für die NSDAP in den Reichstag gewählt. Am 15. 10. 1930 Ernennung zum GL in Danzig u. Reorganisation der dortigen desolaten NSDAP; Hrsg. der Gauzeitung *Der Vorposten* (später: *Der Danziger Vorposten*). Bei der Senatswahl am 28. 5. 1933 errang er für die NSDAP in Danzig die absolute Mehrheit u. konnte damit die Regierung stellen. Seit Mai 1933 Führer des *Gesamtverbandes der Dt. Angestellten*. Im Sept. 1933 Ernennung zum preuß. Staatsrat. 1934 gelang es F., den Danziger Senatspräsidenten Hermann → Rauschning, den einzigen ernsthaften Konkurrenten um die Führungsposition in Danzig, zu verdrängen. Um das Dt. Reich um Schutz bitten zu können, ließ er sich am 23. 8. 1939, eine Woche vor Kriegsausbruch, vom Danziger Senat zum Staatsoberhaupt wählen. Nach Ausbruch des Krieges gg. Polen wurde er am 6. 9. 1939 zunächst Chef d. Zivilverwaltung in Westpreußen, am 26. 10. 1939 GL u.

Reichsstatthalter in dem aus Teilen der früheren preuß. Provinz Westpreußen u. aus Danzig gebildeten Reichsgau Danzig-Westpreußen. Am 31. 12. 1941 Ernennung zum SS-Ogruf. Vor den sowjet. Truppen floh F., von → Hitler heftig kritisiert, in den Westen, wurde 1946 in einem brit. Kriegsgefangenenlager erkannt u. im Aug. 1947 an Polen ausgeliefert. Am 29. 4. 1948 Todesurteil des polnischen Obersten Gerichtshofs in Warschau. Nach heutigem Wissensstand erfolgte die Vollstreckung des Urteils am 28. 2. 1952.

Unter F.s Führung betrieb die Danziger NSDAP eine systematische Anschlußpolitik an das Dt. Reich; F. selbst gab am 10. Aug. 1939 die Parole »Heim ins Reich« aus. Die im Reichsgau Danzig-Westpreußen unter der Verantwortung F.s gegenüber der poln. Bevölkerung betriebene rücksichtslose u. grausame Verdrängungspolitik lieferte ausreichende Gründe für das Todesurteil gegen ihn.

We

Forsthoff, Ernst Staats- u. Verwaltungsrechtler
geb. 13. 9. 1902 in Laar,
gest. 13. 8. 1974 in Heidelberg.

Der Sohn eines Pfarrers studierte Jura; 1930 Privatdozent in Freiburg. 1933 Prof. in Frankfurt a. M., 1935 Prof. in Hamburg, 1936 in Königsberg. 1941 Berufung nach Wien, 1943 nach Heidelberg. 1945 von d. US-Militärregierung entlassen. Danach in d. Landesverwaltung v. Schleswig-Holstein tätig. 1949–67 Prof. in Heidelberg. 1960–63 Präsident d. obersten Verfassungsgerichts d. Republik Zypern. Nebenamtlich Richter am baden-württemberg. Verwaltungsgerichtshof. Nach 1945 Autor zahlreicher Werke u. Aufsätze zum Verwaltungs- u. Verfassungsrecht u. zur Rechtstheorie. F. verfaßte nach 1933 einflußreiche Schriften zum NS-Recht. So gab er 1933 in *Der totale Staat* eine metaphysische Deutung des Führerprinzips u. bezeichnete die Juden als Feinde des deutschen Geistes. 1960 entwickelte sich anläßlich seiner Ernennung zum Verfassungsgerichtspräsidenten von Zypern eine öffentliche Diskussion über seine Affinität zum NS vor 1945.

Ri

Frank, Hans Generalgouverneur, Justizminister, Rechtsanwalt
geb. 23. 5. 1900 in Karlsruhe,
gest. 16. 10. 1946 in Nürnberg (hingerichtet).

Sohn eines Rechtsanwalts. Gymnasium in München und Prag. 1919 Mitglied der Münchener *Thulegesellschaft*, Angehöriger des Freikorps Epp. 1923 Abschluß des Studiums d. Volkswirtschaft und d. Rechtswissenschaft, Eintritt in die NSDAP und Teilnahme am Hitler-Putsch. 1924 Promotion in

Kiel. 1926 kurzzeitiger Austritt aus der NSDAP wg. deren Haltung zur Südtirolfrage. 1927 Zweiter Beisitzer des Untersuchungs- und Schlichtungsausschusses bei der NSDAP-Reichsleitung. 1928 Gründer des *Bundes Nationalsozialistischer Deutscher Juristen.* 1930–45 MdR. 1930–42 Ltr. der Rechtsabteilung der NSDAP-Reichsleitung. 10. 3. 1933 kommissar. Justizminister in Bayern, 18. 4. 1933–31. 12. 1934 bayer. Justizminister. 22. 4. 1933–19. 12. 1934 *Reichskommissar für die Gleichschaltung der Justiz in den Ländern und für die Erneuerung der Rechtsordnung.* 2. 10. 1933–1944 Führer (seit 4. 8. 1934: Präsident) der *Akademie für Deutsches Recht.* 19. 12. 1934–1945 Reichsminister ohne Geschäftsbereich. 15. 9. 1939 Oberverwaltungschef für die gesamte zivile Verwaltung der besetzten ehemals poln. Gebiete beim OB Ost, 12. 10. 1939 Generalgouverneur der nicht in d. Dt. Reich eingegliederten poln. Gebiete (Generalgouvernement) bis zur Befreiung des Generalgouvernements im Jan. 1945. Am 1. 5. 1940 Präsident d. *Internationalen Rechtsanwaltskammer.* 1943 SA-Ogruf. Am 4. 5. 1945 Verhaftung durch US-Truppen; vom Internationalen Militärgerichtshof in Nürnberg am 1. 10. 1946 wg. Kriegsverbrechen u. Verbrechen gg. die Menschlichkeit zum Tode verurteilt.

In der Zeit des Aufstiegs der NSDAP von der Splitter- zur Massenpartei war F. Rechtsanwalt → Hitlers und der Partei. Unmittelbar nach der Ernennung zum bayer. Justizminister amnestierte er seinen rechtskräftig wegen eines kriminellen Delikts verurteilten Vater. In die Führungsspitze des Dritten Reichs rückte er durch die Ernennung zum Generalgouverneur für die nicht dem Deutschen Reich angegliederten Teile des besetzten Polens auf, wo er sich zum rücksichtslosen Vollstrekker der Hitlerschen Rassen- und Ostraumpolitik wandelte. Persönliche Eitelkeit und Machtbewußtsein, manchmal auch Unsicherheit, die durch Brutalität überspielt wurde, aber auch das Fehlen jeglicher Rechtsnorm prägten seine Herrschaft. Nur die Erkenntnis, daß sich mit reinen Terrormethoden die Ausbeutung des ihm unterstellten Gebietes nicht steigern ließ, führte zum Konflikt mit → Himmler. F.s öffentliche Kritik brachte ihm 1942 Redeverbot und den Verlust der meisten Ämter ein. Wegen der außenpolitischen Wirkung einer Absetzung auch als Generalgouverneur beließ ihn Hitler auf diesem Posten, trotz der weitverbreiteten Kritik an der von F. begünstigten Korruption in der Verwaltung des Generalgouvernements. Im Nürnberger Prozeß gegen die Hauptkriegsverbrecher be-

kannte er sich, anders als die meisten der Mitangeklagten, schuldig. In der Haft bekehrte er sich zum Katholizismus und verfaßte seine Erinnerungen *Im Angesicht des Galgens. Deutung Hitlers und seiner Zeit aufgrund eigener Erlebnisse und Erkenntnisse*, die 1953 posthum erschienen.
KAL

Frank, Karl Hermann sudetendeutscher Politiker
geb. 24. 1. 1898 in Karlsbad,
gest. 22. 5. 1946 in Prag (hingerichtet).
Lehrersohn. 1916 Abitur, Kriegsfreiwilliger in d. österreichischen Armee. Nach Kriegsende vier Semester Jurastudium, dann Buchhändlerlehre. Engagement in der *Wandervogelbewegung* u. beim *Deutschnationalen Handlungsgehilfenverband*. 1919–1923 Mitgliedschaft in d. NSDAP. Seit Ende 1933 Kontakt zu Konrad → Henlein u. Gründung einer Ortsgruppe d. Sudetendeutschen Partei (SdP), einer Tochterorganisation der in d. Tschechoslowakei verbotenen NSDAP. Ab Mai 1935 Abgeordneter im tschechoslowak. Parlament, 1937 stellv. Parteivorsitzender der SdP. 1938 Eintritt in die SS. Nach d. Anschluß d. Sudetenlands im Herbst 1938 dort stellv. GL der NSDAP; nach d. Errichtung d. Protektorats bekam er als HSSPF d. Zuständigkeit f. d. innere Sicherheit (Polizeichef) unter Ernennung zum StSekr. b. Reichsprotektor von Böhmen u. Mähren, Frhr. v. → Neurath. Unter dessen Nachfolger → Frick war er ab Aug. 1943 als Staatsminister der tatsächliche Machthaber im Protektorat u. verantwortlich f. d. repressive Politik gegenüber den Tschechen, u.a. auch für d. Repressalien gg. den Ort Lidice nach d. Ermordung → Heydrichs. Im Juli 1944 Ernennung zum Gen. d. Polizei u. Waffen-SS. Im Mai 1945 Flucht in den Westen, wo er von den Amerikanern festgenommen u. an d. Tschechen ausgeliefert wurde. Am 21. 5. 1946 wurde er in Prag zum Tode verurteilt und vor zahlreichen Zuschauern gehenkt.
Den

Frank, Walter Historiker, Präsident des *Reichsinstituts für Geschichte des neuen Deutschlands*
geb. 12. 2. 1905 in Fürth,
gest. 9. 5. 1945 in Brunsrode b. Braunschweig (Selbstmord).
F., dessen Vater Militärbeamter war, siedelte bereits 1910 mit seiner Familie nach München über. Die Münchner Räterepublik im Frühjahr 1919, v.a. aber der Hitlerputsch im November 1923 prägten F.s polit. Sozialisation u. machten ihn schon früh zum Anhänger d. NS-Ideologie u. zum Antisemiten. Nach 1923 begonnenem Geschichtsstudium bei Hermann Oncken, Karl →

Haushofer u. Karl Alexander v. → Müller, bei dem er 1927 über den Gründer der »christlich-sozialen Bewegung«, Adolf Stöcker, promovierte, widmete er sich der Neugestaltung d. dt. Geschichtswissenschaft, die er als »kämpfende Wissenschaft« in einer Art »Kriegsdienst des Geistes« an die Seite d. polit. Erneuerung stellen wollte, u. entfaltete eine rege Publikationstätigkeit in versch. Zeitschriften d. Jugendbewegung, später auch in renommierten Fachblättern wie der *Historischen Zeitschrift* u. d. *Historischen Vierteljahresschrift* sowie (unter dem Pseudonym *Werner Fiedler*) f. die von Wilhelm Stapel hrsg. Monatsschrift *Deutsches Volkstum*. F.s Vorstellungen paßten exakt in d. Weltbild der Nationalsozialisten, die ihn nach 1933 mit Ämtern und Würden ausstatteten. 1934 wurde F. Referent im Amt Rosenberg sowie im Stab des Stellvertreters des Führers, Rudolf → Heß, mit dem er persönlich befreundet war. Ohne Parteimitglied zu sein, baute F. als Ltr. des neugegründeten *Reichsinstituts für Geschichte des neuen Deutschlands* seit Juli 1935 die führende Geschichtsinstitution des Dritten Reichs auf. Mit der Konzentration rechtsgerichteter Historiker im *Reichsinstitut* ging d. Ausschaltung unliebsamer u. dem NS ablehnend gegenüberstehender Zunftkollegen einher. Prominentestes Opfer war F.s Lehrer Oncken, den er 1935 in einer Zeitungskampagne scharf angriff. Mit der Einrichtung d. *Forschungsabteilung Judenfrage* in seinem *Reichsinstitut* am 19. November 1936 trat F. bald in Konkurrenz zu → Rosenbergs *Institut zur Erforschung der Judenfrage*. In dem anhaltenden u. teilweise offen ausgetragenen Konflikt mit Rosenberg unterlag F. im Dez. 1941, zumal sein Protektor Heß inzwischen nach England geflogen war. F. wurde zwangsbeurlaubt. Seine letzten Veröffentlichungen blieben weitgehend unbeachtet, nur die Fortführung d. *Forschungen zur Judenfrage*, die F. seit 1937 jährlich herausgegeben hatte, betrieb er noch bis 1944 weiter. Am 9. 5. 1945 beging F. Selbstmord, den er damit begründete, daß nach dem Tod Hitlers die Welt für ihn sinnlos geworden sei.

KK

Frauenfeld, (Alfred) Eduard

Gauleiter
geb. 18. 5. 1898 in Wien,
gest. 10. 5. 1977 in Hamburg.
Der Vater F.s war Hofrat u. Oberlandgerichtsrat. Abschluß der Gymnasialzeit 1916 mit dem Abitur, dann Kriegsfreiwilliger u. Offiziersanwärter, seit 1917 im Fronteinsatz, Febr. 1918 Beförderung zum Ltn., Meldung zur Fliegertruppe. 1919 Studium an der Wie-

ner TH bis zur Ersten Staatsprüfung, dann Maurerlehre, Tätigkeit als Konstrukteur, 1922–29 Bankbeamter; daneben schriftstellerische Betätigung (u.a. das Schauspiel *Dämmerung* [1925] u. Novellen). Seit 15. 4. 1929 Mitglied d. österr. NSDAP, Sept.–Dez. 1929 Bezirksleiter d. Partei in Wien-Wieden, am 1. 1. 1930 GL von Wien. Nach dem Verbot der NSDAP im Dez. 1933 verhaftet, jedoch ausgetauscht. Nach der Rückkehr nach Wien wurde F. im Jan. 1934 erneut verhaftet u. ins »Anhaltelager« Wöllersdorf gebracht, von wo ihm im Juni 1934 die Flucht nach Dtschld. gelang. Seit 1. 6. 1935 Geschäftsführer der *Reichstheaterkammer.* Seit 1936 MdR. Im gleichen Jahr Beginn einer Karriere im Ausw. Amt. Seit 1938 Vertreter des Ausw. Amtes beim Heer. 1940 diplomat. Tätigkeit in Norwegen u. Dänemark u. bei Armeestäben während des Frankreich-, Balkan- u. Rußlandfeldzuges. Am 1. 9. 1942 Ernennung zum Generalkommissar für Taurien (Krim) unter dem Reichskommissar f. d. Ukraine, GL Erich → Koch. Verfasser von Denkschriften zur Südtirolfrage (1942), mit dem Vorschlag der Ansiedlung der Südtiroler auf der Krim, u. zur Verwaltung der besetzten Ostgebiete (1944), mit Kritik an der harten Politik Kochs in der Ukraine. 1944 Tätigkeit im Rahmen der psycholog. Kriegführung der Abt. Wehrmachtpropaganda im OKW. Im Mai 1945 in amerik. Gefangenschaft u. Internierungshaft. In Abwesenheit in Wien zu 15 Jahren Haft verurteilt; in Niedersachsen dagegen als »Minderbelasteter« entnazifiziert mit der Möglichkeit, sich eine bürgerliche Existenz zunächst in Herford, seit 1949 in Hamburg aufzubauen, zuletzt als Geschäftsführer einer Baugesellschaft.

Die Denkschriften F.s sorgten in der Parteiführung zwar für Gesprächsstoff; für eine Änderung der dt. Besatzungspolitik war F. jedoch zu einflußlos.

We

Freisler, Roland Jurist, Präsident des Volksgerichtshofes
geb. 30. 10. 1893 in Celle,
gest. 3. 2. 1945 in Berlin (durch Luftangriff).

F., dessen Vater Studienrat (Diplomingenieur) war, besuchte seit 1903 Gymnasien in Aachen u. Kassel, dort 1912 Abitur, anschließend bis 1914 Studium in Jena. 1914–20 Militärdienst (davon Oktober 1915 bis Juli 1920 in russ. Kgf.). 1920 Fortsetzung d. Studiums in Jena. 1922 Promotion, 1923 Assessorexamen. 1924 Rechtsanwalt u. Stadtverordneter des *Völkisch-Sozialen Blocks* in Kassel, kurz darauf auch Mitglied des kurhessischen Kommunallandtages u. des hessen-nassauischen Provinziallandtages. Juli

1925 Mitglied d. NSDAP, einige Zeit stellv. GL von Hessen-Nassau Nord. 1932 Abgeordneter im preuß. Landtag. März 1933 nichtplanmäßiger Beamter im preuß. Justizministerium in d. Stellung eines MinDir.; 1. 6. 1933 StSekr.; Mitglied des preuß. Staatsrates; im Okt. 1933 Mitglied der *Akademie für Deutsches Recht* u. Ltr. ihrer Strafrechtsabteilung, ab 1935 auch der wissenschaftl. Abt.; 1933–36 auch Mitglied der amtl. Strafrechtskommission des Reichsjustizministeriums (RJM). November 1933 MdR. 1. 4. 1935 StSekr. im RJM. 20. 8. 1942 Präsident d. VGH bis zum Tod im Febr. 1945. Am 4. 11. 1942 Verleihung des Dienstgrades eines NSKK-Brigadeführers.

F., der sich in russischer Kriegsgefangenschaft als kommunistischer Lagerkommissar betätigt hatte, wurde zu einem fanatischen Verfechter der NS-Ideologie. In der Kampfzeit der NSDAP verteidigte er Parteigenossen in zahlreichen Strafprozessen. Als Staatssekretär in Preußen führte er 1933 eine rigorose personelle »Säuberung« der Justiz und Anwaltschaft durch, noch bevor die gesetzlichen Grundlagen dafür vorlagen. In der Strafrechtskommission des RJM forderte er schon 1934 vergebens die Aufnahme der späteren rassistischen Bestimmungen des Nürnberger Blutschutzgesetzes in den Entwurf eines neuen Strafgesetzbuches. Mit der Übernahme der preußischen Justizverwaltung durch das Reich wurde F. Staatssekretär im RJM und galt dort als »Garant nationalsozialistischer Gesinnung«. Vom Richter forderte er, die »autoritativen Willenskundgebungen des Führers und die im Parteiprogramm der NSDAP enthaltenen Grundforderungen« bei der Rechtsanwendung zu berücksichtigen. Aus Ressortegoismus suchte er Eingriffe justizfremder Stellen abzuwehren und trat vergeblich für eine klare Trennung der Funktionen von Justiz und → Himmlers Polizei ein. Damit die Justiz im Sinne der politischen Führung funktionieren konnte, stattete er sie unter Mißachtung rechtsstaatlicher Grundsätze mit allen dafür notwendigen verfahrens- und materiellrechtlichen Instrumenten aus (Aufhebung des Analogieverbots, Ermöglichung der Änderung rechtskräftiger Urteile; eigenes Prozeßrecht für die geheimen »Nacht-und-Nebel«-Verfahren gegen die nach Deutschland verschleppten Widerstandskämpfer aus den besetzten westeuropäischen Ländern; Sonderstrafrecht gegen »Volksschädlinge«, Polen, Juden u.a.). Den Volksgerichtshof sah F. als ein »politisches Gericht« an, das so entscheiden sollte, wie der »Führer den Fall selbst beurteilen würde«. Seine Verhandlungsführung gegenüber den Angeklag-

ten, die er anschrie und bei ihrer Verteidigung behinderte, war unwürdig. Seine Urteile, die er nach politischer Zweckmäßigkeit fällte, sprachen jeder Gerechtigkeit Hohn und enthielten oftmals nicht einmal die angewandten Gesetzesbestimmungen. Die Tatsache, daß die Todesurteile des Volksgerichtshofs unter seiner Präsidentschaft sprunghaft anstiegen (von 102 im Jahre 1941 auf 2097 im Jahre 1944), brachte ihm den Ruf eines »Blutrichters« ein.
Publ.: *Nationalsozialistisches Strafrecht* (Denkschrift, hrsg. von H. → Kerrl 1933); *Das neue Strafrecht als nationalsozialistisches Bekenntnis* (zus. mit F. → Gürtner 1936); *Der Volksrichter in der neuen dt. Strafrechtspflege* (1937); *Nationalsozialistisches Recht u. Rechtsdenken* (1938).
Gch

Frenssen, Gustav Dr. theol. h.c.
Schriftsteller
geb. 19. 10. 1863 in Barlt/Holstein,
gest. 11. 4. 1945 ebd.
Sohn eines Tischlermeisters. Nach dem Abitur Theologiestudium in Tübingen, Berlin u. Kiel. 1890–02 Tätigkeit als Pfarrer in Hennstedt u. Hemme. 1896 erster Roman *Die Sandgräfin*, 1901 erster großer Erfolg mit *Jörn Uhl*. 1906–12 als freier Schriftsteller in Blankenese, seit 1912 in Barlt. Mitglied d. *Preuß. Akademie d. Dichtung*, Ehrensenator d. *Reichsverbandes Deutscher Schriftsteller*. 1933 *Wilhelm-Raabe-Preis*. 1936 Erwerb d. handschr. Manuskripte F.s durch die Provinz Schleswig-Holstein gg. eine monatliche Rente. 1938 *Goethe-Medaille für Kunst u. Wissenschaft*. 1940 veröffentlichte F. die Autobiographie *Lebensbericht*.
F. begründete seinen schriftstellerischen Erfolg mit nationalistischen Heimatromanen. Neben seinen weltanschaulichen u. politischen Schriften schätzten d. Nationalsozialisten v.a. seine Erzählung *Peter Moors Fahrt nach Südwest* (1907), ein Kriegsbericht über den Hereroaufstand, u. seine Werke *Hilligenlei* (1906) u. *Der Glaube der Nordmark* (1936), in denen F. den christlichen Kirchen seine von rationalistischem Christusglauben zu »völkischem Schicksalsglauben« sich wandelnden religiösen Ansichten entgegensetzte. F. erhoffte sich von der NSDAP die Verwirklichung seiner eigenen nationalistischen politischen Ideen.
AS

Freyer, Hans Philosoph,
Soziologe
geb. 31. 7. 1887 in Leipzig,
gest. 18. 1. 1969 in Ebersteinburg.
Sohn eines Postdirektors. Nach Abitur Studium der Theologie, Philosophie, Geschichte u. Nationalökonomie in Greifswald u. Leipzig. 1911 Promotion zum Dr. phil. in

Leipzig, 1920 Habilitation an der Univ. Leipzig. 1922 Professur in Kiel. 1925–48 Lehrstuhl f. Soziologie an der Univ. Leipzig. 1933 Ltr. des *Instituts für Kultur- u. Universalgeschichte.* 1938–44 Gastprofessur u. Leitung des Dt. Kulturinstituts in Budapest. 1948 Mitarbeiter des *Brockhaus-Verlags* in Wiesbaden. 1951 Kulturpreis der Stadt Wiesbaden. 1953–55 Professur an der Univ. Münster. 1954–65 Gastvorlesungen in Ankara. 1957 Ehrendoktor der Univ. Münster. Ehrenmitglied der *Lateinamerik. Gesellschaft f. Soziologie*; korrespondierendes Mitglied d. *Akademie der Wissenschaften u. Literatur* in Mainz.

F.s national-konservative, der völkischen Jugendbewegung verpflichteten Ideen wurden von den Nationalsozialisten problemlos als gleichgesinnt interpretiert. Umstritten ist F.s persönliche Haltung zum NS: Einerseits gelten seine idealistischen, gemeinschaftstheoretischen Schriften aus der Weimarer Zeit als die eines »Vordenkers des Dritten Reiches«, andererseits wird F. eine – v.a. während des Krieges zunehmende – innere Distanzierung zum NS nachgesagt.

Publ.: *Antäus* (1918); *Prometheus* (1923); *Theorie d. objektiven Geistes* (1923); *Der Staat* (1925); *Soziologie d. Wirklichkeitswissenschaft* (1930); *Revolution von rechts* (1931); *Herrschaft und Planung* (1933); *Pallas Athene* (1935); *Die politische Insel* (1936); *Machiavelli* (1938); *Weltgeschichte Europas* (1948); *Theorie des gegenwärtigen Zeitalters* (1955); *Schwelle der Zeiten. Beiträge zur Soziologie der Kultur* (1965); *Gedanken zur Industriegesellschaft* (1970).

AS

Frick, Wilhelm Reichsinnenminister, Reichsprotektor in Böhmen und Mähren
geb. 12. 3. 1877 in Alsenz,
gest. 16. 10. 1946 in Nürnberg (hingerichtet).

Sohn eines Bezirksoberlehrers. Studium der Rechtswissenschaften in München, Göttingen u. Berlin. 1901 Promotion in Heidelberg. 1903 Assessorexamen. 1904 Referendar bei d. Kreisregierung von Oberbayern. 1907 Assessor am Bezirksamt Pirmasens. 1. 9. 1917 Regierungsassessor bei der Polizeidirektion München. 1. 5. 1919–1921 Ltr. der Bayer. politischen Polizei. Februar 1923–9. 11. 1923 Leiter der Kriminalpolizei. Nach Hitler-Putsch bis 1. 4. 1924 in Haft u. zu 15 Monaten Festungshaft auf Bewährung verurteilt. 31. 7. 1924 wg. Dienstvergehens entlassen; am 6. 11. 1924 Aufhebung der Entlassung durch den Bayer. Disziplinarhof. 1924–33 MdR zunächst für die Deutschvölkische Freiheitspartei, dann für die NSDAP (Eintritt am 1. 9. 1925), seit 1928 Fraktionsvorsitzender. 1926 bis Jan. 1930 u. 1. 1. 1932–30. 1. 1933 Beamter beim Oberversicherungsamt München. 23. 1. 1930–1. 4. 1931 thüringischer Innen- u. Volksbildungsminister. 30. 1. 1933–18. 7. 1943 Reichsminister des Innern, 20. 8. 1943–Mai 1945 Reichsminister ohne Geschäftsbereich, am 24. 8. 1943 Reichsprotektor v. Böhmen und Mähren. Vom Internationalen Militärgerichtshof in Nürnberg am 1. 10. 1946 zum Tode verurteilt.

Das Denken F.s war von völkischen und antisemitischen Grundüberzeugungen bestimmt. Er unterstützte bereits vor dem Hitler-Putsch unter Ausnutzung seiner Amtsbefugnisse und mit Rückendeckung seines Vorgesetzten Pöhner die NS-Bewegung. Seine Erfahrungen aus der Verwaltungslaufbahn und als Minister in Thüringen erleichterten 1933 die Machtergreifung der NSDAP. Die Umformung des Rechtssystems in ein Instrument des Unrechtsstaates durch scheinlegale Verwaltungsvorschriften und eine menschenverachtende Rassengesetzgebung wurden unter maßgeblicher persönlicher Mitwirkung F.s erarbeitet. Die Übertragung der Polizeihoheit von den Ländern auf das Reich und die Ernennung → Himmlers zum Chef der Deutschen Polizei 1936 wurde von ihm initiiert, beschleunigte aber gleichzeitig seinen eigenen Machtverlust, der durch Abgabe von Kompetenzen an andere Ministerien bereits 1933 eingesetzt hatte. Gegen die im Krieg immer weiter wachsende Vielfalt der Zuständigkeiten und Sonderkompetenzen konnte F. sich trotz eines guten Verhältnisses zu → Hitler immer weniger durchsetzen. Als Reichsprotektor in Prag erfüllte er schließlich nur noch eine repräsentative Aufgabe.

KAL

Fritsch, Werner Freiherr v. Oberbefehlshaber des Heeres, Generaloberst

geb. 4. 8. 1880 in Benrath (heute zu Düsseldorf),

gest. 22. 9. 1939 in Praga (Warschau).

Berufsoffizier aus preuß. Offiziersfamilie, Mutter aus der Familie Bodelschwingh. 1898 Eintritt in d. Armee (Artillerieregiment 25 in Darmstadt). 1900 Ltn. 1907–10 Kriegsakademie. April 1911 Versetzung in den Generalstab, März 1913 als Hptm. im Großen Generalstab. Während des 1. WK Verwendung in Generalstabsstellungen. Nach Kriegsende Übernahme in d. Reichswehr: Generalstab, Reserve-Gruppenkdo. 3. 1920–22 im Reichswehrministerium (RWM). Anschließend als Obstltn. Abteilungskommandeur in Ulm. 1927 Oberst, Abteilungsleiter im RWM. 1930 als Generalmajor Kdr. der 1. Kavallerie-Division Frankfurt/Oder. 1932 GenLtn. u. Befehlshaber im Wehrkreis III, Berlin. Unter Beförderung zum Gen. d. Artillerie am 1. 2. 1934 Ernennung zum *Chef d. Heeresleitung* (am 2. 5. 1935 Umbenennung in *Oberbefehlshaber des Heeres*). 20. 4. 1936 GenObst. Teilnehmer an der Führerbesprechung vom 5. 11. 1937 (→ Hoßbach) mit Kritik von F. und Reichskriegsminister W. v. → Blomberg an → Hitlers dort erstmals vorgestellten Expansionsplänen. Anfang 1938 große Irritation in Wehrmacht u. Reichsregierung wg. Blombergs Eheschließung mit einer übel beleumundeten Frau. Günstige Gelegenheit, durch einen bestellten Strichjungen die Reputation F.s mit dem verleumderischen Vorwurf der Homosexualität ebenfalls in Frage zu stellen (26. 1. 1938). Trotz erkennbarer Unschuld im Gestapoverhör am 27. Jan. u. darauffolgender Unterrichtung → Himmlers u. → Heydrichs am 28. Jan. Suspendierung F.s vom Dienst. 4. 2. 1938 Bekanntgabe seines Rücktritts aus »gesundheitlichen Gründen« (zusammen mit dem Blombergs) durch Hitler. 18. 3. 1938 Freispruch F.s von den gg. ihn erhobenen Vorwürfen durch ein militärisches Ehrengericht. Scheinbare Rehabilitierung F.s durch Ernennung zum Chef des Artillerieregiments 12, jedoch keine Wiedereinsetzung in sein Amt als OB des Heeres. F. begleitete sein Rgt. in den Polenfeldzug; dort beim Kampf um die Warschauer Vorstadt Praga gefallen.

Zur Revision des »Versailler Diktats« erschien F. der Aufbau u. die Wiederaufrüstung des deutschen Heeres unabdingbar. Die Mordaktion gegen den SA-Stabschef → Röhm, in deren Verlauf der ehem. Reichswehrminister und Generaloberst → v. Schleicher erschossen worden war, duldete F., wünschte er doch die Wehrmacht als alleinigen Waffenträger. Dennoch blieb F. als konservativer Offizier der alten preußischen Schule für Hitlers Kriegspläne unbequem. Als Angehöriger dieser Klasse und ihres Ehrbegriffs wußte F. sich allerdings nicht gegen die niederträchtigen Intrigen → Görings u. Himmlers zu wehren. Hitler nutzte in der nach F. benannten Krise die sich ihm bietende Chance zu einem tiefgreifenden Umbau der militärischen Spitze. Von oppositionellen Kräften gesäubert und gleichgeschaltet, wurde die Armee zum willigen Kriegsinstrument Hitlers.

Froe

Fritzsche, Hans Ministerialdirektor, Rundfunkkommentator
geb. 21. 4. 1900 in Bochum,
gest. 27. 9. 1953 in Köln.

Vater Beamter. Nach Beendigung der Schulzeit Frontsoldat, nicht abgeschlossenes Studium d. Philologie, Geschichte u. Philosophie in Greifswald u. Berlin. 1923 Mitglied d. DNVP, 1924 Redakteur bei → Hugenbergs *Telegraphen-Union*. 1932

Ltr. des *Drahtlosen Nachrichtendienstes* beim Dt. Rundfunk. Seit 1. 5. 1933 Ltr. d. Nachrichtenwesens in der Presse-Abt. von → Goebbels' Propagandaministerium unter gleichzeitigem Beitritt zur NSDAP. Zuständig für d. Gleichschaltung sämtlicher Nachrichtenkanäle, die Kontrolle der dt. Presseveröffentlichungen u. die Nachrichtenversorgung des Auslands. Seit 1937 auch Rundfunkkommentator. Seit Nov. 1942 MinDir. u. Ltr. der Rundfunk-Abt. d. Propagandaministeriums. Im Mai 1945 identifizierte er für d. Sowjets die Leichen d. Familie Goebbels. Nach Haft in Moskau wurde er im Nürnberger Hauptkriegsverbrecherprozeß am 1. 10. 1946 freigesprochen. 1947 v. d. Nürnberger Spruchkammer I zu neun Jahren Arbeitslager verurteilt, am 29. 9. 1950 wg. guter Führung aus dem Internierungslager Eichstätt entlassen.
Durch die sachlich u. seriös wirkende Art der von F. selbst vorgetragenen Rundfunkkommentare, die sich von den üblichen Durchhalteparolen der späten Kriegsjahre vorteilhaft unterschieden, wurde F. gerade für die intelligenteren Volksgenossen zum überzeugenden Transporteur der NS-Propaganda. Erst während des Nürnberger Prozesses begann er die Realität des NS-Staates zu erkennen u. sich – neben → Speer als einziger der im Hauptprozeß Angeklagten – vom Dritten Reich und seiner eigenen Rolle darin zu distanzieren.
Publ.: *Hier spricht Hans Fritzsche* (Erinnerungen, 1948).
Den

Fromm, Fritz Generaloberst, Chef der Heeresrüstung u. Befehlshaber des Ersatzheeres
geb. 8. 10. 1888 in Berlin,
gest. 12. 3. 1945 in Brandenburg (hingerichtet).
Sohn eines Generalleutnants. Berufssoldat, Kriegsteilnehmer 1914–1918, 1918 Oberleutnant. Nach dem Krieg Übernahme in d. Reichswehr. Stabsoffizierslaufbahn, 1933 Oberst. 1934 Ernenung zum Chef des *Allgemeinen Heeresamtes* im Reichswehrministerium. Als Gen. d. Inf. Ende 1939 *Chef der Heeresrüstung u. Befehlshaber des Ersatzheeres.* Im Juli 1940 Beförderung zum Generaloberst. Wg. d. strategischen Bedeutung seines Amtes wurde F. in d. Attentatspläne vom 20. Juli 1944 eingeweiht. Obschon Gegner eines Attentats, verriet er die Verschwörer nicht. Während d. Attentats wurde er vorübergehend v. d. Verschwörern festgenommen, von hitlertreuen Offizieren wieder befreit. Er ließ sechs der Hauptverschwörer, darunter seinen Stabschef → Stauffenberg, verhaften u. vier – bis auf seinen Freund → Hoepner u. Generaloberst → Beck, den er zum Selbstmord zwang – standrechtlich erschießen. Schon am 21. Juli veran-

laßte → Himmler F.s Verhaftung. Am 7. 3. 1945 verurteilte ihn der VGH »wegen Feigheit« zum Tode.
Den

Funk, Walther Reichswirtschaftsminister
geb. 18. 8. 1890 in Trakehnen/Ostpreußen,
gest. 31. 5. 1960 in Düsseldorf.
Sohn eines Bauunternehmers. Nach dem Studium d. Rechte, Wirtschaftswissenschaften u. Philosophie als Wirtschaftsjournalist tätig, seit 1912 Redakteur. Nach kurzem Kriegsdienst seit Juli 1916 in d. Redaktion d. *Berliner Börsenzeitung*, ab 1920 als leitender Redakteur d. Handelsteils, 1922–30 Chefredakteur. 1931 Eintritt in die NSDAP, persönl. Wirtschaftsberater → Hitlers u. Zweiter Vorsitzender des *Reichswirtschaftsrates* unter Gottfried → Feder. Kontaktmann zur Wirtschaft. Juli 1932–Febr. 1933 MdR. Im Dez. 1932 Leiter d. *Kommission f. Wirtschaftspolitik* in d. NSDAP-Reichsleitung. 30. 1. 1933 *Pressechef d. Reichsregierung*; März 1933 StSekr. im RMin. f. Volksaufklärung u. Propaganda; Vorsitzender d. *Ausschusses d. Leiter d. Reichssender*, Vizepräsident d. *Reichskulturkammer*. 5. 2. 1938 Nachfolger → Schachts als Reichswirtschaftsminister u. Generalbevollmächtigter f. d. Kriegswirtschaft, im Jan. 1939 auch als Präs. d. Dt. Reichsbank. Seit Aug. 1939 Mitglied d. *Ministerrats f. d. Reichsverteidigung*, ab Sept. 1943 auch der *Zentralen Planung*. Präsident d. *Kontinentalen Öl-Gesellschaft*. 1945 im Nürnberger *Hauptkriegsverbrecherprozeß* angeklagt u. zu lebenslanger Haft verurteilt, u.a. wg. eines Geheimabkommens mit → Himmler v. 1942, das Vermögen ermordeter Juden auf einem Konto der SS gutzuschreiben. 1957 aus Gesundheitsgründen aus d. Haft entlassen.
F. war an den Planungen zur Arisierung der Wirtschaft und an der Ausbeutung der besetzten Gebiete beteiligt. In der Parteiführung besaß er relativ wenig Einfluß, viele seiner Kompetenzen wurden im Laufe des Krieges dem Rüstungsministerium unter Albert → Speer übertragen.
Ri

Furtwängler, (Gustav Heinrich Ernst Martin) Wilhelm Dirigent und Komponist
geb. 25. 1. 1886 in Berlin,
gest. 30. 11. 1954 in Ebersteinburg b. Baden-Baden.
Im bildungsbürgerl. Elternhaus in München – der Vater lehrte Archäologie an d. Universität – erhielt F., dessen musikal. Begabung früh erkannt wurde, Privatunterricht. Nach d. Musikstudium (auch Kompositionslehre) brachte er als Korrepetitor in Breslau (1906/07) seine erste Symphonie zur Aufführung.

Stationen des jungen Dirigenten waren Zürich, München, Straßburg (Dritter Kapellmeister unter Hans Pfitzner), dann Lübeck (1911–15) u. Mannheim (1915–20). 1922 wurde F. Nachfolger v. Arthur Nikisch als Chef d. Berliner Philharmoniker u. (bis 1928) d. Leipziger Gewandhausorchesters. 1928–30 u. 1939–40 leitete er auch d. Wiener Philharmoniker. 1925–27 gastierte F. mehrmals in d. USA, 1933 übernahm er d. Leitung der Berliner Staatsoper, erhielt d. Titel Staatsrat u. Erster Staatskapellmeister. Im April 1933 nahm F. in einem offenen Brief an → Goebbels Partei f. prominente jüd. Musiker wie Bruno Walter u. Otto Klemperer; nach d. Verbot v. → Hindemiths Oper »Mathis der Maler« durch → Hitler drohte er mit Rücktritt, warnte im Nov. 1934 öffentlich vor d. künstl. Verarmung Dtschld.s u. trat im Dez. 1934 als Staatsoperndirektor, Ltr. d. Berliner Philharmoniker u. Vizepräsident d. *Reichsmusikkammer* zurück. Zur Emigration konnte er sich nicht entschließen, schloß vielmehr nach einer Aussprache mit Goebbels Frieden mit d. Regime u. ließ sich als dessen musikal. Repräsentant ab 1937 – nach krankheitsbedingter Pause – bei Krönungsfeierlichkeiten in London, auf der Pariser Weltausstellung u. in Bayreuth feiern.

Unter Berufung auf den unpolitischen Charakter des Künstlertums wurde F. als berühmtester Dirigent seiner Zeit (seine Bedeutung als spätromantischer Komponist blieb dahinter weit zurück) vom NS-Staat vereinnahmt. Sein musikalischer Stil aus Monumentalität und tiefsinniger Ausdeutung des klassischen und romantischen Repertoires entsprach dem Zeitgeist. Nach einer Pause, die nach dem Krieg durch Entnazifizierung und internationale Kritik an seinem Verhalten erzwungen worden war, feierte F. ab 1947 mit den Berliner Philharmonikern weltweit neue Triumphe bis zu seinem Tod.

Bz

G

Galen, Clemens August Graf von

Bischof von Münster

geb. 16. 3. 1878 in Dinklage/ Münsterland,

gest. 22. 3. 1946 in Münster.

Herkunft aus westfälischem Uradel. Sohn eines preuß. Zentrumsabgeordneten. Schulausbildung bei den Jesuiten, Studium d. Philosophie in Freiburg/Schweiz, Theologiestudium in Innsbruck. 1903 Eintritt ins Priesterseminar u. 1904 Priesterweihe in Münster, wo er als Domvikar bei seinem Onkel, Weihbischof Max von Galen, eingesetzt wurde, 1906–29 Kaplan u. Pfarrer der Pfarrei St. Matthias in Berlin-Schöneberg, 1929 Versetzung nach

Münster, Pfarrer von St. Lamberti. 1933 Ernennung zum Bischof v. Münster. Galens nationalkonservative Gesinnung ließ ihn im Sept. 1933 d. Treueid auf d. Reichsverfassung schwören u. 1936 d. Besetzung d. Rheinlands durch dt. Truppen begrüßen. Gleichzeitig übte er aber bereits seit 1933 an d. Rassenpolitik der Nationalsozialisten, an deren Kirchenfeindlichkeit u. vor allem an Alfred → Rosenbergs Neuheidentum Kritik. Eine Widerlegung von dessen Schrift *Der Mythos des zwanzigsten Jahrhunderts* ließ er als Beiblatt seines Bistumsblattes verbreiten. Wg. seiner offenen Predigten gg. den Polizeistaat u. dessen »Vernichtung unwerten Lebens« (Euthanasie) am 13. 7., 20. 7. u. 3. 8. 1941 wurde er als »Löwe von Münster« bekannt. Diese Predigten wurden vom SD als »wohl bisher stärkster Angriff gg. die Staatsführung« bezeichnet. Nicht zuletzt der Protest G.s u.a. kirchlicher Kreise führte zu einer vorübergehenden Einstellung des natsoz. Euthanasieprogramms. Eine Verhaftung G.s unterblieb nur deshalb, weil d. Nationalsozialisten um die Kampfmoral der kath. Soldaten u. d. Münsterländer besorgt waren. Nach Kriegsende rief G. die brit. Besatzungsmacht zu Gerechtigkeit gegenüber d. Bevölkerung auf. Am 21. 2. 1946 ernannte ihn Papst Pius XII. zum Kardinal.

Den

Gaus, Friedrich (Wilhelm Otto)

Unterstaatssekretär

geb. 26. 2. 1881 in Mahlum/Braunschweig,

gest. 17. 7. 1955 in Göttingen.

Sohn eines Landwirts. Studium der Rechtswissenschaften in Genf, München, Berlin u. Heidelberg; Promotion in Leipzig u. Assessorexamen in Braunschweig. 1. 11. 1907 Einberufung in das Auswärtige Amt. Von Aug. 1914 bis Sommer 1916 Kriegsdienst, zuletzt als Hptm. Am 18. 4. 1919 wurde G. zum Ltr. der Reichskommission der Friedensdelegation in Versailles berufen, danach zum Ltr. des Referats für Internationales Recht im Auswärtigen Amt. Bereits am 24. 12. 1921 wurde er Dirigent der Rechtsabteilung, am 2. 5. 1923 deren Leiter, ab dem 4. 5. 1924 als Ministerialdirektor, ab 20. 4. 1939 als Unterstaatssekretär. G. galt als einer der brillantesten Völkerrechtler seiner Zeit, der seine Formulierungskünste als jurist. Berater des Reichsaußenministers Stresemann etwa beim Vertragswerk von Locarno 1925 für eine Verständigung mit Frankreich ebenso unter Beweis stellte wie beim sog. Hitler-Stalin-Pakt im Aug. 1939 als Kronjurist des Reichsaußenministers v. → Ribbentrop. Im Zuge des Revirements im Ausw. Amt vom März 1943 wurde G. von der Leitung der Rechtsabteilung entbunden, verblieb aber als Botschafter z.b.V. in

der »Wilhelmstraße«. 1947 ließ er sich von Robert M. W. Kempner, dem stellv. Ankläger im Nürnberger *Wilhelmstraßenprozeß*, in die Rolle des Kronzeugen gegen acht Angehörige d. Ausw. Amts zwingen – u. zwar durch die unverhüllte Drohung Kempners, daß sich die UdSSR für G. »interessieren« würde. In Zeitungsartikeln u. kläglichen Zeugenauftritten übte sich G. hinterher in Selbstbezichtigung. Außerdem berichtete er von den erlittenen inneren Qualen, die ihm die Kollegen in der »Wilhelmstraße« dadurch bereitet hätten, daß sie zwölf Jahre lang dem NS trotz innerlicher Ablehnung mit »Ergebenheit und Folgsamkeit« begegnet wären.
RAB

Gebühr, Otto Schauspieler
geb. 29. 5. 1877 in Kettwig (heute Essen),
gest. 13. 3. 1954 in Wiesbaden.
Kaufmannssohn. Nach Abschluß d. Gymnasiums in Köln Kaufmannslehre ebendort. Seit 1896 als Fremdsprachenkorrespondent in Berlin, zugleich Abendkurs an einer Schauspielschule. 1896/97 erstes Engagement am Görlitzer Stadttheater. 1898–08 Ensemblemitglied am Hoftheater Dresden, seit 1909 in Berlin am Lessingtheater, 1912–14 am Theater in d. Königgrätzer Straße. 1914 Kriegsfreiwilliger; 1914–17 Artillerieoffizier. 1917–19 am Dt. Theater Berlin, u.a. in Max-Reinhardt-Inszenierungen. Landesweiter Durchbruch G.s nach 1918 durch seine Filmrollen, insbes. als Darsteller Friedrichs d. Großen, auf dessen Verkörperung G. fortan in 16 Spielfilmen u. zahlreichen Bühnenauftritten festgelegt wurde. Die Reihe der populären Fridericusfilme G.s, die zunächst antirepublikanisch-deutschnationales, nach 1933 natsoz. Gedankengut von Führertum u. Gefolgschaftstreue transportierten, reichte von C. Boeses *Die Tänzerin Barberina* (1920) über den erfolgreichen Vierteiler A. v. Cserepys, *Fridericus Rex* (1920–23, Prädikat »volksbildend«), bis zu den Tonfilmen *Das Flötenkonzert von Sanssouci* (1930, »volksbildend«) von G. Ucicky, *Der Choral von Leuthen* (1932/33), *Fridericus* (1936) u. Veit Harlans kriegerischem Durchhalteepos *Der große König* (1941/42, »staatspolit. bes. wertvoll«, »Film der Nation«). G., zw. 1920–45 als Inkarnation heroischen Preußentums von der konservat. bis radikalen Rechten gefeiert, bekämpft von der Linkspresse, betrieb während der 20er Jahre selbst – im Kostüm Friedr. d. Gr. – rechte Wahlpropaganda für den »Geist von Potsdam«. Nach 1945 zunächst Auftrittsverbot u. Indizierung einiger seiner Filme. 1947 Rückkehr ans Theater und v.a. zum Heimatfilm der 50er Jahre (*Melodie des Schick-*

sals, 1950; *Dr. Holl*, 1950/51; *Grün ist die Heide*, 1951; *Sauerbruch*, 1953/54 u.a.). Während der Dreharbeiten zu *Rosen-Resli* starb G. in einem Wiesbadener Hotel an einem Herzschlag.
Weitere Filme u.a.: *In Treue stark* (1926); *Waterloo* (1928); *Bismarck* (1940); *Kopf hoch, Johannes* (1940/41).
MV

Gehlen, Arnold Philosoph, Soziologe, Anthropologe
geb. 29. 1. 1904 in Leipzig,
gest. 30. 1. 1976 in Hamburg.
Sohn eines Verlegers. Studium der Philosophie in Köln und Leipzig. 1927 Promotion. 1931 Habilitation. 1933 Eintritt in d. NSDAP u. d. NS-Dozentenbund. 1934 ord. Prof. in Leipzig, 1938 in Königsberg, 1940–45 in Wien. 1942 korr. Mitgl. der Österr. Akademie d. Wissenschaften. 1947 Ordinarius an der Hochsch. f. Verwaltungswissenschaft in Speyer, ab 1962 an der TH Aachen. 1972 *Konrad-Adenauer-Preis f. Wissenschaft.*
Die philosophische Anthropologie entwickelte sich zum Spezialgebiet G.s. Mit seiner in seinem Hauptwerk *Der Mensch. Seine Natur und seine Stellung in der Welt* (1940) formulierten Lehre legitimierte G. den autoritären Führerstaat: Der Mensch als »Mängelwesen«, instinktarm und überlebensuntüchtig, suche nach dem »Entlastungsprinzip«, nach haltgebenden Institutionen, die ihm Verhaltenssicherheit gäben. Die akademische Karriere G.s begann 1933 mit der Vertretung eines Hochschullehrers, der als »politisch unzuverlässig« entlassen worden war. Die Schriften Fichtes u. Schopenhauers deutete G. im natsoz. Sinne um. Auch nach dem Krieg änderte G. an seinen Anschauungen im Grunde nur wenig, war aber, persönlich ein geistreich-anregender Redner u. Schreiber, mit seinen sozialpsychologischen u. soziologischen Untersuchungen auf der Grundlage seiner »pragmatischen Philosophie« v.a. auf dem Gebiet d. modernen Industriegesellschaft seit den 60er Jahren von beträchtlichem Einfluß auf die Gesellschafts- u. Kulturwissenschaften.
KAL

Gehlen, Reinhard General
geb. 3. 4. 1902 in Erfurt,
gest. 8. 6. 1979 in Berg b. Starnberg.
G., dessen Vater bereits Offz. gewesen war, trat nach Schulzeit u. Abitur in Breslau 1920 ins Heer ein. 1923 Ltn., 1934 Hptm.; Okt. 1933–35 Studium an d. Kriegsakademie. Juli 1935–37 Kommandierung zum Generalstab, dort u.a. Mitarbeiter General v. → Mansteins in der Operationsabteilung. 1938 vorübergehend Truppenkdo., 1939 Beförderung zum Major. Während d. Polenfeldzuges bis Nov.

1939 Erster Generalstabsoffz. einer Infanteriedivision. Nov. 1939–Mai 1940 Gruppenleiter Landesbefestigung in d. Operationsabteilung des OKH, während des Frankreichfeldzuges Verbindungsoffz. zu versch. höheren Truppenstäben, Juni – Okt. 1940 Adjutant von Generalstabschef → Halder, seit Okt. 1940 Gruppenleiter Ostoperationen. Ab 1. 4. 1942 Chef d. Abteilung Fremde Heere Ost (FHO) im Generalstab d. Heeres, ab Dez. als Oberst; im Dez. 1944 Beförderung zum Generalmajor. Die Berichte von FHO über Stärke u. zu erwartende Operationen d. Roten Armee, deren Zuverlässigkeit nach dem Kriege von d. historischen Forschung teilweise angezweifelt wurde, empfand → Hitler mit zunehmenden Mißerfolgen der dt. Armeen im Osten als defätistisch u. schenkte ihnen daher immer weniger Beachtung. Diese Einschätzung führte allerdings erst am 9. 4. 1945 zur Ablösung G.s. Nach Kriegsende nutzten d. USA G.s Nachrichtennetz zur Gewinnung von Informationen über die Rote Armee. Gg. konkurrierende dt. Dienste setzte er sich mit allen ihm zur Verfügung stehenden Mitteln durch, wobei er die Machtkämpfe in der sich etablierenden polit. Szene Westdeutschlands geschickt ausnutzte. Aus dem in Oberursel seit Juli 1946 unter amerik. Regie arbeitenden Stab dt. Geheimdienstler schuf er – inzwischen von München-Pullach aus – die *Organisation Gehlen*, die mit dem Aufbau der Bundeswehr seit 1955 als *Bundesnachrichtendienst* (BND) firmiert.

Die Zerschlagung des BND-Netzes in der DDR schon Ende der 50er Jahre u. die in den Prozessen gg. Spitzenbeamte 1963 erkennbar werdende Unterwanderung des »Dienstes« durch Ostagenten schädigte den einstigen Ruf der Organisation G.s u. rückte auch ihn selbst, der bis dahin der Öffentlichkeit weitgehend unbekannt geblieben war, in das Kreuzfeuer der Kritik. Zwar wurde er zum Generalleutnant befördert u. seine Dienstzeit 1967 noch einmal über das Pensionsalter hinaus verlängert, aber am 1. Mai 1968 löste ihn die Regierung Kiesinger ab. Der 1969 erhobene Vorwurf illegaler Inlandsaufklärung u. die im amtlichen Untersuchungsbericht des ehem. StSekr. Mercker zutage geförderten Mißstände im BND schadeten dem Ruf G.s ebenso wie die durch seine eigenen Bücher noch angeheizte Diskussion über Wert u. Bedeutung der BND-Arbeit.

Publ.: *Der Dienst – Erinnerungen 1942–1971* (1971); *Zeichen der Zeit. Gedanken und Analysen zur weltpolitischen Entwicklung* (1973); *Verschlußsache* (posthum 1980).

We

George, Heinrich (eigtl. *Georg Heinrich Schulz*) Schauspieler und Intendant
geb. 9. 10. 1893 in Stettin,
gest. 26. 9. 1946 im Lager Sachsenhausen.
G.s Vater, ein Kapitän, schickte G. zur Ausbildung nach Berlin, wo G. neben d. Musikausbildung auch Schauspielunterricht erhielt. 1912 erstes Engagement am Kolberger Stadttheater. Im 1. WK als Infanterist 1917 verwundet. In der Weimarer Republik stieg G. zu einem der bekanntesten u. vielseitigsten Schauspieler Dtschld.s auf. Über Dresden, Frankfurt u. Wien kam er 1922 nach Berlin. Dort lernte er auch seine spätere Frau Berta Drews kennen. G., den Gerhart → Hauptmann einmal als »ein menschliches und künstlerisches Urphänomen« bezeichnete, spielte sowohl klassische als auch expressionist. Stücke u. übernahm seit 1925 auch Filmrollen. Politisch wurde er der Linken zugeordnet, zumal er nicht nur in Stücken wie Tollers *Hinkemann* oder Brechts *Mann ist Mann* spielte, sondern auch als Redner auf kommunist. Kundgebungen auftrat. Auch als Filmschauspieler war er hauptsächlich in zeitkritischen Streifen zu sehen. Nach Engagement in Fritz Langs *Metropolis* (1926) spielte er 1930 in Richard Oswalds *Affäre Dreyfus*, ein Jahr später übernahm er d. Rolle des Franz Biberkopf in der Verfilmung von Döblins *Berlin Alexanderplatz*. Zum Durchbruch auf d. Bühne verhalf ihm d. Rolle des Holofernes in Hebbels *Judith* in einer Reinhardt-Inszenierung 1929. Danach spielte G. in zahlreichen Klassikern; am bekanntesten wurde er in d. Rolle des Götz von Berlichingen. G. konnte seine erfolgreiche Schauspielkarriere nach 1933 ungebrochen fortsetzen. In Filmen wie *Hitlerjunge Quex* (1933) ließ er sich für die NS-Propaganda einspannen. Hauptrollen übernahm er in populären Filmen wie Gerhart Hauptmanns *Biberpelz* (1937), in Carl Fröhlichs *Heimat* mit Zarah → Leander (1938), in *Der Postmeister* (1940) nach einer Novelle von Puschkin, *Andreas Schlüter* (1942) u.a. Auch auf der Bühne spielte G. mit großem Erfolg weiter; 1936 wurde er Intendant des Berliner Schiller-Theaters und holte sich so bedeutende Männer wie Jürgen Fehling, Will Quadflieg u. Paul Wegener ins Haus. Mit d. Inszenierung von Klassikern, v.a. mit seinem *Götz*, erlangte G. auch als Regisseur internationale Anerkennung. 1937 wurde G. »Staatsschauspieler«, zu seinem 50. Geburtstag ehrte → Hitler ihn mit dem Titel »Generalintendant«. Vor allem G.s Mitwirken in Veit → Harlans antisemit. Propagandafilm *Jud Süß* (1940) u. in dem Durchhaltefilm *Kolberg* (1945) wurde G. nach dem Ende des

Dritten Reiches zum Verhängnis. Im Herbst 1945 internierte ihn die sowjet. Besatzungsmacht wg. aktiver Propaganda für den NS im ehem. KZ Sachsenhausen. Dort betätigte er sich als Rezitator klassischer Texte u. Regisseur des *Urfaust*. 1946 wurde Sachsenhausen aufgelöst u. d. Internierten ins Lager Hohenschönhausen bei Oranienburg gebracht. Dort studierte G. den *Postmeister* auf russisch ein u. führte ihn vor den Rotarmisten auf. Über seiner letzten Inszenierung, Geibels *Tod des Tiberius*, verstarb G. an den Folgen einer Blinddarmoperation.
KK

George, Stefan Dichter
geb. 12. 7. 1868 in Büdesheim b. Bingen am Rhein,
gest. 4. 12. 1933 in Minusio/ Locarno.
Sohn eines Weinhändlers u. Gastwirts. Abitur in Darmstadt. Studium d. Romanistik, Philosophie u. Kunstgeschichte in Berlin u. Paris, unterbrochen von Reisen durch Europa. 1888 Sprachstudien in der frz. Schweiz u. in Norditalien. 1889 in Paris Kontakte zu Mallarmé, Verlaine, Rodin u.a. 1890 erster Gedichtzyklus *Hymnen*. 1892–1919 Hrsg. der *Blätter für die Kunst*. Bildung des *George-Kreises*, einer Gruppe von Dichtern, Künstlern u. Gelehrten (u.a. Gundolf, v. Hofmannsthal, Ernst Kantorowicz, Lechter, Simmel, Wolfskehl). Ab 1900 wechselnde Wohnorte in Dtschld., u.a. in Berlin, München, Heidelberg. 1927 erster Goethe-Preisträger d. Stadt Frankfurt. 1933 Ablehnung der Präsidentschaft der *Preuß. Akademie der Dichtung*. 1933 Emigration in die Schweiz.
G. wurde von den Nationalsozialisten einerseits als »Seher u. Künder einer neuen Zeit« gesehen, die als »Drittes Reich« interpretiert wurde. Andererseits galt d. Kult um den Dichter als sektiererisch; der *George-Kreis* wurde als elitär u. größtenteils »verjudet« totgeschwiegen. Für natsoz. Zwecke vereinnahmt wurden v.a. die Werke G.s, in denen sich d. Dichter in Anlehnung an Friedrich Nietzsche mit d. Schaffung eines mythischen *Neuen Bundes* zur Überwindung der europ. Kulturkrise, mit dem 1. WK oder mit d. Forderung nach einer reinen Ästhetik beschäftigte. G.s Weggang aus Dtschld. wird als Antwort auf die ungewünschte Vereinnahmung seiner idealistisch-romantischen Ideen durch die Nationalsozialisten verstanden. Von den Machthabern wurde G. in der Folge stets als einzigartiger, jedoch durch das Dritte Reich überwundener u. nicht nachahmenswerter Künstler gewürdigt. Dennoch stiftete Propagandaminister → Goebbels aus Anlaß von G.s Tod einen jährlich zu vergebenden *Stefan-George-Preis* für das beste Buch. Beeinflußt von

G.s Philosophie war auch der Widerstandskreis des 20. Juli um → Stauffenberg, v.a. durch das Bild des geheimen Bundes u. die Figur des aufrechten Tyrannenmörders. *AS*

Gerstein, Kurt Ingenieur, SS-Hygieniker
geb. 11. 8. 1905 in Münster,
gest. 25. 7. 1945 in Paris.
Sohn eines Landgerichtspräsidenten. Ausbildung zum Ingenieur u. Bergassessor. Bereits ab 1925 engagierte er sich stark in d. evang. Jugendarbeit. Im Mai 1933 Beitritt zur NSDAP, gleichzeitig aktives Mitglied der *Bekennenden Kirche* u. Kontakte zu christl. Widerstandskreisen. 1936 Entlassung aus dem Staatsdienst wg. Verteilung religiöser Schriften. Beginn e. Medizinstudiums. Zweimalige Haft im KZ. 1938 Ausschluß aus d. Partei. Anstrengungen zur Rehabilitierung auf Wunsch d. Vaters. Ab 1939 Anstellung im Kali-Bergbau in Thüringen. Als im Zusammenhang mit der Euthanasie-Aktion seine Schwägerin ermordet wurde, entschloß sich Gerstein zum Eintritt in d. Waffen-SS, um »einen Blick in Hitlers Küche« zu werfen. Nov. 1941 Versetzung zum Sanitätsamt im SS-Führungshauptamt, dem auch das *Hygiene-Institut der Waffen-SS* angehörte. Als Verantwortlicher für den Umgang mit desinfizierenden Giftgasen sollte G. d. Verantwortlichen für die *Aktion Reinhard,* → Globocnik u. → Wirth, veranlassen, zur Vergasung v. Menschen Blausäure (Zyklon B) anstelle v. Auspuffgasen zu verwenden. Im Aug. 1942 besuchte er d. Vernichtungslager Belzec, Treblinka, Sobibor u. Majdanek. Auf d. Rückreise traf G. den schwed. Diplomaten Baron v. Otter, den er über seine Beobachtungen in d. Lagern ausführlich informierte u. bat, diese Informationen an seine Regierung u. die Alliierten weiterzuleiten. Weitere Mobilisierungsversuche galten u.a. dem päpstlichen Nuntius in Berlin u. dem evang. Bischof Otto → Dibelius. Im April 1945 Verhaftung durch die Franzosen, Abfassung des sog. *Gerstein-Berichts,* der die Zustände in d. Vernichtungslagern aus der Sicht eines Deutschen sehr detailgetreu schildert. G. wurde in ein Pariser Gefängnis überführt, wo er wenig später erhängt in der Zelle gefunden wurde. Über die ärztlich festgestellte Todesursache »Selbstmord« bestehen noch heute Zweifel. G.s Bericht wurde wg. einzelner Fehler in den v. ihm berichteten Fakten v. rechtsradikaler Seite wiederholt angezweifelt, durch die Erhebungen dt. Gerichte in den Verfahren gg. KZ-Bewachungspersonal u. -Kapos jedoch ebenso bestätigt wie durch seine damaligen Gesprächspartner v. Otter und Dibelius.
Den

Giesler, Paul Gauleiter und bayerischer Ministerpräsident
geb. 15. 6. 1895 in Siegen/Westfalen, gest. 4. 5. 1945 in Berchtesgaden (Selbstmord).
Aus westfäl. Architektenfamilie; Bruder des Hitlerschen Leibarchitekten Hermann G. Realgymnasium Siegen, Höhere Landesbauschule Darmstadt. 1914 Kriegsfreiwilliger, 1915 Ltn., zuletzt Kompanieführer; EK I. Nach 1918 Abschluß d. Architekturstudiums a. d. TH Darmstadt, seit 1922 selbständiger Architekt in Siegen. Ab 1924 NSDAP-Parteiredner, seit 1929 Ortsgruppenleiter, Gauredner u. SA-Führer in Westfalen. Durch parteiinternes Versehen erst 1928 formelle NSDAP-Mitgliedschaft. Seit Ende 1933 NSDAP-MdR für den Wahlkreis Westfalen-Süd. 1934 im Zusammenhang mit d. sog. Röhm-Putsch als SA-Führer abgesetzt, 1935 rehabilitiert; später Aufstieg bis zum Ogruf. 1935 Fhr. d. SA-Brigade Oldenburg-Ostfriesland, 1936 Fhr. d. SA-Gruppe Hochland in München, 1938 Fhr. d. SA-Gruppe Alpenland in Linz. Im 2. WK 1939/40 Kompaniechef im Polen- u. Frankreichfeldzug. Sept. 1941 stellvertr. GL zur Dienstleistung b. d. Parteikanzlei in München, im Nov. 1941 als Günstling → Bormanns zum GL von Westfalen-Süd berufen. Preuß. Staatsrat. Seit Juni 1942 für den erkrankten Adolf → Wagner geschäftsführender (nach dessen Tod 1944 offizieller) GL v. München-Oberbayern, bayer. Innen- u. Kultusminister sowie RVK; Nov. 1942 auch Amtsnachfolger des verstorbenen bayer. Ministerpräsidenten, Wirtschafts- u. Finanzministers Siebert. Als faktischer Alleinherrscher in Bayern bis 1945 verkörperte G. die neue, → Hitler unbedingt ergebene NS-Führungselite. Noch im April 1945 rief der fanatische Nationalsozialist zum Kampf bis zum Letzten auf, bildete Volkssturmaufgebote u. Exekutionskommandos, so gg. die Widerstandstätigkeit der *Freiheitsaktion Bayern*. 29. 4. 1945 Flucht aus München. In Hitlers Testament noch als Reichsinnenminister vorgesehen, ließ sich G. nach mißlungenem Giftselbstmord am 4. 5. 1945 im Lazarett Stangaß b. Berchtesgaden erschießen.
MV

Gisevius, Hans Bernd Jurist, Mitarbeiter der Abwehr
geb. 14. 6. 1904 in Arnsberg, gest. 23. 2. 1974 in Müllheim/Baden.
Sohn eines Verwaltungsrichters. Jura-Studium in Berlin, Marburg u. München, 1929 Promotion. Mitglied in der DNVP, Eintritt in die NSDAP (Nov. 1933) ungesichert. Aug. 1933 Verwaltungsbeamter im Polizeipräsidium Berlin. Referatsleiter im Geheimen Staatspolizeiamt. Versetzung ins Reichsinnenmi-

nisterium, dann zum Reichskriminalpolizeiamt. Austritt aus d. Staatsdienst u. Wechsel in d. Privatwirtschaft. Verbindungen zum Widerstandskreis um → Oster. Im Krieg zur Abwehr eingezogen, knüpfte er, getarnt als Vizekonsul, in Zürich Kontakte zu Allan Dulles vom US-Nachrichtendienst u. stellte d. Verbindung zu dt. Widerstandskreisen her. Er überbrachte Botschaften von → Beck u. → Goerdeler u. war an d. Planung des Juli-Attentats beteiligt. Obwohl er sich während des Attentats im Bendlerblock aufhielt, gelang es ihm, sich in die Schweiz abzusetzen. Im Nürnberger Prozeß 1946 Aussage gg. → Göring, jedoch f. d. Angeklagten → Schacht u. → Frick. Nach dem Krieg Aufenthalt in den USA, in West-Berlin u. in der Schweiz. 1946 gab G. Erinnerungen u.d.T. *Bis zum bitteren Ende* heraus.
Den

Glaise v. Horstenau, Edmund

(österr.) Vizekanzler und Minister, General der Infanterie.
geb. 27. 2. 1882 in Braunau,
gest. 20. 7. 1946 im Lager Langwasser/Nürnberg (Selbstmord).
Aus Offiziersfamilie. Nach frühem Tod d. Vaters Erziehung in einer Militärschule, danach Militärakademie in Wiener Neustadt. 1903 Ltn., Generalstabsausbildung auf d. Kriegsschule. 1913 als Hptm. im österr. Kriegsarchiv tätig. Während d. 1. WKs im Frontgeneralstab, 1915 Referat f. Presse u. Politik im k.u.k. Armeeoberkdo. Seit 1918 wieder am Kriegsarchiv in Wien, 1925–38 dessen Ltr.; Oberst. 1932 Ehrendoktor d. Univ. München. 1934 Privatdozent an d. Univ. Wien. Am 11. 7. 1936 v. Schuschnigg zum Bundesminister f. nationale Angelegenheiten ernannt. Im Übergangskabinett → Seyß-Inquart am 12. 3. 1938 Vizekanzler. 1938 MdR, für seine Verdienste um den Anschluß Österreichs v. → Hitler zum GenMaj. ernannt. Bei Kriegsausbruch im Nov. 1939 als General z.b.V. beim OKW einberufen; 1941 Gen. d. Infanterie u. Deutscher Bevollmächtigter General in Kroatien, im Spätherbst 1944 abberufen. Als Zeuge b. d. Nürnberger Prozessen; während d. Internierung vor d. befürchteten Auslieferung an Jugoslawien Selbstmord.
G., ein gebildeter Militär und Archivar, wurde von Schuschnigg ins Kabinett genommen, um auf die Nationalsozialisten beruhigend zu wirken. Als Vizekanzler mit Seyß-Inquart im März 1938 bei Hitler auf dem Obersalzberg, hatte G. großen Anteil am schnellen Anschluß Österreichs, war hinterher allerdings enttäuscht darüber, daß die Autonomie Österreichs von Hitler nicht gewahrt wurde.
We

Globke, Hans Ministerialbeamter, Staatssekretär
geb. 10. 9. 1898 in Düsseldorf, gest. 13. 2. 1973 in Bad Godesberg.
Vater Textilkaufmann. 1916–18 Kriegsdienst, danach Studium d. Rechts- u. Staatswissenschaften. 1922 Promotion. Ab 1922 Mitglied des Zentrums. 1925 stellv. Polizeipräsident in Aachen, 1929 Regierungsrat im preuß. Innenmin. 1932 Wechsel ins RMdI als Referent f. Staatsangehörigkeitsfragen u. Korreferent für Rassefragen bei Eheschließungen u. Beteiligung an der Ausarbeitung antisemitischer Richtlinien für d. Änderung von Personennamen v. Dez. 1932. Mitwirkung am Gesetz über d. Auflösung d. preuß. Staatsrates (10. 7. 1933); 1936 zus. m. Wilhelm → Stukkart Kommentar zu den *Nürnberger Gesetzen*. Von Bischof Grf. → Preysing ermuntert, als Vertrauensmann d. kath. Kirche in seiner Stellung zu bleiben. 1938 Ministerialrat. Aufnahmeantrag in die NSDAP aus d. Jahr 1940 nach Einspruch → Bormanns vom OPG im Feb. 1943 abgelehnt. Während d. Krieges Mitarbeit an d. Verwaltungsneuordnung der besetzten Gebiete. 1945 nach kurzer Haft als »Mitläufer« eingestuft. Eintritt in die CDU. Okt. 1949 Ministerialdirigent im Bundeskanzleramt, Juli 1950 Ministerialdirektor, 27. 10. 1953 Staatssekretär. Mit → Adenauers Rücktritt 1963 Ausscheiden aus d. Dienst. Seit seiner Tätigkeit im Bundeskanzleramt war G. heftigen Angriffen der parlamentarischen Opposition und der DDR ausgesetzt. Seine Rolle im Dritten Reich ist nicht zuletzt wegen seiner Kommentierung der *Nürnberger Gesetze* bis heute umstritten. Auf der einen Seite angepaßter, systemkonformer Ministerialbeamter, war er andererseits wichtiger Informant oppositioneller katholischer Kreise. In ihm verkörperte sich beispielhaft das Dilemma, durch Anpassung und Mitwirkung »Schlimmeres verhüten« zu wollen.
Ri

Globocnik, Odilo Gauleiter, Höherer SS- u. Polizeiführer
geb. 21. 4. 1904 in Triest, gest. 31. 5. 1945 in Paternion/Kärnten (Selbstmord).
G.s Vater, ein k.u.k. Rittmeister, schickte ihn auf die Militäroberrealschule u. ließ ihn im Kadettenkorps auf die Offizierslaufbahn vorbereiten. Nach dem Zusammenbruch der österr. Monarchie 1918 jedoch Abschluß an der Staatsgewerbeschule in Klagenfurt, anschließend prakt. Ausbildung im Baugewerbe u. Ablegung d. Baumeisterprüfung. Beruflich als Bauleiter u. Bauingenieur bei Kärntner Bauunternehmen tätig. 1919 mit dem *Kärntner Heimatdienst* Beteiligung am Kärntner Volkstumskampf. 1922 Mitglied der

österr. NSDAP. Im Jan. 1931 Wiedereintritt in die NSDAP, im Sept. 1932 in die SS; 1933 stellv. GL in Kärnten. Wg. seiner polit. Tätigkeit für den NS bis zum Anschluß Österreichs viermal zu Haftstrafen verurteilt. 1936 geschäftsführender Landesleiter d. NSDAP in Kärnten, dann Stabsleiter d. österr. NSDAP-Landesleitung u. wichtiger Verbindungsmann zur Parteizentrale in München. Mit dem »Anschluß« Österreichs im März 1938 Beförderung zum SS-Standartenführer; am 15. 3. 1938 StSekr., am 22. 5. 1938 GL von Wien. Am 30. 1. 1939 wg. Devisenschiebereien seiner Ämter enthoben. Daraufhin Meldung zur SS-Verfügungstruppe u. Teilnahme am Polenfeldzug als SS-Unterscharfhr. Nach Bewährung von → Himmler am 9. 11. 1939 zum SSPF im Distrikt Lublin ernannt u. zum SS-Brif. u. Gen-Maj. befördert. Am 17. 7. 1941 Ernennung zum Beauftragten des Reichsführers SS für die Errichtung von Polizeistützpunkten im neuen Ostraum. Im Mai 1942 mit der Durchführung der *Aktion Reinhard* beauftragt; am 9. 11. 1942 Beförderung zum SS-Gruf. u. Gen-Ltn. d. Polizei. Auf Anordnung Himmlers im Juli 1943 Streichung des Titels Staatssekretär. Nach Abschluß der *Aktion Reinhard* mit Wirkung v. 10. 8. 1943 als SSPF Lublin entsetzt, kurzzeitig Vertreter des HSSPF Rußland-Mitte. Am 13. 9. 1943 Ernennung zum HSSPF Adriatisches Küstenland in Triest. Dort v.a. Einsatz gg. Partisanen. Nach der dt. Kapitulation hielt sich G. noch einige Wochen auf Almhütten im Weißensee-Gebiet in Kärnten versteckt u. geriet am 31. 5. 1945 durch die Mitwirkung eines Waffen-SS-Angehörigen in brit. Gefangenschaft. G. vergiftete sich vor dem Verhör im Hof des Schlosses von Paternion.
Mit der Durchführung der *Aktion Reinhard* 1942/43 wurde der wenig zimperliche G. Organisator u. direkt Verantwortlicher an der Ermordung von über 1750000 Juden in den Vernichtungslagern Belzec, Sobibor u. Treblinka. Die den getöteten Juden abgenommenen Wert- u. Gebrauchsgegenstände einschl. der Haare und Goldplomben der Opfer besaßen nach der Ende 1943 von G. erstellten Abrechnung einen Wert von rd. 180 Millionen RM.
We

Glücks, Richard Inspekteur der Konzentrationslager und SS-Gruppenführer
geb. 22. 4. 1889 in Düsseldorf,
gest. 10. 5. 1945 in Flensburg (Selbstmord).
Während d. 1. WKs Offizier. Nach dem Krieg Geschäftsmann in seiner Vaterstadt. 1933 SS-Untersturmfhr., 1936 Staf. bei d. SS-Totenkopfverbänden, Untergebener des Inspekteurs d. Konzentrations-

lager, Theodor → Eicke, in Oranienburg b. Berlin. Als Stabsfhr. Eickes übernahm G. die Dienststelle des *Inspekteurs d. Konzentrationslager* (KL) nach dem Weggang seines Chefs, der mit d. Waffen-SS-Division *Totenkopf* an d. Front ging, zunächst geschäftsführend, später als Chef d. Dienststelle. Nach d. Eingliederung d. *Inspekteurs d. KL* als Amtsgruppe D in d. Wirtschafts-Verwaltungshauptamt (WVHA) d. SS unter → Pohl blieb G. in alter Funktion Chef der Amtsgr. D. 1943 Ernennung zum SS-Gruf. 1944 wurde Rudolf → Höß, vorher Kdt. d. Vernichtungslagers Auschwitz, Stellv. G.s in d. Führung d. Amtsgr. D. Noch während d. Verhandlung → Himmlers u. versch. SS-Dienststellen mit Vertretern d. Internationalen Roten Kreuzes im April 1945 tauchte G. zeitweise unter. Nach den Ermittlungen d. dt. Justiz beging er am Sitz d. Regierung Dönitz in Flensburg zwei Tage nach d. dt. Kapitulation Selbstmord.
G. gehörte wie sein Vorgänger Eicke von Amts wegen zu den Chef-Verwaltern des SS-Lagersystems. Über seine Dienststelle liefen alle Befehle u. Anordnungen, die den Dienstbetrieb, die Versorgung u. Beaufsichtigung, die Arbeitsplanung u. den Einsatz der Häftlinge in den Konzentrationslagern der SS regelten. G. gehörte damit zum Kreis der Hauptverantwortlichen für die unmenschlichen Bedingungen in diesen Lagern.
We

Goebbels, Joseph Reichsminister für Volksaufklärung und Propaganda
geb. 29. 10. 1897 in Rheydt,
gest. 1. 5. 1945 in Berlin
(Selbstmord).
Sohn eines Buchhalters, späteren Prokuristen, aus streng kath. Elternhaus. Als Folge einer Knochenmarkentzündung in früher Kindheit lebenslange Gehbehinderung. 1917 Abitur in Rheydt. Meldung als Kriegsfreiwilliger, abgelehnt wg. Wehruntauglichkeit. Noch während des 1. WK Studium d. Germanistik, Philosophie u. Kunstgeschichte in Bonn, Freiburg, Würzburg, München u. Heidelberg, zum großen Teil finanziert durch den kath. *Albertus-Magnus-Verein*. Promotion 1921 bei dem jüd. Germanisten Prof. Max v. Waldberg mit einer Dissertation über den Romantiker Wilhelm v. Schütz. Zahlreiche literar. Versuche. Vergebliche Anstrengungen, als Journalist oder Dramaturg Anstellung zu finden. 1923 kurze Tätigkeit b. d. Dresdner Bank in Köln. Aufgabe des sicheren Broterwerbs zugunsten schriftstellerischen Dilettierens. Aug. 1924 erster Kontakt zu völkisch-natsoz. Kreisen auf einem Parteitag in Weimar. 21. 8. 1924 Gründung einer NSDAP-Ortsgrup-

pe in Mönchengladbach. Aug. 1924 Schriftleiter d. Samstagszeitung *Völkische Freiheit*, Gau-Zeitung d. *Nationalsozialistischen Freiheitsbewegung* in Elberfeld; Beginn seiner Karriere als polit. Kolumnist. März 1925 im Gauvorstand des Gaues Rheinland-Nord der NSDAP. Sept. 1925 Gaugeschäftsführer u. Schriftleiter der ab Okt. 1925 erschienenen *Nationalsozialistischen Briefe*, Blatt d. von Gregor → Straßer gegründeten *Arbeitsgemeinschaft Nordwest* mit deutlicher Fronde gg. → Hitlers Parteiführung. Als radikaler Wortführer d. sozialrevolutionären Flügels enge Anlehnung an G. Straßer, doch bei Konfrontation mit Hitler auf dem Parteitag in Bamberg am 14. 2. 1926 kompromißbereites Einschwenken auf dessen Kurs. Nov. 1926 als Dank von Hitler zum GL v. Berlin ernannt. Bis 1933 schnelle Abfolge von Parteiveranstaltungen, Masseninszenierungen, Krawallen u. Straßenschlachten. Reorganisation der zerstrittenen Partei u. Gründung des Kampfblattes *Der Angriff* am 4. 7. 1927. Im Mai 1928 einer der ersten zwölf NSDAP-Abgeordneten im Reichstag. Antisemit. Kampagne gg. einflußreiche Juden, v.a. gg. den Berliner Polizeivizepräsidenten Bernhard Weiß, von G. zur satirischen Stereotype »Isidor« gemacht. Stilisierung d. ermordeten zwielichtigen Horst → Wessel zum Märtyrer d. Bewegung, aber auch zum Symbol f. d. erfolgreichen Kampf gg. das »rote« Berlin. Ernennung von G. zum *Reichspropagandaleiter d. NSDAP* nach mehrmaliger Ankündigung erst im Frühjahr 1930; seine Hauptaufgabe propagandist. Vorbereitung d. Reichstagswahlen; nach d. großen Erfolg d. Septemberwahl 1930 einer von 107 NSDAP-Abgeordneten im Reichstag. Im gleichen Jahr Einführung d. Betriebszellenorganisation zur Eroberung der Berliner Betriebe. Ende 1930 anläßlich d. Uraufführung d. pazifist. Films *Im Westen nichts Neues* (E. M. Remarque) Organisation d. »spontanen Volkszorns«. Lavieren bei den SA-Revolten 1930/31; nach Absetzung d. OSAF-Ost, Walther Stennes, im Frühjahr 1931 Einschwenken auf Hitlers Kurs. 19. 12. 1931 Hochzeit mit Magda Quandt (→ Goebbels, Magda), der geschiedenen Frau eines Großindustriellen; durch sie Intensivierung d. Beziehung zu Hitler. Bei Hitlers Regierungsantritt vorerst ohne Posten. Nach Ablegung seines Meisterstücks, der Organisation d. Reichstagswahl v. 5. 3. 1933, Ernennung zum *Reichsminister für Volksaufklärung u. Propaganda* am 13. 3. 1933. Organisation d. Boykottaktion vom 1.–4. 4. 1933 gg. jüd. Geschäfte. 10. 5. 1933 »Feuerrede« bei der Berliner Aktion zur »Bücherverbrennung«. 22. 9. 1933 Präsident d. *Reichskulturkammer*. Teilnahme an der Mordaktion gg. d. SA-Stabschef → Röhm u. dessen Anhänger in d. SA-Führung in Tegernsee am 30. 6. 1934. 1937/38 maßgebliche Beteiligung an den Sittlichkeits- und Devisenprozessen gg. kath. Pfarrer. 1937 Säuberung d. Museen von d. sog. entarteten Kunst. 9./10. 11. 1938 Vorbereitung d. sog. Reichskristallnacht u. nachträgliche Rechtfertigung. 1939 Verbrennung großer Teile d. nicht verkauften Bilderbestandes. 1940 Gründung u. Hrsg. d. Wochenzeitung *Das Reich* mit zahlreichen Leitartikeln aus seiner Feder. 1941/42 verschiedene Aktionen, Berlin »judenfrei« zu machen. Nach der Niederlage von Stalingrad G.s berüchtigte Sportpalast-Rede am 18. 2. 1943 mit d. Forderung nach dem »totalen Krieg«. Sept. 1943 vergebliche Versuche, Hitler zum Abschluß eines Separatfriedens zu bewegen. Scheitern des Staatsstreiches v. 20. Juli 1944 nicht zuletzt aufgrund von G.s reaktionsschnellem Handeln. Als Dank dafür am 24. 8. 1944 Ernennung zum *Reichsbevollmächtigten für den totalen Kriegseinsatz*. Von Hitler am 28. 4. 1945 testamentarisch zu seinem Nachfolger im Kanzleramt bestimmt. Am 1. 5. 1945 nach Ermordung seiner sechs Kinder gemeinsamer Selbstmord mit seiner Frau.

G.s kometenhafte Karriere vom Hungerkünstler zum allgewaltigen Meinungsmanipulator und vielleicht berüchtigtsten Propagandisten dieses Jahrhunderts gründete hauptsächlich auf seinem herausragenden rhetorisch-demagogischen Talent, gepaart mit kämpferischem Draufgängertum u. agitatorischem Einfallsreichtum. Als Gauleiter v. Berlin hatte G. maßgeblichen Anteil an der sog. Eroberung der Reichshauptstadt, bei der er mit einer Propagandakampagne von bis dahin unbekannten Ausmaßen in einer meisterhaften Mischung aus verführerischer Werbung und provokativem Terror faszinierte. Als Reichspropagandaleiter ebnete er mit seinen glänzend organisierten Wahlkämpfen den Weg der Nationalsozialisten zur Regierungsübernahme. Als gläubig ergebener Gefolgsmann Hitlers war er einer der wirksamsten Promotoren des Führerkults. Als Propagandaminister besorgte er die »Gleichschaltung« sämtlicher meinungsbildenden Medien u. die politische Selektion von Kunst u. Kultur. Sein Opportunismus u. Zynismus, aber auch seine Intellektualität machten ihn unter den Parteiführern wie unter den Ministerkollegen äußerst unbeliebt. Stütze fand er einzig und allein in Hitler, dem er es immer wieder mit besonders radikalem Vorgehen (s. »Pfaffenprozesse«, »Reichskristallnacht«, »totaler Krieg«) zu danken suchte. War in Zeiten der politischen Konsolidierung und erfolgreichen

Blitzkriege seine Propagandakunst nicht sehr gefragt, so hatte sie mit zunehmend katastrophaler militärischer Entwicklung wieder Konjunktur. Seine »geistige Kriegführung« und seine massenpsychologische Virtuosität bei der Manipulation von Stimmung und Durchhaltevermögen des Volkes trugen wesentlich zur Verlängerung d. Krieges bei. G. hinterließ umfangreiche Tagebuchaufzeichnungen: *Die Tagebücher von Joseph Goebbels. Teil I: 1923–1941* (1998ff.), *Teil II: 1941–1945* (1993–1996).
Froe

Goebbels, Magda

geb. 11. 11. 1901 in Berlin,
gest. 1. 5. 1945 ebd. (Selbstmord).
Johanna Maria Magdalena, genannt Magda, uneheliche Tochter des Dienstmädchens Auguste Behrend. Heirat ihrer Mutter mit Dipl.-Ing. Dr. Oskar Ritschel, der Magda vorerst nicht als seine Tochter legitimierte. Scheidung d. Mutter 1904 u. erneute Heirat 1906 mit dem jüd. Kaufmann Friedländer, dessen Namen Magda einige Zeit trug. Ab 1906 Besuch des Ursulinenklosters in Vilvoorde (Belgien). Nach Ausbruch des 1. WK Rückkehr nach Berlin u. Besuch des Kolmorgenschen Gymnasiums. Erneute Scheidung der Mutter. Besuch des Mädchenpensionats Holzhausen bei Goslar. Als 17jährige Klosterschülerin Bekanntschaft mit dem mehr als 20 Jahre älteren Großindustriellen Günther Quandt, einem der reichsten Männer Dtschlds. Am 15. 7. 1920 auf Antrag von O. Ritschel für ehelich erklärt, am 28. 7. 1920 Verlobung mit G. Quandt, am 4. 1. 1921 Heirat. Zwei Stiefsöhne; Nov. 1921 Geburt ihres ersten Kindes Harald. Sommer 1929 Scheidung. Eine großzügige Apanage gestattete Magda ein großbürgerliches Leben. Fortsetzung d. Liaison mit dem linken Zionistenfhr. Chaim Vitaly (Viktor) Arlosoroff, dem mutmaßlichen Scheidungsgrund. Im Sommer 1930, angeblich unter dem Eindruck einer Rede v. Joseph → Goebbels, Eintritt der unpolitischen Magda in d. NSDAP; Frauenschaftsleiterin der Ortsgruppe Berlin-Westend; kurz darauf »Archivarin« des Goebbelsschen Privatarchivs. 19. 12. 1931 Heirat mit J. Goebbels auf einem Gut ihres geschiedenen Mannes mit den Trauzeugen → Hitler u. Ritter v. → Epp. Auf Veranlassung v. J. Goebbels legte Magdas Mutter ihren jüd. Namen ab. Magdas elegante Wohnung am Reichskanzlerplatz wurde zu einem natsoz. Kontaktzentrum bei der Eroberung der Macht. Bis zum Auftreten von Emmy → Göring 1935 galt M. G. als ranghöchste Frau in der natsoz. Gesellschaft. Als Frau von Welt, gebildet und gesellschaftlich gewandt, fügte sie sich dennoch nat-

soz. ideologischen Forderungen u. beschränkte sich auf Haus u. Familie. Mit Goebbels hatte sie zwischen 1932 und 1940 sechs Kinder, die häufig für propagandist. Zwecke herhalten mußten. Magdas Versuch, ihre NS-Musterehe wg. einer Affäre ihres Mannes mit der tschech. Schauspielerin Lida Baarova scheiden zu lassen, scheiterte am Veto Hitlers. Mit ihm verband Magda, seit sie sich kannten, eine besondere Beziehung. Kurz vor seinem Tod übergab Hitler Magda sein Goldenes Parteiabzeichen. Wenige Stunden später ließ das Ehepaar Goebbels seine sechs Kinder vergiften u. beging gemeinsam Selbstmord.
Froe

Goerdeler, Carl Friedrich

Kommunalbeamter, Politiker
geb. 31. 7. 1884 in Schneidemühl/Posen,
gest. 2. 2. 1945 in Berlin-Plötzensee (hingerichtet).

G.s Vater war Jurist u. Abgeordneter der preuß. Freikonservativen. Jurastudium in Tübingen u. Königsberg, Promotion 1908. Seit 1912 Verwaltungsjurist (1. Beigeordneter) in Solingen. Während d. 1. WKs als Verwaltungsfachmann im besetzten russ. Gebiet eingesetzt. 1920 als Kandidat u. Mitglied d. DNVP zum zweiten Bürgermeister v. Königsberg gewählt. Mitarbeit an Verfassungsplänen Hans v. Seeckts u. Hans Luthers (*Bund zur Erneuerung d. Reichs*). 1930–37 Oberbürgermeister v. Leipzig. Von Reichskanzler Brüning im Dez. 1931 zum Reichskommissar f. Preisüberwachung ernannt. Aufbauend auf seinen Kriegserfahrungen vertrat G. auf wirtschaftl. Gebiet liberale Standpunkte u. lehnte staatl. Wirtschaftslenkung u. Subventionen selbst im sozialen Bereich ab; politisch jedoch konservativ, mit einem ständisch strukturierten Staatsmodell ohne Parteien u. Gewerkschaften. 1932 kam G., nicht zuletzt wg. seiner Vorschläge zur Arbeitsbeschaffung, zeitweise als Reichskanzler bzw. für führende Positionen in Preußen ins Gespräch, scheiterte jedoch stets an seiner Forderung, die NSDAP mit in die Verantwortung einzubinden. Obwohl er in d. Krisensituation der frühen 30er Jahre eine Allparteienregierung der Parteidiktatur → Hitlers vorgezogen hätte, blieb er nach dessen Machtübernahme auf seinem Posten u. beriet Hitler, der ihn als herausragenden Kommunalpolitiker anerkannte, bei d. neuen Gemeindeordnung von 1935. Am 1. 5. 1934 wurde G. erneut zum Reichspreiskommissar berufen (bis 1. 7. 1935). Als Kritiker d. Geldzyklen-Theorie von Keynes nutzte er sein Amt nun zur Kritik an → Schachts Politik d. Kreditschöpfung u. beanstandete in zwei von Hitler im Okt. 1935 u. Sept. 1936 in Auftrag gegebenen Denkschriften außer der kaum zu finanzierenden Rüstungspolitik auch die Judengesetzgebung u. die Behandlung d. Kirchen im Dritten Reich wg. ihrer bedenklichen Wirkung auf d. Ausland. Lokale Querelen mit d. NSDAP veranlaßten ihn schließlich am 1. 4. 1937 zum Rücktritt als Leipziger Oberbürgermeister. 1937–38 ausgedehnte, von Bosch u. → Krupp finanzierte Auslandsreisen im Auftrag → Görings, den er in Berichten ebenfalls auf d. schlechte Presse d. Dritten Reiches im Ausland wg. seiner Juden- u. Kirchenpolitik hinwies. Nach seiner Rückkehr erneuerte G. alte Beziehungen zu Militärs wie → Beck u. → Fritsch u. knüpfte neue zum Beck-Nachfolger → Halder, zu Gen. v. → Witzleben, Gen. Georg Thomas, Chef d. Wehrmachtrüstung im OKW, u. zu dem preuß. Finanzminister → Popitz, zu Botschafter Ulrich v. → Hassell u.a. Mitgliedern d. *Berliner Mittwochsgesellschaft,* zu dem Abwehr-Mitarbeiter Hans Bernd → Gisevius u., nach Kriegsbeginn, zu dem Sozialdemokraten Wilhelm → Leuschner, dem ehem. Zentrumsabgeordneten Jakob Kaiser u. zu GenMaj. v. → Tresckow. Verbindungen zu anderen Widerstandskreisen wie dem *Kreisauer Kreis* (→ Moltke, H. J. v.) u. auch zu → Stauffenberg litten teilweise darunter, daß G. für ein Dtschld. nach Hitler u. ohne NS z.T. höchst konservativ-nationalistische Vorstellungen hatte, die den Alliierten schwerlich zu vermitteln waren; u.a. sollte Dtschld. in den Grenzen v. 1914 unter Einschluß Südtirols bestehen bleiben u. das Elsaß-Lothringen-Problem entweder durch Autonomieregelung oder eine Trennung entlang d. dt.-frz. Sprachgrenze gelöst werden. Innenpolitisch sollte bei Stärkung d. regionalen Selbstverwaltung das zentrale Parlament auf das Budgetrecht beschränkt bleiben. G.s Aktivitäten hatten f. ihn u. seine Mitverschwörer auch den Nachteil, daß wg. seiner offenen u. unvorsichtigen Vorgehensweise der oppositionelle Hintergrund seiner Reisen u. Gespräche dem SD nicht verborgen blieb. Trotzdem erkannten ihn schließlich auch die anderen Kreise d. zivilen bürgerlichen Widerstands u. die Militärs als eigentlichen Kopf d. Opposition u. Kandidaten f. d. Posten des Reichskanzlers, wenn auch als Übergangslösung, an. Seit dem 14. 7. 1944 per Haftbefehl gesucht, konnte er sich bis zum 12. 8. 1944 verstecken. Selbst in der Haft arbeitete G. noch an seinen Reformplänen. Wg. seiner Bereitwilligkeit, sich mitzuteilen, von den Vernehmern für weitere Ermittlungen gg. Mitverschworene aufgespart, wurde G. erst fünf Monate nach dem Todesurteil d. VGH v. 8. 9. 1944 hingerichtet. Auch aus heutiger

Sicht ist G. trotz antiquierter innenpolitischer Vorstellungen u. unrealistischer Kriegsziele wegen seiner moralischen Integrität zu bewundern. Das Bild vom »bürokrat. Revolutionär« trifft vielleicht einen wichtigen Zug seines Wesens, aber doch nur einen Teil von ihm.
We

Göring, Emmy geb. *Sonnemann*
Schauspielerin
geb. 24. 3. 1893 in Hamburg,
gest. 8. 6. 1973 in München.
Tochter eines wohlhabenden Fabrikanten. Schauspielausbildung bei Leopold Jessner in Hamburg, ab 1910 Engagements in Hamburg, München, Wien, Stuttgart u. Weimar. 1916 heiratete sie den Schauspielkollegen Karl Köstlin; d. Ehe wurde nach wenigen Jahren geschieden. 1934 Bekanntschaft mit dem damaligen preuß. Ministerpräs. Hermann → Göring, der ihr im Herbst 1934 den Titel einer preuß. Staatsschauspielerin verlieh u. ein Engagement am Berliner Staatstheater verschaffte. Mit großem Pomp wurde am 20. 4. 1935 d. Hochzeit mit Hermann Göring gefeiert, auch die Geburt des nach Mussolinis Tochter Edda benannten Kindes am 2. 6. 1938 wurde propagandistisch in Szene gesetzt. Emmy G. fungierte, weil → Hitler unverheiratet war, als »Erste Dame« des Dritten Reichs, spielte aber in d. Politik keine Rolle. Nach Kriegsende wurde sie zusammen mit ihrer Tochter v. d. Amerikanern festgenommen u. 1948 v. d. Spruchkammer Garmisch-Partenkirchen als aktive Nationalsozialistin eingestuft u. zu 30% Vermögenseinzug, 1 Jahr Arbeitslager u. 5 Jahren Auftrittsverbot verurteilt. Gustav → Gründgens hat als Zeuge zu ihren Gunsten ausgesagt. Nach längerer Krankheit starb sie achtzigjährig in einem Münchener Krankenhaus.
Publ.: *An der Seite meines Mannes* (1967).
Den

Göring, Hermann
Reichsmarschall und Ministerpräsident
geb. 12. 1. 1893 im Sanatorium Marienbad b. Rosenheim,
gest. 15. 10. 1946 in Nürnberg (Selbstmord).
Sohn d. ersten kaiserl. Kommissars für Deutsch-Südwestafrika (heute Namibia) u. späteren Generalkonsuls in Haiti u. Santo Domingo. Mit drei Jahren erstmals mit den Eltern u. den neun Geschwistern bzw. Stiefgeschwistern zusammen. 1898–1908 Schulbesuch G.s in Fürth u. Ansbach; in den Ferien auf Burg Veldenstein (bei Neuhaus/ Pegnitz), dem Besitz von Hermann Epenstein, seinem Vorbild u. Ersatzvater jüd. Abstammung, bei dem G.s Familie jahrelang zu Gast war. Ab 1905 Besuch d. Kadet-

tenanstalten in Karlsruhe u. Groß-Lichterfelde, Fähnrichsexamen Mai 1911, Abitur Jan. 1913, Offiziersexamen Dez. 1913. Jan. 1914 Ltn. in bad. Infanterie-Rgt. Nach Kriegsausbruch Meldung zur Fliegertruppe; Juni–Sept. 1915 Ausbildung auf d. Fliegerschule; Okt. 1915 erster Einsatz als Flugzeugführer; Bewährung als Jagdflieger; Verleihung des Ordens *Pour le mérite* (2. 6. 1918); seit 6. 7. 1918 als Obltn. letzter Kdr. des legendären *Jagdgeschwaders Richthofen.* Nach Kriegsende Entlassung als Hptm. 1919–21 Betätigung in d. Zivilluftfahrt Skandinaviens. Heirat mit d. Schwedin Carin v. Kantzow, geb. v. Fock, in Stockholm Jan. 1922 u. in München Febr. 1922. Ende 1922 Bekanntschaft mit → Hitler u. Beitritt zur NSDAP; m.d. Organisation u. Führung d. SA beauftragt. Teilnahme am fehlgeschlagenen Novemberputsch 1923 in München, schwere Verwundung u. Flucht üb. Österreich nach Italien, dann Schweden. In Italien 1924 vergebliche Versuche, bei den ital. Faschisten finanzielle Unterstützung zu erhalten. In Schweden 1925 Entziehungskur in einer Heilanstalt wg. Morphiumsucht. In d. NSDAP inzwischen politisch isoliert u. aus d. Mitgliederkartei gestrichen. Aufgrund einer politischen Amnestie Rückkehr nach Dtschld.; Vertreter für Flugzeugmotoren u.a. 1927 Wiederbegegnung mit Hitler. Mai 1928 f. d. NSDAP in den Reichstag gewählt; nach Wahlsieg d. Partei im Sommer 1932 Reichstagspräsident. Seit 1930 Hitlers politischer Beauftragter in Berlin; erfolgreiche Sympathiewerbung bei Industrie, Reichswehr u. Aristokratie. Ab 1930 *Reichsschlichter d. NSDAP.* Erneuter Eintritt in die NSDAP, rückdatiert auf 1. 4. 1928. Herbst 1931 Tod seiner Frau Carin. Mit der sog. Machtergreifung preuß. Innenminister (bis Mai 1934) u. Chef d. preuß. Polizei (Chef d. Gestapo bis Nov. 1934), Reichskommissar für Luftfahrt u. Reichsminister ohne Geschäftsbereich; April 1933 zusätzlich preuß. Ministerpräsident; Mai 1933 RMin. für Luftfahrt; Aug. 1933 Beförderung zum Gen. d. Inf., Juli 1934 Reichsforstmeister u. Reichsjägermeister. Wesentliche Beteiligung an d. Organisation u. Niederschlagung d. »Röhm-Putsches«. Mit Gesetz v. 13. 12. 1934 heimliche Bestellung zum Nachfolger Hitlers als Reichskanzler. Seit März 1935 als Gen. d. Flieger OB der verdeckt aufgestellten Luftwaffe; 1935 Präsident d. *Akademie für Luftfahrtforschung.* April 1935 Hochzeit mit d. Schauspielerin Emmy Sonnemann (→ Göring, Emmy), die dadurch anstelle v. Magda → Goebbels zur neuen »First Lady« im NS-Regime aufrückte; Hitler einer d. Trauzeugen. Seit April 1936 GenObst. u. Rohstoff- u. Devisenkommissar. Am

18. 10. 1936 Ernennung zum *Beauftragten für den Vierjahresplan* mit totaler Kontrolle über die Industrie. Nov. 1937 bis Febr. 1938 kommissar. Reichswirtschaftsminister. Juli 1937 Gründung d. reichseigenen *Hermann-Göring-Werke* in Salzgitter, in Berlin 1939, in Linz 1941 (mit im Jahr 1944 insgesamt 228 Unternehmen u. über zwei Milliarden RM Nominalkapital größter europ. Stahlkonzern). Mitwirkung bei der Gleichschaltung d. Heeres (Blomberg- u. Fritschkrise Febr. 1938); Febr. 1938 Ernennung zum Generalfeldmarschall, jedoch nicht, wie erhofft, zum Reichskriegsminister. Dagegen außenpolit. Erfolge durch maßgeblichen Anteil am »Anschluß« Österreichs ans Deutsche Reich im März 1938 u. am Münchener Abkommen im Sept. 1938. Anläßlich d. Pogroms vom 9. 11. 1938 Belegung d. Juden mit einer Milliarde RM Schadenersatz. Aug. 1939 Vorsitzender des *Reichsverteidigungsrats*. Sept. 1939 offizielle Bestellung zum Nachfolger Hitlers. Juli 1940 Ernennung zum Reichsmarschall des Großdeutschen Reiches. Am 31. 7. 1941 Anweisung G.s an Reinhard → Heydrich, Gesamtlösung der Judenfrage in Europa vorzubereiten. Polit. u. militär. Fehlentscheidungen, v.a. das Versagen der Luftwaffe während d. Luftschlacht um England 1940, bei d. Versorgung des Stalingradkessels 1942/43 u. bei d. Abwehr alliierter Bombenangriffe auf dt. Städte u. Industrieanlagen seit 1942 führten zu zunehmendem Machtverfall G.s. In den letzten Kriegswochen schwacher Versuch zur Kriegsbeendigung durch Verhandlungen mit d. Alliierten. Infolgedessen am 23. 4. 1945 Enthebung aus allen Ämtern, Ausstoßung aus der NSDAP u. Verhaftung durch ein SS-Kdo. Am 8. 5. 1945 Gefangennahme auf Schloß Fischhorn am Zeller See durch die 7. US-Armee. 1946 als ranghöchster Nationalsozialist vor dem Nürnberger Internationalen Militärgerichtshof angeklagt; nach Entziehungskur selbstbewußte Verteidigung. Am 1. 10. 1946 Schuldspruch in allen vier Anklagepunkten; Verurteilung zum Tod durch den Strang. Am 15. 10. 1946, zwei Stunden vor der Hinrichtung, trotz strengster Bewachung Selbstmord durch Gift.

Mit seinem Renommee als Flieger-As des 1. Weltkriegs u. seinen vielfältigen Beziehungen zu einflußreichen Kreisen d. Wirtschaft, zur Reichswehr u. Aristokratie ebnete er trotz seiner umstrittenen Position innerhalb der NS-Bewegung in entscheidender Weise Hitlers Weg zur Macht. Nach der Machtübernahme spielte G. eine Schlüsselrolle bei der Durchsetzung u. Konsolidierung der natsoz. Gewaltherrschaft. Rücksichtslose Verfolgung politischer Gegner (mittels Schutzhaft u. Einrichtung der ersten Konzentrationslager), Eliminierung mißliebiger Personen aus den eigenen Reihen (so beim sog. Röhm-Putsch, bei dem G. die Mordaktion in Norddeutschland leitete) und intrigante Ausschaltung der militärischen Spitze (Blomberg-Fritsch-Krise) sind untrennbar mit dem Namen des designierten Hitler-Nachfolgers verbunden. Seine einzigartige Ämterhäufung, seine gewaltige wirtschaftspolitische Macht u. seine erfolgreiche Außenpolitik machten G. zum zweiten Mann im Dritten Reich. Doch auf dem Höhepunkt seiner Macht 1938/39 begann sich seine allmähliche politische Entmachtung abzuzeichnen. Zwar ein treuer Gefolgsmann Hitlers, aber ohne dessen obsessiven Kriegswillen, verlor er von Feldzug zu Feldzug an Prestige und Kompetenz, frönte einem repräsentativen Regierungsstil mit zuweilen grotesken Zügen. Zunehmend verwirklichte sich der Renaissance-Mensch G. im Ankauf u. Raub wertvoller Kunstgegenstände statt in der Führung der Luftwaffe, deren katastrophales Versagen er zudem Untergebenen und Mitarbeitern in die Schuhe schob. Von Hitler nur aus Prestigegründen in seinen Ämtern belassen, blieb er doch dessen willenloses Werkzeug. Psychisch ein Wrack, flüchtete G. in eine Scheinwelt, aus der er vor dem Nürnberger Tribunal, geltungssüchtig wie einst, noch einmal kurz aufwachte.

Froe

Graff, Sigmund Schriftsteller, Dramatiker

geb. 7. 1. 1898 in Roth bei Nürnberg, gest. 18. 6. 1979 in Erlangen.

Vater Rechtsanwalt u. Bürgermeister in Roth. 1914 nach der Schlacht v. Langemarck als Freiwilliger gemeldet, Offizier. 1918 Studium der Nationalökonomie. Journalistische Tätigkeit im Erzgebirge. 1924–33 Mitarbeiter Franz → Seldtes im Soldatenbund *Stahlhelm*; Redakteur des Parteiorgans *Stahlhelm*. 1926 Veröffentlichung des unter d. Namen C. E. Hintze verfaßten »Frontstückes« über den 1. WK *Die endlose Straße*. 1930–36 große Erfolge im In- u. Ausland. 1933 Referent im Propagandaministerium, Mitarbeiter des Reichsdramaturgen Schlösser, 1938 Beförderung zum Regierungsrat. 1937 Mitglied der NSDAP. 1933 *Dietrich-Eckart-Preis*, 1939 *Friedrich-Rükkert-Preis*. Teilnahme am 2. WK in der Presse- u. Propaganda-Abt. des OKW, hier Auftragsarbeiten wie *Wall der Herzen – ein Buch vom Westwall* (1940) u. *Eherne Ernte – Gedichte im Krieg* (1941). Bei Kriegsende Hptm. im NS-Führungsstab des OKW. Im Spruchkammerverfahren am 29. 10. 1948 Einstufung als »Entlasteter«. 1948 Wiederaufnahme der Tätigkeit als

freier Schriftsteller. 1958 *Jean-Paul-Medaille* in Silber der Stadt Bayreuth.
G. trat v.a. mit militärischen Traditionen verpflichteten Bühnenstücken hervor, die auch bei den Nationalsozialisten großen Anklang fanden. G. wehrte sich nach 1945 dagegen, mit dem NS in Zusammenhang gebracht zu werden u. gab vor, Verbindungen zum Widerstand gehabt zu haben. Wegen angeblich einseitiger Darstellung seiner NS-Vergangenheit ging er deshalb mehrfach vor Gericht. Seiner Klage gegen den Kröner Verlag wurde 1963 vom OLG München stattgegeben, 1965 verlor er den Prozeß jedoch in d. nächsten Instanz. G.s Erinnerungen erschienen u.d.T.: *Wechselnd bewegtes Leben. Erinnerungen aus einer mißbrauchten Generation* (1956); *Von SM zum NS. Erinnerungen eines Bühnenautors 1900–1945* (1963); *Vom Lausbuben zum Rekruten. Jugenderinnerungen eines Franken* (1979).
AS

Grauert, Ludwig Staatssekretär
geb. 9. 1. 1891 in Münster/Westf., gest. 1964.
Jurastudium. 1914–18 Kriegsfreiwilliger, zuletzt Ltn., EK I. 1921 Gerichtsassessor. Bis 1923 Staatsanwalt in Münster u. Bochum, dann in d. rheinisch-westfälischen Schwerindustrie tätig. Am 19. 2. 1933 wurde G. zum Ministerialdirektor ernannt u. fungierte bis Juni 1936 als Ltr. der Polizeiabt. im Preuß. Min. des Innern. Ab 10. 4. 1933 leitete er als StSekr. im preuß. InnenMin. auch die Personal- u. Kommunalabt. Preuß. Staatsrat, SS-Brif. Als StSekr. im Reichsinnenministerium war G. bis zu seiner Ablösung im Frühjahr 1936 zuständig für Verfassung u. Gesetzgebung. Am 29. 5. 1933 unterzeichnete er den sog. *Grauertschen Erlaß*, der d. Anwendung körperlicher Gewalt zur Aufklärung hoch- u. landesverräterischer Handlungen indirekt genehmigte. Mitte 1936 in den Ruhestand versetzt. G. war Mitglied der SS (Nr. 118 475), 1934 SS-Brigadeführer, Mitglied d. *Akademie f. Dt. Recht* u. Vorsitzender des *Kuratoriums für allgemeine u. innere Verwaltung* der Berliner Verwaltungsakademie.
Publ.: *Das Neue Recht in Preußen* (Hrsg., zusammen mit Roland → Freisler, Loseblattsammlung 1933 ff.).
JW

Greim, Robert *(seit 1917 Ritter v.)* Generalfeldmarschall
geb. 22. 6. 1892 in Bayreuth, gest. 24. 5. 1945 in Salzburg (Selbstmord).
Sohn eines Gendarmerieoffiziers, 1913 Ltn. im 8. bayer. Feldartillerie-Rgt., 1914–18 Teilnahme am 1. WK, seit 1917 als Staffelkapitän der

34. bayer. Jagdstaffel (Jagdgruppe Greim), 1919 Entlassung als Hptm. Student der Rechtswissenschaften, 1924–27 Militärberater der nationalchinesischen Luftwaffe in Kanton, anschließend Ltr. einer Fliegerschule in Würzburg. 1934 Major im Reichsluftfahrtministerium, 1935 Oberst, Kdr. des *Jagdgeschwaders Richthofen*, 1938 GenMaj., Amtschef im Reichsluftfahrtministerium, 1939 GenLtn., Kdr. der 5. Fliegerdivision, 1940 General, Kdr. Gen. des V. Fliegerkorps, 1. 4. 1942 Chef des Luftwaffenkommandos Ost (ab 5. 5. 1943 Luftflotte 6), 1944 Generaloberst, 27. 4. 1945 GFM, OB der Luftwaffe.
G. war ein typischer Vertreter jener Gruppe von Luftwaffenoffizieren, die nach dem Ersten Weltkrieg von der Militärfliegerei nicht mehr loskamen. Während des Zweiten Weltkriegs ausschließlich in hohen Truppenkommandos eingesetzt, wurde der überzeugte Nationalsozialist G. einer breiteren Öffentlichkeit erst durch → Hitlers überstürzten Entschluß bekannt, G. in den letzten Kriegstagen zum Nachfolger → Görings zu ernennen. Angesichts der militärischen Lage und dem faktischen Verschwinden der Luftwaffe war diese Entscheidung eine bloße Farce, so daß der schwerverwundete G. nach der Kapitulation im Selbstmord die einzige Alternative sah.
CH

Greiser, Arthur Senatspräsident der Freien Stadt Danzig, Gauleiter
geb. 22. 1. 1897 in Schroda/Provinz Posen,
gest. 14. 7. 1946 in Posen (hingerichtet).
Besuch des Gymnasiums in Hohensalza, ohne Abitur mit 17 Jahren im Aug. 1914 als Kriegsfreiwilliger Dienst zuerst bei der Marine, später Meldung zur Fliegertruppe. Im Juli 1917 Beförderung zum Offz. u. Fhr. einer Flugzeugstaffel. Nach Abschuß u. Verwundung Lazarettaufenthalt bis Frühjahr 1919, dann Entlassung aus dem Heer u. Dienst beim *Grenzschutz Ost*. 1919–29 als Handelsvertreter in Danzig tätig. 1922–1923 Mitglied der Deutschsozialen Partei. 1924 Mitbegründer des Danziger *Stahlhelm*. Zwischen 1921 u. 1929 Mitglied einer Danziger Freimaurerloge. Im Dez. 1929 Mitglied der NSDAP u. der SA; 1930 bis zum 19. 6. 1933 hauptamtl. Gaugeschäftsführer der Partei. 1930 Wechsel v. SA zu SS. Am 20. Juni 1933 Ernennung zum Innensenator u. Vizepräsidenten des Danziger Senats unter gleichzeitiger Beförderung zum SS-Staf. Nov. 1933–Okt. 1939 stellv. GL des Gaues Danzig unter GL → Forster u. Führer d. NSDAP-Fraktion im Danziger Parlament; seit 28. 11. 1934 (bis 1. 9. 1939) Präsident des Danziger Senats. Mit Beginn des Polenfeldzuges Chef d. Zivilverwaltung beim

Militärbefehlshaber in Posen. Am 21. 10. 1939 Ernennung zum GL u. Reichsstatthalter in dem aus dem früheren Westpreußen u. dem Distrikt Lodz (Litzmannstadt) neu gebildeten *Reichsgau Wartheland.* Seit 1940 war G. Mitglied des Deutschen Reichstages. Am 30. 1. 1942 Beförderung zum SS-Ogruf. Wie der Danziger GL Forster setzte sich auch G. ohne Wissen → Hitlers oder → Bormanns vor der herannahenden Roten Armee vorzeitig aus seiner Gauhauptstadt Posen nach Westen ab. Nach der Kapitulation stellte er sich im Mai 1945 in den bayerischen Alpen den US-Truppen. G. wurde umgehend an Polen ausgeliefert, von einem poln. Gericht am 9. 7. 1946 zum Tod verurteilt u. vor seinem ehem. Posener Dienstsitz erhängt.

G., der bestrebt war, seinen »Reichsgau« schnellstmöglich »judenfrei« zu bekommen, hatte die Deportation der jüdischen Bevölkerung seines Gebiets in die Ghettos des Generalgouvernements ebenso zu verantworten wie die brutale Volkstumspolitik gegen die ansässigen nichtjüdischen Polen, von denen durch Massendeportationen und gnadenlose Vertreibungen rd. 500000 Polen den etwa 350000 in den »eingegliederten Ostgebieten« neu angesiedelten volksdeutschen Umsiedlern weichen mußten. Bei → Himmler hatte sich G. im Mai 1942 persönlich dafür eingesetzt, 35000 an Tuberkulose erkrankte Polen im Vernichtungslager Chelmno (Kulmhof), dem ersten der sonst ausschließlich auf dem Boden des Generalgouvernement errichteten Vernichtungslager, töten zu lassen. Vor dem polnischen Gericht stritt G. jede persönliche Schuld an der deutschen Unterdrückungspolitik gegen Juden und Polen ab und stellte sich als gläubiger Handlanger Hitlers und auch Himmlers dar, der deren verbrecherische Absichten nicht oder zu spät durchschaut habe. Tatsächlich spielte jedoch gerade G. mit einer schon im Herbst 1939 einsetzenden Germanisierungspolitik in seinem Gau eine Vorreiterrolle. Durch eine auf seine Anordnungen zurückgehende enge Auslegung der Volkslistenbestimmungen war die Anwartschaft von im Polentum aufgegangenen Volksdeutschen auf die Wiederaufnahme in das deutsche Volkstum im »Warthegau« um ein Vielfaches geringer als in den Nachbargauen mit polnischen Minderheiten. Den Kampf gegen die katholische Kirche als einer der wichtigsten Stützen des Polentums führte G. ebenfalls konsequenter und härter als die Nachbarn. Bereits bis 1941 waren 94% der Kirchen im Erzbistum Posen-Gnesen geschlossen, viele Priester ermordet oder in KZs eingesperrt. 1942 ordnete G. die »Evakuierung« nicht arbeitsfähiger Juden aus seinem Gau an, was gleichbedeutend war mit deren Ermordung. In der Frage der Liquidierung der tuberkulosekranken Polen hatte er sich in seiner Korrespondenz mit Himmler auf ein bereits in der »jüdischen Frage« von ihm praktiziertes Genehmigungsverfahren bei Hitler bezogen. In allen Bereichen der Unterdrückung, Vertreibung und Ermordung polnischer und jüdischer Bewohner seines Gaues wird seine persönliche Handschrift deutlich. So kläglich jedoch, wie G. vor der Roten Armee die Flucht ergriffen hatte, so armselig war schließlich sein Verhalten vor seinen Richtern. In seinem Gnadengesuch an den polnischen Staatspräsidenten behauptete er, stets für eine Politik der Verständigung zwischen Deutschen und Polen eingetreten zu sein.

We

Grimm, Friedrich Völkerrechtler, Strafverteidiger
geb. 17. 6. 1888 in Düsseldorf,
gest. 16. 5. 1959 in Freiburg im Breisgau.

Sohn eines Eisenbahnlandmessers. 1907 Abitur. Jurastudium in Genf, Berlin, Marburg u. Münster. 1910 Promotion. 1914 als Rechtsanwalt in Essen. Teilnahme am 1. WK als Dolmetscher, Strafverteidiger am Kriegsgericht. Seit 1921 Strafverteidiger in internat. Prozessen, v.a. während d. Ruhrkrise. 1922 Habilitation, Privatdoz. an d. Univ. Münster, 1927 a. o. Professor für Internationales Recht ebd., Ehrensenator der Univ. Marburg. 1932 erster persönl. Kontakt zu → Hitler. 1933–45 MdR in d. NSDAP-Fraktion. Rege Vortragstätigkeit. 1934 Vertreter d. dt. Interessen im »Kairo-Prozeß«, 1936 im Prozeß gg. David Frankfurter (→ Gustloff), 1938/39 im Prozeß gg. Herschel Grynszpan (vom → Rath). 1937 Rechtsanwalt am Kammergericht Berlin. 1938 Honorarprof. an d. Univ. Münster. In den 50er Jahren Ehrenpräs. d. *Bundesverbands ehemaliger Internierter u. Entnazifizierungsgeschädigter*; vertrat die Forderung nach Generalamnestie.

G. wurde nach dem 1. WK durch seine Mitwirkung als Strafverteidiger in internationalen Prozessen bekannt sowie als Mitglied der im Zusammenhang mit dem Versailler Vertrag eingerichteten Schiedsgerichte. In nationalsozialistischen Kreisen erwarb er sich zudem einen Namen mit der Verteidigung von »Fememördern« sowie durch zahlreiche Publikationen u. Aufsätze, in denen er völkerrechtlich die Standpunkte der NSDAP vertrat u. die nationalsozialistische Bewegung aktiv unterstützte. Zu Lebzeiten erschien von ihm die Autobiographie *Politische Justiz, die Krankheit unserer Zeit* (1953), nach seinem Tod *Mit offenem Visier* (1961).

AS

Grimm, Hans (Emil Wilhelm)
Schriftsteller
geb. 22. 3. 1875 in Wiesbaden,
gest. 27. 9. 1959 in Lippoldsberg/Weser.

Sohn des nationalliberalen Juristen u. Mitbegründers des *Dt. Kolonialvereins*, Prof. Julius Grimm. Nach Abitur u. einem Semester Germanistikstudium in Lausanne Ausbildung zum Überseekaufmann in England u. Südafrika. 1901 Niederlassung als selbständiger Kaufmann in East London, Kapland. 1911–14 Studium d. Staatswissenschaften in München, Studien am Kolonialinstitut in Hamburg. Erste schriftstellerische Anerkennung mit den *Südafrikanischen Novellen* (1913). Im 1. WK zunächst Frontsoldat, dann polit. motivierte schriftstellerische Auftragsarbeit für das Reichskolonialamt: *Der Ölsucher von Duala* (1918); seit 1916 Mitarbeit in der Auslandsabt. der OHL. 1916 Erwerb des »Klosterhauses« in Lippoldsberg. 1920–25 Arbeit an dem polit. Roman *Volk ohne Raum* (1926), einem der meistverkauften Bücher d. Weimarer Zeit; Kontakte zu Möller van den Bruck u. zum *Ring-Kreis*. Neben weiteren literar. Arbeiten zunehmend Veröffentlichungen polit. u. gesellschaftspolit. Schriften. 1927 Ehrendoktor der Univ. Göttingen. 1932 *Goethe-Preis d. Stadt Frankfurt*, Senator der *Dt. Akademie* in München, 1933 Senator der *Preuß. Akademie der Künste*; 1933–35 im Präsidialrat der *Reichsschrifttumskammer*. 1934–39 Veranstaltung der jährlich stattfindenden, vom NS unabhängigen *Lippoldsberger Dichtertreffen*. Nach 1945 Veröffentlichung polit. u. autobiogr. Schriften. 1949 Wiederaufnahme der *Lippoldsberger Dichtertreffen*. Aufstellung als parteiloser Kandidat der neonazistischen *Deutschen Reichspartei* für die Bundestagswahlen 1953.

G. blieb zeit seines Lebens einem antidemokratischen u. antiliberalen Denken verhaftet, das sich mit einer dem 19. Jh. entstammenden elitär-konservativen Bürgerlichkeit u. einem extremen Nationalismus paarte. Weder in seinen Anschauungen mit dem NS übereinstimmend noch der Partei angehörend oder privat in natsoz. Kreisen verkehrend, sah G. im NS die einzige Möglichkeit, seine kolonialen, sozialen u. nationalen Ideen zu verwirklichen. Diesem Glauben hing G. auch dann noch an, als er seine Ziele am realisierten NS scheitern sah. Zunächst als Vorzeigeautor umworben, erhielt G. keinen der zahlreichen literar. Preise des Dritten Reiches. 1935 wurde er aus dem Präsidialrat der *RSK* entlassen u. 1938 von → Goebbels schärfstens zurechtgewiesen. Seine politischen Überzeugungen vertrat G. ungebrochen auch nach 1945 u. begab sich somit in eine geistige u. gesellschaftliche Isolation, aus der her-

aus er den NS im nachhinein verteidigte. An autobiographischen Werken veröffentlichte er *Rückblicke* (1950); *Leben in Erwartung* (1952); *Erkenntnisse u. Bekenntnisse* (1955); nach seinem Tod erschienen *Suchen u. Hoffen* (1960) u. *Über mich selbst u. über meine Arbeit* (1975).
AS

Grimm, Wilhelm Gauleiter, Vorsitzender Richter am Obersten Parteigericht der NSDAP
geb. 31. 12. 1889 in Hof a.d.Saale, gest. 21. 7. 1944 bei Coswig/Anhalt (Unfall).
Nach Volksschule u. Fortbildungsschule 1906–09 Ausbildung an der Bayer. Unteroffiziersschule in Fürstenfeldbruck. 1909–12 Kommandierung nach Nürnberg, 1913–14 im Stab der 5. bayer. Infanteriedivision. Kriegseinsatz von Aug. 1914–Aug. 1917, dann als Bezirksfeldwebel an d. Bezirkskommando Ansbach kommandiert. Am 31. 10. 1919 Entlassung aus dem Militärdienst auf eigenen Wunsch. 1920 Beginn der Verwaltungslaufbahn als Sekretär am Versorgungsamt Ansbach. Über die *Deutsche Werkgemeinschaft* 1921 Mitglied der Deutschsozialistischen Partei, 1922 der NSDAP; Zusammenarbeit mit dem »Frankenführer« Julius → Streicher. 1926 Kreisleiter d. NSDAP in Ansbach. Im Sept. 1928 GL des Untergaues Mittelfranken unter Streicher, 1929 stellv. GL des zusammengelegten Gaues Franken (ohne Oberfranken). Im Jan. 1932 in den Untersuchungs- u. Schlichtungsausschuß (Uschla) der NSDAP als Beisitzer abgeordnet; ab Juni 1932 Vorsitzender d. II. Kammer des Obersten Parteigerichts (OPG) im Range eines Reichsleiters. Bei der Märzwahl 1933 in den Reichstag gewählt. Mitglied der SS seit Okt. 1933 mit dem Ehrenrang eines Oberführers. 1934 Ernennung zum SS-Gruf. u. Verwaltungsoberinspektor. Ab 1941 Kriegsdienst, zuletzt als Hptm. in einem Sicherungs-Rgt. an der Ostfront. G. starb bei einem Verkehrsunfall.
Obwohl nach der Machtübernahme Reichsleiter und Vorsitzender einer der beiden Kammern des OPG, konnte er sich bei dem geringen Ansehen dieses Gerichts im »Führerstaat« so wenig profilieren wie deren Leiter, Major Walter → Buch. Die politische Bedeutung G.s lag daher mehr im regionalen Bereich der fränkischen NSDAP als in seiner Tätigkeit als Kammervorsitzender am OPG.
We

Grohé, Josef Gauleiter und Reichsstatthalter
geb. 6. 11. 1902 in Gemünden/Hunsrück,
gest. 3. 1. 1988 in Köln.
Sohn eines Ladenbesitzers. Nach der Volks- und Handelsschule seit 1919 kaufmänn. Angestellter in der

Eisenwarenbranche. 1921 Eintritt in den *Deutsch-völkischen Schutz- u. Trutzbund*, 1922 Mitbegründer d. NSDAP in Köln. Beteiligung an terrorist. Anschlägen während des »Ruhrkampfes«, deshalb Flucht nach Süddtschld. Wieder in Köln Gründung des *Dt.-Völkischen Wahlvereins*, im März 1924 umbenannt in *Völkisch-sozialen Block*, als dessen Geschäftsführer G. tätig war. 1925 Gaugeschäftsführer des NSDAP-Gaues Rheinland-Süd unter GL Ley, 1926–31 Chefredakteur des *Westdeutschen Beobachters*. 1929 Stadtverordneter u. Fraktionsführer d. NSDAP in Köln. 1931 Ernennung zum GL von Köln-Aachen. 1932–33 MdL in Preußen. Seit Nov. 1933 MdR u. preuß. Staatsrat. 1942 RVK, 1944 Reichskommissar f. d. besetzten Gebiete Belgien u. Nordfrankreich. 1945 Organisator des Kölner Volkssturms; veranlaßte d. Sprengung der fünf großen Rheinbrücken der Stadt. 1946 Verhaftung durch die Alliierten und Auslieferung an Belgien. Nach Rücküberstellung nach Dtschld. 1950 Verurteilung zu vier Jahren u. sechs Monaten Haft wg. seiner Zugehörigkeit zum Korps d. Politischen Ltr. der NSDAP.

G. zählte bis zuletzt zum Kreis der überzeugten Nationalsozialisten und trug von Anfang an maßgeblich zur Konsolidierung des NS-Systems bei.

JR

Groß, Walter Leiter des Rassenpolitischen Amtes der NSDAP
geb. 21. 10. 1904 in Kassel,
gest. 1945.

Evang. Gymnasium in Posen u. Göttingen. Ab 1923 Medizinstudium in Göttingen, Tübingen u. München; 1928 Staatsexamen u. Promotion, anschließend bis 1932 Assistent an einem Braunschweiger Krankenhaus. 1925 Eintritt in die NSDAP, seit 1932 Mitglied d. *NS-Ärztebundes* u. Mitarbeiter der Unterabt. Volksgesundheit in d. Reichsleitung d. NSDAP. 1933 Gründer u. Ltr. d. *Aufklärungsamts f. Bevölkerungspolitik u. Rassenpflege*, das im Mai 1934 in *Rassenpolitisches Amt der NSDAP* umbenannt wurde. Seit 1936 MdR. 1942 Ltr. der Abteilung Naturwissenschaft im Amt Rosenberg. Über sein Schicksal am Ende d. Krieges konnte nichts in Erfahrung gebracht werden.

Unter d. Deckmantel der Wissenschaft wirkte G. als Herausgeber und Verfasser militant antisemitischer Schriften wie *Rasse und Politik* (1934); *Der Weltenumbruch im jüdischen Mythos* (1936) u. *Die rassenpolitischen Voraussetzungen zur Lösung der Judenfrage* (1943), worin er sich u.a. für ein judenfreies Europa stark machte.

Den

Grüber, Heinrich evangelischer Theologe
geb. 24. 6. 1891 in Stolberg/ Rheinland,
gest. 29. 11. 1975 in Berlin (West).
Lehrersohn. Theologie-Studium in Bonn, Berlin u. Utrecht. Ab 1920 Pfarrer in Dortmund, ab 1925 Ltr. d. Düsseltaler Anstalten, ab 1926 Erziehungsdirektor in Templin, ab 1934 Pfarrer in Berlin-Kaulsdorf. Als Gegner d. NS Mitarbeit b. d. *Bekennenden Kirche*. 1937 Gründung des *Büro Grüber*, das als Hilfsstelle für Christen jüd. Abstammung beratend u. betreuend v. a. in Fragen d. Auswanderung u. Arbeitssuche im Ausland tätig war. 1940–43 Haft in den KZs Sachsenhausen u. Dachau. Nach d. Haftentlassung Wiederaufnahme d. illegalen Hilfe. Nach Kriegsende wurde G. Propst d. Marienkirche in Ost-Berlin; 1949–58 Bevollmächtigter der Evang. Kirche bei der DDR-Regierung; G. gab dieses Amt aber nach heftiger Kritik an der kirchenfeindl. u. antichristl. kommunist. Politik in d. DDR auf u. übersiedelte in die BRD. Dort führte er einen hartnäckigen Kampf gg. Wiederaufrüstung u. Atombewaffnung. 1961 sagte er als einziger dt. Zeuge im Jerusalemer *Eichmann-Prozeß* aus. In seinen letzten Lebensjahren wurde G. zu einem der konsequentesten Warner vor d. Gefahren d. Neonazismus.
Publ.: *Erinnerungen aus sieben Jahrzehnten* (1968).
Den

Gründgens, Gustaf Schauspieler, Regisseur und Theaterintendant
geb. 22. 12. 1899 in Düsseldorf,
gest. 7. 10. 1963 in Manila.
G. stammte aus einer alteingesessenen rhein. Industriellenfamilie. Nach d. Abitur spielte er 1917/18 bei einem Fronttheater. Nach Kriegsende Schauspielausbildung an d. Düsseldorfer Hochschule f. Bühnenkunst, danach erste Engagements in Halberstadt und Kiel, 1923–28 an den Hamburger Kammerspielen. 1925 heiratete G. Erika Mann, die Ehe wurde 1928 geschieden. Im selben Jahr wechselte G. zu Max Reinhardt an das Deutsche Theater in Berlin. Dort begann seine beispiellose Karriere als Bühnen- und Filmschauspieler und als Regisseur. Triumphale Erfolge feierte G. mit Filmrollen wie der des Edelganoven *Schränker* in Fritz Langs *M* (1931) u. mit seinem Bühnenauftritt in d. Rolle d. *Mephisto* in d. *Faust I*-Inszenierung Heinz Tietjens am Berliner Staatstheater (1932). Hitlers Machtübernahme brachte G., der in früheren Jahren dem Kommunismus nahegestanden u. den NS abgelehnt hatte, keinen Abbruch der Künstlerkarriere. Vor allem → Göring, mit dessen Frau Emmy, geb. Sonnemann, G. viel zusammenarbeitete, förderte

den ehrgeizigen Bühnenkünstler. Bereits Anfang 1934 beauftragte Göring, dem als preuß. Ministerpräsidenten die Staatstheater unterstanden, G. mit d. künstlerischen Leitung des Staatlichen Schauspielhauses in Berlin, im Herbst 1934 übernahm G. auch dessen Intendanz. Im Mai 1936 ernannte ihn Göring zum preuß. Staatsrat, ein Jahr später zum Generalintendanten der Preußischen Staatstheater. Im selben Jahr erhielt er den Titel »Staatsschauspieler«. 1936 hatte G. die Schauspielerin Marianne Hoppe geheiratet (1946 Scheidung). Klaus Mann setzte dem erfolgreichen u. aus d. Sicht des Emigranten mit dem NS paktierenden früheren Schwager in dem Roman *Mephisto* (1936 in Amsterdam erschienen) ein schonungslos offenes Negativ-Denkmal. Allerdings konnte G. bis Kriegsende seine künstl. Ideen ungehindert von den Nationalsozialisten verwirklichen, seine Auftritte in NS-Propagandafilmen wie *Ohm Krüger* (1941) waren selten; es gelang ihm andererseits, eine Reihe von Schauspielern und Künstlern, die in d. Zeit des NS verfolgt wurden, zu schützen. Deshalb war G. nach Kriegsende trotz seiner exponierten Stellung im Dritten Reich nur einige Monate in einem sowjet. Lager interniert, 1946/47 trat er bereits wieder am Deutschen Theater in Berlin auf, anschließend übernahm er die Leitung der Düsseldorfer Städtischen Bühnen. 1955 nahm G. den Posten des Intendanten am Hamburger Schauspielhaus an, den er 1963 vorzeitig zurückgab. Auf einer Weltreise beging er wenig später Selbstmord.
KK

Guderian, Heinz Generaloberst
geb. 17. 6. 1988 in Kulm (Westpreußen),
gest. 14. 5. 1954 in Schwangau bei Füssen.
Sohn eines preuß. Offiziers. Besuch der Kadettenanstalten in Karlsruhe u. Berlin. Während des 1. WKs Nachrichtenoffz., ab 1917 im Generalstab; 1920 Übernahme in die Reichswehr. 1934 Stabschef des Kdos. d. Kraftfahrtruppen, seit 1935 Kdr. der 1. Panzerdivision. 1938 Chef der schnellen Truppen u. Gen. d. Panzertruppen. Besondere Erfolge als Panzerführer im Polen- u. Frankreichfeldzug. 1940 GenObst. 1941 im Rußlandfeldzug Vorstoß seiner 2. Panzerarmee bis Tula, Auszeichnung mit d. Eichenlaub zum Ritterkreuz. Im Dez. 1941 Entlassung nach Differenzen mit → Hitler u. GFM v. → Kluge wg. seines Eintretens f. einen begrenzten Rückzug. 1943 Reaktivierung u. Berufung auf d. Posten des Generalinspekteurs der Panzertruppen. Nach dem Juli-Attentat 1944 Nachfolger v. Gen. → Zeitzler als Chef d. Generalstabs. Anfang 1945 Be-

fürworter eines gesonderten Waffenstillstands mit den Westmächten; nach Auseinandersetzungen mit Hitler am 28. 3. 1945 erneut entlassen.

G. leistete durch den gezielten Aufbau der deutschen Panzertruppe einen maßgeblichen Beitrag zum Gelingen der deutschen Blitzkriegstrategie in Polen, Frankreich und anfänglich auch in der Sowjetunion. Er zeigte sich dabei als verantwortungsbewußter Militär. Nach dem Attentat vom 20. Juli 1944 bewies er allerdings auch seine Systemtreue, zum einen als Mitglied des Ehrenhofs des Heeres, als das er sich dafür aussprach, die am Widerstand beteiligten Kameraden aus dem Heer auszustoßen, so daß sie als Zivilisten vom üblichen Soldatentod durch Erschießen ausgeschlossen und gehängt werden konnten, zum anderen durch den Erlaß von Befehlen, die den Mitgliedern seines Stabes ein vorbildliches nationalsozialistisches Verhalten nahelegten.

JR

Günther, Hans Friedrich Karl

Anthropologe, Rassismus-Theoretiker

geb. 16. 2. 1891 in Freiburg/Br., gest. 25. 9. 1968 ebd.

Nach Gymnasium Studium d. Biologie, Anthropologie u. Soziologie in Freiburg u. Paris. Teilnahme am 1. WK u. an den Freikorpskämpfen d. Nachkriegsjahre. Zunächst Privatgelehrter in Schweden u. Norwegen. 1930 vom thüringischen Innenminister → Frick (in der ersten natsoz. Regierung eines dt. Landes) auf einen eigens für ihn geschaffenen Lehrstuhl für Rassenkunde an der Univ. Jena berufen; 1934 Professur in Berlin, 1939 in Freiburg. Nach dem Kriege suspendiert u. interniert. Seit 1949 wieder publizistisch tätig.

Unter dem Einfluß des Grafen Gobineau und Houston Stewart Chamberlains entwickelte G. rassistische Theorien, die zwar nicht durchweg als nationalsozialistisch gelten müssen, aber mit ihrer Betonung des höherwertigen Nordisch-Heldischen und des minderwertigen Jüdischen wie der schroffen Ablehnung von Rassenmischungen, namentlich der »rassezerstörend« wirkenden »Mischehen« zwischen sog. Ariern und Juden, doch zu den pseudowissenschaftlichen Grundlagen des NS-Rassismus zu zählen sind und z.B. die *Nürnberger Gesetze* vom 15. 9. 1935 (→ Globke, Hans; Stuckart, Wilhelm) direkt beeinflußt haben.

Publ.: *Rassenkunde des dt. Volkes* (1930); *Herkunft u. Rassengeschichte der Germanen* (1935).

HG

Gürtner, Franz Jurist, Reichsjustizminister
geb. 26. 8. 1881 in Regensburg,
gest. 29. 1. 1941 in Berlin.
Sohn eines Lokomotivführers. 1900 Reifeprüfung in Regensburg, anschließend bis 1904 Studium in München als Stipendiat der Studienstiftung *Maximilianeum*. 1908 bayer. Staatsprüfung (Assessor). 1909 Syndikus des *Bayer. Brauerbundes*, anschließend Dritter Staatsanwalt in München. 1912 Amtsrichter, dann Zweiter Staatsanwalt in München, gleichzeitig in d. Bayer. Justizministerium berufen, bis 1914 dort als Personalreferent tätig. Ab Kriegsausbruch bis 1917 als Offz. an d. Westfront, anschließend bis März 1919 Hptm. beim dt. Expeditionskorps in Palästina. 1920 Landgerichtsrat in München unter Verwendung im Bayer. Justizministerium als Referent für Gnadensachen. 1921 Oberreg.Rat. Ab 4. 8. 1922 als Vertreter der Bayer. Mittelpartei (deutschnational) Justizminister in versch. bayer. Kabinetten. Ab 2. 6. 1932 Reichsjustizminister unter d. Reichskanzlern v. → Papen und v. → Schleicher. Am 1. 2. 1933 von → Hitler als Justizminister übernommen; bis zu seinem Tode im Amt. 1934 gleichzeitig mit der Führung des preuß. Justizministeriums betraut bis zur Verreichlichung d. Länder-Justizverwaltungen 1935. Im Jan. 1937 mit allen bisherigen Nicht-Pg.s des Kabinetts (mit Ausnahme von v. → Eltz-Rübenach) in d. NSDAP aufgenommen.
Als Justizminister in Bayern und national-konservativer Befürworter einer autoritären Staatsform zeigte sich G. den radikalen »vaterländischen« Verbänden und Nationalsozialisten gegenüber nachgiebig. So verhinderte er 1923 eine Anklage gegen Hitler wegen unerlaubter Bildung bewaffneter Haufen am 1. Mai auf dem Münchener Oberwiesenfeld. 1924 erreichte er, daß das Hochverratsverfahren gegen Hitler, → Ludendorff u.a. wegen des Putsches vom 8./9. November 1923 nicht vom Staatsgerichtshof in Leipzig, sondern von der bayerischen Justiz durchgeführt wurde, die Hitlers Verurteilung zur Mindeststrafe (Volksgericht München) und seine vorzeitige Haftentlassung (Landgericht München I und Bayer. Oberstes Landesgericht) ohne G.s Einflußnahme bewerkstelligte. Hitler übernahm G. als Justizminister, da er dessen Fähigkeit schätzte, »Staatsräson« mit der Rechtsordnung in Einklang zu bringen, und dessen Vorstellungen von einer antiliberalen Strafrechtsreform begrüßte. G.s Versuche, die Schutzhaft zu »verrechtlichen« und ungesetzliche Handlungen der KZ-Bewacher strafrechtlich zu verfolgen, scheiterten. Vergeblich blieb auch sein

Bemühen, die außergerichtliche Ahndung von Straftaten und die Korrektur von Justizurteilen durch → Himmlers Polizei auszuschalten. Da er anfänglich die rechtszerstörerische Dynamik der NS-Bewegung verkannte, geriet er immer stärker in die Rolle des juristischen »Erfüllungsgehilfen« des Regimes. Kennzeichnend dafür ist das von ihm unterzeichnete Staatsnotwehrgesetz vom 3. 7. 1934, das die Morde vom 30. Juni für rechtens erklärte. Zunehmend in Unrechtsmaßnahmen und Schuld verstrickt, verwarf G. trotz aller Enttäuschungen einen Rücktritt, um ein weiteres Abgleiten in den Willkürstaat unter einem nationalsozialistischen Nachfolger zu verhindern. Wenngleich diese Haltung angesichts der Entwicklung zum »Schlimmeren« nach seinem Tode gerechtfertigt schien, stützte er durch sein Bleiben zwangsläufig das NS-Unrechtssystem.
Gch

Gütt, Artur (Julius) Arzt, Eugeniker
geb. 17. 8. 1891 in Michelau/Westpreußen,
gest. 2. 3. 1949 in Stade.
Vater Gutsbesitzer. 1911–14 u. 1917/18 Medizinstudium. Im Krieg als Feldarzt, ab Dez. 1918 als prakt. Arzt tätig. Mitbegründer u. Kreisleiter d. *Dt.-Völkischen Freiheitsbewegung* in Labiau 1923–25. Ab Nov. 1932 Mitglied d. NSDAP. Ab 1. 5. 1933 im RMdI, Abt. Volksgesundheit; seit dem 19. 2. 1934 Ltr. dieser Abteilung. Im Juni 1935 Ernennung z. SS-Oberführer u. Leiter d. *Amtes f. Bevölkerungspolitik u. Erbgesundheitslehre* im Stab d. RFSS. Am 6. 9. 1939 Ausscheiden aus dem RMdI, offiziell auf eigenen Wunsch, tatsächlich aber nach internen Intrigen. Nov. 1938 SS-Brigadeführer. 1940 Beförderung zum SS-Gruf. Nach d. Krieg kurze Internierung.
G. war als einer der Hauptbefürworter der Erbgesundheitslehre an den maßgeblichen Gesetzen beteiligt und veröffentlichte zahlreiche Bücher u. Aufsätze zur Rassenhygiene, u.a. *Die Bedeutung von Blut u. Boden für das dt. Volk* (1933); *Handbuch der Erbkrankheiten* (1940); *Die Rassenpflege im Dritten Reich* (1940).
Ri

Gustloff, Wilhelm NSDAP-Landesgruppenführer in der Schweiz
geb. 30. 1. 1895 in Schwerin,
gest. 4. 2. 1936 in Davos (ermordet).
Sohn einer Schweriner Kaufmannsfamilie. Nach d. Abitur Tätigkeit im Versicherungs- u. Bankfach, zuletzt Bankprokurist. Aus Gesundheitsgründen seit März 1917 Aufenthalt in Davos. Berufliche Tätigkeit am dortigen Physikalisch-Meteorologischen Forschungsinstitut d.

Schweiz. 1921 Mitglied d. *Dt.-völk. Schutz- u. Trutzbundes*, seit 1929 d. NSDAP. 1932 Landesgruppenleiter d. NSDAP-Auslandsorganisation in d. Schweiz. Das provozierende Auftreten d. Landesgruppe u. ihres Ltr.s nach d. Machtergreifung d. NSDAP in Dtschld. erregte in d. Schweiz u. ihrer Presse infolge d. Judenpolitik d. Dritten Reichs u. auch wg. d. nazistischen Forderungen nach Vereinigung aller »Deutschen« in einem großdt. Reich zunehmenden Widerspruch. Die Ermordung G.s durch d. jüd. Studenten David Frankfurter, einen jugoslawischen Staatsbürger, bestrafte d. Schweizer Kantonsgericht in Chur am 14. 12. 1936 mit 18 Jahren Zuchthaus. Während d. dt. Seite hinter d. Tat ein weltweites jüdisches Komplott sah, versuchten die mit Frankfurter sympathisierenden Kreise aus d. Verfolgung d. Juden im Dritten Reich ein Tatmotiv abzuleiten. Nach Auffassung d. Gerichts soll Frankfurter jedoch aus persönlichen Motiven gehandelt haben, was allerdings nicht erklärt, warum er G. als Opfer auswählte. G. wurde im Dritten Reich zum »Blutzeugen« d. Bewegung stilisiert u. ein Neubau d. KdF-Flotte nach ihm benannt. Um weitere Provokationen u. Gegenaktionen zu vermeiden, wurde in d. Schweiz die NSDAP-Landesgruppe lediglich für einige Zeit verboten.

We

H

Habicht, Theo NSDAP-Landesinspekteur und Unterstaatssekretär

geb. 4. 4. 1898 in Wiesbaden,
gest. 31. 1. 1944 an der Ostfront (gefallen).

Nach Besuch eines Gymnasiums in seiner Vaterstadt 1910–14 an einer Berliner Realschule bis zum Realschulabschluß, anschließend kaufmänn. Lehre. 1915 Kriegsfreiwilliger, bis Jan. 1919 im Militärdienst. 1919/20 als Zeitfreiwilliger Beteiligung an d. Bekämpfung d. Spartakisten in Berlin. Broterwerb seit 1919 als Kaufmannsgehilfe in Berlin u. Wiesbaden, dort 1926 wg. seiner polit. Betätigung in d. NSDAP entlassen. 1927 Bezirksleiter d. NSDAP f. d. Bezirk Süd-Taunus; Gründer, Hrsg. u. Chefredakteur d. NS-Wochenzeitung *Nassauer Beobachter* (später als Tageszeitung *Nassauer Volksblatt*). 1927–31 NSDAP-Kreisleiter in Wiesbaden; 1928 dort auch Stadtverordneter u. Fraktionsvorsitzender d. NSDAP. 1930 Mitglied d. Kommunallandtages v. Nassau u. d. Provinziallandtages v. Hessen-Nassau; im Sept. 1931 MdR. Am 20. 7. 1931 v. d. Parteileitung als Landesgeschäftsführer mit d. Reorganisation d. NSDAP in Österreich beauftragt, seit 20. 8. 1932 mit dem Titel Landesinspekteur f. Österreich. Nach dem Verbot d. NSDAP in Österreich am 13. 6. 1934 wurde H.

am nächsten Tag ausgewiesen. Nach Änderung d. dt. Österreichpolitik war H. zunächst kaltgestellt, wurde 1937 Oberbürgermeister v. Wittenberg, 1939 v. Koblenz. Nov. 1939 Ernennung zum Ministerialdirektor im Ausw. Amt mit d. Amtsbezeichnung Unterstaatssekretär. Seit Okt. 1940 Fronteinsatz, zuletzt als Hptm. u. Fhr. eines Bataillons im Osten.
We

Hadamovsky, Eugen Reichssendeleiter und Stabsleiter der Reichspropagandaleitung der NSDAP
geb. 14. 12. 1904 in Berlin,
gef. 1945 an der Ostfront.
Nach Besuch d. Oberrealschule in Berlin-Steglitz studierte H. Maschinenbau u. Chemie in Berlin. Schon während dieser Zeit betätigte er sich aktiv in der *Schwarzen Reichswehr* u. in Freikorps. Nach deren Auflösung 1921 setzte sich H. ins Ausland ab. Ende der 20er Jahre kehrte er nach Berlin zurück u. schloß sich dem NS an. 1930 trat er in d. NSDAP ein. 1931 ernannte ihn → Goebbels zum Gaufunkwart f. d. NSDAP-Gau Berlin u. beauftragte ihn mit d. Organisation des *Reichsverbandes deutscher Rundfunkteilnehmer*. Im Herbst 1932 wurde H. Abteilungsleiter in der Reichspropagandaleitung d. NSDAP in München. In dieser Funktion organisierte er seit 1933 die Rundfunkübertragungen d. Hitlerreden. Im Frühsommer 1933 wurde er zum Reichssendeleiter, im Juli zum Direktor der *Reichsrundfunkgesellschaft* ernannt. Bei der Gründung der *Reichsrundfunkkammer* (→ Dreßler-Andreß) im gleichen Jahr erhielt H. das Amt des Vizepräsidenten. 1935 führte er außerdem noch den Vorsitz in d. Fernsehgemeinschaft d. Kammer. H. tat sich v.a. bei der Gleichschaltung des Rundfunks und beim Ausschluß unerwünschter Personen aus dem Rundfunkwesen hervor. Später organisierte er d. *Großen Deutschen Rundfunkausstellungen*, die *Werkskonzerte für Arbeiter* u. während des Krieges die *Frontberichte* der PK-Sprecher. Persönl. Schwierigkeiten mit Goebbels setzten H.s Karriere ein jähes Ende. Mit d. Berufung zum Stabsleiter d. Reichspropagandaleitung der NSDAP am 12. Juni 1942 schied er aus sämtlichen Rundfunkämtern aus. Ende 1943 wurde H. eingezogen u. fiel kurz vor Kriegsende im Osten. Im Oktober 1958 wurde wg. des in Berlin befindlichen Vermögens H.s ein nachträgliches Spruchkammerverfahren in Berlin angestrengt.
KK

Hahn, Otto Chemiker
geb. 8. 3. 1879 in Frankfurt a. Main,
gest. 28. 7. 1968 in Göttingen.
Der Sohn eines Kaufmanns studierte Chemie u. promovierte 1901.

1905/06 radiochemische Forschungen unter Rutherford. 1906–10 Arbeit im Chem. Institut d. Berliner Universität, 1910 Prof. in Berlin. Im 1. WK nach kurzem Fronteinsatz als Offizier Tätigkeit in d. militärischen Giftgas-Einheit unter Fritz Haber. Seit 1924 kommissar. Ltr., 1928–45 Direktor d. *Kaiser-Wilhelm-Instituts f. Chemie*. 1928 Senator d. *Kaiser-Wilhelm-Gesellschaft*. Nach der Vertreibung Fritz Habers 1933 kommissar. Ltr. v. dessen Institut für Physikalische Chemie und Elektrochemie, aber gleichzeitig Austritt aus d. Berliner Universität u. Weigerung, d. NSDAP beizutreten. Am 29. 1. 1935 Teilnahme an d. verbotenen Gedenkveranstaltung für Haber. Juli 1938 Fluchthilfe f. seine Mitarbeiterin Lise Meitner. Ende 1938 erste Kernspaltung bei Uran u. Thorium. In den folgenden Jahren Erforschung d. Spaltprodukte. 1944 Nobelpreis. Nach d. Krieg in England interniert. Im April 1946 Präs. d. *Kaiser-Wilhelm-Gesellschaft*. 1948–60 erster Präs. d. *Max-Planck-Gesellschaft*. Mitglied des Ordens *Pour le mérite*. Zahllose internationale Ehrungen. Teilnehmer an d. Mainauer Kundgebung v. Juli 1955 u. Unterzeichner d. *Göttinger Erklärung* (April 1957) gg. Mißbrauch d. Kernenergie.

Autobiographien: *Vom Radiothor zur Uranspaltung* (1962); *Mein Leben* (1968).

Ri

Halder, Franz Generaloberst, Chef des Generalstabs des Heeres
geb. 30. 6. 1884 in Würzburg,
gest. 2. 4. 1972 in Aschau/Chiemgau.

Offizierssohn. 1904 Ltn. im 3. bayer. Feldartillerie-Rgt., 1911–14 Bayerische Kriegsakademie; 1914–18 Teilnahme am 1. WK als Generalstabsoffizier; 1920 Übernahme in die Reichswehr als Hptm. 1918–31 versch. Stabskommandos, zumeist in Bayern; 1931 Oberst, Chef des Stabes des Wehrkreiskommandos VI; 1934 Generalmajor, Kdr. d. 7. Infanteriedivision. 1936/37 Kommandierung zum Reichskriegsministerium; Ltr. des Manöverstabs f. d. Wehrmachtsmanöver 1937; Febr. 1938 General, Oberquartiermeister I im Generalstab d. Heeres; 1. 9. 1938 Chef des Generalstabs d. Heeres (offizielle Ernennung: 1. 11. 1938). 19. 7. 1940 GenObst.; am 24. 9. 1942 Entlassung, Versetzung zur »Führerreserve«. Nach dem 20. 7. 1944 verhaftet, Einweisung in ein KZ; Mai 1945 Befreiung durch US-Truppen, anschließend in amerik. u. brit. Kriegsgefangenschaft; 1946–61 Ltr. der dt. Abt. der *Historical Division* der US-Army (Königstein/Taunus u. Karlsruhe).

H. begann seine Laufbahn als einer der begabtesten Vertreter des bayerischen Generalstabs. Während des Ersten Weltkriegs ausschließlich im Stabsdienst eingesetzt, konnte er in der Reichswehr seine Karriere nahtlos fortsetzen. Nach 1933 beobachtete er zunächst die nationalsozialistische Machtergreifung mit Skepsis; als Divisionskommandeur in München geriet er in z.T. heftige Auseinandersetzungen mit der NS-Diktatur. Erst der persönliche Kontakt zu → Hitler während des Wehrmachtmanövers 1937 ermöglichte seine rasche Beförderung in die Schlüsselstellung des Generalstabschef des Heeres. Während der Jahre 1938–41 wurde H. zum Organisator von Hitlers Blitzfeldzügen, wobei schon die Vorbereitung des Westfeldzugs und v.a. der Ostfeldzug die Grenzen seines Könnens sichtbar werden ließen. Die zunehmende Einengung von H.s strategischer, dann auch operativer Handlungsfreiheit führten 1938 und 1939 zu einer vorsichtigen Annäherung an die Opposition, ohne daß H. zu einer offenen Konfrontation mit Hitler bereit gewesen wäre. Während des Rußlandfeldzuges verlor H. immer mehr an Einfluß, bis er im Vorfeld der Stalingrad-Katastrophe am 24. 9. 1942 entlassen wurde. Obwohl von 1944–47 zunächst von deutscher, dann von alliierter Seite inhaftiert, überlebte H. das Ende des Krieges; auch in den alliierten Nachkriegsprozessen wurde sein Fall nicht aufgerollt. Als Leiter der deutschen Abteilung der *Historical Division* entwickelte sich H. für die US-Army vielmehr zu einem ihrer wichtigsten Mitarbeiter aus der ehem. Wehrmacht und besaß dadurch auch erheblichen Einfluß auf die beginnende Kriegsgeschichtsschreibung zum Zweiten Weltkrieg.

Publ.: *Hitler als Feldherr* (1949); *Kriegstagebuch. Tägliche Aufzeichnungen des Chefs des Generalstabes des Heeres 1939–1942* (1962–1964).
CH

Halt, Karl Ritter von Sportfunktionär
geb. 2. 6. 1891 in München,
gest. 5. 8. 1964 ebenda.
Sohn eines Schlossermeisters. Oberrealschule; 1908–10 Banklehre bei d. Dt. Bank in München u. Studium an d. Handelshochschule; daneben erfolgreicher Sportler. Zwischen 1911 u. 1921 fünffacher Dt. Meister im Zehnkampf, dreifacher im Kugelstoßen. 1912 achter im olympischen Zehnkampf. Galt um 1914 als »Pionier der dt. Leichtathletik«. Kriegsfreiwilliger, 1914–18 Offizier v.a. an West- u. Alpenfront. EK I, bayer. Max-Joseph-Orden (1917). Nach Kriegsende wieder bei d. Dt. Bank in München, zugleich 1920–23 Sportlehrer an d. Infanterieschule. 1922 Promotion zum Dr. oec. publ., 1923 Wechsel zum Bankhaus Aufhäuser in München, seit 1933 dessen Generalbevollmächtigter. 1935–45 in führender Stellung (u.a. Vorstandsmitglied) bei der Dt. Bank, Berlin. Seit 1924 als Sportwart in d. Leitung der Dt.

Sportbehörde für Leichtathletik, seit 1931 ihr Vorsitzender. 1929 in das *Internationale Olympische Komitee* (*IOC*) gewählt, 1937–45 in dessen Exekutivkomitee. Seit Ende d. 20er Jahre führendes Mitglied zahlreicher nat. u. internat. Sportverbände u. Sportkommissionen. 1933 als Ltr. des Fachamtes für Leichtathletik im gleichgeschalteten *Deutschen Reichsbund* (seit 1938 *NS-Reichsbund*) *für Leibesübungen* zum »Führer der dt. Leichtathletik« erhoben. Trug als Sportdiplomat durch sein internat. Ansehen zur Anerkennung des NS-Regimes in d. Welt d. Sports bei. Haupt- bzw. Mitorganisator d. Olympischen Winterspiele in Garmisch-Partenkirchen u. d. Sommer-Olympiade in Berlin 1936. 1944/45 kommissar. Reichssportführer, SA-Brif. 1945 bis Anf. 1950 in sowjet. Gefangenschaft im ehem. KZ Buchenwald. Seit 1950 bei der Bayer. Creditbank, dann Direktor der Süddt. Bank in München. Trotz publizist. Angriffe wg. seiner Stellung im Dritten Reich 1951–60 Präsident des dt. Nationalen Olymp. Komitees (NOK) u. als Mitglied des IOC – wie bereits in der Weimarer Zeit – führend an der Durchsetzung der Wiederzulassung dt. Sportler zu internat. Wettkämpfen sowie am Aufbau gesamtdeutscher Olympiamannschaften beteiligt. 1961 bis zu seinem Tod 1964 Ehrenpräsident des NOK.

Weitere Auszeichnungen: Ehrenpräs. d. *Intern. Handball-Verbandes* (1938), des *Dt. Leichtathletik-Verbandes* u. d. *Clubs der Alten Meister* (1950); 1956 Großes Bundesverdienstkreuz mit Stern.

Publ.: *Die Leichtathletik* (1922).

MV

Hammerstein-Equord, Kurt Frhr. v. Chef der Heeresleitung, Generaloberst

geb. 26. 9. 1878 in Hinrichshagen/Mecklenburg,

gest. 25. 4. 1943 in Berlin-Dahlem.

Ausbildung in d. Kadettenanstalten Plön u. Groß-Lichterfelde. 1898 Ltn. im 3. Garde-Rgt. z.F., 1911–13 im Großen Generalstab. 1913 Hptm., 1917 Maj. Im 1. WK Generalstabsoffizier. Nach dem Krieg Bataillons-Kdr., 1920 Obstltn.; Gegner des Kapp-Putsches. 1925 Oberst u. Chef d. Stabes beim Wehrkreiskdo. III (Berlin). Vertreter d. Reichswehr in den Fememord-Prozessen. 1929 als GenMaj. Chef d. Stabes beim Gruppenkdo. I Berlin. 1. 10. 1929–31. 10. 1930 Chef d. Truppenamtes (Chef d. Heeres-Generalstabs) im Reichswehrministerium. Dank d. Weichenstellungen seines Freundes Kurt v. → Schleicher Ernennung zum Chef der Heeresleitung (1. 11. 1930–31. 1. 1934) unter Beförderung zum Gen. d. Inf. Am 26. 1. 1933 übermittelte H. mit Gen. v. dem Bussche-Ippenburg Reichspräsident v. → Hindenburg persönlich d. Bedenken d. Heeresleitung gg. eine Ernennung → Hitlers zum Reichskanzler. Mangelnde Unterstützung im Heer wg. seiner Abneigung gg. d. NS-Regime u. dessen Aufrüstungspolitik führte am 1. 2. 1934 nach der Ernennung zum Generaloberst zum Rücktritt H.s. 1939 reaktiviert u. am 9.9. zum OB der Heeresgruppe A an der Westfront ernannt. Nach Beendigung d. Polenfeldzugs sollte H. das Kdo. üb. den Südabschnitt (Krakau) im besetzten Polen erhalten, wurde jedoch am 30. 9. 1939 überraschend seines Kdos. wieder enthoben u. in den Ruhestand versetzt.

H., in der Armee als »roter Baron« nicht von allen geschätzt, der sich aus echter demokratischer Gesinnung in den Dienst der Weimarer Republik gestellt hatte und während des Kapp-Putsches als Erster Generalstabsoffizier seines Schwiegervaters, des Generals und militärischen Anführers des Putsches, Walther v. Lüttwitz, für die legale Regierung eintrat, machte bereits Ende Januar 1933 Anstalten zum Staatsstreich gg. eine Regierung Hitler; er stand auch nach seinem Rücktritt in engem Kontakt mit den Vertretern des milit. Widerstandes wie → Halder u. → Beck. Mit U. v. → Hassell war er freundschaftlich verbunden. Über einen Besuch bei H. berichtet dieser in seinem Tagebuch (20. 12. 38): »Er ist so ungefähr das Negativste gegenüber dem Regime der ›Verbrecher und Narren‹, das man sich vorstellen kann, hat auch wenig Hoffnung auf die geköpfte und entmannte Armee.« Im April 1943 verstarb H. nach schwerer Krankheit. *JW*

Hanfstaengl, Ernst (Franz Sedgwick) (*»Putzi«*) Publizist, Auslandspressechef der NSDAP
geb. 11. 2. 1887 in München,
gest. 6. 11. 1975 ebd.

1905–09 Studium d. Kunstgeschichte in Harvard. 1911 Ltr. d. Filiale des Kunstverlages Franz H. in New York. 1921 Rückkehr nach Dtschld. 1922 Eintritt in d. NSDAP; 1923 Kontaktmann d. Partei zur Auslandspresse. Teilnehmer am Hitlerputsch; im Landhaus H.s in Uffing am Staffelsee versteckte sich Hitler bis zu seiner Verhaftung. H. selbst lebte bis 1924 im Exil in Salzburg. 1924–28 Studium d. Geschichte in München; 1930 Promotion. 1931 Wiedereintritt in d. NSDAP, 1932 Auslandspressechef d. NSDAP. Seit Okt. 1934 kein Zugang mehr zu → Hitler. Im Febr. 1937 Flucht nach London aus (vermutlich übertriebener) Furcht vor einem Anschlag seiner alten »Freunde«. 1939–42 u. 1944–1946 Internierung. 1942–1944 Berater für psycholog. Kriegführung in d. USA. Im Verfahren vor d. Weilheimer Spruchkammer am 13. 1. 1949 als »Entlasteter« eingestuft.

H. veröffentlichte 1957 unter dem Titel *Hitler. The Missing Years* seine Memoiren (dt. 1970 u.d.T. *Zwischen Weißem u. Braunem Haus*).
H. führte Hitler in den frühen 20er Jahren in die Münchner Gesellschaft ein und verhalf ihm so zu wichtigen Kontakten; mit einem Dollar-Darlehen ermöglichte er während der Inflation das Überleben des *Völkischen Beobachters*. Hitler schätzte ihn als kultivierten und humorvollen Unterhalter. Nach 1933 schreckte H. die zunehmende Brutalität des Regimes ab. Ab Mitte der 30er Jahre wurden seine gemäßigten politischen Ansichten im Umfeld Hitlers immer unmoderner. Als bunter Vogel in einem Kreis ideologisch enger Parteileute weckte er nicht zuletzt auch wegen seiner Geschäftstüchtigkeit die Mißgunst anderer Parteigrößen, unter ihnen → Goebbels, auch Göring, die bei Hitler gegen ihn zu intrigieren begannen. Schließlich sah er in der Flucht seine einzige Chance.
KAL

Hanke, Karl Gauleiter und Oberpräsident von Niederschlesien
geb. 24. 8. 1903 in Lauban/Schlesien,
gest. Juni 1945 bei Neudorf/Sudetenland
Sohn eines Lokomotivführers. Nach der Ausbildung als Müller Weiterbildung zum Gewerbelehrer. Ab 1928 Mitglied d. NSDAP, deswegen 1931 Entlassung aus d. Schuldienst. Schneller Aufstieg in d. NSDAP Berlin, enger Mitarbeiter von → Goebbels. Seit 1928 MdL in Preußen, 1932 MdR. Ab März 1933 Goebbels' persönlicher Referent im Propagandaministerium. Im Febr. 1934 Eintritt in d. SS. April 1937 Ministerialdirektor. Jan. 1937 Zweiter Vizepräsident d. *Reichskulturkammer*. Febr. 1938 StSekr. im Propagandaministerium. Als Freiwilliger am Polen- u. Westfeldzug beteiligt. Während d. Ehekrise von Goebbels Abkühlung d. Beziehung zu seinem Minister: Ab Febr. 1941 GL u. Oberpräsident in Niederschlesien. Jan. 1944 SS-Ogruf. Am Ende d. Krieges Durchhaltepolitik als polit. Verantwortlicher in d. »Festung Breslau«. Wahrscheinlich am 5. 5. 1945 unerkannt von tschech. Partisanen als SS-Offizier gefangengenommen und im Juni bei einem Fluchtversuch bei Neudorf getötet.
Ri

Harbig, Rudolf Leichtathlet
geb. 8. 11. 1913 in Dresden,
gef. 5. 3. 1944 bei Kirowograd/Ukraine.
Sohn eines Heizers. Volksschule in Dresden; seit 1928 Lehre als Stellmacher, anschließend arbeitslos. 1932–35 Reichswehrsoldat, dann Angestellter bei den Dresdner

Stadtwerken. 1934 aufgrund seines Sieges im 800-m-Lauf am *Tag des Unbekannten Sportsmannes*, einer mit Blick auf die Olympiade 1936 reichsweit durchgeführten Talentsuchaktion, entdeckt u. planmäßig gefördert. Seit 1935 Mitglied d. Olympischen Trainingsgemeinschaft Dresdens; 1936 als Dt. Meister über 800 m im Olympiaaufgebot. Bis 1941 wiederholt Dt. Meister im Mittelstreckenlauf, seit 1938 auch internat. Siege; Weltrekordhalter über 400 u. 800 m, 1941 auch über 1000 m. 1939 zur Wehrmacht eingezogen u. nach wiederholter Verwundung 1944 als Feldwebel an der Ostfront gefallen.
H., politisch desinteressiert u. nur auf politischen Druck hin Mitglied der der SA angegliederten Dresdner Bergsteigergruppe, wurde im Dritten Reich als internationaler Spitzensportler zur nationalen Leitfigur für die deutsche Jugend erhoben und außen- wie innenpolitisch für die Zwecke der NS-Propaganda instrumentalisiert.
MV

Harlan, Veit Schauspieler und Filmregisseur
geb. 22. 9. 1899 in Berlin,
gest. 13. 4. 1964 auf Capri.
Wie sein Vater, ein wenig bekannter Bühnenschriftsteller, ergriff auch H. einen künstlerischen Beruf. Nach einer Silberschmiedlehre bereitete er sich bei Max Reinhardt, Jürgen Fehling u. Leopold Jeßner auf den Schauspielerberuf vor u. stand 1915 erstmals auf der Bühne. Nach Teilnahme am 1. WK gehörte er kurzzeitig einem Freikorps an. Seit 1919 spielte H. an mehreren dt. Theatern, 1924–34 war er am Staatlichen Schauspielhaus Berlin fest engagiert. Daneben übernahm er kleinere Filmrollen u. war auch hinter den Filmkulissen tätig. Nach erfolgreichem Debüt als Filmregisseur mit dem Streifen *Krach im Hinterhaus* (1934) wandte sich H. ganz diesem Genre zu. Einige seiner Filme wurden erfolgreiche Kassenschlager, so z.B. die *Kreutzersonate* nach Tolstoi (1937). In Filmen wie *Der Herrscher* (1937) oder *Verwehte Spuren* (1938) stellte sich H. allerdings immer stärker in den Dienst der NS-Propaganda. 1940 nahm er schließlich von → Goebbels den verhängnisvollen Auftrag an, den antisemit. Hetzfilm *Jud Süß* zu drehen. H. schrieb am Drehbuch mit u. übernahm d. Regie; seine dritte Frau, die schwed. Schauspielerin Kristina → Söderbaum, übernahm eine Rolle; für seine Regiearbeit erhielt H. 105000 RM. Schwere Vorwürfe mußte sich H. nach 1945 auch als Regisseur des Durchhaltefilms *Kolberg* gefallen lassen, der als einer d. aufwendigsten u. teuersten Filme der NS-Zeit noch 1944 gedreht wurde (Uraufführung am 30. 1. 1945 in Berlin). In d. Jahren

1947–52 sorgte H. durch vier Gerichtsverhandlungen für Aufsehen: Von der Hamburger Spruchkammer wurde er im Dez. 1947 als »Entlasteter« eingestuft; drei weitere Verfahren vor dem Hamburger Schwurgericht, in denen H. wg. d. Inszenierung von *Jud Süß* des Verbrechens gg. d. Menschlichkeit angeklagt wurde, endeten schließlich mit seinem Freispruch. Seit 1951 arbeitete H. wieder als Regisseur; v.a. seine ersten beiden Nachkriegsproduktionen *Unsterbliche Geliebte* (1951) u. *Hanna Amon* (1952) lösten in d. Öffentlichkeit Demonstrationen und Boykottaufrufe aus. Zu einem Berufsverbot für den früheren NS-Propagandisten kam es aber nie. In allen seinen Filmen spielte Kristina Söderbaum mit. H. starb 1964 während eines Erholungsurlaubs auf der Insel Capri. Seine Autobiographie *Im Schatten meiner Filme* erschien postum 1966.
KK

Harnack, Arvid Jurist, Universitätsdozent, Widerstandskämpfer
geb. 24. 5. 1901 in Darmstadt, gest. 22. 12. 1942 in Plötzensee (hingerichtet).
Sohn eines Literarhistorikers, Neffe d. berühmten Theologen u. Kirchenhistorikers Adolf v. H. Abschluß des Jurastudiums mit d. Promotion. Als Rockefeller-Stipendiat in den USA, wo H. seine spätere Frau Mildred Fish kennenlernte. 1929 Fortsetzung volkswirtschaftl. Studien an d. Univ. Gießen u. 1930 Promotion zum Dr. phil. mit einer Arbeit üb. d. marxistische Arbeiterbewegung in den USA. Zusammenarbeit mit Prof. Fr. Lenz, mit dem H. Ende 1930 in Berlin d. *Arbeitsgemeinschaft zum Studium d. sowjetrussischen Planwirtschaft* (Arplan) gründete, deren Erster Sekretär er 1931 wurde. Nach d. natsoz. Machtübernahme Abschluß d. jurist. Ausbildung in Jena. 1933 wissenschaftl. Hilfsarbeiter im Reichswirtschaftsministerium in Berlin. Bildung eines Kreises meist sozialistisch u. antinatsoz. eingestellter Intellektueller um H. u. seine Frau, die als Lektorin f. amerik. Literatur an d. Berliner Univ. lehrte. H., 1935 im Wirtschaftsministerium fest angestellt, erhielt ebenfalls eine Dozentenstelle f. außenpolit. Probleme an d. Univ. Seit etwa 1936 bestanden vertrauliche Kontakte zur sowjet. u. amerik. Botschaft. 1937 trat H. zur Tarnung in d. NSDAP ein. Üb. d. Volkswirtin Greta Lorke kam er vor Kriegsbeginn mit Harro → Schulze-Boysen in Kontakt, der als Mitarbeiter des Reichsluftfahrtministeriums wertvolle Informationen u.a. über d. Kriegsvorbereitungen gg. d. Sowjetunion beisteuerte. Im Herbst 1940 trat ein Mitarbeiter d. sowjet. Nachrichtendienstes mit

H. in Verbindung. Der *Rote-Fahne*-Redakteur John Sieg stellte Kontakte zwischen H. u. einer kommunist. Berliner Widerstandszelle um Walter Husemann her. Weitere Verbindungen bestanden über Schulze-Boysen zur Gruppe um d. Bibliothekarin Lotte Schleif, das Ehepaar Coppi, den Studenten Heinrich Scheel u. a., seit 1941 auch zum Kreis um den Psychoanalytiker John Rittmeister sowie seit Ende 1941 zu einem kleinen Widerstandskreis im Ausw. Amt um die Journalistin Ilse Stöbe, die wiederum Informationen von dem Legationsrat R. v. Scheliha erhielt. Seit Ende 1941 beteiligte sich H. an d. illegalen Zeitschrift *Die innere Front. Kampfblatt f. ein neues freies Dtschld.* Kurz vor Beginn des Rußlandfeldzugs mit sowjet. Funkgeräten ausgestattet, lieferte d. *Rote Kapelle,* wie der gesamte Kreis v. d. dt. Abwehr bezeichnet wurde, bis Aug. 1942 über Funk wichtige Informationen an d. UdSSR. Am 14. 7. 1942 wurden H. u. Schulze-Boysen enttarnt u. seitdem überwacht. Im Aug. 1942 wurden d. ersten Mitglieder d. *Roten Kapelle* verhaftet, d. Ehepaar H. am 7. September. Nach kurzem Prozeß (15.–19. 12. 1942) verurteilte d. Reichsgericht zehn der zwölf Hauptangeklagten zum Tode. Noch bevor Verwandte ein Gnadengesuch einreichen konnten, wurde H. zwei Tage vor Weihnachten gehängt. Über die zu einer Zuchthausstrafe verurteilte Mildred H. u. die mit ihr angeklagte Erika Gräfin v. Brockdorff mußte auf Weisung Hitlers erneut verhandelt werden. Beide wurden zum Tod verurteilt.

H. u. seine Frau, die seit den Arplan-Tagen Deutschland in einer Mittlerfunktion zwischen d. UdSSR u. dem Rest Europas sahen, kämpften mit ihrem Kreis v. a. gegen den als unsinnig u. schädlich erkannten Krieg u. unterscheiden sich darin in nichts von den meisten ab etwa 1938 sich entwickelnden militärischen wie zivilen bürgerlichen Widerstandskreisen in Deutschland. *We*

Harnack, Ernst von Regierungspräsident

geb. 15. 7. 1888 in Marburg,
gest. 3. 3. 1945 in Berlin-Plötzensee (hingerichtet).

Sein Vater war d. bekannte Kirchengeschichtler Adolf v. H. Jurastudium in Marburg u. Berlin. 1919 Eintritt in die SPD. Regierungsrat im preuß. Unterrichtsministerium, Landrat in Hersfeld, Vizepräsident der Regierungen in Hannover u. Köln, 1929 Regierungspräsident in Merseburg. Im Zuge des »Preußenschlags« d. Regierung → Papen 1932 in den einstweiligen Ruhestand versetzt u. 1933 endgültig entlassen. Bis zum Krieg Arbeit als Vertreter in d. Textilbranche. Aus christl. Überzeugung fand er

zur Widerstandsgruppe um Karl → Goerdeler, vermittelte zwischen SPD-Widerstandskreisen u. dem militär. Widerstand. Bis zu seiner eigenen Verhaftung im Sommer 1944 kümmerte sich H. um die Kinder des schon vor dem Juli-Attentat verhafteten Freundes Julius → Leber. Todesurteil durch den VGH am 1. 2. 1945.
Den

Hartmann, Erich Jagdflieger
geb. 19. 4. 1922 in Weissach/Württemberg,
gest. 20. 9. 1993 in Weil im Schönbuch.
Sohn eines Arztes. Schulzeit z.T. in einer Nationalpolitischen Erziehungsanstalt (Napola). 1940 Eintritt in d. Luftwaffe; im Okt. 1942 Versetzung an die Ostfront. 1944 Major. Am 25. 8. 1944 Verleihung der Brillanten zum Ritterkreuz. 1945 Gruppenkommodore. Sowjet. Kriegsgefangenschaft bis 1955. Seit 1956 in d. Bundeswehr, ab 1959 Kommodore des Jagdgeschwaders Richthofen. 26. 7. 1967 Oberst. Am 30. 9. 1970 Abschied auf eigenen Wunsch, weiterhin Ausbildungsleiter in d. Luftfahrtschule Nordrhein-Westfalen.
H. gilt mit offiziell 352 bestätigten Abschüssen während des Zweiten Weltkrieges als erfolgreichster Jagdflieger der Welt.
Ri

Hase, Paul von Generaloberst
geb. 24. 7. 1885 in Hannover,
gest. 8. 8. 1944 in Berlin-Plötzensee (hingerichtet).
Berufsoffizier. Teilnehmer am 1. WK. Am 1. 4. 1940 GenLtn., am 15. 11. 1940 Stadtkommandant von Berlin. 1944 GenObst. H. war in d. Attentatspläne vom 20. Juli 1944 eingeweiht u. setzte auf ein Zeichen Oberst Graf von → Stauffenbergs das Berliner Wachbataillon unter Major → Remer in Bewegung, um d. Regierungsviertel abzusperren. Die ihm unterstehende Heeres-Feuerwerker-Schule I, die Heeres-Waffenmeister-Schule u. d. um Berlin liegenden Landesschützen-Bataillone sollten darüber hinaus die zentralen Institutionen d. Regimes besetzen u. seine wichtigsten Funktionäre in Berlin verhaften. Nach gescheitertem Attentat wurde H. noch am Abend d. 20. Juli verhaftet u. als einer der ersten am 8. 8. 1944 vom VGH unter Vorsitz v. Roland → Freisler zum Tod u. Ehrverlust verurteilt. Er wurde noch am Nachmittag des 8. Aug. in Plötzensee gehängt.
AK

Hassell, (Christian August) Ulrich v. Diplomat, führendes Mitglied des Widerstands im Dritten Reich
geb. 12. 11. 1881 in Anklam,
gest. 8. 9. 1944 in Berlin-Plötzensee (hingerichtet).
Enkel eines königl. hannoverschen Obergerichtspräsidenten, Sohn ei-

nes 1866 noch hannoverschen, dann preuß. Offiziers. Abitur 1899 am Berliner Prinz-Heinrich-Gymnasium. Jurastudium in Lausanne, Tübingen u. Berlin. April 1909 Eintritt in Auswärtigen Dienst. 1911 Vizekonsul in Genua. Im 1. WK während d. Marneschlacht schwer verwundet (Herzsteckschuß); danach Dienst in d. inneren Verwaltung. Ab Jan. 1917 Direktor des *Verbands d. preuß. Landkreise.* Nach Kriegsende polit. Tätigkeit in der DNVP. Vom sozialdemokrat. Außenminister Hermann Müller in den Ausw. Dienst zurückgeholt; Dez. 1919 Gesandtschaftsrat in Rom, seit Mai 1920 dort Botschaftsrat u. Geschäftsträger; März 1921 Generalkonsul in Barcelona; Juli 1926 Gesandter in Kopenhagen; April 1930 Geandter in Belgrad; Sept. 1932 Botschafter in Rom; am 17. 2. 1938 in den Wartestand versetzt.

Wie sein Vater und sein Schwiegervater, Großadmiral Alfred v. Tirpitz, Anhänger deutscher Vormacht- und imperialer Großmachtpolitik, suchte H. als Diplomat der Weimarer Republik für eine Revision des Versailler Vertrags zu wirken. H. war als Botschafter in Rom maßgeblich an der deutsch-italienischen Annäherung beteiligt, lehnte jedoch die antibritische und antifranzösische Orientierung ab, die → Hitler und dessen außenpolitischer Berater → Ribbentrop der »Achse Berlin–Rom« gaben, weshalb er Anfang 1938 verabschiedet wurde. Seit 1937/38 erst Kritiker, dann schroffer Gegner der Hitlerschen Kriegspolitik, ebenso der Innenpolitik des NS-Regimes (Zerstörung des Rechtsstaates, Verfolgung der Juden), wurde H. nach Kriegsbeginn eine der Zentralfiguren der konservativen Widerstandsgruppen. Seit Herbst 1939 arbeitete er unermüdlich und konsequent an Planung und Vorbereitung eines Staatsstreiches gegen Hitler, wobei er zwischen Nationalliberalen und Konservativen wie → Goerdeler und Beck einerseits und dem verfassungs- und gesellschaftspolitisch moderneren *Kreisauer Kreis* um den Grafen Moltke als Vermittler fungierte. Diagnostizierte er zunächst das Ende des europäischen Kolonialismus, so nahm er seit 1941 unter dem Eindruck der brutalen und amoralischen Politik in den besetzten Ländern auch den zuvor noch verfochtenen deutschen Führungsanspruch in Mittel-, Ost- und Südosteuropa zurück und näherte seine außenpolitischen Vorstellungen dem europäischen Denken der Kreisauer an, wenngleich er bis zuletzt an der Hoffnung festhielt, daß mit dem Sturz Hitlers wenigstens die Rudimente des Bismarckschen Reiches gerettet werden könnten. Wegen seiner Beteiligung am Staatsstreich vom 20. Juli 1944 –

er war als Außenminister in einer Regierung Goerdeler vorgesehen – wurde er am 28. 7. 1944 verhaftet, am 8. 9. 1944 vom VGH unter → Freisler zum Tod verurteilt und noch an diesem Tag im Zuchthaus Plötzensee hingerichtet.
Publ.: *Cavour u. Bismarck* (1937); *Deutschlands und Italiens europäische Sendung* (1937); *Im Wandel der Außenpolitik. Von der frz. Revolution bis zum Weltkrieg. Bildskizzen* (1943); *Die Hassell-Tagebücher 1939–1944. Ulrich von Hassell. Aufzeichnungen vom Anderen Deutschland*, hrsg. von Frhr. Hiller v. Gaertringen (1988).
HG

Haubach, Theodor Journalist
geb. 15. 9. 1896 in Frankfurt/M.,
gest. 23. 1. 1945 in Berlin-Plötzensee (hingerichtet).
Herkunft aus einer Kaufmannsfamilie. Gymnasium u. Abitur in Darmstadt. Im 1. WK als Kriegsfreiwilliger mehrfach verwundet, Beförderung bis zum Offizier. Im Feld Beschäftigung mit sozialist. u. pazifist. Ideen. 1919–23 Studium der Philosophie, Soziologie u. Staatswissenschaft in Heidelberg; Promotion; Freundschaft mit Carl Zuckmayer u. Carlo Mierendorff. 1922 SPD-Mitgliedschaft. Anstellung beim Hamburger Inst. für Außenpolitik, 1924 Redakteur bei der SPD-Zeitung *Hamburger Echo*, führendes Mitglied d. *Reichsbanners*, zunächst in Hamburg, dann in der Reichsleitung. 1930 Pressereferent im preuß. Innenministerium, danach Pressechef d. Berliner Polizeipräsidenten; nach d. »Preußenschlag« → Papens vom 20. 7. 1932 Verlust seines Amtes. Danach Verdienst als Versicherungsvertreter u. in einer Papierfabrik. Mehrmalige Verhaftung, davon 2 Jahre Haft im KZ Esterwegen. Seit 1941 Beteiligung beim *Kreisauer Kreis* (→ Moltke, Helmuth J. v.), Zusammenarbeit mit seinen polit. Freunden Mierendorff, → Leber u. → Leuschner. Nach dem Attentat vom 20. Juli 1944 Festnahme am 9. 8. 1944, vom VGH am 15. 1. 1945 zum Tode verurteilt.
Den

Hauer, Wilhelm Religionswissenschaftler
geb. 4. 4. 1881 in Ditzingen b. Stuttgart,
gest. 18. 2. 1962 in Tübingen.
H., ein gelernter Maurer, ließ sich 1900–06 im Basler Missionshaus zum Missionar ausbilden. 1907–11 in Indien als Ltr. einer höheren Schule tätig; dabei intensive Bekanntschaft mit ind. Religionen. 1911 bis Kriegsausbruch 1914 Studium d. klassischen Sprachen, des Sanskrit, d. Philosophie u. d. Religionsgeschichte in Tübingen u. Oxford. 1915 aus engl. Internierung ausgetauscht, anschließend

bis 1919 im württemberg. Kirchendienst tätig. Gründung des freireligiösen *Köngener Bundes.* 1921 Habilitation u. Privatdozent für Religionswissenschaften u. Indologie in Tübingen; 1925 a.o. Professur in Marburg; 1927 Rückkehr nach Tübingen, wo er bis 1945 als Ordinarius f. Religionswissenschaften u. Indologie lehrte. Zur Verwirklichung östlicher Toleranzideen im religiösen Bereich hatte H. bereits 1927 d. *Religiösen Menschheitsbund* gegründet. Unter dem Eindruck d. NS führte er am 30. 7. 1933 in Eisenach eine Reihe v. freireligiösen u. völkisch-»deutschgläubigen« Gruppen zur *Dt. Glaubensbewegung* zusammen, die unter seiner u. des Grafen Ernst v. → Reventlows Führung bis 1935 v. d. Hoffnung zusammengehalten wurde, neben den *Dt. Christen* als die offiziöse nichtchristl. Glaubensgemeinschaft vom NS-Staat anerkannt zu werden. Interne Auflösungserscheinungen u. eine veränderte NS-Kirchenpolitik veranlaßten Reventlow wie nach ihm im April 1936 auch H., die Bewegung wieder zu verlassen. Die Zeitschrift *Dt. Glaube,* bis zu seinem Austritt Organ d. *Dt. Glaubensbewegung,* gab H. jedoch weiter heraus; bis 1945 betätigte er sich in Vorträgen u. Aufsätzen auch weiter im Sinne spekulativer völkischer Religions- u. Geschichtsdeutung. 1945 wurde er v. d. Alliierten interniert, im Juli 1949 v. d. Universitätsspruchkammer Tübingen als Mitläufer eingestuft. In den 50er Jahren betätigte sich H. erneut in der v. ihm geleiteten *Arbeitsgemeinschaft f. freie Religionsforschung u. Philosophie.*

Publ.: *Dt. Gottschau* (1934); *Was will die D.G.* (1934); *Glaubensgeschichte d. Indogermanen* (1937); *Religion u. Rasse* (1941); *Die Krise d. Religion u. ihre Überwindung* (1950); *Glauben u. Wissen* (1952).

We

Hauptmann, Gerhart Schriftsteller

geb. 15. 11. 1862 in Obersalzbrunn/Schlesien,

gest. 6. 6. 1946 in Agnetendorf/Riesengebirge.

H. stammte aus einer alten Weber-Familie. Sein Vater war Gastwirt. Nach zwei Jahren landwirtschaftl. Ausbildung studierte H. in Breslau Bildhauerei, 1882–83 in Jena Geschichte u. Kunstgeschichte u. hörte naturwissenschaftl. u. philosophische Vorlesungen bei Ernst Haeckel u. Rudolf Eucken. Nach Reisen, u.a. in die Schweiz, nach Spanien u. Italien, wo er vorübergehend als Bildhauer tätig war, kehrte H. 1885 nach Dtschld. zurück u. wohnte zunächst in Dresden, später in Berlin. Dort wandte sich H. ganz d. Schriftstellerei zu, u. zwar dem aufkommenden Naturalismus im Friedrichshagener Dichterkreis u.

im Dichterverein *Durch*. Seine frühen Werke vollendeten diesen neuen Stil. H.s Erzählung *Bahnwärter Thiel* sowie das Drama *Vor Sonnenaufgang*, das bei seiner Uraufführung im Jahre 1892 regelrechte Tumulte auslöste, machten den Dichter bekannt. Den Durchbruch schaffte H. allerdings erst 1892 mit dem sozialkritischen Schauspiel *Die Weber*, das den Aufstand d. schlesischen Weber im Jahre 1844 thematisierte. Eine öffentliche Theateraufführung des Stückes war zunächst verboten, jedoch brachte es die von Arno Holz, Wilhelm Bölsche u. Julius Türck 1890 gegründete sozialist. *Freie Bühne* als »geschlossene Vorstellung« zur Aufführung; 1894 wurde es dann im Berliner Deutschen Theater auch öffentlich gezeigt. Daneben erwarb sich H. mit literar. Kriminalgeschichten wie *Der Biberpelz* (1893), histor. Stükken wie der Bauernkriegstragödie *Florian Geyer* (1896), mystischen Märchen wie *Die versunkene Glocke* (1896) u. Komödien wie *Kollege Crampton* (1892) oder Tragödien wie *Fuhrmann Henschel* (1898) internationale Erfolge; seine Werke wurden in zahlreiche Sprachen übersetzt; 1912 erhielt H. den Literaturnobelpreis. H. begleitete d. Ruf des bedeutendsten naturalistischen Dichters Dtschld.s. Wg. der Vielseitigkeit seiner literar. Begabung wurde H. auch mit dem Universalgenie Goethe verglichen. Nach 1933 blieb H. in Dtschld., was ihm von emigrierten Kollegen z.T. schwere Vorwürfe einbrachte. H., der völlig zurückgezogen lebte, mußte es sich gefallen lassen, daß sein Ruhm von den NS-Machthabern als Aushängeschild benutzt wurde. In seiner zweibändigen Lebensbeschreibung *Das Abenteuer meiner Jugend* (1937), v.a. aber in der in den 40er Jahren entstandenen *Atriden*-Tetralogie übte er Kritik am NS-Regime u. offenbarte d. Grausamkeit des von → Hitler entfesselten Krieges. Wie ein Aufschrei wirkt H.s Totenklage auf Dresden, wo er als Sanatoriumsinsasse d. schweren alliierten Bombenangriffe im Februar 1945 erlebte. H. erlitt dabei einen Schlaganfall. Ein Jahr später verstarb der von d. russ. Kulturoffizieren der sowjet. Besatzungszone als Autor der *Weber* ehrfurchtsvoll Behandelte in seinem Haus in Agnetendorf, noch ehe das schlesische Dorf auf Anordnung der poln. Verwaltung zwangsgeräumt wurde u. H. nach Berlin hätte übersiedeln können.
KK

Haushofer, Albrecht Geograph, Schriftsteller
geb. 7. 1. 1903 in München,
gest. 23. 1. 1945 in Berlin (ermordet).

Sohn des von d. Nationalsozialisten gefeierten Geo-Politikers Prof. Karl H., die Mutter war Halbjüdin. Studium d. Geschichte u. Erdkunde in München, 1928–38 Generalsekretär der *Gesellschaft f. Erdkunde*, 1934–38 Beratung der *Dienststelle Ribbentrop*, die sich u.a. um die dt.-brit. Beziehungen kümmerte. Der enge Kontakt der Familie H. zu Rudolf → Heß bewahrte sie vor rassenpolit. Verfolgung. Seit 1934 lehrte H. politische Geographie u. Geopolitik in Berlin, zugleich war er Mitarbeiter d. Ausw. Amtes. 1941 Verhaftung wg. Beteiligung an den Vorbereitungen zu Heß' Englandflug, nach Entlassung weiter unter Gestapo-Aufsicht. Bereits nach Kriegsausbruch hatte H. Kontakte zum Widerstandskreis um v. → Hassell, → Goerdeler, → Popitz u. besonders zu Fritz-Dietlof v. der → Schulenburg, stand in Verbindung mit dem *Kreisauer Kreis* (→ Moltke, H. J. v.) u. mit Mitgliedern der *Roten Kapelle* (→ Harnack, Arvid; Schulze-Boysen, Harro). Im Dez. 1944 Verhaftung im Zusammenhang mit dem Attentat v. 20. Juli 1944. Im Gefängnis an der Lehrter Straße in Berlin-Moabit verfaßte er die *Moabiter Sonette* (posthum hrsg. 1946), die als ergreifendes Zeugnis d. Widerstands erhalten geblieben sind. Ohne Prozeß wurde er im bereits umkämpften Berlin am 23. April 1945 v. einem SS-Kdo. mit sechs weiteren Häftlingen durch Genickschuß ermordet. Als Schriftsteller trat H. mit Dramen wie der antikisierenden Trilogie *Scipio*, *Sulla* und *Augustus* (1934–39), *Die Makedonen* (1941) und *Chinesische Legende* (1943) hervor, die teilweise auf Berliner Bühnen zur Aufführung kamen.
Den

Haushofer, Karl Ernst Geopolitiker, Generalmajor
geb. 27. 8. 1869 in München,
gest. 10. 3. 1946 Pähl, Obb.
(Selbstmord).
Sohn eines Universitätsprofessors. 1887 Eintritt in die bayer. Armee. 1903 Lehrer für Kriegsgeschichte. 1908–10 Beobachter bei der jap. Armee. 1913 Studium der Geographie in München, Dr. phil. 1914–18 Stabsverwendungen, Regiments-, Artillerie- u. Divisionskommandeur. 1919 Abschied als Generalmajor, Habilitation in Geographie, Privatdozent. 1921 Hon.-Prof. in München. Seit 1924 Hrsg. d. *Zeitschrift für Geopolitik*. 1933 ordentlicher Prof. 1934–37 Senator d. *Deutschen Akademie* u. 1938–41 Präs. des *Volksbunds für das Deutschtum im Ausland*. 1939 Emeritus. 1941 Gestapo-Verhöre über den Flug seines Schülers Rudolf → Heß nach Großbritannien. Juli bis Aug. 1944 in KZ-Haft wg. Beteiligung seines Sohnes Albrecht → H. an d. Verschwörung gg. → Hitler. Mai bis

Juni 1945 in amerik. Haft. 20. 11. 1945 Entzug der Lehrbefugnis. 1946 Selbstmord.
Als Schöpfer der Geopolitik in Deutschland war H. national und international anerkannter Wissenschaftler. Seine Theorien fanden die Nationalsozialisten für geeignet, den traditionellen Imperialismus mit ihrem Lebensraumgedanken zu verbinden. H., dessen Ehefrau jüdischer Herkunft war, baute seine Lebensraumvorstellung nicht auf der Rassendoktrin auf. Als Lehrer von Heß hatte er schon früh Kontakt mit der NSDAP. Nach der Machtergreifung überschätzte er lange seinen politischen Einfluß, seine Kontakte nach Japan waren jedoch hilfreich für die nationalsozialistische Außenpolitik. Durch seinen im Widerstand aktiven Sohn Albrecht wurde er über die Verbrechen des NS orientiert. Nach dem England-Flug von Heß im Mai 1941 verlor er seinen letzten Einfluß.
KAL

Hausser, Paul Generaloberst der Waffen-SS und SS-Oberstgruppenführer
geb. 7. 10. 1880 in Brandenburg, gest. 21. 12. 1972 in Ludwigsburg.
Offizierssohn. Erziehung im preuß. Kadettenkorps; 1899 Ltn.; Besuch d. Kriegsakademie, seit 1913 Hptm. i.G. Im 1. WK meist in Stabsstellungen eingesetzt. Nach Kriegsende Major, zunächst beim *Grenzschutz Ost*, dann in d. Reichswehr. Chef d. Stabes d. 2. Division in Stettin, anschließend Batl.-Kdr. in Deutsch-Krone, Rgt.-Kdr. in Dresden. 1930 Infanterieführer im Wehrkreis IV in Magdeburg. Verabschiedung zum Jan. 1932 als charakterisierter Generalltn. u. Eintritt in den *Stahlhelm*, im Herbst 1933 *Stahlhelm*-Landesfhr. v. Berlin-Brandenburg. 1934 mit d. *Stahlhelm* in d. SA überführt, jedoch bald darauf v. → Himmler f. d. Aufbau d. Junkerschule Braunschweig angefordert u. in d. SS übernommen; ab Nov. 1934 Kdr. d. Schule, SS-Staf. Am 1. 10. 1936 Ernennung zum Inspekteur d. SS-Verfügungstruppen. Während d. Polenfeldzugs Kdr. einer SS-Brigade, dann der 2. SS-Division; Juni 1942–Juni 1944 Kdr. Gen. d. II. SS-Panzer-Korps, das er auch während d. Schlacht um Charkow im Febr./März 1943 u. an d. Invasionsfront in Frankreich bis 28. 6. 1944 befehligte (Eichenlaub zum Ritterkreuz am 29. 7. 1943, mit Schwertern am 26. 8. 1944). Während d. Invasion Ernennung zum OB d. 7. Armee; SS-Ogruf. Im Aug. 1944 schwer verwundet; Beförderung zum SS-Oberstgruf. u. GenObst. d. Waffen-SS. Ende Jan. bis Anfang April 1945 OB d. Heeresgruppe G an der Westfront. Anfang April 1945 nach Meinungsverschiedenheiten mit → Hitler zur Führerreserve versetzt. Bis 1949 in amerik. Gefangen-

schaft. Im Entnazifizierungsverfahren als Belasteter eingestuft u. zu zwei Jahren Arbeitslager verurteilt; Bestätigung d. Urteils im Juli 1949 durch d. Zentralberufungskammer Nordwürttemberg bei Anrechnung d. bisherigen Haft. Als ältester u. ranghöchster Gen. d. Waffen-SS zum Vorsitzenden d. *Hilfsgemeinschaft auf Gegenseitigkeit* (*HIAG*, später umbenannt in *Bundesverband d. ehem. Soldaten d. Waffen-SS*), im Sept. 1951 auch in das provisor. Präsidium d. *Verbands dt. Soldaten* gewählt, bemühte sich H. in beiden Organisationen um die Integration d. ehem. Waffen-SS-Angehörigen in die westdt. Gesellschaft, u.a. im Dez. 1951 mit einem Rundschreiben an d. Abgeordneten d. Bundestages, in dem er sich als Sprecher der ehem. Waffen-SS-Soldaten nicht nur v. d. Kriegsverbrechen des 2. WK distanzierte u. jede Art v. Radikalismus ablehnte, sondern auch ein Bekenntnis zum Grundgesetz d. Bundesrepublik ablegte. H.s teilweise verharmlosender Charakterisierung der Waffen-SS als einem zwar elitären, aber soldatisch der Wehrmacht gleichzustellenden »vierten Wehrmachtteil« war es mit zuzuschreiben, daß d. Dt. Bundestag 1961 die ehem. Soldaten der Waffen-SS in d. Versorgungsgesetzgebung d. Bundes nach § 131 GG einbezog.
We

Hayler, Franz Staatssekretär und SS-Gruppenführer
geb. 29. 8. 1900 in Schwarzenfeld/ Bayern,
gest. 1972.
Sohn eines Arztes. Als Gymnasiast mit 17 Jahren Kriegsfreiwilliger. Nach dem 1. WK an d. Beseitigung d. Räterepublik in Bayern beteiligt, anschließend an den Kämpfen im Ruhrgebiet u. in Oberschlesien. Während d. Studiums Eintritt in d. NSDAP. Im Nov. 1923 Beteiligung am Hitlerputsch in München; Blutordensträger. Danach Teilnahme an d. Bekämpfung d. rhein. Separatisten. Beruflich war H. nach d. Promotion in kaufmänn. Positionen u. im Bankfach tätig, 1926/27 bei einer Finanzbehörde. Ab 1927 selbständiger Kaufmann. Dez. 1931 Wiedereintritt in d. NSDAP, 1933 Eintritt in d. SS. Betätigung in versch. kaufmänn. Organisationen, u.a. im Juni 1933 Ltr. d. *Reichsverbands Dt. Kaufleute d. Kolonialwarenbranche*, 1934–43 Ltr. d. *Wirtschaftsgruppe Einzelhandel*, im Mai 1938 Ltr. d. *Reichsgruppe Handel*. Im gleichen Jahr wurde H. u.a. Wehrwirtschaftsfhr., Reichswirtschaftsrichter u. ehrenamtl. Richter am Obersten Ehren- u. Disziplinarhof d. DAF sowie Mitglied d. Engeren Beirats d. Reichsbank wie der gleichen Einrichtung bei d. Reichswirtschaftskammer. Tätigkeit im RSHA. Im Dez. 1942 MdR. Anfang 1943 Beginn d. Tätigkeit

im Reichswirtschaftsministerium, dort am 20. 11. 1943 als Nachfolger von Fr. W. Landfried zum StSekr. ernannt. Dez. 1943 Beförderung zum SS-Gruf. Über das Nachkriegsschicksal H.s konnte nichts in Erfahrung gebracht werden.

H. gehörte wie sein Kollege – sowohl im RSHA wie im Reichswirtschaftsministerium – Otto → Ohlendorf zu den »jungen Technokraten«, die unabhängig genug waren, in manchen Fällen die üblichen ideologisch vorgegebenen Grenzen zu überschreiten. Dies zeigte sich v.a. bei den Bemühungen deutscher Wirtschaftskreise gegen Ende des Zweiten Weltkriegs, angesichts der sich abzeichnenden deutschen Niederlage offiziell verbotene Planungen für eine deutsche Friedenswirtschaft auf den Weg zu bringen.

We

Heckel, Theodor evangelischer Bischof

geb.15. 4. 1894 in Kammerstein b. Schwabach,

gest. 24. 6. 1967 in München.

Sohn eines Kirchenrats. Nach Besuch des Humanist. Gymnasiums in Ansbach 1913–20 Theologiestudium in Erlangen, unterbrochen 1914–18 durch den 1. WK, den H. als Offz. beendete. Nach Kriegsende Teilnahme an Kämpfen d. *Freikorps Epp* in Süddeutschld. Nach Abschluß d. praktischen Ausbildung zum Prediger war H. 1922–25 als Hilfsprediger in München-Solln angestellt, wechselte dann in d. bayer. Staatdienst als Religionslehrer an der Lehrerinnenbildungsanstalt in Erlangen u. promovierte 1927. Ende 1927 Wechsel als Oberkonsistorialrat in d. Kirchenbundesamt (KBA) d. *Dt. Evang. Kirchenbundes* in Berlin; Tätigkeit als Auslands-Personalreferent d. Evang. Kirche. Nach d. Besetzung u. Übernahme des KBA durch d. *Deutschen Christen* im Juni 1933 durfte H. als einziger Theologe des KBA im Amt bleiben. Am 21. 2. 1934 ernannte ihn »Reichsbischof« Ludwig → Müller zum Ltr. d. neugeschaffenen *Kirchlichen Amtes f. auswärtige Angelegenheiten* der »Reichskirche« mit dem Titel Bischof. H. blieb auf diesem Posten bis 1945. Bei Kriegsbeginn 1939 übernahm H. zusätzlich das *Evangelische Hilfswerk*, mit dem er d. Betreuung dt. Zivilinternierter u. Kriegsgefangener weit über d. Kriegsende hinaus leitete. Durch d. Organisation v. Paketsendungen v.a. an dt. Kgf. in d. UdSSR erwarb sich H. in d. Nachkriegszeit große Verdienste u. wurde als »Vater d. Kriegsgefangenen« geehrt. Als Münchner Stadtdekan d. evang. Landeskirche in Bayern von 1950–64 gründete er d. *Evangelische Bildungswerk* (heute: *Evang. Forum*).

H.s Person ist in der evangelischen

Kirche bis heute umstritten. Bereits 1933 hatte er die Einführung des Arierparagraphen in evangelischen Landeskirchen international verteidigt. Im März 1936 war Dietrich Bonhoeffer von ihm als »Pazifist und Staatsfeind« denunziert worden. Als Leiter des Kirchlichen Außenamts schreckte H. vor der Zusammenarbeit mit dem RSHA nicht zurück. Wenig christlich verhielt er sich im Fall des evangelischen polnischen Bischofs Julius Bursche, der 1939 als 78jähriger von der SS verhaftet worden war und 1942 im KZ Sachsenhausen starb.

Publ.: *Adolf v. Harleß. Theologie u. Kirchenpolitik eines luth. Bischofs in Bayern* (1933); *Ernst Moritz Arndt. Ein Mannesleben f. Glaube u. Volkstum* (1939); *Im vorderen Orient. Eine Visitationsreise im Flugzeug* (1939); *Kirche jenseits d. Grenzen. Aus d. evang. Auslandsdiaspora* (1949).

We

Heidegger, Martin Philosoph
geb. 26. 9. 1889 in Meßkirch,
gest. 16. 5. 1976 in Freiburg/Breisgau.

Der Sohn eines Küfers und Mesners studierte nach dem Abitur an einer kath. Internatsschule u. abgebrochenem Postulat in Freiburg zwei Semester kath. Theologie u. vier Semester Mathematik u. Philosophie. 1913 Promotion üb. Fragen d. Logik. Zu seinen Lehrern gehörten H. Rickert u. E. Husserl. 1915 Habilitation in Freiburg üb. Duns Scotus. 1923 Extraordinariat in Marburg, 1928 Nachfolger Husserls in Freiburg. H.s zumindest partielle Affinität zum NS führte ihn im Frühjahr 1933 zum Rektorat, von dem er im Frühjahr 1934 vorzeitig zurücktrat. Nach 1945 im Entnazifizierungsverfahren als »Mitläufer« eingestuft; die frz. Militärregierung hatte ihn bereits 1945 wg. Unterstützung des NS-Regimes mit Lehrverbot belegt u. im Herbst 1946 zwangspensioniert. Im Sept. 1951 entschied die Univ. Freiburg jedoch auf vorzeitige Emeritierung. H. konnte daraufhin noch bis 1958 an d. Univ. Vorlesungen halten. Seit 1957 war H. Mitglied d. Akad. d. Schönen Künste in Berlin, seit 1958 auch d. Akad. d. Wissenschaften in Heidelberg.

Im Herbst 1974 begann die Gesamtausgabe seiner insgesamt auf 100 Bde. veranschlagten Werke. Von epochaler Wirkung darin seine Schrift von 1927 *Sein und Zeit*, auf der v. a. sein Ruf als führender Vertreter der deutschen Existenzphilosophie neben K. → Jaspers beruht, obwohl er selbst diese Einordnung der »Analytik des Daseins« als Fehldeutung ablehnte. Ausgehend v. d. aristotelischen Frage nach dem »Sinn von Sein«, verband er unterschiedliche philosophische Strömungen der Zeit zur sog. Fundamentalontologie, in der

die abendländische Metaphysik als d. Haupthindernis in d. Beantwortung eigentlicher Seinsfragen beschrieben wird. In der von H. vorgelegten Hermeneutik wird menschliches Dasein v.a. in seiner Zeitlichkeit, einer Einheit von Zukunft, Gewesenheit u. Gegenwart, als ein »Sein zum Tode« charakterisiert. Ungeachtet d. Tatsache, daß H. seit den 60er Jahren in der Diskussion in Dtschld. an Bedeutung verlor, besitzt er, v.a. im Ausland, das Image eines philosophischen Genies, das auch größten Einfluß auf Theologie, Psychologie u. Psychiatrie ausübte.
Froe

Heines, Edmund SA-Obergruppenführer u. Polizeipräsident
geb. 21. 7. 1897 in München,
gest. 30. 6. 1934 in Bad Wiessee (ermordet).
Nach Münchner Schulzeit bis zum Abitur im Aug. 1914 als Kriegsfreiwilliger Teilnehmer am 1. WK; bei Kriegsende Ltn. Im Mai 1919 mit dem *Freikorps Oberland* in München gegen die Räterepublik eingesetzt. Im Juli 1920 in Pommern Verwicklung in einen Fememord. Bis 1921 mit dem *Freikorps Roßbach* an den Kämpfen im Baltikum, Ruhrgebiet u. in Oberschlesien beteiligt; Stellv. Roßbachs in Bayern. Ende 1921 Eintritt in NSDAP u. SA u. erneut 1925 nach der Wiedergründung der NSDAP. 1922–23 Kdr. einer Münchner SA-Hundertschaft; Teilnahme am Hitlerputsch v. Nov. 1923 u. Verurteilung zu 15 Monaten Festungshaft. Ab 1925 Bundesleiter d. *Schilljugend* (bis 1926 offizielle Jugendorganisation d. NSDAP). 1926 Ltr. d. Organisation *Roßbach* in Bayern. 1922–27 SA-Sturmführer; initiierte im Mai 1927 d. Rebellion d. Münchner SA, deshalb aus d. Partei ausgeschlossen. Wg. des Fememords in Pommern von Stettiner Gericht 1928 zunächst zu 15 Jahren, in zweiter Instanz zu fünf Jahren Gefängnis verurteilt; nach Amnestie im Mai 1929 entlassen. Fortsetzung d. Jurastudiums. 1929 erneuter Eintritt in NSDAP u. SA. Seit Aug. 1929 Fhr. d. SA-Standarte München-Land. Dank rhetorischem u. organisatorischem Geschick 1930 Blitzkarriere in d. Partei: Zuerst Fhr. d. NSDAP-Stadtteilorganisation in München-Haidhausen, dann Propagandaleiter im Gau Groß-München. Im Reichstagswahlkampf 1930 Adjutant des Münchner GL Adolf → Wagner u. stellv. GL der Oberpfalz; Wahl in d. Reichstag. Wg. seines radikalen Auftretens Strafversetzung als SA-Fhr. nach Regensburg, bereits im Spätherbst 1930 jedoch als Referent zur OSAF/Abt. Nachrichtenwesen u. Presse versetzt. April–Mai 1931 nach der Stennes-Revolte Verwendung als SA-Fhr. v. Berlin zur Disziplinie-

rung d. dortigen SA. Dank seiner Erfolge Aufnahme in d. engeren Freundeskreis des OSAF → Röhm, ab Mai 1931 dessen Stellv. Seit Herbst 1931 SA-Gruf. u. Ernennung zum SA-Führer von Schlesien. Nach der Machtergreifung im März 1933 preuß. Staatsrat u. Ernennung zum Polizeipräsidenten von Breslau. Als einer der einflußreichsten SA-Führer unter Röhm wurde H. im Zuge der parteiinternen Säuberungen (sog. Röhm-Putsch) am 30. Juni 1934 in Bad Wiessee verhaftet u. am gleichen Tag auf Befehl Hitlers in München erschossen. An H. entzündete sich in der Öffentlichkeit wie innerparteilich heftige Kritik wegen der vom Kreis um Ernst Röhm praktizierten Homosexualität.
Publ.: *Der Heines-Prozeß. Ein Kapitel dt. Notzeit* (1930).
MR

Heinkel, Ernst (Heinrich)

Luftfahrtindustrieller
geb. 24. 1. 1888 in Grunbach (heute Remshalden),
gest. 30. 1. 1958 in Stuttgart.
Sohn eines Klempnermeisters. 1906 Oberrealschulabschluß in Cannstatt; seit 1907 Maschinenbaustudium a. d. TH Stuttgart, 1910/11 abgebrochen, seitdem Konstrukteur bei verschiedenen Berliner Flugzeugwerken. 1914–18 als Chefkonstrukteur u. Technischer Direktor d. Brandenburgischen Flugzeugwerke GmbH in Briest u. angeschlossener Werke in Wien u. Budapest Serienproduktion von Kriegsflugzeugen für die dt. u. österr.-ungar. Armee. 1922 Gründung der *Ernst-Heinkel-Flugzeugwerke* in Warnemünde als Stammfirma aller späteren H.schen Unternehmen. Erfolgreiche Flugzeugkonstruktionen im Zivil-, seit Ende d. 20er Jahre auch wieder im Militärbereich, deren Prototypen nach 1933 den Grundstock der dt. Luftwaffe bildeten. Seit Mitte der 30er Jahre wurde H.s urspr. reines Entwicklungswerk zum staatl. geförderten Großunternehmen; Errichtung neuer, vom Reichsluftfahrtministerium finanzierter Werke in Rostock u. Oranienburg für den Bomber-Großserienbau. 1941 Übernahme der Hirth-Motorenwerke in Stuttgart-Zuffenhausen. 1943 Umwandlung des Unternehmens in die *Ernst Heinkel* AG mit (1945) 7 Haupt- u. 27 Zweig- u. Verlagerungswerken u. über 50000 Beschäftigten, meist ausländ. Zwangsarbeitern. 1937 Beitritt zur NSDAP u. Ernennung zum Wehrwirtschaftsführer. Während des Krieges geriet H. über den einzuschlagenden Rüstungskurs in Gegensatz zur – der militärischen Entwicklung hinterherhinkenden – Luftrüstungsführung, die häufig den Konkurrenten → Messerschmitt vorzog. 1944 Konstruktion eines praktisch nicht mehr zum Einsatz kom-

menden billigen »Volksjägers« im Rahmen des *Jäger-Notprogramms.* 1945 Zerstörung, Demontage, Enteignung d. meisten H.schen Werke. Verhaftung H.s. 1948 durch die Spruchkammer Ansbach als »Mitläufer«, in der Berufung am 18. 1. 1949 als »Entlasteter« eingestuft, weil H. sich gegen Kriegsende dem → Canaris-Kreis genähert, also dem aktiven Widerstand angehört habe. 1950 Betriebsaufnahme in Württemberg mit der Produktion von Fahrzeugteilen, 1955 Gründung der Ernst Heinkel Fahrzeugbau, 1958 der E.H. Flugzeugbau GmbH in Speyer; Beteiligung an Lizenzbauten für die bundesdt. Luftwaffe. H.s techn. Entwicklungen u. seine Beteiligung an der dt. Luftrüstung wurden ungebrochen in Kaiserreich, Hitler-Dtschld. u. in der Bundesrepublik staatlich geehrt (1918 EK II; 1938 Dt. Nationalpreis für Kunst u. Wissenschaft; 1954 Dieselmedaille in Gold u.a.).
Autobiographie: *Stürmisches Leben* (1953).
MV

Heisenberg, Werner Physiker; Nobelpreisträger
geb. 5. 12. 1901 in Würzburg,
gest. 1. 2. 1976 in München.
Sohn eines bekannten Byzantinisten. Nach Studium u. Promotion in München 1924–27 Privatdozent in Göttingen u. Kopenhagen, 1927–42 Prof. in Leipzig. 1932 Nobelpreis. Juni 1942–45 Direktor d. *Kaiser-Wilhelm-Instituts f. Physik* in Dahlem, Professor an d. Berliner Univ. Hier Mitarbeit am »Uranprojekt« des *Heereswaffenamtes.* 1945–1946 Internierung in England. 1946–58 Direktor des *Max-Planck-Instituts f. Physik* in Göttingen, 1958–70 Prof. an d. Univ. München u. Direktor des *Max-Planck-Inst.s f. Physik u. Astrophysik* in München.
Dank des Nobelpreises hatte H. eine starke wissenschaftliche Position, war aber als Exponent der theoretischen Physiker, die in Deutschland die Einsteinsche Relativitätstheorie anerkannten, teilweise heftigen Anfeindungen ausgesetzt. Obwohl dem NS fernstehend, konnte er im *VB* vom 28. 6. 1936 (*Deutsche u. jüd. Physik*) auf einen unsachlichen und politisch gehässigen Angriff eines Studenten im gleichen Blatt entgegnen, wobei er die Bedeutung der modernen physikalischen Theorien unterstrich. Allerdings druckte der *VB* mit H.s Artikel auch eine Stellungnahme des »Miterfinders« der »deutschen Physik«, des Physikers Prof. → Stark, ab, der nicht nur den Vorrang der Experimentalphysik betonte, sondern H. auch als Vertreter der »jüdischen Physik« denunzierte. H. blieb trotz dieser Angriffe in Deutschland und wurde während des Krieges sogar Leiter des deutschen Kern-

energieprojekts. Bereits 1952 erhielt er den Posten eines Vizepräsidenten des *Europäischen Rates für kernphysikalische Forschung*. 1958 gehörte er zu den Unterzeichnern der *Göttinger Erklärung* gegen den Atomkrieg. Seit 1953 arbeitete H. (mit W. Pauli) an einer einheitlichen Feldtheorie der Elementarteilchen (*H.sche Weltformel*). 1957 erfolgte seine Aufnahme in die Friedensklasse des Ordens *Pour le mérite*.
Publ.: *Die physikalischen Prinzipien der Quantentheorie* (1930); *Wandlungen in den Grundlagen der Naturwissenschaften* (1935); *Die Physik der Atomkerne* (1943); *Das Naturbild der heutigen Physik* (1955); *Physik u. Philosophie* (1959); *Einführung in die einheitliche Feldtheorie der Elementarteilchen* (1967); *Der Teil u. das Ganze* (1969); *Schritte über Grenzen* (1971).
Ri

Heißmeyer, August Inspekteur der Nationalpolitischen Erziehungsanstalten, SS-Obergruppenführer
geb. 11. 1. 1897 in Gellersen/Kr. Hameln,
gest. 16. 1. 1979 in Schwäbisch-Hall.
Nach Schulzeit in Hameln ab Okt. 1914 als Infanterist an d. Front, ab Aug. 1917 b. d. Fliegertruppe. 1920 Abitur, danach sechs Semester Rechts- u. Staatswissenschaftsstudium. Aus finanziellen Gründen Studienabbruch u. Tätigkeit als Arbeiter. 1925 Eintritt in NSDAP u. SA-Fhr. im Gau Westfalen-Süd, dort zeitweise stellv. GL. Ende 1930 Übertritt zur SS; 1931 SS-Staf. in Braunschweig; Okt. 1932 Fhr. d. SS-Abschnitts XVII (Münster). Seit März 1933 MdR. Bis 1935 Fhr. d. SS-Oberabschnitts Rhein in Koblenz, dann unter Beförderung zum SS-Ogruf. (Nov. 1936) Chef d. SS-Hauptamts bis Ende 1939. Außerdem war H. seit 1935 direkt dem Reichserziehungsminister → Rust unterstellter *Inspekteur d. Nationalpolitischen Erziehungsanstalten* (NPEA, auch Napola); für diese Dienststelle erhielt er nach seiner Ausbootung aus dem SS-Hauptamt 1940 durch Gottlob → Berger ein eigenes Hauptamt, die *Dienststelle SS-Ogruf. Heißmeyer*, u. wurde zum Ministerialdirektor im Reichserziehungsministerium ernannt. Daneben amtierte H. noch als HSSPF im Wehrkreis III (Berlin-Brandenburg). Nach Kriegsende längere Zeit von den Franzosen interniert; von d. Spruchkammer Tübingen im Mai 1950 als »Hauptschuldiger« eingestuft u. zu drei Jahren Internierungshaft sowie 10jährigem teilweisem Berufsverbot verurteilt.
H. galt den ehrgeizigen jüngeren SS-Führern u. schließlich auch → Himmler als zu wenig aktiv (und zu sehr als der Mann der Reichsfrauenführerin Gertrud → Scholtz-Klink, die er 1940 in zweiter Ehe

geheiratet hatte), was die zweimalige Ausbootung durch seinen Nachfolger Berger, der ihm auch als Inspekteur der NPEA noch einige Kompetenzen wegnehmen konnte, zu bestätigen scheint. Immerhin gelang es H., bis 1939 von allen deutschen Länder-Schulverwaltungen als Inspekteur der NPEA anerkannt zu werden u. seine Schulen bis 1941 in die alleinige Zuständigkeit des Reiches zu überführen.
We

Helldorf(f), Wolf Heinrich Graf v. Polizeipräsident von Berlin
geb. 14. 10. 1896 in Merseburg,
gest. 15. 8. 1944 in Berlin (hingerichtet).
Sohn eines Gutsbesitzers. 1915 Ltn. Ab 1918 Angehöriger mehrerer Freikorps, darunter *Freikorps Roßbach.* 1920 Beteiligung am Kapp-Putsch, Flucht nach Italien, nach mehreren Monaten Rückkehr. 1921–28 in der Landwirtschaft tätig. 1924–28 u. 1932 MdL, zunächst für die Nationalsozialistische Freiheitspartei in Preußen, ab 1925 für die NSDAP; 1932 deren Fraktionsvorsitzender. 1931 SA-Führer in Berlin; 1933 Fhr. d. SA u. SS in Berlin-Brandenburg; Wahl in den Reichstag. Seit März 1933 Polizeipräsident von Potsdam. Ab Juli 1935 Polizeipräsident v. Berlin. Seit 1938 Kontakte zum militärischen Widerstand; wg. seiner Teilnahme an d. Verschwörung vom 20. 7. 1944 hingerichtet.
H. nutzte sein Amt zur persönlichen Bereicherung aus. In der Fritsch-Affäre spielte er offenbar aus eigener Initiative d. Wehrmachtsführung von der Gestapo zurückgehaltenes entlastendes Material zu. Am 20. 7. 1944 unterstützte er die Widerstandsaktion in Berlin durch d. Polizei. Seine Motivation ist umstritten und wird eher auf Opportunismus als auf innere Überzeugung zurückgeführt.
KAL

Hellmuth, Otto Gauleiter und Regierungspräsident
geb. 22. 7. 1895 in Markt Einersheim/Unterfranken,
gest. um den 20. 4. 1968 in Reutlingen.
H.s Vater war Eisenbahnmeister. Nach d. Schulzeit in Unterfranken meldete sich H. als Primaner im Sept. 1914 als Kriegsfreiwilliger zum Militärdienst. Einsatz in versch. Infanterie-Einheiten; wg. schwerer Gasvergiftung im Okt. 1918 in die Heimat verlegt. Abitur im April 1919 in Freiburg, 1919–22 Studium der Zahnmedizin an den Universitäten Freiburg u. Würzburg, Abschluß mit Promotion. Seit 1922 Zahnarzt in Marktbreit. 1919 Mitglied des *Deutsch-völkischen Schutz- u. Trutzbundes* u. d. *Volkswehrregiments Würzburg*, mit dem H. sich am Kampf gegen d. Räte-

republik in Bayern beteiligte. 1920 Gründungsmitglied des völk. Wehrverbandes *Bund Frankenland.* Seit Dez. 1925 Mitglied d. NSDAP, bereits im April 1925 Gründer einer NSDAP-Ortsgruppe in Würzburg. 1926 für d. NSDAP im Stadtrat v. Marktbreit; ehrenamtlicher GL des Untergaues Unterfranken. 1928 in den bayer. Landtag gewählt; Hrsg. der Gauzeitung *Fränkisches Volk.* Nach der Teilung des Gaues Franken im Herbst 1928 Ernennung zum GL des selbständigen Gaues Unterfranken (seit 1935: Mainfranken). Bei den Novemberwahlen 1933 in den Reichstag gewählt. Am 1. 7. 1934 Ernennung zum Regierungspräsidenten von Unterfranken. NSKK-Ogruf. Seit 16. 11. 1942 Reichsverteidigungskommissar in seinem Gau. Nach der dt. Kapitulation wurde H. in Tirol von amerik. Truppen gefangengenommen. H. konnte sich d. Gefangenschaft bald durch Flucht entziehen u. lebte kurze Zeit unter falschem Namen (Hans Oster) als Zahnarzt in Bremen. Enttarnung im Mai 1947; Mitte Okt. 1947 Todesurteil eines US-Militärgerichts in Dachau, weil er Hauptverantwortlicher für d. rechtswidrige Tötung eines abgeschossenen amerik. Fliegers gewesen sein soll; nach Begnadigung zunächst lebenslängliche Zuchthausstrafe, 1951 erneute Umwandlung des Urteils in 20jährige Gefängnishaft. H. saß im Kriegsverbrechergefängnis in Landsberg ein, wo er als Gefängniszahnarzt tätig war. Im Juni 1955 wg. guter Führung vorzeitig entlassen. Seit 1958 lebte H. als Zahnarzt in Reutlingen. Am 20. April 1968 wurde er in seiner Wohnung tot aufgefunden.
We

Hencke, Andor Diplomat, Unterstaatssekretär
geb. 14. 7. 1895 in Berlin,
gest. 31. 1. 1984 in Weißach/Tegernsee.
Nach dem Besuch der Kadettenanstalt in Groß-Lichterfelde zunächst preußischer und nach dem 1. WK Reichswehr-Offz., zuletzt Obltn. 17. 10. 1922 Einberufung in das Ausw. Amt auf Veranlassung des Grafen Brockdorff-Rantzau, dessen persönl. Sekretär an der dt. Botschaft in Moskau er vom 2. 11. 1922 bis zum Tode Brockdorff-Rantzaus im Sept. 1928 gewesen war. 24. 4. 1933–12. 11. 1935 Konsul in Kiew, dann seit 26. 9. 1936 in Prag – zunächst als Konsul, ab 12. 11. 1936 als Gesandtschaftsrat II. Klasse, I. Klasse seit 16. 6. 1937; nach Rückberufung des Gesandten Eisenlohr während der Krise um die Tschechoslowakei seit dem 16. 9. 1938 dt. Geschäftsträger; schließlich seit dem 15. 3. 1939 Vertreter des Ausw. Amts beim *Reichsprotektor für Böhmen und Mähren.* Nach eigenen Aussagen erklärte H. anläßlich der Zerschlagung der

Tschechoslowakei seinen Mitarbeitern, daß sie »wahrscheinlich die Geburtsstunde eines neuen Weltkrieges« miterleben würden. Trotz dieser Kritik an der Politik → Hitlers verblieb er im Amt, wurde nach Abschluß des dt.-sowjet. Grenz- u. Freundschaftsvertrags vom 28. 9. 1939 Delegationsleiter in der *Gemischten Zentralkommission des Deutschen Reichs und der UdSSR für Grenzfragen* in Moskau, dann im Juni 1940, nach dem Zusammenbruch Frankreichs, Vertreter des Ausw. Amts bei d. *Dt. Waffenstillstandskommission* in Wiesbaden. Am 16. 8. 1940 Gesandter. Bis Ende 1942 nahm er Sonderaufträge in der *Informationsstelle III* des Ausw. Amts wahr. Am 11. 1. 1943 Stellv. des Botschafters in Madrid. Am 12. 3. 1943 Gesandter I. Klasse. Im Zuge des Revirements im Ausw. Amt vom März 1943 wurde er in die Zentrale zurückgerufen, um die Leitung der Polit. Abt. zu übernehmen. Am 29. 4. 1943 wurde H. zum MinDir. mit der Amtsbezeichnung Unterstaatssekretär befördert. In der Nachkriegszeit leitete er über viele Jahre hinweg die Ostabteilung des Bundesnachrichtendienstes. Über einzelne Etappen seiner Laufbahn verfaßte H. ausführliche Manuskripte. Davon wurden veröffentlicht: *Augenzeuge einer Tragödie. Diplomatenjahre in Prag 1936–1939* (1977) und *Erinnerungen als Deutscher Konsul in Kiew in den Jahren 1933–1936* (1979).

RAB

Henlein, Konrad Führer der Sudetendeutschen Partei, Gauleiter
geb. 16. 5. 1898 in Maffersdorf, gest. 10. 5. 1945 in Pilsen (Selbstmord).

Sohn eines Kaufmanns, Großvater mütterlicherseits Tscheche. Besuch d. Handelsakademie in Gablonz. Seit Frühjahr 1916 Soldat im österr. Heer; Fähnrich, seit Nov. 1917 in ital. Gefangenschaft. Im Apr. 1919 nach Gablonz heimgekehrt. Zunächst Bankbeamter. Seit 1925 hauptberufl. Turnlehrer beim Turnverein Asch. Pfingsten 1931 Fhr. des *Deutschen Turnverbandes in der CSR*. Am 1. 10. 1933 Gründung der *Sudetendeutschen Heimatfront* (seit 19. 4. 1935 *Sudetendeutsche Partei* [SdP]); Okt. 1938 GL und dann auch Reichsstatthalter im Reichsgau Sudetenland d. NSDAP, in der die SdP aufging.

Von Jugend an unter dem völkischen und antisemitischen Einfluß der deutschböhmischen Turnvereine, baute H. seit 1925 den *Deutschen Turnverband in der CSR* zielbewußt zu einer nationalistischen Organisation aus, die als Kern einer überparteilichen nationalen Sammlungsbewegung der Sudetendeutschen gedacht war. Als die Prager Regierung im Herbst 1933 die *Deut-*

sche Nationalsozialistische Arbeiterpartei und die *Deutschnationale Partei der CSR* verbot, nutzte H. die Gelegenheit, um, gestützt auf die Anhänger der verbotenen Parteien und den *Turnverband*, die Sammlungsbewegung *Sudetendeutsche Heimatfront* am 1. 10. 1933 ins Leben zu rufen. Als *Sudetendeutsche Partei* wurde die Organisation bei den Parlamentswahlen vom 19. 5. 1933 mit 44 Mandaten stärkste deutsche Partei der CSR (nach den tschechischen *Agrariern* zweitstärkste des Staates); im Juli 1938 zählte die SdP 1338394 Mitglieder. Anfänglich eher im Zeichen eines ständestaatlich orientierten Faschismus stehend und auf die Gewinnung sudetendeutscher Autonomie in der CSR zielend, gerieten H. und die SdP seit dem von Berlin finanzierten Wahlkampf von 1935 mehr und mehr in finanzielle, ideologische und politische Abhängigkeit vom Deutschen Reich. Im November 1937 unterstellte sich H. vorbehaltlos → Hitler und verfolgte in der Sudetenkrise des Jahres 1938 eine Politik, die auf Weisung Hitlers jede Einigung zwischen Sudetendeutschen und der Prager Regierung sabotierte und den deutschen Zugriff auf die Tschechoslowakei erleichterte. In den Kriegsjahren gewann der im Grunde schlichte H. keinen Einfluß auf die deutsche Tschechenpolitik im Protektorat Böhmen und Mähren.

Publ.: *Sudetendeutschtum und gesamtdeutsche Kultur* (1936).
HG

Hertz, Gustav Physiker, Nobelpreisträger
geb. 22. 7. 1887 in Hamburg,
gest. 30. 10. 1975 in Leipzig.
Sohn eines jüd. Rechtsanwalts. Studium d. Mathematik u. Physik in München, Göttingen u. Berlin; 1911 Promotion u. Assistententätigkeit am Physikal. Inst. d. Univ. Berlin. Kriegsteilnehmer, 1917 Verwundung u. Habilitation. 1917 Privatdozent an der Berliner Univ. 1920–25 bei Philips/Niederlande in d. Atomforschung tätig. 1925, zusammen mit James Franck, Nobelpreis f. Forschungen über d. Energieentwicklung beim Beschuß von Gasatomen mit Elektronen. 1925–28 Prof. an d. Univ. Halle, 1928–34 an d. TH Berlin. 1928 Entwicklung einer Isotopen-Trennmethode für Uran, wichtig für den Bau d. Atombombe. Als er sich 1934 weigerte, eine Loyalitätserklärung f. → Hitler zu unterschreiben, mußte er die Hochschule verlassen, konnte jedoch als Halbjude bei Siemens in d. Atomforschung weiterarbeiten. Nach Kriegsende wurde er wie viele andere führenden Naturwissenschaftler v. d. Sowjets zu deren Atomforschungszentrum Agudzeri nach Suchumi gebracht, wo er sein Isotopentrennverfahren f. d. großtechnische Ge-

winnung von Uran 235 einsetzte. Nach d. Rückkehr nach Dtschld. 1954 wurde H. d. Leitung d. Physikalischen Instituts d. Univ. Leipzig übertragen. Bei den in Lindau stattfindenden Nobelpreisträger-Tagungen häufig einziger Gast aus der DDR.
Den

Heß, Rudolf Stellvertreter des Führers
geb. 26. 4. 1894 in Alexandria/Ägypten,
gest. 17. 8. 1987 in Berlin (Spandau).
Herkunft aus angesehener Kaufmannsfamilie. Bis zum 14. Lebensjahr in Ägypten, seit 1908 in einem evang. Internat in Dtschld. (Bad Godesberg), Abschluß mit d. Mittleren Reife in einer Schweizer Handelsschule (Neuchâtel). Auf Geheiß des Vaters kaufmänn. Ausbildung in Hamburg. 1914 Kriegsfreiwilliger, anfangs Fronteinsatz als Infanterist, zuletzt als Ltn. bei den Fliegern, mehrfach verwundet. 1919 Studium der Volkswirtschaft, Geographie u. Geopolitik in München, v.a. unter dem Einfluß des Ex-Generals u. Geopolitikers Prof. Karl → Haushofer. Mitglied d. *Thule-Gesellschaft* u. d. *Freikorps Epp* (→ Epp, Franz Ritter v.). 1920 Mitglied Nr. 16 d. NSDAP. Führende Rolle beim Umsturzversuch vom 8./9. Nov. 1923 in München. Anschließend Flucht in die Schweiz. Nach freiwilliger Rückkehr zu 18 Monaten Festungshaft verurteilt; gemeinsam mit → Hitler im Gefängnis in Landsberg; dort Mithilfe bei der Abfassung von dessen *Mein Kampf.* Nach vorzeitiger Haftentlassung (13. 12. 1924) u. Neugründung der NSDAP am 27. 2. 1925 Hitlers Privatsekretär, zuständig für die Terminplanung; darüber hinaus Vermittlungsinstanz in personellen Konflikten u. für den direkten Kontakt von Parteigenossen zu Hitler unter Umgehung d. *Reichsorganisationsleitung.* 1927 Heirat mit Ilse Pröhl, Trauzeuge Hitler. Inmitten der Parteikrise, v.a. nach d. Ausschluß von Gregor → Straßer im Dez. 1932, Ernennung von H. zum Vorsitzenden d. neugegründeten *Politischen Zentralkommission der NSDAP,* somit verantwortlich für die Überwachung der natsoz. parlamentarischen Arbeit in den Ländern und Gemeinden, für die Kontrolle der NS-Presse sowie für bestimmte Wirtschaftsfragen. Am 21. 4. 1933 Ernennung zum *Stellvertreter des Führers* (StdF) innerhalb d. NSDAP. Als StdF hatte er Hitlers Standpunkt in Fragen der Parteileitung sowohl ggüb. staatlichen als auch Parteidienststellen durchzusetzen, seit 1934 mit dem Recht auf Mitwirkung an der Gesetzgebung u. seit 1935 auch an den Beamtenernennungen. 1933 SS-Ogruf. u. MdR. Seit 2. 12. 1933 RMin. ohne Geschäftsbereich. 4. 2. 1938 Mitglied

d. *Geheimen Kabinettsrates.* Seit 30. 8. 1939 Mitglied d. *Ministerrates f. d. Reichsverteidigung.* Bei Kriegsbeginn Ernennung zu Hitlers zweitem Nachfolger, Zenit seiner Karriere. Am 10. 5. 1941 geheimer Flug mit einer Me 110 nach Schottland zum Landsitz des Duke of Hamilton, einem Bekannten Albrecht → Haushofers, mit dem H. selbst allerdings nur flüchtig bekannt war; mutmaßliche Absicht: Anbahnung von Friedensverhandlungen mit Großbritannien. Hitler erklärte seinen Stellv. zum Psychopathen. Gefangenschaft in Großbritannien bis Kriegsende; am 15. 10. 1941 Selbstmordversuch; dazu Entwicklung von Neurosen und Wahnvorstellungen, Verfall in anhaltende Apathie. 1945 Überführung nach Nürnberg, Anklage im sog. Hauptkriegsverbrecherprozeß. Wg. seiner Teilnahmslosigkeit am Prozeßgeschehen Zweifel an seiner Zurechnungsfähigkeit; möglicherweise auch bloßes Simulieren. Freispruch in den Anklagepunkten »Kriegsverbrechen« u. »Verbrechen gg. die Menschlichkeit«; Verurteilung am 1. 10. 1946 zu lebenslänglicher Haft wg. »Planung eines Angriffskrieges« u. »Verschwörung gg. den Weltfrieden«. Ableistung der Strafe mit sechs weiteren Häftlingen (→ Dönitz, → Funk, v. → Neurath, → Raeder, v. → Schirach, → Speer) im ehemaligen Militärgefängnis in Berlin-Spandau. Seit 30. 9. 1966 einziger Häftling in dem von den vier Besatzungsmächten im Turnus bewachten Gefängnis. Zahlreiche vergebliche Gnadengesuche der Familie u. versch. Politiker, u. a. zu H.s 90. Geburtstag, darunter auch ein offizielles d. Bundesregierung. Freitod am 17. 8. 1987. Der erkennbare Zulauf von Neo- u. Altnazis veranlaßte d. Behörden, die geplante Beisetzung in Wunsiedel am 24. 8. 1987 an einen zunächst unbekannten Ort zu verlegen.

Der Name H. wird in erster Linie mit dem sensationellen Versuch einer Friedensmission in Verbindung gebracht. Die Beweggründe zu dieser rätselhaften Tat, die den dritthöchsten NS-Führer zu einem der bekanntesten psychiatrischen Fälle des Jahrhunderts machte, konnten bis heute nicht völlig aufgeklärt werden. Nicht endenwollende Spekulationen über seinen Geisteszustand, aber auch die zahlreichen Bemühungen rechtsradikaler Kreise, H. zum Märtyrer zu stilisieren, und nicht zuletzt die gespenstische Situation eines fast ein halbes Jahrhundert lang in Einzelhaft lebenden Gefangenen hielten das öffentliche Interesse an der Person H.s bis heute wach, waren aber auch besonders dazu geeignet, von H.s eigentlicher Rolle im NS abzulenken. Der als Sonderling geltende H. umgab Hitler mit pseudoreligiöser Aura und hatte maßgeblichen Anteil an der Schaffung des

Führerkults und der Entwicklung des Führerprinzips innerhalb der NSDAP. Vor allem auf das Drängen von H. ist es zurückzuführen, daß Hitler sich zur Entmachtung der SA (sog. Röhm-Putsch) entschloß. Seine Forderung nach »kritikloser Gefolgschaft« und bedingungsloser Hingabe an den »Führer« war er nicht nur bereit, selbst loyal einzuhalten, sondern wußte dies als Privatsekretär Hitlers sowie als *Stellvertreter des Führers* sehr wohl einzuklagen und durchzusetzen. Er verstand sich dabei mehr als »Künder und Mahner«, auch als »Gewissen der Partei«, denn als Behördenleiter. Die bürokratische Arbeitslast überließ er weitgehend seinem Stabsleiter Martin → Bormann. Mit der Etablierung der nationalsozialistischen Macht trat er zunehmend in den Hintergrund und entwickelte dabei immer stärker skurrile Züge eines weltentrückten Außenseiters. Bei Beginn des Krieges war H. trotz seiner hohen Ämter kaum noch mehr als eine Repräsentationsfigur.
Froe

Hewel, Walther Botschafter
geb. 25. 3. 1904 in Köln,
gest. 2. 5. 1945 in Berlin
(Selbstmord).
H.s Vater war Teilhaber einer Kakao-Fabrik. Realgymnasium in Köln, Abitur März 1923. Nach Praktikantenzeit seit Okt. 1923 Technik- u. Wirtschaftsstudium an d. Münchner TH. Aufnahme in d. *Stoßtrupp Hitler* u. Beteiligung am Hitler-Putsch v. 9. Nov. 1923 als Fahnenträger d. Stoßtrupps. Als einziger Angeklagter im »Kleinen Hitler-Prozeß« gab H. zu, beim Marsch auf d. Feldherrenhalle zurückgeschossen zu haben. Zu 15 Monaten Haft verurteilt; nach Begnadigung am 30. 12. 1924 aus der Haftanstalt Landsberg entlassen. Nach Verlust d. väterlichen Vermögens war H. inzwischen gezwungen, d. Studium aufzugeben, u. nahm im Febr. 1925 ein kaufmänn. Volontariat in Hamburg an. Anfang 1926 ging er für ein Jahr nach England, im März 1927 schließlich als Angestellter d. größten engl. Plantagenkonzerns nach Java u. war dort auf versch. Pflanzungen seiner Gesellschaft tätig; 1934 in d. Zentralverwaltung. Bereits im Juni 1933 Eintritt in d. NSDAP-Auslandsorganisation (AO); 1935 Wirtschaftsreferent d. NSDAP-Ortsgruppe Bandoeng u. zuletzt Pressereferent d. Landesgruppe Niederländ.-Indien. Nach mehrmonatiger Reise durch Ostasien u. USA kam er auf Wunsch Hitlers im Apr. 1936 nach Dtschld. zurück. Ab Mai 1936 bis Febr. 1937 in Berlin Tätigkeit im Ostasienreferat der NSDAP-AO. Nach Wechsel in die *Dienststelle Ribbentrop* dort Hauptreferent in d. England-Abt., Kollege v. Reinhard → Spitzy. Seit Juni 1938 Le-

gationsrat I. Klasse im Ausw. Dienst u. *Ständiger Beauftragter d. Reichsaußenministers beim Führer*, ab Sept. 1940 als Gesandter I. Klasse, ab März 1943 als Botschafter z.b.V. Bereits 1937 Eintritt in d. SS als SS-Sturmbannfhr.; am 9. 11. 1942 SS-Staf. H. blieb mit einer längeren Unterbrechung von April bis Dez. 1944 – Folge eines Flugzeugabsturzes mit schweren Verletzungen H.s – ständig in Hitlers Umgebung. Um den 1./2. Mai 1945 beteiligte er sich an einem Ausbruch aus dem Bunker d. Reichskanzlei u. beging vor d. Gefangennahme durch sowjet. Truppen Selbstmord.

H.s für NS-Verhältnisse bemerkenswerte Auslandserfahrung, v.a. hinsichtlich des Denkens u. Verhaltens der Engländer, machte ihn eine Zeitlang für Hitler sehr wertvoll. Seine Offenheit u. Charakterfestigkeit wußte auch Hitler zu schätzen, dem er durch die gemeinsame Haft in Landsberg und über Heß vermutlich auch in der Zeit vor seiner Rückkehr nach Deutschland verbunden blieb und der ihn schließlich zur Rückkehr bewegen konnte. H.s Warnungen vor deutschen Gewaltlösungen in der Tschechenkrise 1938 wie in der deutsch-polnischen Krise 1939 verärgerten Hitler zwar; H. blieb ihm aber bis etwa 1942 – häufig gegen die Meinung Ribbentrops, von dem Hitler sowie H. zeitweilig wenig hielten – einer der wichtigsten außenpolitischen Berater. Obwohl H., der als einer der wenigen im Umfeld des Diktators seine Meinung offen zu vertreten wagte, mit der Zeit erkennen mußte, daß sich Hitler unangenehmen Nachrichten, u.a. auch durch die Auswahl seiner Berater, mehr u. mehr entzog, blieb seine Loyalität u. Verehrung für seinen väterlichen Mentor groß genug, um dessen Hasardpolitik nach außen hin bis zum Ende mitzutragen.

We

Heyde (Sawade), Werner Arzt, NS-Euthanasie-Experte

geb. 25. 4. 1902 in Forst/Lausitz, gest. 13. 2. 1964 in Butzbach (Selbstmord).

Vater Fabrikant. 1933 Eintritt in d. NSDAP, 1934 in d. SS. Als Arzt Experte f. Euthanasie. 1939–42 Leitung d. Amtes T4 in der *Kanzlei d. Führers*, der organisatorischen Zentrale des Euthanasie-Programmes. Leiter d. *Reichsverbandes dt. Krankenhäuser u. Sanatorien* u. d. mobilen Kommandos der KZ-Ärzte. Nach d. Krieg Flucht aus brit. Haft. 1946 in Abwesenheit zum Tod verurteilt. Praktizierte unter d. Namen Fritz Sawade in Flensburg. Medizinischer Obergutachter beim Landessozialgericht Schleswig, Vertragsarzt d. Landesversicherungsanstalt Schleswig-Holstein. Stellte sich am 12. 11.

1959 in Frankfurt den Justizbehörden. Als Hauptangeklagter d. Limburger Euthanasieprozesses erhängte er sich fünf Tage vor Prozeßbeginn in seiner Zelle.
H. war als Leiter des Euthanasieprogramms mitverantwortlich für den Tod von über 100000 Menschen.
Ri

Heydrich, Reinhard(t) Chef der Sicherheitspolizei und des SD, SS-Obergruppenführer
geb. 7. 3. 1904 in Halle a.d. Saale, gest. 4. 6. 1942 in Prag (Attentat).
Sohn eines Musiklehrers, musisch u. sportlich begabt, 1921 Mitglied d. *Deutschen völkischen Jungenschaft*, im gleichen Jahr Abitur; 1922 Seekadett, 1926 Ltn., 1928 Obltn. Apr. 1931 wg. eines nicht eingehaltenen Heiratsversprechens gegenüber d. Tochter eines Marinebeamten von einem Ehrengericht d. Reichsmarine »wg. Unwürdigkeit« verabschiedet. Im Juli 1931 von → Himmler m. d. Aufbau eines Nachrichtendienstes (*Ic-Dienst* als Vorläufer des SD) mit Sitz in München betraut, daraufhin Eintritt in d. Hamburger SS; zur Hochzeit am 25. 12. 1931 bereits Beförderung z. SS-Stubaf. Im Juli 1932 unter Beförderung z. Staf. Ernennung z. Ltr. des *Sicherheitsdienstes (SD)*, den er nach dem Vorbild d. *Secret Service* organisieren u. z. Instrument d. Gegnerbeobachtung u. innerparteilicher Selbstkritik auszubauen beabsichtigte. Damals auftauchende Gerüchte üb. jüd. Abstammung H.s wurden durch Gutachten d. Parteigenealogen Dr. Gercke entkräftet. Nach d. Machtergreifung d. Nationalsozialisten kurzzeitig als Fhr. z.b.V. in Himmlers Stab; im Febr. 1933 Mitglied d. dt. Delegation b. d. Genfer Abrüstungskonferenz, wg. d. Provozierung eines Flaggenzwischenfalls v. Botschafter → Nadolny nach Hause geschickt. Nach d. Absetzung d. Regierung Held in Bayern (9. 3. 1933) Ltr. d. Abt. Politische Polizei im Münchner Polizeipräsidium, seit Apr. 1933 der gesamten polit. Polizei in Bayern. Systematische Abschreckung oppositioneller Kreise durch befristete Einweisung in das eben eingerichtete KZ Dachau. Im Zuge der v. Reichsinnenminister → Frick vorangetriebenen Verreichlichung d. Länder Übernahme d. polit. Polizeien auch in den übrigen dt. Ländern, am 22. 4. 1934 schließlich mit der Übernahme des Geheimen Staatspolizeiamtes (Gestapa) auch in Preußen. Der Institutionalisierung des SD-Hauptamtes als fünftem Hauptamt d. SS (9. 11. 1933) folgte im Juni 1934 die Aufwertung des SD zum einzigen Nachrichtenapparat d. Partei. Unmittelbar nach d. »Röhm-Putsch« am 1. 7. 1934 Beförderung zum SS-Gruf. 1936 erkämpfte H. dem RFSS Himmler

gegen den Reichsinnenminister die weitgehend unabhängige Position des *Chefs d. Dt. Polizei.* Himmler unterstellte ihm dafür mit der Leitung des neugeschaffenen SS-Hauptamtes Sicherheitspolizei (HA Sipo) auch die Kriminalpolizei. Abschluß der polizeilichen Karriere H.s Ende Sept. 1939 mit d. Errichtung des RSHA, in dem alle bisherigen obersten Kdo.-Stellen der Gestapo, Kriminalpolizei u. des SD in einer Zentrale vereinigt waren. Von hier aus wurden unter d. Verantwortung H.s unmittelbar vor Kriegsausbruch d. Grenzzwischenfälle an d. poln. Grenze (Gleiwitzer Sender u.a.), vor dem Westfeldzug auch d. Entführung brit. Geheimdienstoffiziere b. Venlo geplant. Unter der Verantwortung H.s standen auch die SS-Einsatzgruppen u. -kommandos, die nach dem Polenfeldzug d. Ausrottung der poln. Intelligenz betrieben u., nach d. Beauftragung H.s mit d. prakt. Durchführung d. »Endlösung der europäischen Judenfrage« (31. 7. 1941), die Massenmorde an d. Juden in der Sowjetunion begingen. Auf Wunsch → Hitlers am 27. 9. 1941 Übernahme der Amtsgeschäfte d. Reichsprotektors v. → Neurath u. Ernennung z. *Stellv. Reichsprotektor f. Böhmen u. Mähren.* Erfolgreiche Befriedungspolitik gegenüber d. tschech. Arbeiterschaft (»Zuckerbrot u. Peitsche«), um das tschech. Industriepotential für d. dt. Rüstung zu sichern. Attentat auf H. am 27. 5. 1942, durchgeführt von aus England eingeflogenen tschech. Agenten; Tod nach Wundinfektion eine Woche später. Den dt. Vergeltungsmaßnahmen fielen nach der Zerstörung des Dorfes Lidice dessen männliche Einwohner u. mehrere tausend Tschechen u. Juden aus Prag, Brünn, Theresienstadt u. Berlin zum Opfer.

Unter den führenden Funktionären des Dritten Reiches fällt an H. die kühl kalkulierte, rationale Einstellung zu den ihm übertragenen Aufgaben auf, die ihm auch zu seinen Vorgesetzten, selbst zu Himmler, eine Art respektloser Distanz ermöglichte, ihn andererseits der emotional an Hitler und die Partei gebundenen älteren Führungsschicht der »Kampfzeit« eher verdächtig machte. Allerdings prädestinierte ihn außer seiner Energie vor allem auch sein tiefsitzendes Mißtrauen zum Chef eines Überwachungs- und Unterdrückungsapparates, dessen Verbrechen unter seiner Führung ein für west- und mitteleuropäische Maßstäbe bis dahin noch nicht erreichtes Ausmaß annahmen. Als amtierender Reichsprotektor betrieb er wiederum eine geschickte und erfolgreiche Politik gegenüber der tschechischen Arbeiterschaft. Seine eigentliche Aufgabe sah er im Ausbau der SS zu einem äußerst effektiven

Staatsschutz-Korps, das am Ende allein für die innere Sicherheit des Staates zuständig und in seinen Methoden nur dem Führerwillen unterworfen sein sollte.
We

Hierl, Konstantin

Reichsarbeitsführer
geb. 24. 2. 1875 in Parsberg/ Oberpfalz,
gest. 23. 9. 1955 in Heidelberg.
Sohn eines Amtsrichters. Nach Besuch v. Gymnasien in Burghausen u. Regensburg 1892 als Fahnenjunker Eintritt in d. bayer. Armee; 1895 Offizier, 1908 Hptm.; nach Truppendienst 1911 Lehrer an d. Kriegsakademie. Während d. 1. WKs in Generalstabsstellungen eingesetzt; bei Kriegsende Obstltn. 1919 Aufstellung u. Kdr. des *Freikorps Hierl*, mit dem er sich an d. Niederschlagung d. Spartakistenaufstände in Augsburg u. München beteiligte. 1920 Übernahme in die Reichswehr, 1922 Oberst. Ab 1922 im Reichswehrministerium tätig. Führer d. *Tannenbergbundes*. Nach dem Münchner Hitlerprozeß Ende Okt. 1924 als Anhänger → Ludendorffs aus d. Reichswehr verabschiedet. Seit 1927 enge Verbindung zur NSDAP, April 1929 Mitglied; Juni 1929–Juni 1932 Organisationsleiter II in d. Reichsleitung d. NSDAP. 1930 für d. NSDAP in den Reichstag gewählt. Ab Okt. 1931 Aufbau des Arbeitsdienstes der Partei. Seit d. 31. 3. 1933 *Beauftragter des Führers f. d. RAD* (Reichsarbeitsdienst), ab 4. 5. 1933 im Rang eines StSekr. zunächst im Reichsarbeitsministerium, später im Reichsinnenministerium. Ab 3. 7. 1934 firmierte H. als *Reichskommissar f. d. freiw. Arbeitsdienst*; mit d. Einführung d. sechsmonatigen Arbeitsdienstpflicht durch Gesetz v. 26. 6. 1935 erhielt H. ab 1. 10. 1935 die Amtsbezeichnung *Reichsarbeitsführer*. Am 10. 9. 1936 Ernennung zum NSDAP-Reichsleiter; am 25. 8. 1943 wurde H. unter Aufwertung der RAD-Führung zur Obersten Reichsbehörde zum Reichsminister ernannt u. Hitler direkt unterstellt. Neben publizierten Reden u. »Aufklärungsschriften« verfaßte er einiges an Kleinschrifttum zum Arbeitsdienst. Nach d. Krieg Internierung. Im Spruchkammerverfahren im Aug. 1948 als »Hauptschuldiger« zu drei Jahren Arbeitslager verurteilt, nach Berufung im Dez. 1949 Erhöhung der Strafe auf fünf Jahre. Nach d. Entlassung völkischer Publizist. 1953 veröffentlichte H. *Gedanken hinter Stacheldraht. Eine Lebensschau*; bereits ein Jahr später seine Erinnerungen *Im Dienst für Dtschld. 1918–1945*. Einen Versuch, die jüngste Vergangenheit aufzuarbeiten, veröffentlichte er 1954 mit *Schuld oder Schicksal? Studie über Entstehung und Ausgang des Zweiten Weltkrieges*.

Wie die meisten hohen NS-Funktionäre blieb H. auch in der Nachkriegszeit seiner nationalsozialistischen Weltanschauung treu, persönlich in dem Gefühl, lediglich seine Pflicht getan zu haben, aber ohne sich bewußt geworden zu sein, daß er und das Führerkorps des RAD 18–25jährige im Geiste des NS zu militantem Nationalismus, absolutem Gehorsam und totaler Unterwerfung unter den Staat und seinen Führer erzogen hatten. Nach Schule und Hitlerjugend stellte der RAD aus heutiger Sicht eine weitere Möglichkeit dar, junge Menschen im Sinne des NS-Staates zu indoktrinieren. Die verbindende Idee des freiwilligen Arbeitsdienstes zum Wohle der Allgemeinheit wurde damit ihres Selbstzweckes beraubt und entwertet, der Idealismus der Jugend mißbraucht.
Ri

Hildebrandt, Friedrich Gauleiter und SS-Obergruppenführer
geb. 19. 9. 1898 in Kiekindemark/ Mecklenburg,
gest. 5. 11. 1948 in Landsberg (hingerichtet).
Der Sohn eines Landarbeiters war nach der Volksschulzeit seit 1914 selbst als Landarbeiter, später als Eisenbahnarbeiter tätig. 1916 zum Kriegsdienst eingezogen u. mehrfach verwundet. 1917 Gasvergiftung. 1919 mit dem *Freikorps v. Brandis* in Oberschlesien u. im Baltikum, Anfang 1920 als Vizefeldwebel aus d. Heer entlassen. Mitglied der Deutschnationalen Volkspartei. 1920 als Angehöriger der Sicherheitspolizei in Halle Freispruch von der Anklage zu harten Vorgehens gg. Spartakisten, jedoch Entlassung aus dem Polizeidienst. Wieder als Landarbeiter u. im *Brandenburgischen Landarbeiterbund* tätig, wurde er 1921 zum Kreisvorsitzenden des Bundes in der Westprignitz gewählt. 1924 Einzug in den mecklenburgischen Landtag als Spitzenkandidat d. Deutsch-völkischen Freiheitsbewegung. NSDAP-Mitglied seit 1. 2. 1925. Auf einer Vertretertagung d. norddt. NSDAP in Harburg von Gregor → Straßer am 22. 3. 1925 zum GL von Mecklenburg-Lübeck ernannt. Seit 1929 f. d. NSDAP in den mecklenburgischen Landtag gewählt, 1930 MdR. Wg. öffentlicher Kritik H.s an → Hitlers Verbindungen zur Industrie, die er als nicht mit dem Programm der NSDAP vereinbar bezeichnete, wurde er im gleichen Jahr von Hitler als GL beurlaubt, nach einer Loyalitätserklärung 1931 jedoch wieder eingesetzt. Nach der Machtergreifung wurde H. am 26. 5. 1933 zum Reichsstatthalter in den beiden mecklenburgischen Landesteilen u. in Lübeck, am 22. 9. 1939 auch zum Reichsverteidigungskommissar im Wehrkreis II ernannt.

1942 erhielt er den Ehrenrang eines SS-Ogruf. Wg. der Tötung abgeschossener alliierter Flieger wurde der seit 1945 von den Amerikanern internierte H. von einem US-Militärgericht in Dachau im Febr. 1947 zum Tod verurteilt u. 1948 in Landsberg hingerichtet.
We

Hildebrandt, Richard SS-Obergruppenführer und General der Polizei
geb. 13. 3. 1897 in Worms,
gest. 10. 3. 1952 in Bromberg (hingerichtet).
Nach Humanist. Gymnasium 1915 Abitur, dann als Kriegsfreiwilliger bis Nov. 1918 Militärdienst, zuletzt Ltn. Nach kaufmänn. Volontärzeit Studium d. Nationalökonomie mit Wechsel zu Geschichte u. Kunstgeschichte, Studienorte Köln u. München. Seit 1921 Tätigkeit als Korrespondent u. Auslandskorrespondent im Handel u. in d. keramischen Industrie, zeitweise arbeitslos. Zwischen 1924 u. 1927 Mitglied v. *Bund Oberland.* 1928 in d. USA ausgewandert, dort zuletzt in einer Exportbuchhandlung beschäftigt. In New York Mitglied d. NSDAP-Ortsgruppe. 1930 Rückkehr nach Dtschld. Ortsgruppenfhr., dann Bezirksfhr. d. NSDAP. 1931 Eintritt in d. SS; Stabsfhr. u. Adjutant d. SS-Gruppe Süd. 1933 MdR. 1933–35 SS-Brigadefhr. u. Fhr. SS-Abschnitt XXI in Görlitz, dann Abschnitt XI in Wiesbaden. Sept. 1936 SS-Gruf., 1937 Fhr. d. SS-Oberabschnitts Rhein in Wiesbaden; 1. 4. 1939–25. 9. 1939 HSSPF Rhein ebd.; 26. 10. 1939–20. 4. 1943 HSSPF Weichsel in Danzig. Jan. 1942 SS-Ogruf. In Danzig nach heftigen Auseinandersetzungen mit GL → Forster üb. Kompetenzen in d. Umsiedlungspolitik abgelöst u. am 20. 4. 1943 zum Chef d. *SS-Rasse- u. Siedlungshauptamts* ernannt; ab 25. 12. 1943 gleichzeitig vertretungsweise HSSPF Schwarzes Meer bei d. Heeresgruppe A u. zusätzlich SSPF Krim. 25. 2. 1945 Ernennung zum HSSPF Südost in Breslau (bis Kriegsende). Vom US-Militärgerichtshof in Nürnberg 1948 zu 25 Jahren Haft verurteilt, jedoch an Polen ausgeliefert. Wg. der von H. als HSSPF Weichsel mitzuverantwortenden zwangsweisen »Umsiedlungs«-Aktionen von Angehörigen d. poln. Volkstums aus dem »Reichsgau« Danzig-Westpreußen ins Generalgouvernement wurde er zum Tod verurteilt u. in Bromberg hingerichtet.
Nach SS-internen Aussagen soll sich um H. etwa ab Kriegsmitte ein Kreis opponierender höherer SS-Offiziere gebildet haben, die mit d. Rolle d. SS unter → Himmler nicht mehr einverstanden waren. Aktionen dieses angeblichen Kreises sind nicht nachweisbar.
We

Hilgenfeldt, Erich Leiter der Nationalsozialistischen Volkswohlfahrt (NSV)
geb. 2. 7. 1897 in Heinitz/Ottweiler, gest. Mai 1945 in Berlin (?) (Selbstmord?).
Oberrealschule in Saarbrücken, dann auf den Frankeschen Stiftungen in Halle bis zur Obersekunda. Anschließend Büroangestellter in d. Holzindustrie; zeitweise kaufmänn. Ltr. v. Unternehmen d. Baubranche; 1928 Angestellter im *Statist. Reichsamt.* 1927 Mitglied d. NSDAP; im März 1933 Gauinspekteur im Gau Groß-Berlin, im Juni 1933 bereits Amtsleiter, dann Reichsleiter des Amtes f. Volkswohlfahrt d. NSDAP in Personalunion auch der NSV. Seit Nov. 1933 MdR. *Reichsbeauftr. f. d. Winterhilfswerk d. dt. Volkes*; Mitglied d. *Reichsarbeitskammer*, der *Akademie f. Dt. Recht*, ehrenamtl. Richter b. *Obersten Ehren- u. Disziplinarhof d. DAF*, Vorsitzender des *Reichsverbandes f. Straffälligenbetreuung.* In seiner Eigenschaft als Ltr. d. NSV war H. auch Dienstvorgesetzter d. Reichsfrauenführerin Gertrud → Scholtz-Klink.
We

Himmler, Heinrich Reichsführer SS und Reichsinnenminister
geb. 7. 10. 1900 in München, gest. 23. 5. 1945 in einem Gefangenenlager bei Lüneburg (Selbstmord).
Geprägt vom bildungsbürgerlichen, streng kathol. u. königstreu-bayerischen Elternhaus (der Vater war Gymnasialprofessor, zuvor Prinzenerzieher im Hause Wittelsbach), nach Schulbesuch in Landshut 1917 eingezogen; Offiziersanwärter, aber nicht an d. Front verwendet. Seit 1918 studierte H. an d. TH München Landwirtschaft (1922 Diplom), war danach in einer Düngemittelfirma tätig, ab 1923 ohne Anstellung. Der Mitgliedschaft im völkischen *Artamanenbund* folgte 1923 der Anschluß an E. → Röhms Wehrverband *Reichskriegsflagge* u. mit diesem d. Teilnahme am Hitler-Putsch. Im Aug. 1925 Eintritt in die wiedergegründete NSDAP, Mitarbeiter von G. → Straßer, 1925 stellv. GL v. Niederbayern, 1926 stellv. GL v. Oberbayern, stellv. Reichspropagandaleiter 1926 bis 1930. Vorübergehend (1928) erfolglos Betreiber einer Hühnerfarm in München, war H. seit Jan. 1929 mit d. Ernennung zum Reichsführer SS, der Elite-Organisation innerhalb d. SA, ausschließlich polit. tätig u. wurde 1930 f. d. Wahlkreis Weser-Ems in d. Reichstag gewählt. Als Polizeipräsident in München (1933) errichtete er Anfang März 1933 das KZ Dachau u. organisierte die polit. Polizei in allen dt. Ländern. Am 20. 4. 1934 von → Göring zum stellv. Chef der Geheimen Staatspolizei in Preußen ernannt, beteiligte sich

H. an der Liquidierung d. SA-Führung (»Röhm-Putsch«), in deren Folge d. SA entmachtet u. d. SS als selbständige Gliederung d. NSDAP → Hitler unmittelbar unterstellt wurde. Ab 17. 6. 1936 war die gesamte Polizei unter H. als StSekr. im Reichsministerium des Innern (RMdI) zentralisiert und mit d. SS verflochten, was in der Amtsbezeichnung *RFSS* und Chef der deutschen Polizei zum Ausdruck kam. H. definierte die SS als »Orden«, in dem die NS-Ideologie auf elitäre Weise verkörpert sein sollte; gleichzeitig bildete die SS den außerhalb staatl. Normen agierenden Terrorapparat d. NS-Regimes u. schuf ein wirtschaftliches Imperium, das sich auf die Arbeitskraft der KZ-Häftlinge stützte. Neben den Bewachungsmannschaften der KZs, den *Totenkopfverbänden*, bildete H. aus der *SS-Verfügungstruppe* 1939/40 die *Waffen-SS* als nur ihm unterstehende Truppe neben d. Wehrmacht (zuletzt 38 Divisionen mit einer Stärke von ca. 600000 Mann). Nach der Verschmelzung des parteiinternen Sicherheitsdienstes (SD) mit Kriminalpolizei u. Gestapo im RSHA (1939) verfügte H. zusammen mit den KZs über alle Möglichkeiten d. Zwangsanwendung. Mit der Ernennung zum *Reichskommissar f. d. Festigung deutschen Volkstums* (*RKF*) oblag ihm ab 7. 10. 1939 auch die Umsiedlungs- u. Germanisierungspolitik in den annektierten u. besetzten Gebieten. H. war in letzter Instanz verantwortlich f. d. Organisation u. Durchführung des Völkermords an den europ. Juden durch d. Einsatzgruppen, in den Ghettos, in den Vernichtungslagern u. bei versch. »Aktionen«. Seit 25. 8. 1943 Reichsinnenminister u. Generalbevollmächtigter f. d. Reichsverwaltung, wurde H. am 21. 7. 1944 auch noch zum OB des Ersatzheeres u. Chef d. Heeresrüstung ernannt, bewies in den letzten Kriegsmonaten nacheinander als Befehlshaber zweier Heeresgruppen sein militär. Unvermögen, organisierte im Frühjahr 1945 den *Volkssturm* als letztes Aufgebot u. war für den allerdings nicht organisierten u. kaum agierenden *Werwolf* mit verantwortlich. Wg. seines Angebots einer Teilkapitulation in d. illusionären Hoffnung, mit den Westmächten gg. die Sowjetunion weiter kämpfen zu können, enthob ihn Hitler im April 1945 aller Ämter u. stieß ihn aus der NSDAP aus. Die »Regierung« → Dönitz distanzierte sich ebenfalls von H., der unter falschem Namen zu fliehen versuchte. In brit. Gefangenschaft beging er nach Entdeckung seiner Identität Selbstmord.

Vor Hitler äußerst subaltern, als Befehlshaber der SS einerseits unerbittlich streng, andererseits von patriarchalischer Fürsorglichkeit, galt H. als Typ des kleinlichen und engstirnigen Buchhalters und war

wenig beliebt. Seine Neigung, sich bis in entlegene Details persönlich zu engagieren, machte ihn gefürchtet. Vor Lächerlichkeit schützten ihn Macht und Ergebenheit seiner Führungskader, auch wenn er zur »Institutionalisierung seiner Narr heiten« (Joachim Fest) neigte und Ämter wie den *Sonderbeauftragten des Reichsführers SS für die Hundebesorgung* errichtete oder *Mücken- u. Insektenabwehrführer* bei jeder Einheit der Waffen-SS einführte. Starke Kurzsichtigkeit hatte ihm die erhoffte Karriere als Berufsoffizier verwehrt; dies suchte er durch militärisches Auftreten zu kompensieren. Er war als Ver antwortlicher für millionenfachen Mord zwar Vollstrecker, aber kein Gewaltmensch (Helmut Heiber). Der moralsüchtige kleinbürgerliche Pedant, der Korruption unbarmherzig verfolgte und sich selbst nicht bereicherte, war bei aller Durchschnittlichkeit und Beschränktheit ein Phantast, der sich in eine Scheinwelt träumte, die mit Figuren aus germanischer Vorzeit und deutschem Mittelalter bevölkert war. Mit der SS-Forschungsgemeinschaft *Ahnenerbe* verfolgte er historische Interessen, ideologisch setzte er sie u.a. in der Weihestätte Wewelsburg um, die ein zentraler Ort für die Führer seines SS-»Ordens« war; weitere Neigungen und Bemühungen galten naturgemäßer Lebensweise, der Volksmedizin und mancherlei obskuren und okkulten Projekten. Niederschlag im SS-Imperium fand dies z.B. im Heilkräuteranbau in Konzentrationslagern, in der SS-eigenen Mineralwasserproduktion, mit der H. den Alkoholismus zu bekämpfen suchte, oder im Verein *Lebensborn*, mit dem er den Kinderreichtum in der SS und dadurch die Wehrkraft des deutschen Volkes fördern und hilfsbedürftige Mütter »guten Blutes« versorgen wollte. Mit gleichem Engagement nahm H. persönlichen Anteil an den pseudowissenschaftlichen Menschenversuchen in den KZs. Seine Lebensaufgabe sah er (bei zunehmendem Realitätsverlust und romantischer Verklärung der eigenen Person als Reinkarnation König Heinrichs I.) in der Errichtung und Verteidigung eines großgermanischen Reiches; die Rolle der SS definierte er als idealistische Elite, als künftige Aristokratie, der mit dem millionenfachen Massenmord an Juden und anderen Unerwünschten eine besondere Bürde zur Bewährung auferlegt war. In der Rede vor SS-Gruppenführern in Posen 1943 rechtfertigte er den rassenideologisch motivierten Völkermord als schwere Aufgabe, bei deren Lösung die SS menschlich anständig geblieben sei: »Dies ist ein niemals geschriebenes und niemals zu schreibendes Ruhmesblatt unserer Geschichte.«
Bz

Hindemith, Paul Komponist
geb. 16. 11. 1895 in Hanau,
gest. 28. 11. 1963 in Frankfurt/M.
H.s Vater, ein Handwerker, förderte seinen Sohn früh; seit 1902 in Frankfurt ansässig, erhielt H. Musikunterricht an mehreren Instrumenten. Als Siebenjähriger spielte er im *Frankfurter Kindertrio* mit, später in einer Jazzkapelle und in einem kleinen Operettentheater. Eine solide Ausbildung erhielt H. am Frankfurter Konservatorium; 1915 war er bereits Erster Konzertmeister der Frankfurter Oper und 1922–29 Bratschist im *Amar-Quartett.* Mit seinen modernen, teilweise an die Schönbergsche »atonale« Musik erinnernden, rebellischen u. experimentellen Kompositionen wurde H. bald zu einem d. bedeutendsten Vertreter der Neuen Musik der Weimarer Jahre. Seine Bühnenstücke *Mörder, Hoffnung der Frauen* (nach Kokoschka) u. *Nusch-Nuschi* (nach Franz Blei) sorgten allerdings bei ihrer Uraufführung 1921 in Stuttgart für Aufregung, vorübergehend kam es sogar zu einem Aufführungsverbot eines Stückes. Trotzdem war H. hoch angesehen, zumal er sich im Laufe der 20er Jahre wieder mehr der »tonalen« Musik zuwandte. 1923 wurde er Mitglied im Programmausschuß der *Donaueschinger Musiktage* u. 1927 Dozent an der Berliner Musikhochschule. Daneben konzipierte er sog. Gebrauchsmusik für Laien, Spiel- u. Singgruppen u. für den Schulunterricht. In dieser Zeit entstanden H.s bedeutendste Werke, u.a. die Opern *Cardillac* nach E.T.A. Hoffmanns *Fräulein von Scuderi* (1926) und *Mathis der Maler* (1934 uraufgeführt) über d. Maler Matthias Grünewald. Die Nationalsozialisten des → Rosenbergschen *Kampfbunds f. Dt. Kultur* hatten H.s Werke schon in den 20er Jahren als »kulturbolschewistisch« gebrandmarkt u. gingen nach 1933 gg. H. vor, während Goebbels u. Kreise d. HJ sich für ihn einsetzten und v.a. H.s Oper *Mathis* lobten. Obwohl Wilhelm → Furtwängler, der leitende Dirigent der Berliner Staatsoper, 1934 noch H.s Zeitoper *Neues vom Tage* auf die Bühne brachte und sich persönlich für H. einsetzte, erhielt H. 1934 Aufführungsverbot. Das Verdikt ging auf → Hitlers persönl. Entscheidung zurück, der wg. einer höchst dezent inszenierten Badeszene in *Neues v. Tage*, die ihn schon 1929 empört hatte, H. seitdem entschieden ablehnte. Goebbels u. Furtwängler krochen zu Kreuze. H. wurde 1937 der Lehrauftrag an d. Berliner Musikhochschule entzogen. Im Rahmen d. Düsseldorfer Ausstellung *Entartete Musik* im Jahre 1938 wurde er von den Nationalsozialisten öffentlich angefeindet. H. floh daraufhin über die Türkei, wo er am Konservatorium in Ankara tä-

tig war, in die Schweiz u. 1940 in d. USA. Dort lehrte er an den Universitäten Yale u. Harvard. 1946 erhielt er die amerik. Staatsbürgerschaft. Nach seiner Rückkehr 1953 nach Europa lebte H. bis zu seinem Tod in Zürich, wo er an der Universität unterrichtete. Künstlerisch beschäftigte er sich noch mit der Überarbeitung einer Reihe eigener Werke.
KK

Hindenburg, Paul v. Beneckendorff u. v. Reichspräsident u. Generalfeldmarschall
geb. 2. 10. 1847 in Posen,
gest. 2. 8. 1934 in Neudeck.
Sohn eines Berufsoffz. 1866 Ltn. im 3. Garde-Rgt. zu Fuß; bei Königgrätz verwundet. Als Adjutant Teilnehmer am dt.-frz. Krieg 1870/71. 1872 Obltn. 1877 zum Großen Generalstab kommandiert. 1878 als Hptm. im Stab d. II. Armeekorps, 1881 bei einem Divisionsstab. Weiterhin wechselnde Truppen u. Stabsstellungen. 1888 im Kriegsministerium, 1890 Abteilungschef. 1893 Rgt.-Kdr. in Oldenburg. 1894 Obst. 1897 GenMaj., 1900 GenLtn. u. Divisionskommandeur. 1903 Kdr. Gen. des IV. Armeekorps. 1905 Gen. d. Infanterie. 1908 Ruhestand. Bei Kriegsausbruch 1914 reaktiviert. OB d. 8. Armee, Beförderung zum GenObst. 1. 11. 1914 OB d. dt. Streitkräfte an d. Ostfront. 27. 11. 1914 GFM. 27. 8. 1916 Chef d. OHL. Am 3. 7. 1919 aus dem Heeresdienst ausgeschieden. 26. 4. 1925 Wahl zum Reichspräsidenten; 12. 5. 1925 Vereidigung. 10. 4. 1932 Wiederwahl als Reichspräsident.
H. wurde zum Volkshelden, als er die in Ostpreußen mit Übermacht eindringenden, zahlenmäßig weit überlegenen russischen Truppen zurückwarf. Als Chef der dritten OHL während d. Ersten Weltkrieges bestimmte er mit General Erich → Ludendorff weitgehend die deutsche Kriegspolitik. Mit den von ihm angeordneten Maßnahmen entwickelte er erste Formen einer totalen Kriegführung. Nach dem Krieg verbreitete H. wider besseres Wissen die Legende von der im Felde unbesiegten Armee und trug auf diese Weise dazu bei, das Vertrauen weiter Kreise der Bevölkerung in die Republik zu erschüttern. Zum Reichspräsidenten gewählt, enttäuschte er zunächst viele seiner rechtskonservativen Parteigänger, indem er weiterhin parlamentarische Regierungen einsetzte und die Außenpolitik Gustav Stresemanns unterstützte. Mit der Ernennung Heinrich Brünings zum Reichskanzler wurde H. durch die Notverordnungsvollmacht der Reichsverfassung immer direkter in die Tagespolitik verstrickt. Er verfolgte langfristig das Ziel, die Regierung nach rechts zu erweitern, schreckte jedoch immer davor zurück, den Boden der

Weimarer Verfassung zu verlassen. Einer zweiten Amtszeit widersetzte sich H. zunächst, doch Brüning sah in ihm den einzigen Garanten für Stabilität. Aufgestellt und gewählt von seinen früheren Gegnern Zentrum und Sozialdemokratie, besiegte er Hitler. Dem Einfluß großagrarischer Kreise entzog er sich auf Dauer nicht und griff zu deren Gunsten in die Politik ein. Er widerstand lange dem Ansinnen, → Hitler als dem Vorsitzenden der stärksten im Reichstag vertretenen Partei die Kanzlerschaft zu übertragen. Es ist nicht unwahrscheinlich, daß H. Hitler schließlich zum Reichskanzler ernannte im Glauben, dieser könne sich auf eine ausreichende parlamentarische Mehrheit stützen. Abgeschirmt vom Geschehen nahm er nach der Ernennung Hitlers nur noch wenig Anteil an der Politik. Seine zunehmende Unentschlossenheit und Beeinflußbarkeit waren wahrscheinlich altersbedingt.
KAL

Hinkel, Hans Kulturpolitiker, Ministerialdirektor
geb. 22. 6. 1901 in Worms,
gest. 8. 2. 1960 in Göttingen.
Sohn eines Fabrikanten. Abgebrochenes Studium d. Staatswissenschaften an den Universitäten Bonn u. München 1920/23. Gleichzeitig Mitglied des *Freikorps Oberland*. 4. 10. 1921 Beitritt zur NSDAP (Mitglieds-Nr. 287). 1924/25 Chefredakteur d. *Oberbayerischen Tageszeitung*; 1928 Arbeiten für mehrere natsoz. Zeitungen u. Zeitschriften, 1930–32 für den Berliner *VB*. Ab 1930 Reichstagsabgeordneter. Bis 1933/34 führender Ideologe im *Kampfbund für Dt. Kultur*. Am 30. 1. 1933 Ernennung zum Staatskommissar im Preuß. Ministerium für Wissenschaft, Kunst u. Volksbildung mit dem vorrangigen Auftrag, sämtliche Kulturbereiche, insbesondere d. Universitäten, zu »entjuden«. Gleichzeitig Ltr. des *Amtlichen Preuß. Theater-Ausschusses* u. Präsident d. *Gesellschaft für Dt. Kultur*. Mai 1935 Ernennung zum Geschäftsführer d. *Reichskulturkammer*. Seit 1935 »Sonderbeauftragter« im Reichsministerium für Volksaufklärung u. Propaganda. Seine Abt. *Kulturpersonalien* hatte die personelle Erfassung u. polit. Beurteilung sämtl. Kulturschaffenden zur Aufgabe. Mit der Umbenennung der Abt. in *Besondere Kulturaufgaben* kurz nach Kriegsbeginn Aufgabenerweiterung, insbesondere durch Fragen der Judendeportation. Zahlenmäßige Erfassung der Juden u. verschiedene Pläne zu deren Ausweisung. Nach Auflösung d. Abteilung im Aug. 1941 Bestellung zum *Generalreferenten für Reichskulturkammersachen*. Ende 1942 Chef des gesamten Unterhaltungsprogramms im

Rundfunk. 1940 MinDirig.; 1942 MinDir.; 1943 SS-Gruf. u. höchster SS-Offizier im Propagandaministerium; 1944 Ltr. d. Filmabt. u. zugleich Reichsfilmintendant. Nach dem Attentat vom 20. 7. 1944 verlangte H. von den Kulturschaffenden, → Hitler ihre Ergebenheit schriftlich zu bekunden. In Hitlers Aufrag drehte H. mit einem von ihm selbst ausgesuchten Kamerateam den berüchtigten Film von den VGH-Prozessen gg. die Verschwörer u. deren anschließende Exekution. Nach Kriegsende jahrelang in poln. Haft, bevor er über die Grenze abgeschoben wurde. Aufgrund einer Verwechslung mit dem Gestapo-Beamten Hinkler mußte er zahlreiche Verhöre über sich ergehen lassen.

H. gehörte zur ersten Garnitur der beamteten Kulturfunktionäre des NS-Staates, der sich durch seine Vielseitigkeit auszeichnete und bedenkenlos eine rassistische Kulturpolitik propagierte und ausführte.

Froe

Hitler, Adolf »Führer« des Dritten Reiches

geb. 20. 4. 1889 in Braunau/Inn,
gest. 30. 4. 1945 in Berlin
(Selbstmord).

Sohn des Zollamtsoberoffizials Alois H. u. dessen dritter Ehefrau Klara, geb. Pölzl (aus d. zweiten Ehe stammten H.s Halbgeschwister Alois jr. u. Angela, aus d. dritten seine Schwester Paula, gest. 1960). Besuch d. Volksschule in Fischlham b. Lambach, Lambach u. Leonding, seit 1900 Realschule in Linz u. (1904/05) Steyr. Nach Tod des Vaters (3. 1. 1903) Abbruch des Schulbesuchs (1905) ohne Abschluß. H. lebte zunächst in Linz u. Urfahr (1917 nach Linz eingemeindet) mit seiner Mutter von deren Witwenpension. Anfang Sept. 1907 nach Wien, bei Bewerbung an der *Allgemeinen Malerschule der Akademie d. Bildenden Künste* durchgefallen; zurück nach Linz. Nach dem Tod d. Mutter (21. 12. 1907) im Febr. 1908 wieder nach Wien, dort zunächst zielloses Leben, finanziert durch Waisenrente, geerbtes Geld u. Anleihen seiner Tante Johanna Pölzl.

Sept. 1908 scheitert zweite Bewerbung an der *Akademie der Bildenden Künste*, danach Abstieg bis zur Existenz im Meidlinger Obdachlosenasyl (Herbst 1909); auf Vorschlag des Leidensgenossen Reinhold Hanisch u. mit einer weiteren finanziellen Hilfe der Tante Johanna Erwerb v. Malutensilien u. Beginn der Tätigkeit als Postkartenmaler, deren Verkauf, auch an jüd. Bilder- u. Rahmenhändler (Samuel Morgenstern), das Existenzminimum sichert u. am 9. 2. 1910 den Umzug in das Männerheim in Wien-Brigittenau, Meldemannstraße 27, ermöglicht. Am

24. 5. 1913 Übersiedlung nach München, wahrscheinlich um dem Militärdienst in der k.u.k.-Armee zu entfliehen, und dort (Schleißheimer Straße 34) Fortsetzung des Lebens als »Kunstmaler«. Bei einer nicht zu vermeidenden Musterung in Salzburg am 5. 2. 1914 wg. »schwächlichen« Gesamtzustands vom Wehrdienst in der Donaumonarchie befreit.

Anfang Aug. 1914 Meldung als Freiwilliger zur bayer. Armee; im 16. Bayer. Reserve-Infanterie-Rgt. seit Okt. 1914 an der Westfront. Trotz Bewährung (Dez. 1914 EK II, 4. 8. 1918 EK I) nur zum Gefreiten befördert. Am 7. 10. 1916 bei Le Barqué Verwundung am linken Oberschenkel, am 14. 10. 1918 südlich von Ypern durch Einwirkung v. Kampfgas vorübergehend erblindet; im Nov. 1918 zur Zeit des Waffenstillstands u. d. polit. Umsturzes im Lazarett Pasewalk. Ende Nov. 1918 nach München zum Ersatz-Batl. seines Regiments entlassen. Dort u. im Heimkehrerlager Lechfeld bei d. nationalistischen Schulung der Soldaten, anschließend, ohne aktiv an d. Bekämpfung d. Räterepublik teilzunehmen, bei d. Beobachtung der polit. Szene in München eingesetzt. Als V-Mann der Reichswehr am 12. 9. 1919 Teilnahme an einer Versammlung der DAP, einer von dem Sportjournalisten Karl Harrer u. dem Werkzeugschlosser Anton → Drexler ins Leben gerufenen rechtsextremen Splittergruppe, ideolog.-polit. eng verwandt mit der 1904 in deutschsprachigen Territorien d. Donaumonarchie, namentlich in Böhmen u. Mähren, entstandenen Deutschen Arbeiterpartei (im Mai 1918 in Dt. Nationalsozialistische Arbeiterpartei – DNSAP – umbenannt).

Nach ersten rhetor. Erfolgen in Diskussionen am 18. 9. 1919 Eintritt in d. DAP als Mitglied Nr. 55 u. Ausschuß-Mitglied Nr. 7, bald unentbehrlich als Redner mit ständig wachsender Anziehung auf d. Publikum; noch vor dem Ausscheiden aus der Reichswehr (1. 4. 1920) am 24. 2. 1920 erste Großversammlung der inzwischen in Nationalsozialistische Deutsche Arbeiterpartei (NSDAP) umbenannten Gruppe (2000 Besucher). Am 7./8. 8. 1920 erste organisatorische Verbindung mit d. DNSAP der Sudetengebiete u. Österreichs (Tagung in Salzburg). Am 17. 12. 1920 mit Hilfe privater Förderer (Dietrich → Eckart) u. der Reichswehr Erwerb des *Völkischen Beobachters* (ab 8. 2. 1923 Tageszeitung). Am 29. 7. 1921 wird H. von außerordentlicher Mitgliederversammlung zum von Mehrheitsbeschlüssen des Vorstands unabhängigen Vorsitzenden gewählt. 24. 6.–27. 7. 1922 wg. Sprengung einer gegnerischen Versammlung im Gefängnis. 27.–29. 1. 1923 erster Reichsparteitag der NSDAP (jetzt

20000 Mitglieder). 2. 9. 1923 polit. Ltr. des *Dt. Kampfbunds*, eines Zusammenschlusses der aktivsten bayer. Wehrverbände; 8. 11. 1923 Putsch des *Kampfbunds* gg. bayer. u. Reichsregierung zur Schaffung einer nationalen Diktatur, 9. 11. 1923 Niederschlagung des Putschversuchs durch die freilich in die Putsch-Vorgeschichte tief verstrickte bayer. Regierung (Feuergefecht an d. Münchner Feldherrnhalle u. beim Wehrkreiskommando mit vier gefallenen Polizisten u. 16 toten Nationalsozialisten); am 11. 11. 1923 Verhaftung des geflüchteten u. in Uffing am Staffelsee im Landhaus Ernst → Hanfstaengls versteckten H. Vom 26. 2.–1. 4. 1924 vor d. Volksgericht München Hochverratsprozeß gg. H. u. etliche Putschisten, der die bayer. Reichswehr wie d. bayer. Regierung schont und H. Gelegenheit gibt, sich zum nationalen Märtyrer zu stilisieren; am 1. 4. 1924 Verurteilung zu fünf Jahren Festungshaft. In der Haftanstalt Landsberg/Lech Diktat des ersten Bandes der Rechtfertigungs- u. Programmschrift *Mein Kampf*, der im Juli 1925 in München erscheint (2. Bd. im Dezember 1926, Auflage bis 1933: 300000).

Am 20. 12. 1924 vorzeitige Entlassung H.s aus der Haft. 26. 2. 1925 Neugründung der während der Haftzeit auseinandergefallenen NSDAP, trotz einstweiligem Redeverbot (in Bayern bis 5. 3. 1927, in Preußen bis September 1928) gelingen neue Einigung u. die Gewinnung zahlreicher Nationalisten u. Völkischer, doch bleibt NSDAP vorerst eine Splittergruppe am rechten Rand des polit. Spektrums (7 Reichstagsabgeordnete 1927, 12 nach Reichstagswahl vom 20. 5. 1928). 1928 u. 1929 allmählich Zugewinne bei kommunalen u. regionalen Wahlen, 23. 6. 1929 erstmals Mehrheit in einem Stadtrat (Coburg). 14. 2. 1926 scheitert auf Führertagung in Bamberg Versuch nord- u. westdeutscher NSDAP-Funktionäre, H. auf ein neues Programm festzulegen u. so seine Macht einzuschränken; 22. 5. 1926 wird H. v. d. Generalmitgliederversammlung d. NSDAP in München erneut einstimmig zum Vorsitzenden gewählt (letztmalig 1930 bestätigt). Am 3./4. 7. 1926 zweiter Reichsparteitag der NSDAP in Weimar mit Vorbeimarsch von 3500 uniformierten SA-Leuten vor H.; 19.–21. 8. 1927 dritter Reichsparteitag der NSDAP in Nürnberg mit Vorbeimarsch von 10000 SA-Leuten. H. setzt sich in jenen Jahren als diktatorisch herrschender »Führer« durch; Ausbildung eines Führerkults in der NS-Bewegung u. Einführung des Grußes »Heil Hitler« (1926), 9. 7. 1929 wird H. politisch »hoffähig« als Partner der Deutschnationalen, des *Stahlhelm*, des *Landbunds* u. der Landvolkpartei im *Reichsausschuß für das*

Volksbegehren gegen den Young-Plan. Am 23. 1. 1930 erstmals Nationalsozialist (→ Frick) Minister in einer rechtsbürgerlichen Koalitionsregierung (Thüringen). 25. 9. 1930 schwört H. in einem Prozeß vor dem Reichsgericht in Leipzig (wg. der Bildung von NS-Zellen in der Reichswehr), nur mit legalen Mitteln um die Macht zu kämpfen (Legalitätseid).

Bei den Reichstagswahlen vom 14. 9. 1930 Durchbruch der NSDAP zur Massenpartei (107 Mandate). H. in der *Harzburger Front* (11. 10. 1931) gleichberechtigter Partner der Führer des *Stahlhelm* u. der Deutschnationalen. Am 10. 10. 1931 H. und sein Gefolgsmann → Göring erstmals zu Gesprächen bei Reichspräsident v. → Hindenburg. 25. 2. 1932 wird der bis dahin staatenlose H. durch Ernennung zum Regierungsrat bei der braunschweigischen Gesandtschaft in Berlin dt. Staatsbürger, danach Kandidatur bei der Reichspräsidentenwahl am 13. 3. 1932 (30,1 Prozent der Stimmen) und am 10. 4. 1932 (36,8 Prozent), bei den Reichstagswahlen am 31. 7. 1932 wird d. NSDAP stärkste Partei mit 37,4 Prozent (13 779 111) der Stimmen u. 230 Mandaten. Rückschlag bei den Reichstagswahlen am 6. 11. 1932 (33 Prozent der Stimmen, 196 Mandate), doch bleibt NSDAP stärkste Partei, und nach Intrigen hochkonservativer Kreise um Reichspräsident v. Hindenburg wird H. am 30. 1. 1933 zum Reichskanzler eines Koalitionskabinetts aus Deutschnationalen, Parteilosen u. zunächst nur zwei Nationalsozialisten (Frick u. Göring) ernannt. Gestützt auf die Verordnung *Zum Schutze des deutschen Volkes* (4. 2. 1933) u. auf die nach dem Reichstagsbrand erlassene Verordnung *Zum Schutz von Volk und Staat* (28. 2. 1933) vollzieht sich d. Abbau des Rechtsstaats (erste Konzentrationslager in Dachau am 20.3. u. Oranienburg am 21. 3. 1933), Säuberung der Beamtenschaft u. Schaffung der Gestapo (26. 4. 1933). Nach den Wahlen vom 5. 3. 1933 (NSDAP 43,9 Prozent der Stimmen) Gleichschaltung der Länder u. aller Einrichtungen der dt. Gesellschaft. Am 23. 3. 1933 beschließt d. Reichstag gg. die Stimmen der SPD ein Ermächtigungsgesetz, das der Reichsregierung die Handhabe zum Erlaß verfassungsändernder Gesetze bietet. Verbot von KPD und SPD (22. 6. 1933), Selbstauflösung aller übrigen Parteien (Juni/Juli 1933), Etablierung des Monopols der NSDAP u. der Alleinherrschaft ihres »Führers«, der mit Berufsverboten die staatl. Judenverfolgung einleitet.

Noch 1933 Beginn der Aufrüstung u. der Schaffung einer Offensivarmee; am 14. 10. 1933 verläßt Dtschld. die Abrüstungskonferenz in Genf u. tritt aus dem Völkerbund aus, womit H. trotz des von

Mussolini initiierten Viermächtepakts zwischen Dtschld., Großbritannien, Frankreich u. Italien (15. 7. 1933), trotz des Reichskonkordats mit dem Vatikan (20. 7. 1933) u. trotz eines Nichtangriffspakts mit Polen (26. 1. 1934) Dtschld. vorerst in eine internationale Isolierung steuert, die allein aus eigener Kraft nicht zu durchbrechen ist, zumal sich H. mit Versuchen, Österreich gleichzuschalten, das faschistische Italien zunächst wieder zum Feind macht (italienisch-britisch-französische *Front von Stresa*, 14. 4. 1935). Im Konflikt zwischen der Bürgerkriegsarmee der NSDAP, der SA, und den regulären Streitkräften entscheidet sich H., um eine drohende Allianz zwischen konservativen Gruppen, dem Heer und dem Reichspräsidenten zu verhindern u. um die Reichswehr als Kern einer f. expansionistische Politik tauglichen Wehrmacht nutzen zu können, gg. die SA u. löst das Problem mit Hilfe des Militärs durch d. Ermordung des Stabschefs der SA, Ernst → Röhm, zahlreicher weiterer SA-Führer u. etlicher potentieller oder vermeintlicher konservativer Gegner, unter ihnen der ehemalige Reichskanzler Gen. v. → Schleicher u. der politische Berater des amtierenden Vizekanzlers v. → Papen, Edgar Jung (30. 6. 1934). Dafür erhebt die dankbare Reichswehr keine Einwände, als H. nach Hindenburgs Tod sofort auch das Amt d. Reichspräsidenten (ohne diesen Titel, Bezeichnung heißt nun »Führer u. Reichskanzler«) übernimmt (2. 8. 1934); sie führt überdies einen auf H. persönlich zu leistenden Fahneneid ein, womit die Errichtung des »Führerstaats« vollendet u. die hierarchische Struktur der NS-Bewegung ganz Dtschld. oktroyiert ist.
Am 16. 3. 1935 Einführung d. allgemeinen Wehrpflicht u. Forcierung der Aufrüstung, was zunächst Dtschld.s Isolierung noch verstärkt; doch sieht sich einige Monate später Italien, das durch Mussolinis unprovozierten Angriff auf Abessinien (3. 10. 1935) in einen Konflikt mit Großbritannien, Frankreich u. dem Völkerbund gerät, dazu genötigt, Anlehnung an Dtschld. zu suchen, was H. die Gelegenheit verschafft, mit ital. Zustimmung die entmilitarisierte Zone d. Rheinlands von Heereseinheiten besetzen zu lassen (7. 3. 1936) u. mit diesem Bruch des Vertrags von Locarno d. Deutsche Reich aus der letzten Bindung an ein internationales Vertragssystem zu lösen. Danach, nicht zuletzt durch die gemeinsame Intervention im Spanischen Bürgerkrieg, rasch weitere Annäherung zwischen Dtschld. u. Italien, das die Protektorrolle über Österreich aufgibt, H. die außenpolitische Gleichschaltung Wiens erlaubt (Vertrag vom 11. 7. 1936) u. am 25. 10. 1936 die *Achse Berlin – Rom*

mit Dtschld. schließt: eine gemeinsame Kampfansage an den Status quo in Europa. Zugleich Intensivierung der Vorbereitung Dtschld.s auf einen Eroberungskrieg (Denkschrift v. Spätsommer 1936, in der H. erklärt, Wirtschaft u. Armee hätten in vier Jahren »kriegsfähig« zu sein). Parallel dazu verschärft H. die Judenverfolgung, indem er die dt. Juden zu Bürgern zweiter Klasse erklärt u. aus der Nation ausschließt, d. h. die im 19. Jahrhundert erreichte Emanzipation rückgängig macht (Nürnberger Gesetze v. 15. 9. 1935).

Bereits 1937 faßt aber H. in Überschätzung d. dt. Aufrüstung u. ermutigt sowohl v. d. schwächlichen Reaktion der Westmächte auf Italiens Einfall in Abessinien wie vom erkennbaren brit. Wunsch nach Verständigung mit dem Dritten Reich den Beginn der auch militär. durchzusetzenden Expansion Dtschld.s schon für 1938 ins Auge. Eröffnung dieser Absicht am 5. 11. 1937 in einer Konferenz mit den wichtigsten polit. u. militär. Mitarbeitern (*Hoßbach-Niederschrift*; → Hoßbach); zwei kritische Teilnehmer der Konferenz, Kriegsminister v. → Blomberg u. der OB des Heeres, Frhr. v. → Fritsch, am 4. 2. 1938 entlassen. H. übernimmt direkten Oberbefehl über d. Wehrmacht; mit Joachim v. → Ribbentrop wird ein Nationalsozialist Außenminister. Damit sind letzte Bastionen der dt.-nat. Partner von 1933 gefallen, Herrschaft des »Führers« nun absolut u. total. Gleichwohl Einmarsch in Österreich u. Annexion des Landes (12. bzw. 13. 3. 1938) unter Ausnutzung eines noch ungeplanten Konflikts zwischen der Wiener Regierung u. den österr. Nationalsozialisten. Danach jedoch bewußte Inszenierung einer Krise, die in einem Feldzug gg. die Tschechoslowakei u. deren Eroberung enden soll, was freilich an brit.-frz. Entgegenkommen u. an der Intervention des auf einen europäischen Krieg nicht vorbereiteten Italien scheitert. H. muß sich mit friedlicher Annexion lediglich d. Sudetengebiete begnügen (Münchner Konferenz mit Münchner Abkommen am 29./30. 9. 1938). Trotzdem außenpolitischer Triumph, den H. sofort durch eine abermalige Verschärfung der Judenverfolgung erweitert mit dem reichsweiten Pogrom vom 9./10. 11. 1938, der »Reichskristallnacht«, organisiert als angeblich spontane Reaktion der dt. Bevölkerung auf die Ermordung eines in d. Pariser Botschaft beschäftigten dt. Diplomaten (→ Rath, E. vom) durch Herschel Grynszpan, einen siebzehnjährigen dt.-poln. Juden. Die anschließende Flut antijüd. Gesetze, die das dt. Judentum auf eine in Europa nie gekannte Weise diskriminieren u. praktisch enteignen, beendet die Verfolgungsmaßnahmen zunächst.

Im März 1939 inszeniert H. einen slowakisch-tschechischen Konflikt, der ihm den Vorwand zur Intervention liefert. Böhmen und Mähren werden besetzt u. als »Reichsprotektorat« zu einem Territorium des Dt. Reiches, während die Slowakei nominell selbständig, faktisch eine Region des dt. Machtbereichs wird (14.–16. 3. 1939). Noch vor dieser Korrektur von »München«, die freilich das Ende der brit.-frz. Appeasement-Politik bewirkt, entschließt sich H., im Jahr 1940 Frankreich niederzuwerfen u. Großbritannien vom europ. Kontinent zu vertreiben, um so Rückenfreiheit für einen Krieg um »Lebensraum« gg. die Sowjetunion zu gewinnen. Die zuvor notwendige polit. Unterwerfung der östlichen u. südöstlichen Nachbarn scheitert an Polen, das den ihm zugemuteten Satellitenstatus verweigert. Daher Entschluß, im Spätsommer 1939 Polen mit militär. Mitteln auszuschalten u. dabei brit.-frz. Eingreifen gg. die Expansionspolitik des Dritten Reiches in Kauf zu nehmen; H. glaubt mit Recht, daß d. Westmächte auf Grund mangelhafter Vorbereitung noch geraume Zeit zu militär. Passivität gezwungen sind. Um Versorgung mit Rohstoffen sicherzustellen, Annäherung an Sowjetunion u. dt.-sowjetische Verständigung über Teilung Polens (Hitler-Stalin-Pakt v. 23. 8. 1939). Danach am 1. 9. 1939 Angriff auf Polen, das bis Ende Sept. besiegt, besetzt u. mit der Sowjetunion geteilt wird. Die am 3. 9. 1939 tatsächlich in den Krieg eingetretenen Westmächte werden am 10. 5. 1940 angegriffen, erleiden schwere militär. Niederlage; Niederlande u. Belgien werden besetzt, Frankreich muß am 22. 6. 1940 kapitulieren. Zuvor läßt H., um schwed. Erzlieferungen zu sichern, Dänemark u. Norwegen besetzen (Beginn 9. 4. 1940, im norw. Narvik Kämpfe mit brit. Truppen bis zum 8.6., Kapitulation der letzten norw. Einheiten am 10. 6. 1940). Mit der Absicht späterer Annexion Errichtung harter Besatzungsherrschaft, namentlich in Norwegen. In den annektierten Teilen Polens (Reichsgaue Danzig-Westpreußen u. Wartheland) u. in dem als *Generalgouvernement* dem Reich angeschlossenen poln. Territorium läßt H. tausende poln. Lehrer, Ärzte, Geistliche usw. ermorden, um Herrschaft zu sichern; gleichzeitig Beginn völkischer Lebensraumpolitik mit der Vertreibung zahlloser jüd. u. nichtjüd. Polen u. der Ansiedlung Deutscher aus den baltischen Ländern, der Bukowina u. Bessarabien. Im Westfeldzug greift H. erstmals in militär. Operationen ein: Er nötigt das OKH zur Annahme des von Gen. v. → Manstein entworfenen (u. dann erfolgreichen) Operationsplans (»Sichelschnitt«), andererseits ermöglicht er die Evakuierung des britischen

Expeditionskorps (zusammen mit 120000 frz. Soldaten) aus Dünkirchen mit seinem aus militär. Gründen erteilten Befehl zum Anhalten der nach Flandern vorgestoßenen Panzerverbände.

Da Großbritannien den Krieg fortsetzt u. sich eine Landung in England als unmöglich erweist, weil die dt. Marine zu schwach u. die Luftwaffe nicht zur Erringung der Luftherrschaft fähig ist, entschließt sich H. zum Angriff auf die Sowjetunion (bereits während des Westfeldzugs ins Auge gefaßt, am 31. 7. 1940 Vorbereitung eingeleitet, am 18. 12. 1940 Unternehmen »Barbarossa« definitiv für Frühjahr 1941 befohlen). Zwei Ziele: Großbritannien soll Hoffnung auf potentiellen Bündnispartner verlieren u. so zur Anerkennung der dt. Herrschaft über Kontinentaleuropa gebracht werden, zugleich aber Ausbeutungs- u. Vernichtungskrieg zur Gewinnung von »Lebensraum«. Zeitbedarf von H. auf etwa vier Monate geschätzt. Nach Verzögerung durch den Balkanfeldzug, der zur Entlastung d. Italiener in Griechenland u. zur Ausschaltung eines potentiell gefährlichen Jugoslawien geführt wird (6.4. bis Ende April 1941), beginnt Angriff auf die Sowjetunion am 22. 6. 1941. Damit beginnt zugleich die Ausrottung der auf sowjet. Territorium lebenden Juden durch sog. Einsatzgruppen, u. zwar als erster Akt einer für nach Feldzugsende geplanten Ausrottung aller Juden im dt. Macht- und Einflußbereich (»Endlösung der Judenfrage«), zu der sich H. offensichtlich während d. Vorbereitung von »Barbarossa« entschlossen hat.

Das Blitzkriegskonzept scheitert jedoch trotz großer militär. Erfolge an drei Faktoren: an d. Weite des Raumes, an d. Fähigkeit der sowjet. Führung, die personellen u. materiellen Ressourcen des Riesenreiches zu mobilisieren, und an der dt. brutal-kriminellen Besatzungspolitik im Dienste des Lebensraum-Phantoms, die einen Zusammenbruch des Widerstandswillens auf sowjet. Seite verhindert. Nach Einbruch des Winters gerät das dt. Ostheer, auf die klimatischen Bedingungen nicht vorbereitet u. kraftvollen sowjet. Gegenoffensiven ausgesetzt, sogar in eine ernste Krise, in der H. den Oberbefehl über d. Heer u. damit persönlich d. Leitung d. Operationen an d. Ostfront übernimmt. Zwar wird die Krise überwunden, doch setzt H. – während die »Endlösung« trotz ausgebliebenem Sieg realisiert wird – das Heer 1942 zu einem die dt. Offensivkräfte überfordernden doppelten Vorstoß zur Wolga u. in den Kaukasusraum an, was zum Untergang der 6. Armee in Stalingrad u. zu einer schweren Niederlage des gesamten Südflügels der Ostfront führt. Trotz dieser selbstverschuldeten Tragödie verwendet H. die nach erneuter Stabilisierung der Front gesammelte operative Reserve zu einer am 5. 7. 1943 beginnenden Offensive bei Kursk (Unternehmen *Zitadelle*), mit der er das Geschick noch zu wenden hofft. Aber d. Offensive scheitert am Widerstand überlegener sowjet. Kräfte u. an einem neuen Faktor. Nach dem japan. Überfall auf Pearl Harbor (7. 12. 1941) erklärt H. den USA am 11. 12. 1941 den Krieg, u. seither führt das Dt. Reich einen Mehrfrontenkrieg. Schon am 7./8. 11. 1942 landen brit.-amerik. Truppen in Nordafrika; H. wirft bei Stalingrad dringend benötigte Reserven nach Tunesien, wo sie mit der ital.-dt. Afrika-Armee am 11. 5. 1943 kapitulieren müssen. Am 10. 7. 1943 beginnen angloamerik. Streitkräfte mit d. Eroberung Siziliens, und wieder müssen Einheiten des Heeres u. der Luftwaffe an die neue Front im Süden abgegeben werden. Unternehmen *Zitadelle* wird am 13. 7. 1943 abgebrochen. Mit sofort folgenden sowjet. Offensiven setzt die Agonie der Ostfront ein, die schließlich im April 1945 die Rote Armee nach Berlin u. bis zur Elbe bringt. Gleichzeitig – u. parallel zu einer angloamerik. Bomberoffensive größten Ausmaßes gg. die Industrie, die Verkehrsverbindungen u. die Städte des Reiches – kämpfen sich Divisionen d. Westmächte in Italien nach Norden u. erobern deren am 6. 6. 1944 in der Normandie gelandeten Armeen nach d. Befreiung Westeuropas bis Ende April 1945 West-, Mittel- u. Süddeutschland. Trotz der spätestens seit Frühjahr 1943 sichtbar nahenden Niederlage weigert sich H., das Feld friedensfähigen polit. Gruppen zu überlassen. Er führt den Krieg bis zur Besetzung des letzten Quadratmeters dt. Bodens, wobei er – ungeachtet des am 20. 7. 1944 fehlgeschlagenen Attentats regimefeindlicher u. friedenswilliger Offiziere – die Gefolgschaft einer überwältigenden Mehrheit der dt. Bevölkerung findet. Meist lebt er fern der Realität in der Abgeschiedenheit der sog. Führerhauptquartiere (zum Beispiel »Felsennest« bei Münstereifel, »Wolfsschanze« bei Rastenburg in Ostpreußen) u. seines Landsitzes, des seit 1928 von ihm bewohnten »Berghofs« auf dem Obersalzberg bei Berchtesgaden (in den zwanziger u. dreißiger Jahren auch in seiner stattlichen Münchner Wohnung am Prinzregentenplatz, in Berlin seit dem 30. 1. 1933 in der Reichskanzlei, ab dem 12. 1. 1939 in der von → Speer errichteten Neuen Reichskanzlei). Am 20. 11. 1944 zur Räumung von »Wolfsschanze« u. zur Übersiedlung in die Berliner Reichskanzlei gezwungen, verübt H. dort, von sowjet. Truppen eingeschlossen, noch vor d. Kapitulation d. Wehrmacht (7./9. 5. 1945) am 30. 4. 1945 Selbstmord, zusammen mit seiner langjährigen Gefährtin Eva → Braun, die er zuvor noch heiratet.

Als H. 1913 von Wien nach München übersiedelte, brachte er eine fertige u. keine Entwicklung mehr kennende »Weltanschauung« mit: ein zutiefst antimodernistisches u. biologistisches – mithin auch antichristliches – Menschen- u. Gesellschaftsbild, zu dem als politische Kernelemente ein radikaler, rassistisch geprägter u. zu einem biologistischen Imperialismus gesteigerter Nationalismus u. ein rabiater, nicht mehr religiös, sondern gleichfalls rassistisch begründeter Antisemitismus gehörten. In Dtschld. u. in den deutschsprachigen Teilen der Donaumonarchie, unter einer Bevölkerung, die eine rapide Industrialisierung u. Verstädterung erlebte, jedoch noch weitgehend in einem vorindustriellen Wertesystem existierte, war diese »Weltanschauung« weit verbreitet, ebenso die von ihr abgeleiteten politischen Ziele: ein Austreibungs- ja, wenn möglich, Vernichtungsfeldzug gegen die deutsche bzw. europäische Judenheit und ein Krieg um »Lebensraum«. In den Programmschriften der österreichischen und böhmisch-mährischen DNSAP ist beides Jahre vor H.s *Mein Kampf* ausgeführt. H. hat denn auch seine »Weltanschauung« vor allem durch Lektüre der Zeitungen der alldeutschen Gruppen um Georg Ritter v. Schönerer erworben; noch 30 Jahre später hat er, der ein eidetisches Gedächtnis besaß, in Gespräch u. öffentlicher Rede wörtlich Wendungen benutzt, die aus der alldeutschen Presse des Wien der Vorkriegsjahre stammten. Daß H. nach dem Ersten Weltkrieg in der Lage war, mit seiner »Weltanschauung« zum Führer einer politischen Organisation aufzusteigen, diese Organisation zur stärksten politischen Kraft in Dtschld. zu machen, mit ihr die Macht zu erringen u. dann sowohl die Lebensraum-Vorstellung wie den Antisemitismus in praktische Politik umzusetzen, lag vor allem an drei Faktoren: 1. Große Teile der deutschen Bevölkerung, namentlich das Bürgertum, verloren 1918 durch den unerwarteten Sturz der Monarchien die politische Orientierung. 2. Die orientierungslos gewordenen Deutschen taumelten sogleich in eine Krisenperiode, die von der unbegriffenen Niederlage wie von ebenso unbegriffenen finanziellen u. wirtschaftlichen Erschütterungen (Inflation, Weltwirtschaftskrise) verursacht wurde; in solcher Lage erschienen Ideologie u. Programmatik der NSDAP als plausible Erklärung u. als Ausweg. 3. H. entdeckte in sich u. entfaltete dann rhetorische Gaben, die genau in

jene Jahre der Wirren u. der Verwirrung paßten u. daher von mobilisierender Kraft waren. So wurde er zunächst zum unentbehrlichen Garanten des Erfolgs und bald zur unanfechtbaren Integrationsfigur der NS-Bewegung, danach für immer mehr Deutsche, die nicht länger nach Politikern, sondern nach einem Erlöser verlangten, zum »Führer«, das heißt zu einer Art politischem Messias. Daß es ihm nach 1933 gelang, durch die forcierte Aufrüstung u. andere staatliche Eingriffe in die Wirtschaft die Arbeitslosigkeit zu beseitigen, daß auch die kriegerische Expansionspolitik einige Jahre Erfolge brachte, hat seine Position bis in die Endphase des Dritten Reiches unangreifbar gemacht. Nur wenige haben noch gesehen, daß der biologistische Imperialismus, der besiegten Völkern nichts als Versklavung und Massenmord bescherte, verbrecherisch war, und um vieles mehr die Judenverfolgung mit sechs Millionen Opfern. Noch weniger erkannten rechtzeitig, daß die Expansionspolitik die Ressourcen Deutschlands weit überforderte u. unweigerlich in einer moralischen, militärischen u. politischen Katastrophe enden mußte. Obwohl also H. genügend Gefolgschaft u. zahlreiche »willige Vollstrecker« fand, ist aber doch deutlich, daß kein anderer Angehöriger der NS-Elite die Kriegspolitik u. die Judenverfolgung mit der gleichen Konsequenz, Risikobereitschaft u. Realitätsblindheit verfolgt hätte. So ist er bei beidem die zentrale Figur in der blutigen Geschichte der Jahre 1933 bis 1945.
HG

Höhn, Reinhard Staats- und Verwaltungsrechtler
geb. 29. 7. 1904 in Graefenthal/ Thüringen,
gest. 14. 5. 2000 in Pöcking am Starnberger See.
Sohn eines Amtsanwalts. 1922 Mitglied d. *Dt.-völk. Schutz- u. Trutzbundes*. Ab 1923 Jurastudium, 1926 Promotion. 1923–32 Mitglied des *Jungdeutschen Ordens*, enger Mitarbeiter Arthur → Mahrauns. Autor von *Arthur Mahraun, der Wegweiser der Nation* (1929). Im Juli 1933 Eintritt in d. NSDAP, im Dez. 1933 in die SS. Rasche Karriere, 1934 Dozent für Jura, 1935 Prof. in Heidelberg u. Berlin. 1933–35 Hauptabteilungsleiter im SD-Hauptamt unter → Heydrich. Ab 1936 Mitglied d. *Akademie f. dt. Recht*. 1939–45 Direktor d. Instituts f. Staatsforschung an d. Universität Berlin. 1939 SS-Staf., 1944 SS-Oberführer. Nach dem Krieg untergetaucht; Arbeit als Heilpraktiker. In den Jahren nach 1955 leitete er die *Akademie f. Führungskräfte d. Wirtschaft* in Bad Harzburg.
Der bis zum Opportunismus wandlungsfähige Mahraun-Schüler H.

lehnte im Dritten Reich den liberalen Verfassungsstaat u. die Demokratie ab u. suchte nach rechtsphilosophischen Begründungen für die »Volksgemeinschaft als Artgemeinschaft des Volkes« u. den »Führerstaat«, trat gegen Ende des Krieges für ein hartes Strafrecht gegenüber Nichtdeutschen ein und äußerte 1944 die Meinung, daß der Eid auf → Hitler auch über dessen Tod hinaus Gültigkeit besäße. Nach dem Krieg scheint er sich der demokratisch verfaßten Grundordnung der Bundesrepublik angepaßt zu haben, ohne in der Eid-Frage eine neue grundsätzliche Erklärung abzugeben.

Publ. u.a.: *Vom Wesen d. Gemeinschaft* (1934); *Die Wandlung im staatsrechtlichen Denken* (1934); *Rechtsgemeinschaft u. Volksgemeinschaft* (1935); *Der individualistische Staatsbegriff u. d. juristische Staatsperson* (1935); *Grundfragen d. Rechtsauffassung* (zusammen mit Theodor Maunz u. Ernst Swoboda, 1938); *Frankreichs demokratische Mission in Europa u. ihr Ende* (1940); *Reich, Großraum, Großmacht* (1942); *Revolution, Heer, Kriegsbild* (1944).

Ri

Hoepner, Erich Generaloberst

geb. 14. 9. 1886 in Frankfurt an der Oder,

gest. 8. 8. 1944 in Berlin-Plötzensee (hingerichtet).

Sohn eines Sanitätsoffiziers. 1906 Ltn. in einem schleswig-holsteinischen Dragoner-Rgt. 1914–18 Teilnahme am 1. WK, u.a. als Generalstabsoffizier. 1920 Übernahme in die Reichswehr als Rittmeister, 1920–31 versch. Truppen- u. Stabskommandos, 1926 Major; 1933 Oberst, Chef des Stabes im Wehrkreis I; 1935 Chef des Stabes d. Gruppenkommandos 1; 1936 GenMaj., 1937 Kdr. der 1. leichten Division, 1938 GenLtn., Kdr. General des XVI. Armeekorps (mot.), 1939 General, 1940 Generaloberst; 1941 OB der Panzergruppe 4, seit 6. 10. 1941 4. Panzerarmee; 8. 1. 1942 Entlassung aus dem aktiven Wehrdienst, nach dem 20. 7. 1944 verhaftet u. hingerichtet.

H. war neben → Guderian einer der bekanntesten und erfolgreichsten Panzergeneräle der Wehrmacht. Dem ehem. Kavalleristen gelang es, die Idee der mobilen Kriegführung während der Blitzfeldzüge taktisch u. operativ umzusetzen. H.s Ablehnung → Hitlers kulminierte in der Krise des Winters 1941/42, als H. dessen militärische Führung nicht mehr akzeptierte und seine eigene Absetzung bewußt in Kauf nahm. Nach seiner Entlassung nahm H., der schon vor 1939 mit dem Widerstand sympathisiert hatte, diese Verbindungen wieder auf; in den Staatsstreichsplänen war für ihn der Posten des Befehlshabers des Ersatzheeres vorgesehen. H.s Biographie kann

als Beipiel dafür gelten, daß es in der Wehrmacht auch hohe Truppenführer gab, die bereit waren, ihre fachliche und politische Unabhängigkeit zu verteidigen.
CH

Hörbiger, Paul Schauspieler
geb. 29. 4. 1894 in Budapest,
gest. 5. 3. 1981 in Wien.
Sohn d. österreich. Ingenieurs u. Begründers d. »Welteislehre«, Hanns H.; Bruder d. Schauspielers Attila H. 1902 Umzug der Familie von Budapest nach Wien. Stiftsgymnasium St. Paul in Kärnten; Beginn d. Chemiestudiums a. d. TH Wien. 1914–18 Kriegsfreiwilliger, Offz. a. d. Alpenfront. Seit 1918 Schauspielschule in Wien; 1919/20 erstes Engagement am Stadttheater Reichenberg (Böhmen). 1920–25 erste Erfolge als Charakterkomiker am Neuen Deutschen Theater in Prag. 1926–40 in Berlin am Lessing- u. am Dt. Theater sowie an Lustspielbühnen in Inszenierungen u.a. von Max Reinhardt. Seit 1927 auch Filmauftritte, meist in Komödien u. Operetten (*Zwei Herzen im Dreivierteltakt*, 1930; *Der Kongreß tanzt*, 1931). 1935 Mitgründer der Berliner Algefa-Film. H. verkörperte in zahllosen harmonisierenden, unpolitischen, gleichwohl den natsoz. Propagandarichtlinien entsprechenden Unterhaltungs- u. Musikfilmen des Dritten Reichs den gemütvoll-melancholischen »Ur-Wiener«, oft an der Seite Theo Lingens u. Hans Mosers, personifizierte aber auch Österreichs Adelswelt u. Künstlertum (*Petersburger Nächte*, 1934; *Königswalzer*, 1935; *Fiakerlied*, *Lumpacivagabundus*, 1936; *Heimat*, 1938; *Mutterliebe*, 1939; *Wiener G'schichten*, 1940; *Wir bitten zum Tanz*, 1941; *Kaiserwalzer*, 1942; *Schrammeln*, 1944). Daneben Bühnenerfolge v.a. mit Raimund- u. Nestroyrollen. 1940 wg. seines Einsatzes für zwei jüdische Kollegen in Berlin Rückkehr nach Wien, bis 1943/46 (u. wieder seit 1963) Ensemblemitglied am Wiener Burgtheater. 1942 Ernennung zum Staatsschauspieler. Im Frühjahr 1945 in Wien wg. angebl. Hochverrats in Untersuchungshaft. Nach Kriegsende internat. Gastspiele. Seit 1947 wieder zahlreiche Filmauftritte, v.a. im Heimat- u. Musikfilm der 50er Jahre (*Schwarzwaldmädel*, 1950; *Der fidele Bauer*, 1951; *Hallo Dienstmann*, 1952; *Wien, du Stadt meiner Träume*, 1957 u.a.). Staatl. Auszeichnungen in den 60er u. 70er Jahren.
Publ.: *Ich hab für euch gespielt* (Erinnerungen, 1979).
MV

Hoesch, Leopold von Botschafter
geb. 10. 6. 1881 in Dresden,
gest. 10. 4. 1936 in London.
Sohn eines Industriellen, der 1912 in den erblichen Adelsstand erhoben worden war. Studium der

Rechtswissenschaften u. Promotion zum Dr. jur. Dez. 1907 Einberufung in das Ausw. Amt; 1914/15 Kriegsdienst als Offz. (zuletzt Obltn.). Nach Verwendungen in Sofia u. Konstantinopel in den Jahren 1917/18 wurde H. Legationsrat im Ausw. Amt. Er war u.a. Delegationsmitglied bei den Friedensverhandlungen in Brest-Litowsk u. Bukarest. Am 13. 8. 1918 wurde er Gesandtschaftsrat in Kristiania (Oslo), am 6. 12. 1919 Geschäftsträger in Madrid u. am 31. 1. 1921 Botschaftsrat in Paris. Während der Zeit der Ruhr-Besetzung übernahm H. im Nov. 1923 kommissar. die Leitung d. Dt. Botschaft in Paris, um nicht zuletzt auf Betreiben des frz. Ministerpräsidenten Poincaré am 17. 2. 1924 das Beglaubigungsschreiben als Botschafter übergeben zu können. Insbesondere bei den Vorverhandlungen über das Vertragswerk von Locarno tat sich H. als Vermittler zwischen Reichsaußenminister Stresemann u. dem frz. Außenminister Briand hervor. Als Konstantin Freiherr v. → Neurath am 2. 6. 1932 zum Reichsminister d. Auswärtigen berufen wurde, trat H. am 2. 11. 1932 dessen Nachfolge als Botschafter in London an. H. galt unter den dt. Missionschefs der Zwischenkriegszeit als der befähigteste Diplomat. Zu seinen persönlichen Gegnern sollte sich nach 1933 schnell der von H. oft als »Narr« bezeichnete Joachim v. → Ribbentrop entwikkeln, der als »außerordentlicher Botschafter in besonderer Mission« im Juni 1935 das dt.-brit. Flottenabkommen aushandelte, obwohl der von den Verhandlungen ausgeschlossene H. zuvor ein Scheitern vorausgesagt hatte. Der über beste Beziehungen zum Königshaus u. zu Kriegsminister Duff Cooper verfügende H. wurde schließlich nicht nur durch die natsoz. Sonderdiplomatie eines Ribbentrop ausgebootet, sondern auch durch den von → Hitler u. → Göring protegierten Herzog von Sachsen-Coburg u. Gotha, der im Januar 1936, unmittelbar nach dem Tode Georg V., mit dem Thronfolger Eduard VIII. zusammentraf. Der neue König charakterisierte den Botschafter als »guten diplomatischen Vertreter des Deutschen Reichs, schlechten Vertreter des Dritten Reichs«. H.s Warnungen vor einem deutschen Einmarsch in die entmilitarisierte Zone des Rheinlandes, mit dem der als Lebenswerk des Diplomaten angesehene Locarno-Vertrag von 1925 zerrissen wurde, blieben von Hitler ungehört, wie sich überhaupt der am 21. 3. 1936 nach Berlin übermittelte Eindruck, daß »Europa nur knapp an einem Brand vorbeigekommen sei«, als übertrieben erwies angesichts der Reaktionen der Westmächte. Der von Joachim v. Ribbentrop einmal als einer »der

größten Feinde des Dritten Reichs« apostrophierte H. erlag am 10. 4. 1936 in London einem Herzschlag (wenn auch in der britischen Sensationspresse schon bald Selbstmord-Theorien bzw. Gerüchte über eine Ermordung durch die Gestapo kursierten). Neuer Botschafter in London wurde im Aug. 1936 Ribbentrop.
RAB

Höß, Rudolf Lagerkommandant von Auschwitz, SS-Obersturmbannführer
geb. 25. 11. 1900 in Baden-Baden, gest. 16. 4. 1947 in Auschwitz (hingerichtet).
Der Sohn eines Kaufmanns ging 1915 heimlich zur Armee, 1917 Unteroffizier. 1919 Mitglied im *Freikorps Roßbach.* Im Nov. 1922 Eintritt in die NSDAP. Wg. Beteiligung am Parchimer Fememord von 1923 am 15. 3. 1924 zu zehn Jahren Zuchthaus verurteilt, im Juli 1928 amnestiert. Mitglied versch. Bünde. Sept. 1933 Eintritt in die SS. Ab Juni 1934 Blockführer im KZ Dachau. 1938 Versetzung in das KZ Sachsenhausen u. Beförderung zum SS-Hauptsturmfhr.; Nov. 1939 SS-Stubaf. 1. 5. 1940–9. 11. 1943 Kdt. v. Auschwitz. Nov. 1943 Leiter der Abt. D im SS-WVHA u. Stellvertreter Richard → Glücks' als *Inspekteur der Konzentrationslager.* Im Mai 1944 nochmalige Leitung von Auschwitz, um d. Ermordung der ungarischen Juden zu überwachen. Ab 11. 3. 1946 in brit. Gefangenschaft, am 5. 6. 1946 Auslieferung an Polen. In der Haft Abfassung seiner Memoiren, von denen d. größte Teil unter dem Titel *Rudolf Höß. Kommandant in Auschwitz* 1958 in Dtschld. veröffentlicht wurde. Am 2. 4. 1947 v. poln. Obersten Volksgericht zum Tod verurteilt u. vor seinem ehem. Haus auf d. Gelände des Lagers in Auschwitz gehängt.
H. nahm als Leiter von Auschwitz nie selbst an Selektionen oder Massenhinrichtungen teil, u.a. weil er sich im Umgang mit den Häftlingen für zu weich hielt. Von frühester Jugend an an absoluten Gehorsam gewöhnt, führte er jedoch jeden Befehl ohne Bedenken und mit verwaltungstechnischer Perfektion aus. Als Kommandant von Auschwitz war er am Tod von über einer Million Menschen mitverantwortlich.
Ri

Hofer, Franz Gauleiter
geb. 27. 11. 1902 in Bad Hofgastein, gest. 18. 2. 1975 in Mülheim/Ruhr.
Der Sohn eines Hofgasteiner Hotelbesitzers besuchte 1909–19 Volks- u. Realschule in Innsbruck u. begann 1922 die berufl. Laufbahn als selbständiger Kaufmann. Sept. 1931 Eintritt in NSDAP; April 1932 Kreisleiter, Juli 1932 stellv. GL des NSDAP-Gaues Tirol. Am 27. 11.

1932 zum GL v. Tirol ernannt. Im Juni 1933 wg. Betätigung für die NSDAP verhaftet u. von Tiroler Gericht zu 2 Jahren Haft verurteilt. Am 30. 8. 1933 von 4 SA-Männern aus dem Innsbrucker Gefängnis gewaltsam befreit u. auf der Flucht angeschossen; nach Italien entkommen, hielt er auf dem Nürnberger Parteitag im Sept. 1933 von der Bahre aus eine Rede. Anfang 1937 Leiter d. *Politischen Leiter- u. Mitglieder-Sammelstelle* u. d. *Flüchtlingshilfswerkes für Österreicher in Dtschld.* in Berlin. Nach dem »Anschluß« am 24. 5. 1938 Ernennung zum GL von Tirol-Vorarlberg, im gleichen Jahr MdR u. NSKK-Ogruf.; am 1. 4. 1940 Reichsstatthalter für Tirol u. Vorarlberg. Nach dem Abfall Italiens von der Achse Ernennung H.s am 10. 9. 1943 zum Obersten Kommissar in der *Operationszone Alpenvorland* (bestand aus den seinem Gau Tirol benachbarten ital. Provinzen Bozen, Triest u. Belluno). Im Nov. 1944 schlug H. in einem Memorandum für → Hitler vor, ein Kerngebiet in den Alpen zur letzten Bastion des Dritten Reichs, zur »Alpenfestung« auszubauen; vermutlich legte → Bormann Hitler das Schreiben H.s nicht vor dem Frühjahr 1945 vor, so daß H. erst am 12. 4. 1945 zum Vortrag in den Berliner Führerbunker gerufen u. erst am 29. 4. 1945 doch noch zum RVK f. d Alpenfestung ernannt, jedoch bereits am 6. 5. 1945 von US-Truppen in Hall/Tirol verhaftet wurde. 1948 Flucht aus der Internierungshaft; Tätigkeit als Kaufmann in Mülheim/Ruhr, zuletzt unter seinem wirklichen Namen. In Österreich war H. im Juni 1949 in Abwesenheit zum Tode verurteilt worden. Eine Münchner Berufungsspruchkammer bestätigte im Juli 1953 H.s Einstufung als »Hauptschuldiger« u. die verhängte Sühne v. drei Jahren u. fünf Monaten Arbeitslager. In einem Presse-Interview aus dieser Zeit hatte sich H. als ungebrochenen Nationalsozialisten zu erkennen gegeben. 1964 wurde die Klage der Kinder H.s auf Rückgabe des Lachhofs bei Hall/Tirol, den H. während seiner Zeit als GL bewohnt hatte, von einem österr. Gericht zurückgewiesen.
We

Hoffmann, Albert Gauleiter und SS-Gruppenführer
geb. 24. 10. 1907 in Bremen,
gest. 26. 8. 1972 in Heiligenrode b. Bremen.
Nach Real- u. Handelsschule in Bremen kaufmänn. Lehre u. Volontariat in Amsterdam. Danach in der Tabakbranche v. a. in d. Niederlanden tätig. Ende 1922 erste Verbindungen zur NSDAP; nach d. Wiedergründung Mitglied d. NS-Arbeiterjugend. Ab April 1933 hauptamtl. Kreispropagandaleiter in Bremen. 1934 Tätigkeit beim

Stellv. d. Fhr.s in München. 1938 Sonderauftrag als Stillhaltekommissar f. Organisationen (Verbände, Vereine) in Österreich, anschließend im Sudetenland, wo er nach Errichtung d. Protektorats zeitweise im Stab v. Konrad → Henlein tätig war. Teilnahme am Polenfeldzug. Am 20. 4. 1941 zum stellv. GL in Oberschlesien ernannt. Im Juni 1941 MdR. Vorübergehend Tätigkeit H.s im Stab d. Generals v. Unruh (»General Heldenklau«), Sonderbeauftragter → Hitlers f. d. Auskämmung v. Behörden u. Dienststellen. Am 26. 1. 1943 mit d. Führung d. Geschäfte im Gau Westfalen-Süd betraut, Ernennung zum RVK u. SS-Gruf. Seit 19. 6. 1943 GL v. Westfalen-Süd. Gegen Kriegsende geriet H., v. einem Fremdarbeiter angeschossen, im Ruhrkessel in Gefangenschaft. Wg. Mißhandlung abgeschossener alliierter Flieger mehrfach vor Gericht gestellt, sprach ihn schließlich ein brit. Militärgericht in Arnsberg im Sept. 1946 frei; er blieb jedoch weiter in Internierungshaft. Im April 1949 verurteilte ihn ein Spruchgericht zu vier Jahren u. neun Monaten Haft, auf die die Internierungszeit angerechnet wurde, so daß er kurz darauf frei kam. Beruflich war H. zuletzt Generaldirektor d. Fa. Basalan.
We

Hoffmann, Heinrich Fotograf (Hitlers), Reichsbildberichterstatter
geb. 12. 9. 1885 in Fürth/Bayern, gest. 16. 12. 1957 in München.
Sohn eines Fotografen. Nach Lehre bei Vater u. Onkel seit 1901 Ausbildung bei bekannten dt. u. engl. Fotografen. Ab 1909 Inhaber eines Porträt-Ateliers u. Tätigkeit als Pressefotograf in München mit prominenten Kunden aus Künstlerkreisen. 1914 bis Sommer 1915 Kriegsfotograf; Bildchronist d. Revolution in München, erstes verlegerisches Produkt *Ein Jahr bayrische Revolution im Bilde* (1919). 1919 Mitglied der *Münchner Einwohnerwehr*. Freundschaft mit Dietrich → Eckart; im April 1920 Eintritt in d. DAP/NSDAP. Um diese Zeit Bekanntschaft mit → Hitler, der seit 1921 in H.s Haus verkehrte u. H. mit → Esser, → Amann, → Hanfstaengl u.a. in seinen in der Partei im allgemeinen nicht bes. angesehenen persönl. Kreis aufnahm; erste Hitler-Porträts unmittelbar nach dessen Putsch 1923. Im Frühjahr 1924 mit d. Propagandabroschüre *Dtschld.s Erwachen in Bild u. Wort* öffentl. Eintreten H.s f. d. NSDAP; während d. NSDAP-Verbots als Kassierer im Vorstand d. *Großdt. Volksgemeinschaft*. Nach Aufhebung d. Parteiverbots führender Bildpropagandist d. NSDAP und v.a. Hitlers, der ihn als Begleiter u. Unterhalter auch auf Wahl-

reisen mitnahm. In H.s Atelier lernte Hitler Eva → Braun, Freundin seiner Tochter Henriette – später Frau des RJFs Baldur v. → Schirach –, kennen. Von Dez. 1929–Okt. 1933 war H. NSDAP-Stadtrat in München; seit 1940 MdR. Seit d. Machtergreifung Hitlers besaß H. praktisch ein Monopol f. d. Bildberichterstattung d. Partei, das er bis Kriegsausbruch ständig ausbaute, obwohl er keinen Parteirang bekleidete u. sich den Titel eines *Reichsbildberichterstatters* selbst zugelegt hatte. Bald fotografierte er als eine Art Hoffotograf nur noch im Umfeld Hitlers u. erzielte mit d. Verwertung v. Bild- u. Buchrechten Jahreseinkommen bis zu 3,5 Mill. RM (1944). Im Mai 1945 verhaftet, kam H. als Zeuge nach Nürnberg. Im Jan. 1947 verurteilte ihn eine Münchner Spruchkammer als »Hauptschuldigen« zu 10 Jahren Arbeitslager u. Vermögenseinzug. Das Urteil wurde 1948 auf drei Jahre Arbeitslager verringert, im Mai 1950 wieder auf fünf erhöht, H.s Urheber- u. Verlagsrechte eingezogen u. zur Aberkennung d. Professorentitels ein 10jähriges Berufsverbot ausgesprochen. Im Nov. 1950 stufte eine Münchner Spruchkammer H. schließlich nur noch als »Belasteten« ein; ein Verfahren vor d. West-Berliner Spruchkammer wurde im Jan. 1957 aus formalen Gründen eingestellt.
Mit den Ausstellungen im *Haus der Deutschen Kunst*, für die er die Exponate mit auswählen durfte, avancierte H. zu einem d. wichtigsten Kunstberater Hitlers, dessen konservativen Kunstgeschmack er teilte; 1938 erhielt er dafür den Professorentitel. Hitler fand in dem amüsanten Plauderer u. Genußmenschen H., der seit 1928 zu seiner ständigen Begleitung gehörte, einen entspannenden Gesellschafter u. verkehrte privat häufig in dessen Familie, umgekehrt hatte H. bis Kriegsende freien Zutritt zu Hitler. Für die Partei war H. der wichtigste Bildpropagandist, der in zahllosen, nicht nur eigenen Veröffentlichungen das offizielle Bild von Hitler u. seiner Partei prägte.
We

Holz, Karl Gauleiter und SA-Gruppenführer
geb. 27. 12. 1895 in Nürnberg,
gest. 20. 4. 1945 ebd. (gefallen).
Sohn eines kinderreichen Lichtdruckers. Nach Absolvierung der Volksschule Lehre als Kaufmann, danach Tätigkeit als Angestellter. 1915–18 Frontsoldat. Nach dem 1. WK Beamter in Nürnberg. 1920 Eintritt in die Deutsch-sozialistische Partei, 1922 Wechsel zur NSDAP, dazu Mitgliedschaft in der SA, 1923 SA-Sturmführer. Schon früh enge Zusammenarbeit mit dem »Frankenführer« Julius → Streicher. 1924 in den Nürnberger Stadtrat gewählt. 1925 als Staats-

beamter entlassen. 1927–33 Redakteur beim *Stürmer*, dem antisemit. Kampfblatt Streichers. 1933 MdR. Seit 1. 1. 1934 Stellvertreter Streichers in dessen Eigenschaft als GL von Franken. Im Juli 1934 Ernennung zum NSDAP-Kreisleiter von Nürnberg-Stadt, im Nov. 1934 Beförderung zum SA-Brif. 1940 in Zusammenhang m. d. Untersuchung der Streicherschen Unregelmäßigkeiten bei d. »Arisierung« jüdischer Vermögen vorübergehend aller Ämter enthoben. Am 8. 3. 1942 m. d. Führung des Gaues Franken beauftragt, seit Nov. 1942 RVK im Gau Franken, im Nov. 1944 noch Ernennung zum GL von Franken (obwohl Streicher nominell immer noch GL war). Nach der fast vollständigen Einnahme Nürnbergs durch US-Truppen am 18. 4. 1945 verschanzte sich H. mit einer kleinen Gruppe im Nürnberger Polizeipräsidium, wo er am 20. April fiel.

H., in der politischen Auseinandersetzung so wenig zimperlich wie sein Vorgänger als GL, Julius Streicher, rühmte sich seiner zahlreichen politischen Strafen (nach eigenen Angaben 17, darunter 5 Gefängnisstrafen). Unter seinem aggressiven Vorgehen hatten auch die zahlreichen innerparteilichen Gegner zu leiden, die H. als Parteigänger u. Zögling Streichers von diesem z.T. übernommen hatte. Das schon vor der Machtübernahme angestrebte Gauleiteramt in Oberfranken konnte ihm trotz Unterstützung Streichers der Bayreuther Kreisleiter Schemm mit Erfolg streitig machen.

We

Hoßbach, Friedrich General der Infanterie, Wehrmachtsadjutant bei Hitler

geb. 21. 11. 1894 in Unna/Westfalen, gest. 10. 9. 1980 in Göttingen.

Sohn eines Lehrers. Wurde Berufssoldat, 1913 Fähnrich, als Ltn. in den 1. WK, 1918 ObLtn. Nach d. Krieg in d. Reichswehr übernommen. Nach versch. Truppen- u. Stabsstellungen zur Führergehilfenausbildung 1927 ins Reichswehrministerium, 1928 zur Personalgruppe d. Heerespersonalamts versetzt. 1931 Komp.-Chef. 1933 erneut im Reichswehrministerium. April 1934–Jan. 1938 AbtLtr. im Heerespersonalamt, ab Aug. 1934 zugleich *Adjutant d. Wehrmacht beim Führer u. Reichskanzler*. 1937 Oberst, 1938–41 Rgt.-Kdr., dazwischen zeitweise Stabschef versch. Armeekorps. 1942 mehrmals Fhr. einer Division u. nach kurzer Verwendung wegen Erkrankung beurlaubt. März 1943 GenLtn., erneut Divisionskommandeur, ab Aug. Fhr. von Panzerkorps. 1943 Gen. d. Infanterie. Seit 20. 7. 1944 Fhr. d. 4. Armee, ab Sept. OB d. 4. Armee. Seit 29. 1. 1945 Führerreserve.

Als Major u. Hitler-Adjutant fertigte H. das berühmte »Hoßbach-

Protokoll« an, ein einige Tage nach d. Besprechung → Hitlers mit Außenminister v. → Neurath, Kriegsminister v. → Blomberg u. den OBs der drei Wehrmachtteile vom 5. 11. 1937 niedergeschriebenes Ergebnisprotokoll, das bei d. Nürnberger Prozessen v. d. Anklagebehörde als »Schlüsseldokument« u. Beweis f. d. Angriffskriegsplanungen Hitlers vorgelegt wurde. H. hielt in d. Fritsch-Krise gegenüber Hitler loyal zu seinem Oberbefehlshaber, Gen. v. → Fritsch, u. mußte deshalb auf Befehl Hitlers, aber auch auf eigenen Wunsch die Adjutantenstelle abgeben. Bei Kriegsende widersetzte er sich als OB d. eingeschlossenen 4. Armee einem Führerbefehl, der d. Ausbruch verbot, u. verlor erneut seinen Posten. An seinem Wohnort Göttingen war er in den letzten Kriegstagen daran beteiligt, die Stadt vor d. Zerstörung durch sinnlos gewordene Verteidigungsmaßnahmen zu bewahren.

Publ.: *Schlacht um Ostpreußen* (1953); *Zwischen Wehrmacht u. Hitler* (1949, ²1966).

We

Huber, Kurt Musikwissenschaftler, Philosoph

geb. 25. 10. 1892 in Chur/Schweiz,
gest. 13. 7. 1943 in München
(hingerichtet).

Stammte aus einem kunstbeflissenen Elternhaus. Die Kindheit bis zum Abitur verbrachte H. in Stuttgart. 1912–1917 Studium der Musikwissenschaft, Philosophie u. Psychologie in München, Promotion in Musikwiss., 1920 Habilitation in Psychologie, 1926 a.o. Professur für Philosophie, verschiedene Lehraufträge für Psychologie. 1936 Vertreter Dtschld.s beim Internat. Kongreß für Volksmusik in Barcelona. 1937 Ltr. d. Volksmusikabteilung am Staatl. Inst. für Musikforschung in Berlin. 1938 Rücktritt v.a. wg. des Mißbrauchs des Volksbrauchtums u. der Volkskunst durch die NS-Kulturpolitik. Ab 1939 Wiederaufnahme der Lehrtätigkeit an der Univ. München. Als gläubiger Katholik lehnte er d. Neuheidentum u. die polizeistaatliche Willkür d. NS-Staates ab. H. flocht in seine Philosophie-Vorlesungen Regimekritik ein. Zu seinen Hörern gehörten auch Mitglieder d. Widerstandskreises *Weiße Rose*. Sie beteiligten ihn an ihren Aktivitäten seit Herbst 1942. Das 6. Flugblatt der Gruppe stammt von H. Nach Ergreifung u. Hinrichtung d. Geschwister Scholl wurde H. am 25. 2. 1943 verhaftet u. vom VGH unter Freisler am 27. 2. 1943 wg. Wehrkraftzersetzung zum Tode verurteilt. Im Prozeß hielt H. eine brillante Verteidigungsrede. Während der Haft arbeitete er an seinen Volksliedforschungen.

Den

Huch, Ricarda Schriftstellerin
geb. 18. 7. 1864 in Braunschweig,
gest. 17. 11. 1947 in Schönberg/Taunus.

H. stammte aus einer alteingesessenen, wohlhabenden Braunschweiger Kaufmannsfamilie. Nach dem Studium der Geschichte in Zürich – an dt. Universitäten waren Frauen damals noch nicht zugelassen – u. d. Promotion im Jahre 1891 war sie als Bibliothekarin u. Lehrerin tätig. 1892 veröffentlichte sie ihr erstes Drama *Evoe!*. Nach den lyrischen u. dramat. Werken ihrer Anfänge wandte sie sich immer mehr dem Roman zu. Die um die Jahrhundertwende entstandenen Werke wie *Erinnerungen von Ludolf Ursleu dem Jüngeren* (1892) u. *Aus der Triumphgasse* (1902) ließen sie zu einer prominenten Vertreterin der Neuromantik werden. Große Bekanntheit errang H. aber v.a. mit ihren (kultur)historischen Darstellungen wie den *Geschichten von Garibaldi* (1906/07), *Der große Krieg in Deutschland* (1914), *Wallenstein* (1915) u. d. dreibändigen *Deutschen Geschichte* (1934–49). 1931 erhielt sie den *Goethepreis der Stadt Frankfurt*. Im gleichen Jahr wählte man sie zur Zweiten Vorsitzenden der Sektion für Dichtung in der *Preußischen Akademie d. Künste*. Aus Protest gg. die Politik des NS verweigerte sie dem neuen Staat im März 1933 die Loyalität und trat aus d. Akademie aus. In ihrer Begründung nannte sie »die Zentralisierung, die brutalen Methoden, die Diffarmierung Andersdenkender, das prahlerische Selbstlob … undeutsch und unheilvoll«. Trotzdem konnte H. im Dritten Reich weiter schriftstellerisch tätig sein, wenngleich sie teilweise in ärmlichen Verhältnissen lebte. Nach dem Krieg setzte sie sich für die Ehrung der deutschen Widerstandskämpfer ein u. legte eine umfangreiche Sammlung von Materialien über den deutschen Widerstand an. Auf dem einzigen gesamtdeutschen Schriftstellerkongreß im Oktober 1947 wurde H. zur Ehrenpräsidentin gewählt. Sie verstarb während ihrer Übersiedlung aus d. sowjetischen Besatzungszone nach Hessen.
KK

Hühnlein, Adolf Führer des NSKK, Korpsführer
geb. 12. 9. 1881 in Neustädtlein/Oberfranken,
gest. 18. 6. 1942 in München.

Aus einer Bauernfamilie stammend. Gymnasium in Bayreuth. Anschließend Offizierslaufbahn. 1901–02 bayer. Kriegsschule München; 1909–12 bayer. Kriegsakademie in München. 1914–1918 als Kompaniechef, Batl.-Kdr. u. zuletzt als Generalstabsoffz. an d. Front. Nach Kriegsende als Kompaniefhr. im *Freikorps Epp* an d. Beseitigung d. Räterepublik u. der Bekämpfung d. Kommunisten im Ruhrgebiet beteiligt. Wiedereintritt in d. Reichswehr. Als er Soldaten seiner Einheit als Saalschutz f. → Hitler einsetzte, sollte er nach Jüterbog versetzt werden; deshalb im Herbst 1923 freiwilliger Austritt aus d. Reichswehr. Als Angehöriger d. *Reichskriegsflagge* Teilnehmer am Hitlerputsch vom Nov. 1923; dafür 6 Monate Festungshaft in Stadelheim u. Landsberg. 1925–29 Tätigkeit in d. Wirtschaft. 1930 Berufung in die OSAF als Organisator u. *Chef d. Kraftfahrwesens* d. SA. 1933 SA-Ogruf. u. *Fhr. des dt. Kraftfahrsports*. Im Juni 1933 als NSKK-Korpsfhr. mit d. Zusammenlegung d. Kraftfahrwesens d. SA u. d. NSKK beauftragt; Wahl in den Reichstag. Am 1. 9. 1934 v. Hitler zum Korpsfhr. des neuen, zur selbständigen NSDAP-Gliederung aufgewerteten NSKK ernannt; Berufung zum Präsidenten d. *Obersten Nationalen Sportbehörde f. d. Dt. Kraftfahrt*. 1936 verlieh ihm Hitler den Charakter als Generalmajor. Am 22. Febr. 1940 Ernennung H.s zum *Beauftragten f. d. motorisierten Transport d. Kriegswirtschaft* durch → Göring. H. gehörte außerdem d. Verwaltungsrat d. *Gesellschaft Reichsautobahnen* an u. war Mitglied d. *Reichsverkehrsrates* u. d. *Reichsarbeitskammer*. H. erhielt ein Staatsbegräbnis und d. höchste dt. Auszeichnung während d. Dritten Reiches, den *Deutschen Orden*. Unter Führung H.s wurde das NSKK zu einer paramilitärischen Hilfsorganisation der Wehrmacht bzw. des Staates, die sich um die Ausbildung des Kraftfahrer- u. Kraftfahrsport-Nachwuchses kümmerte u. während d. 2. WKs als Transport-Organisation, auch in den besetzten Gebieten u. bei Umsiedlungsaktionen, eingesetzt wurde.

We

Hugenberg, Alfred Konzernherr und Reichsminister
geb. 19. 6. 1865 in Hannover,
gest. 12. 3. 1951 in Kükenbruch bei Rinteln (heute Extertal/Kr. Lippe).
Nach d. Studium (Volkswirtschaft und Jura) in Göttingen, Heidelberg, Berlin u. Straßburg, Promotion 1888, war H. 1890 an d. Gründung d. *Alldeutschen Verbands* maßgeblich beteiligt; er trat in der aggressiv nationalist. Organisation nach außen aber selbst nicht in Erscheinung. 1900–03 Verbandsdirektor der Raiffeisen-Genossenschaft in Posen, dann im preuß. Finanzministerium. 1907–08 Direktor d. *Berg- und Metallbank* in Frankfurt/M. 1909–18 gehörte er als Vorsitzender des Direktoriums d. Firma Krupp zu den einflußreichsten dt. Wirtschaftsführern. 1916 begann H., der im 1. WK zu den Verfechtern eines extremen Annexionismus gehörte, mit der Errichtung eines Presse- und Medienkonzerns, mit dem er d. demo-

kratisch-parlamentarische System d. Weimarer Republik bekämpfte. Zum H.-Konzern gehörten u.a. der Berliner *Scherl-Verlag* mit Tageszeitungen u. Unterhaltungszeitschriften (*Gartenlaube*), die VERA Verlagsanstalt mit 14 Provinzzeitungen, d. ALA Anzeigen AG, die Telegraphen-Union u. die Universum Film AG (UfA) mit Spielfilm- u. Wochenschau-Studios. H. trat nach dem 1. WK d. DNVP bei, war 1919/20 Mitglied d. Nationalversammlung u. ab 1920 des Reichstags. Als Exponent d. rechten Flügels 1928–33 Parteivorsitzender, betrieb er, mit diktatorischen Vollmachten ausgestattet, die Errichtung eines autoritären Staates, suchte 1929 in der Kampagne gg. den Young-Plan Genossenschaft mit der NSDAP u. verbündete sich 1931 in der *Harzburger Front* mit → Hitler zur »Nationalen Opposition«. Nach dem konservativen Zähmungskonzept hoffte H., die NSDAP f. d. reaktionär großbürgerlichen Ziele benutzen zu können, half aber tatsächlich nur Hitler aus der innenpolit. Isolierung u. beschaffte ihm die notwendige Mehrheit. Im ersten Kabinett Hitler war H. vom 30. Jan. bis Juni 1933 RMin. f. Wirtschaft, Ernährung u. Landwirtschaft (ab 4.2. auch Kommissar für Landwirtschaft, Wirtschaft u. Arbeit in Preußen), am 27. Juni mußte er auf Druck der NSDAP um seine Entlassung bitten, während sich seine Partei selbst auflöste; die meisten ihrer Abgeordneten traten zur NSDAP über. H., dessen Reichstagsmandat bis 1945 bestand, zog sich ins Privatleben zurück, mußte im Laufe der Jahre beträchtliche Teile seines Medienkonzerns an die NSDAP bzw. an d. Deutsche Reich (UfA 1937) abgeben, allerdings mit erheblichem Gewinn. H., einer der erfolgreichsten Wegbereiter d. NS-Staats, wurde im Entnazifizierungsverfahren in d. Kategorie »entlastet« eingestuft.
Der Anteil des borniert-reaktionären Vertreters großindustrieller und großagrarischer Interessen an der Zerstörung der Weimarer Republik war beträchtlich, Versuche zur Kurskorrektur kamen zu spät. Im Politiker H. vereinigten sich Machtstreben, extremer Nationalismus und taktische Kurzsichtigkeit.
Bz

Hunke, Heinrich Wirtschaftswissenschaftler, Ministerialbeamter
geb. 8. 12. 1902 in Heipke/Lippe, lebt in Hannover.
1917–23 Ausbildung am Lehrer-Seminar in Detmold u. Abschluß mit d. Volksschullehrerprüfung. Studium d. Volkswirtschaft, Geographie, Mathematik u. Physik in Münster, Berlin, Göttingen u. zuletzt Halle, dort 1928 Promotion zum Dr. rer. nat. 1923 Beitritt zur NSDAP; 1925 Kreisleiter in Lippe

u. Westfalen; 1929 Gauwirtschaftsberater der Berliner NSDAP u. seit 1932 MdR. Beruflich 1927–33 zunächst wiss. Hilfsarbeiter, dann Referent im Reichwehrministerium. Gaufhr. d. NS-Handelsorganisation im Gau Groß-Berlin. Seit 1933 stellv. Präsident des *Werberats der dt. Wirtschaft*, ab 1939 dessen Präsident. Seit 1935 Honorarprofessor für Volkswirtschaftslehre an der TH Berlin; zahlreiche Veröffentlichungen auf dem Gebiet d. Wirtschaftswissenschaft, Hrsg. der (ältesten) NS-Wirtschaftszeitschrift *Die dt. Volkswirtschaft*. Dez. 1940 bis Jan. 1944 mit d. Leitung d. Auslands-Abt. im Propagandaministerium betraut; Okt. 1941 Ministerialdirigent, 1943 Ministerialdirektor. Mitglied zahlreicher Beiräte u. Aufsichtsräte. Seit Sept. 1943 bis Kriegsende Vorstandsmitglied d. Dt. Bank. Von Mai 1955 bis Dez. 1967 Tätigkeit im niedersächs. Finanzministerium, zuletzt Leiter von dessen Wirtschaftsabteilung.
Publ.: *Grundzüge d. Dt. Volks- u. Wehrwirtschaft* (1938).
Froe

I

Ilgner, Max IG-Farben-Vorstandsmitglied
geb. 28. 6. 1899 in Biebesheim/Hessen,
gest. 28. 3. 1966 in Schwetzingen.

Sohn des BASF-Sekretariatsleiters, Schulbesuch in Düsseldorf. 1913 Eintritt in Hauptkadettenanstalt Berlin-Lichterfelde, 1918 Weltkriegsteilnehmer. 1919 Studium d. Chemie, Hüttenkunde, Rechtswissenschaft u. Nationalökonomie in Berlin-Charlottenburg u. Frankfurt/M., 1923 Promotion. Gleichzeitig kaufmänn. u. Bankausbildung, 1924 Eintritt in d. Chemieunternehmen *Cassella* als Ltr. u. Prokurist des Einkaufs, 1925 Direktor d. Unternehmens, das 1925 im *IG Farben*-Konzern aufging. Ab 1926 Tätigkeit als Prokurist d. *IG Farben*, ab 1934 Geschäftsführer d. Ammoniakwerkes Merseburg. 1937 Eintritt in die NSDAP, Mitglied der *Dt. Arbeitsfront*. 1938 ordentl. Vorstandsmitglied, Wehrwirtschaftsfhr.; 1939 Geschäftsführer d. Buna-Werke Schkopau, Mitglied mehrerer Aufsichts- u. Verwaltungsräte u. d. *Südostausschusses* der *Reichsgruppe Industrie* sowie des *Arbeitskreises für Reichswirtschaftsfragen* des Reichswirtschaftsministeriums. Als Ltr. der Zentralfinanzverwaltung d. *IG Farben* war I. Verbindungsmann der *IG Farben* zu einer Reihe von Ministerien. I. beteiligte sich an d. Ausbeutung von Chemie-Unternehmen in besetzten Ländern. Wg. seiner Tätigkeit in Norwegen verurteilte ihn 1948 der VI. US-Militärgerichtshof in Nürnberg unter dem Anklagepunkt »Plünderung u. Raub« zu drei Jahren Haft.

Nach seiner vorzeitigen Entlassung 1948 übernahm er im Auftrag d. *Evang. Kirche Dtschlds.* u. d. westfälischen Landeskirche Planung u. Oberaufsicht d. Flüchtlingsstadt Espelkamp. 1952 gründete er die *Internationale Gesellschaft für Christlichen Aufbau.* I. übernahm 1955 den Vorsitz d. Geschäftsführung einer schweizerisch-niederländischen Chemiefirmengruppe.
PW

J

Jagow, Dietrich von Gesandter und SA-Obergruppenführer
geb. 29. 2. 1892 in Frankfurt/Oder,
gest. 26. 4. 1945 in Meran (Selbstmord).
Stammte aus einem Adelsgeschlecht d. Mark Brandenburg. Nach d. Schulbesuch Eintritt in d. kaiserl. Kriegsmarine. Nach dem 1. WK verweigerte er d. Eid auf d. Weimarer Verfassung u. mußte deshalb d. Marine verlassen. Mit der *Brigade Ehrhardt* 1919 am Kapp-Putsch beteiligt. 1921 Eintritt in die NSDAP. Studium in Tübingen u. Verdienst als Vertreter. Durch sein Engagement Aufstellung eines Studentenbataillons u. von lokalen SA-, SS- u. Hitler-Jugend-Formationen. 1929–30 Gaugeschäftsführer der NSDAP in Württemberg. 1931 Ernennung zum SA-Gruf. Südwest. 1932–45 MdR. 1933 Berufung zum Reichskommissar f. Württemberg; preuß. Staatsrat. Am 1. 4. 1933 Ernennung zum Fhr. d. SA-Obergruppe V in Frankfurt/M., ab Juni 1933 im Rang eines SA-Ogruf. 1939–41 Kriegsteilnehmer. Juli 1941 bis zum Einmarsch der dt. Truppen im März 1944 dt. Gesandter in Budapest. Bei Kriegsende Flucht v. Berlin nach Süddeutschland; vor der drohenden Gefangennahme durch d. Alliierten nahm er sich in Meran das Leben.
Den

Jannings, Emil Schauspieler und Produzent
geb. 23. 7. 1884 in Rorschach/ Schweiz,
gest. 2. 1. 1950 am Wolfgangsee.
J. entstammte einer dt.-amerik. Ehe, lief seinen Eltern mit 16 Jahren davon u. brachte sich zwei Jahre lang als Schiffsjunge und Kellner durch, ehe er am Stadttheater in Görlitz ein Volontariat annahm. Es folgten kleinere Engagements in Königsberg, Nürnberg u. Leipzig, bis J. 1915 nach Berlin ans Deutsche Theater zu Max Reinhardt kam. 1916 spielte er zum erstenmal in einem Lubitsch-Film, der Durchbruch gelang ihm 1918 in Lubitschs *Madame Dubarry.* J.s Mitwirken an einigen der bedeutendsten Filme der 20er Jahre brachte ihm auch Angebote aus Amerika ein. 1926–29 war er in Hollywood tätig u. wurde für seine Rolle in *The Way of All*

Flesh (1928) mit dem *Oscar* ausgezeichnet. Zurück in Berlin feierte J. neben Marlene Dietrich in dem Streifen *Der blaue Engel* (1930) nach dem Roman *Professor Unrat* von Heinrich Mann große Erfolge. Daneben trat J. weiterhin auf der Bühne auf, zunächst wieder am Deutschen Theater, später am Berliner Staatsschauspiel. Unter dem NS konnte J. seine Karriere erfolgreich fortsetzen. Zwar trat er der NSDAP nie bei, er ließ sich aber durchaus für die NS-Propaganda instrumentalisieren u. spielte neben klass. Rollen wie dem Dorfrichter Adam in d. Verfilmung von Kleists *Der zerbrochene Krug* (1937) immer öfter auch in Propagandafilmen mit. Dafür hofierten ihn d. Nationalsozialisten: → Goebbels verlieh ihm 1938 den *Adlerschild*, 1941 den Titel »Staatsschauspieler«. Im Krieg übernahm J. dann die Leitung der *Tobis-Filmgesellschaft*, die u.a. seine Filme produzierte. J. spielte nun immer häufiger in reinen Propagandafilmen mit; er übernahm die Rollen der »Herrenmenschen«, so in dem antienglischen Film über den Burenkrieg, *Ohm Krüger* (1941). Die Alliierten verhängten 1945 über den ehem. Starschauspieler auf Grund seiner schauspielerischen u. unternehmerischen Tätigkeit während des Dritten Reichs ein Berufsverbot, das bis zu seinem Tod aufrechterhalten wurde.
KK

Jaspers, Karl Philosoph
geb. 23. 2. 1883 in Oldenburg,
gest. 26. 2. 1969 in Basel.
Vater Amtshauptmann, später Bankdirektor in Oldenburg. Humanist. Gymnasium; 1901 Beginn des Jurastudiums, 1902/03 Wechsel zum Medizinstudium in Berlin u. Göttingen, ab 1906 in Heidelberg. 1908 Promotion, wissenschaftl. Assistent a. d. psychiatrischen Klinik der Univ. Heidelberg. 1913 Habilitation im Fach Psychologie; Veröffentlichung d. *Allgemeinen Psychopathologie*. 1916 Prof. f. Psychologie in Heidelberg. Gehörte dort dem Kreis um Max Weber an; Bekanntschaft u.a. mit Simmel, Bloch, Lukács. Über der Beschäftigung v.a. mit Kant, Kierkegaard, Nietzsche u. als logische Weiterführung seines psychologischen Grundthemas der »Existenzerhellung« wandte J. sich der Philosophie zu; zusammen mit → Heidegger gilt er als einer der Hauptvertreter der Existenzphilosophie. 1921/22–1937 Prof. f. Philosophie in Heidelberg. Von seiner *Psychologie der Weltanschauungen* (1919) über die kulturkrit. Analyse *Die geistige Situation der Zeit* (1931) bis zu seinem Hauptwerk *Philosophie* (1932) durchzieht d. Glaube an d. Ideal des mündigen u. selbstbestimmten Menschen J.s Werk, das damit zugleich eine Absage an jede, die menschl. Freiheit einschränkende, einseitige ideologische u. dogmatische Bindung darstellt;

eine Grundhaltung, die ihn nach 1933 in Konflikt mit dem NS brachte. 1933 Ausschluß v. d. Universitätsverwaltung, 1935 v. d. Geschäftsführung d. philosoph. Seminars, ab 1937 Lehrverbot u. Zwangsruhestand. Seit 1938 Verhinderung weiterer Veröffentlichungen, ab 1943 ausdrückliches Publikationsverbot. Trotz der Gefahr für seine aus jüd. Kaufmannsfamilie stammende Frau blieb J. in Dtschld. Nach Kriegsende Wiederaufnahme seiner Heidelberger Professur u. rege Teilnahme am polit. Diskurs. In *Die Schuldfrage* (1946) bekannte sich J., in den Augen d. Weltöffentlichkeit einer der wenigen großen Vertreter des »anderen Dtschld.«, auch zum eigenen Versagen (»Daß wir leben, ist unsere Schuld.«) u. mahnte gg. die Verdrängung zur Pflicht der polit. Haftung. Mitbegründer d. Zschr. *Die Wandlung*. 1948–64 Prof. f. Philosophie a.d. Univ. Basel. In den 50er u. 60er Jahren intensive, kritische Beschäftigung mit der aktuellen polit. Entwicklung in d. Bundesrepublik, Bekenntnis zur politischen Rolle des Philosophen (*Die Atombombe u. die Zukunft des Menschen*, 1957; *Lebensfragen der dt. Politik*, 1963; *Hoffnung u. Sorge*, 1965; *Wohin treibt die Bundesrepublik?*, 1966). Ehrungen u.a. mit d. *Friedenspreis des Dt. Buchhandels* (1958), zahlreichen Ehrendoktortiteln u. d. Orden *Pour le mérite* (1964). Mitglied d. PEN-Zentrums (1959). Weitere Publ. u.a.: *Vernunft u. Existenz* (1935); *Nietzsche* (1936); *Existenzphilosophie* (1938); *Von der Wahrheit* (1947); *Vom Ursprung u. Ziel der Geschichte* (1949); *Rechenschaft u. Ausblick* (1951); *Schicksal u. Wille* (Autobiographie, 1967).
MV

Jeschonnek, Hans Generalstabschef der Luftwaffe, Generaloberst
geb. 9. 4. 1899 in Hohensalza/Prov. Posen,
gest. 18. 8. 1943 im Hauptquartier der Luftwaffe am Goldaper See/ Ostpreußen (Selbstmord).
Sohn eines Studienrats. Offizierslaufbahn. J. meldete sich mit fünfzehneinhalb Jahren v. d. Kadettenanstalt Lichterfelde an d. Front; 1917 Ltn., Wechsel zur Fliegertruppe. Teilnahme an d. Grenzkämpfen in Oberschlesien. Nach Übernahme in d. Reichswehr Dienst als Kavallerieoffz.; beendete d. Generalstabsausbildung als Jahrgangsbester. Generalstabstätigkeit in der f. d. geheimen Aufbau einer dt. Luftwaffe zuständigen Abt. des Reichswehrministeriums. 1933 Adjutant d. StSekr.s im Reichsluftfahrtministerium, Erhard → Milch. 1936 als Gruppenkommodore zum Lehrgeschwader d. Luftwaffe versetzt, dort zuletzt Kdr. des Geschwaders. Okt. 1937 Rückkehr als Abt.-Ltr. ins Ministerium. Febr. 1938 Chef d. Luftwaffenführungsstabs; Nov. 1938 Oberst. Mit 38 Jahren, vom 1. 2.

1939 bis zu seinem Tod, Generalstabschef d. Luftwaffe; Aug. 1939 GenMaj.; schnelle Beförderung nach den großen Erfolgen d. Luftwaffe im Polen- u. Frankreichfeldzug; Juli 1940 Ernennung zum Gen. d. Flieger.

Bereits die »Schlacht um England« 1940, v.a. aber die hohen Verluste an Menschen u. Material im Krieg gg. d. UdSSR sowie die Unfähigkeit d. Luftwaffe, die Luftüberlegenheit im Mittelmeerraum herzustellen u. die Versorgung des Afrikakorps zu sichern, zeigten die in der Bindung an das Blitzkrieg-Konzept zu knapp geplante Luftrüstung u. damit die Grenzen d. dt. Luftwaffe. Es war J., der das völlig überzogene, wg. fehlender Rüstungskapazitäten wie Finanzen nicht umzusetzende Luftrüstungskonzept → Hitlers als einziger d. Amtschefs des Luftfahrtministeriums guthieß, so daß → Göring es nicht wagte, Hitler ein realistisches, verkleinertes Programm vorzuschlagen. Den Posten des zurücktretenden Generalstabschefs Stumpf bekam J.; das schließlich realisierte Rüstungsprogramm blieb weit hinter den Hitlerschen Vorgaben zurück. Der Selbstmord d. Generalluftzeugmeisters General → Udet war ein erstes Zeichen für d. Selbsteinschätzung d. Lage in der Luftwaffenführung. Nach d. schweren Angriffen auf Hamburg im Aug. 1943 wurde in d. Luftwaffenführung bereits d. Ablösung J.s u. Görings diskutiert. Hitler, seit dem Versagen d. Luftwaffe b. d. Versorgung d. Kessels v. Stalingrad auf Göring schlecht zu sprechen, richtete seinen Zorn über d. Hilflosigkeit d. Luftwaffe gegenüber amerikanischen Tagesangriffen zunehmend auch gegen J., wobei Göring seinen Generalstabschef schmählich im Stich ließ. Bevor er sich, enttäuscht u. verbittert, erschoß, verfertigte er eine längere, für Hitler bestimmte Denkschrift, über deren Inhalt nur spekuliert werden kann. Göring ließ sie aus gutem Grund vernichten.

We

Jodl, Alfred Chef des Wehrmachtführungsstabes
geb. 10. 5. 1890 in Würzburg,
gest. 16. 10. 1946 in Nürnberg (hingerichtet).

Vater bayer. Artillerieoffizier. 1903 bis 1910 Kadettenschule München. 1910 Fähnrich, 1912 Ltn. Im Krieg Obltn., EK I. 1919 Mitglied d. *Volkswehr*, am 1. 10. 1919 Übernahme in die Reichswehr. Führergehilfen- u. Generalstabsausbildung. Am 1. 10. 1932 Versetzung in das Truppenamt d. Reichswehrministeriums in Berlin. 1. 10. 1933 Obstltn. Ab 1. 7. 1935 Chef d. Abt. Landesverteidigung im Wehrmachtführungsamt (WFA). 1. 8. 1935 Ernennung zum Oberst. Nov. 1938–Aug. 1939 Artillerieführer in Wien u. Brünn. 1. 4. 1939 Gen-

Maj. Ab 23. 8. 1939 Chef d. WFA (8. 8. 1940 umbenannt in Wehrmachtführungsstab). 19. 7. 1940 unter Überspringung eines Ranges Ernennung zum Gen. 30. 1. 1943 Goldenes Ehrenzeichen d. NSDAP. 30. 1. 1944 GenObst. Mai 1945 Eichenlaub z. Ritterkreuz. Am 7. 5. 1945 Unterzeichnung der dt. Kapitulation in Reims. Mitglied der Regierung → Dönitz, mit dieser am 23. 5. 1945 verhaftet. Gefangenschaft in Mondorf und Nürnberg. Im Nürnberger *Hauptkriegsverbrecherprozeß* am 1. 10. 1946 in allen vier Anklagepunkten für schuldig befunden u. zum Tod verurteilt. Hinrichtung am 16. 10. 1946. Am 28. 2. 1953 von Münchner Spruchkammer posthum als »Entlasteter« eingestuft.

J. war als Chef des WFSt engster strategischer und operativer Berater → Hitlers und konnte sich eine hohe Vertrauensstellung erwerben, die ihm auch erlaubte, Hitler einige Male offen zu widersprechen. Bis zum Ende des Dritten Reiches blieb er jedoch stets loyal und verurteilte den militärischen Widerstand des 20. Juli entschieden. In Nürnberg betonte er, als Soldat nur seine Pflicht getan und sich von der Politik ferngehalten zu haben. In dieser Haltung befangen, unterwarf er sich verbrecherischen Befehlen Hitlers, auch wenn er sie zunächst abgelehnt hatte, und beteiligte sich aktiv an ihrer Ausführung. Trotzdem blieb das Todesurteil, vor allem bei den Militärs, auch alliierten, von Anfang an umstritten.

Ri

Joel, Günther Jurist

geb. 19. 4. 1903 in Kassel,

Nach seiner Promotion zum Dr. jur. 1930 in Göttingen bei d. Staatsanwaltschaft in Kassel tätig, dort vermutlich Bekanntschaft mit Roland → Freisler, der ihn später protegierte. NSDAP-Mitglied seit Mai 1933. 1933 Staatsanwalt, 1935 Erster Staatsanwalt, 1936 Oberstaatsanwalt. Im Aug. 1933 in d. Reichsjustizministerium berufen; zunächst für Amnestie- u. Niederschlagungsfälle zuständig, seit Nov. 1933 neben Werner v. Haacke als Ltr. der von Freisler eingerichteten Zentralstaatsanwaltschaft (zentrale Strafverfolgungsbehörde) tätig. Dort bis zu deren Auflösung im Okt. 1937 zuständig f. d. Verfolgung v. Korruption bei NS-Funktionären, von Angriffen Parteiangehöriger auf polit. Gegner u. von Ausschreitungen SA-Angehöriger. Seit Dez. 1937 Verbindungsmann d. Reichsjustizministeriums zu SS, SD u. Gestapo; deshalb in d. SS aufgenommen. Aufgrund seiner Verdienste als Ltr. des Sonderreferats f. Kriegsdelikte im Kriege Beförderung bis zum SS-Obersturmbannführer. 1941 Ministerialrat. Generalstaatsanwalt in Hamm v. Aug. 1943 bis Kriegsende. Am 4. 12.

1947 im Nürnberger Juristenprozeß zu 10 Jahren Haft verurteilt. Am 31. 1. 1951 durch Gnadenerlaß d. amerik. Hochkommissars McCloy aus d. Haft entlassen. Danach war J. bei der Friedrich Flick AG in Düsseldorf tätig.
AK

Johst, Hanns Schriftsteller, Präsident der Reichsschrifttumskammer
geb. 8. 7. 1890 in Seerhausen bei Riesa,
gest. 23. 11. 1978 in Ruhpolding.
Gymnasium in Leipzig, 1907 Pfleger in den Bodelschwinghschen Anstalten, Bethel. Zunächst Studium d. Medizin, dann der Philologie u. Kunstwissenschaft, schließlich Schauspieler. Seit 1915 als freier Schriftsteller in Oberallmannshausen am Starnberger See. 1933 Dramaturg am Berliner Schauspielhaus bis zur Ernennung zum Preußischen Staatsrat (17. 1. 1934). Seit 7. 6. 1934 Vors. der *Dt. Akademie der Dichtung*, ab 1. 10. 1935 Präsident d. *Reichsschrifttumskammer*; 1942 Ehrenrang eines SS-Gruf. Nach d. Krieg zeitweilig interniert, als »Pazifist« von Münchner Spruchkammer zunächst als »Mitläufer«, von einer Berufungskammer am 30. Juni 1949 als »Hauptschuldiger« zu dreieinhalb Jahren Arbeitslager verurteilt u. mit 10jährigem Schreibverbot belegt.
J. begann als expressionist. Schriftsteller in der Nachfolge Strindbergs und Wedekinds (*Der junge Mensch*, 1916; das Grabbe-Drama *Der Einsame*, 1917); über Ideendramen, die das Scheitern histor. Persönlichkeiten thematisierten (*Der König*, 1920; das Luther-Drama *Propheten*, 1922; *Thomas Paine*, 1927), kam er zunehmend in völkisch-nationalist. Fahrwasser (so schon in dem Essayband *Wissen u. Gewissen*, 1924). Mit *Schlageter* (1933), Hitler »in liebender Verehrung und unwandelbarer Treue« gewidmet, wurde er zum von oben verordneten, repräsentativen Dramatiker des NS. Als Prosaschriftsteller und Lyriker von mäßiger Bedeutung, verlor er sich schließlich als naiver Propagandist der NS-Ideologie in ein hohles völkisches Pathos (*Fritz Todt. Requiem*, Drama 1943; *So gehen sie hin*, Roman 1944). Als *Reichsfachleiter für Schrifttum* im *Kampfbund für Deutsche Kultur* u. vor allem in seinen beiden Präsidentenpositionen wurde er – → Hitler und auch → Himmler in unterwürfiger Verehrung zugetan und ohne Durchsetzungsvermögen gegenüber → Goebbels – zum willigen Werkzeug bei der Gleichschaltung der deutschen Literatur- und Theaterszene. Ein später Roman *Gesegnete Vergänglichkeit* (1955) blieb ohne literarisches Echo.
We

Jordan, Pascual Physiker
geb. 18. 10. 1902 in Hannover,
gest. 31. 7. 1980 in Hamburg.
Vater Maler. Studium d. Physik, Mathematik u. Zoologie. 1924 Promotion in Physik. 1926 Privatdozent in Göttingen, mit → Heisenberg einer d. Begründer d. Quantentheorie. 1928 Wechsel nach Hamburg. Ab 1929 a.o. Professor für Theoretische Physik in Rostock, ab 1935 o. Professor. 1942 Max-Planck-Medaille. 1944 Berufung nach Berlin. 1947–70 Professor in Hamburg. 1957–61 f. d. CDU im Bundestag, 1957 Protest gg. das *Göttinger Manifest* dt. Wissenschaftler, 1965 Protest gg. die Vertriebenen-Denkschrift d. *Evang. Kirche Dtschlds.*, die die Anerkennung der Oder-Neiße-Linie als Westgrenze Polens empfahl.
J. gehörte zu den deutschen Physikern, die sich offen zum NS-Staat bekannten. Dennoch würdigte er in seiner *Physik des 20. Jahrhunderts* (1936) auch die Verdienste jüdischer Naturwissenschaftler.
Publ. u.a.: *Elementare Quantenmechanik* (1928); *Anschauliche Quantentheorie* (1936).
Ri

Jordan, Rudolf Gauleiter
geb. 21. 6. 1902 in Großenlüder/ Kreis Fulda,
gest. 27. 10. 1988 in München.
J. entstammte einem bäuerlichen Umfeld, sein Vater war auch noch Kaufmann. Nach der Volksschule 1916–18 Arbeiter in der Rüstungsindustrie, nach Kriegsende Lehrerausbildung in Fulda, 1920 Zeitfreiwilliger, 1922 Mitglied im *Bund Oberland*; beruflicher Abschluß 1924 mit dem Volksschullehrer-Examen. Bis 1927 als Arbeiter, Angestellter u. Freiberufler u.a. bei Verlagen u. in der Werbebranche tätig, dann im Schuldienst, u.a. Heeresfachschule f. Wirtschaft u. Verwaltung in Fulda. Seit 1924 ohne Mitgliedschaft als Redner für den Völkisch-Sozialen Block u. die Deutsch-Völkische Reichspartei aktiv. Im Mai 1925 NSDAP-Mitglied; Verfasser polit. Kleinschriften (*Der ›wissenschaftliche‹ Sozialismus*, 1925; *Deutschland als Kolonie d. Wallstreet*, 1925). Im Nov. 1929 für d. NSDAP in den Provinziallandtag von Hessen-Nassau, im Dez. 1929 zum (einzigen) NSDAP-Stadtrat v. Fulda gewählt. Wg. seiner polit. Betätigung im Dez. 1929 aus dem Schuldienst entlassen. Im gleichen Jahr Gründer der Parteizeitung *Fuldaer Beobachter*. 1930 Redakteur der NSDAP-Wochenzeitung *Der Sturm* in Kassel. Am 19. 1. 1931 Ernennung zum GL des Gaues Halle-Merseburg. Apr. 1932–Okt. 1933 MdL in Preußen. 1933 preuß. Staatsrat u. SA-Gruppenführer. Hrsg. der *Mitteldt. Tageszeitung*. Im März 1933 Ernennung zum Bevollmächtigten d. Provinz Sachsen im Reichsrat; im Nov.

1933 Wahl zum MdR. Am 20. 4. 1937 Ernennung zum Reichsstatthalter in Braunschweig u. Anhalt u. zum GL von Magdeburg-Anhalt. 1937 Beförderung zum SA-Ogruf. 1939 wurde J. Chef d. Anhaltinischen Landesregierung u. RVK im Wehrkreis XI, am 16. 11. 1942 (nach der Zuweisung der RVKs auf die Gaue) RVK für seinen Gau Magdeburg-Anhalt. Am 18. 4. 1944 Ernennung zum Oberpräsidenten der Provinz Magdeburg. In den letzten Kriegstagen gelang es ihm zunächst, unter falschem Namen mit seiner Familie unterzutauchen. Am 30. 5. 1945 Verhaftung durch d. Engländer. Von den Westalliierten im Juli 1946 an die Sowjets ausgeliefert, wurde er Ende 1950 nach längerer Haft in der sowjet. Besatzungszone zu 25 Jahren Arbeitslager i. d. UdSSR verurteilt, nach Adenauers Besuch in Moskau jedoch am 13. 10. 1955 entlassen. Anschließend Broterwerb als Vertreter; zuletzt Sachbearbeiter bei einem Flugzeughersteller.

Publikationen: *Erlebt u. erlitten. Weg eines Gauleiters von München bis Moskau* (1971); *Im Zeugenstand der Geschichte. Antworten zum Thema Hitler* (1974); *Der 30. Juni 1934. Die sog. »Röhm-Revolte« u. ihre Folgen aus der Sicht eines Erlebniszeugen* (1984).

We

Jünger, Ernst Schriftsteller
geb. 29. 3. 1895 in Heidelberg,
gest. 17. 2. 1998 in Riedlingen/ Oberschwaben.

Sohn eines Chemikers, Apothekenbesitzers u. Kali-Industriellen. Flüchtete 1913 aus d. behüteten Existenz eines Sprößlings des Besitz- und Bildungsbürgertums in die Fremdenlegion, auf Intervention des Vaters nach sechs Wochen wieder entlassen. 1914 Oberprimaner in Hannover, Aug. 1914 Meldung als Kriegsfreiwilliger, Nov. 1915 Ltn. (Kompanie- u. Stoßtruppführer), mehrfach verwundet; September 1918 Verleihung des Ordens *Pour le mérite*, nach Kriegsende zunächst von Reichswehr übernommen (Mitarbeit an der Ausbildungsvorschrift für d. Infanterie), Aug. 1923 ausgeschieden. 1923–26 Studium d. Naturwissenschaften in Leipzig und Neapel. Seit Mai 1926 freier Schriftsteller in Berlin, 1933–36 in Goslar, 1936–39 in Überlingen, 1939–48 in Kirchhorst. Teilnahme am 2. WK als Kompaniechef im Frankreichfeldzug u. im Wachregiment Paris; seit Juni 1941 im Stab d. MilBfh. Frankreich, Sep. 1944 als Hptm. regulär aus d. Wehrmacht entlassen. 1945 kurz Verwendung als BatlKdr. im *Volkssturm*. Nach Kriegsende wieder freier Schriftsteller, seit 1948 in Ravensburg u. seit 1950 in Wilflingen/ Oberschwaben.

J. erwies sich im 1. WK an der

Westfront als der geborene Frontoffizier, nicht nur von Pflichtgefühl und Patriotismus bestimmt, sondern auch von einer »feurigen Natur«, die ihn Kampf als großes Erlebnis und als schärfste Erprobung der Männlichkeit genießen ließ. Daß er in den Tagebüchern und Essays, in denen er seine Kriegserfahrung zu gestalten suchte (*In Stahlgewittern*, 1920; *Der Kampf als inneres Erlebnis*, 1921; *Das Wäldchen 125. Eine Chronik aus den Grabenkämpfen 1918*, 1924; *Feuer und Blut. Ausschnitt aus einer großen Schlacht*, 1925), Krieg u. Kampf als Vorgänge höchsten Ranges mit eigenem Sinn und Wert darstellte, daß er ferner eine überlegene, nur wenigen gegebene ritterliche Haltung des Individuums im Kriege als »heroischen Realismus« stilisierte, als eine Haltung mit absolutem Rang, lag nicht zuletzt daran, daß der Krieg von Dtschld. verloren worden war und folglich für einen dt. Soldaten jeden politischen Zweck eingebüßt hatte. Trotz dieser überhöhten Sinnsuche sind J.s Bücher über die Materialschlachten des 1. WKs genaue u. von einem Meister der Sprache geschriebene Schilderungen u. Reportagen auf höchstem Niveau. Durch Mitarbeit an nationalistischen Zeitschriften und Organen der »Konservativen Revolution« (*Standarte*, *Arminius*, *Widerstand*, *Vormarsch*) suchte J. das deutsche Volk oder wenigstens seine Eliten zu einer geistigen und materiellen Mobilmachung zu veranlassen, die – nötigenfalls über einen neuen Krieg – zu einer Revision des Kriegsergebnisses führen konnte. Schon Ende der zwanziger Jahre begann er sich indes vom Politischen im engeren Sinne abzuwenden, wofür bezeichnend ist, daß er zweimal ein Reichstagsmandat für die NSDAP ablehnte (1927, 1933); auch war sein 1932 erschienenes Buch *Der Arbeiter. Herrschaft u. Gestalt* nicht mehr ein Manifest des deutschen Nationalismus, sondern der Versuch einer Gesamtdeutung des 20. Jahrhunderts, das J. auf Grund seiner Erfahrung der Materialschlachten des Krieges als ein nachbürgerliches Zeitalter verstand, das unter der Herrschaft der Arbeit und seiner typischen Gestalt, des Arbeiters, stehe. *Der Arbeiter* war auch nicht der Entwurf eines totalitären Systems, wie es dann im NS-Regime Wirklichkeit wurde, sondern die Verbindung und Versöhnung preußisch-konservativer Gesinnung mit den Phänomenen der modernen Industriegesellschaft. J.s ausgeprägter Individualismus zeigte sich dabei noch stärker in den Essays und Fragmenten, die er 1929 unter dem Titel *Das abenteuerliche Herz. Aufzeichnungen bei Tag und Nacht* veröffentlichte, worin es um die Frage geht, wie das Individuum die Mechanik des modernen Lebens in den Landschaften der Großstädte erfahren kann und bestehen sollte. Der »heroische Realismus« des Kriegers verschwindet nicht, sondern wird, noch elitärer gesehen, Bestandteil einer säkularen Religiosität, für die alle Erscheinungen als Realitäten ihren Sinn haben. Daß J. oft unter die geistigen Wegbereiter des Dritten Reichs eingereiht wurde und wird, ist auf sein entschiedenes Bekenntnis zu einem integralen Nationalismus, auf seine nie zurückgenommene Bejahung des Krieges und seine elitäre Verachtung der Demokratie zurückzuführen, Einstellungen, die alle als Transportmittel natsoz. Ideologie dienen konnten.

Das Erlebnis des plebejischen Totalitarismus in Gestalt des Dritten Reichs, seiner rassistisch-antisemitisch motivierten Verbrechen u. schließlich des unter solchen Auspizien geführten Krieges brachte J. dazu, sich dem europäischen Humanismus zuzuwenden u. sich sogar christlichen Einflüssen zu öffnen. Ein äußeres Zeichen dafür war sein u. seines Bruders Friedrich Georg Austritt aus dem Traditionsverein des Füsilierregiments 73, als dieser jüdische Mitglieder ausschloß. Sein 1939 erschienener Roman *Auf den Marmorklippen* war eine schneidende Abrechnung mit jeglicher totalitären Tyrannei, die J. freilich, Preuße u. Anarchist, als ein Geschöpf der Volkssouveränität begriff. Auch seine Tagebücher aus dem 2. WK zeigen seine kompromißlose Verdammung → Hitlers und seines Systems – einschließlich des Massenmords an den Juden –, seine Annäherung an Humanismus und Christentum, wie sie sich in der getreulich festgehaltenen Lektüre der Bibel spiegelt, allerdings ebenso seine ungebrochen elitäre Weltsicht (*Gärten und Straßen. Aus den Tagebüchern 1939–1940*, 1942 erschienen; *Strahlungen*, 1949). Die Erfahrung der Geistigkeit u. Kultur Frankreichs prägte J.s Existenz als Mensch wie als Autor ebenfalls tief. In den Pariser Jahren trat er in Verbindung mit zahlreichen frz. Schriftstellern und Künstlern (Jouhandeau, Giraudoux, Braque, Picasso u. a.). Bei alledem war es nur logisch, daß er enge Beziehungen zu vielen – namentlich den Pariser – Verschwörern des 20. Juli 1944 unterhielt. Er selbst blieb jedoch skeptisch gegenüber den Aussichten der Attentats- und Staatsstreichpläne, zumal es ihm nun mehr um die Analyse der großen Menschheitskatastrophe seit 1914 ging und er jetzt als Amt des Autors die »metaphysische Tröstung« (Heimo Schwilk) sah, nicht mehr, wie nach 1918, den Aufruf zur politischen Aktion.

Nach 1945 steigerte sich das zum Versuch, das postnihilistische Zeitalter zu deuten. Auch wenn die christlichen Elemente wieder schwächer wurden, blieb er in einer »Region des Glaubens« (H. Schwilk). Dabei wurde die Kritik an den destruktiven Wirkungen der Technik von Jahr zu Jahr stärker (*Gläserne Bienen*, 1957). Die J. gemäßen Ausdrucksformen waren das Tagebuch u. der Essay. Auch seine Romane, so *Heliopolis* (1949), bestehen im Grunde aus aneinandergereihten Essays u. Gedankensplittern u. sind ohne erzählerische Vitalität. J.s Sprache ist oft von meisterhafter Knappheit u. großer Eleganz, allerdings ist sie eine Sprache der Verkündigung, ja des Befehls, die den Leser nur selten zur Diskussion einlädt. Seit seiner Jugend betrieb J. botanische, zoologische u. entomologische Studien (*Subtile Jagden*, 1967). Sein internationaler Ruf als Entomologe veranlaßte das Land Baden-Württemberg 1985 zur Stiftung eines *Ernst-Jünger-Preises für Entomologie*. Seine eigenen Auszeichnungen nach dem Zweiten Weltkrieg reichen vom *Goethe-Preis* der Stadt Frankfurt (1982) über die *Médaille de la Paix* der Stadt Verdun (1979) bis zum *Großen Verdienstkreuz mit Stern und Schulterband des Verdienstordens der Bundesrepublik Deutschland* (1985) und dem *Bayerischen Maximiliansorden für Wissenschaft u. Kunst* (1986). Am 26. 9. 1996 trat J. zum römisch-katholischen Glauben über.

Publ.: *Sämtliche Werke in 18 Bänden* (1978–83).

HG

Jüttner, Hans Chef des SS-Führungshauptamtes, SS-Obergruppenführer
geb. 2. 3. 1894 in Schmiegel, gest. 24. 5. 1965 in Bad Tölz.

Gymnasiumsbesuch bis 1913. Kriegsfreiwilliger 1914; 1915 Ltn., 1920 als Obltn. aus dem Heer entlassen. Anschließend kaufmänn. Angestellter, seit 1928 selbständig. 1933 Universitätssportlehrer in Breslau. Eintritt in SA; Tätigkeit im SA-Hochschulamt. 1934 Ltr. d. SA-Ausbildungswesens in München. Mai 1935 Übertritt zur SS-Verfügungstruppe (SS-VT) in München; am 1. 9. 1936 als SS-Sturmbannfhr. versetzt zur Inspektion d. SS-VT in Berlin; 1939 Inspekteur d. Ersatztruppen der SS-VT-Division, Anfang 1940 im Kdo.-Amt d. SS-VT; seit Sommer 1940 Stabschef d. neugeschaffenen SS-Führungshauptamtes, das f. d. organisatorische u. verwaltungsmäßige Führung der Waffen-SS (1940 aus den SS-VT u. den SS-Totenkopfverbänden der KZs entstanden) verantwortlich war; Juni 1942 Beförderung zum SS-Ogruf. u. General d. Waffen-SS; Jan. 1943 Chef d. SS-Führungshauptamtes. Mit d. Ernennung Himmlers zum *Chef d. Heeresrüstung u. Befehlshaber d. Ersatzheeres* am 21. 7. 1944 erfolgte

zeitgleich d. Bestellung J.s zum Vertreter → Himmlers in diesem Befehlsbereich.
We

Jüttner, Max Amtschef in der Obersten SA-Führung, SA-Obergruppenführer
geb. 11. 1. 1888 in Saalfeld/Saale,
gest. 14. 8. 1963 in München.
Nach Realgymnasium u. Abitur in Saalfeld 1906 Fahnenjunker, 1907 Ltn., Kriegsteilnehmer 1914–18, mehrfach verwundet, zuletzt als Hptm. 1. Generalstabsoffz. b. Infanteriedivision, EK I. 1919 Freikorps-Fhr. im Bezirk Merseburg; ab Aug. 1919 Mitglied d. *Stahlhelm*. Gleichzeitig 1919–20 Jurastudium, Aug. 1920 Stellung im mitteldt. Braunkohlebergbau, dann bis Nov. 1933 als AbtLtr. beim Dt. Braunkohle-Industrie-Verein in Halle. April 1933 *Stahlhelm*-Landesfhr. f. Mitteldtschld. Ab Nov. 1933 MdR u. Brif. in d. SA-Obergruppe IV; bereits einen Monat später in den Stab des OSAF berufen, Übernahme d. Abt. Ausbildung u. Organisation als hauptamtl. SA-Fhr. 1934 Eintritt in NSDAP. April 1935 SA-Gruf., Chef d. SA-Führungshauptamtes (bis Kriegsende); 1939 SA-Ogruf. u. Stellv. des Stabschefs d. SA. Vom 2. 5. bis 8. 8. 1943 Führung d. Geschäfte d. Stabschefs. Ab Nov. 1944 mit Führungsaufgaben beim Aufbau d. Volkssturms betraut, April 1945 Fhr. einer Volkssturm-Kampfgruppe. Nach dem Krieg interniert und als Zeuge für die SA bei den Nürnberger Kriegsverbrecherprozessen vorgeladen. Nach seiner Entlassung Arbeiter in einer Holzfabrik. Zuletzt Vertreter bei einer pharmazeutischen Firma in München.
We

Jung, Rudolf nationalsozialistischer Parteipolitiker und Theoretiker
geb. 16. 4. 1882 in Plasy (Plas) b. Plzen (Pilsen)/Mähren,
gest. 11. 12. 1945 in Prag.
Realschule in Iglau. Nach Technikstudium an d. TH in Wien seit 1906 als Diplomingenieur bei d. österr. Staatsbahn angestellt. Seit 1910 führender Funktionär d. großdeutschen, antikapitalistischen *Deutschen Arbeiterpartei* (1918 umbenannt in *Deutsche natsoz. Arbeiterpartei [DNSAP]*) in d. österr. Monarchie. 1912 als jüngster Abgeordneter in d. mährischen Landtag gewählt. Stadtverordneter in Iglau. Haupt-Autor des 1913 beschlossenen *Iglauer Programms* seiner Partei. Von 1919–33 als Abgeordneter der DNSAP im tschechoslowak. Parlament in Prag, ab 1926 als Parteivorsitzender. Als ein Prozeß landesverräterische Umtriebe des SA-ähnlichen *Saalschutzes* d. Partei bestätigte, wurde J. im Okt. 1933 verhaftet. Nach siebenmonatiger Haft floh er 1934 nach Dtschld. 1936 MdR. 1937–40 Dozent, später Prof.

an d. Hochschule f. Politik, Berlin. 1940 Präsident d. Landesarbeitsamts Mitteldtschld. (Thüringen, Provinz Sachsen, Anhalt) in Erfurt. 1944 Bevollmächtigter f. d. Arbeitseinsatz im Protektorat. 1942 SS-Gruf. In Prag 1945 verhaftet u. im Prager Pankraz-Gefängnis gestorben.
Als Verfasser zahlreicher Bücher u. Schriften ab 1919 ist J. einer d. wichtigsten Theoretiker des NS. J.s *Der nationale Sozialismus. Seine Grundlagen, sein Werdegang u. seine Ziele* (1919, weitere Auflagen 1922 u. 1923) entwickelte bereits vor → Hitlers *Mein Kampf* u. → Rosenbergs *Mythos d. XX. Jahrhunderts* das großdeutsche, völkisch-rassistische u. antisemitische Programm des NS. Durch Hitlers Programmschrift publizistisch in den Hintergrund gedrängt, erhielt J. auch nach seiner Flucht nach Dtschld. keine Chance mehr, Hitlers Ruhm als Erfinder des NS zu schmälern.
Weitere Publ.: *Die Judenfrage als Schicksalsfrage des dt. Volkes* (o.D.); *Der Rassengedanke im nationalen Sozialismus* (1923); *Der nationale Sozialismus im Sudetendeutschtum* (1933); *Die Tschechen. Tausend Jahre deutsch-tschechischer Kampf* (1937); Hrsg. (zusammen mit H. Krebs u. A. Schilling, im Auftrag d. DNSAP) der Zschr. *Volk u. Gemeinde. Nationalsozialistische Monatshefte* (1919ff.).
We

Jury, Hugo Gauleiter
geb. 13. 7. 1887 in Mährisch Rothmühl,
gest. 24. 5. 1945 in Zwettl (Selbstmord).
Nach Schulzeit 1905–11 Studium d. Medizin an der Dt. Universität in Prag, Angehöriger einer Burschenschaft. 1908–09 Militärdienst; wg. Tuberkulose entlassen. 1911 Promotion, 1911–19 als Gemeindearzt in Frankenfels tätig. Während des 1. WK Leiter von Kriegsgefangenen-Offizierslagern. Seit 1919 als Lungenfacharzt in St. Pölten. Im Febr. 1931 NSDAP-Mitglied, 1932 Fraktionsführer seiner Partei im St. Pöltener Gemeinderat. 1934–36 wg. seiner Parteizugehörigkeit im »Anhaltelager« Wöllersdorf interniert. 1936–38 stellv. Landesleiter der illegalen NSDAP in Österreich. Am 20. 2. 1938 von Schuschnigg in den Staatsrat berufen u. als Stellv. von → Seyß-Inquart in die Führung der *Vaterländischen Front* aufgerückt. Beim »Anschluß« Eintritt in die SS im Rang eines Sturmbannführers, am 13. 3. 1938 Ernennung zum Minister f. soziale Verwaltung, nach dem 10. 4. 1938 MdR. Seit 21. 5. 1938 GL von Niederdonau (Niederösterreich), drei Tage später auch Landeshauptmann. Reichsstatthalter für den Gau Niederdonau seit dem 15. 3. 1940, am 16. 11. 1942 auch zum RVK ernannt. 1943 SS-Ogruf. Beim Vordringen der alliierten Truppen in Österreich soll

J. nach Zwettl ausgewichen sein u. sich dort am 24. 5. 1945 erschossen haben.
We

K

Kästner, Erich (Pseudonyme: *Bertold Bürger, Melchior Kurtz, Robert Neuner*) Schriftsteller
geb. 23. 2. 1899 in Dresden,
gest. 29. 7. 1974 in München.
Sohn eines Sattlers u. einer Friseurin. 1917/18 beim Militär. 1919 Abitur. 1921–25 Studium der Germanistik, Geschichte, Philosophie u. Theatergeschichte an den Univ. Leipzig, Rostock, Berlin. 1919/20 erste Veröffentlichungen von Gedichten. 1925 Promotion zum Dr. phil. Seit 1927 Theaterkritiker u. freier Schriftsteller in Berlin. Nach Gedichtbänden, Kabarett-Texten, Hörspielen u. Kinderbüchern 1931 Erscheinen des satirischen, literarisch-zeitkritischen Romans *Fabian*. 1933 Opfer der Bücherverbrennung vom 10. Mai, Publikationsverbot; 1933–38 Veröffentlichungen im Ausland, v.a. in der Schweiz. 1934 u. 1937 Verhöre durch die Gestapo. Juli–Dez. 1942 Sondergenehmigung, unter dem Namen *Berthold Bürger* zu arbeiten: Drehbücher zu den Filmen *Münchhausen* (1943) u. *Der kleine Grenzverkehr* (1943). Herbst 1945 Gründung des Kabaretts *Die Schaubühne* in München. 1945–47 Feuilletonleiter der amerik. *Neuen Zeitung*. 1946 Gründung d. Jugendzeitschrift *Pinguin*. 1952–62 Präsident des PEN-Zentrums der BRD; Gründung des Kabaretts *Die kleine Freiheit* in München. 1945–63 weitere Veröffentlichungen (Gedichtbände, Drehbücher, Romane, Kabarett- u. Theaterstücke); zahlreiche nationale u. internationale Ehrungen. Nach dem Krieg veröffentlichte K. auch Autobiographisches: *Als ich ein kleiner Junge war. Kindheitserinnerungen* (1957), die eindringlichen Tagebuchnotizen aus dem Jahr 1945 *Notabene 45* (1961) und – hrsg. v. seiner Lebensgefährtin Liselotte Enderle – *Mein Liebes gutes Muttchen du! Briefe u. Postkarten aus 40 Jahren* (1981).
In der Weimarer Zeit hatte K. politische, satirische u. zeitkritische Texte verfaßt, und v.a. in seinem Roman *Fabian* erfolgreich Spießbürgertum, Militarismus u. andeutungsweise Faschismus persifliert. Nach 1933 versuchte er vergeblich, eine Aufnahme in die *RSK* zu erwirken, die ihm aufgrund seiner politischen Haltung vor 1933 wiederholt verweigert wurde. Dennoch emigrierte er nicht. Trotz Publikationsverbotes gelang es ihm nach der Machtübernahme zunächst, seine Arbeiten im Ausland zu veröffentlichen. Dies wurde von den natsoz. Machthabern Ende 1942 endgültig unterbunden.
AS

Kaltenbrunner, Ernst Chef der Sicherheitspolizei und des SD, SS-Obergruppenführer
geb. 4. 10. 1903 in Ried/Innviertel, gest. 16. 10. 1946 in Nürnberg (hingerichtet).
Sohn eines Rechtsanwalts. Nach Kindheit in Raab und Linz dort 1921 Schulabschluß; Jurastudium in Graz, 1926 mit Promotion abgeschlossen. Als Mitglied d. Studentenverbindung *Arminia* aus völkisch-nationalist. Gesinnung aktive Teilnahme an antisemitisch-antimarxistischen u. antiklerikalen Demonstrationen. 1929 Anschluß an den *Heimatschutz* Starhembergs, bevor er 1930 in d. NSDAP, 1931 in d. SS eintrat. 1934 Fhr. d. SS-Standarte 37 in Linz. Als führender Repräsentant d. NSDAP in Oberösterreich u. Rechtsberater v. Gesinnungsgenossen 1934 verhaftet u. im Mai 1935 zu einem halben Jahr Haft verurteilt. Verlust d. Anwaltszulassung. Als Vertreter der von → Hitler begünstigten evolutionären Anschlußpolitik konnte er sich innerparteilich gg. d. GL von Niederösterreich, Josef → Leopold, durchsetzen. Im Jan. 1937 von → Himmler m.d. Führung d. gesamten österr. SS beauftragt. Enge Zusammenarbeit mit Innenminister → Seyß-Inquart. Aufbau eines wirksamen Informationsnetzes, mit dessen Hilfe er Hitlers Sonderbevollmächtigten für Österreich, Wilhelm → Keppler, mit aktuellen Informationen versorgte. Nach dem »Anschluß« Österreichs von Reichsstatthalter Seyß-Inquart zum Ltr. d. Sicherheitswesens berufen; Mitglied des Reichstages seit 1938. 1941 SS-Gruf. u. GenLtn. d. Polizei. Vermutlich wg. seiner nachrichtendienstl. Fähigkeiten u. absoluten Zuverlässigkeit am 29. 1. 1943 von Himmler überraschend zum Nachfolger → Heydrichs als Chef Sipo u. SD ernannt. 21. 6. 1943 SS-Ogruf. u. Gen. d. Pol. Nach d. Verhaftung v. Admiral → Canaris übernahm K. im Febr. 1944 dessen Amt Ausland/Abwehr vom OKW u. gliederte es dem RSHA ein. Dank guter Zusammenarbeit mit → Bormann u. über Kontaktpersonen wie Walther → Hewel bzw. Hermann → Fegelein besaß K. stets das Ohr Hitlers, den er u.a. mit den später so benannten *Kaltenbrunner-Berichten* über d. Untersuchungen gg. d. Verschwörer des »Zwanzigsten Juli« unterrichtete. Bei Kriegsende v. amerik. Truppen bei Alt-Aussee gefangengenommen, wurde K. im Nürnberger *Hauptkriegsverbrecherprozeß* am 30. 9. 1946 zum Tod verurteilt.
Als erfahrener Nachrichtenmann führte K. energisch, aber ohne die Selbständigkeit Heydrichs das RSHA und den nachgeordneten Sicherheitsapparat völlig im Sinne Hitlers u. Himmlers. Als Chef dieses Apparates machte er sich mitschuldig an der Unterdrückung und am Tod Hunderttausender von La-

gerhäftlingen, Juden, Zigeunern, Kriegsgefangenen, Fremdarbeitern und Widerständlern. Vor dem Nürnberger Internationalen Militärgerichtshof verteidigte er sich unter Berufung auf Führerbefehle mit juristischen Spitzfindigkeiten und ohne Einsicht in seine Schuld.
We

Kammerhofer, Konstantin
SS-Gruppenführer, Beauftragter d. Reichsführers SS in Kroatien
geb. 23. 1. 1899 in Turnau/Steiermark,
gest. 29. 9. 1958 in Oberstdorf.
Nach d. Besuch d. Volks-, Mittel- u. Handelsschule nahm K. am 1. WK in d. österr. Armee teil. Von Beruf Kaufmann, war K. im Sept. 1931 in den Pfriemer-Putsch in d. Steiermark verwickelt, im darauffolgenden Hochverratsprozeß wurde er jedoch freigesprochen. 1932/33 wurde K. Landesleiter d. *Steirischen Heimatschutzes*. Nach d. gescheiterten *Juli-Putsch* 1934 in Österreich floh er über Jugoslawien nach Dtschld. Von Jan. bis März 1935 arbeitete er beim Flüchtlingshilfswerk in Berlin. Von 1936 bis 1941 war er SS-Führer in Essen, Bochum u. Wien. Jan. 1941 SS-Brif. Von Juni 1941 bis März 1942 betreute er d. flämische SS in Brüssel. 1942–43 war er SSPF Asserbeidschan nach Aufstellung einer Polizeiabt. in Hindenburg/Oberschlesien. Juli 1943 Beförderung zum SS-Gruf. u. GenLtn. d. Polizei. Von März 1943 bis 1945 war K. *Beauftragter d. Reichsführers SS in Kroatien*. Nach persönlicher Intervention → Himmlers bei A. Pavelić konnte K. im *Unabhängigen Staat Kroatien* (*USK*) fast ungehindert handeln. K. hatte u.a. d. Aufgabe, gemischte dt.-kroat. Polizeieinheiten zur Bekämpfung d. Partisanen- u. Cetnicibewegung aufzubauen, die seinem Oberkommando unterstellt waren. Damit hatte K. bzw. d. SS einen bedeutenden Teil d. staatl. Exekutive in d. Hand. Der zunehmende Einfluß d. SS im USK führte zu starken Spannungen K.s mit dem Ustasa-Regime, dem Ausw. Amt u. dem dt. Gesandten in Agram (Zagreb), S. → Kasche. Kurz nach Kriegsende geriet K. am 11. Mai 1945 in d. Nähe v. Salzburg in alliierte Kgf. 1947 wurde er als Zeuge in Nürnberg vernommen, anschließend an Österreich ausgeliefert u. in Graz vor Gericht gestellt. Nach Flucht Bauhilfsarbeiter in Hannover. 1958 wurde K. in einer Fremdenpension in Oberstdorf tot aufgefunden.
IPM

Karajan, Herbert (eigtl. *Heribert*) **von** Dirigent
geb. 5. 4. 1908 in Salzburg,
gest. 16. 7. 1989 in Anif b. Salzburg.
Der Sohn eines Chirurgen wuchs in einer musikal. Familie auf u. wurde schon als Vierjähriger zum Musik-

unterricht geschickt; mit 10 Jahren gab er sein erstes Konzert in Salzburg. K. besuchte ein Salzburger Gymnasium u. studierte anschließend am Salzburger *Mozarteum* bei Franz Ledwinka u. Bernhard Paumgartner. K.s Aufführung von *Figaros Hochzeit* 1927 in Ulm war so überzeugend, daß er sofort engagiert wurde. Bis 1934 blieb er in Ulm – zuletzt im Amt des Operndirektors –, dann wechselte er 1935 als Generalmusikdirektor nach Aachen. K. trat bereits 1933 in die NSDAP ein u. ließ sich um der persönlichen Karriere willen v. d. NS-Machthabern einspannen: 1934/35 versuchte man, ihn gg. den inopportunen Leitenden Dirigenten d. Berliner Staatsoper, Wilhelm → Furtwängler, auszuspielen, allerdings zunächst ohne Erfolg. K. blieb bis 1941 in Aachen, wenngleich er seit 1938 auch einige Male an Furtwänglers Haus u. bei den Berliner Philharmonikern dirigierte. Darüber hinaus schickten ihn d. Nationalsozialisten oft als offiziellen Vertreter dt. Musikkunst ins Ausland. 1941 wechselte K. dann ganz nach Berlin, wo er bis 1944 wirken konnte. Bei Kriegsende hielt sich K. mit seiner Frau in Italien auf. Wg. seiner NS-Konformität erhielt er von den amerikan. Besatzungsbehörden 1946 kurzzeitig Konzertverbot, danach konnte er wieder völlig frei auftreten. K.s beispiellose Karriere begann 1948 als Dirigent bei den *Salzburger Festspielen*, 1949 wurde er zum Leiter der Wiener *Gesellschaft der Musikfreunde* auf Lebenszeit berufen, 1951 u. 1952 war er bei der Wiedereröffnung d. *Bayreuther Festspiele* tätig, nach Furtwänglers Tod (1954) übernahm er schließl. auch die künstlerische Leitung d. Berliner Philharmoniker auf Lebenszeit. Von 1956–60 war K. künstlerischer Oberleiter der *Salzburger Festspiele* u. von 1956–64 leitete er die Wiener Staatsoper, die er dann wg. einer persönl. Niederlage bis 1977 durch seine Abwesenheit »bestrafte«; daneben gab er unzählige Gastspiele im Ausland u. gehörte zum festen Repertoire d. Mailänder Scala u. der Festspiele in Luzern. Darüber hinaus war K. ein Vermarktungskünstler: bis 1988 nahm er rd. 700 Schallplatten auf, organisierte eine Vielzahl v. Konzert-Aufführungen im Fernsehen u. unterhielt eigene Produktionsfirmen u. Verwertungsgesellschaften. Trotz angeschlagener Gesundheit stand K. bis kurz vor seinem Tod am Dirigentenpult.
KK

Karl Eduard Herzog v. Coburg

(*Sachsen-Coburg-Gotha*)
Präsident des Deutschen Roten Kreuzes, General der Infanterie, NSKK-Obergruppenführer
geb. 19. 7. 1884 in Claremont,
gest. 7. 3. 1954 in Coburg.
Nach der Absolvierung des Eton-College 1900 Eintritt in die Haupt-

kadetten-Anstalt Lichterfelde. Studium in Bonn. 1900–18 regierender Herzog v. Sachsen-Coburg u. Gotha bis zu seinem Thronverzicht. Als General Teilnehmer am 1. WK; mit EK I ausgezeichnet. 1919 Mitgl. d. Bayer. Einwohnerwehr u. Betätigung in Freikorps. 1920 Eintritt in die *Brigade Ehrhardt*, später Funktionär (zuletzt Bezirksführer Thüringen) im *Bund Wiking*. Karl Eduard leitete den *Nationalen Club von 1919*, die *Gesellschaft zur Erforschung des Faschismus* u. war Senator d. *Kaiser-Wilhelm-Gesellschaft*. 1926–33 Reichsstaffelführer des *Stahlhelm*, Befürworter d. *Harzburger Front*. 1929 Gründer u. Präsident des *Volksbundes für das Deutschtum im Ausland*. 1930 Mitgl. des Bundesvorstands des *Stahlhelm*, 1932 Ausschluß aus dem Bundesvorstand wg. seines Eintretens für → Hitler bei d. Reichspräsidentenwahl; Eintritt in d. NSDAP. Im März 1933 Ernennung zum *Reichsbeauftragten für das Kraftfahrwesen*. Aug. 1933 SA-Gruf. Im Dez. 1933 Ernennung zum Präsidenten des *Deutschen Roten Kreuzes*, dem er bis 1945 vorstand. Im Jan. 1934 Reichskommissar d. *Freiw. Krankenpflege*. 1936 Präsident d. *Vereinigung Dt. Frontkämpfer*. 1936 MdR. NSKK-Ogruf. u. Ehrenführer des NS-Kraftfahrerkorps (NSKK). Fliegerkommodore u. Ehrenführer d. Deutschen Luftfahrt. Mitgl. des Aufsichtsrates d. Dt. Bank in Berlin u. der Dt. Centralbodenkreditbank AG in Berlin sowie versch. Versicherungsgesellschaften u. Industriebetriebe.

Wie August Wilhelm v. → Preußen war der Herzog v. C. einer der Vorzeige-Aristokraten in der Partei, der auf einem repräsentativen Posten ohne politischen Einfluß von durchaus propagandistischem Wert für Hitler und seine Partei war. Nach Krieg und Entnazifizierung zog sich Karl Eduard aus allen öffentlichen Ämtern zurück.

JW

Karmasin, Franz Staatssekretär und deutscher Volksgruppenführer in der Slowakei

geb. 2. 9. 1901 in Olmütz (Olomouc) in Mähren,

gest. 25. 6. 1970 in Steinebach/ Wörthsee.

1919–1923 Studium an d. landwirtschaftl. Hochschule in Tetschen-Liebwerd m. Abschluß als Dipl.-Landwirt. Seit 1926 f. d. *Dt. Kulturverband* (*DKV*) in d. Slowakei tätig. Im Juli 1928 gründete K. zusammen m. R. Steinacker u. K. Manouschek d. Karpatendeutsche Partei (KdP) m. d. Ziel, d. politischen u. kulturellen Belange d. Deutschen in d. Slowakei u. in d. Karpato-Ukraine zu vertreten. Unter K.s Einfluß wurde die KdP zunehmend nationalistisch u. rechtsorientiert. Nach d. organisatorischen Zusam-

menarbeit d. KdP m. d. Sudetendt. Partei war K. von 1935 bis 1938 Abgeordneter im tschechoslowak. Parlament u. Stellvertreter Konrad → Henleins f. d. Slowakei u. d. Karpato-Ukraine. Nach d. Verbot d. KdP kurz vor d. Sudetenkrise gründete K. die Deutsche Partei (DP), eine natsoz. Sammelbewegung d. dt. Minderheit in d. Slowakei. Im Okt. 1938 ernannte ihn Tiso zum Staatssekretär f. d. Angelegenheiten d. dt. Volksgruppe i. d. autonomen slowak. Regierung, ein Amt, das K. auch in d. Slowak. Republik behielt. Im März 1940 wurde K. zum »Führer« d. dt. Volksgruppe in d. Slowakei gewählt. K. soll an d. Deportation von Juden beteiligt gewesen sein, ebenso an d. Säuberung d. dt. Volksgruppe von »rassisch minderwertigen u. asozialen Elementen«. Am 1. Sept. 1943 wurde K. Hauptsturmführer in d. Waffen-SS u. warb unter den Volksdt. f. d. Eintritt in d. Waffen-SS. Nach d. Krieg flüchtete er u. lebte in Österr. unter falschem Namen (Franz Dibak), bis er später nach Dtschld. ging. 1952 wurde er Mitglied u. 1959 Geschäftsführer d. *Witikobundes*, der dem rechten Flügel d. *Sudetendt. Landsmannschaft* zugeordnet wird. Bereits 1947 wurde K. in d. Tschechoslowakei in absentia zum Tode verurteilt. Wiederholt forderte Prag vergeblich von d. dt. Regierung d. Auslieferung K.s.
IPM

Kasche, Siegfried SA-Obergruppenführer, Gesandter I. Kl. in Agram (Zagreb)
geb. 18. 6. 1903 in Strausberg,
gest. 19. 6. 1947 in Zagreb (hingerichtet).
Nach d. Besuch d. Kadettenkorps in Potsdam u. d. Hauptkadettenanstalt in Lichterfelde nahm K. in d. Jahren 1919/20 als Freikorpsmitglied an Kämpfen in Berlin u. im Baltikum teil. 1925 trat K. in d. SA, im Jan. 1926 in d. NSDAP ein. 1928–31 stellv. GL im Gau Ostmark. Seit Sept. 1930 f. d. NSDAP Mitglied d. Reichstages. Ab Dez. 1936 Reichsredner d. NSDAP u. ab Jan. 1937 *Beauftragter f. d. NS-Kampfspiele.* Im Nov. 1937 wurde K. Führer d. SA-Gruppe Hansa. Innerhalb d. SA bekleidete K. den Rang eines SA-Ogruf. Vom 17. 4. 1941 bis Mai 1945 war er Gesandter I. Klasse in Agram. Ursächlich f. d. Berufung eines SA-Führers zum Gesandten war, daß Reichsaußenminister → Ribbentrop, neben allg. Vorbehalten gg. Berufsdiplomaten, den wachsenden Einfluß → Himmlers u. d. SS in Ost- u. Südosteuropa eindämmen wollte (weitere »SA-Gesandte«: A. → Beckerle in Sofia, D. v. → Jagow in Budapest, M. v. → Killinger in Preßburg u. Bukarest, H. → Ludin in Preßburg). Neben d. Mitarbeit an d. Deportation kroat. Juden tat sich K. als Fürsprecher d. Ustasa-Regimes hervor u. versuchte, d. Terror gg.

die serbische Zivilbevölkerung zu rechtfertigen. Dabei kam er in Konflikt m. d. OB Südost, GenObst. A. → Löhr, u. dem Beauftragten d. Reichsführers SS in Kroatien, K. → Kammerhofer, die das Ustasa-Regime als Belastung f. d. dt. Interessen ansahen. Mit d. Verschlechterung d. militär. Lage im *Unabhängigen Staat Kroatien*, v.a. durch d. Partisanen- u. Cetnicibewegung, verlor K.s Position in Berlin zunehmend an polit. Gewicht. Nach d. Krieg wurde K. von den Alliierten an d. jugoslaw. Behörden ausgeliefert. Im Mai 1947 wurde K. der Prozeß vor d. Obersten Gerichtshof d. Volksrepublik Kroatien gemacht, am 7. Juni 1947 wurde er zum Tode durch d. Strang verurteilt u. einige Tage später hingerichtet.
IPM

Kaufmann, Karl Gauleiter, SS-Obergruppenführer
geb. 10. 10. 1900 in Krefeld,
gest. 4. 12. 1969 in Hamburg.
Der Sohn eines Kleinhändlers besuchte d. Oberrealschule in Elberfeld bis zur Berechtigung zum einjährig-freiwilligen Militärdienst. 1916–17 Ausbildung in der Landwirtschaft. 1917 Meldung zum Militär, wg. versch. Krankheiten nicht mehr im Fronteinsatz. 1919 Angehöriger der *Brigade Ehrhardt*, 1920 Mitglied des *Stahlhelm* u.a. Wehrverbände sowie des *Dt.-völkischen Schutz- u. Trutzbundes* in Elberfeld. 1921 mit der *Brigade Ehrhardt* in Oberschlesien eingesetzt. Als Angehöriger der *Kameradschaft Schill* 1921 Betätigung im passiven Widerstand, auch am Untergrundkampf gg. die frz. Besatzungsmacht im Ruhrgebiet beteiligt. Im gleichen Jahr Eintritt in d. NSDAP. Nach Gründung mehrerer NSDAP-Ortsgruppen im Ruhrgebiet wg. Beteiligung an Sabotageaktionen polizeilich gesucht; der Verhaftung entzog sich K. durch Wechsel nach Bayern, wo er als Hilfsarbeiter Unterschlupf fand. Am 9. 11. 1923 nahm er in München am Hitler-Putsch teil. Nach kurzer Haft von → Hitler im Febr. 1925 zum Wiederaufbau der NSDAP in das Ruhrgebiet entsandt u. zwischen 27. 9. 1925 u. 6. 3. 1926 alleiniger GL des Gaues Rheinland-Nord. Nach d. Zusammenlegung der Gaue Rheinland-Nord u. Westfalen zum Gau Ruhr im März 1926 im Triumvirat mit v. → Pfeffer u. → Goebbels GL dieses Gaues, ab 20. 6. 1926 wieder alleiniger GL. Im Mai 1927 Übernahme d. Redaktion der *Nationalsozialistischen Briefe*. Im Mai 1928 MdL in Preußen. Nach Zwistigkeiten mit dem späteren GL von Ostpreußen, Karl → Koch, am 15. 4. 1929 zum GL des Gaues Hamburg, einer Hochburg der KPD, ernannt. Unter K. gelang der NSDAP bereits 1931, zur zweitstärksten Partei aufzurücken. Im Sept. 1930 in

den Reichstag gewählt. Nach der Machtergreifung Ernennung zum Reichsstatthalter in Hamburg am 16. 5. 1933. 1936 Beförderung zum SS-Gruf. Seit 29. 7. 1936 Chef der Landesregierung in Hamburg. Mit Kriegsbeginn zum RVK im Wehrkreis X ernannt. Jan. 1942 SS-Ogruf.; am 30. 5. 1942 Ernennung zum Reichskommissar f. d. Seefahrt. Im Aug. 1942 auch zum RVK für die Dt. Bucht eingesetzt. In den letzten Kriegswochen vertrat K. eine vernünftige Politik bei den Übergabeverhandlungen im Raum Hamburg u. war an der Übergabe Hamburgs beteiligt. Anschließend von den Briten verhaftet, verunglückte er im Mai 1945 auf d. Fahrt nach Nürnberg, wo er als Zeuge bei den Nürnberger Prozessen aussagen sollte, schwer. Nach Haftverschonung u. Tätigkeit als Kaufmann in Hamburg verurteilte ihn 1948 ein brit. Militärgericht zu 14 Monaten Haft, aus Gesundheitsgründen jedoch Entlassung bereits im April 1949. Im Aug. 1950 kurzzeitige Verhaftung durch dt. Behörden. Nach der Verhaftung durch brit. Militärpolizei am 15. 1. 1953 wg. des Verdachts der Beteiligung am *Naumann-Kreis*, einer illegalen Vereinigung ehem. Nationalsozialisten, machte K. noch einmal von sich reden. Am 29. 3. 1953 entlassen, lebte er bis zu seinem Tod in Hamburg.
We

Kayßler, Friedrich Schauspieler
geb. 7. 4. 1874 in Neurode/Schlesien, gest. 24. 4. 1945 Kleinmachnow/Berlin.
K.s Vater Stabsarzt. Nach Besuch eines Gymnasiums in Breslau studierte K. Philosophie an den Univ. München u. Breslau. 1895 begann er seine schauspielerische Karriere am *Deutschen Theater* in Berlin. Nach Provinzengagements war er seit 1899 durchgehend an versch. Berliner Bühnen tätig, leitete 1919–23 d. Berliner *Volksbühne*, war danach bis 1933 freigastierend tätig bis zu seiner Bindung an das v. → Gründgens geleitete Preußische Staatstheater Berlin. Er war ein charaktervoller u. ausgeprägter Bühnenkünstler; als herausragende Leistungen von ihm galten u.a. *Faust* u. *King Lear*. Mit verschiedenen Filmrollen (z.B. Bismarck-Film *Die Entlassung*, 1942) stellte er sich in den Dienst der NS-Propaganda. Über seine Erfahrungen als Schauspieler berichten drei Bände *Schauspielernotizen* (1910–29), ferner verfaßte K. Theaterstücke und Lyrik. Er war Mitglied des *PEN*-Clubs u. der *Reichsfachschaft Film*. Während des Einmarschs der Roten Armee kam er bei den Kämpfen um Berlin ums Leben.
Den

Kehrl, Hans Wirtschaftsführer
geb. 8. 9. 1900 in Brandenburg/Havel,
gest. 26. 4. 1984 in Grafenau.
Sohn eines Tuchfabrikanten. Nach Bürgerschule u. Gymnasium Besuch des Technikums für Textilindustrie in Reutlingen u. d. Webschule in Aachen. 1923 Eintritt in den väterlichen Betrieb in Kottbus u. Übernahme desselben nach Tod d. Vaters 1926. 1933 Präsident d. Industrie- u. Handelskammer für Niederlausitz, Gauwirtschaftsberater der NSDAP, Gau Kurmark, 1938–42 Generalreferent für Sonderaufgaben im Reichswirtschaftsministerium. 1942/43 Hauptabteilungsleiter Industrie im Reichswirtschaftsministerium und bis 1945 Ltr. des Rohstoffamtes sowie Chef des Planungsamtes im Reichsministerium für Rüstung und Kriegsproduktion. Nach Kriegsbeginn zuständig für die Ausnützung der Rohstoffe in den besetzten Gebieten. 1949 im *Wilhelmstraßenprozeß* zu 15 Jahren Gefängnis verurteilt.
K. stand durch seine wirtschaftliche Tätigkeit in engem Kontakt mit der Führungselite des NS und zeichnete verantwortlich für verbrecherische Vermögenstransaktionen im Rahmen der nationalsozialistischen Umsiedlungspolitik.
JR

Keitel, Wilhelm Chef des Oberkommandos der Wehrmacht, Generalfeldmarschall
geb. 22. 9. 1882 in Helmscherode,
gest. 16. 10. 1946 in Nürnberg (hingerichtet).
Sohn eines Gutsbesitzers. 1902 Artillerie-Ltn.; 1914–18 Teilnahme am 1. WK. 1919 Übernahme in d. Reichswehr als Hptm.; 1918–31 verschiedene Stabs-Kdos., wiederholt im Reichswehrministerium. 1923 Maj., 1930 Chef d. Abt. T 2, 1931 Obst.; 1933 Artillerieführer III, 1934 GenMaj., 1935 Chef d. Wehrmachtsamts im Reichskriegsministerium, 1937 Gen., am 4. 2. 1938 Bestellung zum Chef des OKW, 10. 11. 1938 GenObst., 19. 7. 1940 GFM. Am 13. 5. 1945 von den Alliierten verhaftet, 1946 vom Internationalen Militärgerichtshof in Nürnberg zum Tode verurteilt u. hingerichtet.
Bei K. handelte es sich um einen der problematischsten Spitzenmilitärs um → Hitler. Qualifiziert durch seine Erfahrungen im Reichswehr- und Reichskriegsministerium, empfahl sich der fleißige und routinierte Organisator K. für Hitler v.a. durch seinen bedingungslosen, zuweilen geradezu servilen Opportunismus für die Spitzenstellung als Chef des OKW. In dieser Position blieb K. reiner »Bürogeneral« ohne jede eigenständige Kompetenz und von der operativen Führung weitgehend ausgeschlossen. Nicht ohne eine gewisse Naivität glaubte

K., dabei auf seine Weise der Armee zu dienen und sie vor Hitler und der SS »schützen« zu können. Gleichwohl war es K., der dafür sorgte, daß Hitlers militärische Befehlsgebung – gerade auch die völkerrechtswidrige – reibungslos funktionierte. Durch seine in gewisser Weise ministerielle Funktion besaß K. maßgeblichen Anteil daran, daß die Wehrmacht während des Zweiten Weltkriegs zunehmend von der NS-Ideologie indoktriniert, in die NS-Verbrechen hineingezogen und schließlich von einer weit überlegenen Gegnerkoalition besiegt wurde.
Publ.: *Generalfeldmarschall Keitel. Verbrecher oder Offizier? Erinnerungen, Briefe, Dokumente des Chefs OKW* (hrsg. v. Walter Görlitz, 1961).
CH

Keppler, Wilhelm Wirtschaftsberater Hitlers und der NSDAP
geb. 14. 12. 1882 in Heidelberg,
gest. 13. 6. 1960 in Friedrichshafen.
Vater Schneidermeister u. Kaufmann. Nach Maschinenbaustudium Ltr. einer chem. Fabrik in Eberbach 1921–32. Ab Mai 1927 Mitglied d. NSDAP. Seit Dez. 1931 Wirtschaftsberater → Hitlers; über den *Keppler-Kreis* von Wirtschaftsfachleuten Kontakte d. NSDAP zu Wirtschaft u. konservativen Kreisen. Mittelsmann zum Bankier u. Finanzier d. NSDAP, Baron Kurt v. → Schröder. 1933 MdR. Im März 1933 Aufnahme in d. SS als Staf. Seit Juli 1933 *Kommissar für Wirtschaftsfragen* in d. Reichskanzlei, ab Nov. 1934 v.a. mit d. Sicherstellung u. Auswertung dt. Rohstoffe befaßt. Mit Ernennung → Görings zum *Beauftragten f. d. Vierjahresplan* 1936 Unterordnung K.s u. weitgehende Aufhebung seiner Kompetenzen. März–Juni 1938 Reichskommissar in Österreich, ab Herbst 1938 StSekr. z.b.V. im Ausw. Amt, u.a. betraut mit d. Vorbereitung d. Verwaltung d. *Protektorats Böhmen und Mähren* u. d. Eingliederung Danzigs ins Reich; während d. Krieges beteiligt an d. Verwaltung der von d. SS konfiszierten Betriebe im besetzten Osten. 30. 1. 1942 SS-Ogruf. Nach dem Krieg interniert; im *Wilhelmstraßenprozeß* am 11. 4. 1949 zu 10 Jahren Haft verurteilt. Ende 1950 aus Gesundheitsgründen entlassen, im Febr. 1951 amnestiert. Ein Antrag auf Kriegsgefangenenentschädigung wurde 1958 abgewiesen.
Ri

Kerrl, Hanns Politiker, Reichskirchenminister
geb. 11. 12. 1887 in Fallersleben,
gest. 14. 12. 1941 in Paris.
K., Sohn eines Rektors, entstammte einer evang. Familie. Nach d. Gymnasium wurde K. Justizbeamter. Als Ltn. im 1. WK, Auszeichnung mit d. EK I. 1923 Eintritt in

d. NSDAP. 1928–33 Abgeordneter des preuß. Landtags, 1932 dessen Präsident. Vom 21. 4. 1933 bis 17. 6. 1934 preuß. Justizminister. Nov. 1933 Einzug in den Reichstag. Juni 1934 Ernennung zum Reichsminister ohne Geschäftsbereich. Am 16. 7. 1935 wurde ihm die Leitung d. neu eingerichteten *Reichsministeriums f. d. kirchlichen Angelegenheiten* übertragen.
Obwohl für alle Religionsgemeinschaften zuständig, konzentrierte K. seine Bemühungen überwiegend auf d. evang. Kirchen, die er nach dem Zusammenbruch des *Reichskirchenregiments* in einer *Dt. Evang. Kirche* zusammenschließen wollte. Angesichts d. Unversöhnlichkeit d. Gegensätze zwischen *Bekennender Kirche* u. *Dt. Christen* scheiterte K. nicht zuletzt an → Hitler, der d. Geschlossenheit d. »Volksgemeinschaft« nicht durch d. Unmut d. Kirchenvolkes gefährdet wissen wollte. Teilen d. Partei war K., der von d. Vereinbarkeit von NS u. Christentum ausging, nicht radikal genug, so daß er sich auch von d. eigenen Seite nicht ausreichend unterstützt fand. In seiner Politik gegenüber d. kath. Kirche beschränkte sich K. auf d. Bekämpfung d. Konkordats, in dem er eine rechtliche Schranke auf dem Weg zur Einschränkung u. Zurücksetzung d. Katholizismus sah. Daß K.s Kirchenpolitik auch von der Führung des Dritten Reiches als gescheitert eingeschätzt wurde, läßt sich allein schon daraus ersehen, daß nach seinem Tod kein Nachfolger ernannt u. d. Ministerium von K.s Staatssekretär Muhs weitergeführt wurde.
Den

Kesselring, Albert Generalfeldmarschall
geb. 30. 11. 1885 in Marktsteft/Unterfranken,
gest. 16. 7. 1960 in Bad Nauheim.
Sohn eines Lehrers. 1906 Ltn. im 2. bayer. Fußartillerie-Rgt., 1914–18 Teilnahme am 1. WK, u.a. als Generalstabsoffizier. 1919 Übernahme in die Reichswehr als Hptm., u.a. Tätigkeit im Reichswehrministerium; 1930 Major, 1932 Kdr. der III. Abt. des 4. Artillerie-Rgts.; Oberst, 1. 10. 1933 Chef des Luftwaffenverwaltungsamts, 1934 GenMaj., 1936 GenLtn., Chef des Luftkommandoamts (Generalstab der Luftwaffe), 1937 General, Kdr. General u. Befehlshaber im Luftkreis III, 1939 Chef d. Luftflotte 1 u. Befehlshaber Ost, 1940 Chef der Luftflotte 2; 19. 7. 1940 GFM; 2. 12. 1941 OB Süd, 21. 11. 1943 OB Südwest, 8. 3. 1945 OB West. 1947 von einem brit. Militärgericht zum Tode verurteilt, dann in Haft umgewandelt; 1952 wg. Krankheit begnadigt.
K. war ein begabter Organisator und ein fachlich hochqualifizierter Soldat. Obwohl zunächst gegen seinen Willen zur Luftwaffe versetzt,

hatte der vielseitig einsetzbare Manager an deren Aufbau maßgeblichen Anteil. Gleiches gilt für die weitgehend reibungslose, allerdings taktisch begrenzte Kooperation zwischen Heer und Luftwaffe während der Blitzfeldzüge. Seit seiner Ernennung zum Oberbefehlshaber Süd wurde der zu Selbstüberschätzung und Optimismus neigende Generalfeldmarschall mit militärischen Situationen konfrontiert, die jedoch nicht mehr zu bewältigen waren; seine geschickte Defensive und seine kluge Kooperation mit dem italienischen Bundesgenossen konnten den alliierten Erfolg verzögern, aber nicht verhindern. Obwohl eher Technokrat, ließ K. an seiner politischen Loyalität keinen Zweifel. Seine Mitverantwortung an den deutschen Kriegsverbrechen in Italien verdeutlicht, wie wenig Verständnis auch dieser militärische Spitzenfunktionär für die politische und moralische Dimension seines Tuns besaß. K. veröffentlichte 1953 seine Memoiren u.d.T. *Soldat bis zum letzten Tag.* *CH*

Killinger, Manfred Frhr. von

SA-Obergruppenführer, Gesandter I. Kl.
geb. 14. 7. 1886 in Freigut Lindigt b. Nossen,
gest. 2. 9. 1944 in Bukarest.
K. hatte als Seeoffizier am 1. WK teilgenommen u. schied nach d. Krieg als Kapitänleutnant aus d. Marine aus. Danach war er Führer d. Sturmbataillons im *Freikorps Ehrhardt*, Mitglied d. *Organisation »Consul«* (*O.C.*) u. d. *Germanenordens*, einer radikalen Gruppe innerhalb d. O.C. Im Aug. 1921 war K. am Mordkomplott gg. Matthias Erzberger beteiligt. Im Sept. 1921 wurde er deswegen verhaftet u. im Mai 1922 wg. Beihilfe zum Mord angeklagt. Trotz belastender Indizien wurde K. am 13. 6. 1922 freigesprochen. 1928 wurde er Mitglied d. SA u. d. NSDAP. Innerhalb d. SA bekleidete er d. Position eines SA-Ogruf. 1933/34 war K. Reichskommissar u. Ministerpräsident von Sachsen. Während d. »Röhm-Krise« im Juni 1934 wurde er als hoher SA-Führer kurzzeitig verhaftet, blieb jedoch von einem schlimmeren Schicksal verschont. Einige Zeit später wechselte er in d. Ausw. Amt. Am 13. 6. 1937 trat er seinen Dienst als Generalkonsul in San Francisco an. Nach seiner Rückkehr wurde er am 20. 4. 1939 zum Gesandten I. Kl. ernannt. K. löste am 31. 7. 1940 d. bisherigen dt. Gesandten in Preßburg (Bratislava), H. Bernard, mit d. Aufgabe ab, als »SA-Gesandter« u. »schneidiger« Vertreter d. natsoz. Bewegung die slowak. Regierung enger an d. Dt. Reich zu binden. Bereits um d. Jahreswende 1940/41 wurde er jedoch von H. → Ludin abgelöst. Im Dez. 1940 wurde K. zum Gesandten

beim dt. Verbündeten in Bukarest ernannt u. geriet bei Dienstantritt im Jan. 1941 in d. Machtkampf zw. d. rumänischen Regierung des Marschalls Ion Antonescu u. d. faschist. *Eisernen Garde.* K. u. d. Ausw. Amt unterstützten Antonescu. Dabei kam es zum Konflikt m. dem SD, der d. *Eiserne Garde* unterstützte. K. gelang es während seiner ganzen Amtszeit nicht, sich eine einflußreiche Stellung in Bukarest aufzubauen, zudem kam es häufig zu Kompetenzstreitigkeiten m. d. SS. Vom Frontwechsel Rumäniens im Aug. 1944 völlig überrascht, nahm er sich kurz vor d. Verhaftung d. Leben.
IPM

Kirdorf, Emil Ruhr-Großindustrieller
geb. 8. 4. 1847 in Mettmann/Wuppertal,
gest. 13. 7. 1938 in Mülheim/Ruhr.
Sohn eines Webereibesitzers. Realschule in Düsseldorf, 1863/64 Webschule in Mülheim, dann Kaufmannslehre u. Anstellungen in der Textilbranche. 1869 Bankrott des elterlichen Betriebs, Umorientierung zum Kohlebergbau. 1871 kaufmänn. Ltr. der Zeche Holland bei Wattenscheid. 1873–1926 Direktor (seit 1892 Generaldirektor) der von ihm mitbegründeten Gelsenkirchener Bergwerks-AG, 1893 führender Mitbegründer u. bis 1925 Vorsitzender des *Rheinisch-Westfälischen Kohlen-Syndikats.* 1926 leitender Funktionär d. Vereinigten Stahlwerke AG, der damals mächtigsten Konzentration d. Montanindustrie in Europa. 1926/27 Rückzug aus der prakt. Mitarbeit, auch wg. polit. Dissonanzen zw. dem DVP-bestimmten Aufsichtsrat u. dem Hugenberg-Hitler-Anhänger. K., Mitglied des *Alldt. Verbands* u. Förderer weiterer nationalist. Vereinigungen, war seit Anfang d. 20er Jahre DNVP-Mitglied u. lehnte mit Entschiedenheit d. Weimarer Republik (»Pöbelherrschaft«) und v.a. die Gewerkschaften u. jede Form von Sozialpolitik ab. Mit zunehmender Distanz zur Parteipraxis d. DNVP Annäherung an die natsoz. Bewegung, in der allein d. Bismarck-Bewunderer K. die Rettung des »Deutschtums« sah. 1927 persönl. Bekanntschaft mit → Hitler, mit dessen Nationalismus u. Antimarxismus er sympathisierte, u. Übertritt des 80jährigen zur NSDAP. Auf Drängen K.s verfaßte Hitler schließlich eine für Industriekreise bestimmte, unter der Hand verteilte Werbeschrift (*Der Weg zum Wiederaufstieg*).
Wichtiger als die in ihrem Umfang wohl überschätzten finanziellen Zuwendungen K.s an d. NSDAP war, daß er als erster führender Vertreter d. Schwerindustrie ein öffentliches Bekenntnis zu Hitler ablegte u. sich bemühte, in den Kreisen d.

Ruhrindustrie Anhänger für die NSDAP zu gewinnen. 1928 jedoch Austritt aus der NSDAP wg. Ablehnung des wirtschafts- u. sozialpolit. Programms des linken Parteiflügels um Gregor → Straßer u. erneut Eintritt in d. DNVP; allerdings weiterhin enge persönliche Beziehungen zu Hitler, auch Teilnahme am NSDAP-Parteitag 1929 in Nürnberg u. wiederholte Geldspenden. 1934 Wiedereintritt in d. NSDAP; neben zahlreichen anderen Ehrungen 1937 Auszeichnung des durch die Verleihung des *Goldenen Parteiabzeichens* zum Alten Kämpfer stilisierten K. mit dem *Adlerschild des Dt. Reiches*. Anläßlich des Todes K.s 1938 große NS-Trauerfeier unter Teilnahme Hitlers.
Publ.: *Erinnerungen 1847–1930* (Autobiographie; limitierter Privatdruck, 1930).
MV

Klagges, Dietrich Ministerpräsident von Braunschweig, SS-Obergruppenführer
geb. 1. 2. 1891 im Forsthaus Ostheide d. Gemeinde Herringsen/ Kreis Soest,
gest. 12. 11. 1971 in Bad Harzburg.
Ausbildung zum Lehrer auf dem Lehrerseminar Soest. Militärzeit in Minden. Lehrer in Harpen b. Bochum. Als Kriegsteilnehmer schwer verwundet. Nach Kriegsende im Lehrberuf in Westfalen u. Holstein tätig. Zuletzt Mittelschulkonrektor in Benneckenstein/Harz, dort 1930 wg. seiner Betätigung f. d. NSDAP aus d. preuß. Schuldienst entlassen. Seit 1921 betätigte sich K. auch schriftstellerisch, u.a. für versch. völk. Zeitschriften wie *Die völkische Schule*; *Dtschld.s Erneuerung* u. gab die Zschr. *Nordlicht* heraus. Seit Juni 1925 NSDAP-Mitglied. Im Jan. 1931 holte ihn d. natsoz. braunschw. Volksbildungsminister Franzen als Regierungsrat in sein Volksbildungsministerium; am 15. 9. 1931 wurde K. anstelle Franzens zum Minister f. Volksbildung u. zusätzlich f. Inneres ernannt. 1932 MdR. Anfang Mai 1933 berief ihn Reichsstatthalter → Loeper zum Ministerpräsidenten (zusätzl. zu den Ministerien). Jan. 1942 SS-Ogruf. Mit K.s Amtsantritt kam es bis Herbst 1933 zu einer Reihe von Übergriffen von SA- u. SS-Kdos. gg. sozialdemokrat. u. kommunist. Mandatsträger, die deren Mandatsverzicht zum Ziele hatten, u. zur Erschießung v. zehn politischen Häftlingen aus einem Gewerkschaftsheim b. Rieseberg. Eine v. → Heß angeordnete Untersuchung wurde von K. verhindert.
1945 wurde K., der im Febr. 1932 durch die Ernennung → Hitlers zum braunschw. Regierungsrat diesem erst die dt. Staatsbürgerschaft u. damit d. Kandidatur zum Reichspräsidenten ermöglicht hatte, von d. Alliierten interniert. Ein Braunschweiger Schwurgericht sprach gg.

ihn am 5. 4. 1950 wg. d. Ausschreitungen u. der Rieseberger Morde von 1933 eine lebenslängliche Zuchthausstrafe aus. Nach Aufhebung d. Urteils durch d. Bundesgerichtshof wurde 1952 in einem 2. Prozeß in Braunschweig die Strafe auf 15 Jahre herabgesetzt. Im Okt. 1957 wurde K. vorzeitig aus d. Haft entlassen. 1964 bestätigte d. Verwaltungsgericht Braunschweig seinen Rentenanspruch nach dem 131er-Gesetz.
Publ.: *Der dt. Glaube* (1926); *Kampf dem Marxismus* (1930); *Reichstum u. soziale Gerechtigkeit* (1932); *Geschichtsunterricht als nationalpolit. Erziehung* (1936).
We

Klausner, Hubert Gauleiter
geb. 1. 11. 1892 in Raibl/Kanaltal,
gest. 12. 2. 1939 in Wien.
Sohn eines kleinen Beamten. Nach Gymnasium u. Militärzeit als Einjährig-Freiwilliger von 1914 bis 1918 Kriegsteilnehmer, 1915 schwer verwundet, bei Kriegsende Obltn. 1919–20 Angehöriger der Volkswehr, als Hptm. 1920 in das österr. Bundesheer übernommen, aus dem er 1933 wg. seiner Kriegsverletzungen ausschied. Seit 1922 Mitglied der österr. NSDAP, aus der er 1927 austrat. 1930 Beförderung zum Major. Im Febr. 1931 Eintritt in die NSDAP; im Jan. 1933 Ernennung zum stellv. GL von Kärnten, im Mai 1933 GL des Gaues Kärnten. 1936 mehrere Monate aus polit. Gründen inhaftiert. 1938 letzter Landesleiter der NSDAP, Eintritt in die SS als SS-Oberführer. Von → Seyß-Inquart am 13. 3. 1938 zum Minister für polit. Willensbildung im ersten natsoz. Kabinett ernannt. Seit 22. 5. 1938 GL von Kärnten u. Stellv. des Reichskommissars Josef → Bürckel, ferner österr. Innenminister. K. starb überraschend in seiner Wiener Wohnung an einem Gehirnschlag. Zu seinem Staatsbegräbnis in Klagenfurt erschien → Hitler u. hielt die Gedenkrede.
We

Kleist, Ewald von Generalfeldmarschall
geb. 8. 8. 1881 in Braunfels,
gest. 16. 10. 1954 im Lager Vladimirovka.
Sohn eines Professors. 1902 Ltn. im Feldartillerie-Regiment (1. Brandenburg.) Nr. 3, 1914 Rittmeister im Husaren-Regiment (2. Kurhess.) Nr. 14. 1914–18 Teilnahme am 1. WK, u.a. als Generalstabsoffz. 1919 Übernahme in die Reichswehr als Hptm., 1919–31 versch. Stabskommandos, u.a. Chef d. Stabes der 2. Kavalleriedivision; 1921 Major, 1929 Oberst, 1931 Kdr. des Infanterie-Rgt. Nr. 9; 1932 GenMaj., Kdr. der 2. Kavalleriedivision, 1933 GenLtn., 1935 Kdr. General des VIII. Armeekorps, 1936 General. Am 28. 2. 1938 Entlassung aus dem aktiven Wehrdienst, 1. 9. 1939

Reaktivierung u. Kdr. General des XXII. Armeekorps, 1940 Befehlshaber der Panzergruppe v. Kleist; GenObst., 1941 OB d. Panzergruppe 1 (seit 6. 10. 1941 erweitert zur 1. Panzerarmee), 10. 9. 1942 OB d. Heeresgruppe A, 1. 2. 1943 GFM, 15. 9. 1943 OB der Heeresgruppe Südukraine, 9. 3. 1944 Versetzung in die »Führerreserve«. 1945 in brit. Kgf.; 1946 an Jugoslawien, 1948 an die Sowjetunion ausgeliefert.
K.s deutliche Skepsis gegenüber dem NS verhinderte nicht, daß er schließlich in eine militärische Spitzenposition aufstieg. Als erstem Befehlshaber eines motorisierten Großverbands gelang es ihm, die neue operative Führungskonzeption des massierten Durchbruchs in strategischen Dimensionen erfolgreich umzusetzen, so daß gerade er maßgeblichen Anteil an den deutschen Erfolgen während der Blitzfeldzüge besaß.
CH

Klepper, Jochen (Ps.: *Georg Wilhelm*) Schriftsteller
geb. 23. 3. 1903 in Beuthen a.d.O./ Niederschlesien,
gest. 11. 12. 1942 in Berlin (Selbstmord).
Sohn eines Pfarrers. Abitur in Glogau, Studium d. evang. Theologie in Breslau u. Erlangen. 1927 Abbruch des Studiums, Beginn schriftstellerischer Tätigkeit. 1927–31 in Breslau Mitarbeit beim *Evangelischen Presseverband*, beim Schlesischen Rundfunk u. in der Tagespresse. 1928/29–31 SPD-Mitglied als »religiöser Sozialist«. 1931 Heirat mit Johanna Stein, geb. Gerstel. 1931–32 freie journal. Tätigkeit, u.a. beim Berliner Rundfunk; 1932–33 Tätigkeit in der *Funkstunde Berlin*, Entlassung wg. seiner Ehe mit einer Jüdin. 1933 Erscheinen seines ersten Romans *Der Kahn der fröhlichen Leute.* 1933–35 Mitarbeiter des *Ullstein-Verlages*, bis zur Entlassung wg. seiner sog. Mischehe. Seit 1935 freier Schriftsteller. 1937 großer Erfolg mit seinem Roman über den preuß. König Friedrich Wilhelm I., *Der Vater.* 1937 zunächst Ausschluß aus der *RSK*, dann Sondergenehmigung unter der Bedingung, jedes Manuskript vor Drucklegung der *RSK* vorzulegen. 1939 Emigration der älteren Stieftochter Brigitte. 1940 Einziehung zur Wehrmacht, 1941 Entlassung wg. »Wehrunwürdigkeit«. Am 10./11. 12. 1942 gemeinsamer Freitod der Familie wg. d. bevorstehenden Deportation Johanna K.s u. der jüngeren Stieftochter Renate. 1956 Erscheinen von K.s Tagebüchern der Jahre 1932–42 u.d.T. *Unter dem Schatten deiner Flügel.*
K.s obrigkeitsstaatlich u. monarchistisch anmutender, preußisch-lutherischem Staatsdenken verpflichteter Roman *Der Vater* feierte v.a. in protestantischen, konservativen u. militärischen Kreisen

große Erfolge. K. war weder Nationalsozialist, noch stand er in Opposition zum Regime. Da er jedoch die Auflösung seiner Ehe verweigerte u. die Emigration der Familie mißlang, sah er im gemeinsamen Freitod den einzigen Ausweg.
AS

Klopfer, Gerhard Staatssekretär, SS-Gruppenführer
geb. 18. 2. 1905 in Schreibersdorf/ Riesengebirge,
gest. Ende Jan. 1987 in Ulm.
Nach Abitur 1923 Jurastudium in Jena u. Breslau. Promotion u. Erste Staatsprüfung 1927. Eintritt in NSDAP am 1. 4. 1933, in die SS im Juli 1935. Seit 1934 Tätigkeit im *Geheimen Staatspolizeiamt* in Berlin, am 18. 4. 1935 Wechsel zum *Stellv. d. Führers/Parteikanzlei.* Dort 1941 im Rang eines Ministerialdirektors Ltr. d. Abt. III mit Zuständigkeit f. staatsrechtliche Fragen. Nov. 1942 Ernennung z. StSekr. u. Stellvertreter Martin → Bormanns. Am 9. 11. 1944 SS-Gruf.
K. war am 20. 1. 1942 einer d. 15 Teilnehmer d. *Wannsee-Konferenz* in d. Villa am Großen Wannsee Nr. 56/58 in Berlin, zu der auf Wunsch → Heydrichs alle an d. Deportation der europäischen Juden in die Vernichtungslager des Generalgouvernements beteiligten Ressorts u. Dienststellen v. Staat u. Partei Vertreter zu entsenden hatten. Eine Strafanzeige d. *Zentralen Stelle d. Landesjustizverwaltungen* in Ludwigsburg gg. K. wg. d. Beteiligung an d. *Wannsee-Konferenz* wurde v. d. Staatsanwaltschaft Ulm am 29. 1. 1962 mit d. Begründung eingestellt, daß K. wg. seiner Anwesenheit auf d. Konferenz noch nicht seine Beteiligung an d. Judenvernichtung nachzuweisen sei. In d. Nachkriegszeit ließ sich K. nach seiner Entnazifizierung als Rechtsanwalt in Ulm nieder.
Allein an der Art d. Darstellung der Judendeportationen in den vertraulichen Mitteilungen der Parteikanzlei war zu erkennen, welchem Zweck die Deportationen dienten. Die dienstlich gegebenen Kontakte K.s mit dem RSHA, wie etwa die Wannsee-Konferenz, dürften den Informationsfluß in dieser Richtung noch verstärkt haben.
We

Kluge, Hans Günter (seit 1913: *von*) Generalfeldmarschall
geb. 30. 10. 1882 in Posen,
gest. 19. 8. 1944 in Metz (Selbstmord).
Offizierssohn. 1901 Ltn. im Niedersächsischen Feldartillerie-Regiment Nr. 46; 1910–14 zum Großen Generalstab kommandiert. 1914–18 Teilnahme am 1. WK u.a. als Fliegerbeobachter u. Generalstabsoffz., 1919 Übernahme in d. Reichswehr als Hptm.; 1921 Major, 1928 Chef des Stabes der 1. Kavalleriedivision; 1930 Oberst, Kdr. des Artille-

rie-Rgt.s Nr. 2; 1931 Artillerieführer III, 1933 Generalmajor, 1934 Kdr. der 6. Infanteriedivision; 1935 Kdr. General des VI. Armeekorps; 1936 General, 1938 OB des Gruppenkommandos 6; 1939 OB der 4. Armee; Generaloberst, 1940 GFM; 19. 12. 1941 OB der Heeresgruppe Mitte, 3. 7. 1944 OB West, seit 17. 7. 1944 zugleich OB der Heeresgruppe B.

Es gibt kaum eine Biographie, die das Unvermögen der deutschen Generalität, sich von Tradition, Gehorsam und Eidesbindung zu lösen, so drastisch illustriert wie die des Generalfeldmarschalls v. K. Zumindest zeitweise durch seinen Ersten Generalstabsoffizier Henning von → Tresckow von der Notwendigkeit eines politischen Widerstands überzeugt, deckte »der kluge Hans« dessen Aktivitäten, vermied es jedoch, sich wirklich in die Planungen der Verschwörer hineinziehen zu lassen, vielleicht, weil er weder das Vertrauen → Hitlers noch das des Widerstands aufs Spiel setzen wollte. Spätestens seit dem Gelingen der angloamerikanischen Invasion machte sich der erfahrene Truppenführer K., inzwischen OB West, keine Illusionen über die militärische Lage. Dennoch blieb K. unfähig, die militärischen wie politischen Chancen des Staatsstreichs am 20. 7. 1944 zu nützen, obwohl sich die Lage für die Verschwörer in Paris mit Abstand am günstigsten entwickelte. K.s Selbstmord, mit dem er klarstellte, daß er das persönliche Opfer nicht scheute, blieb nicht mehr als ein geradezu tragisches Zeugnis seiner politischen Hilflosigkeit.

CH

Knochen, Helmut Befehlshaber d. Sipo in Frankreich, SS-Standartenführer

geb. 14. 3. 1910 in Magdeburg.

Sohn eines Lehrers. Ab 1930 Philologiestudium. 1932 Mitglied d. NSDAP u. d. SA. Schriftleiter d. Parteipressedienstes *NS-Parteikorrespondenz.* 1934 Promotion. 1935/36 NS-Studentenführer in Niedersachsen. 1936–39 Mitarbeiter des SD in Berlin. 1937 Eintritt in d. SS, Tätigkeit im RSHA. Im Nov. 1939 an der Entführung zweier brit. Agenten bei Venlo beteiligt. 1940 SS-Stubaf. Ab Juni 1940 mit der Gegnerüberwachung in Frankreich betraut. Konflikte mit der Militärverwaltung unter dem Wehrmachtbefehlshaber Gen. Otto v. → Stülpnagel. Ab Mai 1942 unter Ernennung zum SS-Staf. Einsetzung als Befehlshaber d. Sicherheitspolizei (BdS) in Frankreich; in dieser Eigenschaft von der Militärverwaltung unabhängig. Wg. zu eigenmächtigen Vorgehens am 18. 8. 1944 seines Amtes enthoben u. zur Waffen-SS versetzt. Nach dem Krieg im Juni 1946 von einem brit. Ge-

richt zu lebenslanger Haft wg. der Exekution gefangener brit. Flieger verurteilt. Im Okt. 1946 an Frankreich übergeben. Nach langem Prozeß am 9. 10. 1954 zum Tode verurteilt, am 10. 4. 1958 zu lebenslanger Zwangsarbeit begnadigt, im Dez. 1962 endgültige Begnadigung. Danach Versicherungsmakler in Offenbach. Über das weitere Schicksal K.s konnte nichts in Erfahrung gebracht werden.
K. spielte in seiner Funktion als Befehlshaber der Sicherheitspolizei und des SD in Frankreich eine zentrale Rolle bei der Bekämpfung der Resistance, aber auch bei allen Maßnahmen zur Verfolgung der Juden.
Ri

Koch, Erich Gauleiter und Reichskommissar
geb. 19. 6. 1896 in Elberfeld,
gest. 12. 11. 1986 im Gefängnis von Barczewo/Polen.
Sohn eines Werkmeisters. Besuchte nach der Volks- u. Mittelschule die Elberfelder Handelsschule u. wurde nach 3jähriger kaufmänn. Ausbildung Eisenbahnbeamter. Unterbrechung d. beruflichen Tätigkeit 1915–18 durch Kriegsdienst. 1919–23 wiederholter Einsatz in Freikorps in Oberschlesien u. im Untergrundkampf im Ruhrgebiet; dort Zusammenarbeit mit A.L. Schlageter u. Verhaftung durch die frz. Besatzungsmacht. 1922 Mitgliedschaft bei d. NSDAP, Gaugeschäftsführer des Gaues Ruhr. Nach der Verbotszeit d. NSDAP seit 22. 3. 1926 Wiederaufnahme der alten Tätigkeit in der Gauleitung des Ruhrgaues. 1926 Entlassung als Eisenbahnbeamter aus polit. Gründen; Ernennung zum stellv. GL des Gaues Ruhr. Enge Zusammenarbeit mit Gregor → Straßer. Nach Zwistigkeiten K.s mit dem Führer des NSDAP-Bezirks Essen, Josef → Terboven, den er der Unterschlagung von Parteigeldern bezichtigte, wurde er am 1. 10. 1928 von → Hitler nicht, wie beantragt, aus der Partei ausgeschlossen, sondern zum GL von Ostpreußen ernannt. 1929 wurde er Fraktionsführer seiner Partei im ostpreuß. Provinziallandtag u. in der Königsberger Stadtverordnetenversammlung. Bei der Novemberwahl 1930 wurde K. in den Reichstag gewählt. Hrsg. der Gauzeitung *Preußische Zeitung*; Vorsitzender des *NS-Bauern- u. Siedlerbundes*. Im Sept. 1933 Ernennung zum Oberpräsidenten d. Provinz Ostpreußen; bei Kriegsausbruch auch RVK im Wehrkreis I. Am 1. 9. 1941 anstelle des zunächst favorisierten Hamburger GLs → Kaufmann Übernahme des Reichskommissariats Ukraine. Um eine direkte Verbindung der Provinz Ostpreußen mit seinem Reichskommissariat zu erreichen, setzte er die Angliederung des poln. Bezirks Bialystok an die Provinz Ost-

preußen durch. Nach d. Rückeroberung der Ukraine durch die Sowjets im Herbst 1943 als Reichskommissar ohne Land nach Ostpreußen zurückgekehrt, riefen K. u. → Himmler in Königsberg am 2. 10. 1944 zur Bildung des *Deutschen Volkssturms* auf. Mit diesem letzten Aufgebot u. Durchhalteparolen u. -befehlen versuchte K. bis zuletzt, die Eroberung Ostpreußens durch die Rote Armee zu verhindern. Die Evakuierung der Zivilbevölkerung unterblieb. Er selbst verlegte allerdings noch vor dem Angriff der Sowjets auf die Gauhauptstadt Königsberg seinen Stab nach Pillau u. besuchte Hitler am 8. 4. 1945 zu einer völlig überflüssigen letzten Unterredung im Führerbunker, während der Königsberger Stadtkommandant General Lasch auf K.s Betreiben die Übergabe d. eingeschlossenen Stadt mit einem Todesurteil (in Abwesenheit) büßen mußte. Ende April 1945 floh K. auf einem eigens dafür bereitgestellten Schiff nach Dänemark u. tauchte unter falschem Namen in Norddeutschland unter. Im Mai 1949 spürten ihn brit. Sicherheitsdienste in Hasenmoor b. Hamburg auf. Am 14. 1. 1950 Überstellung an Polen, das neben der Sowjetunion seine Auslieferung verlangt hatte. In einem vom 19. 10. 1958 bis 9. 3. 1959 dauernden Prozeß vor dem Warschauer Bezirksgericht wurde er wegen der Schuld am Tod von 400000 Polen zum Tod verurteilt, das Urteil wegen seines schlechten Gesundheitszustandes später in lebenslängliche Haft umgewandelt. Bereits im Nov. 1959 Zurückweisung eines Revisionsbegehrens K.s durch den Obersten Gerichtshof in Warschau; Ende März 1960 lehnte der poln. Staatsrat schließlich ein Gnadengesuch endgültig ab.
K. stand in dem von Hitler sehr geschätzten Ruf, hart u. unerbittlich durchzugreifen. Hitler entzog ihm daher nie seine Gunst u. ernannte ihn zum Reichskommissar für die Ukraine gegen alle Vorwürfe u. Beschwerden anderer deutscher Dienststellen u. Repräsentanten einschl. des K. vorgesetzten Reichsministers f. d. besetzten Ostgebiete. K. konnte so in der Ukraine eine rücksichtslose Ausbeutungs- u. Eindeutschungspolitik betreiben, die die ursprünglich deutschfreundliche Haltung der ukrainischen Zivilbevölkerung rasch in ihr Gegenteil umschlagen ließ u. die Entstehung einer für die Wehrmacht gefährlichen Partisanenbewegung in der Ukraine begünstigte.
We

Koch, Ilse Frau des Kommandanten des Konzentrationslagers Buchenwald
geb. 22. 9. 1906 in Dresden als Margarete Ilse Köhler,
gest. 2. 9. 1967 im Frauengefängnis Aichach/Obb. (Selbstmord).

Tochter eines Werkmeisters. Nach Absolvierung der Volks- u. einer öffentl. Handelsschule 1922 Buchhandelsvolontariat, dann verschiedene Anstellungen als Sekretärin. Kontakte zu Dresdner SA- und SS-Angehörigen; 1932 Beitritt zur NSDAP. 1937 Heirat mit Karl → K., SS-Sturmbannführer u. KZ-Kommandant von Buchenwald; Umzug der K.s nach Buchenwald, zwischen 1937 u. 1941 (Strafversetzung ihres Mannes) Geburt von drei Kindern. Im Aug. 1943 Verhaftung durch SS wg. Verdachts auf Beihilfe bei d. Unterschlagungen ihres Mannes, Inhaftierung in Weimar. Dez. 1944 Freispruch für Ilse K. aus Mangel an Beweisen. Durch US-Truppen im Juni 1945 in Ludwigsburg erneute Verhaftung als potentielle Kriegsverbrecherin. 1947 als einzige weibl. Angeklagte im Buchenwaldprozeß vom amerik. Militärgericht in Dachau wg. Verbrechen gg. die Menschlichkeit zu lebenslänglicher Haft verurteilt; nach einem Revisionsverfahren 1948 auf vier Jahre Gefängnis verkürzt. Auf Druck der dt. u. internationalen öffentl. Meinung neuer Prozeß vor einem dt. Gericht. Ende 1949 Anklage vor dem Bayer. Staatsgerichtshof wg. Mordes u. Mißhandlung von dt. Häftlingen. Am 15. 1. 1951 Urteil des Augsburger Schwurgerichts: lebenslängliche Haftstrafe wg. Anstiftung zum Mord u. zu schwerer körperlicher Mißhandlung. Entlastung im sog. »Tätowierungskomplex«, auf den sich die Presse seit Entdeckung der angeblich zum Besitz Ilse K.s gehörenden Gebrauchsgegenstände aus Menschenhaut 1945 in Buchenwald konzentrierte, wg. mangelnder Beweise. Nach wiederholten erfolglosen Revisionsanträgen u. Gnadengesuchen, zuletzt noch 1966, erhängte sich Ilse K. in ihrer Zelle, von der Öffentlichkeit nahezu vergessen.
Zwischen 1945 u. 1955 kam der Fall Ilse K. an Bekanntheit den Nürnberger Prozessen gleich; als »Kommandeuse« oder »Hexe von Buchenwald« wurde sie in der internat. Öffentlichkeit zur negativen Symbolfigur. Mit ihrem Schicksal stellt sie zweifellos auch »ein Opfer kollektiven Willens zur Selbstentschuldung« im Dtschld. der Wirtschaftswunderzeit dar.
MV

Koch, Karl KZ-Kommandant
geb. 2. 8. 1897 in Darmstadt,
gest. 5. 4. 1945 in Buchenwald
(hingerichtet).
Sohn eines Darmstädter Standesbeamten. Nach Abschluß d. Volksschule kaufmänn. Lehre. Kriegsfreiwilliger von 1914, zurückgestellt bis 1916. Okt. 1918 bis Ende 1919 in brit. Gefangenschaft. Ab 1920 Tätigkeiten als Büroangestellter, Bankbeamter (1930/31 Entlassung wg. Unterschlagungen) u. Versicherungsvertreter. 1931 Eintritt in d.

NSDAP u. SS; zunächst ehrenamtl. Parteitätigkeit. Seit Sept. 1933 Ltr. des SS-Sonderkommandos Sachsen. Blitzkarriere des energischen u. überzeugten Nationalsozialisten dank hoher Protektion (→ Himmler, Oswald → Pohl); 1935–43 ausschließlich innerhalb des KZ-Lagersystems tätig (Sachsenhausen, Esterwegen, Lichtenburg, Dachau); seit 1936 SS-Obersturmbannfhr. u. Kdt. d. KZ Sachsenhausen, seit 1937 v. Buchenwald, 1942/43 v. Lublin-Majdanek. 1937 Heirat mit Ilse → K. Im Nov. 1941 Absetzung des inzwischen zum SS-Staf. beförderten K. als Lagerkommandant v. Buchenwald durch die SS-Gerichtsbarkeit wg. Korruption u. Veruntreuung von Staatsgeldern. Dank seiner Protektoren Anf. 1942 zur Bewährung nach Lublin (Aufbau des KZ Majdanek), im Frühj. 1943 zu einer Postschutzeinheit nach Saaz/Böhmen versetzt. Aug. 1943 erneute Verhaftung K.s im Fall Buchenwald, Inhaftierung im Gestapogefängnis Weimar. Im Dez. 1944 vom SS- u. Polizeigericht z.b.V. wg. massiver Korruption, Unterschlagung u. wg. des Nachweises von drei Häftlingsmorden (zur Verschleierung seiner Verbrechen) zum Tod verurteilt; nicht Gegenstand der Anklage war der während der Nürnberger Prozesse erörterte »Tätowierungskomplex« (Tötung von Häftlingen zur Gewinnung u. Verarbeitung tätowierter Menschenhaut). Exekution K.s am 5. 4. 1945 im Lager Buchenwald.
MV

Körner, Paul Staatssekretär, SS-Obergruppenführer
geb. 2. 10. 1893 in Pirna/Sachsen, gest. 29. 11. 1957 in Tegernsee.
Besuch d. Realgymnasiums in Zittau. 1914 als Einjährig-Freiwilliger an d. Front, zunächst in einem Feldartillerie-Rgt., dann in Stabsstellungen; zuletzt Hptm. Nach Kriegsende Jurastudium; danach kurze Zeit in leitender Stellung in d. Industrie. Nov. 1926 Mitgliedschaft i.d. NSDAP, 1931 in d. SS. 1928 Mitarbeiter → Görings, nach der Machtergreifung dessen persönl. Referent im preuß. Innenministerium, 20. 4. 1933 StSekr. im preuß. Staatsministerium; Sept. 1933 preuß. Staatsrat. Bereits während d. 8. Wahlperiode 1933 u. erneut 1936 in den Reichstag gewählt. Am 22. 10. 1936 Ernennung zum Stellv. Görings in dessen Eigenschaft als *Beauftragter f. d. Vierjahresplan*, 1937–42 Vorsitzender d. Aufsichtsrates d. *Reichswerke Hermann Göring*, 1939–42 Vorsitzender d. *Generalrates f. d. Vierjahresplan.* 1941–45 stellv. Ltr. des *Wirtschaftsführungsstabes Ost.* Ferner Mitglied im Aufsichtsrat d. *Lufthansa* u. im Verwaltungsrat d. *Gesellschaft Reichsautobahnen.* Nach dem Krieg interniert u. im Nürnberger *Wilhelmstraßenprozeß* am

11. 4. 1949 zu 15 Jahren Haft verurteilt, auf dem Gnadenweg zunächst auf 10 Jahre reduziert u. am 16. 12. 1951 auf freien Fuß gesetzt.
In seinen Tätigkeiten beim *Beauftragten für den Vierjahresplan* u. bei den *Reichswerken* war K. führend an Planung u. Organisation der deutschen Aufrüstung beteiligt, mit seiner Rolle im *Wirtschaftsführungsstab Ost* auch an der planmäßigen Ausbeutung der besetzten Gebiete im Osten zugunsten der deutschen Kriegswirtschaft.
We

Kolbenheyer, Erwin Guido

Schriftsteller
geb. 30. 12. 1878 in Budapest,
gest. 12. 4. 1962 in München.
Der Sohn eines karpatendeutschen Architekten u. einer sudetendeutschen Mutter wuchs in Karlsbad u. Eger auf u. studierte seit 1900 in Wien Naturwissenschaften, Philosophie und Psychologie. 1905 promovierte er mit einer Arbeit über *Die sensorielle Theorie der optischen Raumempfindung* zum Dr. phil. 1903 erschien sein erstes schriftstellerisches Werk, d. Renaissance-Tragödie *Giordano Bruno*, 1908 erzielte er literar. Erfolg mit dem histor. Werk *Amor Dei – Ein Spinoza-Roman*. Seit dieser Zeit widmete sich K. ausschließlich d. Schriftstellerei. In seinen teilweise in ausgeprägt archaisierender Sprache verfaßten historischen Dramen u. Romanen, deren Haupttopos der siegreiche Kampf des germanischen Menschen gegen eine feindliche Umwelt war, propagierte K. die völkisch-nationalist. Ideologeme d. konservativen Revolution. Im 1. WK leitete K. ein Gefangenenlager u. schrieb 1917 den ersten Teil seiner Romantrilogie *Paracelsus*, den Arzt im Zeitalter des Humanismus u. d. Reformation (die er 1922 u. 1926 mit weiteren Teilen abschloß). 1919 Umzug nach Tübingen. Als Verfasser mehrerer pseudowissenschaftlicher Schriften entwickelte er sein biologistisches, vom Sozialdarwinismus geprägtes Weltbild; am bekanntesten wurde *Die Bauhütte – Elemente einer Metaphysik der Gegenwart* (1925). 1931 trat K. nach fünfjähriger Mitgliedschaft wg. des Übergewichts demokrat. Autoren aus d. *Berliner Akademie der Künste* aus u. kehrte erst nach d. »Umgestaltung« d. Akademie im Frühjahr 1933 wieder zurück. Die Nationalsozialisten hofierten K., dessen literarische Werke u. Gesinnung so ganz auf ihrer Linie lagen, 1936 mit dem *Kulturpreis d. Stadt München*, wo er seit 1932 wohnte; 1937 verlieh man ihm den *Goethe-Preis der Stadt Frankfurt*, und ein Jahr später ehrte ihn → Hitler persönlich mit dem *Adlerschild*, damals einer d. bedeutendsten dt. Kulturpreise. 1940 trat K. in die NSDAP ein. 1941 erschien eine Gesamtausgabe seiner Werke.

1948 mußte K. sich in München einem Spruchkammerverfahren unterziehen, in dem er v.a. wg. seiner Hitler u. d. NS verherrlichenden Gedichte u. eines 1943 im *Westdeutschen Beobachter* veröffentlichten Aufrufs zu Vergeltungsmaßnahmen für alliierte Luftangriffe angeklagt wurde. Die Kammer stufte K. in d. Gruppe II der »Belasteten« ein u. verurteilte ihn zu 5 Jahren Berufsverbot, 50%igem Vermögensentzug und 180 Tagen Sonderarbeit. Im Mai 1950 wurde das Urteil revidiert, K. als »Minderbelasteter« eingestuft, das Berufsverbot aufgehoben u. d. Sühneleistung auf 1000 DM herabgemindert. K., der sich bereits vor der Spruchkammer wenig einsichtig zeigte, hielt an seiner rechtsextremen Gesinnung weiterhin fest u. sorgte bei öffentlichen Auftritten immer wieder für Schlagzeilen. Schützenhilfe erhielt er von d. 1951 gegründeten *Gesellschaft d. Freunde des Werkes von E. G. Kolbenheyer*, die Neuausgaben der Werke K.s herausgab und ein K.-Archiv in dessen letztem Wohnort bei Wolfratshausen in Oberbayern unterhält.
KK

Kollwitz, Käthe, geb. *Schmidt*
Kunstmalerin, Graphikerin und Bildhauerin
geb. 8. 7. 1867 in Königsberg,
gest. 22. 4. 1945 in Moritzburg b. Dresden.

Der Vater K.s, ein Prediger der ersten »Freien Gemeinde« Dtschld.s, ermöglichte seiner Tochter eine künstlerische Ausbildung. Von Königsberg ging sie 1884 an die Berliner Künstlerinnenschule u. danach ein Jahr lang nach München. 1890 wieder in Berlin, heiratete sie den Arzt Karl Kollwitz, mit dem sie zwei Söhne hatte. In Berlin entstanden ihre ersten sozialkrit. graphischen Zyklen *Ein Weberaufstand* (1889–97) u. *Bauernkrieg* (1903–07), die stark expressionistische Züge tragen. Durch Studienaufenthalte in Paris an d. *Académie Julian* kam K. zur Bildhauerei. Nach dem Soldatentod ihres jüngeren Sohnes im Okt. 1914 entwarf sie ein Mahnmal für d. Kriegsgefallenen, das 1932 auf einem Soldatenfriedhof in Belgien enthüllt wurde. Das Erlebnis des 1. WK u. d. Not d. Nachkriegszeit prägten K.s künstlerisches Schaffen u. ließen sie auch polit. aktiv werden: Sie lieferte Beiträge für versch. Plakataktionen (*Nie wieder Krieg!*) u. unterstützte d. polit. Linke. Ihr künstl. Schaffen wurde auch von den offiziösen Stellen geehrt: 1919 wurde K. als erste Frau in d. *Preußische Akademie d. Künste* aufgenommen und ihr der Professorentitel verliehen. Seit 1928 leitete sie ein Meisteratelier für Graphik an der Akademie. 1929 wurde sie schließlich in den Orden *Pour le mérite* aufgenommen. Nach 1933

zog sich K. völlig zurück. Nachdem sie sich zusammen mit Heinrich Mann öffentlich gegen → Hitler ausgesprochen hatte, mußte sie nach den Märzwahlen 1933 die Akademie verlassen. Bis 1936 blieb sie von den Nazis unbehelligt u. konnte weiterarbeiten. Im Zuge der Ausstellung *Entartete Kunst* 1937 entfernte man allerdings auch ihre Werke aus den Museen, was für K. ein Ausstellungsverbot bedeutete. Bei der Evakuierung Berlins im August 1943 siedelte K. zuerst nach Nordhausen und dann nach Moritzburg bei Dresden über, wo sie kurz vor Kriegsende starb.
KK

Kordt, Erich Gesandter
geb. 10. 12. 1903 in Düsseldorf,
gest. 11. 11. 1969 ebd.
Studium d. Rechtswissenschaften u. Promotion zum Dr. jur. Mai 1928 Einberufung in d. Ausw. Amt. Auslandsverwendungen in Genf u. Bern. Okt. 1936 Gesandtschaftsrat II. Klasse unter Botschafter v. → Ribbentrop in London. Eintritt in die NSDAP am 1. 11. 1937. Im Zuge des Revirements v. 4. 2. 1938 wurde Ribbentrop Reichsaußenminister und K. Leiter d. Ministerbüros. Über seinen Bruder Theodor Kordt, Geschäftsträger an d. Dt. Botschaft in London, versuchte er am 6./7. 9. 1938 vergeblich, d. brit. Regierung zu einer Rundfunkerklärung zu veranlassen, die in Dtschld. als auslösendes Moment für einen v. Obstltn. Hans → Oster (Amt Ausland/Abwehr) geplanten Staatsstreich gg. Hitler dienen sollte. Mitte Juni 1939 reiste K. nach London, um den Ersten Diplomatischen Berater d. Regierung Großbritanniens, Vansittart, vor den schließlich zum Hitler-Stalin-Pakt führenden dt.-sowjet. Geheimverhandlungen zu warnen. Im April 1941 wurde K. Gesandter I. Klasse in Tokio unter Botschafter Ott, ab Oktober 1943 in Nanking unter Botschafter → Woermann. Im Nürnberger *Wilhelmstraßenprozeß* stellte K. im Juni 1948 seine gg. d. Regime gerichteten Aktivitäten als Initiativen des angeklagten StSekr. Ernst Frhr. v. → Weizsäcker hin. Dieser Tendenz folgte er auch in den 1950 erschienenen Memoiren *Nicht aus den Akten*. Wahrscheinlich auf persönliche Intervention Bundeskanzler → Adenauers blieb ihm eine Karriere im Ausw. Dienst d. Bundesrepublik Dtschld. verwehrt. Ab 1951 las K. Völkerrecht an d. Universität Köln u. war als MinR. bei d. Landesregierung von Nordrhein-Westfalen tätig.
RAB

Kramer, Josef KZ-Kommandant
geb. 10. 11. 1906 in München,
gest. 13. 12. 1945 in Hameln (hingerichtet).
Kindheit u. Jugend in Augsburg als Sohn eines Wirtschaftsprüfers. 1920

Elektrikerlehre, von 1925 an arbeitslos. Gelegenheitsjobs als Hausierer. Eintritt in d. NSDAP im Dez. 1931, in d. SS im Juni 1932. 1933–34 Anstellung b. d. Stadt Augsburg. Seit Herbst 1934 versch. Posten in den KZs Dachau, Esterwegen, Sachsenhausen u. Mauthausen. 1940 Adjutant von Rudolf → Höß im KZ Auschwitz, 1943 Kdt. des KZ Natzweiler. Im Mai 1944 wurde er Kdt. d. Vernichtungslagers Auschwitz-Birkenau, am 1. 12. 1944 vom KZ Bergen-Belsen. Dieses Lager führte er mit äußerster Brutalität. Infolge der hemmungslosen Überbelegung durch Massen von Häftlingen aus geräumten Lagern, von katastrophalen Ernährungsmißständen u. ausgebrochenen Seuchen fanden die befreienden Briten dort verheerende Zustände vor. K. wurde deshalb als vor Ort Verantwortlicher für dieses Szenarium in der Presseberichterstattung d. »Bestie von Belsen« genannt. Ein brit. Militärgericht in Lüneburg verurteilte ihn am 17. 11. 1945 zum Tode.
Den

Krauch, Carl IG-Farben-Aufsichtsratsvorsitzender
geb. 7. 4. 1887 in Darmstadt,
gest. 3. 2. 1968 in Bühl (Baden).
Sohn eines Chemikers u. Apothekers. Schulbesuch in Darmstadt. Studium d. Chemie u. Botanik in Gießen u. Heidelberg; 1911 Promotion, anschließend Assistent in Heidelberg. 1912 Eintritt bei BASF, 1919 Prokurist, ab 1922 Geschäftsführer d. Ammoniakwerke Merseburg. Ab 1934 ordentliches Vorstandsmitglied der IG Farben, ab 1929 Chef des Bereichs Hochdruck-Chemie. Als Schlüsselfigur d. Verflechtung von NS-Staat u. IG Farben übernahm K. ab 1935 wichtige Funktionen beim Aufbau d. dt. Rüstungsmaschinerie: In der Berliner *»Vermittlungsstelle W«* steuerte er d. Zusammenarbeit d. Konzerns mit den für Rüstungsangelegenheiten zuständigen Reichsbehörden. 1936 beauftragte ihn → Göring mit d. Leitung d. Abt. f. Forschung u. Entwicklung im *Amt für Dt. Roh- und Werkstoffe*. K. legte → Hitler im Aug. 1936 Berechnungen f. d. wichtigsten Rohstoffe vor. 1937 trat er d. NSDAP bei, 1938 wurde er Wehrwirtschaftsführer u. *Generalbevollmächtigter f. Sonderfragen der chem. Erzeugung beim Beauftragten d. Führers für den Vierjahresplan*. K. übernahm 1940 den Vorsitz des Aufsichtsrates d. IG Farben. Als Generalbevollmächtigter trug er dazu bei, d. Wehrmacht mit Chemieprodukten wie Buna, Sprengstoff u. Giftgas zu versorgen. Im Nürnberger *IG-Farben-Prozeß* 1947/48 war K. Hauptangeklagter. Er wurde am 30. 7. 1948 als Organisator der Zwangsarbeit in Chemiebetrieben, u.a. von KZ-Häftlingen im IG Farben-Werk in Auschwitz, zu sechs Jahren Haft verurteilt, jedoch 1950

entlassen. 1955 wurde er Aufsichtsratsmitglied der BWH.
PW

Krauss, Werner Schauspieler
geb. 23. 6. 1884 in Gestungshausen b. Coburg,
gest. 20. 10. 1959 in Wien.
K. stammte aus einem alten Pastorengeschlecht u. sollte Lehrer werden. Wg. seiner Begeisterung für d. Theater brach er d. Lehrerseminar ab u. zog bis zu seinem ersten festen Engagement 1908 am Stadttheater Guben mit Wanderbühnen umher. Danach spielte er in Aachen, Gießen, Nürnberg u. kam 1913 nach Berlin zu Max Reinhardt. Ein durchschlagender Erfolg auf der Bühne gelang ihm 1915 in Wedekinds *Musik*. K. avancierte zu einem d. gefragtesten Schauspieler seiner Zeit, seit Mitte der 20er Jahre spielte er am Staatstheater in Berlin, ab 1928 auch am Wiener Burgtheater. Ebenso erfolgreich war K. als Filmschauspieler. Zwischen 1915 u. 1933 spielte er in rd. 100 Filmen mit, darunter so bekannten wie *Das Kabinett des Dr. Caligari* (1919), *Das Wachsfigurenkabinett* (1924) u. *Nana* (Regie: Jean Renoir, 1927). Bewundert wurde K. besonders wg. seiner schauspielerischen Vielseitigkeit, d. Überzeugungskraft seiner Darstellung u. d. Anpassungsfähigkeit an die technischen Möglichkeiten des neuen Mediums Film. K., der vor 1933 politisch nicht hervortrat, ließ sich von den Nationalsozialisten für ihre Zwecke vereinnahmen, was ihm im Gegenzug vielfache Förderung einbrachte: Ende 1933 wurde er stellv. Präsident d. neugegründeten *Reichstheaterkammer* (bis 1936), im April 1934 preuß. »Staatsschauspieler« u. später preuß. Staatsrat. 1938 erhielt er anläßlich seines 25jährigen Bühnenjubiläums die Goethe-Medaille. 1939 übernahm K. die Rollen alter Juden in dem antisemit. Hetzfilm *Jud Süß* (Regie: Veit → Harlan). Insbesondere wg. seines Mitwirkens in diesem Film wurde K. nach Kriegsende mit Berufsverbot belegt, mußte sich dreimal vor der Stuttgarter Spruchkammer verantworten u. wurde schließlich 1948 als »minderbelastet« eingestuft, wobei man ihm eine Sühneleistung von 5000 RM, d. i. 10% seines Honorars für seine Mitarbeit am *Jud Süß*, auferlegte. Anschließend setzte K. seine erfolgreiche Schauspielkarriere – zunächst am Wiener Burgtheater, seit 1950 auch wieder in Dtschld. – fort. 1954 erhielt er den *Iffland-ring*, die größte Auszeichnung für schauspielerische Leistungen im deutschsprachigen Raum. Im selben Jahr wurde er rehabilitiert u. mit dem *Bundesverdienstkreuz* ausgezeichnet, kurz vor seinem Tod 1959 mit dem *Ehrenring der Stadt Wien*.
KK

Krebs, Albert Gauleiter und Senatsdirektor
geb. 3. 3. 1899 in Amorbach,
gest. 26. 6. 1974 in Hamburg.
K., Sohn eines höheren Archivbeamten, legte nach dem Besuch des Gymnasiums in Aschaffenburg 1917 das Abitur ab u. meldete sich anschließend freiwillig zum Militär. Im März 1919 Entlassung aus dem Heer u. Studium von Germanistik, Geschichte, Englisch u. Nationalökonomie in Würzburg, Tübingen, Marburg u. Frankfurt/M. 1922 Promotion u. Eintritt in die NSDAP; bereits vor dem 1. WK Mitgliedschaft in d. *Jugendbewegung*, während des Studiums in der *Gildenschaft* u. den Freikorps *v. Epp* u. *Oberland*. Ab März 1925 berufliche Tätigkeit als Sachreferent beim *Deutschnationalen Handlungsgehilfenverband* (DHV) in Berlin-Spandau. Nach der Neugründung der NSDAP trat ihr K. im Mai 1926 erneut bei u. wurde in einer Versammlung der Hamburger NSDAP, die vorher vom Gau zur Ortsgruppe zurückgestuft worden war, am 4. 11. 1926 zu deren Ltr. bestimmt, nach der Wiedererrichtung des Gaues am 26. 2. 1928 zum GL. Nach internen Streitereien, bei denen sich K. v. d. Parteileitung in München zu wenig unterstützt fühlte, im Mai 1928 Rücktritt v. d. Gauleitung, offiziell ab Sept. 1928. Im Apr. 1930 Beauftragung mit d. Leitung der Betriebszellenorganisation in Hamburg. Seit 1931 ehrenamtlicher Chefredakteur der NS-Tageszeitung *Hamburger Tageblatt*. Wg. eines im Frühjahr 1932 darin veröffentlichten kritischen Artikels über d. Politik des Kabinetts → Schleicher von → Hitler in einem persönlichen Gespräch gemaßregelt u. aus d. NSDAP ausgeschlossen. Beruflich weiterhin Tätigkeit als Volksbildungs- u. Kulturreferent beim DHV bis zu dessen Auflösung im April 1934, dann in gleicher Tätigkeit b. d. *Deutschen Angestelltenschaft* beschäftigt. Seit Sept. 1934 innerhalb d. Kulturverwaltung Hamburgs tätig, zuletzt als Senatsdirektor. Zu Beginn des Rußlandfeldzuges als Sonderführer zur *Propagandaabteilung Ostland* eingezogen u. in den Städten Riga u. Reval im Kulturbereich eingesetzt. Über die 1942 vermittelte Bekanntschaft mit Fritz-Dietlof v. d. → Schulenburg Kenntnis von d. Existenz d. dt. Widerstands. Im Entnazifizierungsverfahren wurde K. 1947 als »Entlasteter« eingestuft, aber mit dem Verbot journalist. Betätigung belegt. Im Berufungsverfahren wurde d. Verbot im Okt. 1949 aufgehoben. In den autobiographischen Aufzeichnungen *Tendenzen u. Gestalten der NSDAP* (1959) zeichnete K. sich als einen von den politischen Ideen u. Zielen des NS zunächst beeindruckten Zeitgenossen, der sich nach persönlichen Erfahrungen mit dem

diktatorischen Führungsstil Hitlers u. der Inkompetenz im NS-Führerstaat enttäuscht aus dem politischen Leben zurückzog.
Weitere Publikationen: *Fritz-Dietlof v. d. Schulenburg. Zwischen Staatsraison u. Hochverrat* (1964); *Der Weg in die Freiheit. Max Habermann zum Gedächtnis* (1968).
We

Krebs, Hans Generalstabschef des Heeres, General der Infanterie
geb. 4. 3. 1898 in Helmstedt,
gest. 1. 5. 1945 in Berlin
(gefallen od. Selbstmord).
Als 16jähriger Fahnenjunker 1914 im ostfriesischen Infanterie-Rgt. an d. Front; wg. Tapferkeit vorzeitig zum Ltn. befördert. Nach Kriegsende in d. Reichswehr übernommen. 1932 als Hptm. zur Abt. *Fremde Heere* des Reichswehrministeriums kommandiert. 1936 Maj.; als Gehilfe d. Militärattachés an die dt. Botschaft in Moskau versetzt. Noch vor Kriegsbeginn 1939 Chef d. Heeresausbildungswesens im Rang eines Obstltn. Okt. 1939 als Chef d. Stabes beim VII. Armeekorps; Teilnahme am Frankreichfeldzug. 1940 Oberst. 1941 als stellv. Militärattaché wieder an d. Botschaft in Moskau. Zu Beginn d. Rußlandfeldzuges beim VII. AK. Im Jan. 1942 Chef d. Stabes d. 9. Armee unter Gen. → Model. Beförderung zum GenMaj. März 1943 Chef d. Stabes b. d. HGr. Mitte; im April 1943 GenLtn.; auf Wunsch Models im Sept. 1944 in gleicher Eigenschaft nach Frankreich zu dessen HGr. B kommandiert; Ernennung z. Gen.d.Inf. Am 18. 2. 1945 (–22. 3. 1945) Chef d. Führungsgruppe des OKH in Zossen. Als Nachfolger des geschaßten Generalstabschefs → Guderian am 29. 3. 1945 von Hitler mit d. Wahrnehmung der Geschäfte d. Generalstabschefs d. Heeres betraut. Ende April zusammen mit → Goebbels als Parlamentär zu Verhandlungen b. d. Roten Armee in Berlin. Neben Goebbels unterschrieb K. am 29. 4. 1945 als Zeuge auch Hitlers politisches Testament. Zuletzt wurde er noch mit seinem Freund, dem Heerespersonalchef Gen. Burgdorf, im Führerbunker gesehen. Beide begingen dort wahrscheinlich Selbstmord; ihre Leichen fielen den sowjet. Truppen auf dem Gelände d. Reichskanzlei in d. Hände.
K. galt als fähiger Generalstabsoffizier, der als Generalstabschef der letzten Kriegswochen jedoch nur noch die Funktion eines Konkursverwalters ausüben konnte. Von ihm als Parlamentär – er sprach als ehemaliger Militärattaché in Moskau ausgezeichnet Russisch – erfuhr die sowjetische Führung am Morgen des 1. 5. 1945 vom Selbstmord Hitlers.
We

Kreutzberg, Harald Tänzer und Choreograph
geb. 11. 12. 1902 in Reichenberg/ Böhmen,
gest. 23. 4. 1968 in Gümlingen b. Bern.
Der Sohn eines Deutsch-Amerikaners erhielt schon als Kind Ballettunterricht u. trat bereits als Sechsjähriger am Lobetheater in Breslau auf. Im Anschluß an d. Oberrealschule ließ sich K. an der Kunstgewerbeschule Dresden zum Graphiker und Zeichner ausbilden; daneben nahm er Ballettunterricht in einer Laiengruppe an der Mary-Wigman-Tanzschule, wo seine außerordentliche Begabung u. seine tänzerische Kreativität auffielen. 1922 absolvierte er die Abschlußklasse u. ging 1923 ans Opernhaus nach Hannover, wo er als Solotänzer u. mit vielen eigenen Choreographien auftrat. 1927 wechselte K. zur Berliner Staatsoper. Im gleichen Jahr engagierte ihn Max Reinhardt erstmals für die *Salzburger Festspiele*. Anschließend trat er zusammen mit Yvonne Georgi seine erste erfolgreiche Tournee in die USA an. Weitere Gastspiele in Amerika machten K. als Galionsfigur des *German Dance* weltberühmt. K. setzte seine Künstlerkarriere während der NS-Zeit ohne Unterbrechung fort. Selbst völlig unpolitisch, ließ er sich von den Nationalsozialisten als Aushängeschild für das dt. Kulturleben benützen u. wurde zu einem der meistgeehrten u. bestverdienenden Künstler Dtschlds. Er unternahm zahlreiche Gastspiele in Europa und den USA, wo er auch an Hochschulen lehrte, u. spielte in einigen Filmen mit. 1938 erschien K.s Autobiographie *Über mich selbst*. 1941 wurde er Leiter der Staatlichen Akademie für Tanzkunst in Wien. Nach 1945 setzte K. seine Karriere als Tänzer fort u. gründete 1955 eine eigene Tanzschule in Bern. 1959 gab er sein Abschiedsgastspiel im Hamburger Thalia-Theater, wo er noch einmal beispielhaft sein künstlerisches u. tänzerisches Können zeigte.
KK

Krieck, Ernst NS-Pädagoge u. -Philosoph
geb. 6. 7. 1882 in Vögisheim b. Müllheim/Baden,
gest. 19. 3. 1947 im US-Internierungslager Moosburg/Isar.
Sohn eines Maurers aus protest. Kleinbauernfamilie. Realschule, 1898–1900 Lehrerseminar in Karlsruhe. 1900–28 im bad. Volksschuldienst, u.a. Hauptlehrer in Mannheim. 1914–16 Soldat. K., v.a. von de Lagarde, Langbehn, Nietzsche beeinflußt, trat neben seinem kulturpolit. Engagement im *Badischen Lehrerverein* schon früh mit eigenen zivilisationskritischen Abhandlungen hervor (*Persönlichkeit u. Kultur*, 1910). In seinem erzie-

hungstheoret. Werk, das er unter d. Eindruck des Krieges u. d. allg. weltanschaulichen Orientierungslosigkeit im Weimarer Nachkriegs-Dtschld. entwickelte, erstrebte K., die dt. Gesellschaft durch Vermittlung neuer, integrationsfähiger Leitbilder, deren Zentrum die »Nation« einnahm, zu reformieren. In seinem Buch *Die Deutsche Staatsidee. Ihre Geburt aus dem Erziehungs- u. Entwicklungsgedanken* (1917) fand sich erstmals der Gedanke des alle modernen Dualismen aufhebenden »Dritten Reichs«. 1923 erhielt K. für seine *Philosophie der Erziehung* (1922), in der er sein Konzept einer funktionalen, von der »Volksordnung« her bestimmten u. dem »Volksorganismus« dienenden Erziehungswissenschaft entwarf, die Ehrendoktorwürde d. philosoph. Fakultät d. Universität Heidelberg. 1924 Ausscheiden aus d. aktiven Schuldienst, freier Publizist in Heidelberg (*Menschenformung*, 1925; *Bildungssysteme der Kulturvölker*, 1927; *Grundriß der Erziehungswissenschaft*, 1927; *Staat u. Kirche im Kampf um das Bildungswesen*, 1927; *Der Staat des deutschen Menschen*, 1927). Bereits seit 1920 publizist. Mitwirkung an den Organen d. *Jungkonservativen Bewegung* um Moeller v. d. Bruck. 1928 Lehrstuhlinhaber für systemat. Pädagogik a. d. Pädagogischen Akademie in Frankfurt/M. Infolge öffentl. Aufrufs zur »nationalen Erhebung« im Juni 1931 an die Pädagogische Akademie in Dortmund strafversetzt. Daraufhin zum 1. 1. 1932 Beitritt zum NS-Lehrerbund u. NSDAP-Mitglied. Im Frühj. 1932 Dienstsuspendierung K.s u. Einleitung eines Disziplinarverfahrens wg. NS-Wahlagitation u. Erscheinen seiner Kampfschrift *Nationalpolitische Erziehung* (1932), in der sich K. offen zur natsoz. Weltanschauung bekannte. Sie sollte im Dritten Reich zum Klassiker d. NS-Pädagogik werden (25. Aufl. 1943) u. markiert den Übergang K.s von d. »reinen«, beschreibenden zur handlungsorientierten, politisch-weltanschaulich gebundenen »völkisch-realistischen« Erziehungswissenschaft, die im Konzept der »Formations-Erziehung« die erzieherische Bedeutung d. NS-Bewegung u. ihrer Massenorganisationen HJ, SS, SA verkündete u. wissenschaftlich legitimierte: »aus Masse wird Volk, aus Volk rassebewußte Nation mit geschlossener Macht, mit einheitlicher politischer Haltung u. Willensrichtung«. Nach d. Regierungswechsel in Preußen u. Reich Mitte 1932 Rehabilitierung u. Rückkehr K.s nach Frankfurt. Mit seinem Plädoyer für den autoritären Erziehungsstaat, der den einzelnen durch »Zucht, Auslese u. Ausmerze« zum funktionierenden Glied in der »völkischen Gemeinschaft«, zur totalen Ein- u. Unterordnung heranzubilden habe (*Völkischer Ge-*

samtstaat u. nationale Erziehung, 1931; *Nationalsozialistische Erziehung,* 1933), gehörte K. bis Mitte d. 30er Jahre zu den einflußreichsten Interpreten der natsoz. Pädagogik u. stieg im Wissenschaftsbetrieb d. Dritten Reiches rasch auf: April 1933 o. Prof. d. Philosophie u. Pädagogik in Frankfurt, zugleich erster NS-Rektor einer dt. Hochschule; April 1934 Wechsel nach Heidelberg; SS-Beitritt, Gutachter f. d. SD-Sektion »Wissenschaft«; 1935 Gaudozentenbundsführer v. Baden; 1937 Rektor d. Universität Heidelberg. Seit der Röhm-Affäre jedoch, spätestens mit seiner 3bändigen *Völkisch-Politischen Anthropologie* (1936/38), von seinen Anhängern als Geburt einer »arteigenen« dt. Philosophie begrüßt, wg. ihrer Verschwommenheit u. Inpraktikabilität für die konkreten Erziehungsaufgaben aus den Reihen der Pragmatiker wie der Rassentheoretiker aber scharf kritisiert, u. durch sein hochschulpolit., auf radikale natsoz. Wissenschaftsreform ausgerichtetes Engagement (*Wissenschaft, Weltanschauung, Hochschulreform,* 1934) geriet K. in Gegensatz zur vom Amt → Rosenberg vertretenen offiziellen Parteilinie. Im Herbst 1938 Aufgabe aller polit. Ämter u. Rücktritt als Rektor, zum 20. 10. 1938 »ehrenvoller Abschied« aus der SS im Rang eines Obersturmbannführers. In der Folge widmete sich K. völkisch-geschichtsmythologischen u. wissenschaftstheoretischen Themen (*Leben als Prinzip der Weltanschauung u. als Problem der Wissenschaft,* 1938/39; *Volkscharakter u. Sendungsbewußtsein,* 1943), unterlag aber bereits seit 1940 der Vorzensur des Propagandaministeriums. 1942 wurde der 60jährige noch einmal öffentl. durch Staat u. Partei u. gegen den Widerstand v. a. seitens des Amtes Rosenberg durch die Verleihung d. Goethe-Medaille f. Kunst u. Wissenschaft geehrt, »in Anerkennung seines kämpferischen Einsatzes für d. natsoz. Volkswerdung«. 1944 erhielt er d. Kriegsverdienstkreuz 2. Klasse. K. starb 1947 im amerik. US-Internierungslager Moosburg. Jahre später wurde er als Mitläufer entnazifiziert.

Weitere Publ.: *Revolution der Wissenschaft* (1920); *Mythologie des bürgerl. Zeitalters* (1939); *Der Mensch in der Geschichte* (1940); *Natur u. Naturwissenschaft* (1942); *Heil u. Kraft, ein Buch germanischer Weltweisheit* (1943). – Chefredakteur bzw. Hrsg. d. Zeitschriften *Die freie dt. Schule* (1928–31), *Die neue dt. Schule* u. *Volk im Werden* (1933–1942/43) sowie der Buchreihe *Weltanschauung u. Wissenschaft.*

MV

Krüger, Friedrich Wilhelm Chef des Ausbildungswesens, SS-Obergruppenführer
geb. 8. 5. 1894 in Straßburg,
gest. 10. 5. 1945 in Österreich (Selbstmord?).
Humanist. Gymnasium in Rastatt. Ausbildung in den Kadettenanstalten Karlsruhe u. Lichterfelde. 1914 Ltn., Kriegsteilnehmer, mehrfach verwundet. 1920 Angehöriger d. *Freikorps Lützow.* Mai 1920 Abschied als Obltn. 1920–23 in Berlin im Buchhandel tätig. 1924–28 Direktor u. Vorstandsmitglied b. d. Berliner Müllabfuhr AG. 1929 Mitglied d. NSDAP, 1931 zunächst der SS, ab April bis Juli 1932 der SA als Fhr. d. SA-Gruppe Ost; Juli 1932–Juni 1933 Fhr. SA-Gruppenstab z.b.V.; 1932 MdR. Von 1. 7. 1933 bis 25. 1. 1935 Chef des Ausbildungswesens d. SA (Chef AW). 1935 im Stab RFSS, Beförderung zum SS-Ogruf. 1936 im SS-Hauptamt; 1938 HSSPF Ost; nach Kriegsausbruch 1939 HSSPF beim Militärbefehlshaber Lodz, Ende 1939 HSSPF im Generalgouvernement, 1942 StSekr. f. d. Sicherheitswesen im Generalgouvernement. Am 20. 11. 1943 abberufen. Seit 20. 5. 1944 Kdr. d. 6. SS-Gebirgsdivision Nord; am 26. 8. 1944 mit d. Führung des V. SS-Gebirgs-Korps beauftragt.
Als *Chef AW* zunächst eine Dienststelle d. SA zur vormilitärischen Ausbildung, wurde Krüger mit seinem Arbeitsbereich (ca. 13000 Mann) v. d. Reichswehrführung (→ Reichenau) gg. die SA-Führung unter → Röhm aufgebaut, mußte aber nach d. Entmachtung der SA, aber auch wg. übertriebener Etatforderungen für seinen Dienstbereich, 1935 selbst gehen; der Bereich des Chef AW wurde aufgelöst. K. kam in d. SS unter, in deren Interesse er bereits vorher gearbeitet haben soll. Als HSSPF im Generalgouvernement mußte er wg. ständiger Kompetenzstreitigkeiten mit dem Generalgouverneur Hans → Frank schließlich abberufen werden. Nach Feststellungen eines dt. Gerichts starb K. nach d. dt. Kapitulation, ob an einer Verwundung oder durch Selbstmord blieb ungeklärt.
We

Krupp v. Bohlen und Halbach, Alfried Großindustrieller
geb. 13. 8. 1907 in Essen,
gest. 30. 7. 1967 ebd.
Ältester Sohn von Gustav → K. 1928–34 Ingenieurstudium. 1935–36 Tätigkeit in d. Krupp-Hauptverwaltung in Essen, dann in d. Rüstungsabt. 1937 Wehrwirtschaftsführer. Ab 1938 im Krupp-Direktorium, Ltr. der Rüstungsabt. Ende 1938 Eintritt in die NSDAP. Im Krieg verantwortlich f. d. Verlagerung von Betrieben aus den besetzten Gebieten ins Reich. Im Frühjahr 1941 Mitbegründer d. *Reichsvereinigung Kohle*, seit 1942 auch stellv. Vorsitzender d. *Reichs-*

vereinigung Eisen. Im Dez. 1943 Umwandlung der Krupp-AG in ein Einzelunternehmen durch die sog. »Lex Krupp«, hierdurch Alfried K. alleiniger Leiter u. Eigentümer. Kurz vor Kriegsende v. kanadischen Truppen verhaftet. Im *Krupp-Prozeß* in Nürnberg an Stelle seines Vaters Gustav → K. angeklagt u. am 31. 7. 1948 zu 12 Jahren Haft u. Einziehung d. Vermögens verurteilt, am 31. 1. 1951 amnestiert. 1953 nach Entflechtung u. Demontage wieder Chef des Familienbetriebes.

Spätestens mit der Übernahme der Firma als Alleininhaber war K. Hauptverantwortlicher für die Ausbeutung der Arbeitskraft ungezählter KZ-Häftlinge und Zwangsarbeiter in seinem Unternehmen. Für die Unterstützung des NS und v.a. der Kriegspolitik → Hitlers durch den größten deutschen Rüstungsbetrieb war jedoch in erster Linie Gustav K. verantwortlich.

Ri

Krupp von Bohlen und Halbach, Gustav Industrieller

geb. 7. 8. 1870 in Den Haag,
gest. 16. 1. 1950 in Blühnbach b. Salzburg.

Sohn des bad. Gesandten Halbach. Nach Jurastudium u. diplomatischer Tätigkeit zunächst im bad. Staatsdienst, ab 1898 im Reichsdienst, ab 1904 bei d. preuß. Gesandtschaft am Vatikan. 1906 Heirat mit Bertha Krupp, der Alleinerbin der *Friedr. Krupp AG*. 1909–43 Vorsitzender d. Aufsichtsrats d. Firma K. 1921–33 preuß. Staatsrat. 25. 9. 1931–Dez. 1934 Vorsitz d. *Reichsverbands d. Dt. Industrie*. Im Mai 1933 Aufruf zur *Adolf-Hitler-Spende der dt. Wirtschaft*. 1937 *Wehrwirtschaftsführer*. 7. 8. 1940 Verleihung des Goldenen Parteiabzeichens. Ende 1943 Übergabe d. Firmenleitung an Sohn Alfried → K. Autounfall im Dez. 1944, deswegen bei den Nürnberger Prozessen für nicht verhandlungsfähig befunden.

Zunächst politisch gegen → Hitler eingestellt, wandelte sich K. nach dem Treffen mit Hitler am 20. 2. 1933 zum »Supernazi« (Fritz → Thyssen) und profitierte als größter deutscher Rüstungshersteller erheblich von der Wirtschafts- und Kriegspolitik des Reiches. K. beschäftigte über 100 000 Fremdarbeiter und unterhielt im Lager Auschwitz zeitweise eine Munitionsfabrik.

Ri

Kube, Wilhelm Gauleiter und Generalkommissar

geb. 13. 11. 1887 in Glogau,
gest. 23. 9. 1943 in Minsk (Attentat).

K.s Vater war Berufssoldat in einem schles. Infanterieregiment. Nach Volksschulzeit u. Gymnasiumsbesuch in Berlin ab 1908 Studium in allg. Geschichte, Kirchengeschichte, Geographie u. Staatswissenschaften, 1912 abgebrochen.

1909 Gründungsmitglied u. bald darauf Vorsitzender des *Deutsch-Völkischen Studentenverbandes*, 1912 Vorsitzender des *Völkischen Akademikerverbandes*, seit Mai 1911 auch Hrsg. der *Deutsch-Völkischen Hochschulblätter*. 1911 Mitglied der antisemit. *Deutsch-Sozialen Partei* Liebermann v. Sonnenbergs. Tätigkeit als Zeitungsredakteur in Wismar u. Breslau, wo er als Mitglied der großagrarischen u. monarchistischen *Deutschkonservativen Partei* 1918 deren Generalsekretär in Schlesien wurde. Daneben literar. Tätigkeit (Schauspiel *Totila*, 1921 in Berlin aufgeführt). Wie die meisten Mitglieder der 1918 aufgelösten Deutschkonservativen Partei war K. nach dem 1. WK zur DNVP übergewechselt; 1919 gehörte er zu den Gründern des *Bismarckbundes* der DNVP, aus dem 1920 die *Bismarck-Jugend* hervorging, deren Reichsverband er 1922–23 leitete. 1920 war er nach Berlin umgezogen; ab 1922 Berliner Stadtverordneter seiner Partei. Im Sept. 1923 wg. parteiinterner Zwistigkeiten unter Spaltung der *Bismarck-Jugend* Austritt aus der DNVP u. Gründung des *Dt. Bismarck-Ordens*, dessen erster Hochmeister er wurde. 1924 Übertritt zur Dt.-völkischen Freiheitspartei, für die er als Reichsgeschäftsführer u. GL von Berlin tätig wurde u. seit Mai auch in den Reichstag einzog. 1925 Hrsg. u. Redakteur d. Wochenzeitung *Märkischer Adler*. Anfang 1927 vom Ehrengericht seiner Partei ausgeschlossen. Daraufhin Anlehnung an versch. völkische Gruppierungen, bis er sich Anfang 1928 der NSDAP zuwandte u. gleichzeitig in d. Reichstag u. preuß. Landtag gewählt wurde. K. nahm das Landtagsmandat an u. war bis 1933 Fraktionsvorsitzender seiner Partei. Im Sept. 1928 GL des NSDAP-Gaues Ostmark, der unter seiner Führung im Mai 1933 mit dem Gau Brandenburg zum Gau Kurmark zusammengelegt wurde. 1932 Gründung einer in Gegensatz zur evang. *Altpreußischen Union* stehenden natsoz. Kirchenpartei, aus der die *Deutschen Christen* hervorgingen. Im März 1933 Ernennung zum Oberpräsidenten der Provinz Brandenburg. 1933 auch Eintritt in die SS u. nach der Novemberwahl Einzug in den Reichstag. 1934 SS-Gruf. Wg. Differenzen mit dem Ltr. des OPG u. Schwiegervater Martin→ Bormanns, Walter → Buch, bezichtigte ihn K. anonym, mit einer Halbjüdin verheiratet zu sein. K. wurde deshalb am 7. 8. 1936 seiner staatlichen u. Parteiämter enthoben. Wg. des Verkaufs von Korrespondenzen der von den Nationalsozialisten am 30. 6. 1934 ermordeten Gregor → Straßer u. Reichskanzler a.D. Kurt v. → Schleicher fiel K. 1938 erneut in Ungnade. Erst im Krieg gg. die Sowjetunion bekam er, vermutlich

auf Fürsprache → Himmlers, wieder ein Amt u. wurde am 17. 7. 1941 zum Generalkommissar für Weißruthenien in Minsk ernannt. Am 22./23. 9. 1943 fiel K. einem Sprengstoffattentat zum Opfer, das eine als Hausangestellte in das Haus K.s eingeschleuste sowjetische Partisanin verübte.
K.s Verhalten bis in die Zeit des 2. WK zeigt alle Züge des NS-Potentaten, von persönlichem Machtanspruch u. -gehabe bis zu einem militanten Antisemitismus, der in der Bekämpfung des Judentums eines der wesentlichen Ziele des NS sah. Der häufige Wechsel der politischen Gruppierung, der er sich vor 1933 anschloß, verrät eine Persönlichkeit, die weniger aus Überzeugung als aus persönlichem Vorteil nach einem beruflichen Auskommen suchte. Zu Beginn seiner Tätigkeit als Generalkommissar in Minsk arbeitete er problemlos mit den Dienststellen der SS zusammen, die die Ermordung der einheimischen Juden betrieben. Als jedoch seit Oktober 1941 auch Juden aus Dtschld. als Opfer der »Endlösung« in sein Generalkommissariat deportiert wurden, wandelte er sich zu ihrem Helfer u. Beschützer u. riskierte auch Auseinandersetzungen mit der SS, deren Ausgang wegen seines Todes unbestimmt blieb. K.s verändertes Verhalten gegenüber den Juden läßt sich nicht allein mit der Durchsetzung seines Machtanspruchs als oberster Verantwortlicher in seinem Befehlsbereich erklären, denn seine Bemühungen, durch den Aufbau kriegswichtiger Produktionen, in denen einige tausend Juden arbeiteten, die dort Beschäftigten vor der Ermordung zu bewahren, verraten ebenso ein genuines Interesse an der Rettung »seiner« Juden wie manche seiner Äußerungen in den Auseinandersetzungen mit den örtlichen SS-Vertretern. Über den Grund seiner veränderten Einstellung gegenüber den Juden läßt sich freilich nur spekulieren.
We

Kursell, Otto (Konstantin Gottlieb) v.
Maler und Graphiker
geb. 28. 11. 1884 in St. Petersburg/ Rußland,
gest. 30. 8. 1967 in München.
Sohn eines baltendt., kaiserlich russ. Staatsbeamten. Realschule in Reval, 1903–05 Hochbaustudium in Riga, Mitglied d. Studentenverbindung *Rubonia*; 1905–07 Architekturstudium in Dresden. 1907–11 Schüler Hugo v. Habermanns, Meisterschüler Franz v. Stucks an der *Akademie d. bildenden Künste* in München. Erfolge als Porträtmaler. 1908 Heirat m. Juliane Wencelides. 1916/17 Ltn. d. russ. Infanterie. 1919 Ltr. der geheimen deutschbaltischen Vereinigung *Der Verband der Ordensgründer*, genannt »X«. Seit

1921 dt. Staatsangehörigkeit. 1922 Eintritt in die NSDAP. 1922/23 Mitglied d. Münchener Einwohnerwehr (»Wehrmann«); 1923 Mitglied im SA-Regiment München, Teilnahme am Hitlerputsch v. 9. Nov. 1923. Wiedereintritt in die NSDAP 1932, rückdatiert auf 1. 5. 1925. 1931–33 Geschäftsführer des *Kampfbundes für dt. Kultur* in Groß-Berlin, Schriftleiter der *Deutschen Kulturwacht*. Redakteur beim *VB*. 1933 Referent d. Kunstabteilung. d. Preuß. Kulturministeriums. Prof. d. *Vereinigten Staatsschule für freie u. angewandte Kunst* Berlin. 1933–36 Mitglied d. Präsidialrats der *Reichskammer für Bildende Kunst*. 1934 Abteilungsleiter u. Ministerialrat im Reichsministerium für Wissenschaft, Erziehung u. Volksbildung. 1935/36 Geschäftsfhr. d. *Volksdt. Rates*. Eintritt in die SS, 1937 Austritt als Obersturmbannfhr. wg. leitender Mitgliedschaft in d. *Baltischen Bruderschaft*; um der drohenden Verhaftung zu entgehen, beantragte K. selbst ein Partei- u. Disziplinarverfahren. Im Sept. 1940 durch Führerbefehl Aufnahme in die SA als Standartenführer; Nov. 1944 Beförderung zum SA-Oberführer. Seit 1938 MdR. 1943 Prof. d. Staatlichen Hochschule für bildende Künste in Berlin. Direktor d. *Dt. Akademie* in München. Goldenes Ehrenzeichen der NSDAP, Blutordenträger. 1945–50 in sowjet. Gefangenschaft in Münchberg u. Buchenwald. Bekannt geworden als Meisterschüler Franz v. Stucks, erwarb sich K. in kurzer Zeit einen Ruf als Porträtmaler. Sein Talent stellte er nach dem 1. WK antisemitischen u. antikommunistischen Bewegungen zur Verfügung. So hielt er Hetzreden u. veröffentlichte zahlreiche politische Karikaturen, in denen er u.a. Juden, Russen u. Kommunisten an den Pranger stellte, u. beteiligte sich aktiv an Postendiensten gegen »Spartakisten«, an Geländeübungen u. Patrouillen. Über Alfred → Rosenberg lernte er Dietrich → Eckart kennen, der nicht nur seine Arbeiten veröffentlichte, sondern ihn für d. Mitarbeit an der Zeitschrift *Auf gut deutsch!* gewann. 1924 veröffentlichte K. Bilder der Angeklagten im Hitlerprozeß. Als einer der hochdotierten nationalsozialistischen Künstler betrieb K. in seinem Werk u. seinem Unterricht bis zum Ende des 2. WKs aktive nationalsozialistische Propaganda.

AS

L

Lammers, Hans Heinrich

Reichsminister und Chef der Reichskanzlei

geb. 27. 5. 1879 in Lublinitz/Oberschlesien,

gest. 4. 1. 1962 in Düsseldorf.

Vater Tierarzt. Nach Jurastudium zunächst Richter. Im 1. WK nach

Verwundung zum Verwaltungsdienst abgestellt. Seit 1921 Tätigkeit im RMdI. Hier aufgrund seiner antidemokrat. Einstellungen isoliert. 1931 Disziplinarverfahren wg. d. Teilnahme am Treffen von NSDAP, DNVP, *Stahlhelm* u. Vaterländischen Verbänden in Bad Harzburg (*Harzburger Front*). Im Februar 1932 Wechsel v. d. DNVP zur NSDAP. Seit d. 30. 1. 1933 StSekr. u. Chef d. Reichskanzlei (ab 1937 im Rang eines Reichsministers). 1933 SS-Brif. Mitglied d. *Akademie f. deutsches Recht*, preuß. Staatsrat. Ab 30. 11. 1939 mit d. Geschäftsführung im *Ministerrat f. d. Reichsverteidigung* betraut. 20. 4. 1940 Ernennung zum SS-Ogruf. Mit → Bormann u. → Keitel Vorprüfung aller Hitler zur Unterzeichnung vorzulegenden Dokumente. Durch Intrigen Bormanns zunehmend ausgegrenzt, Ende März 1945 Nervenzusammenbruch. L.s Unterstützung des → Göring-Telegramms vom 23. 4. 1945 führte zu seiner Verhaftung durch die SS. Kurz vor d. Erschießung wurde er von US-Truppen gefangengenommen. Im *Wilhelmstraßenprozeß* am 11. 4. 1949 zu 20 Jahren Haft verurteilt, die am 31. 1. 1951 auf 10 Jahre begrenzt wurden; am 16. 12. 1951 begnadigt u. entlassen.

L. war als Chef der Reichskanzlei mit der juristischen Vorbereitung der Regierungsvorlagen, seit der Einstellung der Kabinettssitzungen auch mit der Koordination der Regierungsgeschäfte betraut. Von Hitler als Rechtsberater sehr geschätzt, gewann er erhebliche Macht, nicht zuletzt dadurch, daß der Zugang zu Hitler teilweise von ihm kontrolliert wurde. Durch den Aufstieg Bormanns wurde jedoch auch sein Einfluß so stark beschnitten, daß er seit Ende Sept. 1944 selbst nur noch sporadisch zum Vortrag bei Hitler zugelassen wurde.

Ri

Laue, Max (Theodor Felix) v.

Physiker

geb. 9. 10. 1879 in Pfaffendorf (gehört heute zu Koblenz),
gest. 24. 4. 1960 in Berlin.

Sohn eines Korpsintendanten. Besuch v. Gymnasien in Posen, Berlin u. Straßburg. Abitur in Straßburg 1898, Studium d. Naturwissenschaften in Straßburg, Göttingen, München u. Berlin. In Berlin Schüler v. Max → Planck; 1903 Promotion, 1906 Habilitation. 1912 Berufung als Prof. für theoret. Physik nach Zürich. L. förderte die Entdeckung d. Röntgenstrahl-Interferenzen in Kristallen u. lieferte dazu die gültige Theorie, wofür er 1914 d. Nobelpreis f. Physik erhielt. Im gleichen Jahr Berufung an die *Preuß. Akademie d. Wissenschaften* in Berlin. Nach einer Professur an d. Univ. Frankfurt 1914–19 wechselte L. 1919 auf den Berliner Lehr-

stuhl, den er bis zu seiner Emeritierung 1943 innehatte. Gleichzeitig war er stellv. Ltr. d. Kaiser-Wilhelm-Instituts für Physik in Berlin. L. gehörte zu den wichtigsten dt. Physikern, die nach 1933 in Dtschld. blieben. 1933 protestierte L. gg. die Entlassung Einsteins u. anderer jüd. Naturwissenschaftler u. verteidigte Einsteins Relativitätstheorie auf d. Physikertagung dieses Jahres gg. d. Polemik vom »jüdischen Weltbluff«, als der sie von den Vertretern d. »deutschen Physik« (→ Lenard, → Stark) abgetan wurde. Als er 1934 lobende Nachrufe auf seinen verstorbenen jüd. Kollegen Fritz Haber veröffentlichte, erhielt er einen Verweis d. preuß. Kultusministeriums. 1943 beantragte er d. Entbindung von seinen Amtspflichten. 1945 wurde er mit anderen dt. Kollegen in Farm Hall b. Cambridge/England interniert. 1946 wieder in Göttingen, trat er mehrfach als Zeuge in Entnazifizierungsprozessen auf. Zunächst wurde er wieder stellv. Leiter des Kaiser-Wilh.-Instituts (später Max-Planck-Inst.) f. Physik in Berlin u. leitete d. Wiederaufbau der zerstörten ehem. Phys.-Techn. Reichsanstalt (spätere Bundesanstalt) in Braunschweig. 1951–59 stand er an d. Spitze d. Fritz-Haber-Instituts der Max-Planck-Gesellschaft in Berlin, das aus dem ehem. Kaiser-Wilh.-Inst. f. physikal. Chemie u. Elektrochemie hervorgegangen war. L., ein aktives FDP-Mitglied, war auch Vorsitzender d. Berliner Atomkommission u. Mitbegründer des Hahn-Meitner-Instituts in Berlin. L. sprach sich im April 1957 mit 18 führenden deutschen Kernphysikern gegen eine Ausrüstung der Bundeswehr mit Atomwaffen aus. Er starb 1960 nach einem Verkehrsunfall.
PW

Lauterbacher, Hartmann HJ-Obergebietsführer, Gauleiter, SS-Gruppenführer
geb. 24. 5. 1909 in Reutte/Tirol, gest. 1988.
Sohn eines Tierarztes. Nach Besuch des Reformgymnasiums in Kufstein dort 1925–28 Lehre als Drogist; 1929/30 Besuch d. Drogisten-Akademie in Braunschweig. Seit 1923 Mitglied d. Jugendorganisation d. NSDAP, Gründer der ersten NSDAP-Jugend-Ortsgruppe in Österreich (Kufstein); 1925 Fhr. d. *Dt. Jugend*, die er 1927 in d. HJ überführte. Aus berufl. Gründen nach Braunschweig übergesiedelt, trat er im Sept. 1927 in d. NSDAP ein. 1929–32 Fhr. d. HJ im Gau Süd-Hannover-Braunschweig, seit 1930 hauptamtlich. 1932–33 Fhr. d. HJ-Gebiets Westfalen-Niederrhein; 1933–34 Obergebietsfhr. West d. HJ. Am 22. 5. 1934 Ernennung zum Stabsfhr. u. Stellv. d. Reichsjugendführers B. v. → Schirach. 1936 MdR. Apr. 1937 Ministe-

rialrat. Als Schirach Anfang 1940 eine kurze Militärdienstzeit ableistete, übernahm L. d. kommissar. Führung d. HJ. Ab Mai 1940 ebenfalls einige Wochen zum Militärdienst in einer SS-Formation abkommandiert, durch einen Unfall während d. Ausbildung jedoch nur noch für einen Heimatposten geeignet; in dieser Zeit Abgabe d. Stellvertretung d. Reichsjugendführers an Obergebietsführer A. → Axmann. Seit Aug. 1940 stellv. GL, am 8. 12. 1940 GL des Gaues Süd-Hannover-Braunschweig als Nachfolger v. RMin. → Rust; Ernennung z. Ehrenfhr. d. *Akademie f. Jugendführung* in Braunschweig. Im Jan. 1941 preuß. Staatsrat. Am 1. 4. 1941 Oberpräsident d. Provinz Hannover als Nachfolger des SA-Stabschefs Viktor → Lutze. Beförderung z. SS-Gruf. Im Nov. 1942 RVK. Kurz vor d. Einmarsch brit. Truppen in Hannover (10. 4. 1945) brachte L. seine Familie im Harz in Sicherheit, verkündete üb. Drahtfunk d. üblichen Durchhalteparolen, ließ sich am 8. April bei der Fa. Reemtsma sein Auto kostenlos voll Zigaretten packen, flüchtete vom Harz aus in Zivil weiter nach Süden u. wurde am 11. April in Kärnten v. brit. Truppen gefangengenommen. Anfang Juli 1946 sprach ihn das Obere Britische Militärgericht in Hannover v. d. Anklage frei, Anfang April 1945 die Ermordung dt. u. alliierter Häftlinge d. Gefängnisses v. Hameln befohlen zu haben. Ein im Aug. 1947 in Dachau vor einem amerik. Militärgericht begonnener Prozeß gg. L. wg. d. Erschießung v. zwölf amerik. Fliegern, die im Sept. 1944 im Raum Goslar abgeschossen worden waren, endete im Okt. 1947 ebenfalls mit Freispruch. L., der seit Kriegsende im Lager Sandbostel b. Bremerförde interniert war, konnte am 25. 2. 1948 »unter ungeklärten Umständen« fliehen. Er wurde im Apr. 1950 in Rom verhaftet, wo er – offenbar gesteuert von alliierten Geheimdiensten – in einem Kreis von Schleusern verkehrte, die belastete Personen aus ehem. faschist. Staaten illegal nach Südamerika u. dem Nahen Osten brachten. Von den Italienern als »lästiger Ausländer« in das Lager La Frachette b. Rom gebracht, konnte L. im Dez. 1950 nach Argentinien flüchten. Seit 4. 9. 1956 war er in München polizeilich gemeldet, tauchte aber bei Nachforschungen nach seiner Person sofort unter. In den frühen 80er Jahren wurde bekannt, daß L. 1977–79 als Berater im Jugendministerium des Sultanats Oman tätig war.

Als Stellvertreter Schirachs war L. das organisatorische Talent und das aktive Element in der Reichsjugendführung. Als Gauleiter und Oberpräsident in Hannover trug er einen gewichtigen Teil der Verantwortung an der Entrechtung und Deportation der ansässigen Juden.

Zusätzliche Verbrechen waren ihm wohl nicht nachzuweisen. Die deutsche Justiz, die durch die Staatsanwaltschaft in Hannover bereits 1947 ein Verfahren eröffnet hatte, dem weitere Ermittlungsverfahren in München und Hannover folgten, begnügte sich bei L. allerdings damit, die Verfahren wegen Verjährung einzustellen, im Verfahren aus dem Jahre 1947 immerhin nach zwölf Jahren der Ermittlungen und »gründlicher Prüfung«. Der immer wieder erhobene Verdacht, daß L. im Dienst alliierter Geheimdienste und auch der *Organisation Gehlen* (→ Gehlen, Reinhard) tätig gewesen sei, besitzt einen hohen Grad an Wahrscheinlichkeit.
We

Leander, Zarah (eigtl. *Sara Hedberg*) schwed. Filmschauspielerin und Sängerin
geb. 15. 3. 1907 in Karlstad/Schweden,
gest. 23. 6. 1981 in Stockholm.
L., die bereits mit 16 Jahren den Schauspieler Nils Leander heiratete (1932 geschieden), nahm früh Tanz- und Gesangsunterricht. Ihren ersten Bühnenauftritt hatte sie 1929 als Couplet- u. Chansonsängerin in *Rolfs Revue*, einer schwed. Wanderbühne. Ihre Auftritte in Revuen, Operetten u. Komödien machten sie rasch in ganz Skandinavien bekannt; 1930 hatte sie ihr Filmdebüt. 1935 ging sie nach Wien, wo die Ufa auf sie aufmerksam wurde u. sie unter Vertrag nahm. 1937–43 trat sie in 11 dt. Filmen auf (u.a. in *Zu neuen Ufern* 1937, *Habanera* 1938, *Es war eine rauschende Ballnacht* 1939, *Herz einer Königin* 1940, *Damals* 1943) u. wurde zur »berühmtesten melodramatischen Schauspielerin d. dt. Films der NS-Ära«. Daneben nahm sie eine Reihe von Schallplatten auf, die millionenfache Verbreitung fanden. Polit. nicht interessiert, wirkte sie dennoch in polit. Propagandafilmen wie in Carl Froelichs *Heimat* (1938) mit u. genoß den Ruhm u. Höchstgagen bis zu 800000 RM, die sie sich bis in die Kriegsjahre hinein z.T. in Devisen auszahlen ließ – ein außerordentl. Zugeständnis seitens der NS-Machthaber. Der Titel »Staatsschauspieler«, für den L. zweimal vorgeschlagen wurde, blieb ihr allerdings verwehrt – offenbar war → Hitler selbst dagegen. Als L.s Haus in Berlin-Grunewald 1943 bei einem Luftangriff beschädigt wurde, zog sie vorübergehend in die Nähe von Danzig, ehe sie endgültig nach Schweden zurückkehrte. Ihre Filme wurden in Dtschld. zwar weiterhin gezeigt, über ihre Person aber nicht mehr berichtet. In Schweden zog sich L. vor den Angriffen der Öffentlichkeit wg. ihrer Zusammenarbeit mit den Nationalsozialisten auf ein Landgut zurück; erst 1948 trat sie wieder öffentlich auf.

Sie übernahm auch wieder Rollen im Film, an ihre früheren Erfolge konnte sie jedoch nicht mehr anknüpfen. Eine letzte große Tournee führte sie 1973 durch die USA, Kanada u. eine Reihe europäischer Länder. 1978 erlitt sie während eines Auftritts in Stockholm einen Schlaganfall, der ihre Bühnenlaufbahn beendete.
KK

Leber, Julius SPD-Politiker und Reichstagsabgeordneter, Widerständler
geb. 16. 11. 1891 in Biesheim/Elsaß, gest. 5. 1. 1945 in Berlin-Plötzensee (hingerichtet).
Sohn einer Dienstmagd. Zunächst kaufmänn. Lehre, dann auf Freiplatz Abitur in Freiburg. Staatswissenschaftsstudium in Straßburg u. Freiburg. 1913 Eintritt in die SPD. Offizier im 1. WK. 1920 Promotion in Freiburg, 1920 Teilnahme an d. Niederschlagung des Kapp-Putsches. Ab 1921 Redakteur beim *Lübecker Volksboten.* 1921–33 Mitglied der Lübecker Bürgerschaft, 1924–33 f. d. SPD im Reichstag, Wehrexperte seiner Partei. 1933 nach einer Schlägerei mit Nationalsozialisten, die die Machtergreifung feierten, zu 20 Monaten Strafhaft verurteilt, anschließend bis 1937 »Schutzhaft« in den KZs Esterwegen u. Oranienburg. Nach der Haftentlassung als Kohlenhändler in Berlin tätig. Während d. Krieges enge Kontakte zum *Kreisauer Kreis,* zur Gruppe um → Goerdeler u. zu → Stauffenberg. Zusammen mit → Reichwein fiel L. bei d. Kontaktaufnahme mit kommunist. Widerstandskämpfern einem Gestapospitzel zum Opfer u. wurde am 5. 7. 1944 verhaftet; am 20. 10. 1944 VGH-Prozeß, Todesurteil.
L. war einer d. führenden Sozialdemokraten im Widerstand. Er wurde von Stauffenberg für das Amt des Reichskanzlers nach dem Sturz Hitlers vorgesehen, von Goerdeler als künftiger Reichsinnenminister favorisiert.
Publ.: *Ein Mann geht seinen Weg* (1952, Neuausg. 1976).
Den

Leeb, Wilhelm (seit 1916: *Ritter v.*) Generalfeldmarschall
geb. 5. 9. 1876 in Landsberg am Lech,
gest. 29. 4. 1956 in Hohenschwangau b. Füssen.
Offizierssohn, 1897 Ltn. im 4. bayer. Feldartillerie-Rgt., seit 1903 zur Bayer. Kriegsakademie kommandiert, 1909–11 zum Preuß. Großen Generalstab kommandiert; 1912 Hptm.; 1914–18 Teilnahme am 1. WK als Generalstabsoffizier. 1919 Übernahme in die Reichswehr als Major, versch. Stabsstellungen, 1925 Oberst, 1926 Kdr. des Artillerie-Rgts. Nr. 7, 1929 GenMaj., 1930 GenLtn., Kdr. der 7. Infanteriedi-

vision, 1933 OB des Gruppenkommandos 2; 1934 Gen., 28. 2. 1938 als GenObst. Entlassung aus dem aktiven Wehrdienst. 26. 8. 1939 OB der Heeresgruppe C, 1940 GFM, 1941 OB der Heeresgruppe Nord, 16. 1. 1942 Versetzung in die Führerreserve. 1945 amerik. Kgf.; 1948 vom Internationalen Militärgerichtshof in Nürnberg zu drei Jahren Haft verurteilt, die als verbüßt galten.

Bei L. handelte es sich um einen der qualifiziertesten wie intellektuell profiliertesten deutschen Generalstabsoffiziere; seine Überlegungen zum Problem der Defensive gelten noch heute als klassische militärtheoretische Schrift. Seine zügige militärische Karriere war Ausdruck seiner hohen Begabung. Selbst die deutliche Skepsis gegenüber dem NS, die der konservative Bayer insbesondere im Vorfeld und zu Beginn des Zweiten Weltkriegs artikulierte, konnte seine Beförderung nicht aufhalten, sorgte jedoch dafür, daß sich L. in der Katastrophe des Winter 1941/42 mit Hitler endgültig überwarf.

Publ. u. a.: *Die Abwehr* (1938); *Tagebuchaufzeichnungen und Lagebeurteilungen aus zwei Weltkriegen* (aus d. Nachlaß, 1976).

CH

Leers, Johann von NS-Publizist

geb. 25. 1. 1902 in Vietlübbe/Mecklenburg,

gest. 5. 3. 1965 in Kairo.

Vater Landwirt. Nach Jurastudium Attaché im Ausw. Dienst bis 1928. 1929 Eintritt in die NSDAP, Bundesschulungsleiter des *Natsoz. Deutschen Studentenbundes*. Hauptschriftleiter der NS-Zschr. *Wille und Weg*. Zwischen 1933 u. 1945 zahlreiche Propagandaschriften, u. a.: *Juden sehen dich an* (1933), *Blut u. Rasse in der Gesetzgebung* (1936), *Rassen, Völker u. Volkstümer* (1939). 1945 Flucht nach Italien. 1950–55 Aufenthalt in Argentinien, ab 1955 in Kairo, Übertritt zum Islam. Unter Nasser Tätigkeit im ägypt. Auslandspropagandadienst.

L. war einer der polemischsten antisemitischen Publizisten des Dritten Reiches, der offen die Vernichtung der Juden propagierte. Nach dem Krieg fand er im Ausland Gelegenheit, seine antisemitische Propaganda im gewohnten NS-Stil fortzusetzen.

Ri

Lehmann, Rudolf Leiter der OKW-Rechtsabteilung, Generaloberstabsrichter

geb. 11. 12. 1890 in Posen,

gest. 26. 7. 1955 in Bonn.

Bis 1909 Besuch eines Gymnasiums in Bonn, 1909–12 Jurastudium in München, Freiburg, Leipzig u. Marburg. L. arbeitete 1933–37 im Reichsjustizministerium, wurde 1937 Senatspräsident am Reichskriegsgericht u. leitete 1938–43 als Ministerialdirektor die Wehr-

macht-Rechtsabteilung im OKW. 1938 war er am Ehrengerichtsverfahren gg. den Oberbefehlshaber d. Heeres, Gen. v. → Fritsch, als Beisitzer beteiligt. 1944 Ernennung zum Generaloberstabsrichter. Als einziger Militärrichter wurde er nach dem Krieg v. d. USA im Nürnberger »OKW-Prozeß« angeklagt, u. zwar wg. Kriegsverbrechen u. Verbrechen gg. die Menschlichkeit; L. erhielt am 27. 10. 1948 eine Strafe v. sieben Jahren Haft, die teilweise bereits verbüßt war.
L. als dem obersten Vertreter der Militärgerichtsbarkeit wurden v.a. die auch in der Wehrmacht umstrittenen, mit dem Völkerrecht nicht zu vereinbarenden deutschen kriegsrechtlichen Bestimmungen zum Rußlandfeldzug zum Verhängnis; so konnten auf Grund des *Barbarossa-Gerichtsbarkeitserlasses* Übergriffe deutscher Soldaten gegen die Zivilbevölkerung in der Sowjetunion straffrei ausgehen, u. der *Kommissarbefehl* befahl ausdrücklich die Tötung sowjetischer Kommissare. Die Verteidigung berief sich wie üblich auf entsprechende Anordnungen → Hitlers.
We

Leibbrandt, Georg Abteilungsleiter im Reichsministerium für die besetzten Ostgebiete
geb. 5. 9. 1899 in Hoffnungsthal/Ukraine,
gest. Anfang d. 80er Jahre.
Nach dem Abitur in Odessa 1918 Dolmetscher bei den dt. Truppen in der Ukraine. Studium d. Theologie, Philosophie, Geschichte u. Volkswirtschaft. Studienreisen nach Paris, London, in d. UdSSR u. mit einem Rockefeller-Stipendium in die USA. 1927 Promotion zum Dr. phil. Mitarbeiter des *Außenpolitischen Amtes* (*APA*) der NSDAP. 1933 Mitgl. der NSDAP u. hauptberufl. Mitarbeiter des APA; am 30. 7. 1935 dort Hauptstellenleiter. Berufung in das am 13. 11. 1941 offiziell eingerichtete RMin. für die besetzten Ostgebiete unter Alfred → Rosenberg. 1941–43 dort im Range eines Reichsamtsleiters Ltr. der Politischen Abt., der die Abteilungen Allgemeine Politik, Ukraine, Ostland, Kaukasus, Rußland sowie Kultur u. Presse unterstanden. In dieser Funktion involviert in den Völkermord an den Juden, jedoch kritisch gegenüber der rigorosen, wirtschaftliche Rücksichten ignorierenden Politik → Heydrichs beim Judenmord. Vermutlich um L. auf die SS-Linie einzuschwören, wurde er im Januar 1942 zur Wannsee-Konferenz eingeladen. Am 23. 10. 1942 bat L. in einem Brief an Generalkommissar → Kube um einen »Bericht über den Stand der Judenfrage im Generalbezirk Weißruthenien«, der »beschleunigt« an ihn gelangen soll, »da ich eine Regelung der Judenfrage so rasch wie möglich herbeizuführen

beabsichtige«. 1943 wurde L. von d. SS, die d. gesamten Apparat selbst steuern wollte, aus dem Amt gedrängt. Nach der Freistellung für die Wehrmacht meldete sich L. zur Marine. Nach dem Krieg Internierung. 1949 wurde er aus der alliierten Haft entlassen. Ein 1950 in Nürnberg gegen ihn angestrengtes Verfahren wurde eingestellt.
JW

Lenard, Philipp Physiker,
Begründer der »deutschen Physik«
geb. 7. 6. 1862 in Preßburg,
gest. 20. 5. 1947 in Messelhausen b. Bad Mergentheim.
In Preßburg als Sohn eines Weinhändlers geboren, dort Besuch dt. u. ungar. Schulen. 1880 bis 1886 Studium der Mathematik u. Naturwissenschaften in Budapest, Wien, Berlin u. Heidelberg; 1886 Promotion in Heidelberg, dort u. in Bonn anschließend Assistent. 1894 außerordtl. Professor in Breslau, 1895 Dozent f. Physik an d. TH Aachen, 1896 Prof. u. Direktor des Physikalischen Instituts in Kiel. 1907–31 Professur in Heidelberg, wo er d. Physikalische u. d. Radiologische Institut leitete. Seit 1. 4. 1931 im Ruhestand.
L. erhielt 1905 den Nobelpreis für seine Untersuchungen über die Natur der Kathodenstrahlen. Seine Untersuchungen des Photoeffekts waren eine Voraussetzung für die Theorien Albert Einsteins. L. wuchs in einer nationalistischen Umgebung auf u. wandte sich unter dem Eindruck der deutschen Niederlage im 1. WK dem völkischen Rassismus u. Antisemitismus zu. 1924 ergriff er öffentlich Partei für → Hitler u. → Ludendorff. L versuchte, die Naturwissenschaft völkisch zu fundieren u. lehnte die moderne Physik aus ideologischen Gründen ab. Einsteins Relativitätstheorie bezeichnete er als »jüdischen Trug«. L. griff in der Weimarer Zeit massiv andere Kollegen an u. stellte sich der nationalsozialistischen Propaganda zur Verfügung. 1929 vertrat er in seinem Werk *Große Naturforscher* die Auffassung, daß die wahre Erforschung d. Natur arisch-germanischen Ursprungs sei. L. prägte das Schlagwort der »deutschen Physik«, das 1936/37 auch seinem vierbändigen Lehrwerk den Titel gab. 1936 war L. erster Träger des von der NSDAP gestifteten Wissenschaftspreises.
PW

Lenz, Fritz Eugeniker
geb. 9. 3. 1887 in Pflugrade/ Pommern,
gest. 6. 7. 1976 in Göttingen.
Der Schüler v. Alfred Ploetz übernahm 1913–33 d. Herausgabe v. dessen Zschr. *Archiv f. Rassen- u. Gesellschaftsbiologie* und erhielt den ersten Lehrstuhl f. Rassenhygiene (ein Begriff, den Ploetz ge-

prägt hat) 1923 in München. 1933 ging L. nach Berlin u. übernahm die Abt. Eugenik am Kaiser-Wilhelm-Institut f. Anthropologie. 1946–53 hatte er eine Professur f. menschliche Erblehre in Göttingen.
L. untersuchte mit besonderem Interesse die Gebiete der Vererbung menschlicher Krankheiten (sog. Erbkrankheiten) u. der Gesunderhaltung menschlichen Erbgutes (Erbgesundheitslehre); die Ergebnisse faßte er in seinem zweibändigen Hauptwerk zusammen: *Menschliche Erblichkeitslehre u. Rassenhygiene* (1921, zus. mit E. Bauer u. E. → Fischer), in 4. Auflage u.d.T. *Menschliche Erblehre* (Bd. 1, 1936) u. *Menschliche Auslese u. Rassenhygiene* (Bd. 2, 1932) erschienen. Mit diesem Werk u. der 1933 publizierten Schrift *Die Rasse als Wertprinzip* bot L. – und neben ihm Kollegen wie Eugen Fischer u. Ernst → Rüdin – den Nationalsozialisten eine einseitig naturwissenschaftlich-darwinistisch begründete Rechtfertigung für die sog. Ausmerze »lebensunwerten Lebens«, ein Prozeß, der sich fast automatisch von der »Euthanasie« zu dem mit dem Begriff »Endlösung der Judenfrage« getarnten Genozid an den Juden fortentwikkelte.
We

Leopold, Josef Gauleiter und Landesleiter der NSDAP in Österreich
geb. 18. 2. 1889 in Langenlois/Niederösterreich,
gest. 24. 6. 1941 bei Malin/UdSSR (gefallen).
Der Bauernsohn absolvierte eine Obst- u. Weinbauschule u. arbeitete anschließend im väterlichen Betrieb. Nach dem Militärdienst ab 1913 Berufssoldat. 1914 als Feldwebel an der Ostfront eingesetzt, am 1. 8. 1915 in russ. Kgf. geraten. Im Jan. 1918 erfolgreicher Fluchtversuch u. Rückkehr zu seinem Truppenteil. 1920–23 Besuch der Heeresschule u. militär. Karriere bis zum Hptm.; 1932 verabschiedet. Anfang 1920 Mitglied der österr. NSDAP; im Jahr darauf zu deren Vertrauensmann im österr. Bundesheer gewählt. Im Sept. 1926 Eintritt in die Hitlersche NSDAP, am 29. 8. 1929 Ernennung zum GL v. Niederösterreich. 1932 f. d. NSDAP Einzug in den Landtag u. Ernennung zum Landesrat. Nach dem Verbot d. NSDAP seit Juni 1933 bis zum dt.-österr. Juliabkommen 1936 mehrfach in Haft. Vom 29. 1. 1935 bis zu seiner Abberufung am 21. 2. 1938 war L. Landesleiter d. NSDAP in Österreich. Nach dem »Anschluß« Ernennung zum Reichsinspekteur d. NSDAP u. SA-Gruf. mit Dienstsitz in München (23. 5. 1938). Nach dieser Kaltstellung ließ sich L. im Okt. 1939 von

der Wehrmacht reaktivieren u. fiel als Bataillonskommandeur in den ersten Tagen des Krieges gg. die Sowjetunion in Wolhynien.
L. war ein Vertreter der radikalen Nationalsozialisten in Österreich. Seit der fragilen Annäherung Österreichs u. Dtschld.s nach dem Juliabkommen 1936 paßte er mit seinen politischen Zielen als Landesleiter für Österreich nicht mehr in die politische Landschaft.
We

Leuschner, Wilhelm hessischer Innenminister, Widerständler
geb. 15. 6. 1890 in Bayreuth,
gest. 29. 9. 1944 in Berlin-Plötzensee (hingerichtet).
Sohn eines Ofensetzers. Lehre als Holzbildhauer. 1908 Stelle als Möbelschreiner in Darmstadt, dort arbeitspolit. Engagement im Bildhauerverband u. Mitgliedschaft in d. SPD. 1916–18 Soldat an der Ostfront. 1924–33 MdL in Hessen, 1928–32 hess. Innenminister, 1932 stellv. Vors. des Allg. Dt. Gewerkschaftsbundes. Bei d. Zerschlagung der Gewerkschaften am 2. 5. 1933 Verhaftung u. Mißhandlung L.s durch die SA. Unter dem Druck → Leys ging L. 1933 als Vertreter des Dt. Reiches u. der Deutschen Arbeitsfront (DAF) zur Internat. Arbeiterkonferenz in Genf, um der DAF den Sitz in der Org. in Genf zu sichern. Vereitelung dieses Plans durch demonstratives Schweigen L.s. Daraufhin zwei Jahre Haft im Zuchthaus Rokkeberg/Hessen u. in den KZs Börgermoor u. Lichtenburg. Nach der Entlassung Gründung einer kleinen Firma, wodurch er unverdächtige Geschäftsreisen zur Organisation des gewerkschaftl. Widerstands nutzen konnte. Verbindungen zum militär. Widerstand um → Beck sowie zu → Goerdeler, der ihn als Vizekanzler f. d. Nachkriegszeit vorgesehen hatte. Nach dem Attentat vom 20. 7. 1944 konnte er sich zunächst d. Verhaftung entziehen, stellte sich jedoch nach d. Verhaftung seiner Frau u. wurde am 8. 9. 1944 vom VGH zum Tod verurteilt.
Den

Lewald, Theodor Sportfunktionär, Vorsitzender des Organisationskomitees der Olympischen Spiele 1936
geb. 18. 8. 1860 in Berlin,
gest. 15. 7. 1947 ebd.
Wuchs in Berlin als Sohn eines Justizrats auf. Nach der Schulausbildung an einem Berliner Gymnasium studierte L. zunächst Medizin, dann Jura. Nach dem Studium Tätigkeit im Verwaltungsdienst, von 1891 bis 1921 im Reichsamt (ab 1919 ReichsMin.) des Innern, seit 1919 als StSekr. L. war bei mehreren internat. Ausstellungen Vertreter des Dt. Reiches, so 1893 in Chicago, 1900 in Paris u. 1904 in St. Louis. 1921 zunächst in den einstweiligen Ruhestand versetzt,

wurde er bald zum zweiten Bevollmächtigten f. d. Genfer Abkommen über Oberschlesien berufen. 1925 leitete L. die dt.-poln. Handelsverhandlungen. Seit 1900 hatte sich L. sportpolitischen Aufgaben gewidmet, u.a. der Finanzierung der dt. Teilnahme an der III. Olympiade in St. Louis 1904. Er setzte außerdem die Kreditvorlage f. d. Vorbereitung d. Olympischen Spiele in Berlin 1916 durch. 1919 gründete er den *Dt. Reichsausschuß für Leibesübungen* und das *Deutsche Olympische Komitee*. Er wurde Präsident beider Gremien u. vertrat ab 1924 Dtschld. im *Internationalen Olympischen Komitee*. 1922 gründete er mit C. → Diem die *Dt. Hochschule für Leibesübungen*. Als Präsident des Organisationskomitees prägte L. entscheidend d. Bild d. Olympischen Spiele in Berlin 1936, insbesondere den Bau d. Olympiastadions. Er initiierte den Fackellauf mit 3000 Teilnehmern v. Griechenland nach Berlin. 1938 mußte er sich offiziell aus Altersgründen, tatsächlich aber auf natsoz. Druck wg. seiner nicht rein »arischen« Abstammung zurückziehen. *PW*

Ley, Robert Politiker, Leiter der Deutschen Arbeitsfront, Reichsleiter
geb. 15. 2. 1890 in Niederbreidenbach/Rheinland,
gest. 25. 10. 1945 in Nürnberg (Selbstmord).

Stammte aus einer reichen Bauernfamilie. Nach d. Besuch d. Oberrealschule in Gummersbach Chemie-Studium in Jena, Bonn u. Münster; Abschluß mit Promotion. 1914 Kriegsfreiwilliger, zuletzt als Flieger an d. Front. 1917 abgeschossen u. schwer verwundet, kam er (bis 1920) in frz. Kgf. 1921 Anstellung als Chemiker bei Bayer in Leverkusen. Im März 1924 GL der *National-Freiheitsbewegung*, nach Übertritt zur NSDAP im Juni 1925 von → Hitler mit der Führung des Gaues Rheinland-Süd beauftragt. 1928 Verlust der Stellung bei Bayer wg. eines antisemit. Angriffs auf den jüd. Bankier Warburg, Mitglied des Aufsichtsrats der IG Farben, zu der Bayer gehörte. 1928 hauptamtlicher Organisationsleiter d. NSDAP im Gau Köln-Aachen u. Mitglied d. preuß. Landtages, seit 1930 MdR. Mit-Hrsg. d. Parteizeitung *Westdeutscher Beobachter*. Im Nov. 1932 Ernennung zum *Reichsorganisationsleiter*. Als Ltr. des *Aktionskomitees zum Schutz d. dt. Arbeit* war L. für d. Besetzung d. Gewerkschaftshäuser u. d. Gleichschaltung d. Gewerkschaften am 2. 5. 1933 verantwortlich. An die Stelle d. Gewerkschaften trat nun die von L. geführte *Deutsche Arbeitsfront* (*DAF*), die alle Arbeitnehmer u. -geber in einer Massenorganisation (1942: rd. 25 Mio. Mitglieder) zusammenfaßte u. das aus den Beiträgen der früheren Gewerkschaftsmitglieder stammende Vermögen d. Gewerkschaften übernahm. Damit hatte L. eine der mächtigsten Positionen im NS-Staat inne. Er gründete spektakuläre u. propagandist. verwertbare Einrichtungen wie d. DAF-Freizeitorganisation *Kraft durch Freude* mit ihrem Amt *Schönheit der Arbeit*, das sich um humanitäre Arbeitsplatzgestaltung bemühte, Aktionen, die für den NS-Staat warben und v.a. die Arbeiterschaft der Partei erhalten sollten. Weiteren Einfluß suchte L. durch die Gründung v. Eliteschulen zur Erziehung d. Führungsnachwuchses d. Partei, den *Adolf-Hitler-Schulen* u. *Ordensburgen*, zu gewinnen. L., dessen Alkoholprobleme allgemein bekannt waren, tat sich v.a. durch primitive antisemit. Hetze hervor. Bei Kriegsende in d. Nähe von Berchtesgaden von amerik. Truppen verhaftet, stand er als einer d. Angeklagten im sog. *Hauptkriegsverbrecherprozeß* in Nürnberg vor Gericht. Er entzog sich der Verantwortung durch Selbstmord.

L., der schon seit Juni 1932 als Reichsinspektor II der NSDAP, v.a. aber nach dem Abgang Gregor → Straßers u. mit d. Leitung d. Massenorganisation DAF einer der wichtigsten Funktionäre der Partei geworden war, konnte sich am Ende weder gegen die Gauleiter noch gegen → Bormann als Parteiminister, noch gegen → Sauckel als Generalmanager des Arbeitsmarktes durchsetzen.

Den

Lichtenberg, Bernhard katholischer Theologe, Dompropst
geb. 3. 12. 1875 in Ohlau/Niederschlesien,
gest. 5. 11. 1943 in Hof/Saale.

Sohn eines Kolonialwarenhändlers. Nach Gymnasium in Ohlau Theologiestudium in Innsbruck u. Breslau. 1899 Priesterweihe, ab 1900 seelsorgerisch in Berlin tätig, während des 1. WKs zusätzlich als Militärpfarrer. 1913–31 Zentrumsabgeordneter im Charlottenburger Stadtparlament. 1932 Dompfarrer an der Berliner St. Hedwigs-Kirche, seit 1938 dort Dompropst. L., ein hartnäckiger Kritiker des NS-Rassismus, engagierte sich für das Hilfswerk beim Bischöflichen Ordinariat, das Juden Beratung u. Auswanderungshilfen zur Verfügung stellte. In einem Brief vom 28. 8. 1941 an Reichsgesundheitsführer → Conti protestierte L. auch gg. d. Euthanasie. Regelmäßig u. öffentl. betete er f. d. Juden. Dies führte am 23. 10. 1941 zu seiner Verhaftung u. zum Prozeß vor d. Sondergericht I beim LG Berlin, das ihn am 22. 5. 1942 wg. Kanzelmißbrauchs u. nach dem Heimtückegesetz zu zwei Jahren Gefängnis verurteilte. Nach seiner Freilassung im Okt. 43 sollte d. schwerkranke L. von d. Gestapo im KZ Dachau in Schutzhaft ge-

nommen werden. Auf dem Transport dorthin verstarb L. im Krankenhaus Hof. Seligsprechung am 23. 6. 1996 durch Papst Johannes Paul II.
L. war einer der wenigen Priester, der nicht nur die Euthanasie, sondern auch die Judenverfolgung öffentlich verurteilte.
Den

Liebeneiner, Wolfgang Regisseur, Schauspieler, Drehbuchautor
geb. 6. 10. 1905 in Liebau/ Schlesien,
gest. 28. 11. 1987 in Wien.
Sohn eines Offiziers u. Leinenfabrikanten. Kadettenanstalt in Wahlstatt. Abitur in Berlin. 1924–27 Studium d. Philosophie, Germanistik u. Geschichte in Innsbruck, Berlin u. München. Ab 1928 als Schauspieler an den Münchner Kammerspielen, auch mit Regieaufgaben betraut. 1930 Dt. Theater in Berlin, erste Filmauftritte. 1931–44 Dt. Theater, Volksbühne u. Preuß. Staatstheater in Berlin. 1937 Berufung in d. Kunstausschuß u. Aufsichtsrat der *Terra Filmkunst GmbH*, Ltr. der künstlerischen Fakultät der *Reichsfilmakademie Babelsberg*. 1941 ehrenamtl. Ltr. der Fachschaft Film der *Reichsfilmkammer*; 1942 »Staatsschauspieler«; Mitglied im Präsidialrat der *Reichstheaterkammer*; von → Goebbels m. d. *Filmring* geehrt, verliehen für den mit d. Prädikat *Film der Nation* ausgezeichneten Bismarck-Film *Die Entlassung*. 1942–45 Produktionsleiter der *Ufa-Filmkunst GmbH*. 1943 Ernennung zum Professor. Nach 1945 kurzfristig Arbeitsverbot, dann zahlreiche Regiearbeiten für Theater, Film u. Rundfunk in Dtschld. u. Österreich, u.a. Regisseur an den Hamburger Kammerspielen, am Theater in der Josefstadt Wien u. am Wiener Burgtheater.
Der noch junge Regisseur L. fand bei Propagandaminister Goebbels große Anerkennung. So wurde L.s steiler Aufstieg in der Filmindustrie von Goebbels aktiv gefördert. L. drehte weniger Propagandafilme, sondern führte Regie bei Renommierprojekten, die auch im Ausland Anerkennung finden sollten. Allerdings stammte von ihm auch der umstrittene Streifen *Ich klage an* (1941), in dem das Problem der Euthanasie im Sinne des NS behandelt wurde. Filme wie *Die Entlassung* (1942) oder *Großstadtmelodie* (1943) wurden direkt vom Propagandaminister beaufsichtigt u. aktiv mitgestaltet. Dieser Art von Zusammenarbeit verdankte L. auch die Zugehörigkeit zu dem Kreis von Film- u. Theaterleuten, die Goebbels häufig zu sich einlud, um sich über aktuelle Fragen zu informieren.
AS

Lischka, Kurt SS-Obersturmbannführer, Mitarbeiter Eichmanns
geb. am 16. 8. 1909 in Breslau.
Sein Vater war Bankbeamter. L. studierte Rechts- und Politikwissenschaften in Breslau u. Berlin. Versch. Anstellungen als Jurist an Gerichten u. Notariaten. SS-Mitglied seit Juni 1933; 1938 Beförderung zum SS-Untersturmfhr., 1942 zum SS-Obersturmbannfhr. Seit Sept. 1935 Tätigkeit b. d. Gestapo, seit Ende 1938 Mitarbeiter in der *Reichszentrale für jüdische Auswanderung* in Berlin. Jan. 1940 Versetzung nach Köln als Ltr. der dortigen Gestapostelle; ab Nov. 1940 Stellv. des Befehlshabers der Sipo/SD in Frankreich, von Jan.–Sept. 1943 Kdr. der Sipo/SD in Paris. In dieser Position war L. für d. Internierung u. Deportation von rd. 80000 frz. Juden u. anderen »Reichsfeinden« verantwortlich u. an ihrer Ermordung mit beteiligt. Im Okt. 1943 Rückkehr in d. RSHA nach Berlin, zuständig für das Protektorat Böhmen u. Mähren. Nach Kriegsende verbarg sich L. in Schleswig-Holstein, wurde jedoch am 10. 12. 1945 v. d. Briten festgenommen u. 1947 nach Prag ausgeliefert, von dort 1950 wieder in d. BRD entlassen. Danach arbeitete der 1950 in Frankreich in Abwesenheit zu lebenslänglicher Zwangsarbeit verurteilte L. in Köln als Prokurist. Nach Bemühungen des frz.-jüd. Anwalts Klarsfeld kam es vor dem LG Köln zu einem Prozeß, in dem L. am 2. 2. 1980 zu 10 Jahren Haft verurteilt wurde. Über das weitere Schicksal v. L. konnte nichts in Erfahrung gebracht werden.
Der ordentlich ausgebildete Jurist L. war ein Rädchen in jener Vernichtungsmaschinerie, die während des Krieges mit buchhalterischer Pedanterie, sei es im Rahmen des Eichmannschen »Auswanderungs«-Stabs, sei es im Rahmen der Gestapo, die Juden im gesamten deutschen Machtbereich sammelte, um sie der Ermordung in den Vernichtungslagern auszuliefern.
Den

List, Wilhelm Generalfeldmarschall
geb. 14. 5. 1880 in Oberkirchberg b. Ulm,
gest. 16. 8. 1971 in Garmisch-Partenkirchen.
Sohn eines Arztes. Nach Besuch eines Münchner Gymnasiums 1898 Abitur, anschließend Fahnenjunker im bayer. Heer. 1900 Ltn. 1908–11 Besuch d. Kriegsakademie. 1913 Hptm. Im 1. WK in versch. Generalstabsstellungen. Nach dem Krieg in d. Reichswehr übernommen. 1922 Batl.-Kdr. in einem Allgäuer Jäger-Rgt. Seit 1926 im Reichswehrministerium; 1927 als Oberst Chef d. Heeresausbildungs-Abt. Seit Febr. 1930 Kdr. d. Infanterieschule in Dresden, Nov. 1930 GenMaj. Okt. 1933 Befehlshaber

im Wehrkreis IV u. Kdr. d. 4. Division; Okt. 1935 Gen. d. Inf.; 1938 OB Gruppen-Kdo. 2, nach dem »Anschluß« Österreichs vom Wiener Gruppen-Kdo. 5. Im April 1939 GenObst., bei Kriegsausbruch zum OB der im Polenfeldzug eingesetzten 14. Armee ernannt. Ritterkreuz im Sept. 1939. Im Frankreichfeldzug OB d. 12. Armee. Am 19. 7. 1940 Ernennung zum GFM. Beim Balkanfeldzug Planung u. Durchführung des Teilfeldzuges gg. Griechenland von Rumänien u. Bulgarien aus mit d. Verbänden d. 12. Armee; 10. 6. 1941 Wehrmachtbefehlshaber Südost mit Sitz in Athen. Nach längerer Erkrankung Mitte Juli 1942 OB d. Hgr. A, die während d. dt. Sommeroffensive 1942 bis zu den sowjet. Erdölfeldern v. Baku am Kaspischen Meer vorstoßen sollte. Bereits während d. Offensive warnte L., dessen Verbände durch Abgaben an die Stalingrad-Front zusätzlich geschwächt wurden, → Hitler vergeblich vor Überdehnung d. Front. Am 10. 9. 1942 wurde er trotz Unterstützung durch Gen. → Jodl, den Chef d. WFSt, seines Postens enthoben u. nicht wieder verwendet, obwohl ihm das Steckenbleiben der dt. Offensive im Kaukasus wg. zu schwacher Kräfte schließlich recht gab. Von d. US-Besatzungsmacht wurde L. 1945 interniert u. am 21. 2. 1948 im Nürnberger *Prozeß gegen d. Südostgenerale* von einem US-Militärgericht wg. dt. Vergeltungsaktionen bei d. Bekämpfung v. Partisanen auf dem Balkan zu lebenslänglicher Haft verurteilt. L. wurde nicht begnadigt, aber aus gesundheitlichen Gründen Weihnachten 1952 entlassen. Er starb im Alter von 91 Jahren.
We

Löhr, Alexander Generaloberst
geb. 20. 5. 1885 in Turnu-Severin/Kroatien,
gest. 16. 2. 1947 in Jugoslawien (hingerichtet).
Offizierslaufbahn, als Infanterie-Ltn. in d. Herzegowina; 1913 zum österr. Generalstab kommandiert. 1914–15 Bataillons-Kdr., 1916 in d. Luftwaffen-Abt. des österr. GenStabs. Nach 1918 mit d. Aufbau einer österr. Luftverteidigung betraut; als Obstltn. Organisator d. Zivilluftschutzes f. Österr. 1937 GenMaj. u. Abt.-Vorstand im Luftverteidigungsministerium. Nach dem »Anschluß« Österreichs an d. Dt. Reich als GenLtn. in die Wehrmacht übernommen u. zum Befehlshaber d. Luftwaffen-Kdos. Österreich bzw. Ostmark bestellt. März 1939 Gen. d. Flieger u. OB d. neu aufgestellten Luftflotte 4, mit der er am Polen- u. Balkanfeldzug teilnahm. Im Mai 1941 GenObst., bis Juni 1942 im Südabschnitt der Ostfront eingesetzt. Am 1. 8. 1942 Ernennung zum Wehrmachtbefehlshaber Südost u. OB der auf

dem Balkan stationierten 12. Armee. Seit 1. 1. 1943 (bis zur dt. Kapitulation) OB Südost u. OB d. HGr. E auf dem Balkan (von 26. 8. 1943 bis 25. 3. 1945 ging d. OB Südost auf GFM v. → Weichs über, L. war in dieser Zeit nur OB Hgr. E). Von den Briten mit Zustimmung L.s am 15. 5. 1945 zusammen mit einer Reihe seiner Offiziere an Jugoslawien ausgeliefert. Ein Belgrader Militärgericht verurteilte L. vor allem wg. d. Bombardierung Belgrads am 6./7. 4. 1941 zum Tod durch Erschießen. Ein Gnadengesuch soll L. abgelehnt haben. L., der neben Russisch sämtliche Balkansprachen bis auf das Griechische beherrschte, galt als besonders gebildeter, ritterlicher Offizier der alten österr. Schule. Die Bombardierung Belgrads ohne Kriegserklärung (Operation *Strafgericht*) hatte → Hitler angeordnet, nachdem eine dt.-freundliche Regierung am 27. 3. 1941 durch einen Militärputsch gestürzt worden war. Jugoslawien hatte seine Hauptstadt am 3. April vorsichtshalber zur »offenen Stadt« erklärt.
We

Loeper, Wilhelm (Friedrich)

Gauleiter
geb. 13. 10. 1883 in Schwerin,
gest. 23. 10. 1935 in Dessau.
Sohn eines Apothekers. Nach Kindheit in Roßlau an d. Elbe u. Besuch eines Gymnasiums in Dessau dort 1903 Abitur. Karriere als Berufsoffizier, Kriegsschule in Neiße 1903/1904, als Ltn. 1906–08 auf d. Militär-Technischen Akademie in Berlin. 1914 als Hptm. Teilnahme am 1. WK, mehrfach ausgezeichnet u. verwundet. Bei Kriegsende Bataillonskommandeur. 1919–20 Kompaniechef in einem Freikorps. Als Hptm. in die Reichswehr übernommen, wurde L. am 1. 4. 1923 an die Pionierschule in München versetzt u. nahm unter Festsetzung des Kommandeurs der Schule mit einem Teil der Lehrgänge am Hitlerputsch teil. Deshalb im Febr. 1924 aus d. Reichswehr entlassen. Rückkehr nach Dessau, dort für d. NSDAP tätig, ab 1925 in der Gau-Geschäftsführung des Gaues Magdeburg-Anhalt; am 1. 4. 1927 Ernennung zum GL. 1928–30 MdL des Landes Anhalt, im Sept. 1930 in den Reichstag gewählt. Von Jan. 1930 bis Aug. 1932 Ltr. d. Personalamtes der NSDAP. Im Sept. 1932 zum Landesinspekteur der NSDAP f. Mitteldeutschland ernannt. Nach der Machtergreifung wurde L. am 5. 5. 1933 Reichsstatthalter für Braunschweig u. Anhalt; 1934 SS-Gruf. u. Ehrenführer beim Arbeitsdienst; 1935 Mitglied der Akademie für Dt. Recht.
L., dem eine militärische Karriere nach seinem persönlichen Coup während des Hitler-Putsches verwehrt blieb, zeigte sich als ehem.

Berufssoldat im Vergleich zu vielen seiner Gauleiterkollegen relativ diszipliniert. Seine Einsetzung als Leiter des Personalamts der Partei und als Landesinspekteur verdankte er außer seinen offensichtlichen Fähigkeiten auch den guten Beziehungen zur Reichsleitung. Sein früher Tod ersparte ihm ähnlich wie → Schemm die Belastungen mit den späteren Verbrechen des NS wie der Judendeportation und den Maßnahmen gegen Geisteskranke, Fremdarbeiter und Kriegsgefangene, die in den Kriegsjahren rechtlich wie moralisch die höheren Funktionsträger der Partei fast automatisch belasteten.
We

Lohse, Hinrich NSDAP-Gauleiter, Reichskommissar Ostland
geb. 2. 9. 1896 in Mühlenbarbek/ Schleswig-Holstein,
gest. 25. 2. 1964 ebd.
Landwirtssohn. Kaufmänn. Lehre. 1915 zur Infanterie eingezogen, 1916 nach Verwundung aus Militärdienst entlassen. 1922–24 Bankbeamter in Hamburg. Nach kurzer Mitgliedschaft in d. Schleswig-Holsteinischen Landespartei seit Frühjahr 1923 Mitglied der NSDAP. 1924–28 Stadtverordneter in Altona für den Völkisch-Sozialen Block. Treibende Kraft bei d. Neugründung der NSDAP im Jan. 1925. Ab Febr. 1925 GL in Schleswig-Holstein. Hrsg. d. natsoz. *Schleswig-Holsteinischen Tageszeitung* seit Jan. 1929. 1928 Wahl in d. preuß. Landtag; seit Nov. 1932 MdR. Ab 29. 3. 1933 Oberpräsident v. Schleswig-Holstein, preuß. Staatsrat. Im Febr. 1934 Ernennung zum SA-Gruf. Seit 1934 Ltr. d. *Nordischen Gesellschaft.* 1937 SA-Ogruf. 1939 RVK. Von Juli 1941 bis 1944 als Reichskommissar für das *Reichskommissariat Ostland* (Baltikum u. Weißrußland) in Riga eingesetzt. Nach d. Krieg in brit. Haft. 1948 vom Spruchgericht Bielefeld zu 10 Jahren Haft unter Einzug d. Vermögens verurteilt. Im Febr. 1951 Entlassung aus gesundheitl. Gründen. Eine zunächst gewährte Pension wurde nach parlamentarischem Druck zurückgenommen. Es folgten Prozesse durch alle Instanzen mit heftigen öffentlichen Kontroversen, bis der Pensionsanspruch L.s im Dez. 1955 vom Bundesverwaltungsgericht endgültig abgewiesen wurde.
L. war als *Reichskommissar Ostland* Chef der deutschen Zivilverwaltung in den baltischen Ländern und in Weißruthenien. Von ihm gegründete Ostland-Gesellschaften beuteten das ihm unterstellte Land wirtschaftlich für die Kriegsführung aus. Der jüdischen Bevölkerung gestand L. nur ein Mindestmaß an Nahrungsmitteln zu. Massenerschießungen und Pogrome veranlaßten ihn allenfalls wegen evtl. wirtschaftlicher Nachteile zu Nachfrage beim

vorgesetzten Reichsministerium für die besetzten Ostgebiete. Zu weitergehenden Maßnahmen sah er jedoch trotz angedeuteter Skrupel keinen Anlaß.
Ri

Lorenz, Werner Leiter der Volksdeutschen Mittelstelle, SS-Obergruppenführer
geb. 2. 10. 1891 in Grünhof in Pommern,
gest. 13. 3. 1974 in Hamburg.
Vater Förster. Besuch einer Kadettenschule. Im 1. WK Kavallerieoffizier u. Pilot. Nach Kriegsende bis Juni 1919 beim Grenzschutz aktiv, danach Landwirt. Erwerb von Land- u. Industriebesitz im Freistaat Danzig. 1929 Eintritt in d. NSDAP, 1931 in die SS. 1933 MdL in Preußen u. MdR. Hamburger Staatsrat; im Nov. 1933 SS-Gruf. 1934–37 Führer d. SS-Oberabschnitts Nord. Seit Jan. 1937 Ltr. d. *Volksdeutschen Mittelstelle* (VOMI, ab Okt. 1939 direkt dem *Reichskommissar für die Festigung d. dt. Volkstums*, → Himmler, unterstellt; seit Juni 1941 selbständiges SS-Hauptamt); zusätzlich Bevollmächtigter f. internat. Beziehungen beim Stellv. d. Führers, R. → Heß. 1943 SS-Ogruf. Nach d. Krieg kurze Internierung in England. Am 10. 3. 1948 in Nürnberg zu 20 Jahren Haft verurteilt, 1951 auf 15 Jahre reduziert, im Frühjahr 1955 entlassen.
Als Leiter der VOMI war Lorenz verantwortlich für die Umsiedlung und »Heimführung« deutschstämmiger Ausländer und deutscher Minderheiten im Ausland sowie für die »Eindeutschung« von ausländischen Kindern, v.a. Polen und Slowenen.
Ri

Ludendorff, Erich General
geb. 9. 4. 1865 in Kruszewnia bei Schwersenz/Provinz Posen,
gest. 20. 12. 1937 in Tutzing/Oberbayern.
Sohn eines Rittergutsbesitzers. 1882 Ltn. im 8. Westfälischen Infanterie-Rgt. Nr. 57; 1890–93 Ausbildung auf der Kriegsakademie, 1895 Hptm., Versetzung in den Großen Generalstab, 1908 Obstltn., Chef der 2. Abt. (Aufmarsch u. Operationen), 1913 Oberst, Kdr. des Niederrhein. Füsilier-Rgt. Nr. 39. 1914 GenMaj., Kdr. der 85. Infanterie-Brigade, 22. 8. 1914 Chef d. Generalstabs der 8. Armee, dann Chef d. Generalstabs beim Oberkommando Ost, 29. 8. 1916 General, Erster Generalquartiermeister in der OHL; 26. 10. 1918 Abschied als General. 1920 Unterstützung des Kapp-Putsches. Nov. 1923 Teilnahme am → Hitler-Putsch, 1924 vor Gericht freigesprochen. 1924/25 Mitglied der Reichsführerschaft der NS-Freiheitsbewegung, 1924–28 MdR für die Deutschvölkische Freiheitspartei. 1925 Kandidat der

NSDAP f. die Reichspräsidentenwahl. 1925–33 Fhr. des *Tannenberg-Bundes*. 1926 Heirat mit Mathilde von Kemnitz. 1930 Ltr. der dt.-gläubigen Religionsgemeinschaft *Deutschvolk*, später umbenannt in *Bund für Dt. Gotterkenntnis (Haus Ludendorff)*.

L. zählte zweifellos zu den profiliertesten Vertretern des – an militärischen Begabungen nicht armen – Großen Generalstabs. Doch repräsentierte L. in besonderem Maße auch das militärisch verengte Denken dieser Institution. Auf taktischer Ebene brillierte der impulsive wie ehrgeizige L. bereits zu Beginn des Ersten Weltkriegs mit der Eroberung der belgischen Festung Lüttich; als Organisator der deutschen Siege von Tannenberg und an den Masurischen Seen sowie der sich anschließenden Abwehrerfolge an der Ostfront bewies er auch höchstes operatives Können. Mit seiner Ernennung zum Generalquartiermeister der Obersten Heeresleitung wurden jedoch seine fachlichen Grenzen sichtbar: Ungeachtet aller militärischen und wirtschaftlich-organisatorischen Einzelerfolge gelang es L. nicht, in Abstimmung mit der politischen Führung ein erfolgversprechendes strategisches Konzept zu entwikkeln; mit seinem ganz auf das Militärische und einen unerreichbaren »Siegfrieden« ausgerichteten Weltbild begann er vielmehr die Innen- und Außenpolitik des Deutschen Reichs zu dominieren, das nun weitere zwei Jahre immense Opfer in einem Krieg zu erbringen hatte, der letzten Endes schon lange verloren war. Dies wollte und konnte sich L. aber erst nach dem Scheitern der deutschen Offensiven vom März bis Juli 1918 im September 1918 eingestehen. Das nie verarbeitete Trauma dieser Niederlage, das sich damals im psychischen Zusammenbruch L.s manifestierte, war mitverantwortlich für seine politische Radikalisierung. Eine politische Heimat fand L. – geradezu in Provokation zur Mehrheit der ehemaligen Generalität – im radikalen Flügel der völkischen Bewegung, wobei L. hier jene militaristisch-totalitären, sozialdarwinistischen und alldeutschen Vorstellungen weiterentwickelte, die zur Zeit seiner faktischen Militärdiktatur während des Ersten Weltkriegs erstmals sichtbar geworden waren. Während der Jahre 1920 bis 1923/24 schien L. zur einflußreichsten Figur in der rechtsradikalen Szene in Dtschld. zu werden, doch selbst dort gelang es ihm nicht, seine politische Position dauerhaft zu sichern. Enttäuscht über das Scheitern des Hitler-Putsches und die ständigen Querelen unter den rechtsradikalen Splittergruppen, aber auch unter dem maßgeblichen Einfluß seiner zweiten Frau Mathilde begann sogar die NSDAP

nicht mehr L.s Ideen zu genügen, die nun mehr und mehr die Züge eines geschlossenen paranoiden Wahnsystems annahmen. Angesichts der Irrealität und Verschrobenheit von L.s Sektiererei, aber auch seiner wachsenden Aggressivität konnte es nicht ausbleiben, daß er kontinuierlich an politischem Einfluß verlor und sich selbst mit den ehem. Gefolgsleuten in der NSDAP überwarf. Nach 1933 wurden die verbliebenen Organisationen L.s verboten, L. vom öffentlichen Leben so weit wie möglich ausgeschlossen, ohne daß Hitler eine offene Auseinandersetzung mit ihm noch für nötig befunden hätte.
Publ. u.a.: *Meine Kriegserinnerungen* (1919); *Tannenberg. Geschichtliche Wahrheit über die Schlacht* (1934); *Deutsche Abwehr. Antisemitismus gegen Antigojismus* (1934); *Der totale Krieg* (1937); *Vom Feldherrn zum Weltrevolutionär und Wegbereiter deutscher Volksschöpfung*, Bd. 1: *Meine Lebenserinnerungen von 1919–1925* (1940), Bd. 2: *Meine Lebenserinnerungen von 1926–1933* (1952).
CH

Ludin, Hanns Elard SA-Obergruppenführer, Gesandter I. Kl. in Preßburg (Bratislava)
geb. 10. 6. 1905 in Freiburg i. Breisgau,
gest. 9. 12. 1947 in Preßburg (Bratislava) (hingerichtet).

Nach d. Abitur 1924 trat L. in d. Reichswehr ein u. wurde im Dez. 1927 zum Ltn. befördert. 1929 knüpfte er mit anderen Offizieren Kontakte zur NSDAP u. begann mit d. Aufbau natsoz. Zellen in d. Reichswehr. Im sog. Ulmer Reichswehrprozeß im Sept./Okt. 1930 wurde L. zu 18 Monaten Festungshaft verurteilt u. aus d. Reichswehr entlassen, nach acht Monaten jedoch vorzeitig begnadigt. Seit Okt. 1930 Mitglied d. NSDAP, ab Sommer 1931 d. SA. Ab Juli 1932 f. d. NSDAP als Abgeordneter im Reichstag. Im März 1933 f. ca. zwei Wochen kommissar. Polizeipräsident in Karlsruhe, danach Führer d. SA-Gruppe Südwest in Stuttgart bis Kriegsausbruch. Ab 1938 SA-Ogruf. Aug. 1939 bis Jahreswechsel 1940/41 war L. als Hptm. in d. Wehrmacht u. am Westfeldzug beteiligt. Danach wurde er in d. Ausw. Amt übernommen u. löste als Gesandter I. Kl. im Jan. 1941 d. bisherigen Gesandten in Preßburg, M. v. Killinger, ab. L. sollte gewährleisten, daß d. slowak. Regierung eng auf dt. Kurs gehalten wurde u. im dt. Interesse arbeitete. Neben L. waren dafür auch sog. Berater entsandt worden, wie SS-Obersturmbannfhr. Wisliceny als »Judenberater« u. SS-Obersturmbannfhr. Nageler als Berater f. d. Hlinka-Garde. Während L.s Amtszeit kam es 1942 u. 1944 zur Deportation eines großen Teils d. slowak.

Juden u. ebenfalls 1944 zur Niederschlagung d. slowak. Nationalaufstandes (SNP) durch dt. Truppen. Nach Kriegsende stellte sich L. d. Amerikanern. Er wurde an d. Tschechoslowakei ausgeliefert, nach mehrmonatigem Prozeß zum Tode verurteilt u. in Preßburg hingerichtet.
IPM

Luther, Martin Unterstaatssekretär
geb. 16. 12. 1895 in Berlin,
gest. Mai 1945 ebd.
1914 Kriegsfreiwilliger ohne höh. Schulabschluß, 1918 Ltn., anschließend Möbelspediteur. Am 1. 9. 1932 trat L. in die NSDAP ein. Über seinen Wohnbezirk Dahlem war er persönlich bekannt mit Joachim v. → Ribbentrop, der ihn im August 1936 zum Hauptreferenten in der *Dienststelle Ribbentrop* machte u. am 1. 10. 1938 als Legationsrat I. Klasse u. Ltr. des Sonderreferats Partei in das Ausw. Amt holte. L. wurde am 20. 4. 1939 zum Vortragenden Legationsrat, am 13. 7. 1940 zum Gesandten I. Klasse als Ministerialdirigent u. am 8. 7. 1941 zum MinDir. mit der Amtsbezeichnung Unterstaatssekretär befördert, nachdem ihm seit 7. 5. 1940 die Leitung der neugeschaffenen Abt. *Deutschland* im Ausw. Amt übertragen worden war. Diese Abt. war durch die Zusammenlegung der bisherigen Referate *Partei* u. *Deutschland* entstanden u. gliederte sich fortan in drei Referate, wobei das Referat D III unter Franz → Rademacher für die »Judenfrage, Rassenpolitik; Information der Auslandsvertretungen über wichtige innerpolit. Vorgänge« zuständig war. Die bürokrat. Mitwirkung an der »Endlösung der Judenfrage« wurde mit Nachdruck von L. forciert, der mit dem RSHA u. hier insbesondere mit Adolf → Eichmann eng zusammenarbeitete. L. vertrat das Ausw. Amt am 20. 1. 1942 auf der Wannsee-Konferenz, was schließlich dazu führte, daß die einzige noch vorhandene Ausfertigung des Wannsee-Protokolls im Zuge der Vorbereitungen des Nürnberger *Wilhelmstraßen-Prozesses* 1947 in den Akten des Ausw. Amts gefunden wurde. Im Jan. 1943 stellte L. ein Papier gg. seinen langjährigen Gönner u. Förderer J. v. Ribbentrop zusammen, an dessen extravaganter Lebensweise er ebenso Anstoß nahm wie an der Ausweglosigkeit der dt. Außenpolitik. L. wollte den Minister als geisteskrank u. amtsunfähig erscheinen lassen u. stürzen. Der Reichsführer SS → Himmler warnte Ribbentrop jedoch vor dem sich anbahnenden Komplott, so daß L. mit Wirkung vom 16. 2. 1943 aus dem Reichsdienst entlassen u. als privilegierter Schutzhäftling in das KZ Sachsenhausen verbracht

wurde. Von der Roten Armee befreit, starb L. unmittelbar nach Kriegsende in Berlin in einem Krankenhaus.
RAB

Lutze, Victor Stabschef der SA
geb. 28. 12. 1890 in Bevergen/Bezirk Münster,
gest. 2. 5. 1943 bei Hannover (nach Autounfall).
Nach Besuch der Rektoratsschule Ibbenbüren u. des Gymnasiums Rheine ab 1. 10. 1912 in d. Armee. Als Offz. Teilnahme am 1. WK. Mitte 1919 verabschiedet. Anschließend Tätigkeit als Kaufmann. 1919 Mitglied d. *Deutsch-völkischen Schutzbundes*; Gründer u. Führer d. *Kameradschaft Schill.* Am 21. 2. 1922 Eintritt in d. NSDAP, 1923 in d. SA. Beteiligung am »Ruhrkampf«. 1925 Gau-SA-Führer. 1928 SA-Oberführer Ruhr u. stellv. GL im Ruhrgebiet. Seit 1930 MdR. 1930 OSAF Nord, 1931 Gruppenführer Nord. 1932 SA-Ogruf. in Hannover. Anf. März 1933 Ernennung zum Polizeipräsidenten v. Hannover, am 25. 3. 1933 zum Oberpräsidenten d. Provinz Hannover (bis 31. 3. 1941). Sept. 1933 preuß. Staatsrat. Aktive Beteiligung an d. Niederschlagung des sog. Röhm-Putsches, daraufhin auf Vorschlag → Himmlers am 1. 7. 1934 Ernennung zum Stabschef d. SA. Mai 1939 Goldenes Ehrenzeichen der HJ.
L. entwickelte früh den bis 1945 geltenden organisatorischen Aufbau der SA. Nach dem Röhm-Putsch, durch den er nach oben gelangte, spielte die SA jedoch nur noch eine unbedeutende Rolle. In kleinem Kreis zeigte sich L. kritisch und verbittert. Sein Tod nach einem Autounfall gab Anlaß zu Gerüchten, für die jedoch keine belegbaren Tatsachen aufgeboten werden konnten.
Ri

M

Mackensen, August von
Generalfeldmarschall
geb. 6. 12. 1849 in Haus Leipnitz/ Kr. Wittenberg,
gest. 8. 11. 1945 in Burghorn/ Kr. Celle.
Sohn eines Domänenpächters. Landwirt, 1873 aktiver Offz. bei den Husaren. 1898 Flügeladjutant v. Kaiser Wilhelm II., geadelt, 1903 Generaladjutant (GenLtn.). Zeichnete sich im 1. WK als Armee-OB v.a. 1915 b. d. Durchbruchsschlacht v. Gorlice-Tarnow als Armee-Stabschef v. Seeckt u. 1915/16 in den Feldzügen gg. Serbien u. Rumänien als HGr.-OB aus. 1915 GFM. M. war einer d. erfolgreichsten u. bekanntesten Generäle d. Krieges. Wg. seiner Popularität bereits während d. Weimarer Republik v. rechten Parteien u. Bünden als Vorzeige-General propagandistisch eingesetzt,

hofierten ihn auch die Nationalsozialisten, bei deren Aufmärschen, Staatsbegräbnissen u.a. öffentlichen Auftritten d. weißhaarige, zierliche Greis in Husarenuniform ein beliebtes Motiv f. d. Pressefotografen war. Zu M.s 90. Geburtstag 1939 überbrachte → Hitler persönlich sein Geschenk, ein überdimensionales Hitlerbild. Einer der Söhne M.s war Botschafter Hans Georg v. → M., Schwiegersohn des Außenministers v. → Neurath.
We

Mackensen, Hans Georg von

Staatssekretär und Botschafter
geb. 26. 1. 1883 in Berlin,
gest. 28. 9. 1947 in Konstanz.
Sohn d. späteren GFM August v. → Mackensen u. seit 1926 Schwiegersohn d. Diplomaten Konstantin Frhr. v. → Neurath. Gemeinsame Erziehung mit Prinz → August Wilhelm v. Preußen. 1902–07 Offizierslaufbahn im 1. Garderegiment zu Fuß. Jurastudium, Abschluß mit d. Promotion. Während d. 1. WKs persönl. Adjutant d. Prinzen August Wilhelm, zuletzt als Hptm. Danach seit 1918 im preuß. Justizdienst. Mai 1919 Einberufung ins Ausw. Amt; Sept. 1923 Gesandtschaftsrat II. Klasse in Rom (Quirinal) u. v. Aug. 1926 bis April 1929 in Brüssel; Juli 1931 Botschaftsrat in Madrid. Eintritt in d. NSDAP im Mai 1933. Dez. 1933 Gesandter I. Klasse in Budapest. Am 15. 4. 1937 wurde M. als Nachfolger d. 1936 verstorbenen Bernhard Wilhelm v. → Bülow zum StSekr. d. Ausw. Amts ernannt. Nach Ablösung d. Reichsaußenministers v. Neurath am 4. 2. 1938 wurde M. am 8. 4. 1938 Nachfolger des wg. seiner Kritik an d. Italienpolitik → Hitlers zur Disposition gestellten Botschafters in Rom, Ulrich v. → Hassell. Die Lage in Italien falsch einschätzend u. die Absetzung Mussolinis nicht einkalkulierend, wurde M. am 2. 8. 1943 zur Berichterstattung ins FHQ einbestellt u. anschließend nicht mehr verwendet. Von Mai 1945 bis April 1946 war er in französischer Haft.
RAB

Manstein, Erich von

(eigtl.: *Lewinski, genannt von M.*)
Generalfeldmarschall
geb. 24. 11. 1887 in Berlin,
gest. 10. 6. 1973 in Irschenhausen/Isartal.
Offizierssohn. 1907 Ltn. im 3. Garde-Regiment zu Fuß, 1913 Kriegsakademie. 1914–18 Teilnahme am 1. WK, u.a. als Generalstabsoffizier. 1919 Übernahme in die Reichswehr als Hptm.; 1919–29 verschiedene Truppen- u. Stabskommandos; 1928 Major, 1929 Ltr. der Gruppe I der Abteilung T 1 im Reichswehrministerium; 1932 Kdr. des II. Jäger-Bataillons des Infanterie-Rgt.s Nr. 4; 1933 Oberst, 1934 Chef des Stabes des Wehrkreiskommandos III, 1936 GenMaj.,

Oberquartiermeister I im Generalstab d. Heeres; 1938 GenLtn., Kdr. der 18. Infanteriedivision, 26. 8. 1939–15. 2. 1940 Chef des Generalstabs der Heeresgruppe Süd, dann Heeresgruppe A; 1940 Kdr. General des XXXVIII. Armeekorps, General; 1941 Kdr. General des LVI. Armeekorps (mot.); 17. 9. 1941 OB der 11. Armee, 7. 3. 1942 GenObst., 1. 7. 1942 GFM; 20. 11. 1942 OB der Heeresgruppe Don, dann Süd; 30. 3. 1944 Versetzung in die »Führerreserve«. 1945 in brit. Kgf.; 1949 von einem brit. Gericht zu 18 Jahren Haft verurteilt, 1953 vorzeitig entlassen.

Unter den nicht wenigen militärischen Begabungen der deutschen Armee war M. wohl die bedeutendste *militärische* Persönlichkeit Dtschld.s im Zweiten Weltkrieg, wenn nicht im 20. Jahrhundert. M. war jedoch nie bereit, aus seiner ungewöhnlich hohen fachlichen Begabung, die – zuweilen unausweichlichen – politischen Konsequenzen zu ziehen, wie erstmals bereits während der Blomberg-Fritsch-Krise deutlich wurde. Als Feldherr hatte M. zum Teil maßgeblichen Anteil an den wichtigsten Siegen der Wehrmacht, nach dem Debakel von Stalingrad war es nicht zuletzt auf seine überlegene Führungskunst zurückzuführen, wenn der Zusammenbruch der Ostfront vorerst ausblieb. Ungeachtet seiner überragenden fachlichen Autorität versagte sich M. jedoch nicht nur dem militärischen Widerstand, der große Hoffnung auf ihn gesetzt hatte. Auch gegenüber → Hitler konnte er nicht jene fachliche Unabhängigkeit gewinnen, die nötig gewesen wäre, um sein strategisches Ziel eines Remis-Friedens zu verwirklichen. Obwohl M. dem NS im Grunde gleichgültig gegenüberstand, schmälerte er selbst sein Bild, als er 1941 in einem Tagesbefehl Verständnis für die Verbrechen der deutschen Besatzungspolitik forderte – nach 1945 einer der Hauptgründe für seine unerwartet harte Verurteilung.

Erinnerungen: *Aus einem Soldatenleben. 1887–1939* (1958); Verlorene Siege ([11]1987).

CH

Marcks, Erich Historiker
geb. 17. 11. 1861 in Magdeburg,
gest. 22. 11. 1938 in Berlin.

Architektensohn. Gymnasium in Magdeburg. Seit 1879 Studium d. Alten Geschichte in Straßburg (1884 Promotion ebendort), Bonn, Berlin; unter d. Einfluß H. Baumgartens u. H. v. Treitschkes Hinwendung zur neueren u. neuesten Gesch.; 1887 Habilitation, bis 1892 Privatdoz. in Berlin. 1892 ordtl. Prof. in Freiburg, 1894 Leipzig, 1901 Heidelberg, 1907 Hamburg, 1913 München. 1922 Ernennung z. Historiographen d. preuß. Staates nach seiner Rückkehr nach Berlin (bis zur Emeritierung 1928). Neben dem Zeitalter d. Glaubenskämpfe (*Gegenreformation in Westeuropa*, in: *Propyläen-Weltgeschichte* V, 1930) bildeten d. Reichsgründungszeit bzw. d. Bismarckreich, das zum überzeitl. Maßstab seiner Geschichtsbetrachtung wurde, das Hauptinteressengebiet d. Neu-Rankeaners. Seine biograph. Werke über Wilhelm I. (*Kaiser Wilhelm I.*, 1897, [9]1943) u. bes. Bismarck (*Zu Bismarcks Gedächtnis*, 1899; *Gedanken u. Erinnerungen*, 1899; *Bismarcks Jugend*, 1909, [21]1951; *Otto v. Bismarck. Ein Lebensbild*, 1916, [26]1944) machten M. zu einem d. populärsten Historiker seiner Zeit, aufgrund seiner restaurativen, staatsautoritären Grundeinstellung u. d. rückhaltlosen Verehrung d. »großen Mannes« als geschichtsbildender Kraft auch im NS hochgeschätzt. Der Weimarer Republik, für M. ein Tiefpunkt d. dt. Geschichte (*Auf- u. Niedergang im dt. Schicksal. 5 Rundfunkvorträge vor dem Deutschlandsender*, 1927), stand d. Alldeutsche u. Hindenburg-Anhänger ablehnend gegenüber; dagegen begrüßte er den Anbruch d. Dritten Reichs als zeitgemäße Fortführung d. Bismarck-Reichs (*Der Aufstieg des Reiches. Deutsche Geschichte von 1807 bis 1871/78*, 1936, [3]1943). 1935 Ehrenmitglied im Reichsinstitut f. Gesch. d. neuen Deutschlands. Der 75jährige, Mitglied d. preuß., sächs., bayer. u. österreich. Akademien d. Wissensch. u. 1923–38 Präsident d. Münchner Historischen Kommission, empfing 1936 in Anerkennung seines Werkes den Adlerschild d. Dt. Reichs.

Weitere Schriften: *Die imperialistische Idee in d. Gegenwart* (1903); *Heinrich v. Treitschke* (1906); *Männer u. Zeiten. Aufsätze u. Reden* (1911, [7]1942); *Wo stehen wir? Die politischen, sittlichen u. kulturellen Zusammenhänge unseres Krieges* (1914); *Der Imperialismus u. d. Weltkrieg* (1916); *Luther u. Dtschld.* (1917); *Ostdtschld. in d. dt. Geschichte* (1920); *Meister d. Politik* (mit K. A. v. Müller), 3 Bd.e (1922/23); *Geschichte u. Gegenwart. 5 hist.-polit. Reden* (1925); *Rheinland u. Dtschld.* (1925); *Hindenburg als Mensch u. Staatsmann* (1932); *Bismarck u. d. Dt. Revolution 1848–1851* (1938); *Englands Machtpolitik* (1940).

MV

Marseille, Hans-Joachim Jagdflieger

geb. 13. 12. 1919 in Berlin,
gest. 30. 9. 1942 in Nordafrika.

Sohn eines Generalmajors. Nach dem Abitur 1938 Eintritt in d. dt. Luftwaffe, Ausbildung zum Jagdflieger. 1940 Fronteinsatz an der Kanalküste. 1941 Versetzung nach Nordafrika. 1942 nach seinem 46. Luftsieg Auszeichnung mit dem

Ritterkreuz, nach seinem 75. Abschuß Eichenlaub zum Ritterkreuz. Am 19. 6. 1942 als 12. Offizier der Wehrmacht Verleihung des Eichenlaubs mit Schwertern zum Ritterkreuz. Nach seinem 125. Abschuß Verleihung der höchsten Tapferkeitsauszeichnung, der Brillanten zum Ritterkreuz mit Eichenlaub und Schwertern als 4. Offizier d. Wehrmacht. Tod beim Absprung aus seiner brennenden Maschine, als sich der Fallschirm nicht öffnete.

Mit 158 Abschüssen war M., der bei seinem Tod knapp 23 Jahre alt war, der erfolgreichste Jagdflieger der westlichen Kriegsschauplätze. Entsprechend wurde er von der NS-Propaganda zum Volkshelden (»Stern von Afrika«) u. Vorbild v.a. für die Jugend stilisiert.

JR

Maurice, Emil Uhrmachermeister, früher Begleiter Hitlers
geb. 19. 1. 1897 in Westermoor/ Schleswig-Holstein,
gest. 6. 2. 1972 in München.

Nach Realschule Uhrmacherlehre. Diente 1917–19 im bayer. Heer. Mitglied d. DAP seit Ende 1919. Bei d. Beseitigung d. Räterepublik 1919 in München eingesetzt, 1921 Teilnehmer am Kampf um Oberschlesien. Angehöriger d. *Stoßtrupps Hitler* u. eines d. ersten SA-Mitglieder; Teilnehmer am Hitler-Putsch 1923. Mit → Hitler 1924/25 in Landsberg inhaftiert; Hitler diktierte ihm Teile v. *Mein Kampf*. 1933 Ratsherr im Münchner Stadtrat. Träger d. Blutordens u. d. Goldenen Parteiabzeichens (Mitglieds-Nr. 39). 1934 SS-Staf., 1939 SS-Oberfhr. Seit 1936 MdR. 1. 4. 1937 Präsident d. Handwerkskammer München.

Hitlers Leibfotograf Heinrich → Hoffmann brachte ihn mit dem Selbstmord v. Geli → Raubal in Verbindung; die Schwester d. Ingenieurs Ballerstedt mit d. Ermordungs ihres Bruders am 30. 6. 1934.

We

Mayer, Theodor Historiker
geb. 24. 8. 1883 in Neukirchen a. d. Enknach (Oberöst.),
gest. 26. 11. 1972 in Salzburg.

Arztsohn. Gymnasium in Linz u. Innsbruck; 1902–05 Studium v.a. der österr. Landesgeschichte unter A. Dopsch in Wien. 1906 Promotion am Institut f. österr. Geschichtsforschung, seitdem im Archivdienst am Statthaltereiarchiv Innsbruck, am Adels- u. seit 1909 am Allg. Archiv d. Ministeriums des Innern in Wien. 1912–23 Leiter d. Archivs f. Niederösterreich. 1914 Habilitation f. mittelalterl. u. Wirtschaftsgeschichte, Privat-Dozent in Wien. 1914–18 Kriegsfreiwilliger, Reserveoffizier. 1923 a.o., 1927 o. Prof. a. d. Dt. Universität Prag; 1930 Gießen, 1934 Freiburg, 1938 Marburg (1939–42 Rektor). Seit den 20er

Jahren wirkte M. entscheidend auf Theorie u. Methoden d. dt.-österr. Mediävistik ein. Bes. unter d. Einfluß Dopschs entwickelte er ein über die engere Verfassungsgeschichte hinausgehendes »universales« Geschichtsverständnis, das anhand d. landesgeschichtl. Betrachtung Sozial-, Wirtschafts- u. Geistesgeschichte einbezog. Sein immer mehr an Volkstum u. Kulturraum orientiertes, grenzübergreifendes u. für die Ziele d. natsoz. Expansionspolitik einsetzbares Forschungsinteresse (*Die mittelalterliche dt. Kaiserpolitik u. d. dt. Osten*, 1931, u. zahlreiche Aufsätze) u. seine Bereitschaft zur Kooperation mit dem NS-Regime ermöglichten M.s rasche Karriere innerhalb d. NS-Wissenschaftsbetriebs. 1936 Mitglied d. Allg. Dt. Historikerausschusses; 1942–45 Präsident d. Reichsinstituts f. ältere dt. Geschichtskunde (MGH), Hrsg. d. *Dt. Archivs f. Geschichte d. Mittelalters*, Direktor d. Dt. Historischen Instituts in Rom u. Leiter d. dt. Archivbergungsaktion. 1943 Honorarprof. in Berlin. Mitglied d. Wissenschaftsakademien in Prag (1928), Wien u. München (1942) sowie Berlin (1944); Vorsitzender d. 1933 gegründeten Westdt. Forschungsgemeinschaft. Nach Verlust seiner akad. Ämter 1945 leitete der im Spruchkammerverfahren zum »Mitläufer« erklärte, als führender Funktionär d. »großdt.« Wissenschaft zunächst aber polit. untragbar gewordene M. das 1951 von ihm initiierte Konstanzer Institut f. geschichtliche Landesforschung d. Bodenseegebiets (1958: *Konstanzer Arbeitskreis f. mittelalterliche Geschichte*). Hrsg. d. *Vorträge u. Forschungen*, 1955ff.; 1956–58 Vorsitzender d. Münchner *Collegium Carolinum*.

Weitere Publ.: *Wesen u. Entstehung d. Kapitalismus* (1921); *Dt. Wirtschaftsgeschichte* (1928); *Volk u. Staat d. Deutschen vom Ersten, Zweiten u. Dritten Reich*, in: *Glaube u. Volk* 3 (1935); *Fürsten u. Staat. Studien zur Verfassungsgeschichte d. dt. Mittelalters* (1950).

MV

Meißner, Otto Leiter des Büros des Reichspräsidenten, Staatsminister, Staatssekretär.

geb. 13. 3. 1880 in Bischweiler/Elsaß, gest. 27. 5. 1953 in München.

Sohn eines Postdirektors. Gymnasium in Straßburg; Studium der Rechtswissenschaften in Berlin und Straßburg. 1901 Referendar im Justizdienst; 1903 Promotion. 1903/04 Einj.-Freiw. 1906 Gerichtsassessor; 1911 Regierungsrat in der RBahnverwaltg. im Elsaß. 1915 Kriegsdienst b. d. Infanterie; 1917 beim General-Kdo. d. Militäreisenbahn in Bukarest; 1918 in der Militärverwaltung d. Ukraine tätig. Jan. 1919 dt. Geschäftsträger in d. Ukraine. April 1919 Vortragender

Rat im Büro des Reichspräsidenten; 1920 Ministerialdirektor u. Ltr. des Büros d. Reichspräsidenten; 12. 11. 1923 StSekr.; 1935 Beschränkung auf repräsentative Aufgaben (Chef der Präsidialkanzlei); 1937 Staatsminister im Rang eines RMin. Im Mai 1945 von den Alliierten interniert. 15. 4. 1949 Freispruch im Nürnberger *Wilhelmstraßen-Prozeß* durch d. amerik. Militärgerichtshof IV. Im Verfahren vor einer Münchner Spruchkammer 1951 als »Belasteter« eingestuft. 1952 Einstellung weiterer Verfahren.

M., der sich für unpolitisch, aber patriotisch hielt, diente in seiner Funktion als Berater in Fragen des Staats- u. Verfassungsrechts allen Reichspräsidenten sachkundig u. loyal. Trotz seiner deutschnationalen Überzeugung verteidigte er Reichspräsident Ebert gegen verleumderische Angriffe. Besonders groß war sein Einfluß auf → Hindenburg. Er hatte Anteil an Hindenburgs Unterstützung von Stresemanns Außenpolitik u. an d. Entstehung d. Präsidialkabinette. Im Jan. 1933 trug sein Rat, → Hitler zum Reichskanzler zu ernennen, wesentlich zur Entscheidung Hindenburgs bei. Unter dem Titel *Staatssekretär unter Ebert – Hindenburg – Hitler. Der Schicksalsweg des deutschen Volkes von 1918–1945, wie ich ihn erlebte* legte er 1950 seine Erinnerungen vor.

KAL

Mengele, Josef KZ-Lagerarzt
geb. 16. 3. 1911 in Günzburg,
gest. vermutlich am 7. 2. 1979 in Embu/Brasilien.

Sohn eines Fabrikanten. Philosophiestudium in München, Medizinstudium u. Promotion in Frankfurt. 1924 Angehöriger d. »Großdeutschen Jugendbundes« (völk.-antisemitisch), 1931 Mitgliedschaft beim deutschnationalen *Stahlhelm.* 1934 Mitglied des Forschungsstabes des *Instituts für Erbbiologie u. Rassenhygiene,* wo Zwillingsforschung, Rassenkunde u. Vererbungslehre M.s Fachgebiete waren. 1937 NSDAP-, 1938 SS-Mitgliedschaft, 1940 Einsatz bei der *Sanitätsinspektion der Waffen-SS,* 1941 Bataillonsarzt der SS-Div. *Wiking,* 1943 Chefarzt im KZ Auschwitz. Für seine Forschungen wählte M. bei der Selektion an der Rampe Opfer für seine Menschenversuche aus, v.a. Zwillinge u. Häftlinge mit bes. Merkmalen wie Zwergwuchs, Rückgratverkrümmung u.ä. Nach dem Krieg floh M. aus einem brit. Militärgefängnis u. kam 1949 mit gefälschten Papieren über Rom nach Buenos Aires. 1959 wurde er Staatsbürger von Paraguay. Die Bundesregierung forderte seit 1962 seine Auslieferung. 1964 entzogen ihm die Univ. Frankfurt u. München seine akad. Grade. Am 7. 2. 1979 soll er bei einem Badeunfall tödlich verunglückt sein. Beigesetzt ist M. unter dem Na-

men *Wolfgang Gerhard*. Am Wahrheitsgehalt dieser Todesnachricht wurde lange gezweifelt, bis 1985 u. 1986 veröffentlichte gerichtsmedizinische Gutachten bestätigten, daß es sich bei dem aufgefundenen Skelett um die Gebeine Mengeles handelte.
Den

Menzel, Herybert Lyriker u. Erzähler
geb. 10. 8. 1906 in Obornik/Posen, gest. Februar 1945 in Tirschtiegel/ Posen (gefallen).
Sohn eines Postsekretärs. Nach Abitur zwei Semester Jurastudium in Breslau u. Berlin. Bereits in der »Kampfzeit der Bewegung« Mitglied der NSDAP u. der SA. 1930 Veröffentlichung seines ersten Gedichtbandes *Im Bann* u. des Grenzlandromans *Umstrittene Erde*, Erfolge als junger natsoz. Dichter. Febr. 1936 Auftragsarbeit *Ewig lebt die SA* für die OSAF anläßlich einer Feierstunde zum Todestag Horst → Wessels. Umfangreiche Vortragstätigkeit. 1939 Teilnahme am 2. WK (Polen, Frankreich), EK I, schwer verwundet. Mitglied d. Kulturkreise der SA, der HJ u. des Gaues Kurmark. Kulturpreis der SA (1940); Literaturpreis der Stadt Berlin; Kulturpreis des Reichserziehungsministers.
Nach seinem Debüt mit dem Grenzlandroman *Umstrittene Erde* – einer romantisch gestimmten, politisch-propagandistischen Schilderung der Jahre 1918/19 im deutsch-polnischen Grenzgebiet – avancierte M. mit seinen Gedichten u. Kantaten rasch zum »Homer der SA«. So trugen seine Veröffentlichungen Titel wie *Im Marschschritt der SA* oder *Gedichte der Kameradschaft*. Auf zahlreichen Vortragsreisen u. bei Rundfunklesungen wurde der junge Dichter vom NS-Regime gefeiert. Seine blinde Verehrung → Hitlers drückte M. in anbiedernden Versen aus, wie z.B. in *Vorm Bild des Führers*: »Wenn ich nur zweifle, tret' ich vor dein Bild, Dein Auge sagt mir, was allein uns gilt.«
AS

Mergenthaler, Christian Ministerpräsident
geb. 8. 11. 1884 in Waiblingen, gest. 11. 9. 1980 in Bad Dürrheim.
Nach Besuch des Gymnasiums in Waiblingen Studium der Physik u. Mathematik an d. TH Stuttgart u. den Universitäten Tübingen u. Göttingen. 1911–33 Gymnasiallehrer in Stuttgart. Von Mai bis Dez. 1924 MdR für die NSDAP. Von Ende 1924–28 u. erneut Juni 1929–33 Mitglied des Württembergischen Landtages, ab 10. 5. 1932 als dessen Präsident. Am 15. 3. 1933 zunächst kommissar. Justiz- u. Kultusminister, ab 11. 5. 1933 bis Kriegsende Ministerpräsident u. Kultusminister der württemberg.

Landesregierung. Am 28. 5. 1945 von frz. Behörden verhaftet u. interniert; von d. Lagerspruchkammer Balingen am 27. 12. 1948 zu dreieinhalb Jahren Arbeitslager u. Verlust d. bürgerlichen Ehrenrechte für 10 Jahre verurteilt.
We

Messerschmitt, Willy Flugzeugkonstrukteur
geb. 26. 6. 1898 in Frankfurt a. Main, gest. 15. 9. 1978 in München.
Sohn eines Weingroßhändlers. Nach dem Militärdienst 1917/18 Ingenieurstudium bis 1923. Gründung einer eigenen Flugzeugfirma in Bamberg. 1927 Interessengemeinschaft mit d. *Bayer. Flugzeugwerke AG*, Umzug nach Augsburg. 1928 im Vorstand, Betriebsführer, Chefkonstrukteur. Während d. Weltwirtschaftskrise Konkurs d. *Bayr. Flugzeugwerke AG*, Umwandlung zur *Messerschmitt AG*. Ab 1930 Lehrauftrag, seit 1937 Prof. an der TH München. Wehrwirtschaftsführer. 1938 Dt. Nationalpreis f. Kunst u. Wissenschaft. Vizepräs. d. *Dt. Akademie f. Luftfahrtforschung*. 1942 nach Konflikten mit Generalinspekteur → Milch Niederlegung des Vorstandsvorsitzes in den Messerschmitt-Werken. 1945 kurze Internierung. Von d. Spruchkammer Augsburg 1948 als »Mitläufer« eingestuft. In den Jahren danach Beratertätigkeit in Spanien u. Ägypten, ab 1955 wieder Bau v. Flugzeugen u.a. für die dt. Luftwaffe u. die NATO. Ab 1969 Teilhaber der Messerschmitt-Bölkow-Blohm GmbH.
M. konstruierte während des Dritten Reiches v.a. Jagdflugzeuge, die mit der Me 109 in der ersten Kriegshälfte sehr erfolgreich waren. Die Me 209-Version hielt den Geschwindigkeitsweltrekord für Propellerflugzeuge mit Kolbenmotor von 1939 bis 1969. Auch das größte Landflugzeug der Welt, das sechsmotorige Transportflugzeug Me 323, kam aus den Messerschmitt-Werken. Mit dem Kriegseintritt der USA gerieten aber auch die Messerschmitt-Konstruktionen ins Hintertreffen, sensationelle Neukonstruktionen wie das erste in Serie hergestellte Düsenflugzeug (Me 262) u. der noch nicht einsatzreife Raketenjäger Me 163 kamen 1944/45 allein schon wegen des akuten Treibstoffmangels zu spät. M.s persönliche, international anerkannte Leistung als Flugzeugkonstrukteur bleibt davon jedoch unberührt.
Ri

Meyer, Alfred Gauleiter
geb. 5. 10. 1891 in Göttingen, gest. Mai 1945 (Selbstmord).
Nach der Schulzeit an verschiedenen Orten in Dtschld. legte der Sohn eines Baurats 1911 das Abitur in Soest ab u. studierte ein Semester Jura, wurde dann aber Berufsoffizier; 1912 Fahnenjunker, 1913

Ltn. Mit Kriegsausbruch an der Westfront, mehrfach ausgezeichnet; 1916 erlitt er eine schwere Kopfverletzung. 1917 geriet M. in frz. Kriegsgefangenschaft, aus der er erst im März 1920 mit dem letzten Transport dt. Kriegsgefangener aus Frankreich entlassen wurde. Als Hptm. verabschiedet, übte M. kurzzeitig eine kaufmänn. Tätigkeit bei der Zeche Bismarck in Gelsenkirchen aus u. studierte dann in Bonn u. Würzburg Staatswissenschaften u. Völkerrecht; 1922 in Würzburg mit der Promotion abgeschlossen. Nach Ablegung des Staatsexamens arbeitete er von 1923–1930 als Zechenbeamter in d. jurist. Abteilung d. Zeche Bismarck. Seit April 1928 Mitglied der NSDAP; 1929 als NSDAP-Ortsgruppenleiter zum Stadtverordneten in Gelsenkirchen gewählt; im Okt. 1929 Ltr. des NSDAP-Bezirks Emscher-Lippe. Ab Sept. 1930 MdR, 1932 zeitweise MdL in Preußen. Am 1. 1. 1931 GL von Westfalen-Nord. Nach der Machtübernahme Präsident des Provinziallandtages von Westfalen; am 16. 5. 1933 zum Reichsstatthalter in Lippe u. Schaumburg-Lippe, am 24. 2. 1936 auch zum Staatsminister ernannt. Seit 17. 11. 1938 Oberpräsident der Provinz Westfalen. 1934 Mitglied d. *Akademie f. Deutsches Recht*, 1938 Generalhauptführer des DRK u. SA-Ogruf. Zu Beginn d. 2. WKs als Chef der Zivilverwaltung bei den Armeen im Westen; ab 17. 11. 1941 StSekr. im Reichsministerium f. d. besetzten Ostgebiete u. Stellvertreter → Rosenbergs in diesem Ressort. Am 16. 11. 1942 zum RVK in seinem Gau Westfalen-Nord ernannt. Im Mai 1945 Selbstmord.

M.s Ansehen bei → Hitler war bedeutend, wie dessen Weigerung belegt, ihm u. den ebenfalls »alten« Gauleitern → Terboven u. → Florian Ende 1944 einen Generalkommissar f. d. Westgebiete vorzuschalten. Nach der Machtübernahme war M. aus Rücksichtnahme auf den deutschnationalen Koalitionspartner der NSDAP trotz seiner Erfolge als Gauleiter von Westfalen-Nord zunächst mit dem Reichsstatthalterposten in den kleinen Ländern Lippe u. Schaumburg-Lippe zufriedengestellt worden. Nach der Oberpräsidentschaft der Provinz Westfalen erhielt er mit dem Posten des Staatssekretärs im Rosenbergschen Ostministerium eine weitere Aufstiegsmöglichkeit angeboten, die sich angesichts der inhumanen deutschen Ostpolitik, die er ohne Vorbehalte vertrat, bei Kriegsende als zu schwere moralische Belastung erwies.

We

Miegel, Agnes Schriftstellerin
geb. 9. 3. 1879 in Königsberg/Ostpreußen,
gest. 26. 10. 1964 in Bad Salzuflen.

Tochter einer angesehenen ostpreuß. Kaufmannsfamilie. 1896–97 Erziehung in einem Weimarer Pensionat. 1898 Veröffentlichung erster Balladen in Börries v. → Münchhausens *Göttinger Musenalmanach.* Nach ihrem ersten Band *Gedichte* (1901) zahlreiche weitere Veröffentlichungen v. Balladen u.a. Lyrik (u.a. *Die Nibelungen, Schöne Agnete, Hennig Schindekopf*). Ab 1902 Ausbildung als Lehrerin an der Clifton High School in Bristol. Studienreisen nach Frankreich u. Italien. Journalistin in Berlin. 1913 *Kleist-Preis.* Ab 1917 freie Schriftstellerin. 1920–26 Feuilletonredakteurin an der Königsberger *Ostpreußischen Zeitung.* 1924 Ehrendoktor d. Univ. Königsberg. Ab 1926 Veröffentlichung v. Prosatexten. 1933 Mitglied der *Dt. Akademie d. Dichtung.* 1936 *Herder-Preis*; Stiftung einer jährlich an einen ostdeutschen Dichter zu verleihenden *Agnes-Miegel-Plakette* durch die *NS-Kulturgemeinde.* 1939 Literaturpreis u. Ehrenbürgerin d. Stadt Königsberg; 1940 *Goethe-Preis d. Stadt Frankfurt.* 1942 *Marienburger Dichterring.* 1945 Vertreibung M.s aus Ostpreußen, bis Ende 1946 lebte sie in einem dän. Flüchtlingslager, seit 1948 in Bad Nenndorf bei Hannover; Ehrenbürgerin der Gemeinde. 1957 Ehrenplakette des *Ostdeutschen Kulturrats,* 1959 Literaturpreis der *Bayer. Akademie der Schönen Künste,* 1961 *Westpreuß. Kulturpreis.*

M. nahm in ihren Balladen u. balladenartigen Gedichten eine romantische, unpolitische u. heimatverbundene Haltung ein. So war es für die Nationalsozialisten ein Gewinn, diese seit über dreißig Jahren etablierte und bekannte Heimatdichterin in der *Deutschen Dichterakademie* als Aushängeschild präsentieren zu können. In der Folge zeigten sich in den Werken der »Mutter Ostpreußens« Elemente einer mythologisierenden Blut-und-Boden-Romantik, die eine Affinität zu nationalsozialistischen Ideen erkennen lassen. Nach 1945 veröffentlichte M. Werke, die sich mit Vertreibung u. Flucht beschäftigen u. vor allem von Heimatvertriebenenverbänden gefeiert wurden.

AS

Milch, Erhard

Generalfeldmarschall

geb. 30. 3. 1892 in Wilhelmshaven, gest. 25. 1. 1972 in Wuppertal-Barmen.

Sohn eines Marine-Apothekers. 1911 Ltn. im Fußartillerie-Regiment (Ostpreußisches) Nr. 1, 1914–18 Teilnahme am 1. WK, seit 1915 bei d. Artillerieflieger-Abt. 204, zuletzt Führung der Jagdgruppe 6. 1920 Hptm. a.D., Tätigkeit bei Polizeifliegerstaffeln u. in der Zivilluftfahrt; 1926 Vorstandsmitglied der Deutschen Lufthansa-AG, 3. 2. 1933 Stellv. Reichskommissar für die Luftfahrt, Eintritt in die NSDAP, 1. 5. 1933 StSekr. im Reichsluftfahrtministerium, 1934 charakterisierter GenMaj., 1936 General; 1939 Generalinspekteur der Luftwaffe; 19. 7. 1940 GFM, 19. 11. 1941 gleichzeitig Generalluftzeugmeister, 20. 6. 1944–15. 1. 1945 Aufhebung aller Ämter. 1947 im Nürnberger *Milchprozeß* von einem US-Militärgericht zu lebenslänglicher Haft verurteilt, 1954 vorzeitig entlassen.

Als Staatssekretär vertrat M. neben dem Generalstabschef der Luftwaffe und dem Generalluftzeugmeister das dritte wichtigste Amt in der deutschen Luftwaffenführung. Durch seinen Ehrgeiz und seine Arbeitswut, seine Intelligenz und sein Koordinationsvermögen, aber auch seine fliegerischen und technischen Erfahrungen sowie seine Verbindungen zur Industrie gelang es M. bald, sich eine Schlüsselstellung beim Aufbau der Luftwaffe zu sichern. Die angeblich jüdische Abstammung M.s wurde von dem ungleich pragmatischer denkenden → Göring akzeptiert. Mit der Übernahme des Postens des Generalluftzeugmeisters nach dem Freitod → Udets beherrschte M. das gesamte Rüstungsprogramm der Luftwaffe; seine großen organisatorischen und technischen Erfolge konnten indessen nichts an den katastrophalen Mißerfolgen dieser Teilstreitkraft ändern. Die Schwierigkeiten, wie sie etwa bei der Luftversorgung von Stalingrad, der Diskussion über die Rüstungsschwerpunkte oder den Einsatz der Strahlflugzeuge auftraten, verschärften die Rivalität zwischen M. und Göring und sorgten dafür, daß M. noch vor Kriegsende die meisten seiner Ämter verlor.

CH

Model, Walter

Generalfeldmarschall
geb. 24. 1. 1891 in Genthin/ Kr. Jerichow II,
gest. 21. 4. 1945 bei Lintorf/ Kr. Duisburg (Selbstmord).

Sohn eines Musikdirektors. 1910 Ltn. im Infanterie-Rgt. (6. Brandenburgisches) Nr. 52. 1914–18 Teilnahme am 1. WK. 1919 Übernahme in die Reichswehr als Hptm., 1929 Major, Abteilungsleiter im Reichswehrministerium, 1932 Obstltn, 1934 Oberst, 1938 Chef des Generalstabs des IV. Armeekorps, 1939 GenMaj., Chef des Generalstabs der 16. Armee, 1941 Kdr. General des XXXXI. Armeekorps (mot.), Ernennung zum General; 16. 1. 1942 OB der 9. Armee, GenObst.; 9. 1. 1944 mit der Führung der Heeresgruppe Nord beauftragt, 3. 3. 1944 GFM, 31. 3. 1944 OB der Heeresgruppe Nordukraine, 16. 8. 1944 OB West, 4. 9. 1944 OB der Heeresgruppe B.

M.s Sympathie für die nationalsozialistische Weltanschauung, seine für die deutsche Generalität eher untypische Herkunft, seine direkte Art, die auch offene fachliche Auseinandersetzungen mit → Hitler in Kauf nahm, vor allem aber M.s Fähigkeit, Frontabschnitte in schier ausweglos scheinenden Lagen erfolgreich zu verteidigen, ließen M. bei Hitler in der zweiten Hälfte des Krieges zu einem der geschätztesten Truppenführer werden, der immer wieder in kritischen Situationen auf diesen »Steher« zurückgriff.

Nachdem es M. im Herbst 1944 gelungen war, die Westfront an der Reichsgrenze zu stabilisieren, war dort der Zusammenbruch nach dem Fehlschlag von Hitlers Ardennen-Offensive nur noch eine Frage der Zeit. Im April 1945 löste M. im Ruhrkessel seine Heeresgruppe auf, um nicht formell kapitulieren zu müssen.

Publ: *Generalfeldmarschall Walter Model 1891–1945. Dokumente eines Soldatenlebens* (1991).

CH

Mölders, Werner Jagdflieger

geb. 18. 3. 1913 in Gelsenkirchen,

gest. 22. 11. 1941 (Absturz).

Vater Studienrat. 1931 Eintritt in die Reichswehr, 1934 Ltn. (Infanterie), 1935 Wechsel zur Luftwaffe. 1938 mit d. *Legion Condor* im Spanischen Bürgerkrieg eingesetzt, als erfolgreichster Jagdflieger außerordentliche Beförderung zum Hptm. Vom 1. 10. 1939–5. 6. 1940 Gruppenkommodore in einem Jagdgeschwader. Im Mai 1940 Verleihung des Ritterkreuzes. Im Juni 1940 Major. Sept. 1940 Eichenlaub. Nach d. 101. Abschuß erhielt M. am 16. 7. 1941 als erster Soldat das Ritterkreuz mit Eichenlaub, Schwertern u. Brillanten. Am 20. 7. 1941 Ernennung zum Oberst, seit 7. 8. 1941 *Inspekteur d. Jagdflieger.* Auf d. Flug zur Teilnahme am Begräbnis von Ernst → Udet tödlicher Absturz. Feierliches Staatsbegräbnis am 28. 11. 1941.

M. war als erfolgreicher Jagdflieger schon im Spanischen Bürgerkrieg einer der populärsten deutschen Soldaten und wurde von der NS-Propaganda bewußt zum Heroen stilisiert. 1942 verbreitete der britische Geheimdienst durch einen gefälschten Mölders-Brief, der an dessen enge Bindung zum katholischen Glauben und seine Ablehnung der Judenverfolgung anknüpfte, das Gerücht, M. sei beseitigt worden.

Ri

Moltke, Helmuth James Graf v.

führender Widerständler

geb. 11. 3. 1907 auf Gut Kreisau/ Kr. Schweidnitz/Niederschlesien,

gest. 23. 1. 1945 in Berlin-Plötzensee (hingerichtet).

Herkunft aus mecklenburgischem Uradel; der schlesische Zweig verdankt Grafentitel u. die Dotation

Gut Kreisau dem Bruder des Urgroßvaters v. M., dem preuß. GFM Helmuth v. Moltke (1800–91). M.s Eltern waren liberal, beide Anhänger d. *Christian Science*, die Mutter eine südafrikanische Richterstochter. Nach Schulzeit auf dem Schweidnitzer Gymnasium u. d. Landschulheim in Schondorf am Ammersee legte M. in Potsdam d. Abitur ab u. studierte in Wien u. Breslau Rechts- u. Staatswissenschaften, daneben Politik u. Geschichte. Mit seinem Freundeskreis, dem auch sein Vetter u. Jugendfreund Carl Dietrich v. Trotha angehörte, zählte er zu den Gründern der v. d. Jugendbewegung inspirierten schlesischen Arbeitslagerbewegung. In Wien Bekanntschaft mit d. Kreis um Eugenie Schwarzwald u. ihren Mann; in Breslau war M. Schüler d. Staats- u. Verwaltungsrechtlers Hans Peters. Besonders enge Bindungen bestanden zum Kreis des Breslauer Soziologen Eugen Rosenstock-Huessy. 1929 Referendarexamen, im gleichen Jahr Studienunterbrechung u. Aufenthalt auf Kreisau, um das heruntergewirtschaftete Gut zu sanieren. 1931 Heirat mit d. Kölner Bankierstochter Freya Deichmann, mit der er nach ihrer Promotion, gemeinsam mit dem Juristen Karl v. Lewinsky, 1935 in Berlin eine auf Völkerrecht u. internationales Privatrecht spezialisierte Kanzlei eröffnete. Den Plan, nach mehreren Studienaufenthalten in England u. der Ablegung des Barrister-Examens (1938) evtl. in London ein Anwaltsbüro aufzumachen, vereitelte schließlich d. Krieg. Durch d. Studienaufenthalte in England u. bei internationalen Einrichtungen wie Völkerbund u. Internationalem Gerichtshof in Den Haag knüpfte M. wichtige Kontakte u. gewann zu seiner humanen christlich-sozialen Ausgangsposition weitere Vergleichsmöglichkeiten zur Beurteilung d. polit. Bedingungen in Dtschld. Seit 1938 suchte er Gleichgesinnte, erneuerte alte Beziehungen zu den Freunden aus der schlesischen Jugendbewegung u. trat seit 1940 über Peter Graf → Yorck v. Wartenburg mit dem sog. Grafenkreis (außer Yorck Fritz-Dietlof v. d. → Schulenburg u. Ulrich-Wilhelm v. → Schwerin-Schwanenfeld) in Verbindung. M. war bei Kriegsbeginn als Experte f. Kriegs- u. Völkerrecht zum *Sonderstab f. Fragen d. Handelskrieges u. wirtschaftl. Kampfmaßnahmen* d. dt. Abwehr (→ Canaris; → Oster) eingezogen worden, von wo aus er einen Kreis Oppositioneller organisierte, die sich v.a. auf Gut Kreisau, nach dem d. Kreis in den späteren Protokollen d. Gestapo benannt wurde, trafen, um Pläne für ein Dtschld. nach → Hitler u. dem NS auszuarbeiten. Es entsprach M.s Denkungsart u. weitgespanntem Interesse, zu den

Zusammenkünften Menschen aus versch. politischen Lagern einzuladen. Als d. Gestapo herausfand, daß M. den befreundeten Diplomaten u. Offz. b. d. Abwehr Otto Carl Kiep vor d. Telefonüberwachung gewarnt hatte, wurde er am 19. 1. 1944 verhaftet u. ins KZ Ravensbrück gebracht. Er hatte zunächst Hoffnung, daß d. Gestapo über d. Existenz seines Kreises nichts in Erfahrung bringen würde. Nach dem Juli-Attentat waren jedoch d. Zusammenhänge rasch aufgedeckt. Im Aug. 1944 wurde M. in d. Haftanstalt Tegel verlegt u. am 11. 1. 1945 vom VGH zum Tod verurteilt. Der unübliche Hinrichtungsaufschub bis zum 23. Januar gab ihm noch eine kurze Hoffnung, den NS zu überleben.
M. war aus seiner Ablehnung der »Gewalt, der Überheblichkeit, der Intoleranz u. des Absoluten« zur Ablehnung des NS gekommen. Aus christlicher Überzeugung hatte er sich jedoch lange gegen die gewaltsame Beseitigung Hitlers ausgesprochen. Erst nach vergeblichen Versuchen, auf Auslandsreisen über alte Kontakte mit Vertretern der Westmächte ins Gespräch zu kommen, und angesichts sich breitmachender Hoffnungslosigkeit auch im Lager der Verschwörer stimmte er einem Attentat zu.
We

Momm, Harald Springreiter, Oberst
geb. 15. 11. 1899 in Trier,
gest. 6. 2. 1979 in München.
Vater Regierungspräsident. Höhere Schule 1907–17, anschließend Offizierslaufbahn (Ulanen). Im 1. WK Einsätze in Italien u. Frankreich, danach als Ltn. beim Grenzschutz, ab 1924 Reichswehr. Seit 1925 Rennreiter, u.a. Sieger im Dt. Springderby 1933, Olympia-Teilnehmer 1936, anschließend Equipe-Chef bei den Springreitern. 1937 Kommandierung zur Kavallerieschule Hannover. Bei Kriegsbeginn 1939 Ordonnanzoffizier bei GFM → Keitel, 1941 Fronteinsatz. 1943 Oberst u. Kdr. der Heeres-Reit- u. Fahrschule Potsdam-Krampnitz. Befreundet mit Claus v. → Stauffenberg. Wg. abfälliger Bemerkungen in Zusammenhang mit dem 20. Juli degradiert u. zur SS-Sturmbrigade → Dirlewanger versetzt, dort Aufstieg zum SS-Hstuf. u. Batl.-Kdr. Ende April 1945 b. Berlin in sowjet. Kriegsgefangenschaft geraten. Rückkehr Ende 1949. Tätigkeit als Geschäftsfhr. der Vereinigten Hirsch Kohlenwerke. Eine in d. Kriegsgefangenschaft (Bergbau) zugezogene Lungenerkrankung verhinderte nach dem Krieg d. Fortsetzung d. Reiterkarriere, aber weiterhin Betätigung als Equipe-Chef d. dt. Springreiter, u.a. 1956 bei der Olympiade in Stockholm.
Als einer der wenigen anständigen

u. von den Untergebenen geachteten Offiziere der Strafeinheit Dirlewanger wurde M. nach dem Kriege in seinem alten Rang als Oberst rehabilitiert.

Publ.: *Mit dt. Reitern in 2 Weltteilen* (1940); *Pferde, Reiter u. Trophäen* (1957).

We

Morell, Theo Leibarzt Hitlers
geb. 22. 6. 1886 in Trais-Münzenberg,
gest. 26. 5. 1948 in Tegernsee.

1906 Abitur in Gießen, anschließend Medizinstudium in Gießen, Heidelberg, Grenoble, Paris u. München, dort 1913 Promotion. Danach Schiffsarzt bis 1914. Kriegsfreiwilliger, bis 1917 Truppenarzt. Seit 1918 Praxis f. Elektrotherapie u. Urologie in Berlin. Seit 1933 NSDAP-Mitglied. M. war inzwischen Modearzt mit Praxis am Kurfürstendamm geworden, der auch Heinrich → Hoffmann behandelte, der ihm 1936 einen Besuch auf d. Obersalzberg bei → Hitler vermittelte. Hitler wählte ihn als Leibarzt, nachdem M. ihm bei seinen Magen-Darm-Beschwerden hatte helfen können. Gg. seine umstrittenen Behandlungsweisen mit Antigas-Pillen, Vitaminpräparaten u. Stärkungsspritzen unbekannter Zusammensetzung erhoben die schulmedizinisch behandelnden Hitler-Ärzte → Brandt, v. Hasselbach u. Giesing im Okt. 1944 vergeblich Bedenken bei Hitler, der daraufhin die drei Ärzte entließ. M. blieb bis zum Ende in d. Reichskanzlei Hitlers Leibarzt; am 21. 4. 1945 Verabschiedung v. Hitler, am 23. 4. 1945 wurde er aus Berlin ausgeflogen. Nach Krankenhausaufenthalt in Bad Reichenhall ließ ihn d. amerik. Besatzungsmacht am 17. 7. 1945 festnehmen; anschließend durchwanderte er versch. Internierungslager. Nach längerer Krankheit starb M. im Krankenhaus Tegernsee.

Nach den Ermittlungen der Spruchkammern besaß M. bei Kriegsende ein Vermögen von 7 Mill. RM, das er u.a. mit Produkten der ihm gehörenden Hamma Werke in Hamburg (später Olmütz) u. Beteiligungen an anderen Firmen angehäuft hatte; u.a. stellte eine d. Firmen Läusepulver her, das im Bereich d. gesamten Wehrmacht vertrieben wurde. Hitler ließ ihm noch während d. Krieges ein kostspieliges bunkerartiges Labor in Bayrisch-Gmain errichten. Eine Münchner Berufungsspruchkammer veranlaßte im August 1949 die Einziehung von M.s Vermögen bis auf 3000 DM; eine West-Berliner Spruchkammer mußte jedoch noch im Frühjahr 1953 über die Freigabe eines von M. im Jahr 1939 für 300000 RM erworbenen Grundstücks auf d. Insel Schwanenwerder befinden. Den Vorwurf d. Scharlatanerie u. Kurpfuscherei, der von

ärztlicher Seite noch 1966 (Hans-Dietrich Röhrs, *Hitlers Krankheit. Tatsachen u. Legenden*) erhoben wurde, ließ M.s Witwe durch Urteil des OLG München v. 22. 11. 1976 gerichtlich unterbinden. Allerdings waren außer der fachlichen Kritik noch verschiedene ungünstige äußere u. charakterliche Eigenschaften M.s behauptet worden, von denen eine ganze Reihe durch die Aussagen d. Umgebung Hitlers bestätigt werden.
We

Muchow, Reinhold NS-Sozialpolitiker
geb. 21. 12. 1905 in Berlin,
gest. 12. 9. 1933 in Bacharach (Unfall?).
Sohn eines Schriftsetzers. Nach Volksschule Besuch einer kaufmänn. Fachschule, Gasthörer an d. Berliner Univ. Mitglied d. *Deutschnationalen Handlungsgehilfenverbands*. 1920 Mitglied d. Deutschsozialen Partei, Kontakte zum *Bund Oberland*. Im Dez. 1925 NSDAP-Mitglied, Schriftfhr. d. Ortsgruppe Neukölln. Juli 1927 Organisationsltr. des Gaues Berlin. 1930–33 neben Walter → Schuhmann, dessen Stellvertreter er war, treibende Kraft bei d. Einrichtung natsoz. Betriebszellen zunächst in Berlin, aber auch beim Ausbau d. *NS-Betriebszellen-Organisation* (*NSBO*) innerhalb d. Parteiführung. 1931 Gründer d. Betriebszellen-Zschr. *Arbeitertum*. 1933 Ernennung zum Organisationsltr. d. DAF. Wie → Schuhmann u. → Ley war M. an d. Planung der gewaltsamen Zerschlagung d. dt. Gewerkschaften (2. 5. 1933) beteiligt. Nach der zeitgenössischen Darstellung Schuhmanns im *Arbeitertum* wurde M. vom Revolver eines mit ihm speisenden Freundes zufällig getroffen. Der Schuß soll sich beim Umschnallen des Koppels aus d. Revolver gelöst haben. Der Freund habe sich daraufhin sofort mit zwei (!) Schüssen in den Kopf getötet. In der Literatur wird M.s Tod gewöhnlich als Autounfall dargestellt. Der Tod M.s beraubte die NSBO ihres aktivsten Spitzenfunktionärs und beschleunigte ihr Aufgehen in der Deutschen Arbeitsfront.
We

Müller, Heinrich Leiter der Geheimen Staatspolizei, SS-Gruppenführer
geb. 28. 4. 1900 in München,
verschollen seit dem 29. 4. 1945.
Kindheit in einer kath. Familie, Vater war Gendarmeriebeamter. Lehre als Flugzeugmonteur. Im 1. WK Unteroffizier, Auszeichnung mit dem EK I u. II. 1919 Diensteintritt bei der bayer. Polizei; in der Abt. Polit. Polizei in München zeitweise Sachbearbeiter für kommunist. Organisationen. 1933 Beförderung zum Kriminalinspektor. 1934

SS-Mitglied, 1937 Oberregierungs- u. Kriminalrat. 1941 bereits SS-Gruppenführer. Sein Beitritt zur NSDAP war erst 1939 möglich, da er in München wg. seines Vorgehens gg. Nationalsozialisten u. wg. seiner Nähe zum kath. *Zentrum* vor 1933 politisch verdächtig war. Von → Himmler u. → Heydrich wg. seiner Leistungsfähigkeit u. seines Diensteifers hochgeschätzt, wurde M. 1939 im Rang eines Generalleutnants d. Polizei Chef d. Amtes IV (Gestapo) im RSHA. In dieser Stellung wurde er zu einem der Hauptverantwortlichen für die Verfolgung u. Deportation der Juden in allen Ländern des dt. Einflußbereiches, aber auch v. Kommunisten u.a. polit. Gegnern des NS-Regimes. 1943 Entsendung nach Italien, um wg. der dort sehr nachsichtig betriebenen Judenpolitik Druck auszuüben. M. war auch verantwortlich f. d. Ermordung überwiegend sowjet. Kgf. Er wurde zuletzt am 29. 4. 1945 im Führerbunker gesehen u. soll am 17. 5. 1945 in Berlin begraben worden sein. Die Exhumierung der Leiche ergab aber keine eindeutige Identifizierung. Spekulationen über seine Flucht u. seine Tätigkeiten für den sowjetischen Geheimdienst beschäftigten die Medien noch viele Jahre nach dem Krieg.

Den

Müller, Karl Alexander v.

Historiker

geb. 20. 12. 1882 in München,
gest. 13. 12. 1964 in Rottach-Egern.

M.s Vater war bayer. Kultusminister. Zunächst Studium d. Rechte, dann d. Geschichte in München. 1903–04 Cecil-Rhodes-Stipendiat in Oxford. 1908 Promotion. Bei Beginn d. 1. WKs übernahm er neben Paul Coßmann die Hrsg. der *Süddeutschen Monatshefte*. 1917 Habilitation; Syndikus d. *Bayer. Akad. d. Wiss.* u. Honorarprofessor an d. Münchner Univ. 1928 Nachfolger Doeberls als Ordinarius f. bayer. Landesgeschichte an d. gleichen Univ., seit 1935 auch Ordinarius f. allg. Geschichte, nachdem er 1933 einen Ruf nach Berlin abgelehnt hatte. Schon in d. 20er Jahren Bekanntschaft mit → Hitler; früher Sympathisant d. NSDAP (unter seinen Hörern waren → Heß u. → Göring), Parteimitglied jedoch erst seit Mai 1933. Zu seinen vielen Ehrenämtern gehörten u.a. die Ehrenmitgliedschaft im Reichsinstitut f. d. Geschichte d. Neuen Dtschlds. seines Schülers Walter → Frank, in dem er die *Forschungsabteilung Judenfrage* nominell übernahm. 1935 (–1945) übernahm er als Nachfolger Friedrich Meineckes auch d. Schriftleitung der *Historischen Zeitschrift (HZ)*; von 1936 bis 1944 war er Präsident d. Bayerischen Akademie d. Wiss. u. zugleich Vorsitzender ihrer Histori-

schen Sektion. Nach Kriegsende 1945 wurde er zwangsemeritiert u. auch aus allen außeruniversitären Ämtern entlassen.
M., seiner Herkunft nach nationalkonservativ bis monarchistisch geprägt, lehnte die liberalen politischen Ideen Westeuropas u. in ihrem Gefolge die Weimarer Republik ab. Im Nationalismus des NS u. in dessen konservativen Zügen fand er dagegen manche Übereinstimmung mit eigenem Denken. Als eine der bestimmenden Größen in der Münchner Gesellschaft der 20er Jahre verstand er sich während des Dritten Reichs als Mittler zwischen der alten u. der jungen, vom NS bestimmten Historikergeneration, eine Rolle, die ihm – als Herausgeber der *HZ* u. dank seiner Nähe zum NS einer der einflußreichsten deutschen Historiker dieser Jahre – auf den Leib geschneidert schien. Als Historiker pflegte er fast ausschließlich die kleine Form der Aufsätze u. Essays, die in Sammelbänden wie *Vom alten zum neuen Deutschland. Aufsätze u. Reden 1914–1938* (1938) erschienen. Schriften wie *Probleme des Zweiten Reiches im Lichte des Dritten* (1935) u., zum Anschluß Österreichs, *Der zehnte April 1938 in der deutschen Geschichte* (1938), beleuchten seine geistige Verbundenheit mit Strömungen im NS. Eine lesenswerte Quelle über das München vor 1933 und damit auch für die Vorgeschichte des NS sind die Erinnerungen M.s *Aus den Gärten d. Vergangenheit* über d. Jahre 1882–1914 (1951), *Mars u. Venus* über die Jahre 1914–19 (1954) sowie der aus dem Nachlaß herausgegebene Band *Im Wandel einer Welt* (1966), der die Jahre 1919–32 behandelt.
We

Müller, Ludwig »Reichsbischof« der evangelischen Kirche
geb. 23. 6. 1883 in Gütersloh/Westfalen,
gest. 31. 7. 1945 in Berlin.
Sohn eines Beamten. Nach d. Studium der evang. Theologie seit 1908 Pfarrer, im 1. WK Marinepfarrer. 1918–26 Garnisonspfarrer in Wilhelmshaven. 1926–33 Wehrkreispfarrer in Königsberg, wo er sich mit nationalist. u. antisemit. Predigten hervortat. 1927 Begegnung mit → Hitler. Ab 1932 Führer der *Dt. Christen* in Ostpreußen. Ab April 1933 *Vertrauensmann u. Bevollmächtigter f. d. Fragen der evang. Kirche*; seit Mai 1933 auch Vorsitzender des *Deutschen Evang. Kirchenbundes*. Ab dem 6. 8. 1933 preuß. Landesbischof, seit dem 27. 9. 1933 »Reichsbischof«. Im Sept. 1933 Ernennung zum preuß. Staatsrat.
Gegen den Widerstand der *Bekennenden Kirche* suchte M. aus den 28 evangelischen Landeskirchen eine einheitliche Deutsche Evan-

gelische Kirche zu formen, in der Führerprinzip und Arierparagraph gelten sollten, wofür er volle staatliche Unterstützung erhielt. Als er Ende Dezember 1933 eigenmächtig die evangelischen Jugendorganisationen in die HJ überführte, war der Bruch mit der innerkirchlichen Opposition vollzogen. Obwohl dem Regime treu ergeben und formal bis 1945 im Amt, war M. besonders nach der Einsetzung des Reichskirchenministers → Kerrl am 16. 7. 1935 nur mehr eine Randfigur.
Ri

Münchhausen, Börries von

(Ps. *H. Albrecht*) Schriftsteller
geb. 20. 3. 1874 in Hildesheim,
gest. 16. 3. 1945 in Windischleuba bei Altenburg (Selbstmord).

Sohn eines Kammerherrn u. Gutsbesitzers aus altem niedersächs. Adelsgeschlecht. Jugend auf den väterlichen Gütern in Hannover u. Thüringen. Nach Abitur in Hannover 1895–99 Studium der Rechtswissenschaften, Philosophie u. Naturwissenschaften in Heidelberg, München, Berlin u. Göttingen; Promotion zum Dr. jur.; Referendar. 1896 als erste Veröffentlichung *Gedichte*. Bald darauf Hrsg. des *Göttinger Musenalmanachs* (1898, 1901, 1905, 1923). 1900 Veröffentlichung eines Bandes mit *Balladen*. 1902–14 Aufenthalt in Sahlis bei Kohren. Im 1. WK Offizier im sächsischen Garde-Reiter-Reg., zuletzt Rittmeister. Ab 1916 in der Auslandsabt. d. Ausw. Amtes. Lebte seit 1920 auf Schloß Windischleuba bei Altenburg. Domherr von Wurzen; Kammerherr. 1933 Senator d. *Deutschen Akademie d. Dichtung*. Inhaber der *Wartburgrose*; Ehrendoktor der Univ. Breslau. Vorsitzender der *Wilhelm-Raabe-Gesellschaft*. Mitglied d. Internationalen Rates zur Förderung der Sprechkultur.

M. galt in Praxis und Theorie als Hauptvertreter einer neueren deutschen Balladendichtung, der trotz einer »Vorliebe für ritterliche Stoffe aus der Welt des Adels« ein den Nationalsozialisten wichtiges »allgemeindeutsches Volksempfinden« nicht ausschloß. Ideologisch war M. mit seinem Anspruch an »Herrentum« u. »Ritterlichkeit« für die Idee des nationalsozialistischen »Herrenmenschen« ausbeutbar. M. setzte seinem Leben kurz nach dem Tode seiner Frau u. angesichts des Untergangs des Deutschen Reiches ein Ende. Erst nach dem Krieg erschienen Veröffentlichungen seiner Tagebücher, Reden u. kleineren literarischen Formen: *Tagebücher (1898–1941), Aphorismen, Essays, Reden* (1953) und *Aus den Tagebüchern* (1965).
AS

Murr, Wilhelm Gauleiter
geb. 16. 12. 1888 in Esslingen,
gest. 14. 5. 1945 in Egg/Großes Walsertal.
Nach Besuch d. Volksschule kaufmänn. Lehre u. Tätigkeit im Großhandel u. in der Industrie. 1908–10 Militärdienst. 1914 Kriegsfreiwilliger, 1915 schwere Verwundung, Beförderung zum Vizefeldwebel. 1922 Mitgliedschaft in der NSDAP, Ortsgruppenleiter in Esslingen. Nach Neugründung d. NSDAP Wiedereintritt in die Partei im Aug. 1925, Aufstieg zum Kreisleiter u. Gaupropagandaleiter des Gaues Württemberg-Hohenzollern, am 1. 2. 1928 schließlich zum GL von Württemberg-Hohenzollern. Bei der Septemberwahl 1930 in den Reichstag gewählt, 1933 in den württemberg. Landtag. Am 15. 3. 1933 Ernennung zum Staatspräsidenten, Innen- u. Wirtschaftsminister des Landes Württemberg, am 5. 5. 1933 zum Reichsstatthalter. 1934 Eintritt in die SS, 1942 SS-Ogruf. Bei Kriegsausbruch Berufung zum RKV im Wehrkreis V, ab 16. 11. 1942 für den Gau Württemberg-Hohenzollern. Vor den herannahenden alliierten Truppen zog sich M. im April 1945 in das Große Walsertal zurück u. lebte einige Tage mit seiner Frau, mit falschen Papieren ausgestattet, auf einer Almhütte; frz. Truppen verhafteten das Paar am 12. 5. 1945. In der Haft voneinander getrennt, vergiftete sich Frau M., ihr Mann nahm daraufhin ebenfalls Gift. Beide wurden zunächst unter ihrem falschen Namen auf dem Dorffriedhof in Egg bestattet, die wahre Identität erst ein Jahr später durch eine Autopsie festgestellt.
We

Mutschmann, Martin Gauleiter
geb. 9. 3. 1879 in Hirschberg a.d. Saale,
gest. Juli 1948 in Dresden in der Haft.
Nach der Volksschule Besuch d. Handelsschule in Plauen u. kaufmänn. Lehre bis 1896, dann bis 1901 Tätigkeit als Strickmeister u. Abteilungsleiter in versch. Plauener u. westdt. Textilfabriken. 1901–03 Militärdienst in Straßburg, anschließend wieder Rückkehr in den alten Beruf, zuletzt als Geschäftsführer einer Plauener Spitzenfabrik. 1907 Gründung einer eigenen Spitzenfabrikation. Im Aug. 1914 Kriegsfreiwilliger, 1916 nach schwerer Verwundung aus dem Militärdienst entlassen u. Rückkehr in den eigenen Betrieb, den er bis 1930 weiterführte. 1919 Mitglied des antisemitischen *Dt.-Völkischen Schutz- u. Trutzbundes*. 1922 in die NSDAP eingetreten, während des NSDAP-Verbots politisch im *Völkischen Block* tätig, dessen Plauener Gruppe er 1925 nach der Aufhebung des Verbots der NSDAP zuführte. Seit 1924 Gauführer der NSDAP

im Gau Sachsen. Sept. 1930 MdR. Im Juli 1932 Landesinspekteur der NSDAP für Sachsen u. Thüringen. Nach der Machtübernahme wurde M. am 5. 5. 1933 zum Reichsstatthalter in Sachsen ernannt; am 28. 2. 1935 verdrängte er Manfred v. → Killinger von der Leitung der sächsischen Landesregierung; im gleichen Jahr Ernennung zum sächs. Landesjägermeister; 1937 SA-Ogruf. Mit Ausbruch des Krieges Ernennung zum RVK im Wehrkreis IV, seit 16. 11. 1942 für den Gaubereich Sachsen. Auf d. Flucht vor d. Roten Armee wurde er am 10. 5. 1945 von sowjetischen Truppen im Erzgebirge gefangengenommen. M. soll nach einem Prozeß in sowjetischer Haft gestorben sein; seine Frau überlebte ihre 8jährige Haftstrafe (gest. 1971 in Jülich).

Über den bei der sächsischen Bevölkerung wenig beliebten M. waren bereits während der NS-Zeit Gerüchte im Umlauf, die ihn als besonders schamlosen Nutznießer seiner hohen Parteistellung darstellten. M., der in der Tat bei der Verfolgung von eigenen wie von Parteiinteressen auch vor brutalen Verfolgungsmaßnahmen nicht zurückschreckte, verkörperte unter den Gauleitern der NSDAP besonders beispielhaft den Typ des selbstherrlichen und selbstgefälligen, korrupten Provinzfürsten, erfreute sich aber der Gunst → Hitlers wegen seines in des Diktators Sicht kompromißlosen Führungsstils.

We

N

Nadler, Josef Literaturhistoriker

geb. 23. 5. 1884 in Neudörfl bei Varnsdorf/Nordböhmen,
gest. 14. 1. 1963 in Wien.

Sohn eines sudetendeutschen Werkmeisters. Besuch der Gymnasien in Mariaschein u. Böhmisch-Leipa. Nach Abitur Studium der Literaturgeschichte, Germanistik u. Philosophie an der Dt. Univ. Prag; 1908 Promotion. 1909 als Einjähriger bei den Kaiserjägern. 1909–11 in München Arbeit an einer Literaturgeschichte f. d. Regensburger Verleger Habbel. 1912 a. o., später o. Prof. für Literaturgeschichte in Freiburg/Schweiz. 1914 Meldung als Freiwilliger, Teilnahme am 1. WK als Feldjäger. 1925 Verleihung des *Gottfried-Keller-Preises* der Univ. Freiburg. 1912–28 Veröffentlichung seines Hauptwerkes, der vierbändigen *Literaturgeschichte des dt. Volkes*. 1925 Professur in Königsberg/Preußen; 1931 Verleihung d. Kant-Plakette. Vorlesungen u. Vorträge im Baltikum. 1931 Professur in Wien. 1934 Vorstandsmitglied d. *Österreichischen Volksbundes*. 1938–41 vier überarbeitete Neuauflagen seines

Werkes unter dem Titel *Literaturgeschichte der dt. Stämme u. Landschaften.* 1946 Entzug der Lehrerlaubnis trotz Einstufung im Entnazifizierungsverfahren als »minderbelastet«. 1950 einbändige überarbeitete Neuerscheinung seines Hauptwerkes u.d.T. *Geschichte der dt. Literatur.* 1960 Adalbert-Stifter-Plakette des österr. Unterrichtsministeriums. Ehrendoktor d. Univ. Sofia. Mitglied der *Österr. Akademie der Wissenschaften.*

N. wurde nach 1945 nicht nur der Vorwurf gemacht, sein während des Dritten Reiches überarbeitetes Hauptwerk von einer ursprünglich nationalen, auf stammesgeschichtlicher Grundlage basierenden Literaturgeschichte in ein von rassisch-ethnologischen Fragen bestimmtes, nationalsozialistisch gefärbtes Werk verwandelt zu haben. Auch antisemitische Tendenzen und eine gewisse Hitlerverehrung wurden dem während des Dritten Reiches von den Nationalsozialisten hofierten Literaturwissenschaftler nachgesagt. In seiner biographischen Schrift *Kleines Nachspiel* (1954) verteidigte sich N. gegen diese Vorwürfe unter Hinweis auf seinen erkennbar katholischen Standpunkt.

AS

Nadolny, Rudolf Botschafter
geb. 12. 7. 1873 in Groß Stürlach,
gest. 18. 5. 1953 in Düsseldorf.

Sohn eines Gutsbesitzers. Einjährige freiwillige Militärzeit u. Studium d. Rechtswissenschaften. April 1902 Einberufung in d. Ausw. Amt. 1903 Vizekonsul in St. Petersburg, 1907 Hilfsreferent im Osthandelsreferat in Berlin, 1908 Veröffentlichung d. Handbuchs *Verkehr nach Rußland.* Nach Kriegsbeginn 1914 als Hptm. Chef der *Sektion Politik Berlin* des Generalstabs d. Feldheeres. März 1919 Vertreter d. Ausw. Amts bei Reichspräs. Ebert (im Range eines Gesandten) u. anschließend dessen Erster Kabinettschef. Febr. 1920 Gesandter in Stockholm; Juni 1924 Botschafter in Konstantinopel, ab Febr. 1932 zugleich Ltr. d. dt. Delegation auf d. Abrüstungskonferenz in Genf. Dort bemühte er sich im Frühjahr 1933 noch um eine Vereinbarung zwischen d. Großmächten, während Außenminister v. → Neurath einer qualitativen Gleichberechtigung in Rüstungsfragen den Vorrang gab u. → Hitler den schließlich am 14. 10. 1933 vollzogenen Austritt aus d. Abrüstungskonferenz u. aus d. Völkerbund anstrebte. Am 16. 11. 1933 trat N. seinen Dienst als Botschafter in Moskau an. Im Frühjahr 1934 setzte er sich bei Hitler u. Neurath nachdrücklich f. eine polit. Normalisierung u. wirtschaftl. Zusammenarbeit mit d. UdSSR ein. Als er mit seinen Vorstellungen nicht durchdrang, erfolgte am 11. 6. 1934 auf eigenen Wunsch die Enthe-

bung vom Posten. Während des 2. WK war er Major im Stabe v. Admiral → Canaris; in dessen Auftrag konnte er 1942 Verbrechen d. SS in den rückwärtigen Gebieten d. Ostfront erkunden. Nach Kriegsende 1945 wurde er zunächst Präs. des DRK mit Dienstsitz in Potsdam. 1949 übersiedelte er ins Rheinland u. wurde wg. seines Eintretens f. die dt.-sowjet. Zusammenarbeit u. für ein um Ostpreußen verkleinertes neutralisiertes Gesamt-Dtschld. hin u. wieder als Agent d. Sowjet. Militäradministration diffamiert. Seine 1951 verfaßten Memoiren mit dem Titel *Mein Beitrag* – durchaus programmatisch als Gegentitel zu *Mein Kampf* verstanden – erschienen erstmals posthum 1953, in einer erweiterten Fassung 1985.
RAB

Nebe, Arthur SS-Gruppenführer, Leiter des Reichskriminalpolizeiamtes
geb. 13. 11. 1894 in Berlin,
gest. 3. 3. 1945 in Berlin/Plötzensee (hingerichtet).
Sohn eines Volksschullehrers. 1914 Notabitur, Kriegsfreiwilliger im 1. WK, EK I. 1920 Verabschiedung als Obltn.; anschließend Tätigkeit b. d. Berliner Kriminalpolizei. 1931 Eintritt in d. NSDAP u. SA, Gründung einer natsoz. Beamtenarbeitsgemeinschaft. 1933 Beförderung zum Kriminalrat im *Geheimen Staatspolizeiamt*, 1935 Ltr. d. preuß. *Landeskriminalpolizeiamtes*. 1936 Ltr. der Abt. Kriminalpolizei beim Chef der Sipo/SD unter Übernahme in die SS als Sturmbannfhr. (Beförderung bis 1941 zum Gruf.). N.s Abt. wurde am 16. 7. 1937 zum *Reichskriminalpolizeiamt* erweitert u. im Sept. 1939 als Amt V in das RSHA integriert. Während d. Rußlandfeldzuges war N. von Juni bis Nov. 1941 Fhr. d. *Einsatzgruppe B*, die in dieser Zeit nach N.s Angaben für die Ermordung von 45 467 Personen, meist Juden, verantwortlich war. Danach wieder im RSHA tätig, von wo aus er dem Widerstandskreis um → Oster zuarbeitete. Auch nach Mißlingen des Attentats blieb N.s Beteiligung unentdeckt, bis er sich durch seine Flucht verdächtig machte. Durch Denunziation konnte er am 16. 1. 1945 verhaftet werden. Am 2. 3. 1945 wurde er vom VGH zum Tode verurteilt.
Bereits vor dem Zweiten Weltkrieg war N. als Chef der Kripo neben → Heydrich einer der Hauptverantwortlichen für die Entrechtung und Verfolgung der Sinti und Roma in Deutschland. Er meldete sich vermutlich als einziger Amtschef im RSHA – angeblich mit Zustimmung eines der führenden Köpfe des Widerstandes, Generaloberst → Beck – freiwillig zum Dienst als Kommandeur einer Einsatzgruppe und wurde so zu einem der Haupttäter nationalsozialistischer Aus-

rottungspolitik. Um ein möglichst wirkungsvolles Massentötungsmittel zu finden, experimentierte der als Pionieroffizier des Ersten Weltkrieges ausgewiesene Fachmann mit der Wirkung von Sprengstoffen auf Menschen. In Widerspruch zu diesen Verstrickungen in nationalistische Verbrechen stehen seine schon Jahre vor dem Krieg gesuchte Annäherung an den Kreis um Beck und seine subversiven Kontakte zu Generalmajor → Oster.
Den

Neubacher, Hermann Sonderbeauftragter für Wirtschaftsfragen in Südosteuropa
geb. 24. 6. 1893 in Wels,
gest. 1. 7. 1960 in Wien.
Nachdem N. am 1. WK als Obltn. teilgenommen hatte, beendete er sein Studium d. Forstwissenschaften u. promovierte 1920 zum Doktor d. Bodenkultur. Schon in d. 20er Jahren galt N. als Experte f. Wirtschaftsfragen in Ost- u. Südosteuropa. N. war als bedeutender österr. Wirtschaftsführer, Obmann d. *Österr.-Dt. Volksbundes*, Mitglied d. *Dt.-Österr. Arbeitsgemeinschaft* u. der Delegation f. den dt.-österr. Wirtschaftszusammenschluß ein einflußreicher Befürworter des »Anschlusses«. 1935 wurde er wg. seiner Verbindung zur illegalen österr. NSDAP verhaftet u. zu einer Gefängnisstrafe verurteilt. Danach ging N. nach Dtschld. u. arbeitete als Fachmann f. südosteurop. u. österr. Wirtschaftsfragen in d. Finanzabteilung d. IG Farben. Von März 1938 bis Ende 1940 war er Bürgermeister v. Wien. Danach wechselte er ins Ausw. Amt. Als *Sonderbeauftragter* u. seit 1943 als *Sonderbevollmächtigter d. Ausw. Amts f. d. Südosten* beschäftigte sich N. mit d. Rohstoffsicherung (v.a. Erdöl aus Rumänien) u. Reorganisation d. Wirtschaft in d. verbündeten u. besetzten Ländern Südosteuropas. Stationen seines Wirkens bis Kriegsende waren Rumänien, Bulgarien, Griechenland, Albanien u. Jugoslawien. Im Mai 1945 wurde N. von d. Amerikanern in Haft genommen. Auf Betreiben d. jugoslaw. Regierung wurde er im Juni 1946 an Belgrad ausgeliefert. Erst am 16. 5. 1951 wurde N. vom Kriegsgericht in Belgrad zu 20 Jahren Zwangsarbeit verurteilt, am 21. 11. 1952 jedoch wg. Krankheit aus d. Haft entlassen. Seit März 1954 arbeitete N. als Berater u. Verwaltungskommissar d. Stadtverwaltung Addis Abeba in Äthiopien. 1956 kehrte er nach Österreich zurück.
IPM

Neurath, Konstantin Frhr. v.
Reichsaußenminister
geb. 2. 2. 1873 in Klein-Glattbach/Württ.,
gest. 14. 8. 1956 in Enzweihingen/Württ.

Sohn eines Gutsbesitzers u. Oberstkammerherrn d. Königs v. Württemberg, sein Großvater war Minister f. auswärtige Angelegenheiten des Königs v. Württemberg. Nach Besuch des Gymnasiums in Stuttgart Studium d. Rechtswissenschaften in Tübingen u. Berlin. Ab 1901 Assessor im Ausw. Amt, anschließend 1903–08 Vizekonsul in London. Ab 1909 als Legationsrat, von 1914–16 als Botschaftsrat in Konstantinopel, zwischenzeitlich Teilnahme am 1. WK. Ab 1917 Chef des Zivilkabinetts des Königs v. Württemberg. 1919 Rückkehr in den diplomat. Dienst als Gesandter in Kopenhagen; 1922–30 Botschafter in Rom, 1930–32 in London. N. stand d. Weimarer Demokratie fern, er war ein Vertreter d. traditionellen diplomat. Elite, nicht zuletzt in seiner antisemit. Grundhaltung gg. jüd. Kollegen, in denen er emporgekommene Außenseiter sah. In der zweiten Hälfte der 20er Jahre gehörte er zu den Vertrauten → Hindenburgs. Der Reichspräsident favorisierte seit dem Frühjahr 1929 N. als Nachfolger Stresemanns im Ausw. Amt. N. lehnte zunächst ab, trat aber am 2. 6. 1932 in d. Kabinett v. → Papen als Außenminister ein. Er behielt den Posten in den Kabinetten v. → Schleicher u. → Hitler. In N.s Amtszeit fiel u.a. Dtschld.s Austritt aus dem Völkerbund, die Aufrüstung u. der Einmarsch in d. Rheinland. N. trat 1937 in d. NSDAP ein. Hitler ernannte ihn im Sept. desselben Jahres zum SS-Gruf. N. stimmte mit Hitler zwar über d. Revision d. Versailler Friedensvertrags überein, war aber kein Vertreter d. langfristigen Lebensraumpolitik des Diktators. Weil er den Kriegsplänen Hitlers distanziert gegenüberstand, mußte er nach der Fritsch-Krise am 4. 2. 1938 sein Amt an den Hitler ergebenen → Ribbentrop übergeben. Bereits vor d. Absetzung hatte das NSDAP-interne *Büro Ribbentrop* seinen Spielraum nach u. nach eingeengt, so daß N. immer mehr dazu gedient hatte, Hitlers Außenpolitik eine seriöse Fassade zu geben. N. wurde dafür zum Reichsminister ohne Geschäftsbereich, Mitglied d. *Reichsverteidigungsrats* u. Präsident des nie zusammengetretenen *Geheimen Kabinettsrats* ernannt. Hitler berief ihn am 18. 3. 1939 zum *Reichsprotektor in Böhmen und Mähren* mit Sitz in Prag. Die Erstickung des tschechischen polit. Lebens fiel dort ebenso in seine Zuständigkeit wie die Einführung d. Nürnberger Rassengesetze. Hitler beurlaubte ihn am 27. 9. 1941 offiziell aus Altersgründen, tatsächlich aber, weil er seine Amtsführung für zu weich befand. Zunächst übernahm Reinhard → Heydrich als stellv. Reichsprotektor seine Amtsgeschäfte, im Aug. 1943 löste Wilhelm → Frick ihn offi-

ziell ab. Am 19. 6. 1943 wurde N. zum SS-Ogruf. befördert. Im Nürnberger *Hauptkriegsverbrecherprozeß* befanden ihn die Richter in allen Punkten der Anklage für schuldig u. verurteilten ihn zu 15 Jahren Haft. N. konnte jedoch wg. eines schweren Augenleidens schon 1954 das Spandauer Kriegsverbrechergefängnis verlassen.
PW

Niekisch, Ernst Politiker und Schriftsteller
geb. 23. 5. 1889 in Trebnitz/ Schlesien,
gest. 23. 5. 1967 in Berlin.
Sohn eines Feilenhauers. Nach Real- u. Präparandenschule in Nördlingen Ausbildung zum Volksschullehrer auf dem Altdorfer Lehrerseminar. Ab 1917 SPD-Mitglied. Im Nov. 1918 Mitglied, nach d. Ermordung Kurt Eisners im Febr. 1919 Vorsitzender d. *Zentralen Arbeiter- u. Soldatenrats* in München u. Wechsel zur Unabhängigen Sozialdemokratischen Partei Dtschld.s (USPD). Nach d. Beseitigung d. Räterepublik wurde N. wg. Hochverrats zu zwei Jahren Festungshaft verurteilt, die er als MdL nicht verbüßen mußte. 1922–26 wieder SPD-Mitglied, aber 1923 Niederlegung seines Landtagsmandats. 1923–27 Sekretär des *Dt. Textilarbeiterverbandes* in Berlin. Seit 1924 Kontakt zu Jungsozialisten, ab 1925 zum *Bund Oberland.* 1925 Parteiausschlußverfahren wg. N.s Propagierung des *Weges des dt. Arbeiters zum Staat* (Broschüre 1924). 1926–28 Mitglied d. gemäßigten Altsozialistischen Partei, Chefredakteur d. Parteizeitung *Der Volksstaat.* Im Juli 1926 Gründung d. antiwestl. Zschr. *Der Widerstand. Blätter f. soziale u. nationalrevolutionäre Politik* (Verbot 1934). Nach 1930 literarische Opposition gg. den NS. 1933 kurzzeitig inhaftiert. Nach seiner Freilassung Aufbau von Widerstandszellen. Kontakte sowohl zu kommunist. (Beppo Römer) als auch zu national-konservativen (v. Kleist-Schmenzin) Widerstandskreisen. Deshalb im März 1937 verhaftet, vom VGH am 10. 1. 1939 zu lebenslanger Haft verurteilt. 1945 v. d. Sowjets halbinvalide aus d. Zuchthaus Brandenburg befreit. Seit 1948 Prof. an d. Berliner Humboldt-Univ., Ltr. d. Instituts z. Erforschung d. Imperialismus. Mitglied d. KPD/SED, Volkskammer-Abgeordneter seit 1949. Nach dem Volksaufstand v. 17. Juni 1953 Bruch mit d. SED-Regime, 1954 Austritt aus d. Partei u. Übersiedlung nach West-Berlin. In d. BRD keine Wiedergutmachungsrente mit d. Begründung, daß er mit seiner polit. Arbeit in d. DDR einer anderen Gewaltherrschaft gedient habe. Eine Altersversorgung erhielt N. erst nach jahrelangen Bemühungen, u.a. der Europ. Menschenrechtskommission.

N. wandte sich als Führer der deutschen Nationalrevolutionäre gegen den Internationalismus der KPD und propagierte einen nationalen Sozialismus. Von Anfang an leistete er jedoch gegen das nationalsozialistische Regime Widerstand. So veröffentlichte er bereits 1932 *Hitler, ein deutsches Verhängnis*. Eine Analyse der NS-Herrschaft bot er 1958 mit seinem bekanntesten Buch *Das Reich der niederen Dämonen*.

Weitere Publ.: *Die dritte imperiale Figur* (1934); *Im Dickicht d. Pakte* (1934); *Gewagtes Leben. Begegnungen und Begebnisse* (1958).

Ri

Niemöller, Martin evangelischer Pfarrer und Theologe

geb. 14. 1. 1892 in Lippstadt/Westfalen,

gest. 6. 3. 1984 in Wiesbaden.

Pfarrerssohn. 1910 Eintritt in die kaiserliche Marine, im 1. WK U-Boot-Kommandant, 1919–24 Theologiestudium in Münster, 29. 6. 24 Ordination, 1924–30 Arbeit für die *Innere Mission* in Westfalen. Seit 1. 7. 1931 Pfarrer der St.-Annen-Kirche in Berlin-Dahlem. 1934 Veröffentlichung seiner patriotisch gefärbten Autobiographie *Vom U-Boot zur Kanzel*. Die Machtergreifung der Nationalsozialisten kam seiner nationalen Gesinnung u. Skepsis gegenüber d. Weimarer Republik zunächst entgegen; doch die Versuche der Nationalsozialisten, d. Kirche gleichzuschalten u. weltanschaulich zu unterwandern, entfachten seinen Widerstand. Zusammen mit d. sog. Jungreformatoren gründete er am 21. 9. 1933 den *Pfarrernotbund*. Die Teilnahme an einer Audienz b. → Hitler am 25. 1. 1934, die zu einem erregten Wortwechsel zwischen ihm u. dem Kanzler führte, bescherte ihm eine permanente Überwachung durch d. Gestapo. Es folgte d. Amtsenthebung am 1. 3. 1934, die N. ignorierte; nach Protesten der Gemeinde u. dem Urteil d. LG Berlin vom 5. 7. 1934 kam es zur offiziellen Wiedereinsetzung. Dazwischen lag im Mai 1934 d. *Barmer Bekenntnissynode*, die als konstituierende Versammlung d. *Bekennenden Kirche* gelten kann, in der N. eine herausragende Rolle im Kampf gegen die *Deutschen Christen* u. die Nationalsozialisten spielte. Seine leidenschaftl. u. populären Predigten führten am 1. 7. 1937 zu seiner Verhaftung wg. Kanzelmißbrauchs u. Vergehens gg. d. Heimtückegesetz. Im Prozeß vor dem SG Berlin-Moabit Verurteilung am 2. 3. 1938 zu sieben Monaten Festungshaft, die als bereits verbüßt galten. Trotzdem wurde er als »persönl. Gefangener des Führers« bis Kriegsende in verschiedenen KZs festgehalten. Seine zeitweisen Überlegungen, zur kath. Kirche überzutreten, führten zu seiner Verlegung nach Dachau, wo

er im Block mit kath. Priestern untergebracht wurde. Sein Übertritt sollte d. Anhänger der *Bekennenden Kirche* demoralisieren. N. blieb aber evangelisch. Im Mai 1945 wurde er auf dem Transport von Dachau nach Südtirol von US-Truppen befreit. Nach d. Krieg war N. Mitverfasser des Stuttgarter Schuldbekenntnisses v. Okt. 1945. 1947–64 war er Präsident der hess. Landeskirche, 1948–55 Mitglied des Rats d. *Evang. Kirche in Deutschland* (EKD), 1961–67 Präsidiumsmitglied des *Weltkirchenrats*. Als Gegner einer dt. Wiederaufrüstung u. Mahner vor den Gefahren d. atomaren Wettrüstens unterstützte er d. Friedensbewegung u. d. ökumenische Bewegung. Als streitbarer Christ, aber auch wegen seiner zur politischen Linken tendierenden vielfältigen Engagements blieb er selbst in der Kirche umstritten.
Den

Nolde, Emil (eigtl. *Emil Hansen*)
Maler und Graphiker
geb. 7. 8. 1867 in Nolde/Nordschleswig,
gest. 15. 4. 1956 in Seebüll.
N., der aus einer Bauernfamilie stammte, lernte 1884 Zeichnen u. die Holzbildhauerei in Flensburg u. war seit 1888 in München, Karlsruhe u. Berlin als Möbelzeichner u. Student u. von 1892–98 als Zeichenlehrer am Kunstgewerbemuseum in St. Gallen tätig. Nach weiteren Studienjahren in München u. Paris zog er mit seiner Frau, d. Dänin Ada Vilstrup, nach Berlin, 1903 auf d. Insel Alsen; 1904/05 bereiste d. Paar Italien. 1906–07 gehörte er in Dresden der Künstlergruppe *Die Brücke* an. 1913–14 war er auf Einladung d. Reichskolonialamtes künstl. Berater einer dt. Expedition auf Neu-Guinea. In der Weimarer Republik avancierte d. »nordische Maler«, wie N. sich selber bezeichnete, zu einem bedeutenden Vertreter des Expressionismus. 1931 wurde er Mitglied d. *Preuß. Akademie d. Künste*. Dennoch unterschieden ihn gerade seine polit. Haltung u. sein Lebensstil von den klass. Vertretern dieser Stilrichtung. N. gehörte zu den frühen Mitgliedern d. NSDAP, an der ihn v.a. deren antisemit. Tendenzen anzogen. Seine Werke waren allerdings in d. Partei umstritten: → Goebbels schätzte N. sehr u. versuchte ihn zu fördern; andere NS-Größen, insbesondere Alfred → Rosenberg u. Paul → Schultze-Naumburg, griffen N. schon seit Ende der 20er Jahre an u. brandmarkten seine Werke als »kulturbolschewistisch«. 1930 wurden N.s Arbeiten auf Befehl des thüringischen NS-Volksbildungsministers Wilhelm → Frick aus den landeseigenen Museen entfernt. Andererseits konnte N. nach 1933 zunächst weiterarbeiten u. ausstellen; weitreichende Förderung fand er in der NS-Frei-

zeitorganisation *Kraft durch Freude*, die »Fabrikausstellungen« mit seinen Werken veranstaltete. 1937 wurden jedoch einige seiner Bilder in d. Münchner Ausstellung *Entartete Kunst* gebrandmarkt, anschließend 1052 Werke N.s aus öffentl. Galerien beschlagnahmt u. ins Ausland verkauft bzw. im Sommer 1939 in einer barbarischen Aktion als »entartet« verbrannt. 1941 schloß man N. schließlich aus der *Reichskammer der bildenden Künste* aus, was einem Berufsverbot gleichkam. N. arbeitete heimlich weiter, die »ungemalten Bilder« aus dieser Zeit, alles leicht zu versteckende kleinformatige Aquarelle, gehören zu seinen berühmtesten Werken. Nach 1945 wurde N. wieder zu einem d. bekanntesten dt. Maler der Gegenwart u. konnte äußerlich an seine erfolgreiche Karriere aus der Weimarer Zeit anknüpfen, erhielt den Professorentitel u. wurde Mitglied des Ordens *Pour le mérite*.

Publ.: *Das eigene Leben* (1931); *Jahre d. Kämpfe* (1934).

KK

O

Oberg, Carl (Albrecht) Höherer SS- und Polizeiführer in Frankreich

geb. 27. 1. 1897 in Hamburg,
gest. 3. 6. 1965.

Vater Medizinprof. 1915–18 Teilnahme am 1. WK, Auszeichnung mit EK I. Als Ltn. verabschiedet. 1919–21 Mitglied d. *Freikorps Großhamburg*. Beteiligung am Kapp-Putsch. 1921 Geschäftsführer d. *Organisation Escherich*. Anschließend in verschied. kaufmänn. Berufen tätig. Im Juni 1931 Eintritt in d. NSDAP, 1932 in d. SS. Seit 1933 im SD-Hauptamt beschäftigt. April 1935 SS-Staf. Nach Differenzen mit → Heydrich ab Nov. 1935 Führer d. 22. SS-Standarte in Mecklenburg, Jan. 1937 Stabsführer des SS-Abschnitts IV (Hannover). Seit Jan. 1939 (zunächst kommissar.) Polizeipräs. in Zwickau. Ab Aug. 1941 SSPF in Radom. März 1942 SS-Brif. Ab Mai 1942 HSSPF in Frankreich. April 1943 SS-Gruf. Obwohl von d. Juli-Attentätern in Paris kurzfristig festgesetzt, verhielt O. sich nach dem Mißerfolg des Attentats ihnen ggüb. ehrenhaft. Aug. 1944 SS-Ogruf. Nach d. Verlust Frankreichs 1944 erhielt O. ein Kdo. in der von → Himmler geführten *Heeresgruppe Weichsel*. Bei Kriegsende in einem Tiroler Dorf verhaftet, in Dtschld. zum Tod verurteilt u. am 10. 10. 1946 an Frankreich ausgeliefert. Am 9. 10. 1954 dort erneut zum Tod verurteilt, am 10. 4. 1958 zu lebenslanger Haft, am 31. 10. 1959 zu 20 Jahren Haft begnadigt. 1962 Entlassung. Lebte danach in der Bundesrepublik.

O. war sowohl bei seiner Tätigkeit

als Polizei- und SS-Führer in Radom als auch in Frankreich mitverantwortlich für die Verfolgung der Juden und Regimegegner, in Polen zudem für die Rekrutierung von Zwangsarbeitern.
Ri

Oberländer, Theodor Osteuropakundler, Bundesminister
geb. 1. 5. 1905 in Meiningen/Thür., gest. 5. 5. 1998 in Bonn.
Nach dem Abitur Landwirtschaftslehre. 1923 Teilnahme am Hitler-Putsch. Landwirtschaftsstudium in München, Hamburg u. Berlin. 1929 Promotion. 1928 angestellt bei der dt.-russ. Gesellschaft DRUSAG, Saatbau AG im Kubangebiet. Anschließend Studium der Nationalökonomie. 1930 Promotion in Königsberg. 1930–32 Reisen nach Rußland, China, Japan, Kanada u. USA, um Rationalisierungsmethoden im Ackerbau zu entwickeln. 1931 Assistent am damaligen Institut f. ostdt. Wirtschaft in Königsberg. 1933 Privatdozent u. Mitgl. d. NSDAP. 1934 a.o. Prof. f. Landwirtschaftspolitik an der TH Danzig, gleichzeitig Direktor des *Instituts für osteuropäische Wirtschaft* in Königsberg, 1937 a.o. Prof. an der Univ. Königsberg. Gauamtsltr. im Gaustab des NSDAP-Gaues Ostpreußen. 1934–37 Ltr. d. *Bundes dt. Osten* u. Ltr. des Landesverbandes Ostpreußen des *Verbandes der Auslandsdeutschen.* 1938 an die Univ. Greifswald berufen, 1940 ordtl. Professor f. Staatswiss. der Dt. Univ. Prag. 1939 zur Wehrmacht eingezogen; als Abwehr-Offz. Mitarbeiter d. Abt. II des OKW-Amtes Ausland/Abwehr. 1939 Mitarbeiter d. Abwehrstelle des Wehrkreises VII in Breslau. Aufstellung u. Ausbildung einer aus Ukrainern bestehenden Sabotageeinheit (*Bataillon Nachtigall*) f. Sondereinsätze von Abwehr II, mit der O. am Einmarsch in Ostgalizien teilnahm, vom 30. 6. 1941 bis 7. 7. 1941 in Lemberg (Lwow) stationiert. Anschließend als Hptm. Aufbau einer Spezialeinheit zur Bekämpfung d. Partisanenbewegung, dem aus sowjet. Kriegsgefangenen bestehenden *Bataillon Bergmann* (später Rgt.), das im Kaukasus tätig wurde. Nachdem O. kritische Denkschriften über d. Behandlung d. Völker der Sowjetunion verfaßt hatte, wurde er 1943 aus d. Wehrdienst entlassen. Wieder aktiviert, wurde O. als Major im Stab d. General Wlassow Ltr. des Schulungslagers Dabendorf b. Berlin. Am 23. 4. 1945 v. d. Amerikanern verhaftet, ein Jahr später aus der Kriegsgefangenschaft entlassen. Nach dem Krieg zunächst Mitgl. der FDP, später Mitbegründer des Bundes d. Heimatvertriebenen u. Entrechteten (BHE) in Bayern, 1950–53 dort Landesvorsitzender u. MdL. 1951 im Kabinett d. bayer. MinPräs. Ehard StSekr. für das Flüchtlings-

wesen. 1953 MdB. 1953–60 v. → Adenauer zum Bundesminister f. Vertriebene (seit 1954 für Vertriebene, Flüchtlinge u. Kriegsgeschädigte) berufen. 1954–55 Landesvorsitzender der Nordrhein-Westf. u. Bundesvorsitzender des Gesamtdeutschen Blocks/BHE. 1955 Austritt aus seiner Partei, um im Kabinett bleiben zu können. 1956 Mitglied d. CDU. 1960 in d. DDR wg. Kriegsverbrechen in Abwesenheit zu lebenslanger Zuchthausstrafe verurteilt. Nach Erreichen d. Pensionsalters im Mai 1960 Rücktritt als Minister. 1960 Einstellung eines Ermittlungsverfahrens d. Staatsanwaltschaft Bonn »wegen fehlenden Tatverdachts«. Bis 1965 MdB der CDU. Im Juni 1981 zusammen mit 14 weiteren Professoren Unterzeichner des *Heidelberger Manifests*, das sich u.a. gegen »Überfremdung der dt. Sprache, unserer Kultur u. unseres Volkstums« durch »Ausländer« verwahrt. 1993 auf Antrag O.s Aufhebung des DDR-Urteils als »rechtswidrig«. Seit März 1996 Ermittlungen d. Kölner Staatsanwaltschaft wg. Beteiligung an einem Massaker in Lemberg.

JW

Oberlindober, Hanns NS-Reichskriegsopferführer

geb. 5. 3. 1896 in München,
gest. Anfang April 1949 in Warschau.

Vater Offizier. Nach humanistischem Gymnasium in Berlin-Friedenau Kriegsfreiwilliger, nach Kriegsende bis 1927 Tätigkeit in kaufmänn. Beruf. Seit 1922 Mitglied von NSDAP u. SA, 1923 NSDAP-Bezirksleiter in Straubing, ab 1927 Reichsredner d. Partei. 1930 Ltr. d. Kriegsopferabteilung in d. NSDAP-Reichsleitung u. der OSAF; MdR für d. Wahlkreis Hessen-Nassau. 1933 Berufung zum *Reichskriegsopferführer* u. Ltr. der natsoz. Kriegsopfer-Organisation im Range eines Reichshauptamtsleiters; SA-Ogruf.; 1934 in Personalunion Ltr. des NSDAP-Hauptamts für Kriegsopfer. Im Mai 1948 aus amerik. Internierungshaft an Polen ausgeliefert, im April 1949 in einem Warschauer Krankenhaus verstorben.

Bis 1934 vollzog sich unter O.s Leitung die Gleichschaltung der dt. Kriegsgeschädigtenorganisationen zu einem Einheitsverband von 6 Mill. Mitgliedern. Durch Organisierung internationaler Frontkämpfertreffen pflegte O. als einer der Vizepräsidenten der *Dtsch.-frz. Gesellschaft* den Gedanken der Verständigung d. beiden Völker im Sinne des NS. Weitere sozialpolitische Funktionen: Mitgliedschaften im *Großen Rat* des *Deutschen Roten Kreuzes*, in der *Akademie für Dt. Recht* u. im *Siedlungsbeirat* des Reichsarbeitsministeriums.

We

Ohlendorf, Otto SS-Einsatzgruppenführer, Amtschef im Reichssicherheitshauptamt
geb. 4. 2. 1907 in Hoheneggelsen in d. Nähe v. Hildesheim,
gest. 8. 6. 1951 in Landsberg (hingerichtet).
Bauernsohn. Besuchte 1917–28 ein humanist. Gymnasium in Hildesheim. 1928–31 Studium d. Rechtswissenschaft u. Volkswirtschaft in Leipzig u. Göttingen. 1931–32 studierte O. an d. Univ. v. Pavia Staatswissenschaften u. faschist. Korporationswesen. 1932–33 Referendariat. Okt. 1933–Dez. 1934 Assistent v. Prof. Jessen u. stellv. Referatsleiter am *Institut f. Weltwirtschaft* in Kiel. Jan. 1935–Mai 1936 AbtLtr. am *Institut f. angewandte Wirtschaftswissenschaften* in Berlin. Seit 1925 Mitglied d. NSDAP, 1925–26 auch d. SA. Im Juli 1936 Eintritt in d. SS, bereits seit Mai 1936 Mitarbeiter des SD (bis Mai 1945), bis Mai 1938 Aufstieg zum AbtLtr. u. zum Stabsfhr. in d. Zentralabteilung II des SD-Hauptamts, Beförderung zum SS-Obersturmbannfhr.; Sept. 1939 Chef v. Amt III des RSHA (bis Kriegsende). Seit Juni 1938 (Haupt-)Geschäftsfhr. d. *Reichsgruppe Handel.* Mai 1941–Juni 1942 *Beauftragter des Chefs Sipo u. SD bei d. 11. Armee* (d.h. Fhr. d. Einsatzgruppe D) in Südrußland u. d. Ukraine. Ende 1942 Beförderung zum SS-Brif. u. GenMaj. d. Polizei. Seit Nov. 1943 MinDir. im Reichswirtschaftsministerium. Nov. 1944 Ernennung zum SS-Gruf. Im Nürnberger *Einsatzgruppenprozeß* wg. seiner Verantwortung f. d. Ermordung v. 90000 Menschen einschl. Frauen u. Kindern am 10. 4. 1948 zum Tod verurteilt. Erst nach Ausschöpfung aller Rechtsmittel erfolgte die Vollstrekkung dreieinhalb Jahre nach dem Urteil.

O. war nicht der typische höhere SS-Führer. Er hatte den Ersten Weltkrieg nicht mehr als Soldat erlebt, eine solide Schul- u. Universitätsausbildung erhalten, besaß längere, ausschließlich zivile Auslandserfahrungen, hatte sich mit dem Faschismus u. NS wissenschaftlich beschäftigt u. war als hoher Ministerialbeamter beruflich nicht von einem Parteiamt abhängig. Um so unverständlicher war schon seinen Nürnberger Richtern seine Rolle als Anführer von SS-Mordkommandos, der sachlich die Untaten seiner Einsatzgruppe referierte u. so intelligent wie unmoralisch argumentierte, um seinen Kopf zu retten. Die Legitimation für den angeordneten Massenmord an den Juden in den besetzten Gebieten der Sowjetunion führte er aufgrund d. von → Himmler erhaltenen Informationen auf einen ausdrücklichen Befehl → Hitlers an den RFSS zurück. O.s Richter konnten sich sein Verhalten nur mit dem Rückgriff auf

das Modell einer Dr.-Jekyll-und-Mr.-Hyde-Existenz erklären. O.s enges Verhältnis zu dem ihn betreuenden katholischen Gefängnisgeistlichen scheint aber auch darauf hinzuweisen, daß er die moralischen Belastungen seiner Vergangenheit nicht mehr alleine bewältigen konnte.
We

Ohnesorge, Wilhelm Reichspostminister
geb. 8. 6. 1872 in Gräfenhainichen b. Bitterfeld,
gest. 1. 2. 1962 in München.
Seit 1890 Ausbildung zum Postbeamten bei d. Oberpostdirektion Frankfurt a.M., anschließend Studium d. Mathematik u. Physik. 1915 bis Kriegsende Ltr. d. Telegraphendirektion des Großen Hauptquartiers. Während d. Krieges gelang ihm erstmals die Herstellung einer transkontinentalen telefonischen Verbindung zwischen Mézières (Frankreich) u. Konstantinopel. Erfinder der f. d. Fernsprechen über große Entfernungen notwendigen »Vierdraht-Schaltung«. 1918–24 Ltr. d. Oberpostdirektion Dortmund. Seit 1920 NSDAP-Mitglied. O. gründete 1920 die erste NSDAP-Ortsgruppe außerhalb Bayerns in Dortmund. 1924–29 Tätigkeit in d. Berliner Oberpostdirektion; seit 1929 Präsident d. Reichspost-Zentralamtes in Berlin. Am 1. 3. 1933 zum StSekr. im Reichspostministerium, am 2. 2. 1937 zum Reichspostminister ernannt. In seine Amtszeit fielen zahlreiche technische Neuerungen wie die Einführung d. Breitbandkabel, die Anfänge d. Fernsehens u. d. Weiterentwicklung v. Rundfunk, Bildtelegraphie u. öffentlichem Fernschreibnetz. O. engagierte sich auch f. d. Bau der Atombombe. Nach der Befreiung 1945 wurde O. verhaftet u. im Juni 1948 v. d. Spruchkammer Garmisch-Partenkirchen als »Belasteter« zu 3 Jahren Arbeitslager verurteilt. Die Berufungskammer für Oberbayern stufte ihn 1949 als »Hauptschuldigen« ein; damit wurde sein Vermögen beschlagnahmt. Der bayer. MinPräs. Ehard gewährte ihm seit 1. 10. 1952 eine Unterhaltsbeihilfe. O. verbrachte seine letzten Jahre in Bad Tölz.
AK

Olbricht, Friedrich General, Chef des Allgemeinen Heeresamtes
geb. 4. 10. 1888 in Leisnig/Sachsen,
gest. 20. 7. 1944 in Berlin (hingerichtet).
Sohn eines Realschul-Oberlehrers, 1908 Ltn. in einem sächs. Infanterie-Rgt. 1914–18 Kriegsteilnehmer, u.a. als Generalstabsoffizier. 1919 Übernahme in die Reichswehr als Hptm., versch. Stabs- u. Truppenkdos.; 1926 Referent in der Abteilung T 3 (Fremde Heere) im Reichswehrministerium. 1931 Kdr. eines Jäger-Bataillons; 1933 Chef

des Stabes d. 4. Infanteriedivision, 1934 Oberst, 1935 Stabschef des IV. Armeekorps; 1937 GenMaj., 1938 Kdr. der 24. Infanteriedivision, 1939 GenLtn., 15. 2. 1940 Chef des *Allgemeinen Heeresamtes* im OKH, 1. 6. 1940 General, 1943 zugleich Chef des Wehrersatzamtes im OKW.
Bereits lange vor 1939 zählte O. zu jener kleinen Gruppe von Offizieren, die nicht bereit waren, sich mit der Herrschaft des NS abzufinden; u.a. setzte er sich in der Fritsch-Affäre nachdrücklich f. d. Rehabilitierung → Fritschs ein. Der immer wieder erhobene Vorwurf, bei dem schon früh zum Generalstabsoffizier ausgebildeten O. habe es sich um einen Büro-Offizier gehandelt, ist nicht stichhaltig. Während des Polenfeldzugs erhielt er als Divisionskommandeur in kürzester Zeit das Ritterkreuz. Seine Verbindungen zum oppositionellen Umfeld sorgten dafür, daß O. 1940 mit der Leitung einer der wichtigsten militärischen Verwaltungspositionen betraut wurde, dem Allgemeinen Heeresamt. Damit war O. für den gesamten personellen und materiellen Ersatz der Landstreitkräfte verantwortlich. In den Staatsstreichsplanungen als Kriegsminister vorgesehen, wurde O. von seinen Einflußmöglichkeiten wie aufgrund seiner politischen Unbestechlichkeit und Geradlinigkeit zu einem der wichtigsten Schrittmacher eines Staatsstreichs, nicht zuletzt in enger Kooperation mit seinem zeitweisen Chef des Stabes, Claus v. → Stauffenberg, mit dem er den Operationsplan *Walküre* erarbeitete. O.s Versuch, seinen direkten Vorgesetzten, den Befehlshaber des Ersatzheeres, Generaloberst Friedrich → Fromm, in die Verschwörung einzubeziehen, blieb jedoch erfolglos. Nach dem Scheitern des Staatstreiches ließ Fromm seinen Amtschef zusammen mit Stauffenberg u. seinen engsten Mitarbeitern im Hof des Bendlerblockes standrechtlich erschießen.
CH

Orff, Carl Komponist und Musikpädagoge
geb. 10. 7. 1895 in München,
gest. 29. 3. 1982 ebd.
Nach musiknaher Erziehung im Elternhaus Studium an der Münchner Akademie der Tonkunst bis 1914, verbunden mit früher Kompositionstätigkeit. Ab 1915 als Kapellmeister bis 1917 in München, anschließend von 1918 bis 1919 an den Theatern in Mannheim u. Darmstadt angestellt. 1922–24 weitere kompositor. Ausbildung in München, v.a. bei Heinrich Kaminski. 1924 gemeinsam mit Dorothee Günther Gründung d. *Günther-Schule*, ein Projekt neuartiger Verbindung von Musik u. rhythmischer Bewegung, aus dem er 1930–35 zusammen mit Gunhild

Keetmann das *Schulwerk für Kinder* entwickelte. Zur Realisierung der dort niedergelegten musikpädagogischen Gedanken entstand in Zusammenarbeit mit dem Klavierbauer Karl Maendler das von Rhythmus-Instrumenten dominierte »Orff-Instrumentarium«. 1930–33 Dirigent des *Münchner Bachvereins*. 1950–60 Leiter einer Meisterklasse für Komposition an d. Münchner Musikhochschule, ab 1961 Gesamtleitung des *Orff-Instituts* am Salzburger Mozarteum.

Mit den *Carmina burana* (1937) fand O., der fast alle vor 1935 geschaffenen Werke zurückzog, zu der ihm eigenen Tonsprache. Neben diesem bedeutenden, von internationaler Anerkennung begleiteten Beitrag zum Musiktheater des 20. Jahrhunderts behaupteten sich unter seinen zahlreichen Werken v.a. seine Märchenopern *Der Mond* (1939) u. *Die Kluge* (1943), im bayerisch-alpenländischen Raum auch *Die Bernauerin*, die alle auf eigenen Dichtungen beruhten. Revolutionierend wirkte seine Arbeit in d. musikalischen Früherziehung, v.a. mit dem international anerkannten *Orffschen Schulwerk* (Neufassung 1950–54), das die Einheit von Sprache, Musik u. Bewegung propagiert. O.s politischer Opportunismus (Karriere im »Dritten Reich«, nach dessen Zusammenbruch 1945 erneute Karriere, aufbauend auf seiner eigenen Stilisierung zum Widerstandskämpfer) geriet in den 90er Jahren in das Kreuzfeuer der Kritik.

Froe

Ossietzky, Carl v. Publizist, Nobelpreisträger

geb. 3. 10. 1889 in Hamburg,
gest. 4. 5. 1938 in Berlin.

Sohn einer verarmten Kleinadelsfamilie. 1907 Angestellter der Stadtverwaltung Hamburg, 1911 Mitarbeiter b. d. Wochenzeitung *Das freie Volk*. Seine Kriegserfahrungen als Infanterist während d. 1. WK machten O. zum überzeugten Pazifisten. 1919/20 Sekretär d. *Dt. Friedensgesellschaft*, Gründungsmitglied der pazifist. Bewegung *Nie wieder Krieg*, der auch Kurt Tucholsky angehörte. 1920–22 Redakteur der *Berliner Volkszeitung*. 1924 Gründungsmitglied d. Republikanischen Partei. 1924–26 Redakteur d. Zschr. *Das Tagebuch* u. Verfasser vieler Artikel für die linksintellektuelle, kritische *Weltbühne*, deren verantwortl. Redakteur Tucholsky war. Ab 1927 Chefredakteur d. *Weltbühne*, die die antidemokratischen u. antirepublikanischen Entwicklungen in Dtschld. scharf beobachtete. Als Hrsg. der *Weltbühne* stand er fünfmal vor Gericht, wobei der sog. *Weltbühnen*-Prozeß vor dem Leipziger Reichsgericht im Nov. 1931 am meisten Aufsehen erregte. Ein Artikel über die geheime Aufrüstung d. Reichswehr führte zur

Verurteilung zu 18 Monaten Gefängnis wg. Landesverrat u. Verrat militär. Geheimnisse. Nach d. Haftentlassung aufgrund d. Weihnachtsamnestie 1932 geißelte O. die Rechtslastigkeit der polit. Justiz der Weimarer Republik. Erneute Verhaftung im Febr. 1933 u. Einweisung ins KZ Papenburg-Esterwegen. O.s Schriften kamen auf die Liste der zu verbrennenden Bücher, am 13. 3. 1933 folgte d. Verbot der *Weltbühne*. 1935 Zuerkennung d. *Friedens-Nobelpreises*, der ihm am 23. 11. 1936 in Abwesenheit verliehen wurde. Dem an Tuberkulose erkrankten KZ-Häftling, der seit Mai 1936 in einem Berliner Gefängniskrankenhaus lag, wurde von den NS-Machthabern nicht gestattet, die Auszeichnung anzunehmen. Als sein Zustand sich verschlechterte, wurde O. in eine zivile Klinik verlegt, wo er starb.

O. gehörte zu den mutigsten und frühesten Vertretern des geistigen Deutschland, die den Kampf gegen Militarismus und Nationalismus auch während der Herrschaft der Nationalsozialisten nicht aufgaben. Vor allem durch die Verleihung des *Friedens-Nobelpreises* wurde er als Märtyrer für ein anderes Deutschland im Ausland bekannt und geachtet. Sein Leiden und sein Tod bedeuteten einen propagandistischen Rückschlag für das Dritte Reich.

Den

Oster, Hans Generalmajor, Widerstandskämpfer

geb. 9. 8. 1887 in Dresden,
gest. 9. 4. 1945 im KZ Flossenbürg (hingerichtet).

Herkunft aus einer evang. Pfarrersfamilie. 1907 Abitur u. Eintritt als Berufssoldat bei d. Artillerie. 1914–18 Fronteinsatz, zuletzt als Generalstabsoffizier. Übernahme in d. Reichswehr, im Dez. 1932 aus persönlichen Gründen ausgeschieden. Ab Mai 1933 ziviler Angestellter beim *Forschungsamt der Luftwaffe*, ab Okt. 1933 in d. Abwehr-Abt. d. Reichswehrministeriums. Am 5. 3. 1935 Reaktivierung im alten Rang als Ersatzoffz.; Verwendung als Ltr. d. Zentral-Abt. der Abwehr. 1935 Obstltn., April 1939 Oberst. Erst im Jan. 1941 Übernahme ins aktive Offizierkorps. Nov. 1942 GenMaj.

Der konservative O. war spätestens nach der Ermordung → Schleichers ein scharfer Gegner → Hitlers geworden. Zusammen mit seinem Freund Generaloberst → Beck gehörte er zum Kern des militärischen Widerstands. O. war ein Gegner d. dt. Kriegsvorbereitungen u. verriet deshalb die dt. Angriffspläne gg. d. Niederlande, Dänemark u. Belgien dem niederl. Militärattaché Sas, was allerdings ohne Folgen blieb. Für geplante Attentate besorgte O. Sprengstoff. Unter d. Deckmantel d. Abwehr sorgte er auch für Hilfsaktionen zugunsten verfolgter Ju-

den. Verdächtiges Verhalten bei der Festnahme seines Kollegen → Dohnányi führte im April 1943 zu seiner Entfernung aus seiner Dienststellung u. am 31. 3. 1944 zur Entlassung aus dem aktiven Dienst. Die Ausschaltung O.s bedeutete f. d. dt. Widerstand eine starke Schwächung. O. war in den Besetzungslisten der Verschwörer vom 20. Juli 1944 als Präsident d. Reichskriegsgerichts vorgesehen. Seine Verhaftung erfolgte am 21. 7. 1944. Nach einem Standgerichtsverfahren am 8. 4. 1945 im KZ Flossenbürg wurde O. zusammen mit D. → Bonhoeffer u. seinem Chef, Adm. → Canaris, am Tag darauf gehängt.
Den

P

Papen, Franz von Reichskanzler
geb. 29. 10. 1879 in Werl,
gest. 2. 5. 1969 in Obersasbach/ Baden.
1891 Kadettenanstalt Bensberg, 1895 Hauptkadettenanstalt Groß-Lichterfelde, 1898 Ltn. im preuß. Heer. 1913 als Militärattaché für die USA und Mexiko nach Washington, mußte 1915 auf amerik. Verlangen abberufen werden. 1916–18 Bataillons-Kdr. in Frankreich, Stabsverwendungen in Mesopotamien u. Palästina, zuletzt als Oberstltn. in türk. Diensten. 1918 Verabschiedung als Major. Mitglied des *Herrenklubs* mit polit. Ambitionen. 1921–28 u. 1930–32 MdL für d. rechten Flügel d. Zentrumspartei in Preußen. 1923–31 Aufsichtsratsvorsitzender d. Zentrumszeitung *Germania*. Gg. den Wunsch seiner eigenen Partei am 1. 6. 1932 Reichskanzler (bis November 1932), Austritt aus dem Zentrum. Bildung einer Regierung von Gesinnungsgenossen aus Adel u. Beamtenschaft ohne polit. Verankerung in den Parteien. Am 20. 7. 1932 Reichskommissar f. Preußen (»Preußenschlag«), Absetzung d. sozialdem. preuß. Regierung Braun. Rücktritt mit seinem »Kabinett der Barone« am 17. 11. 1932 (im Amt bis 3. 12. 1932). Im Kabinett → Hitler von Jan. 1933 bis Juli 1934 Vizekanzler; 28. 7. 1934–4. 2. 1938 Gesandter (später Botschafter) in Österreich. 1933–45 MdR. 1938 Ehrenmitgliedschaft der NSDAP u. Goldenes Parteiabzeichen. 1939–44 Botschafter in d. Türkei. 1946 im Nürnberger *Prozeß gg. d. Hauptkriegsverbrecher* freigesprochen. 1947 im Spruchkammerverfahren in Nürnberg als »Hauptschuldiger« eingestuft u. Verhängung einer Strafe v. acht Jahren Arbeitslager, bereits 1949 entlassen.
P. wurde von Reichspräsident → Hindenburg, für dessen Wahl er sich 1925 gegen den Wunsch des eigenen Parteivorstands eingesetzt hatte, zum Reichskanzler berufen. Außenpolitisch gelang es ihm auf der Konferenz von Lausanne, die

von seinem Vorgänger Brüning vorbereitete Einstellung der Reparationszahlungen zu erreichen. Nach der Juli-Wahl 1932 kamen aus seiner Regierung erste Impulse zur Wiederbelebung der deutschen Wirtschaft. Es gelang P. jedoch nicht, Rückhalt in der Bevölkerung zu gewinnen. Nachdem Kurt v. → Schleicher ihn als Reichskanzler abgelöst hatte, unterstützte P. schließlich die Ernennung Hitlers. Als Vizekanzler im Kabinett Hitler war er bürgerliche Galionsfigur. Nach seiner kritischen Marburger Rede am 17. 6. 1934 verlor er seinen Einfluß u. mußte am 30. Juni (»Röhm-Putsch«) um sein Leben fürchten, diente dem Regime in unterschiedlichen Funktionen aber bis zuletzt. Trotz persönlichen Mutes war P. in der Krisenzeit des Jahres 1932 mit dem verantwortungsvollen Amt des Reichskanzlers überfordert.
KAL

Paulus, Friedrich Generalfeldmarschall
geb. 23. 9. 1890 in Breitenau b. Melsungen,
gest. 1. 2. 1957 in Dresden.
Sohn eines Verwaltungsinspektors. 1911 Ltn. in einem bad. Infanterie-Rgt. 1914–18 Teilnahme am 1. WK, u.a. als Generalstabsoffz. 1919 Übernahme in die Reichswehr als Hptm., 1918–31 verschiedene Stabs- u. Truppenkommandos, 1931 Major, 1934 Kdr. der Kraftfahrabteilung 3, 1935 Oberst, 1938 Chef d. Stabes des XVI. Armeekorps (mot.); 1939 GenMaj., Chef des Generalstabs der 10., dann der 6. Armee, 1940 GenLtn., 3. 9. 1940 Oberquartiermeister I im Generalstab des Heeres, 20. 1. 1942 General, OB der 6. Armee, 30. 11. 1942 GenObst., 30. 1. 1943 GFM, seit 31. 1. 1943 sowjet. Kgf.; nach dem 20. 7. 1944 Anschluß an das *Nationalkomitee Freies Deutschland*; 1953 aus der Kriegsgefangenschaft entlassen.
P. galt in der Wehrmacht als einer der aussichtsreichsten Generalstabsoffiziere; auch nach seiner relativ abrupten Ernennung zum Oberbefehlshaber der 6. Armee in der Winterkrise 1941/42 schien er sich an der Front zu bewähren, bis er sich in der aussichtslosen Lage im Kessel von Stalingrad der Situation in keiner Weise gewachsen zeigte. Sein schwaches politisches Agieren nach seiner Gefangennahme verstärkt diesen Eindruck und läßt erkennen, daß es sich bei P. um einen fachlich hochqualifizierten militärischen Mitarbeiter handelte, nicht aber um einen eigenständigen und selbständig denkenden Befehlshaber.
Publ.: *»Ich stehe hier auf Befehl!« Lebensweg des Generalfeldmarschalls Friedrich Paulus. Mit Aufzeichnungen aus dem Nachlaß, Briefen und Dokumente* ([3]1963).
CH

Pfeffer von Salomon, Franz Gauleiter und Oberster SA-Führer
geb. 19. 2. 1888 in Düsseldorf,
gest. 12. 4. 1968 in München.
Wie sein Vater, ein Regierungsrat im Düsseldorfer Innenministerium, studierte P. zunächst in Heidelberg Jura, entschloß sich aber 1907, Berufsoffizier zu werden. 1909 Ltn. 1914–18 Fronteinsatz, 1918 erhielt P. noch eine Generalstabsausbildung u. war zuletzt Hptm. u. Bataillonskommandeur. Unmittelbar nach Kriegsende beteiligte er sich mit seinem *Westfälischen Freikorps Pfeffer* an den Kämpfen im Baltikum, im Ruhrgebiet u. in Oberschlesien. Wg. der Teilnahme am Kapp-Putsch wurde er 1920 in Haft genommen, 1921 jedoch amnestiert bzw. von einem Sondergericht freigesprochen. 1923 war er führend am Untergrundkampf gg. die frz. Besatzungsmacht im Ruhrgebiet beteiligt u. wurde deshalb von einem frz. Militärgericht in Abwesenheit zum Tod verurteilt. 1924 Mitglied des *Völkisch-Sozialen Blocks*, Anfang März 1925 Übertritt zur NSDAP, nach erfolgreichen Bemühungen um die Gründung des NSDAP-Gaues Westfalen am 27. 3. 1925 zu dessen Gauleiter u. SA-Führer ernannt. Zwischen März u. Juni 1926 gemeinsame Gauführung des neuen Großgaues Ruhr mit Joseph → Goebbels u. Karl → Kaufmann. Nach Auseinandersetzungen mit Kaufmann wg. der Schulden von P.s altem Gau wurde das Triumvirat beendet. P. übernahm ab 1. 11. 1926 die Position des Obersten SA-Führers (OSAF) u. war zugleich Ltr. des Jugendausschusses der NSDAP. Nach zahlreichen Auseinandersetzungen mit den Gauleitern stellte er wg. der Benachteiligung d. SA bei der Aufstellung von Reichstagskandidaten am 12. 8. 1930 den Posten des OSAF zur Verfügung. Er blieb zwar 1932–42 MdR u. wurde 1933 Polizeipräsident in Kassel, später Regierungspräsident in Wiesbaden, hatte aber keinen polit. Einfluß mehr. Wg. des Verdachts der Zusammenarbeit mit oppositionellen Kreisen wurde er 1942 verhaftet. In der Nachkriegszeit prozessierte P. vor hessischen Verwaltungsgerichten ohne Erfolg wg. seiner Versorgungsansprüche. Politisch betätigte er sich im Rahmen der *Deutschen Partei*, wo er 1952 in den Vorstand des hessischen Landesverbandes gewählt wurde.

P., ein fähiger Frontoffizier, löste die SA aus der sog. Politischen Organisation (PO) der NSDAP u. damit aus der Unterstellung unter die Gauleiter heraus und organisierte sie, zunächst mit Unterstützung → Hitlers, in größeren Verbänden mit eigener Befehlsgebung unter sog. OSAF-Stellvertretern zu einem auch propagandistisch wirkungsvoll einsetzbaren Teil der Gesamtpartei. Wegen seiner auch

Hitler gegenüber mit Nachdruck vertretenen Ansichten über eine weitgehend selbständig handelnde, militärisch straff organisierte SA wurde seine Stellung schließlich unhaltbar.
We

Pfundtner, Hans Staatssekretär
geb. 15. 7. 1881 in Gumbinnen,
gest. 25. 4. 1945 in Berlin (Selbstmord).
Entstammte einer alten Beamtenfamilie. Studium d. Rechte u. d. Volkswirtschaft. Im 1. WK in der Schlacht v. Tannenberg schwer verwundet; zuletzt Hptm. Referendar, Gerichtsassessor, Regierungsrat, Geh. Regierungsrat u. Vortragender Rat im Reichswirtschaftsministerium. 1925–33 Rechtsanwalt u. Notar. 1935 als leitender StSekr. im Reichsinnenministerium an d. Formulierung des *Gesetzes zum Schutze des deutschen Blutes u. d. dt. Ehre* (Nürnberger Gesetze) beteiligt. Am 23. 9. 1936 zum Präsidenten d. *Prüfungskommission für höhere Verwaltungsbeamte* ernannt.
P. erstellte 1939 einen umfangreichen Maßnahmenkatalog f. d. Abbau der Pensionszahlungen an Juden. 1943 trat er von seinem Amt als StSekr. zurück; sein Posten blieb vakant.
Publ.: *Das neue Reichsrecht. Ergänzbare Sammlung des geltenden Rechts seit dem Ermächtigungsgesetz, mit Erläuterungen* (Hrsg., zus. mit Reinhard Neubert, 1933 ff.); *Vom Bismarckreich zum Dritten Reich* (1934); *Dr. Wilhelm Frick und sein Ministerium* (1937, detaillierte Übersicht u. Beschreibung d. Reichsinnenministeriums).
AK

Pinder, Wilhelm Kunsthistoriker
geb. 25. 6. 1878 in Kassel,
gest. 13. 5. 1947 in Berlin.
Sohn eines Archäologen. Jurastudium in Göttingen, Archäologiestudium in Berlin u. München. Studium d. Kunstgeschichte in Leipzig; 1903 Promotion. 1905 Habilitation in Würzburg, Privatdozent. 1910 Professor für Kunstgeschichte in Darmstadt. Teilnahme am 1. WK als Offizier. 1917 u. 1919 Professur in Breslau, 1918 in Straßburg, ab 1920 in Leipzig; 1927 Berufung nach München, 1935 nach Berlin. Geheimrat. Umfangreiche Vortragsreisen. Mitglied d. *Sächsischen* sowie der *Bayerischen Akademie d. Wissenschaften*, Mitglied der Deutschen Akademie in Berlin u. der *Mittwochsgesellschaft*.
P. beschäftigte sich in seinen Schriften überwiegend mit der Bedeutung der deutschen Kunst und ihrer Stellung innerhalb des europäischen Umfeldes. Nationalistische, dem Germanentum verpflichtete, aber auch biologisch-rassistische Tendenzen führten offensichtlich

zu einer Hinwendung zum NS und einer Verehrung des »Führers« Adolf → Hitler.
AS

Planck, Erwin Verwaltungsbeamter
geb. 12. 3. 1893 in Berlin,
gest. 23. 1. 1945 in Berlin-Plötzensee (hingerichtet).
Sohn v. Max → P. Zunächst Militärlaufbahn, seit 1910 Offz. Ab 1913 Beginn eines Medizinstudiums, durch 1. WK unterbrochen. Im Sept. 1914 nach schwerer Verwundung in frz. Kgf. 1917 ausgetauscht. Ab März 1918 wieder im aktiven Militärdienst; Obltn. Mitarbeiter von Kurt v. → Schleicher, mit dem er im Nov. 1919 ins Reichswehrministerium überwechselte. 1923 Hptm. Von Jan. 1924 bis Juli 1926 als Verbindungsoffz. d. Reichswehr in die Reichskanzlei kommandiert. Juli 1926 als Regierungsrat Rückkehr in d. Zivildienst; 1929 Oberregierungsrat. In den Kabinetten v. → Papen u. v. → Schleicher übernahm P., von Schleicher gefördert, den einflußreichen Posten des StSekr. in d. Reichskanzlei. Am 30. 1. 1933 schied P. auf eigenen Wunsch aus d. Staatsdienst aus u. wurde (seit Juli 1933) Pensionär. Nach Studien u. Auslandsreisen Rückzug in d. Privatwirtschaft; seit 1937 Tätigkeit im Kölner Otto-Wolff-Konzern. Im Zusammenhang mit dem Attentat v. 20. Juli am 23. 7. 1944 verhaftet u. vom VGH am 23. 10. 1944 zum Tod verurteilt u. genau drei Monate später in Plötzensee hingerichtet. Ein an Hitler gerichtetes Gnadengesuch seines Vaters war ohne Erfolg geblieben.
Bereits nach der Ermordung Gen. v. Schleichers hatte sich P. bemüht, den OB des Heeres, Gen. v. → Fritsch, zum aktiven Widerstand gegen das Dritte Reich zu veranlassen. Mit dem preußischen Finanzminister → Popitz befreundet, kam P. über diesen zum Goerdelerkreis, wo er sich an der Ausarbeitung von Verfassungsplänen beteiligte. Wie → Goerdeler bemühte er sich, Militärs für den Widerstand zu gewinnen (Mitarbeit an d. Denkschrift von Gen. Thomas aus dem Jahr 1939; Frontbesuch bei Gen. v. → Tresckow während des Rußlandfeldzuges).
We

Planck, Max Physiker
geb. 23. 4. 1858 in Kiel,
gest. 4. 10. 1947 in Göttingen.
Sohn eines Juraprofessors. 1874–78 Studium d. Naturwissenschaften in München u. Berlin. 1880 Privatdozent in München. 1885–89 Professor in Kiel, 1889 bis zur Emeritierung (1926) Professor f. theoretische Physik in Berlin. Ab 1894 Mitglied d. *Preuß. Akademie d. Wissenschaften*. 1918 *Physik-Nobelpreis* für die Entwicklung d. Quantentheorie. 1928

Adlerschild d. Dt. Reiches. Von 1930–37 Vorsitzender d. *Kaiser-Wilhelm-Gesellschaft zur Förderung d. Wissenschaften.* 1945 Flucht des schwer erkrankten 87jährigen aus Ost-Berlin in den Westen.

P., einer der bedeutendsten Physiker seiner Zeit, auf dessen Initiative Einstein an die Berliner Universität berufen worden war, verhielt sich nach 1933 politisch vorsichtig. Er tadelte 1933 Einstein wegen seiner im Ausland abgegebenen Kritik am NS-Staat, unterstrich aber vor der *Preußischen Akademie d. Wissenschaften* seine wissenschaftliche Bedeutung. 1935 organisierte er trotz offizieller Proteste eine Gedenkfeier für seinen verstorbenen jüdischen Kollegen Fritz Haber. Die Entlassung jüdischer und politisch unerwünschter Wissenschaftler suchte er – erfolglos – durch Verzögerung einzelner Fälle zu entschärfen. Die Kritik offiziöser Parteistellen an seinem Verhalten, u.a. im SS-Organ *Schwarzes Korps,* blieb lediglich dank seines internationalen Ansehens ohne Folgen. P.s zweiter Sohn Erwin → P. wurde in Zusammenhang mit dem Attentat vom 20. Juli 1944 hingerichtet.

Ri

Pleiger, Paul Staatsrat und Generaldirektor
geb. 28. 9. 1899 in Buchholz,
gest. 22. 7. 1985 in Hattingen.
Sohn eines Bergmannes. Ingenieur, mittelständischer Unternehmer u. Besitzer einer Maschinenfabrik. Gauwirtschaftsberater der NSDAP f. d. Gau Westfalen-Süd, 1934 Berufung in d. Rohstoffamt nach Berlin. 1937 von → Göring mit d. Führung der *Reichswerke A.G. für Erzbergbau und Eisenhütten »Hermann Göring«* betraut. 1941 Reichsbeauftragter f. d. Kohleversorgung Dtschld.s. 1942 *Reichsbeauftragter f. d. gesamte Wirtschaft des Ostens* mit uneingeschränkten Vollmachten. 1949 in Nürnberg zu 15 Jahren Gefängnis verurteilt.

Als Generaldirektor der *Reichswerke »Hermann Göring«* stieg P. zu einem der einflußreichsten Wirtschaftsfunktionäre u. Staatsunternehmer des Dritten Reiches auf. Als Reichsbeauftragter für die Ostwirtschaft wie als Chef der Hermann-Göring-Werke war er mitverantwortlich für die personelle wie materielle Ausbeutung der besetzten Gebiete mit all ihren Zwangs- und Terrormaßnahmen.

JR

Pleyer, Kleo sudetendeutscher Politiker u. Historiker
geb. 19. 11. 1898 in Eisenhammer bei Kralowitz/Sudetenland,
gest. 26. 3. 1942 in Starja Russa am Ilmensee/Rußland (gefallen).
Sohn eines Hammerschmiedes u. Bruder des Schriftstellers Wilhelm

→ P. Nach Schulzeit als 17jähriger Kriegsfreiwilliger im 1. WK verwundet, seit 1919 als Jugendführer im dt.-tschechischen Volkstumskampf tätig, ab 1920 als Mitglied der völkischen *Deutschen Nationalsozialist. Arbeiterpartei der Tschechoslowakei.* Als Jugendführer u. Parteiredner seiner Partei ging er nach Prag, gründete die völkische *Sudetendeutsche Tageszeitung.* Dichter des Parteiliedes »Wir sind das Heer vom Hakenkreuz«, dessen erste Strophe G. → Feder an den Schluß des ersten gedruckten Parteiprogramms der NSDAP setzte. Nach dem Erwerb der Hochschulreife 1922 studierte er Slawistik, Germanistik u. Philosophie in Prag, dort Fhr. d. *Deutschen Studentenschaft*; 1922 Organisator eines Studentenstreiks gg. den jüd. Universitätsrektor, deshalb Wechsel an die Univ. München, nebenberuflich Redakteur von Ersatzblättern für den verbotenen *VB.* 1923–33 Angehöriger des *Bundes Oberland.* Als Gründer der *Sudetendeutschen Kulturgesellschaft* weiterhin am sudetendt. Volkstumskampf beteiligt. Nach Ausweisung aus Bayern Geschichtsstudium bei Joh. Haller in Tübingen; Beteiligung an der Hetzkampagne d. Tübinger Studentenschaft gg. Professor Gumbel u. Anklage wg. Landfriedensbruch. 1925 Promotion. Seit 1926 in Berlin, von wo aus er die 1930 von ihm gegründete *Sudetendt. Kulturgemeinschaft* leitete, die er 1935 der *Sudetendt. Partei* Konrad → Henleins anschloß. Schüler von Erich → Marcks. Assistent am Institut für Grenzlandfragen in Bln.-Steglitz als Mitarbeiter von M. H. Böhm; Zusammenarbeit mit M. Spahn. 1930–33 Dozent an d. Dt. Hochschule f. Politik, nach der Habilitation 1934 Tätigkeit an der Berliner Universität. Als Mitarbeiter des VDA gründete er dessen Volkswissenschaftl. Arbeitskreis. 1935 Mitarbeiter des *Reichsinstituts f. d. Geschichte des neuen Dtschlds.* u. Berufung in dessen Sachverständigenbeirat. 1937 Professur für mittlere u. neuere Geschichte an der Univ. Königsberg, seit 1939 an der Univ. Innsbruck. Kriegsfreiwilliger im 2. WK, 1942 Obltn. u. Kompaniechef.

P. gehörte unter den jüngeren deutschen Historikern zu den Vertretern eines sozial verstandenen Volk-Begriffs. Er forderte die Ergänzung der Oberschichtenbegriffe »Kulturnation« und »Staatsnation« durch eine »Bauern- und Arbeitergeschichte«. Nur im Zusammenwirken aller Schichten eines Volkes sah er die Möglichkeit »echter« Demokratie. Das führerstaatliche Prinzip des Dritten Reiches erschien ihm zunächst nicht unproblematisch; denn im staatlichen Zentralismus sah er die Gefahr der Erstarrung, die jedoch mit Hilfe der Bauern- u. Arbeiter-Genossenschaften u. dank der Persönlichkeit

Hitlers zu überwinden war. Entsprechend seiner Herkunft u. Entwicklung bediente sich P. der üblichen Klischees des völkischen Antisemitismus: jüdischer Finanzkapitalismus u. Parlamentarismus bildeten die Herrschaftsinstrumente der »falschen« Demokratie. Der größte Teil von P.s Publikationen u. Vorträgen galt, speziell im osteuropäischen »Zwischeneuropa«, dem Grenzkampf, auf dessen Selbstbehauptungsfunktion nur geschichtslose Fellachenvölker verzichteten. Mit der positiven Belegung des »Kampfes« u. der These von den überragenden Eigenschaften des deutschen Volkes auch in der Periode der »staatsbestimmten Volkstumskämpfe« seit 1918 lieferte er noch vor dem Ausbruch des 2. WK wissenschaftlich scheinende Begründungen für die deutsche Großraumpolitik in Ost- u. Südosteuropa. P. hinterließ die mit Tagebuchnotizen angereicherten Kriegserlebnisse *Volk im Feld* (1943), nach Meinung des Amateurhistorikers u. NSDAP-Reichsleiters Philipp → Bouhler das »bisher beste Buch dieses Krieges«.

Weitere Publ.: *Die Landschaft im neuen Frankreich. Stammes- u. Volksgruppenbewegung im Frankreich des 19. u. 20. Jahrhunderts* (1935); *Die Kräfte des Grenzkampfes in Ostmitteleuropa* (1937); *Das Judentum in der kapitalist. Wirtschaft,* in: *Forschungen zur Judenfrage 2* (1937); *Gezeiten d. dt. Geschichte* (1939).

We

Pleyer, Wilhelm Schriftsteller
geb. 8. 3. 1901 in Eisenhammer bei Kralowitz/Sudetenland,
gest. 14. 12. 1974 in Söcking bei Starnberg.

Zehntes Kind eines Hammerschmieds. Bruder des Historikers Kleo → P. Besuch einer Klosterschule. Gymnasium in Duppau u. Karlsbad. Erste Kontakte zur Jugendbewegung. Nach Abitur Studium d. Literatur- u. Kunstwissenschaft, Geschichte, Philosophie u. Slawistik in Prag. In dieser Zeit Tätigkeiten auch als Hauslehrer u. Journalist; Beteiligung am Aufbau einer natsoz. akademischen Ortsgruppe. 1921 erste Veröffentlichung von Gedichten u. Balladen. 1922 Redner bei der ersten natsoz. Maifeier in Kaaden. 1924 nach der Promotion Mitarbeiter polit. Zeitschriften in Reichenberg: Schriftleiter von *Rübezahl* (1924), der Wochenschrift *Norden* (1925/26), Hrsg. v. *Der Hockauf* (1926), ab 1929 Schriftleiter des *Gablonzer Tageblatts* u. des *Reichenberger Tagesboten.* 1926–28 Gaugeschäftsfhr. u. Hauptleitungsmitglied der Deutsch-Nationalen Partei d. CSR, Verfechter von dt. Ortsräten u. eines *Sudetendeutschen Volksrates.* 1932 nach Reichenberg. Schriftleiter der *Sudetendeutschen Monatshefte.* 1932

Literaturpreis der *Kankastiftung*, 1934 *Carl-Schünemann-Preis. Literaturpreis d. Stadt Berlin* für den Bauernroman *Die Brüder Thommahans* (1937), 1941 *Volksdeutscher Schrifttumspreis der Stadt Stuttgart*, 1943 *Adalbert-Stifter-Preis*.
P. trat mit Grenzlandromanen und sudetendeutschen deutschnationalen Schriften und Aktivitäten hervor. Nationalismus und Rassismus bis hin zum Antisemitismus bildeten den ideologischen Hintergrund seiner Werke. Auch nach dem 2. WK vertrat er vehement seine antidemokratischen Ansichten, u.a. als Mitglied des *Dt. Kulturwerks Europäischen Geistes*, dem auch H. F. → Blunck, Herbert Böhme, Hans → Grimm, E.G. → Kolbenheyer u. Heinrich Zillich angehörten. Nicht zuletzt sein 1956 erschienenes Werk *Europas unbekannte Mitte* rief in demokratischen Kreisen große Proteste hervor. Über sich selbst gab P. Auskunft in: *Im Tal der Kindheit* (1940); *Aber wir grüßen den Morgen. Erlebnisse 1945–1947* (1953).
AS

Poensgen, Ernst Industrieller
geb. 19. 9. 1871 in Düsseldorf,
gest. 22. 7. 1949 in Bern.
Herkunft aus einer Familie v. Düsseldorfer Industriellen d. Eisenbranche. Nach d. Studium d. Hüttentechnik im Jahr 1900 Eintritt in d. väterliche Unternehmen, 1905 in dessen Vorstand tätig. 1910 Ltr. d. Düsseldorfer Zweiges d. Phönix AG, in der d. Familienunternehmen aufgegangen war. 1914 Vorsitzender d. *Arbeitgeberverbandes d. nordwestlichen Eisenindustrie*. Mitte d. 20er Jahre war P. führend beteiligt an d. Gründung d. *Vereinigten Stahlwerke* (→ Vögler, → Thyssen) u. wurde mit dem stellv. Vorstandsvorsitz betraut. Im Nov. 1924 gelang ihm d. Gründung d. *Dt. Rohstahlgemeinschaft*, im Sept. 1926 im Verein mit Thyssen die der *Internationalen Rohstahlgemeinschaft*. Inzwischen war sein Ansehen so gestiegen, daß ihm 1929 d. Vorsitz im *Verein Dt. Eisen- u. Stahlindustrieller* übertragen wurde, den er auch nach organisatorischer Änderung u. Umbenennung des Vereins zur *Wirtschaftsgruppe eisenschaffende Industrie* beibehielt. 1933 Vorsitzender der einflußreichen Nordwestlichen Gruppe dieses Wirtschaftsverbands u. Vorsitzender d. *Langnam-Vereins*, krönte er sein Lebenswerk 1935 mit d. Vorsitz im Vorstand d. *Vereinigten Stahlwerke*. Dazu führende Positionen in zahlreichen Aufsichtsräten großer Industrieunternehmen wie Gelsenberg AG, Ruhrstahl AG Witten, Dortmund-Hoerder Hüttenverein AG, August Thyssenhütte AG, Mitteldeutsche Stahlwerke AG, Kali-Chemie u.a. sowie in d. Wirtschaftskammer Düsseldorf. 1942 Rückzug aus allen Ämtern u. Lebensabend in Kitzbühl.

P. hatte früh in die Verbandspolitik der eisenschaffenden Industrie auf nationaler, dann auch auf internationaler Ebene eingegriffen und im Verbandswesen Karriere gemacht. Als Vorsitzender der *Wirtschaftsgruppe Eisen* und der größten europäischen Stahlfirma war er Mitte der 30er Jahre zum führenden Mann der deutschen Schwerindustrie aufgestiegen. Persönliche Verbindungen zu → Hitler und dessen Verbindungsmann zur Wirtschaft, Hermann → Göring, bestanden seit den frühen 30er Jahren und vertieften sich nach der Machtergreifung im Zusammenhang mit Hitlers Aufrüstungsplänen. Als P. sich 1936/37 im Verein mit seinen Verbandskollegen von der westdeutschen Schwerindustrie gegen die Gründung der *Reichswerke »Hermann Göring«* wandte, trübten sich diese Beziehungen, was im Verein mit der expansiven Firmenpolitik d. *Reichswerke* während des Krieges ein wesentlicher Grund für P.s Rückzug ins Privatleben war.
We

Pohl, Oswald Chef des SS-Wirtschafts-Verwaltungshauptamts
geb. 30. 6. 1892 in Duisburg,
gest. 7. 6. 1951 in Landsberg/Lech (hingerichtet).
Sohn eines Schmieds. Nach dem Schulabschluß 1912 Eintritt bei d. Marine; 1918 Marine-Zahlmeister. 1920 Übernahme in die Reichsmarine, 1926 Eintritt in d. NSDAP u. SA. 1933 wurde → Himmler auf P.s Organisationstalent aufmerksam u. machte ihn im Rang eines SS-Staf. am 1. 2. 1934 zum Verwaltungschef im SS-Hauptamt mit Zuständigkeit f. d. Verwaltungen der KZs u. d. bewaffneten SS-Verbände. Ausbau d. SS-eigenen Wirtschaftsbetriebe unter Ausnützung d. Arbeitskraft d. KZ-Häftlinge (»Vernichtung durch Arbeit«). Im Juni 1939 Ernennung P.s zum Ministerialdirektor im Reichsinnenministerium; Aufnahme in den *Freundeskreis RFSS*, in dem sich finanzielle Förderer der NSDAP aus Industrie, Banken u. Versicherungen trafen. 1942 Beförderung zum SS-Ogruf. u. Gen. d. Waffen-SS. Am 1. 2. 1942 Chef des neugegründeten *SS-Wirtschafts-Verwaltungshauptamts*. P. war damit Herr über Hunderttausende v. KZ-Häftlingen, die auch an d. Industrie vermietet wurden. P. organisierte als »Wirtschaftsminister« der SS d. radikale Ausnutzung u. »Verwertung« d. Häftlinge von d. Einbehaltung ihrer Wertsachen bis zum Wegnehmen ihrer Goldplomben u. Haare. Nach Kriegsende versteckte sich P. zunächst bei Halfing (Oberbayern), danach in der Nähe von Bremen. Verhaftung durch die Briten im Mai 1946, Prozeß vor d. amerik. Militärgericht in Nürnberg mit P. als Hauptangeklagtem und 17 mitangeklagten leitenden Mit-

arbeitern seines Amtsbereichs. Todesurteil am 3. 11. 1947, das auch bei d. Revision d. Kriegsverbrecherurteile durch den amerik. Hochkommissar McCloy bestehen blieb. Während der Haft in Landsberg wurde P. im Febr. 1950 wieder in die kath. Kirche aufgenommen, aus der er 1936 ausgetreten war. Mit kirchlicher Druckerlaubnis erschien 1950 sein Buch *Credo. Mein Weg zu Gott.*
Den

Ponten, (Servatius) Josef Schriftsteller und Kunsthistoriker
geb. 3. 6. 1883 Raeren bei Eupen,
gest. 3. 4. 1940 in München.
Sohn eines Schreinermeisters u. Bauunternehmers. Nach Abitur in Aachen je ein Semester Philosophiestudium in Genf u. Bonn; drei Jahre Studium d. Architektur u. Kunstgeschichte an der TH Aachen; Promotion. Wanderfahrten nach England, Skandinavien, Italien, Ägypten, Griechenland. 1906 Veröffentlichung seiner ersten Novelle *Jungfräulichkeit.* 1908 Heirat mit der Malerin Julia Freiin v. Broich. Teilnehmer am 1. WK. Seit 1920 in München. Reisen u. Wanderungen durch Rußland, Amerika u. Nordafrika. 1933 Mitglied der *Dt. Akademie der Dichtung* Berlin. 1936 *Rheinischer Dichterpreis;* 1937 *Münchener Dichterpreis* für den sechsteiligen »Roman d. dt. Unruhe« *Volk auf dem Wege* (1931–42). P.s völkisch-nationale Schriften wiesen alle eine Affinität zum aufstrebenden NS auf. Doch v.a. mit seinem Romanzyklus *Volk auf dem Wege,* in dem er sich mit der deutschen Auswanderung und ihren Folgen beschäftigte, erwarb sich P. die Anerkennung des nationalsozialistischen Regimes. Bereits 1927 veröffentlichte P. die Autobiographie *In deutschen Dörfern.*
AS

Popitz, Johannes Politiker
geb. 2. 12. 1884 in Leipzig,
gest. 2. 2. 1945 in Berlin-Plötzensee (hingerichtet).
Sohn eines Apothekers. Jura- u. Staatswissenschaftsstudium in Lausanne, Leipzig, Berlin u. Halle. 1914–19 Referent im preuß. Innenministerium, 1919–29 im Reichsfinanzministerium tätig, seit 1925 als StSekr. Seit 1922 Honorarprof. für Steuerrecht u. Finanzwissenschaft an d. Univ. Berlin. 1. 11. 1932 Berufung zum Reichsminister ohne Geschäftsbereich u. kommissar. Ltr. des preuß. Finanzministeriums, am 21. 4. 1933 auch preuß. Minister. 1937 Verleihung des Goldenen Parteiabzeichens. 1938 Rücktrittsgesuch wg. d. Judenverfolgung, das abgelehnt wurde. Der monarchistisch u. nationalkonservativ denkende P. wurde immer mehr in Widerstandskreisen aktiv, u.a. in der *Mittwochsgesellschaft,* einer konservativ-oppositionellen Gruppe

von hohen Beamten u. Wissenschaftlern. Für → Goerdeler erarbeitete er ein »Vorläufiges Staatsgrundgesetz«. Im Sommer 1943 Treffen mit → Himmler, den er zu Friedensverhandlungen mit den Westmächten zu überreden versuchte. Von den Verschwörern um → Stauffenberg als Finanz- und Kultusminister vorgesehen, wurde P. am Tag nach dem Attentat vom 20. Juli 1944 verhaftet u. am 3. 10. 1944 vom VGH zum Tode verurteilt.
Den

Porsche, Ferdinand Autokonstrukteur
geb. 3. 9. 1875 in Maffersdorf/Böhmen,
gest. 30. 1. 1951 in Stuttgart.
Sohn eines Spenglermeisters. Nach einer Spenglerlehre Fortbildung in Abendkursen. Tätigkeit bei mehreren Wiener Automobilfirmen, seit 1906 bei Austro-Daimler in Wiener Neustadt, hier ab 1917 Generaldirektor. 1923 Wechsel zu Daimler in Stuttgart, ab 1928 Vorstandsmitglied. Wg. interner Auseinandersetzungen 1929 Wechsel zu den Steyr-Werken in Graz. Nach deren Fusion mit Daimler-Puch (1930) gründete P. 1931 ein eigenes Konstruktionsbüro in Stuttgart, das sich mit d. Konstruktion eines mehrere Jahre international sehr erfolgreichen Auto-Union-Rennwagens einen Namen machte. 1934 Auftrag zum Entwurf des »Volkswagens« (zunächst unter d. Namen »KdF-Wagen« propagiert); Förderung durch die DAF mit 50 Mill. RM. 1935 Berufung P.s in die *Oberste Nationale Sportbehörde f. d. Dt. Kraftfahrt*. 1938 Geschäftsführer der *Volkswagen GmbH*; Verleihung des *Deutschen Nationalpreises f. Kunst u. Wissenschaft* an P. Okt. 1940 Ernennung zum Honorarprofessor an der TH in Stuttgart, wo er bereits 1939 d. Ehrendoktor erhalten hatte. Im Krieg Konstruktion von Panzern (*Tiger*, 100-Tonnen-Panzer *Maus*) u. gepanzerten Fahrzeugen. 1945/46 Haft in Frankreich, ab 1948 Bau der Porsche-Sportwagen in der alten Firma in Stuttgart.
Ri

Preysing, Konrad Graf von
Bischof von Berlin
geb. 30. 8. 1880 auf Schloß Kronwinkel/Niederbayern,
gest. 21. 12. 1950 in Berlin.
Abstammung aus dem Geschlecht der Grafen Preysing-Lichtenegg-Moos, viertes von elf Kindern; d. Vater war MdR für das Zentrum. 1898–1905 Jura-Studium in München u. Würzburg. Diplomat an d. Bayer. Gesandtschaft, Rom, 1908 Entschluß zum Priesteramt u. Theologiestudium in Innsbruck, 1912 Priesterweihe, 1913 Promotion u. Antritt seiner Stellung als Sekretär v. Kardinal Bettinger in München. 1921–28 Domprediger in

München, 1932 Bischof v. Eichstätt, 1935 Bischof v. Berlin.
In diesem Amt wandte er sich gegen die milde Politik anderer Bischöfe gegenüber den Nationalsozialisten, prangerte öffentlich Konkordatsverletzungen an u. galt als Mittelpunkt der Opposition in der Bischofskonferenz. Papst Pius XII. erstattete er regelmäßig Bericht über die polititische Lage in Dtschld. Zur Hilfe für Verfolgte richtete er das *Hilfswerk beim Bischöflichen Ordinariat* ein. Darüber hinaus bestanden Kontakte zum *Kreisauer Kreis*. Seit 21. 2. 1946 Kardinal, protestierte er im Nachkriegs-Berlin gegen die Häftlingslager u. die antikirchliche Politik in der DDR.
Den

Prien, Günther U-Boot-Kommandant
geb. 16. 1. 1908 in Osterfeld/ Thüringen,
gest. 7. 3. 1941 im Nordatlantik (gefallen).
Nach Gymnasium in Leipzig 1923 zur Handelsmarine, später Schiffsoffizier der Hamburg-Amerika-Linie; 1931 Kapitänspatent, aber wg. d. allg. Wirtschaftslage ohne Anstellung in seinem Beruf. Zwischen 1931 u. 1933 Lagerführer beim Freiwilligen Arbeitsdienst. Jan. 1933 als Seeoffiziersanwärter zur Kriegsmarine. 1936 Ltn. z. See, Ende 1938 Übernahme seines ersten U-Boots (U 47); April 1939 Kapitänleutnant. Am 14. 10. 1939 gelang ihm als Kdt. von U 47, in die Bucht von Scapa Flow (Orkney-Inseln), den Hauptkriegshafen der brit. Home Fleet, einzudringen u. das Schlachtschiff *Royal Oak* zu versenken. Daraufhin Verleihung des Ritterkreuzes durch → Hitler an den als »Stier von Scapa Flow« gefeierten Nationalhelden, dessen propagandawirksames Vorbild einen Sturmlauf junger Freiwilliger zur U-Boot-Waffe auslöste. Weitere erfolgreiche Einsätze mit U 47 im Atlantik u. bei Narvik folgten. Okt. 1940 Verleihung des Eichenlaubs zum Ritterkreuz; im März 1941 Beförderung zum Korvettenkapitän. Am 7. 3. 1941 Versenkung seines U-Boots in einer Geleitzugschlacht im Atlantik durch brit. Begleitschiffe. Die Zurückhaltung der offiziellen Gefallenenmeldung bis Ende Mai 1941 hatte zur Folge, daß in den 40er u. 50er Jahren immer wieder Gerüchte um P.s Tod entstanden, denen zufolge er wg. Befehlsverweigerung vor ein Kriegsgericht gestellt u. inhaftiert worden bzw. bei der Frontbewährung noch 1945 gefallen sei. Das Leben P.s wurde 1958, sehr idealisiert, verfilmt. Seine Erinnerungen *Mein Weg nach Scapa Flow* (1940) erlebten während des Krieges (nach 1945 auch in England) höchste Auflagen.
MV

Proksch, Alfred Gauleiter und Landesleiter der NSDAP für Österreich
geb. 8. 3. 1891 in Larischau,
gest. 3. 1. 1981 in Wien.
Der Sohn eines Schneidermeisters legte 1908 d. Abitur ab u. studierte anschließend bis 1909 an d. Linzer Eisenbahnakademie. 1910–11 Militärdienst als Einjährig-Freiwilliger. Ab 1912 Eisenbahnbeamter. 1914–16 Kriegsdienst als Offz., ab 1916 Dienst im militär. Eisenbahnwesen; 1919–33 wieder österr. Eisenbahnbeamter. 1912 Eintritt in d. österr. Dt. Arbeiterpartei (1918 umbenannt in Deutsche Nationalsozialist. Arbeiterpartei [DNSAP]), 1919 deren Ortsgruppenleiter in Linz, dort auch bis 1932 Gemeinderat seiner Partei. Seit 1920 f. d. Partei in ganz Österreich tätig; 1923 Landesobmann f. Oberösterreich. 1924 Gründer u. Vorsitzender des *Verbands natsoz. Gemeinderäte Österreichs*. 1926 nach Umbenennung d. DNSAP in NSDAP Gründung d. *Nationalsoz. Parteiverlags* u. mehrerer Parteizeitungen. Am 29. 8. 1926 Ernennung zum GL des Gaues Oberösterreich d. NSDAP, Hitlersche Richtung; 1928 stellv. u. geschäftsführender Landesleiter f. Österreich. Am 8. 7. 1931 auch von → Hitler zum Landesleiter ernannt. 1933 aus polit. Gründen aus d. Bahndienst entlassen u. aus Österreich ausgebürgert. 1933–34 bis zur Auflösung d. österr. Landesleitung im Münchner Exil dort tätig. 1935 dt. Staatsbürger. 1936 MdR u. Mitglied d. Reichsarbeits- u. Reichswirtschaftsrats. Nach dem »Anschluß« Österreichs an d. Dt. Reich 1938 Berufung zum Reichstreuhänder d. Arbeit f. d. Wirtschaftsgebiet Österreich bzw. d. Ostmark, kurz darauf auch f. d. Sudetenland. 1940 Reichstreuhänder d. Arbeit f. d. Bezirk Wien-Niederdonau u. Präs. d. Landesarbeitsamts Wien. 1941 SA-Gruf., 1943 SA-Ogruf. Im Mai 1945 verhaftet u. interniert. Vom Wiener Volksgericht zu vier Jahren Kerker u. Vermögenseinzug verurteilt. Im Wiederaufnahmeverfahren Freispruch. Berufliche Tätigkeit zuletzt als Bürokraft.
We

Prützmann, Hans-Adolf Höherer SS- und Polizeiführer, SS-Obergruppenführer
geb. 31. 8. 1901 in Tolkemit/Kr. Elbing,
gest. 21. 5. 1945 (?) in Lüneburg (Selbstmord).
Nach Gymnasialausbildung Landwirtschaftsstudium in Göttingen, 1918–21 Mitglied in Freikorps. Nach Studienabbruch 1923–24 Beteiligung in einem Freikorps am Grenzkampf in Oberschlesien. Danach siebenjährige Tätigkeit als landwirtschaftl. Beamter in Pommern, Brandenburg u. Ostpreußen. 1929–30 Mitglied d. SA; 1930 Eintritt in NSDAP u. SS. Seit 1932

MdR. Nov. 1933 SS-Brif.; Febr. 1934 SS-Gruf. u. Ernennung zum Fhr. d. SS-Oberabschnitts (SS-OA) Südwest in Stuttgart; März 1937–Mai 1941 Fhr. d. SS-OA Nordost in Königsberg. April 1941 GenLtn. d. Polizei. Von Juni bis Okt. 1941 HSSPF Rußland-Nord, anschließend bis Sommer 1944 HSSPF Ukraine bzw. Rußland-Süd. Im Sept. 1944 zum *Generalinspekteur f. Spezialabwehr beim Reichsführer SS*, d.h. zum Chef der *Werwolf*-Organisation ernannt. Nach überwiegender Meinung Selbstmord in brit. Kriegsgefangenschaft in Lüneberg, abweichend: im Vernehmungslager Fort Diest/Belgien am 21. 5. 1945.

Als HSSPF in d. UdSSR war P. führend an der Ausrottungspolitik gegenüber der einheimischen jüdischen Bevölkerung beteiligt. Als Chef d. *Werwolf*-Organisation trat er kaum mehr in Erscheinung; er soll aber versucht haben, den beabsichtigten Untergrundkampf kriegsgemäß mit einigermaßen ausgebildeten Kämpfern im Stil der SS-Jagdverbände zu führen und nicht, wie → Goebbels über die Medien einpeitschte, als letzten Verzweiflungskampf untrainierter Jugendlicher u. Frauen.

We

R

Raabe, Peter Dirigent, Musikschriftsteller

geb. 27. 11. 1872 in Frankfurt/Oder, gest. 12. 4. 1945 in Weimar.

Sohn des Malers Hermann R. Nach Abitur Musikstudium an der Hochschule f. Musik in Berlin sowie an den Univ. München u. Jena. Ab 1894 als Kapellmeister in Königsberg, Zwickau, Elberfeld. 1897 Heirat mit d. Sängerin Zdenka Koráb. 1899–1903 Dirigent an d. königlichen Oper in Amsterdam. 1903–06 Dirigent d. Kaim-Orchesters in München. 1906 Ltr. der Kaim-Konzerte Mannheim. 1907–20 Erster Hofkapellmeister in Weimar, 1910 Kustos des Liszt-Museums Weimar. 1916 Promotion in Jena über *Die Entstehung d. Orchesterwerke Liszts*. 1920 Generalmusikdirektor in Aachen, seit 1924 auch Honorar-Prof. der TH Aachen. Reisen durch Dtschld. u. im Ausland als Gastdirigent. Vorsitzender des *Allgemeinen Deutschen Musikvereins*. 1935 Veröffentlichung von *Die Musik im Dritten Reich*. 1935 Nachfolger von Richard → Strauss als Präsident der *Reichsmusikkammer*.

Als Präsident der *Reichsmusikkammer* repräsentierte R. im In- und Ausland natsoz. Musikpolitik. Ausschlußbescheide sog. »politisch oder rassisch unerwünschter Personen« aus der Kammer wurden

von ihm abgezeichnet u. das damit verbundene Arbeitsverbot, das häufig eine Vernichtung der Existenzgrundlage der Betroffenen zur Folge hatte, mit verantwortet. Diese Politik entsprach nicht zuletzt R.s – schon in der Weimarer Zeit weitverbreitetem – »sozialem« Antisemitismus, der sich gegen eine Überrepräsentation von Juden in den freien Berufen richtete.
AS

Rademacher, Franz Diplomat
geb. 20. 2. 1906 in Neustrelitz b. Magdeburg,
gest. 17. 3. 1973 in Bonn.
Vater Lokomotivführer. Jurastudium, ab 1932 Gerichtsassessor. 1932–34 Mitglied d. SA. Seit März 1933 Mitglied d. NSDAP. Im Dez. 1937 Eintritt in d. Diplomatischen Dienst. 1938–40 Geschäftsträger an d. dt. Botschaft in Uruguay. Ab Mai 1940 Ltr. des *Judenreferates* im Ausw. Amt; 1940 Entwurf des »Madagaskar-Plans«. Ständiger Kontakt mit d. Büro → Eichmann. Im Okt. 1941 verantwortlich für die Massendeportation u. Erschießung serbischer Juden in Belgrad. Mitverantwortlich für d. Deportation belg., holländ. u. frz. Juden. Als Mitarbeiter Unterstaatssekretär Martin → Luthers nach dessen Sturz im April 1943 zum Ausscheiden aus dem Ausw. Amt gezwungen. Dienst als Marineoffizier bis Kriegsende. 1945 zunächst untergetaucht, im Sept. 1947 v. d. Amerikanern verhaftet, irrtümlich wieder entlassen. Im Febr. 1952 v. LG Nürnberg-Fürth wg. der Beihilfe zum Mord an den serbischen Juden zu 3 Jahren u. 5 Monaten Haft verurteilt. Im Sept. 1952 von einer neonazist. Organisation nach Syrien geschmuggelt. Dort 1963 unter dem Vorwurf d. Spionage verhaftet, im Okt. 1965 wg. Krankheit freigelassen. Im Sept. 1966 Rückkehr nach Dtschld., hier erneut zu fünfeinhalb Jahren Haft verurteilt, die als verbüßt galten. Im Jan. 1971 ordnete d. Bundesgerichtshof einen neuen Prozeß an, der jedoch wg. des Todes v. R. nicht mehr eröffnet wurde.
R. war als Leiter des Judenreferates des Auswärtigen Amtes tief verstrickt in Planung und Realisierung der Judenvernichtung des Dritten Reiches.
Ri

Raeder, Erich Großadmiral, Oberbefehlshaber der Kriegsmarine
geb. 24. 4. 1876 in Wandsbek,
gest. 6. 11. 1960 in Kiel.
Sohn eines Studienrats. 1897 Ltn. z. See, Signaloffz. auf der Panzerkorvette *Sachsen*, 1903–05 Marineakademie, 1905 Kapitänleutnant; 1906 Referent im Nachrichtenbüro des Reichsmarineamts, 1910 Navigationsoffizier auf der kaiserl. Jacht *Hohenzollern*; 1912 Erster Admiralstabsoffz. im Stab des Befehls-

habers d. Aufklärungsstreitkräfte. 1914–18 Teilnahme am 1. WK, u.a. als Admiralstabsoffz., 1917 Fregattenkapitän, Kdt. des Kleinen Kreuzers *Köln*, 1918 Chef der Zentralabteilung im Reichsmarineamt. 1920 Übernahme in die Reichswehr als Kapitän zur See, Tätigkeit im Marinearchiv, 1922 Inspekteur des Marine-Bildungswesens; 1924 Konteradmiral, Befehlshaber der leichten Seestreitkräfte der Nordsee, 1925 Vizeadmiral, Chef der Marinestation der Ostsee; 1926 Dr. phil. h. c.; 1. 10. 1928 Admiral, Chef der Marineleitung, 1934 Generaladmiral; 1. 1. 1935 OB der Kriegsmarine, 1939 Großadmiral. 30. 1. 1943 Entlassung, Admiralinspekteur der Kriegsmarine. 1945 in brit., dann sowjet. Kriegsgefangenschaft; 1946 vom Internationalen Militärgerichtshof in Nürnberg zu lebenslanger Haft verurteilt; 1955 aus Gesundheitsgründen vorzeitig entlassen.

R.s weit überdurchschnittliche Begabung, die sich nicht nur auf das Militärische beschränkte, zeichnete sich schon in der kaiserlichen Marine ab. Geprägt von ihrem Selbstverständnis und Ehrenkodex und darauf fixiert, eine Wiederholung der Ereignisse des Jahres 1918 zu verhindern, bemühte sich der autoritäre, ja patriarchalische Chef der Marineleitung schon in der Weimarer Republik, zumindest gedanklich, um die Voraussetzungen für eine weit ausgreifende deutsche Seestrategie. Obwohl die Seekriegführung niemals im Zentrum von → Hitlers militärischen Plänen stand, unterstützte er R. zunächst fast vorbehaltlos bei einem gemäßigten Ausbau der maritimen Rüstung. R., dessen politische Interessen und Kenntnisse unbestritten sind, gab dies die Möglichkeit, sich innerhalb der Wehrmachtführung einen scheinbar »unpolitischen« Spezialistenstatus zu sichern: Ohne Hitlers eigentliche Ziele verstehen zu wollen, versuchte er sich auf die Rolle eines ersten maritimen Beraters des »Führers« zu beschränken. Angesichts der eklatanten Widersprüche zwischen den realen Möglichkeiten der Kriegsmarine und ihren sich abzeichnenden Aufgaben konnten spätestens ab 1939 ernsthafte Konflikte zwischen R. und Hitler nicht ausbleiben. Als Protagonist der schweren Überwasserstreitkräfte wie eines nicht minder antiquierten Führungsstils wurde R. deshalb nach dem Zusammenbruch der deutschen maritimen Strategie zu Beginn des Jahres 1943 durch den Befehlshaber der U-Boote, Karl → Dönitz, abgelöst.

Publ.: *Mein Leben* (2 Bde., 1956–1957).

CH

Rahn, Rudolf Botschafter
geb. 16. 3. 1900 in Ulm,
gest. 7. 1. 1975 in Düsseldorf.

Sohn eines Notars. 1918 Feldkanonier. Studium d. Staatswissenschaften u. Soziologie, Abschluß mit Promotion zum Dr. phil. Mai 1928 Einberufung in das Ausw. Amt; Mai 1931 Attaché in Ankara. Im Juni 1933 Eintritt in d. NSDAP. Juli 1934 in Berlin, u.a. Tätigkeit im Wirtschaftsreferat Südamerika. Febr. 1938 Gesandtschaftsrat II. Klasse in Lissabon, ab Mai 1939 stellv. Ltr. der f. d. Auslandspropaganda zuständigen neugeschaffenen Informationsabteilung des Ausw. Amts in Berlin. Aug. 1940 Versetzung nach Paris zum Bevollmächtigten d. Ausw. Amts beim Militärbefehlshaber in Frankreich als Ltr. d. gesamten Propaganda, seit Febr. 1942 mit d. Amtsbezeichnung Gesandter, ab Nov. 1942 zeitweise in Tunis. Aug. 1943 Geschäftsträger in Rom (Quirinal); ab Nov. 1943 Botschafter in Mussolinis Rumpfstaat *Republik von Salò* mit Sitz in Fasano. Aufgrund seiner persönlichen Intervention bei → Hitler im Herbst 1944 wurde Florenz nicht verteidigt, sondern zur »offenen Stadt« erklärt. Außerdem unterstützte er den Generalkonsul in Genua, Hasso v. → Etzdorf, bei d. Rettung d. Genueser Hafenanlagen u. Industriebetriebe vor der v. Hitler befohlenen Zerstörung. 1949 veröffentlichte R. seine Erinnerungen unter dem Titel *Ruheloses Leben.* Politisch stand er Anfang der 50er Jahre der rechtsgerichteten *Tatgemeinschaft freier Deutscher* nahe. Beruflich war er als Geschäftsführer der Coca-Cola-Abfüllbetriebe in Düsseldorf tätig.
RAB

Rainer, Friedrich Gauleiter
geb. 28. 7. 1903 in St. Veit/Kärnten, gest. 19. 7. 1947 in Jugoslawien (hingerichtet, Angabe ungesichert).
R., dessen Vater Lehrer an einer Bürgerschule in St. Veit war, studierte Jura in Klagenfurt, zwischen den Semestern verdiente er sein Studiengeld als Arbeiter u. Bankangestellter. Nach dem Examen Arbeit in einem Notariat. Promotion Ende 1926. Bereits während d. Studiums 1923 SA-Mitglied u. Betätigung im Sinne des NS innerhalb der nationalen Kreise seiner Vaterstadt. Im Okt. 1930 NSDAP-Mitgliedschaft u. Mitbegründer der St. Veiter Ortsgruppe. 1934 Berufung in die Gauleitung der Kärntner NSDAP durch GL → Klausner. Im Aug. 1935 Verurteilung zu einem Jahr Polizeihaft wg. Hochverrat, aber bereits im März 1936 aus d. Haft entlassen u. im Mai 1936 in die Landesleitung d. NSDAP berufen. Beim »Anschluß« am 15. 3. 1938 StSekr. im Kabinett Klausner, vom Reichsbeauftragten f. d. Anschluß Österreichs an das Reich, GL → Bürckel, als Ltr. d. Organisationsabteilung in seinen Stab übernommen; im Mai 1938 von → Hitler zum Gauleiter von Salzburg ernannt. Im gleichen Jahr MdR.

Bei Kriegsausbruch Einsetzung als RVK, am 15. 3. 1940 Ernennung zum Reichsstatthalter im Land Salzburg. Am 18. 11. 1941 erhielt R. die Gauleitung des Gaues Kärnten zugewiesen, dort am 11. 12. 1942 zum RVK ernannt. Nach dem Abfall Italiens am 10. 9. 1943 übernahm R. zusätzlich die *Operationszone Adriatisches Küstenland* als RVK u. wurde damit Chef der Zivilverwaltung in den ital. Provinzen des Friaul. Am 7. 5. 1945 übergab R. seine Amtsgeschäfte an einen Vollzugsausschuß u. flüchtete in die Gegend um den Weißensee. Nach Hinweisen aus d. Bevölkerung Verhaftung durch d. Engländer, die ihn nach Nürnberg überstellten, wo er im Verfahren des Internationalen Militärgerichtshofes gg. die 24 *Hauptkriegsverbrecher* als Zeuge im Fall d. Angeklagten → Seyß-Inquart aussagte. Im März 1947 an Jugoslawien ausgeliefert u. in Laibach von einem Militärgericht am 19. 7. 1947 zum Tode verurteilt. Seine Witwe erhielt nach dem Krieg von der Republik Jugoslawien eine Sterbeurkunde, die auf den 19. 7. 1947 ausgestellt war. Trotzdem hielten sich wie in ähnlichen Fällen bis in die 50er Jahre Gerüchte, daß er noch am Leben sei.
We

Rath, Ernst vom Diplomat
geb. 3. 6. 1909 in Frankfurt am Main, gest. 9. 11. 1938 in Paris.
Sohn eines höheren Beamten. Studium der Rechtswissenschaft; 1932 erstes jurist. Staatsexamen. Eintritt in die NSDAP am 14. 7. 1932, in die SA im April 1933. 1934 Einberufung in das Ausw. Amt, 1935/36 Vorbereitungsdienst in Paris als persönl. Sekretär seines Onkels, des am 31. 12. 1935 verstorbenen Botschafters Roland Köster. Am 24. 6. 1936 bestand er die diplomatisch-konsularische Prüfung. Nach Verwendung am Generalkonsulat in Kalkutta und einer mehrmonatigen Kur im Schwarzwald wegen eines »Darmleidens« folgte am 13. 7. 1938 seine Versetzung an die Botschaft in Paris, wo er am 18. 10. 1938 zum Legationssekretär ernannt wurde. Am 7. 11. 1938 verübte der dt.-poln. 17jährige Jude Herschel Grynszpan, der sich unter dem Vorwand, »zwecks Abgabe eines wichtigen Dokuments einen Legationssekretär sprechen zu wollen«, Zutritt in die Botschaft verschaffte, ein Attentat auf R. Trotz aller ärztlichen Bemühungen verstarb der zuvor noch von → Hitler persönlich zum Gesandtschaftsrat I. Klasse ernannte R. zwei Tage nach dem Anschlag. Sein Tod wurde von der NS-Führung zum Anlaß genommen, unter dem Vorwand einer spontanen Empörung des dt. Volkes die brutalen Ausschreitungen u. Morde an jüd. Bürgern im Dt. Reich zu entfachen u. zu organisieren, die unter der zynisch-verharmlosenden Bezeichnung »Reichskristallnacht« bekannt wurden.

Die oft vertretene These, der sich illegal und ohne regelmäßige Einkünfte in Paris aufhaltende Grynszpan habe mit dem Attentat Rache für seine aus Deutschland ausgewiesenen Eltern nehmen und eigentlich den Botschafter Graf Welczeck ermorden wollen, läßt sich nach neueren Forschungen nicht mehr aufrechterhalten. Grynszpan wie R. waren – was systematisch vertuscht wurde – in die Pariser Homosexuellen-Szene verwikkelt, so daß nicht auszuschließen ist, daß sich beide persönlich kannten und dem Mord an R. eine Erpressung (um Geld oder um gültige Reisedokumente) vorausgegangen sein könnte. Am 17. 11. 1938 fand in Düsseldorf das Staatsbegräbnis für R. in Gegenwart Hitlers statt. Fortan wurde er als Märtyrer stilisiert, als »erstes Blutopfer« im Kampf des »Weltjudentums« gegen das »Dritte Reich«.
RAB

Raubal, Angela (*»Geli«*) Nichte Hitlers
geb. 4. 1. 1908 in Linz,
gest. 18. 9. 1931 in München.
Tochter von → Hitlers Halbschwester Angela, die mit dem Steuerbeamten Leo Raubal verheiratet war, der wenige Monate nach Gelis Geburt starb. Erste Bekanntschaft mit ihrem Onkel im Juli 1924 während dessen Gefängnishaft in Landsberg. Nach Realschule u. Abitur in Linz (1927) begann sie im Wintersemester 1927/28 ein Medizinstudium an d. Univ. München, das sie noch im gleichen Semester zugunsten einer Gesangsausbildung, ebenfalls in München, abbrach. Seit 1928 wohnte sie in d. Nähe Hitlers in der Thierschstraße. Im Nov. 1929 nahm Hitler sie in seine Neun-Zimmer-Wohnung am Prinzregentenplatz auf u. zeigte sich, offensichtlich in das lebenslustige Mädchen verliebt, häufig mit ihr in der Öffentlichkeit. Unmittelbar nach einer heftigen Auseinandersetzung mit ihrem Onkel wurde sie 1931 in dessen Wohnung erschossen aufgefunden. Die Hintergründe wurden polizeilich nur oberflächlich untersucht u. nie geklärt, so daß sich um den Tod Gelis bald Gerüchte rankten, die Hitler belasteten. Nach einer Aussage der Mutter kurz nach Kriegsende hatte sich nicht nur diese, sondern auch Hitler dem Wunsch Gelis widersetzt, einen 16 Jahre älteren Linzer Musiker zu heiraten. Heinrich → Hoffmann, Hitlers Leibfotograf, behauptete dagegen in seinen Erinnerungen, Hitlers berechtigte Eifersucht auf seinen damaligen Bodyguard → Maurice sei Ursache des Streits zwischen Onkel und Nichte gewesen. Hitler verklärte das Andenken Gelis; u.a. ließ er ihr Zimmer in seiner Wohnung unberührt u. gab erst im April 1945 seinem Chefadjutanten →

Schaub den Befehl, alle Erinnerungsstücke an sie zu vernichten.
Froe

Rauschning, Hermann
Senatspräsident
geb. 7. 8. 1887 in Thorn/Westpreußen,
gest. 8. 2. 1982 in Portland/USA.
Als Sohn eines aktiven Offiziers in d. Kadettenanstalten in Potsdam u. Lichterfelde erzogen, dann Studium d. Geschichte, Germanistik u. Musikgeschichte in München u. Berlin, 1911 Abschluß mit Promotion. Kriegsfreiwilliger im 1. WK. Nach Kriegsende Kulturarbeit in d. dt. Volksgruppe in Posen. 1926 Umsiedlung in d. Freie Stadt Danzig u. dort Erwerb eines Gutes. 1931 Eintritt in d. NSDAP. Febr. 1932 Vorsitzender des *Danziger Landbundes*. Als konservatives Aushängeschild der NSDAP wurde er im Mai 1933 ihr Spitzenkandidat bei der Volkstagswahl u. am 20. 6. 1933 Senatspräsident v. Danzig. Als Politiker Vertreter einer vehement antisemitischen Politik, ferner Anhänger des Führerkults. Nach Auseinandersetzungen mit dem Danziger GL → Forster legte er unter dem Druck → Hitlers am 24. 11. 1934 sein Amt nieder. 1936 Emigration über Polen nach Lausanne (Schweiz). 1938 Ausbürgerung.
Berühmt wurde R. durch seine Schriften. *Die Revolution des Nihilismus* (1938) enthielt seine persönl. Abrechnung mit dem NS, von dem er sich »innerlich nur schwer getrennt« hatte. Vor allem die *Gespräche mit Hitler* (1939) wurden international populär u. beeinflußten d. Hitler-Forschung, obwohl R. sie für die alliierte Gegenpropaganda größtenteils erfunden hatte. Durch die treffsichere Wiedergabe der ideologischen Gegebenheiten im Dritten Reich wurden die Gespräche erst spät von dem Schweizer Lehrer W. Hänel endgültig als Fälschung enttarnt; begründete Zweifel an der Echtheit der Quelle hatten allerdings schon lange bestanden. Die Nationalsozialisten bemühten sich, das Erscheinen der beiden Bücher R.s zu verhindern.
R. verließ 1948 die Schweiz u. ließ sich in Portland (Oregon/USA) als Farmer nieder. In den 50er Jahren kehrte er nach Dtschld. zurück, um ein politisches Comeback zu versuchen, was jedoch mißlang. In den folgenden Jahren arbeitete er als Publizist über aktuelle politische Themen u. auch über Fragen der Deutschlandpolitik. Er starb fast 95jährig im amerikanischen Exil.
AK

Rauter, Hans Höherer SS- und Polizeiführer, SS-Obergruppenführer
geb. 4. 2. 1895 in Klagenfurt,
gest. 24. 3. 1949 in den Niederlanden (hingerichtet).

Sohn eines Forstrats. Nach Oberrealschule u. Abitur 1912 in Graz bis Kriegsausbruch Studium d. Ingenieurswissenschaft an d. TH Graz. 1914 Kriegsfreiwilliger in einem Kärntner Gebirgsschützen-Rgt. Als Obltn. 1919 verabschiedet. 1919–23 Teilnahme am »Kärntner Freiheitskampf«; Mai–Juli 1921 mit d. *Steirischen Legion* im Rahmen des *Freikorps Oberland* an d. Kämpfen in Oberschlesien beteiligt; Gründungsmitglied d. antisemit. *Steirischen Heimatschutzes*, ab Herbst 1921 dessen Stabschef. 1929 erste Begegnung mit → Hitler. 1929 Zweiter Bundesstabsltr. d. *Steirischen Heimatschutzes*; im Juli 1930 Erster Bundesstabschef d. *Österr. Heimatschutzverbände*. Im Nov. 1931 verabredete R. mit T. → Habicht u. anderen d. Bildung einer Kampfgemeinschaft mit d. dt. NSDAP. 1933 Flucht nach Dtschld., dort Tätigkeit in d. Landesleitung f. Österreich d. NSDAP, zunächst als SA-Mitglied; Führung des *Kampfringes der Österreicher im Reiche* (bis 17. 10. 1934). Sept. 1934–März 1938 Sachbearbeiter des illegalen *Hilfswerk f. Österreich* des *NSDAP-Flüchtlingshilfswerks* in Berlin. 1935 Übertritt zur SS als SS-Oberfhr. 1930–40 Stabsfhr. d. SS-Oberabschnitts Südost in Breslau. 1939 Beförderung z. SS-Brif. Mai 1940 Fhr. d. SS-Oberabschnitts Nordwest u. als HSSPF beim Reichskommissar f. d. besetzten niederländ. Gebiete zugleich dessen Generalkommissar f. d. Sicherheitswesen. April 1941 SS-Gruf.; Juni 1943 SS-Ogruf. u. Gen. d. Polizei. Bei Kriegsende an die Niederlande ausgeliefert, wo ihn das Sondergericht in Den Haag am 4. 5. 1948 wg. d. Deportation v. rd. 110000 jüd. Bewohnern d. Landes, von denen rd. 6000 überlebten, zum Tod verurteilte. Außerdem war R. zur Last gelegt worden: die Verschleppung v. rd. 300000 Niederländern zum Arbeitseinsatz nach Dtschld., die Plünderung u. Konfiszierung niederländ. Eigentums, die Deportation mehrerer tausend niederländ. Studenten nach Polizeirazzien im Febr. u. Mai 1943, die Anordnung v. Sippenhaft gg. Angehörige von niederländ. Polizeibeamten u. andere Repressalien.

Als oberster Polizeikommandeur in den Niederlanden war R. Hauptverantwortlicher für die Durchführung der harten deutschen Besatzungspolitik, die auch die Deportation der niederl. Juden in die Vernichtungslager in Ostpolen einschloß. Auch die Bekämpfung des niederl. Widerstands gehörte zu seinen Aufgaben. Nachdem ein Kassationsgericht am 12. 1. 1949 R.s Berufung abgelehnt hatte, wurde er wenig später in den Niederlanden hingerichtet.

We

Reichenau, Walter von Generalfeldmarschall
geb. 8. 10. 1884 in Karlsruhe,
gest. 17. 1. 1942 in Poltawa.
Offizierssohn. 1904 Ltn. im 1. Garde-Feldartillerie-Regiment, 1911 Kommandierung zur Kriegsakademie, 1914–18 Teilnahme am 1. WK, u.a. als Generalstabsoffizier. 1919 Übernahme in die Reichswehr als Hptm., Dienst bei versch. Stabs- und Truppenkommandos; 1924 Major, 1929 Chef des Stabes der Nachrichteninspektion im Reichswehrministerium; 1931 Oberst, Chef des Stabes der 1. Infanteriedivision; 1933 Chef des Ministeramts (seit 13. 2. 1934: Wehrmachtsamt) im Reichswehrministerium, 1934 GenMaj., 1935 GenLtn., Kdr. General des VII. Armeekorps, 1936 General, 1938 OB des Gruppenkommandos 4, 1939 OB der 10., dann der 6. Armee, Generaloberst, 1940 GFM, 1941 OB der 6. Armee, 3. 12. 1941 OB der Heeresgruppe Süd, 17. 1. 1942 an Herzversagen gestorben.
R. verkörperte den in der Reichswehr seltenen Typus des politisierenden Offiziers. Wenn gerade R. an der Integration der Armee in den neuen NS-Staat maßgeblichen Anteil besaß, so war dies allerdings weniger weltanschaulich begründet, sondern vor allem Ausdruck einer kühl abwägenden Taktik – um die Interessen der Armee und ihre Position im Staat zu sichern, aber auch, um den neuen gesellschaftlichen Herausforderungen gerecht zu werden. Auf welch schiefe Bahn der ehrgeizige R. mit dieser Politik geriet, veranschaulicht nicht zuletzt seine Biographie. Wurde die brutale Niederschlagung des »Röhm-Putsches« bewußt durch ihn gedeckt, so billigte R. wenig später die beginnende militärische Ausbildung der SS. In den Führungskrisen des Herbstes 1939 und Winters 1941 blieb R.s Kritik an der militärischen Führung wirkungslos. Schließlich deckte R. während des Rußlandfeldzugs offen die Verbrechen der nationalsozialistischen Besatzungspolitik und wurde damit zum Wegbereiter einer bislang unbekannten Kooperation zwischen Wehrmacht und NS.
CH

Reichwein, Adolf Pädagoge
geb. 3. 10. 1898 in Bad Ems,
gest. 20. 10. 1944 in Berlin-Plötzensee (hingerichtet).
Lehrerssohn. Als Teilnehmer am 1. WK schwer verwundet. Studium d. Geschichte u. Philosophie in Frankfurt a.M. u. Marburg, 1923 Promotion. 1923–29 Geschäftsführer u. Ltr. d. Volkshochschule in Jena. Engagement beim *Wandervogel*, später in d. Arbeiterbewegung. 1930 Eintritt in d. SPD. Seit 1929 persönl. Referent d. preuß. Kultusministers Carl Becker. Ab 1930 Professor an d. Pädagogischen

Akademie Halle/Saale, als der er die »Überwindung der Klassen-, Bildungs- u. Bewußtseinsgegensätze im deutschen Volk« als Hauptaufgabe d. Pädagogik u. Sozialpolitik betrachtete. 1933 Entlassung durch die Nationalsozialisten. Danach bis 1939 Dorfschullehrer in Tiefensee, seit 1940 Museumspädagoge in Berlin. Seit 1938 Verbindungen zu → Leber, → Leuschner, → Moltke, später auch zum *Kreisauer Kreis*, für den er ein Konzept zur demokrat. Neuordnung des Schulwesens entwickelte. In den Besetzungslisten d. *Kreisauer Kreises* wurde R. als Kandidat für einen späteren Reichskultusminister gehandelt. Zusammen mit Leber nahm er Kontakt zu einer kommunist. Widerstandsgruppe auf, die von Gestapospitzeln infiltriert war. Verhaftung am 4. 7. 1944. Nach Folterungen in der Haft Prozeß vor dem VGH am 20. 10. 1944, der mit dem Todesurteil für R. endete.
Den

Reinhardt, Fritz Gauleiter u. Staatssekretär
geb. 3. 4. 1895 in Ilmenau,
gest. 17. 6. 1969 in Regensburg.
Nach Besuch d. Handelsschule kaufmänn. Ausbildung, teilweise im Ausland. Bei Kriegsausbruch im Aug. 1914 zur Ausbildung in Riga, von dort von den Russen als Kriegsgefangener nach Sibirien gebracht u. bis Juli 1918 interniert. Nach der Rückkehr nach Dtschld. Anfang 1919 Direktor der Thüringischen Handelsschule u. d. Akademie für Wirtschaft u. Steuern in R.s Vaterstadt. Vor dem 1. WK bereits Mitglied des *Deutsch-Völkischen Bundes*, 1923 Eintritt in die NSDAP, deshalb in Ilmenau entlassen. Übersiedelung R.s nach Herrsching. Dort 1924 Gründung d. ersten dt. Fern-Handelsschule. Im Okt. 1925 nach der Wiedergründung der NSDAP erneut Mitglied, 1926 NSDAP-Ortsgruppenführer in Herrsching, 1927 Ltr. des NSDAP-Bezirks Oberbayern-Süd u. 1. 10. 1928–14. 9. 1930 GL des inzwischen verkleinerten Gaues Oberbayern. Im Mai 1929 Erklärung von R.s Fern-Handelsschule zur ersten Rednerschule der NSDAP. Am 27. 4. 1930 Ernennung zum Reichspropagandaleiter II der NSDAP. Bei der November-Wahl 1930 in den Reichstag gewählt, Mitglied im Reichsschulden- u. im Haushaltsausschuß des Reichstages. 1932 Wirtschaftsbeauftragter in der Reichsleitung der NSDAP. 1935 im Stab des Stellv. d. Führers als Ltr. des Referats Steuer-/Finanzpolitik u. Arbeitsbeschaffung. 1937 SA-Ogruf. Nach der Machtergreifung ab 1. 4. 1933 StSekr. im Reichsfinanzministerium (bis Kriegsende) mit Zuständigkeit für Steuern u. Reichshaushalt. Über ihn lief 1942/43 auch die Abrechnung der von der SS an die Reichsbank ab-

gelieferten Wertgegenstände einschl. Zahngold, die den in die Vernichtungslager d. *Aktion Reinhard* (→ Globocnik, Odilo) deportierten Juden bei ihrer Ermordung abgenommen wurden. 1945–49 von d. Alliierten verhaftet u. als Zeuge bei den Nürnberger Prozessen aufgetreten. 1950 von einer Münchner Spruchkammer als »Hauptschuldiger« eingestuft.
KAL

Reitsch, Hanna Pilotin
geb. 29. 3. 1912 in Hirschberg/ Schlesien,
gest. 24. 8. 1979 in Frankfurt a. M.
Tochter eines Augenarztes. Begabte Segelfliegerin mit zahlreichen Segelflugrekorden seit den 30er Jahren, 1937 erster weiblicher Flugkapitän u. erste Testpilotin d. dt. Luftwaffe. 1938 Testflüge mit einem Hubschrauber in d. Berliner Deutschland-Halle, später auch mit Militärmaschinen, raketenbetriebenen Abfangjägern, großen Transportmaschinen u. Versuchsmodellen der V1. Sie überlebte mehrere Abstürze. Die politisch naive, glühende Hitler-Verehrerin, 1942 von → Hitler als erste Frau mit dem EK I u. II. ausgezeichnet, gehörte Ende April 1945 zu den letzten Besuchern Hitlers im Berliner Bunker unter d. Reichskanzlei. Nach 15 Monaten amerik. Internierung wurde R. im Dez. 1947 v. d. Spruchkammer Bad Homburg als »unbelastet« eingestuft. Im Nachkriegsdeutschland erzielte sie noch weitere Erfolge als Segelfliegerin.
Publ: *Fliegen, mein Leben* (1951); *Höhen und Tiefen* (1978).
Den

Remer, Otto-Ernst Generalmajor, Kommandeur des Berliner Wachbataillons
geb. 18. 8. 1912 in Neubrandenburg,
gest. 4. 10. 1997 in Marbella/ Spanien.
Humanistisches Gymnasium. 1932 Eintritt in das Heer. 1935 Beförderung zum Offz. Im Kriegsverlauf achtmal verwundet. 1944 Kdr. des Wachbataillons *Großdeutschland.* In dieser Funktion erhielt R. am 20. Juli 1944 vom Berliner Stadtkdt., GenObst. v. → Hase, der zu den Verschwörern gehörte, den Auftrag, d. Regierungsviertel abzusperren. Bei d. Verhaftung von → Goebbels von diesem telefonisch mit → Hitler verbunden, der ihn mit d. Bekämpfung d. Verschwörer beauftragte. Für seine Rolle b. d. Niederschlagung d. Putsches Beförderung zum Generalmajor u. Divisionskommandeur. Nach Kriegsende 1950 Mitbegründer d. neonazistischen *Sozialistischen Reichspartei* (*SRP*), die 1952 vom Bundesverfassungsgericht für verfassungswidrig erklärt wurde. 1982 Gründung d. rechtsgerichteten *Freundeskreises Ulrich v. Hutten* u., ein Jahr später, der *Deutschen Frei-*

heitsbewegung. Mehrfache Prozesse u. Verurteilungen wg. Volksverhetzung, Aufstachelung zum Rassenhaß, Beleidigung u. Verunglimpfung des Andenkens Verstorbener. Im Nov. 1993 bestätigte d. Bundesgerichtshof ein Hafturteil des LG Schweinfurt, dem sich der zuletzt in Bad Kissingen wohnhafte R. durch die Flucht nach Spanien entzog. Von 1991–93 gab R. die *Remer-Depesche* heraus, in der er v.a. die »Auschwitz-Lüge«, das von den Feinden Dtschld.s erfundene angebliche Märchen von dem in Auschwitz und anderen Vernichtungslagern betriebenen Massenmord an den Juden, mit »Gegenbeweisen« bekämpfte.
Den

Renteln, Theodor Adrian von
Generalkommissar v. Litauen
geb. 15. 9. 1897 in Hodsi/Rußland,
gest. 1946 in der Sowjetunion (hingerichtet).
Gymnasium in Riga und Dorpat. Nach dem 1. WK Umzug ins Deutsche Reich. 1920–24 Studium d. Rechte u. d. Wirtschaftswissenschaften, anschließend bis 1929 Tätigkeit als Journalist. Ab Jan. 1929 Mitglied d. NSDAP. Gründer der Berliner Gruppe d. *NS-Schülerbundes*, 1929 Reichsführer desselben. Von März 1931 bis 1933 Wirtschaftsreferent in d. Reichsleitung d. NSDAP. Nov. 1931–16. 6. 1932 Führer der *HJ* u. d. *NS-Studentenbundes*. Ende 1932 Ltr. d. *NS-Kampfbundes d. gewerblichen Mittelstandes*. 1932 MdR. 1933 Ltr. d. *Hauptamtes für Handwerk u. Handel* der NSDAP, gleichzeitig Fhr. der Reichsstände Handwerk u. Handel. Juni 1933–Mai 1935 Präs. d. Dt. Industrie- u. Handelstags. Ab 1934 Stabsleiter d. *DAF*; Ltr. d. *Instituts f. angewandte Wirtschaftswissenschaft*, Vorsitzender des *Obersten Disziplinargerichts d. DAF*. Seit Nov. 1936 Präs. des Dt. Genossenschaftsverbandes. 1941–44 Generalkommissar in Litauen. Dort mitverantwortlich für die Besatzungsverbrechen an der jüdischen und nichtjüdischen Bevölkerung. Nach dem Krieg als Kriegsverbrecher in der Sowjetunion hingerichtet.
Ri

Reusch, Hermann Bergassessor, Großindustrieller
geb. 2. 8. 1896 in Witkowitz,
gest. 17. 12. 1971 in Oppenweiler.
Sohn des Bauingenieurs u. späteren Generaldirektors des Oberhausener Gutehoffnung-Konzerns, Paul H. R. Bis 1914 Besuch d. Gymnasiums in Oberhausen. Teilnahme am 1. WK. Anschließend Jura- u. Bergbaustudium in Tübingen u. Berlin. 1922 Promotion in Gießen. Im gleichen Jahr Bergreferendarsexamen. Auslandsaufenthalte in Skandinavien, England, den Niederlanden, USA u. Südafrika, um

Erfahrungen im internationalen Bergbau zu sammeln. 1927 Ltr. einer Zeche in Hervest-Dorsten. 1935 stellvertretendes, 1939 ordentliches Vorstandsmitglied d. Gutehoffnungshütte. 1942 trat er die Nachfolge seines Vaters als Generaldirektor an, mußte aber im selben Jahr zusammen mit seinem Vater wg. regimekritischer Äußerungen auf natsoz. Druck d. Vorstandsämter niederlegen. Ab Dez. 1945 Vertreter des von den Alliierten verhafteten Generaldirektors der Gutehoffnungshütte in Oberhausen. 1947 Vorstandsvorsitzender der Gutehoffnungshütte. Im Juli 1947 sagte R. als Zeuge im Nürnberger *IG-Farben-Prozeß* aus. Dabei trat er dem Vorwurf entgegen, daß d. Großindustrie in besonderem Maße als Wegbereiter → Hitlers gewirkt habe. R. kämpfte gg. d. Bestrebungen der brit. Besatzungsmacht, sein Unternehmen zu entflechten u. zu demontieren. Er konnte den Konzern im wesentlichen zusammenhalten u. ausbauen. 1966 legte er die Konzernleitung nieder. Daneben war R. Vorsitzender u. Mitglied mehrerer Aufsichtsräte u. Gremien von Industrie, Wirtschaftsverbänden u. Stiftungen sowie Präsidiumsmitglied des *Bundesverbandes der Dt. Industrie.* 1956 wurde er mit d. Großen Bundesverdienstkreuz mit Stern ausgezeichnet.
PW

Reventlow, Ernst Graf zu Schriftsteller, Kapitänleutnant a.D.
geb. 18. 8. 1869 in Husum,
gest. 21. 11. 1943 in München.
Sohn eines Juristen u. Landrats. Nach Abitur 1888 Eintritt in kaiserl. Marine; Abschied 1899 als charakterisierter Kptltn.; danach nicht standesgemäße Heirat, die ihn mit seiner Familie entzweite. Sein journalistisches Wirken in d. folgenden Jahren führte zum völligen Bruch auch mit seinem Stand. Ähnlichkeiten zum Verhalten seiner Schwester, der bekannten Schwabinger Schriftstellerin Franziska zu R., sind hier nicht zu übersehen. 1907 Ehrengerichtsverfahren. R. entwickelte sich noch vor dem 1. WK zu einem d. konsequentesten Kritiker des Wilhelminismus in Büchern wie *Kaiser Wilhelm u. die Byzantiner* (1906) u. *Der Kaiser u. die Monarchisten* (1913); neben d. Kritik am kaiserl. Führungsstil empfand er auch Unbehagen über die imperialistische Außen- u. Flottenpolitik Dtschld.s (*Deutschlands auswärtige Politik 1888 bis 1913*, 1914). Nach dem 1. WK ebenso vehemente Polemik gg. d. Weimarer Republik, ausgetragen v.a. in seiner 1920 gegründeten Zschr. *Der Reichswart.* Hinwendung zu sozialrevolutionären Ideen (*Völkisch-kommunist. Einigung?*, 1924); Vorbildwirkung zunächst des kommunist. Rußlands, dann des faschist. Italiens. Füh-

rend in d. Deutsch-völkischen Freiheitspartei tätig, von der er 1927 mit einem wesentlichen Teil der norddt. Völkischen zur NSDAP übertrat, in der er erst mit dem → Straßer-Flügel sympathisierte (*Dt. Sozialismus*, 1930), dann aber → Hitler unterstützte (*Judas Kampf u. Niederlage in Dtschld.*, 1937). Seit 1924 MdR, seit 1927 f. d. NSDAP. Bis 1935 war R. neben Wilhelm → Hauer führend in d. *Dt. Glaubensbewegung* tätig, näherte sich dann aber in seiner konservativeren Altersphase wieder dem kirchengebundenen Christentum (*Von Potsdam nach Doorn*, 1940).
Für Hitler u. den NS bestand R.s wichtigste Leistung in der Zuführung der völkischen Sympathisanten der NSDAP nach deren Wiedergründung. Seine überzeugende Ehrenhaftigkeit prädestinierte ihn in den Wahlkämpfen der 30er Jahre zum Stimmenfänger für die Partei, die mit ihm ihr von Hitler und Straßer geprägtes Lederhosen-Image bei den konservativeren Kreisen etwas ausgleichen konnte.
We

Ribbentrop, Joachim v. Reichsaußenminister
geb. 30. 4. 1893 in Wesel,
gest. 16. 10. 1946 in Nürnberg (hingerichtet).
Vater war Berufsoffz., zuletzt Obstltn. Nach Besuch höherer Schulen in Kassel, Metz, Arosa u. London 1910 ohne Schulabschluß mit seinem Bruder nach Montreal, wo er durch Vermittlung v. Freunden zunächst als Banklehrling, seit 1912 beim kanadischen Eisenbahnbau arbeitete; 1914 Mitglied d. kanad. Eishockey-Nationalmannschaft. Beide Brüder erkrankten schwer an Tuberkulose (d. Bruder starb 1918 daran); Joachim R. verlor eine Niere u. führte später Konzentrationsschwäche u. depressive Anfälle darauf zurück. 1913 einige Monate als Reporter für versch. US-Zeitungen in New York, wo er offensichtlich seine bleibende Einschätzung d. amerik. Lebens erhielt. Ende 1913 eigenes Importgeschäft in Ottawa, spezialisiert auf dt. Weine. Bei Kriegsausbruch über USA Rückkehr nach Dtschld., Fahnenjunker b. d. Kavallerie, 1915 Offz., 1917 verwundet, Auszeichnung mit EK II, auf eigenen Antrag geändert in EK I. 1918 Obltn., zuletzt Angehöriger d. dt. Militärmission in Konstantinopel, dort Kontakt mit Maj. v. → Papen. Im Sommer 1919 verabschiedet, ohne qualifizierte Ausbildung u. Vermögen, fand R. zunächst Anstellung bei einem Bremer Baumwollimporteur, eröffnete dann Ende 1919 eigene Weinhandelsfirma in Berlin. 1920 Heirat mit d. energischen u. intelligenten Annelies Henkell, Erbin d. Sektkellerei Henkell u. R.s »Lady Macbeth« (R. → Spitzy). Adoption durch entfernten Ver-

wandten seines Vaters verschaffte R. 1925 Adelsprädikat. Bis 1933 äußerst erfolgreich mit seinem Berliner Spirituosen-Import-Export-Geschäft. Die gesellschaftl. u. geschäftl. Erfolge bewirkten offensichtlich schon in d. 20er Jahren R.s viel bespöttelte Entwicklung zum hochmütig-arroganten Selfmademan. Politisch wenig interessiert u. gefühlsmäßig Monarchist, wählte er damals d. Deutsche Volkspartei. 1930 vermittelte Graf → Helldorf die erste Begegnung mit → Hitler; 1931 in R.s Haus erneuert. Zunächst finanzielle Unterstützung d. NSDAP, am 1. Mai 1932 dann Parteieintritt. Als Sympathisant → Papens gg. den damaligen Reichskanzler → Schleicher eingenommen, förderte R. im Jan. 1933 Koalitionsgespräche zwischen Hitler u. Papen, wofür er seine Dahlemer Villa zur Verfügung stellte. Seine Vermittlerrolle bei d. Verabredung der → Hugenberg-Papen-Hitler-Koalition ist dagegen weniger klar erkennbar. Immerhin wurde er 1933 MdR u. SS-Staf. Hitler schien von R. zunächst beeindruckt, ernannte ihn nach dem Rückzug Dtschld.s von der Genfer Abrüstungskonferenz am 23. 4. 1934 zum Abrüstungsbeauftragten d. Reiches, nachdem R. bereits im Sommer 1933 in diplomat. Mission in London u. Paris f. d. neue Dtschld. geworben hatte. In Konkurrenz zu → Rosenberg wurde R. 1935 Ltr. d. Amts f. außenpolit. Sonderfragen im Stab → Heß. Seit Mai 1935 Sonderbotschafter in London u. am 18. 6. 1935 überraschender Abschluß des dt.-brit. Flottenabkommens. Beförderung R.s zum SS-Brif. (1940 SS-Ogruf.) Am 11. 8. 1936 Ernennung zum – glücklos operierenden – dt. Botschafter in London; bei d. Kabinettsumbildung vom 4. 2. 1938 wurde R. schließlich Nachfolger → Neuraths als Reichsaußenminister. Bereits beim »Anschluß« Österreichs (13. 3. 1938), dann beim Abschluß des Münchner Abkommens (30. 9. 1938) u. bei d. Annexion d. »Resttschechei« (15. 3. 1939) spielte R. jedoch neben Hitler wenig mehr als eine Statistenrolle. Immerhin trug jedoch seine Fehleinschätzung der engl. Außenpolitik im Sept. 1939 mit zum Ausbruch des 2. WK bei, den auch der von ihm am 23. 8. 1939 abgeschlossene dt.-sowjet. Nichtangriffspakt nicht mehr verhindern konnte. Mit der ihm eigenen Mischung v. Arroganz u. Ignoranz übersah der vermeintliche Kenner d. angelsächs. Staaten u. ihrer Politiker später auch die Gefahr, die den Achsenmächten vom Kriegseintritt d. USA drohte. Wieweit Hitler die mangelnden Fähigkeiten seines Außenministers vor 1941 tatsächlich erkannte, sei dahingestellt, war er nach dem schnellen Sieg über Frankreich u. der Vertreibung Englands vom

Kontinent doch davon überzeugt, daß die Neugestaltung Europas am besten von ihm selbst ausgeführt würde. So räumte er R. auch bei weiteren außenpolit. Entscheidungen wie dem Dreimächtepakt (27. 9. 1940) oder bei der Festlegung d. dt. Politik gegenüber Frankreich, Spanien, Dänemark, d. Schweiz u. den Balkanstaaten nicht mehr als eine Gehilfenrolle ein. Große Aktivitäten entwickelte R. allerdings bei der »Endlösung d. Judenfrage«. Hier zögerte er nicht, den diplomat. Apparat in den Dienst d. Judenvernichtung zu stellen. Die dt. Vertretungen in den Vasallenstaaten d. Dt. Reiches wie in Vichy-Frankreich, der Slowakei, Ungarn u. auch im faktisch besetzten Dänemark wurden immer wieder durch Ministerschreiben angewiesen, die Deportation der einheimischen Juden zu forcieren; noch am 25. 2. 1945 beschwerte sich R. bei Mussolini über den schleppenden Fortgang d. Juden-Deportationen aus d. ital. Besatzungszone Frankreichs. Da R. in d. Führungselite des Dritten Reiches wenig Freunde besaß, vereinsamte er wie sein alter Feind Rosenberg im Verlauf d. Krieges zunehmend. Auch sein Führer war am 23. 4. 1945 nur widerwillig bereit, ihn zum letzten Abschied im Bunker unter d. Reichskanzlei zu empfangen, beauftragte ihn aber immerhin, in einer Botschaft an Churchill Hitlers konstanten Wunsch nach Freundschaft mit England zum Ausdruck zu bringen. Um so größer war R.s Schock, als er erfahren mußte, daß Hitler in seinem Testament v. 29. 4. 1945 → Seyß-Inquart zum neuen Außenminister bestimmt hatte. R. versuchte trotzdem, Anschluß an die Regierung → Dönitz in Flensburg zu finden, wurde aber v. Dönitz persönlich abgewiesen. Er tauchte danach in Norddeutschland unter u. wurde erst am 14. 6. 1945 als letzter Minister Hitlers von brit. Militärpolizei in einer Hamburger Pension verhaftet. In seinem Besitz fanden sich Briefe an Churchill, Eden u. Montgomery. Im Nürnberger *Prozeß gg. d. Hauptkriegsverbrecher* befand ihn d. Internationale Militärgerichtshof in allen vier Anklagepunkten für schuldig u. fällte am 1. 10. 1946 das Todesurteil. Posthum wurde R. im Okt. 1952 von d. Ersten Spruchkammer beim Berliner Senat als »Hauptschuldiger« eingestuft u. seine Witwe zur Zahlung von 50000 DM an die Stadt Berlin verurteilt. Posthum erschienen 1953 auch seine Memoiren *Zwischen London u. Moskau.*

Von mäßiger Intelligenz, aber von durchaus sympathischer Ausstrahlung in seinen jungen Jahren, traten bei R. mit zunehmendem gesellschaftlichen Aufstieg seine Eitelkeit, Unsicherheit u. Unselbständigkeit in den Vordergrund, in der Zusammenarbeit mit Hitler

frühzeitig auch seine Unterwerfung unter dessen Führung. Sicher deswegen, aber auch wegen seiner Auslandserfahrung u. seiner Erfolge bei den frühen Verständigungsbemühungen mit Großbritannien, deren einziges vorzeigbares Ergebnis allerdings das Flottenabkommen blieb, ernannte ihn Hitler 1938 zum Außenminister. Am Ende des Dritten Reiches sahen freilich auch hochrangige Nationalsozialisten in R. – neben Hitler – den Hauptschuldigen für den Ausbruch d. Zweiten Weltkrieges und damit für den schnellen Untergang ihres »Dritten Reiches«.
We

Richthofen, Wolfram Freiherr v. Generalfeldmarschall.
geb. 10. 10. 1895 in Barzdorf (Schlesien)
gest. 12. 7. 1945 in Bad Ischl.
Sohn eines kgl. preuß. Kammerherrn. 1913 Ltn. in einem schles. Husaren-Rgt. 1917 Jagdflieger. 1920–23 Maschinenbaustudium. 1. 10. 1923 Eintritt in d. Reichswehr als Ltn. 1929 Dr. ing. 1929–32 Militärattaché in Rom. 1. 10. 1934 Ltr. d. Erprobungs-Abt. im Reichsluftfahrtministerium. Jan. 1937 Chef d. Stabes d. *Legion Condor*. 31. 10. 1938 GenMaj., Kdr. d. *Legion Condor*. 1940 General d. Flieger. 17. 7. 1941 Eichenlaub zum Ritterkreuz. 1939–42 Kdr. des VIII. Fliegerkorps. 1. 3. 1942 GenObst. Juni 1942 OB der Luftflotte 4, die u.a. mit d. Versorgung des Kessels v. Stalingrad aus der Luft betraut war. 16. 2. 1943 GFM. Juni 1943 bis Okt. 1944 OB der Luftflotte 2 in Italien.
Nach der Stalingrad-Krise war R. im Gespräch als Oberbefehlshaber der Luftwaffe, wobei → Göring auf repräsentative Aufgaben beschränkt werden sollte. R. war Meister der Improvisation, dem es gelang, mit immer geringeren Mitteln den schrittweisen Rückzug der deutschen Truppen auf der italienischen Halbinsel zu decken. Oktober 1944 Verabschiedung wegen eines Gehirntumors.
KAL

Riefenstahl, Leni Tänzerin, Filmregisseurin und Fotografin
geb. 22. 8. 1902 in Berlin,
lebt in München.
R. entstammte einer kleinbürgerlichen Familie. Ihre künstlerische Ausbildung erhielt sie an d. Berliner Kunstakademie, im Tanz u.a. bei Mary Wigman u. d. russ. Tänzerin Eduardowa. Begabt u. ehrgeizig hatte sie schon 1923 Solo-Auftritte als Tänzerin *Diotima*. Mitte der 20er Jahre entdeckte sie Arnold Fanck für den Film, 1926 gab sie ihr schauspielerisches Debüt in Fancks *Der heilige Berg*. Weitere Erfolge wurden *Weiße Hölle am Piz Palü* (1929), *Stürme über dem Mont Blanc* (1930) u. *Der weiße Rausch* (1931). 1932 führte R. erstmals

selbst Regie in dem Film *Das blaue Licht*, der wg. seiner eigenwilligen Kameraeinstellungen u. Filmtechnik Aufsehen erregte. → Hitler wurde auf R. aufmerksam u. bot ihr Zusammenarbeit an; angeblich half er ihr auch, sich gg. → Goebbels durchzusetzen. 1933 drehte R. den Film *Sieg des Glaubens* über den Nürnberger Reichsparteitag 1933; 1934 folgte einer der wirkungsvollsten NS-Propagandafilme, der Parteitagsfilm *Triumph des Willens*, für den sie in Venedig eine Goldmedaille erhielt, 1935 schließlich, aus Anlaß der Wiedereinführung der allgemeinen Wehrpflicht, der Propagandafilm *Tag der Freiheit – unsere Wehrmacht*. Den Höhepunkt ihrer Karriere erreichte R. 1936 mit zwei Filmen über die Olympischen Spiele in Berlin; zwei Jahre lang hatte R. an den beiden Streifen *Fest der Völker* u. *Fest der Schönheit* gearbeitet, die an Hitlers Geburtstag 1938 uraufgeführt wurden. Die aufwendigen u. technisch hervorragenden Filme wurden international u. auch über d. Zeit des Dritten Reichs hinaus gewürdigt. 1948 wurden ihre beiden Olympia-Filme vom *Internationalen Olympischen Komitee* ausgezeichnet. Für die Olympischen Spiele 1972 wurde sie wieder als Fotografin eingesetzt. R., die in der NS-Zeit eine glänzende Karriere durchlaufen hatte u. sich der persönlichen Gunst Hitlers erfreute, stritt in der Nachkriegszeit jegliche Komplizenschaft mit den NS-Machthabern ab. Äußerst umstritten blieb allerdings bis heute ihr letzter Film aus der NS-Zeit, *Tiefland*, der in den Jahren 1940/41 entstand; R. wurde in d. Nachkriegszeit beschuldigt, daß sie für die Filmproduktion rd. 60 Sinti u. Roma zwangsrekrutiert habe, die sie weder entlohnte noch, wie angekündigt, vor d. Deportation nach Auschwitz rettete. R., die 1948 von d. Spruchkammer Villingen als »nicht betroffen« eingestuft worden war, führte einen erfolgreichen Prozeß gg. d. Illustrierte *Revue*, die diese Anschuldigungen 1949 publik gemacht hatte. Als d. Vorwürfe gegen R. 1982 in einer Fernsehdokumentation von Nina Gladitz erneut erhoben wurden, konnte R. sie nicht mehr abstreiten. Dennoch war ihre Schaffenskraft ungebrochen. Sie veröffentlichte 1987 ihre Memoiren u. legte in den 70er u. 80er Jahren eine Reihe von allgemein bewunderten Bildbänden über Afrika u. d. südsudanesischen Stamm der Nuba vor. *KK*

Rintelen, Emil von Botschafter
geb. 10. 1. 1897 in Stettin,
gest. 24. 6. 1981 in Düsseldorf.
Sohn d. späteren GenLtn. Wilhelm v. R. u. jüngerer Bruder des späteren Militärattachés in Rom (bis 1943), Enno v. R. 1916 Ltn. im Gardejäger-Batl. Jurastudium. Juli 1921

Einberufung ins Ausw. Amt. Ab Jan. 1929 Gesandtschaftsrat in Warschau; Sept. 1932 Legationsrat u. Referent f. Westeuropa in Berlin. Eintritt in d. NSDAP am 1. 2. 1940. Als Nachfolger Otto v. Bismarcks am 19. 7. 1940 zum Gesandten I. Klasse als Dirigent d. Polit. Abt. u. am 31. 3. 1943 zum Botschafter z.b.V. ernannt. R. verfaßte im Sept. 1944 eine Aufzeichnung über die Struktur des Ausw. Amts, in der er sich trotz der Forderungen f. d. »totalen Kriegseinsatz« gg. d. Personalabbau in d. traditionellen Abteilungen u. für die allmähliche Auflösung d. indirekt an der Judenvernichtung beteiligten Referatsgruppe Inland II aussprach, ohne daß es allerdings bis zum Kriegsende im Mai 1945 zu einer Strukturveränderung der Behörde kam. Seit 1949 war R. Berater des Industriellen Günther Henle u. später Ltr. d. Rechtsabt. d. Klöckner-Humboldt-Deutz AG (KHD).
RAB

Ritter, Gerhard Historiker
geb. 6. 4. 1888 in Bad Sooden(-Allendorf) a.d. Werra,
gest. 1. 7. 1967 in Freiburg/Breisgau.
Pastorensohn. 1906 Abitur in Gütersloh. Studium d. Geschichte u. Germanistik in München, Leipzig, Berlin u. Heidelberg, dort 1911 Promotion. 1912 philolog. Staatsexamen in Karlsruhe. Referendariat in Kassel, Oberrealschullehrer in Magdeburg. 1915–18 Kriegsdienst, EK I. Seit 1919 Angestellter d. Heidelberger Akad. d. Wissensch.; 1921 Habilitation, Privatdoz. für neuere Geschichte in Heidelberg. 1924 ordtl. Prof. in Hamburg, 1925–56 in Freiburg.
R., dessen Forschungsschwerpunkte in d. Reformationszeit u. d. preuß.-dt. Geschichte seit d. Aufklärung lagen, gilt als letzter großer Repräsentant d. protestantisch geprägten preuß.-dt. Geschichtsschreibung (*Der preußische Konservativismus u. Bismarcks dt. Politik 1859–1876*, 1913; *Luther, Gestalt u. Symbol*, 1925; *Frhr. v. Stein. Eine polit. Biographie*, 2 Bde. 1931; *Gneisenau u. d. dt. Freiheitsidee*, 1932). Der Historiker nationalkonservativer Prägung, 1929–31 DVP-Mitglied, begrüßte als glühender Patriot zwar d. Erfolge d. natsoz. Außenpolitik, hielt aber schon bald, v.a. unter d. Eindruck d. Röhm-Affäre, Distanz zum NS-Regime, dessen Ideologie u. Herrschaftspraxis er als ethisch nicht vertretbar ablehnte. Gleichwohl blieb R. dem traditionellen national- u. machtstaatl. Denken verhaftet u. plädierte in seinen Werken lediglich für eine moralisch unanfechtbare Staatsräson (*Friedrich d. Gr.*, 1936; *Machtstaat u. Utopie*, 1940, 6. Aufl. 1948 u.d.T. *Die Dämonie d. Macht*). Das engagierte Mitglied d. *Bekennenden Kirche* bildete seit Ende d. 30er Jahre den Mittelpkt. des christlich-konservativen *Frei-*

burger Kreises oppositioneller Intellektueller. Wg. seiner Kontakte zu → Goerdeler in Zusammenhang mit dem 20. Juli Ende 1944–April 45 in Gestapo-Haft. Avancierte nach Kriegsende zu einem d. einflußreichsten Repräsentanten der (west)dt. Geschichtswissenschaft. 1947 Mitbegründer d. *Instituts f. Zeitgeschichte* in München, 1949 Vorsitzender d. neugegründeten *Verbandes d. Historiker Dtschld.s*, 1945–49 polit. Berater d. *Evangelischen Kirche Dtschld.s* (EKD). Seit 1953 im Vorstand des *Comité international des Sciences historiques*, Mitglied verschiedener in- u. ausländischer histor. Kommissionen u. d. Wissenschaftsakademien Heidelberg, Berlin, München. 1957 Verleihung des Ordens *Pour le mérite* u. des Großen Bundesverdienstkreuzes (1963 mit Stern). R.s Nachkriegswerk galt v.a. dem Versuch d. Rehabilitierung der dt. nationalstaatl. Geschichte, deren militaristische Züge er zwar genauso verurteilte wie den NS (*Geschichte als Bildungsmacht. Ein Beitrag zur histor.-polit. Neubesinnung*, 1946; *Vom sittlichen Problem der Macht*, 1948, 1962 u. d. Titel *Das dt. Problem. Grundfragen deutschen Staatslebens gestern u. heute*), während er im übrigen aber für eine Einordnung der Zeit d. Dritten Reichs in den gesamteurop. Rahmen eintrat. Die Herleitung des NS allein aus d. dt. Geschichte verwarf er; vielmehr sah er in ihm lediglich eine Spielart des europ. Totalitarismus, vor dessen Hintergrund die jüngste Vergangenheit beurteilt werden müsse (*Europa u. die dt. Frage*, 1948). Sein ungebrochener Patriotismus u. seine nach wie vor am Bismarckschen Nationalstaat orientierte, vom Primat des Politischen bestimmte Geschichtsauffassung riefen seit Ende d. 50er Jahre zunehmend Kritik hervor, die in d. sog. Fischer-Kontroverse um die dt. Kriegszielpolitik im 1. WK gipfelte. Weitere Publ.: *Bismarcks Reichsgründung u. d. Aufgaben der Zukunft*, 1928; *Die Weltwirkung d. Reformation* (1941); *Carl Goerdeler u. d. dt. Widerstandsbewegung* (1954); *Staatskunst u. Kriegshandwerk*, 4 Bde. (1954–68).
MV

Ritter, Karl Filmregisseur und Filmproduzent
geb. 7. 11. 1888 in Würzburg,
gest. 7. 4. 1977 in Buenos Aires.
Sohn eines Musikprofessors. Berufssoldat, 1911 Flugzeugpilotenexamen. Im 1. WK Fliegeroffizier, Kdr. eines Fliegerbataillons. Nach Kriegsende Wohnsitz bei Murnau/Obb. Zwei Jahre Architekturstudium, Lebensunterhalt als Plakatmaler u. Illustrator. Über diese Tätigkeit kam R. schließlich zum Film. 1925 Eintritt als Public Relation Manager in die Südfilm AG Berlin u. in die Emelka. Übernahme eigener Regiearbeiten, be-

reits sein erster Film *Der Zinker* (1930) war sehr erfolgreich. 1933 wurde R. auf → Goebbels' Betreiben Produktionsleiter der Ufa (bis 1945), in den folgenden Jahren Aufstieg zu einem der erfolgreichsten und einflußreichsten Filmemacher d. Dritten Reiches. Zunächst hauptsächlich als Produktionsleiter tätig (*Hitlerjunge Quex*, *SA-Mann Brand*, beide 1933); seit 1936 immer häufiger eigene Regiearbeiten. Bis 1944 drehte R. insgesamt 16 Spielfilme, deren Kennzeichen die Kriegsverherrlichung u. d. Adaption von NS-Propagandathesen durch den Film waren. Besonders erfolgreich waren seine Flieger-Filme (*Pour le Mérite*, 1938; *Stukas*, 1941, insgesamt 8 Filme dieses Genres). 1938 von Goebbels in den *Reichskultursenat* berufen u. Mitglied des Präsidialrats der *Reichsfilmkammer*. Ein Jahr später verlieh → Hitler ihm den Professorentitel. Während des 2. WK beauftragte die NS-Führung R. mit Dreharbeiten zu mehreren Propagandafilmen, nach *Stukas* entstanden 1941/42 der antisowjetische Film *GPU* u. d. vom Publikum begeistert aufgenommene Streifen *Besatzung Dora*, der allerdings wg. d. Entwicklung d. Kriegslage später nicht mehr gezeigt wurde. Zu den großen Erfolgen R.s im Inland kam bis Anfang der 40er Jahre auch internationale Anerkennung. Nach dem Ende des NS-Regimes sah er jedoch keine beruflichen Chancen mehr in Dtschld. u. wanderte 1949 nach Argentinien aus, wo er weiterhin, später mit seinen Söhnen, im Filmgeschäft tätig war. Seine Bemühungen, 1954 noch einmal in Dtschld. Fuß zu fassen, blieben erfolglos.
KK

Röchling, Hermann Großindustrieller
geb. 12. 11. 1872 in Völklingen/Saarland,
gest. 24. 8. 1955 in Mannheim.
Vom Vater 1898 Übernahme der Völklinger Eisenhütte, deren frz. Anteile nach dem 1. WK an Frankreich fielen. Wg. Kriegsverbrechen u. Raub von einem frz. Militärgericht in Amiens in Abwesenheit zu 10 Jahren Zuchthaus verurteilt. Neben dem Wiederaufbau des alten Firmenimperiums u. d. Gründung neuer Firmen widmete sich R. v.a. dem Verbleib d. Saarlandes bei Dtschld. Nach 1935 Übernahme einiger Firmen in Mitteldeutschland, Aufsichtsratsmitglied zahlreicher Firmen der Montanbranche. Wehrwirtschaftsführer, Ltr. d. *Bezirksgruppe Südwest* der *Wirtschaftsgruppe Eisenschaffende Industrie*. Nach d. Frankreichfeldzug vorläufige Rückgabe des alten Röchlingschen Industriebesitzes in Lothringen. Juli 1940–Juni 1942 *Generalbevollmächtigter f. d. Eisen- u. Stahlindustrie in Lothringen*,

Meurthe-Moselle u. Longwy. Ab Juni 1942 Ltr. d. *Reichsvereinigung Eisen.* 1942 Verleihung d. Adlerschildes d. Dt. Reiches. Im Nov. 1946 verhaftet, im Mai 1947 an Frankreich ausgeliefert. Vom frz. Militärgerichtshof in Rastatt wg. d. Übergriffen gg. Kgf. u. Zwangsarbeiter in R.s Firmen im Juli 1948 zu sieben Jahren Haft verurteilt, nach Berufung im Jan. 1949 auf zehn Jahre erhöht. Am 18. 8. 1951 mit d. Auflage, das Saarland nicht mehr zu betreten, freigelassen.
R. war im Dritten Reich einer der bedeutendsten Hersteller von Rüstungsgütern.
Ri

Röhm, Ernst (Julius) Stabschef der SA
geb. 28. 11. 1887 in München,
gest. 1. 7. 1934 ebd. (ermordet).
Sohn eines Eisenbahnoberinspektors. Besuch des Humanistischen Gymnasiums. 1906 Fahnenjunker im Kgl. bayer. Inf.-Reg. Nr. 10; weitere Offiziersausbildung 1907 auf d. Kriegsschule München. Teilnahme am 1. WK als Berufsoffizier, mehrfach verwundet; bei Kriegsende Hptm. Nach dem Krieg Verwendungen in versch. Generalstabsstellungen beim bayer. Heer bzw. d. Reichswehr in München; u.a. zuständig f. d. militär. Waffenlager (»Maschinengewehrkönig v. Bayern«), dadurch früh Verbindung zu Wehrverbänden, u.a. zu seinem Duzfreund → Hitler. 1923 Beteiligung am Hitler-Putsch mit seinem eigenen Wehrverband *Reichskriegsflagge.* Deshalb Entlassung aus der Reichswehr u. 1924 im Hitler-Prozeß Verurteilung wg. Beihilfe zum Hochverrat zu 15 Monaten Festungshaft auf Bewährung. 1924 Gründer u. Fhr. (bis zu Hitlers Entlassung aus d. Gefängnis) des *Frontbanns*, des Dachverbandes aller völkischen Wehrverbände; MdR f. d. Deutsch-völkische Freiheitspartei. 1928–30 Truppenausbilder in der bolivianischen Armee. Nach d. Stennes-Putsch v. Hitler im Sept. 1930 zurückgerufen u. am 5. 1. 1931 zum *Obersten Stabsführer der* SA ernannt. 1933 Reichsminister ohne Geschäftsbereich u. bayer. Staatsminister. Wachsende Gegensätze zwischen Reichsleitung u. SA über d. Rolle d. SA als einer »Volksarmee« in Konkurrenz zur Reichswehr, offene Androhung einer »zweiten Revolution«. 30. 6. 1934 Verhaftung wg. Hochverrats im Rahmen des von seinen innerparteilichen Gegnern konstruierten sog. Röhm-Putschs. Nach R.s Weigerung, sich zu erschießen, auf Befehl Hitlers von SS-Führern (→ Dietrich, Sepp) in d. Strafanstalt Stadelheim in München ermordet.
R. figurierte als einer der frühesten Wegbegleiter Hitlers, blieb zeitlebens jedoch immer Monarchist. Seine späteren politischen Vorstellungen waren geprägt von der Idee

des politischen Soldatentums und einer grenzenlosen Verachtung für das Pharisäertum und die Heuchelei der bürgerlichen Welt. R. förderte die Verselbständigung und den Massenausbau der SA, indem es ihm gelang, die meist arbeitslose Arbeiterjugend von der KPD weg auf die Seite der SA zu ziehen. Seine Skrupellosigkeit und Brutalität wurden von der SA übernommen und ließen aus ihr eine Volksarmee von Straßenkämpfern, Schlägern und Raufbolden werden. Zwischen 1930 und 1933 »eroberte« die SA, die in den Augen R.s den eigentlichen Kern der NS-Bewegung darstellte, die Straße für Hitler und seine Partei. R. zählte zwar zu den wenigen Duzfreunden Hitlers, sein gewissenloses Vorgehen, seine Homosexualität und die seiner Umgebung boten seinen Gegnern jedoch genügend Anlaß, im Bündnis mit der Reichswehr zu gegebener Zeit gegen ihn vorzugehen.
JR

Rökk, Marika (Marie Karoline)

Schauspielerin, Tänzerin und Sängerin
geb. 3. 11. 1913 in Kairo/Ägypten, lebt in Wien.

Tochter eines Architekten u. Bauunternehmers. Kindheit in Budapest, Ballettunterricht. Später in Paris Tänzerin der Revuetruppe *Hoffmann-Girls*, Auftritte im *Moulin Rouge*, Tourneen durch Europa und Amerika. Tanz- u. Gesangsunterricht in New York. Ende 1929 Theater- u. Filmengagements in Budapest u. Wien. 1933 Durchbruch als Filmstar. 1934 erster Vertrag mit der Ufa. 1935–44 Mitwirkung in 15 Filmen. 1940 Heirat mit dem Regisseur Georg Jacoby, 1944 Geburt der Tochter Gabriele. Nach Kriegsende kurzzeitig Auftritte in Shows der amerik. Besatzungstruppen, aber auch Auftrittsverbot in Österreich u. Dtschld. 1947 Rehabilitierung v. Vorwurf der Spionage f. d. Nationalsozialisten vor dem Wiener Ehrengericht, Erlaubnis, wieder schauspielerisch tätig zu sein. Seit 1948 weitere Revuefilme, ab Ende der 50er Jahre v.a. Bühnentätigkeit. Nach d. Tod ihres ersten Mannes 1968 Heirat mit dem Regisseur Fred Raul. 1941 *Ehrenkreuz des Ungar. Roten Kreuzes,* 1981 *Filmband in Gold* f. Wirken im dt. Film, 1983 *Ehrenmedaille der Stadt Wien.*

R. wurde in den 40er und 50er Jahren mit ihren Revuefilmen zu einem der erfolgreichsten deutschen Filmstars. Die NS-Filmpropaganda nutzte das positive Image der blonden, temperamentvollen Tänzerin nicht nur, um dem Publikum eine Ablenkung vom Kriegsalltag zu bieten, sondern auch, um – verpackt in leichte Unterhaltung – nationalsozialistische Wertvorstellungen zum Frauenbild, zur Familie und zum Muttersein zu übermit-

teln. 1988 erschien R.s Autobiographie *Herz mit Paprika.*
AS

Röver, Carl Gauleiter
geb. 12. 2. 1889 in Lemwerder/ Oldenburg,
gest. 15. 5. 1942 in Oldenburg (?).
Nach Absolvierung einer Mittelschule kaufmänn. Lehre, seit 1908 Anstellung als Korrespondent bei einer Bremer Exportfirma, 1911–13 bei einem Faktoreibetrieb in der damaligen dt. Kolonie Kamerun. 1914 wieder in Dtschld. als selbständiger Kaufmann. Im Aug. 1914 Kriegsfreiwilliger bei der Infanterie. Von Juni 1916 bis Kriegsende in der Propaganda-Abt. der OHL tätig. Anfang 1923 in die NSDAP eingetreten; nach deren Verbot zeitweise Vorsitzender der Ortsgruppe des Völkisch-Sozialen Blocks in Oldenburg. Nach dem Wiedereintritt in die NSDAP im Juli 1925 Ortsgruppenleiter in Oldenburg. Am 1. 10. 1928 zum GL d. NSDAP im Gau Weser-Ems, dem früheren Gau Hannover, ernannt. Im Nov. 1930 in den Reichstag gewählt. Noch vor der Machtübernahme, am 16. 9. 1932, zum Ministerpräsidenten des Freistaates Oldenburg gewählt. Am 5. 5. 1933 Bestellung zum Reichsstatthalter des Landes Oldenburg u. Bremens. Nach schwerer Erkrankung plötzlicher Tod R.s.
R. war neben dem thüringischen Gauleiter → Sauckel der einzige Gauleiter der NSDAP, der bereits vor der Machtergreifung Ministerpräsident seines Landes geworden war. Er verdankte dies nicht zuletzt einer genauen Kenntnis seiner Landsleute u. seiner gemäßigten, agrarisch orientierten Politik. Über den eigenen Gau hinaus bemühte er sich bis zu seinem Tod mit einer in der NSDAP seltenen kritischen Einstellung um Strukturveränderungen innerhalb dieser Partei.
We

Rommel, Erwin (*»Wüstenfuchs«*)
Generalfeldmarschall
geb. 15. 11. 1891 in Heidenheim/ Brenz,
gest. 14. 10. 1944 bei Herrlingen (Selbstmord).
Sohn eines Gymnasialdirektors. 1912 württemberg. Ltn. 1917 Verleihung d. *Pour le mérite* f. d. Sturm auf den *Monte Matajur* an der Isonzo-Front (»Wunder von Karfreit«). 1918 Hptm. 1929–33 Taktiklehrer an d. Infanterieschule Dresden. 1932 Major. 1933–35 Bataillons-Kdr. in Goslar. 1935–37 Lehrgruppen-Kdr. an d. Infanterieschule Potsdam. 1937 Oberst. 1937/38 Verbindungsoffizier der Reichsjugendführung im Reichswehrministerium. Sept. 1938 Kdr. d. *Kommandos Führerreise* bei d. Besetzung des Sudetenlandes. 1938 Kdr. der Kriegsschule Wiener Neustadt.

März 1939 Kdt. des Führerhauptquartiers bei der Besetzung der Tschechoslowakei u. bei der Angliederung des Memelgebietes. 1. 8. 1939 Generalmajor, Kdr. der 7. Panzerdivision (»Gespensterdivision«). 9. 2. 1941 kommandierender Gen. des Deutschen Afrika-Korps (ab Aug. 1941 Panzergruppe Afrika). 18. 1. 1942 Generaloberst. 30. 1. 1942–22. 2. 1943 OB der Panzerarmee Afrika, 23. 2.–9. 3. 1943 OB der HGr. Tunis. 11. 3. 1943 Eichenlaub mit Schwertern u. Brillanten zum Ritterkreuz. Am 22. 6. 1942 Ernennung zum GFM. 1943 OB der HGr. B, 18. 8.–21. 11. 1943 in Norditalien, seit 1. 12. 43 im Westen. Am 17. 7. 1944 bei Jagdbomberangriff verwundet. Am 14. 10. 1944 erzwungener Selbstmord.
R. war der bekannteste und beliebteste deutsche Heerführer des Zweiten Weltkriegs und wurde auch bei seinen Gegnern zur Legende. Er zeichnete sich durch außerordentliche Fähigkeiten auf dem Gebiet der Panzerkriegführung aus; seine größten Erfolge erzielte er mit für die damaligen Verhältnisse geringen Verlusten an Menschenleben. R. selbst genoß und pflegte seinen Ruhm. Er zeigte anfangs Sympathie für den NS, kritisierte jedoch zunehmend und offen → Hitlers Kriegsführung. Nach der gelungenen Invasion der Westalliierten in Frankreich forderte er am 15. 7. 1944 Hitler schriftlich auf, politische Konsequenzen aus der schlechten Kriegslage zu ziehen und den Krieg zu beenden. Von den Verschwörern des 20. Juli ohne seine Zustimmung als Oberbefehlshaber des Heeres vorgesehen, ließ Hitler den inzwischen schwer verwundeten R. am 14. 10. 1944 vor die Alternative Selbstmord oder Volksgerichtshof stellen. R. entschied sich für das bereitgestellte Gift. Der Selbstmord wurde verschwiegen, und R. erhielt ein Staatsbegräbnis.
KAL

Rosenberg, Alfred Parteiideologe und Reichsleiter der NSDAP, Reichsminister
geb. 12. 1. 1893 in Reval,
gest. 16. 10. 1946 in Nürnberg (hingerichtet).
Sohn einer Estin u. eines baltendt. Filialleiters eines dt. Handelshauses. Studium am Polytechnikum in Riga, mit dem R. infolge des 1. WK nach Moskau evakuiert wurde; dort im März 1918 Abschluß als Architekt. Ab 1919 Emigrantendasein in München, Betätigung als antisemit. Publizist. Aktives Mitglied d. *Thule-Gesellschaft*. Beitritt zur Vorläuferorganisation der NSDAP, der Deutschen Arbeiterpartei (Mitglieds-Nr. 625). Enger Mitarbeiter v. Dietrich → Eckart an dessen Zschr. *Auf gut deutsch*. Unter Eckart im März 1921 Redakteur beim *VB*, nach Eckarts Ausscheiden im

März 1923 Hauptschriftleiter, ein Posten, den R., mit einer Unterbrechung zw. 1924 u. 1926, bis 1937 behielt; nach Kritik → Hitlers (u. → Goebbels') am *VB* wurde er 1938 jedoch zum Herausgeber »zurückgestuft«. Teilnahme am »Marsch zur Feldherrnhalle« am 9. 11. 1923. Während Hitlers Haft in dessen Auftrag Gründer u. Fhr. der NSDAP-Ersatzorganisation *Groß-dt. Volksgemeinschaft*. Nach Ekkarts Tod auch Hrsg. der *NS-Monatshefte*. 1929 Gründung des *Kampfbundes für dt. Kultur* mit dem vorrangigen Ziel, Dtschld. von der sog. entarteten Kunst zu säubern. 1930 Wahl in d. Reichstag u. Mitglied von dessen Außenpolitischem Ausschuß. Ab 1. 4. 1933 als Ltr. des neugegründeten *Außenpolitischen Amtes der NSDAP* zuständig für NS-Parteien im Ausland. Am 2. 6. 1933 Ernennung zum Reichsleiter, am 24. 1. 1934 zum *Beauftragten des Führers f. d. Überwachung der gesamten geistigen u. weltanschaulichen Schulung u. Erziehung d. NSDAP.* 1937 erster Träger des *Dt. Nationalpreises für Kunst u. Wissenschaft*. 1939 Einrichtung eines *Instituts zur Erforschung der Judenfrage* mit dem konkreten Ziel der Plünderung sämtlicher in jüd. Besitz befindlicher Bibliotheken, Archive u. Kunstgalerien. Jan. 1940 Gründungsauftrag für R.s Idee einer NS-Universität, der »Hohen Schule«. Ab Okt. 1940 oberster Chef des Kunstraub-Kdo.s *Einsatzstab Reichsleiter Rosenberg*, das bis Kriegsende Kunstwerke v. unschätzbarem Wert in den besetzten Ländern, v.a. Frankreich, Belgien u. Niederlande, beschlagnahmte u. größtenteils nach Dtschld. verbrachte. In Vorbereitung auf d. Angriff gg. die Sowjetunion geheime Beauftragung R.s (20. 4. 1941) mit d. Abklärung osteuropäischer Fragen. Am 17. 7. 1941 Ernennung zum *Reichsminister für die besetzten Ostgebiete*. Im Nürnberger *Hauptkriegsverbrecherprozeß* zum Tode verurteilt u. hingerichtet.

Zwischen Neugründung der NSDAP u. der »Machtergreifung« (1925–33) wurde der Außenseiter R. zunehmend aus der Parteikarriere gedrängt. Auch bei der Verteilung der einflußreichen Staatsämter 1933ff. ging der »alte Kämpfer« leer aus. Er blieb aber als Kulturzensor u. NS-Chefideologe eine wichtige Erscheinung. Durch die Veröffentlichung zahlreicher wichtiger Kampfschriften, v.a. gegen das Judentum, den Kommunismus (*Der Bolschewismus als Aktion einer fremden Rasse*, 1935), gegen das Christentum (*An die Dunkelmänner unserer Zeit*, 1935) und durch die Propagierung der NS-Ideologie (*Das Parteiprogramm. Wesen, Grundsätze und Ziele der NSDAP*, 1922; *Gestaltung der Idee*, 1936) sicherte er sich den Anspruch, »Wächter«

für die NS-Weltanschauung u. Experte für NS-Außenpolitik zu sein. In seinem Hauptwerk *Der Mythos des 20. Jahrhunderts* (1930ff., mit einer Auflage von fast zwei Millionen) verkündete R. eine neue rassegemäße Religion auf aggressiv antichristlichem u. antisemitischem Fundament. Kaum gelesen und gern verspottet, erhielt es auch keine parteioffizielle Anerkennung; dennoch handelt es sich um den einzigen Versuch einer systematischen, wenngleich auch äußerst abstrusen Darstellung der NS-Ideologie. Den Schritt von der Theorie zur Tat vollzog R. mit seinem verbrecherischen Kunstraub (bis Okt. 1944 1418000 Waggons u. 427000 BRT Diebesgut). Als Reichsminister wandte er sich zwar gelegentlich gegen die grausame Ausrottungspolitik seiner Untergebenen, wie die des Reichskommissars Erich → Koch in der Ukraine, ließ sie aber letztlich gewähren, stimmte er doch mit ihnen prinzipiell überein. Posthum erschienen seine Aufzeichnungen aus der Nürnberger Haft (*Letzte Aufzeichnungen*, 1955) und ein Teil seiner Tagebücher (*Das politische Tagebuch Alfred Rosenbergs aus den Jahren 1934/35 und 1939/40*, hrsg. v. H.-G. Seraphim, 1956).

Froe

Rothenberger, Curt Jurist, Staatssekretär

geb. 30. 6. 1896 in Cuxhaven,
gest. 1. 9. 1959 in Hamburg (Selbstmord).

Vater Zollamtmann. 1914 Abitur an einem Hamburger Gymnasium. Jurastudium in Berlin, Kiel u. Hamburg. Kriegsteilnehmer 1915–18, zuletzt Ltn. 1919 Zeitfreiwilliger bei den *Bahrenfeldern*. 1920 erste jurist. Prüfung u. Promotion in Hamburg. 1922 Assessor, 1925 Richter beim Landgericht Hamburg. 1927 Reg.Rat bei d. Senatskommission f. d. Justizverwaltung. 1929 Oberreg.Rat bei der Gesundheitsbehörde, 1931 bei der Landesjustizverwaltung. 1931 Landgerichtsdirektor. 8. 3. 1933 Justizsenator. Im Mai 1933 Beitritt zur NSDAP unter Rückdatierung auf den 1. 12. 1931 wg. frühzeitiger verdeckter Zusammenarbeit. 1. 4. 1935 Präsident des Hanseatischen Oberlandesgerichts, gleichzeitig des Oberverwaltungsgerichts (ab. 16. 5.) u. Vorsitzender des Reichsoberseeamts (ab 1. 7.), ferner ab 1937 dt. Vertreter am Internationalen Schiedsgerichtshof im Haag, 1938 Ratsherr d. Hansestadt, Honorarprofessor d. Univ. Hamburg u. 1939 Präsident des Reichsprisenhofes. 20. 8. 1942 St-Sekr. im Reichsjustizministerium. 31. 12. 1943 in den Wartestand versetzt. 1944 Beauftragter f. d. totalen Kriegseinsatz in Hamburg, daneben Bestellung zum Notar. 1947 im Nürnberger *Juristenprozeß* vom US-Militärgerichtshof III zu sieben Jahren Haft verurteilt, 1950 vorzeitig aus der Haft entlassen. 1953 bis zum Selbstmord 1959 Repetitor in Hamburg.

Als Hamburger Justizchef, Gaurechtsamtsleiter u. Gauführer des *Bundes National-Sozialistischer Deutscher Juristen* sorgte R. für eine rigorose personelle »Erneuerung« des Justizapparates u. dafür, daß Terrorhandlungen von Nationalsozialisten unverfolgt blieben. Noch ehe die »Lenkung« der Rechtsprechung auf Reichsebene eingeführt wurde, praktizierte sie R. in seinem Bezirk (»System Rothenberger«) durch Berichtspflicht, Richterbesprechungen u. (ab Mai 1942) »Vor- und Nachschau«-Erörterung von Urteilen. R. trat für eine grundsätzliche Justizreform ein, die ein stark verkleinertes Korps besser bezahlter, qualifizierter u. persönlichkeitsstarker Richter vorsah, die ihren Auftrag unmittelbar von → Hitler als oberstem Gerichtsherrn empfangen und in enger Zusammenarbeit mit der politischen Führung auf Grund elastischer Gesetzgebung u. weitgehender Ermessensfreiheit ausführen sollten. Hitler, den er durch eine Denkschrift auf sich aufmerksam machte, ernannte ihn im August 1942 zum Staatssekretär des von der Parteikanzlei (→ Bormann) begünstigten, gleichzeitig berufenen neuen Reichsjustizministers Otto → Thierack. Thierack, der die im Blickpunkt der Öffentlichkeit stehenden »Reformbestrebungen« des ihm aufgezwungenen Staatssekretärs mit Mißbehagen betrachtete, gelang es mit Unterstützung → Bormanns u. → Himmlers, R. Ende 1943 in den Wartestand versetzen zu lassen. Zum Anlaß nahm er ein unbeabsichtigtes Plagiat R.s in dessen Buch *Der deutsche Richter* (1943).

Als Staatssekretär trifft R. die Mitverantwortung für Thieracks Unrechtsmaßnahmen, u.a. für den Verzicht auf Zuständigkeit der Justiz bei der Strafverfolgung ganzer Bevölkerungsgruppen u. für die Auslieferung zehntausender rechtskräftig verurteilter »asozialer« Justizgefangener »zur Vernichtung durch Arbeit« in Himmlers Konzentrationslagern.

Gch

Rudel, Hans Ulrich Kampfflieger, Oberst

geb. 2. 7. 1916 in Konradswaldau/ Niederschlesien,

gest. 18. 12. 1982 in Rosenheim.

Pfarrerssohn. Nach Humanist. Gymnasium u. Abitur Besuch d. Militärschule in Wildpark b. Potsdam. Dez. 1936 Eintritt in d. Luftwaffe. Ausbildung zum techn. Offizier auf Sturzbombern u. Aufklärern. 1939 Ltn., zunächst b. d. Fernaufklärern, Einsatz im Polenfeldzug. Sept. 1940 Obltn. April 1941 zum Schlachtgeschwader 2 *Immelmann* kommandiert. Teilnahme am Balkanfeldzug in Griechenland. Im Krieg gg. Sowjetunion am 18. 7. 1941 Versenkung d. Schlachtschiffes *Marat* u. weiterer größerer Kriegsschiffe im Hafen v. Leningrad. Ritterkreuz am 15. 1. 1942; Aug. 1942 Staffelkapitän. 1000. Feindflug Anfang Febr. 1943. Beförderung zum Hptm. u. Verleihung d. Eichenlaubs zum Ritterkreuz im April 1943.; bereits im Nov. 1943 Schwerter zum Ritterkreuz. Am 22. 2. 1944 Kommodore, am 1. 3. 1944 Maj. Im März 1944 geriet R. in sowjet. Kriegsgefangenschaft, konnte verwundet fliehen u. zu Fuß zu den dt. Linien zurückkehren. Belohnung am 29. 3. 1944 mit den Brillanten zum Ritterkreuz. Im Sept. übernahm er als Obstltn. das *Immelmann*-Geschwader. Am 1. 1. 1945 überreichte ihm → Hitler das erst am 29. 12. 1944 geschaffene, nur dieses eine Mal verliehene Ritterkreuz mit goldenem Eichenlaub u. beförderte den 29-jährigen zum Oberst. Im März 1945 wurde R. ein Unterschenkel abgeschossen; er flog mit Prothese weiter u. kam bis Kriegsende auf die Rekordzahl v. 2530 Feindflügen; mit zu Schlachtflugzeugen umgerüsteten Sturzkampfbombern vom Typ Ju-87 schoß er 519 sowjet. Panzer ab u. zerstörte rd. 800 sonstige Fahrzeuge. Im Mai 1945 geriet er in amerik. Kriegsgefangenschaft, aus der er 1946 entlassen wurde. Mit ehem. Angehörigen seines Geschwaders betrieb R. anschließend ein Fuhrunternehmen in Coeswig/Westf. Im Mai 1948 ging er üb. Österreich, Italien, Spanien u. Portugal nach Argentinien, wo ihn Präsident Peron aufnahm u. ihm Arbeit in einem Flugzeugwerk verschaffte. 1956 publizierte er üb. diesen Lebensabschnitt Erinnerungen u.d.T. *Von den Stukas zu den Anden.* Von seinem neuen Wohnsitz aus soll er »hohen Nazifunktionären« die Einreise nach Argentinien ermöglicht haben. Nach dem Sturz Perons 1955 wich R. zum paraguayanischen Diktator, Gen. Alfredo Stroessner, aus. Ein von R. gegründetes, über Argentinien, Brasilien u. Chile verbreitetes *Kameradenwerk* unterstützte mit Lebensmittelpaketen u. durch »Bücher u. Zeitschriften beständigen Inhalts u. bleibenden Werts« verurteilte Kriegsverbrecher der NS-Zeit in den Gefängnissen Europas. Seit 1950 taucht R. wiederholt u. z.T. illegal in d. BRD auf: 1951 bei d. FDP in Nordrhein-Westfalen, 1952 bei der neonazist. *Sozialistischen Reichspartei* (*SRP*); nach deren Verbot war er 1953 im Bundestagswahlkampf Spitzenkandidat d. *Deutschen Reichspartei* (*DRP*) in Hamburg; 1954 betätigte er sich als Vortragsreisender beim *Deutschen Kulturwerk Europäi-*

schen Geistes u. trat 1959 wieder als Redner für d. DRP auf. 1960 ermittelte d. Generalbundesanwalt wg. Geheimbündelei gg. ihn. In den 70er Jahren erschien er bei Veranstaltungen der rechtsextremen *Dt. Volksunion* des Münchner Verlegers Frey. Im Okt. 1976 erlaubte d. Parlamentarische StSekr. im Bundesverteidigungsministerium, Hermann Schmidt, nach Intervention des verteidigungspolit. Sprechers d. Unionsfraktion, Manfred Wörner, ein Veteranentreffen des früheren *Immelmann*-Geschwaders beim Aufklärungsgeschwader 51 *Immelmann* der Bundeswehr in Bremgarten b. Freiburg. R. signierte bei diesem Zusammentreffen seine Bücher, u. die Bundeswehrgenerale Krupinski u. Franke verglichen bei gleicher Gelegenheit das Lebensschicksal des ehem. Kommunisten Herbert Wehner mit dem R.s. Als beide Generäle daraufhin von Verteidigungsminister Leber entlassen wurden, blieb eine gespaltene Nation zurück, u. d. Vertrauen der Bundeswehr, zumindest der Generalität, in ihren Minister war so nachhaltig gestört, daß Leber ebenfalls zurücktrat. Der Ärger d. Luftwaffe mit R. wiederholte sich aus Anlaß seines Todes. Bei seiner Beerdigung in d. mittelfränkischen Provinz tauchten nicht nur vier am Grab mit dem Hitlergruß salutierende Trauergäste, sondern auch zwei Phantom-Düsenjäger d. Bundeswehr auf, die in niedriger Höhe das Dorf überflogen.
In Presse-Interviews nach seinem politischen Standpunkt befragt, äußerte R. wiederholt, daß er als einer der wenigen standhaft geblieben sei. Diese moralfreie Beständigkeit dürfte für R. und viele seiner Generation typisch gewesen sein. Sie macht gerade den am höchsten dekorierten deutschen Soldaten des Zweiten Weltkriegs zu einem Beispiel dafür, daß Tapferkeit u. andere soldatische Tugenden keineswegs Voraussetzungen sein müssen für kritisches Denken u. die Fähigkeit, eigenes Handeln zu reflektieren.
We

Rüdin, Ernst Rassenhygieniker
geb. 19. 4. 1874 in St. Gallen/Schweiz,
gest. 22. 10. 1952 in München.
Sohn eines Lehrers. Medizinstudium, 1901 Promotion. Neben der Tätigkeit als Arzt 1905–07 Redakteur, ab 1907 Mithrsg. des *Archivs f. Rassen- u. Bevölkerungsbiologie*. 1905 Mitbegründer d. *Gesellschaft f. Rassenhygiene* in Berlin. 1909 Oberarzt, Habilitation in München. 1915 hier a.o. Prof. f. Psychiatrie. Ab 1916 Ltr. d. genealogisch-demograph. Abt. der *Dt. Forschungsanstalt f. Psychiatrie* in München. 1925–28 Prof. f. Psychiatrie in Basel. 1928 Rückkehr nach München als Honorarprof., 1930 dort Prof. f.

Psychiatrie. 1933 Bevollmächtigter des Reichsinnenministers → Frick in mehreren Verbänden f. Rassenhygiene, Mitarbeiter des RMdI auf den Gebieten Bevölkerungs- u. Rassenpolitik. In dieser Eigenschaft u.a. Beteiligung an d. Formulierung d. *Gesetzes zur Verhütung erbkranken Nachwuchses* v. 14. 7. 1933 u. eines Kommentars dazu. Ab 16. 7. 1933 Vorsitzender d. *Dt. Gesellschaft für Rassenhygiene.* 1939 Verleihung der Goethemedaille f. Kunst u. Wissenschaft. 1944 Adlerschild d. Dt. Reiches.

R. war Vorreiter und Vertreter der nationalsozialistischen Erbgesundheits- und Vererbungslehre. Bereits 1905–07 in Berlin war er für die Zwangssterilisation geisteskranker Menschen eingetreten. Die NS-Politik auf diesem Gebiet war für ihn die Erfüllung eigener Ziele.

Ri

Rühmann, Heinz Schauspieler und Regisseur
geb. 7. 2. 1902 in Essen,
gest. 3. 10. 1994 in Berg/Starnberger See.

Sohn eines Gastwirtes u. Hoteliers. 1919 Schulabbruch, um Schauspieler zu werden. 1920–22 erste Bühnenengagements in Breslau, Hannover, Bremen. 1922 Bayerische Landesbühne, 1923 Münchner Schauspielhaus. 1925–37 Münchner Kammerspiele sowie Deutsches Theater Berlin, Münchner Volkstheater. 1924 Heirat mit d. Schauspielerin Maria Bernheim. Ab 1926 erste Filmrollen. 1930 Durchbruch als Filmstar mit *Die drei von der Tankstelle.* 1933–45 Mitwirkung in 37 abendfüllenden Filmen, vier Regiearbeiten. 1938 Scheidung von seiner jüd. Frau, die nach Schweden emigrierte. 1938–43 Preuß. Staatstheater Berlin. 1939 Heirat mit d. Schauspielerin Hertha Feiler. 1939–45 uk.-Stellung. 1940 Ernennung zum »Staatsschauspieler«. 1941 propagandistisch ausgeschlachtete militär. Ausbildung im Fliegerhorst Rechlin. 1945 Einstufung im Entnazifizierungsverfahren als »Entlasteter«. 1947 gemeinsam mit Alf Teich Gründung der *Comedian-Filmgesellschaft.* 1945–94 zahlreiche Film-, Fernseh-, Bühnen- u. Regieerfolge, nationale u. internationale Ehrungen.

Die NS-Filmpropaganda nutzte R. als Prototyp des »kleinen Mannes«, der mit Witz und Frechheit das Schicksal besiegt. R. selbst sah während der Weltwirtschaftskrise die Aufgabe des Films darin, »den von schwersten Existenzsorgen bedrückten Zeitgenossen aufzuheitern« (1931), eine Aufgabe, für die er auch während des 2. WK erfolgreich eingesetzt wurde. Wie die meisten seiner Kollegen war R. trotz der jüdischen Abstammung seiner ersten Frau und der Diskriminierung und Emigration zahlreicher anderer Kollegen in Deutschland geblieben. In den Tagebüchern des Propagandaministers → Goebbels werden nicht nur R.s Filme besprochen, sondern auch private Treffen erwähnt. 1940 war es R., der zu Goebbels' Geburtstag den obligatorischen Film mit dessen Kindern drehte. Hofiert von den nationalsozialistischen Machthabern, gehörte R. zu den beliebtesten und bestverdienenden Schauspielern des Dritten Reiches. Nach dem Krieg konnte R. ungebrochen an seine Erfolge der Weimarer Zeit und des Dritten Reiches anknüpfen. 1982 erschien seine Autobiographie *Das war's.*

AS

Rundstedt, Gerd von Generalfeldmarschall

geb. 12. 12. 1875 in Aschersleben,
gest. 24. 2. 1953 in Hannover.

Offizierssohn. 1893 Ltn. im Infanterieregiment (3. Kurhessisches) Nr. 83. 1914–18 Teilnahme am 1. WK, u.a. als Generalstabsoffizier. 1919 Übernahme in die Reichswehr als Major, 1923 Oberst, 1925 Rgt.-Kdr., 1927 GenMaj., 1928 Kdr. der 2. Kavalleriedivision, 1932 General, OB des Gruppenkommandos 1; 1. 3. 1938 GenObst., 31. 10. 1938 Entlassung aus dem aktiven Wehrdienst. Am 1. 9. 1939 als OB der Heeresgruppe Süd reaktiviert; Okt. 1939 OB Ost, 1939/40 OB der Heeresgruppe A, nach dem Frankreichfeldzug GFM, OB West, 1941 OB der Heeresgruppe Süd, 1. 12. 1941 Versetzung in die »Führerreserve«. 15. 3. 1942–3. 7. 1944 u. erneut 5. 9. 1944–9. 3. 1945 OB West. 1945 amerik., dann brit. Kriegsgefangenschaft.; 1949 entlassen.

R. war während des Zweiten Weltkriegs einer der ältesten aktiven Soldaten. Schon dies, aber noch mehr seine Herkunft, sein Charakter und sein politischer Standort ließen ihn immer wieder als »letzten Preußen« erscheinen. Gleichwohl gelang es dem begabten Truppenführer R. nicht, seine fachliche und menschliche Autorität gegenüber Hitler einzubringen, obwohl gerade dieser ihn durchaus schätzte. Trotz R.s Distanz gegenüber dem NS sorgten sein Vorsitz im *Ehrenhof des Deutschen Reiches* nach dem 20. 7. 1944 oder seine Weitergabe des sog. Kommandobefehls dafür, daß sich selbst dieser »unpolitische« Soldat zunehmend in Hitlers Politik und Verbrechen verstrickte.

CH

Rust, Bernhard Reichsminister

geb. 30. 9. 1883 in Hannover,
gest. 8. 5. 1945 in Berne/Oldenburg (Selbstmord).

Von bäuerlicher Herkunft. Nach dem Abitur in Hannover Studium d. Germanistik, klass. Sprachen u. Philosophie an den Universitäten in München, Berlin, Göttingen u. Halle; in Halle 1908 Staatsexamen.

1908/09 Militärdienst bis zum Einjährig-Freiwilligen. Anschließend von 1909 bis 1930 mit Unterbrechung durch d. Krieg Studienrat an einem Gymnasium in Hannover. 1912 Ltn.; von Aug. 1914 bis Kriegsende als Offz. im Feld, zuletzt Bataillonskommandeur. Seit 1919 wieder im Schuldienst. Betätigung in versch. völk. Gruppen Hannovers. 1924 Eintritt in die Deutsch-völkische Freiheitspartei, mit der Wiedergründung d. NSDAP im Febr. 1925 dort Mitglied. Im März 1925 Ernennung zum GL des NSDAP-Gaues Hannover-Nord, im Okt. 1928 des um die südhannoverschen Kreise vergrößerten neuen Gaues Süd-Hannover-Braunschweig. Im März 1930, vorgeblich aus gesundheitlichen Gründen, vorzeitige Versetzung des 47jährigen in d. Ruhestand. Im Sept. 1930 f. d. NSDAP in den Reichstag gewählt. Seit Juli 1932 NSDAP-Landesinspekteur f. Niedersachsen. Seit 4. 2. 1933 als Staatskommissar im preuß. Ministerium für Wissenschaft, Kunst u. Volksbildung geschäftsführender Minister, am 22. April als Minister bestätigt; am 30. 4. 1934 zusätzlich Ernennung zum Reichsminister f. Wissenschaft, Erziehung u. Volksbildung. R. war seit Sept. 1933 preuß. Staatsrat u. Mitglied d. *Akademie f. Dt. Recht*. 1936 Ernennung zum SA-Gruf. Nov. 1940 Rücktritt vom Amt des GL. Im April 1945 setzte sich R. mit Familie zum Sitz der Regierung → Dönitz in Mürwik bei Flensburg ab; er erschoß sich nach Bekanntgabe der dt. Kapitulation.

Der durch den im 1. WK erlittenen Kopfschuß u. durch Alkoholprobleme behinderte u. als Minister ungeeignete R. hatte → Hitler zu dessen Geburtstag 1933 einen neuen Schultyp, die *Nationalpolitischen Erziehungsanstalten*, übergeben, für den er 1934, noch vor seiner Ernennung zum Reichsminister, die Zuständigkeit im gesamten Reichsgebiet erhielt. Die Wirkung von R.s Schulinitiative auf Hitler war so groß, daß R. außer → Goebbels der einzige Gauleiter war, der zum Reichsminister ernannt wurde. Neben den Schulen war R. auch für die noch nicht gleichgeschalteten Jugendverbände zuständig, v.a. aber für die Hochschulen u.a. wissenschaftliche Einrichtungen. Unter seiner Verantwortung wurden Lehrpläne im Sinne des NS ideologisiert, die Jugend militarisiert, Wissenschaft u. Bildung »entjudet« u. hunderte von angesehenen Hochschullehrern u. Forschern, unter ihnen international angesehene Nobelpreisträger, entrechtet, ihrer Existenz beraubt, in die Emigration getrieben oder in Gefängnissen und Lagern ermordet. R.s schwache Amtsführung als Minister ermöglichte innerparteilichen Rivalen wie Goebbels, → Rosenberg u. → Ley, aber auch SS-

Funktionären wie → Heißmeyer und → Berger, mit der Zeit Teile der Schulerziehung u. Erwachsenenbildung sowie der Wissenschaft ihren Organisationsbereichen einzugliedern. R. wurde damit zu einem der Hauptverantwortlichen für den Niedergang deutschen Ansehens auf den Gebieten der Wissenschaft u. Bildung, auf denen ein großer Teil der internationalen Geltung Deutschlands seit dem ausgehenden 19. Jahrhundert beruht hatte.
Froe

S

Salomon, Ernst (Friedrich Karl) v. Schriftsteller
geb. 25. 9. 1902 in Kiel,
gest. 9. 8. 1972 in Stöckte.
Sohn eines preuß. Offiziers u. späteren Leiters d. Kriminalpolizei in Frankfurt/Main. Von Ende 1913 bis Aug. 1918 Kadett erst in Karlsruhe, dann in Berlin-Lichterfelde. Jan. 1919 Eintritt ins *Freiwillige Landesjägerkorps Maercker* u. Einsatz gg. Spartakisten in Berlin. April 1919 zum im Baltikum kämpfenden *Freikorps von Liebermann*, einer Einheit im Verband d. *Eisernen Division* unter Maj. Bischoff. Im März 1920 mit der *Eisernen Schar* des Hptms. Berthold Teilnahme am Kapp-Putsch; danach aktiv in der aus der *Marinebrigade Ehrhardt* hervorgegangenen *Organisation Consul* (*OC*), einer rechtsradikalen Terrorgruppe, die zugleich als Teil des illegalen Nachrichtendienstes der Reichswehr fungierte. Frühjahr und Sommer 1921 Teilnahme an den Kämpfen gg. poln. Verbände in Oberschlesien. Beteiligung an der Ermordung des Reichsaußenministers Walther Rathenau am 24. 6. 1922; im Aug. 1922 deshalb verhaftet, am 14. 10. 1922 zu fünf Jahren Zuchthaus verurteilt, am 1. 12. 1927 begnadigt. Danach nationalistischer Publizist, seit 1929 in Schleswig-Holstein in der *Landvolk-Bewegung*, aber in Distanz zum NS Hitlerscher Prägung. Nach 1933 Mitarbeiter im Rowohlt-Verlag; Arbeiten zur Geschichte der Freikorps u. Tätigkeit als Drehbuchautor (*Kautschuk*, *Sensationsprozeß Casilla*). Im Juni 1945 vom amerik. CIC verhaftet; bis Sept. 1946 in amerik. Internierungslagern, danach wieder Publizist u. Drehbuchautor (*08/15*).
In den autobiographischen Schriften *Die Geächteten* (1930), *Die Stadt* (1932) und *Die Kadetten* (1933) sowie in dem Sammelwerk *Das Buch vom dt. Freikorpskämpfer* (1938) suchte S. über die aus antiwestlichem Ressentiment, kriegerischem Geist und romantischem Nationalismus gemischte Mentalität der Angehörigen der Freikorps und des rechtsextremistischen Terrorismus Rechenschaft zu geben,

was nach dem Ende des Zweiten Weltkriegs mit der hohe Auflagen erlebenden Autobiographie *Der Fragebogen* (1951) seine Fortsetzung fand.
HG

Sauckel, Fritz Gauleiter und Generalbevollmächtigter für den Arbeitseinsatz
geb. 27. 10. 1894 in Haßfurt am Main/Unterfranken,
gest. 16. 10. 1946 in Nürnberg (hingerichtet).
Sohn eines Postbeamten. 1910–14 Seemann. Im 1. WK in Frankreich interniert. Nach d. Krieg Schlosserlehre, anschließend Fabrikarbeiter. 1919–20 Besuch d. Ingenieurschule Ilmenau. Engagement in d. völkischen Bewegung Unterfrankens. 1922 Eintritt in d. SA, 1923 in d. NSDAP. 1925 Gaugeschäftsführer im NSDAP-Gau Thüringen, 1927 dort GL. 1929–33 MdL in Thüringen, ab 1930 als NSDAP-Fraktionsvorsitzender. 26. 8. 1932 Ministerpräsident u. Innenminister v. Thüringen, am 5. 5. 1933 Ernennung zum Reichsstatthalter. 1935–37 zusätzlich Reichsstatthalter v. Anhalt. Seit 1933 MdR. Seit Sept. 1936 Leiter d. *Wilhelm-Gustloff-Stiftung*. Ogruf. der SA 1937, der SS 1942. Im Sept. 1939 Ernennung zum RVK f. d. Wehrkreis IX (Kassel). 21. 3. 1942 Ernennung zum *Generalbevollmächtigten f. d. Arbeitseinsatz*. Nach dem Krieg im Nürnberger *Hauptkriegsverbrecherprozeß* angeklagt u. am 1. 10. 1946 zum Tod verurteilt.
S. war als *Generalbevollmächtigter für den Arbeitseinsatz* verantwortlich für die Deportation und rücksichtslose Ausbeutung von Millionen Zwangsarbeitern aus nahezu allen von Deutschland besetzten Gebieten. Immer wieder meldete er voller Stolz Rekord-Rekrutierungszahlen seiner Sonderkommandos. Die Ausfälle durch Hunger und schlechte Behandlung, v.a. unter den Arbeitskräften aus dem Osten, waren sehr hoch.
Ri

Sauerbruch, Ferdinand (Ernst) Chirurg
geb. 3. 7. 1875 in Barmen,
gest. 2. 7. 1951 in Berlin.
S., dessen Vater früh verstarb, konnte auf Kosten d. Großvaters Medizin studieren u. habilitierte sich 1905 in Breslau. Im 1. WK Kriegsfreiwilliger, Tätigkeit als beratender Heeres-Chirurg. Während dieser Zeit entwickelte er auch den *Sauerbruch-Arm*, eine Arm-Prothese, die dem Amputierten durch d. Aktivierung d. Muskeln im Gliederstumpf mehr Bewegungsfreiheit erlaubte. Bahnbrechend war S.s Entwicklung des sog. Unterdruckverfahrens, bei dem chirurgische Eingriffe im Bereich des menschlichen Brustkorbs u. d. Lunge in einer abgeschlossenen

Unterdruckkammer vorgenommen wurden. Seit 1908 lehrte S. als Ordinarius in Marburg, 1913 wechselte er nach Zürich, von 1915 bis 1928 war er in München tätig. 1928 übersiedelte der mittlerweile mit mehreren Ehrendoktortiteln ausgezeichnete S. nach Berlin u. wurde Chef d. Chirurgie an d. Charité. Diese Stellung hatte S. – über alle politischen Umbrüche hinweg – bis 1949 inne. Im Dritten Reich konnte d. »erste Chirurg Deutschlands« seine Karriere fortsetzen. Im Herbst 1933 warb er in einem offenen Brief »An die Ärzte der Welt« für die »nationale Erhebung« durch Hitler u. seine Partei. S., der kein Parteimitglied war, zählte die höchsten Vertreter von Staat u. Partei zu seinen Patienten u. empfing vielfache Ehrungen, 1934 den Titel Preuß. Staatsrat, 1937 erstmalig den *Nationalpreis für Kunst u. Wissenschaft* auf dem *Reichsparteitag* in Nürnberg. Seit 1942 Generalarzt des Heeres, lud S. durch seine Zugehörigkeit zum *Reichsforschungsrat* zumindest moralische Schuld auf sich, da in diesem Gremium, in dem auch SS-Ärzte vertreten waren, u.a. die medizinischen Versuche an Menschen in den KZs erörtert wurden. Andererseits half der weltberühmte Spezialist, Mitglied der *Mittwochsgesellschaft*, bis in die Kriegszeit hinein auch jüdischen Patienten u. unterhielt Kontakte zu Regimegegnern, was ihm 1949 zu einem Freispruch im Spruchkammerverfahren verhalf. Nach 1945 arbeitete S. an der Charité weiter, bis er nach anhaltenden Querelen mit dem Volksbildungsministerium der DDR im Dezember 1949 entlassen wurde und Ost-Berlin verließ. In West-Berlin konnte S. nur mehr schwer Fuß fassen. 1951 erlitt er einen Schlaganfall, von dem er sich nicht mehr erholte. Noch im Jahre 1951 erschienen die allerdings nur begrenzt authentischen Lebenserinnerungen *Das war mein Leben*, die 1954 verfilmt wurden.
KK

Saur, Karl-Otto Ministerialbeamter im Reichsministerium für Rüstung und Kriegsproduktion
geb. 16. 2. 1902 in Düsseldorf,
gest. 28. 7. 1966 in Pullach/Isartal.
Sohn des Chefingenieurs d. Wuppertaler Schwebebahn. Diplomingenieur. Studium v. Maschinenbau u. Betriebswirtschaft in Freiburg, Karlsruhe u. Hannover. 1926 Anstellung als Vorstandsassistent. Bereits 1929 Direktorenposten b. d. August-Thyssen-Hütte in Duisburg. 1931 Mitglied d. NSDAP. 1935 wurde S. Gauamtsltr. f. Technik des Gaues Essen; lernte dabei Fritz → Todt kennen u. wurde 1936 dessen Mitarbeiter. 1938 geschäftsführender Vorstand d. Vereins *Haus d. Dt. Technik*. 1939 Stabsltr. u. Stellvertreter Todts im *Hauptamt*

für Technik in der Reichsltg. der NSDAP u. auch dessen Stellv. im *NS-Bund Deutscher Technik.* Seit 1940 Tätigkeit in Todts *Reichsministerium f. Bewaffnung u. Munition.* Von Todts Nachfolger → Speer im Febr. 1942 übernommen u. zum Chef d. Technischen Amtes im Ministerium ernannt. 1944 Stellvertreter Speers in dem am 1. 3. 1944 gebildeten *Jägerstab*, einem Koordinationsausschuß, der die Produktion v. Jagdflugzeugen in riesigen, teilweise unterirdischen Bunkern organisieren sollte. Von → Hitler 1945 testamentarisch zum Nachfolger Speers als Rüstungsminister bestimmt, von → Dönitz jedoch nicht ausgeführt. Im Mai 1945 verhaftet, interniert u. als Zeuge d. Anklage f. d. *Krupp-Prozeß* nach Nürnberg gebracht. 1948 entnazifiziert u.a. als »Belasteter« mit d. Auflage entlassen, keine leitenden Funktionen in späteren Arbeitsverhältnissen auszuüben. Danach beratende Tätigkeit f. versch. technische Unternehmen. Aus dem Problem der Literaturnachweisung entwickelte S. schließlich den *Verlag Dokumentation der Technik,* später erweitert zum *Verlag Dokumentation* (seit 1978: *K.G. Saur Verlag*).
JW

Schachleiter, Albanus Abt
geb. 20. 1. 1861 als Jakob S. in Mainz,
gest. 20. 6. 1937 in Feilnbach/Obb.
1886 wurde S. zum Priester geweiht. 1908 trat er in d. Benediktiner-Abtei v. St. Emmaus in Prag ein. 1920 floh er aus d. Tschechoslowakei u. wurde Ltr. d. *Schola Gregoriana* f. kath. Kirchenmusik in München. Die Kirchenleitung belegte S.s militant nationalist. Haltung u. sein Bekenntnis zum NS von 1926 mit einem Verbot öffentl. polit. Äußerungen u. der Weisung, eine klösterliche Wohnung zu beziehen. Beides ignorierte er. Als er im *VB* v. 1. 2. 1933 schließlich → Hitlers Machtergreifung begrüßte, wurde er im März 1933 suspendiert. Die NSDAP unterstützte S. mit einer monatl. Rente, Hitler selbst besuchte ihn am 13. 5. 1933. Nach S.s scheinbarer Unterwerfung hob d. Kirche die Suspension im Sept. 1933 auf. 1934 u. 1935 war er Ehrengast bei den Nürnberger Parteitagen. Nach seinem Tod ehrte ihn die NSDAP mit einem pompösen Staatsakt (Waldfriedhof München).
JW

Schacht, Hjalmar (Horace Greely)
Reichsbankpräsident und Reichswirtschaftsminister
geb. 22. 1. 1877 in Tingleff/Nordschleswig,
gest. 3. 6. 1970 in München.

Sohn eines Kaufmanns dänischer Nationalität. S. wuchs bei seinen in d. USA ausgewanderten Eltern auf, studierte Wirtschaftswissenschaften in Kiel, München u. Berlin. 1903 Promotion, anschließend zur Dresdner Bank, u.a. als Archivar, seit 1908 stellv. Direktor. 1916 Wechsel als Direktor zur (privaten) Nationalbank für Deutschland, die 1922 mit d. Bank f. Handel u. Industrie zur Darmstädter u. Nationalbank (Danat) fusionierte. 1918 Mitbegründer d. Deutschen Demokratischen Partei (DDP), der er bis 1926 angehörte. Nov. 1923 Berufung zum Reichswährungskommissar, als der er wesentlich an d. Einführung d. Rentenmark u. d. Beendigung d. Inflation beteiligt war. Bereits im Dez. 1923 Ernennung zum Reichsbankpräsidenten. 1930 Rücktritt wg. Meinungsverschiedenheiten mit d. Reichsregierung, der er einen laxen Kurs in Sachen d. dt. Auslandsverschuldung vorwarf (Haager Beschlüsse zum Dawes-Plan). Politisch zunehmende Annäherung S.s an rechte Kreise u. Parteien einschließlich d. NSDAP. Am 11. 10. 1931 Beitritt zur *Harzburger Front* mit aufsehenerregend »rechter« Rede. Im Nov. 1932 Empfehlung S.s an Reichspräsident v. → Hindenburg, → Hitler, den er in dieser Zeit in den Kreisen d. Schwerindustrie gesellschaftsfähig machte, mit d. Regierungsbildung zu beauftragen. Zum Dank ernannte ihn → Hitler im März 1933 erneut zum Reichsbankpräsidenten, im Aug. 1934 zusätzlich zum Reichswirtschaftsminister, Ende Mai 1935 auch zum Generalbevollmächtigten f. d. Kriegswirtschaft. Kompetenzstreitigkeiten mit → Göring führten Nov. 1937 zu S.s Rücktritt als Minister u. Generalbevollmächtigter, im Jan. 1939 auch zu S.s Rücktritt als Reichsbankpräsident. S. blieb allerdings bis 1943 (einflußloser) Reichsminister ohne Geschäftsbereich. Aufgrund loser Kontakte zur Widerstandsbewegung des 20. Juli Verhaftung am 29. 7. 1944 u. Inhaftierung in den KZs Ravensbrück u. Flossenbürg, wo ihn US-Truppen im April 1945 befreiten. Wg. seines großen Anteils an d. dt. Aufrüstung wurde S. vor den Internationalen Militärgerichtshof in Nürnberg gestellt, der ihn im Okt. 1946 freisprach. Von einer Stuttgarter Spruchkammer als »Hauptschuldiger« eingestuft, wurde S. 1947 zu 8 Jahren Arbeitslager verurteilt; von d. Berufungskammer des Ludwigsburger Internierungslagers wurde d. Urteil jedoch aufgehoben u. S. im Sept. 1948 entlassen. In den 50er Jahren begann er eine neue, erfolgreiche Karriere als angesehener Wirtschafts- u. Finanzberater von Entwicklungsländern, u.a. als Mitbesitzer d. Düsseldorfer Außenhandelsbank Schacht u. Co.

Auch wenn S. noch vor Kriegsbe-

ginn einsehen mußte, daß sich Hitler nicht, wie von ihm erwartet, zum Werkzeug nationalkonservativer Politik umfunktionieren ließ – was allerdings seine Distanzierung vom NS ebenso beeinflußte wie die NS-Währungs- u. Finanzpolitik bzw. die Judenpolitik –, so stellte er sich anders als die konservativen Politiker u. Militärs des Widerstands nicht aktiv gegen den Nationalsozialismus. Gegen den Vorwurf, als »Steigbügelhalter Hitlers« gewirkt zu haben, einen Ruf, den er sich als Ratgeber des Reichspräsidenten, als aktiver Vertreter der *Harzburger Front* u. durch die Mitgliedschaft im nationalsozialistisch eingefärbten Keppler-Kreis erworben hatte u. als angesehener u. fähiger Reichsbankpräsident u. Wirtschaftsminister unter Hitler bestätigte, setzte er sich erst nach dem Zusammenbruch des Dritten Reiches zur Wehr.
JR

Schäfer, Wilhelm Schriftsteller
geb. 20. 1. 1868 in Ottrau b. Schwalmstadt,
gest. 19. 1. 1952 in Überlingen.
Sohn eines Landwirts. Nach Abitur in Düsseldorf Wunsch, Maler zu werden. Auf Anordnung d. Vaters Besuch der Präparandenanstalt u. d. Lehrerseminars in Mattmann. 1888–97 Lehrer in Vohwinkel u. Elberfeld; Beginn schriftstellerischen Arbeitens. Stipendium des *Cotta Verlags*, Reisen nach Genf u. Paris, um Kunstgeschichte zu studieren. 1898 nach Niederschönhausen b. Berlin. 1900 nach Düsseldorf als Hrsg. der Kunstzeitschrift *Die Rheinlande*. 1907/08 erste Erfolge als Schriftsteller. Seit 1918 in Ludwigshafen-Bodman. 1930 *Der Hauptmann von Köpenick*. 1933 Senator der *Dt. Akademie der Dichtung*. 1937 *Rheinischer Literaturpreis*. 1941 *Goethe-Preis der Stadt Frankfurt*. 1942 *Kulturpreis der Stadt Düsseldorf*.
S. verfaßte völkisch-national gefärbte Dramen und Bauerngeschichten, trat aber vor allem mit seinen Anekdoten hervor. Obwohl er als Autor seine größten Erfolge bereits vor dem Dritten Reich gefeiert hatte, galt er als einer der Vorzeigeautoren des NS-Regimes.
Autobiographien: *Mein Leben* (1934); *Meine Eltern* (1937); *Rechenschaft* (1948).
AS

Schaub, Julius SS-Obergruppenführer, Adjutant Hitlers
geb. 20. 8. 1898 in München,
gest. 27. 12. 1967 ebd.
Nach der Volksschule Besuch d. Drogistenfachschule, 1916 Gehilfenprüfung u. Tätigkeit b. d. Handelsgesellschaft dt. Apotheker. Im Jan. 1917 zum Militärdienst als Krankenwärter. 1918 nach längerer Krankheit Entlassung u. Angestellter am Hauptversorgungsamt

München. Im Okt. 1920 Eintritt in d. NSDAP. 1923 Teilnahme am Hitlerputsch, Flucht nach Österreich, nach Verhaftung zu einem Jahr und drei Monaten Festungshaft verurteilt, im Dez. 1924 vorzeitig entlassen. Ab 1. 1. 1925 Privatangestellter Hitlers in einer Mischung von Faktotum u. Adjutant. 1933 bis 1945 firmiert S. als persönlicher bzw. Chef-Adjutant des Führers. 1932 SS-Sturmführer, 1936 Reichstagsmitglied, 1943 SS-Obergruppenführer. Im Auftrag Hitlers vernichtete S. Ende April 1945 den Inhalt der Hitlerschen Panzerschränke in dessen Wohnungen in d. Münchner Prinzregentenstraße u. auf dem Obersalzberg u. ließ anschließend Hitlers Sonderzug sprengen. Unter falschem Namen wurde er am Tag d. dt. Kapitulation von US-Truppen festgesetzt u. war bis Febr. 1949 interniert.
Die Bedeutung S.s wird häufig überbewertet. 1949 sprach ihn die Große Strafkammer des Landgerichts I in München aus Mangel an Beweisen von der Beihilfe zum Mord frei. Die Beweisaufnahme war zu dem Schluß gekommen, daß die Rolle S.s in der Umgebung Hitlers nicht über die eines »besseren Kammerdieners« hinausging.
JR

Scheel, Gustav Adolf Reichsstudentenführer und Gauleiter
geb. 22. 11. 1907 in Rosenberg/ Bayern,
gest. 25. 3. 1979 in Hamburg.
Der Pfarrerssohn studierte nach Besuch humanistischer Gymnasien in versch. süddt. Städten seit 1928 zunächst Rechtswissenschaft, Volkswirtschaft u. Theologie in Tübingen, in Heidelberg anstelle von Jura Chemie u. schließlich Medizin. 1931 Wahl zum ASTA-Vorsitzenden d. Heidelberger Univ. 1934 Examen u. Promotion zum Dr. med. Zwischen 1922 u. 1928 war S. in mehreren Bünden d. Jugendbewegung tätig. Seit 1930 Mitglied d. NSDAP, 1933/34 kurzzeitig auch der SA. Nach der Machtübernahme der NS führend an der »Säuberung« der Heidelberger Univ. von rassisch u. politisch nicht genehmen Professoren u. Studenten beteiligt; 1934 Gaustudentenbundsfhr. in Baden. 1935 Ehrensenator d. Univ. Heidelberg. Ab 1934 Tätigkeit für den SD, u.a. als Lehrer an einer Ausbildungsstätte f. SD-Angehörige in Berlin. 1935 Eintritt in die SS, SS-Obersturmbannführer u. Führer des SD-Oberabschnitts Stuttgart. Am 5. 11. 1936 Berufung zum Reichsstudentenführer durch Ernennung sowohl zum Führer des *Nationalsozialistischen Deutschen Studentenbundes (NSDStB)* von seiten der Partei wie zum *Reichsführer d. Deutschen Studenten-*

schaft von seiten des Staates. 1938 MdR. 1940–41 Übernahme des SD-Oberabschnitts München, unterbrochen durch eine Abkommandierung in das Elsaß während d. Frankreichfeldzuges. Im Mai 1941 HSSPF u. Führer des SS-Oberabschnitts Alpenland mit Sitz in Salzburg. Am 18. 11. 1941 unter Aufgabe der SS- u. SD-Funktionen Ernennung zum Gauleiter des Gaues Salzburg, am 27. 11. 1941 auch zum Reichsstatthalter. Im Juni 1942 Ernennung zum SS-Gruf. u. GenLtn. d. Polizei, Ende 1942 zum Reichsverteidigungskommissar f. d. Gau Salzburg. Im Juli 1944 übernahm S. neben den studentischen Organisationen auch den *NS-Dt. Dozentenbund.* Aug. 1944 Beförderung zum SS-Ogruf. u. Gen. d. Polizei. Im politischen Testament → Hitlers wurde S. das Kultusministerium zugewiesen, das er aber im Kabinett → Dönitz nicht mehr wahrnehmen konnte. S. setzte sich nach der Besetzung Salzburgs durch US-Truppen nach St. Veit im Pongau ab, wo er am 15. 5. 1945 verhaftet wurde. Nach Internierung durch die amerikanische Besatzungsmacht Anfang 1948 freigelassen. Erneute Internierung in deutschen Lagern bis zum Spruchkammerverfahren; von Heidelberger Kammer wurde er als »Hauptschuldiger« zu fünf Jahren Arbeitslager u. teilweisem Vermögenseinzug verurteilt. Im Zusammenhang mit dem Vorgehen der brit. Besatzungsmacht gegen den sog. *Naumannkreis* am 15. 1. 1953 verhaftet u. ein halbes Jahr in Werl u. Karlsruhe inhaftiert. Von 1954 bis 1977 selbständige Arztpraxis in Hamburg.

S. gehörte zu den vielseitig verwendbaren Funktionären der NSDAP, war einer der wichtigsten studentischen Scharfmacher an deutschen Universitäten u. durchlief neben seinen Aufgaben als Studentenfunktionär rasch höchste SS- u. Parteifunktionen. 1940 bereits von der Parteizentrale zum Gauleiter von Wien vorgeschlagen, wurde er ein Jahr später mit 34 Jahren Gauleiter u. Reichsstatthalter in Salzburg. Seine Eignung u. seinen Einsatz für den Nationalsozialismus belohnte Hitler in den letzten Stunden des Dritten Reichs schließlich mit dem Posten des Kultusministers.

We

Schellenberg, Walter Leiter des Auslandsnachrichtendiensts im RSHA, SS-Brigadeführer
geb. 16. 1. 1910 in Saarbrücken,
gest. 31. 3. 1952 in Turin.

Siebtes Kind eines Klavierfabrikanten. Studium der Rechts- u. Staatswissenschaft in Marburg u. Bonn. 1933 Eintritt in die NSDAP u. SS. Im Sommer 1934 Beginn seiner Tätigkeit beim SD. Im SD-Hauptamt beeindruckte der begabte Jurist bald → Heydrich u. → Himmler. 1938 beteiligt an d. Planung d. Einmarschs in die Tschechoslowakei. Im Nov. 1939 erfolgreiche Entführung zweier brit. Geheimdienstoffiziere bei Venlo, Beförderung zum SS-Standartenfhr. 1939–41 Ltr. d. Gruppe IV E im RSHA mit Zuständigkeit f. d. polizeiliche Spionageabwehr. 1941 Ltr. d. Amts VI (Auslandsnachrichtendienst) im RSHA, verhandelte zusammen mit Heydrich u. Heinrich → Müller mit dem Heer über d. Kompetenzen der SS-Einsatzgruppen in den rückwärtigen Armee- u. Heeresgebieten, die deren Mordaktionen gg. Juden u. Kommunisten ermöglichten. Weitere Amtserfolge S.s waren die Zerschlagung d. Widerstands- u. Spionageorganisation *Rote Kapelle*, die Entmachtung großer Teile der Abwehr u. d. Verhaftung v. Adm. → Canaris, dessen Aufgaben u. Apparat er teilweise übernehmen konnte. Im Juni 1944 Beförderung zum SS-Brif. Als d. dt. Niederlage sich abzeichnete, unterstützte S. Himmlers Pläne, Kapitulationskontakte zu den Westmächten zu knüpfen. Die Freilassung zahlreicher jüd. Häftlinge in diesem Zusammenhang verhalf S. im Nürnberger *Wilhelmstraßenprozeß* am 11. 4. 1949 zu einem relativ milden Urteil v. 6 Jahren Haft. Krankeitsbedingt wurde er im Dez. 1950 aus d. Haft entlassen. 1959 erschienen seine *Memoiren* in dt. Sprache.

Den

Schemm, Hans Reichsleiter des NS-Lehrerbundes u. Gauleiter
geb. 6. 10. 1891 in Bayreuth,
gest. 5. 3. 1935 ebd.

Aus alter Bayreuther Handwerkerfamilie, der Vater Besitzer einer Schuhmacherwerkstatt. S. besuchte das Lehrerseminar seiner Vaterstadt u. erhielt 1910 seine erste Lehrerstelle. Im 1. WK zunächst Dienst als Sanitäter, wg. Tuberkulose aus dem Wehrdienst entlassen u. wieder im Lehrberuf, seit 1919 in Bayreuth. Im April/Mai 1919 mit dem *Freikorps Bayreuth* zur Beseitigung der Räteherrschaft in München. 1920 als Laborant zur Entwicklung eines Lungenheilmittels in Thale am Harz, ab Sept. 1921 wieder im Schuldienst in Bayreuth. Politische Beziehungen zunächst zur *Jungliberalen Partei*. Seit Frühjahr 1923 Beziehungen zur lokalen NSDAP; in deren Verbotsjahr 1924 Wahlkampf für den *Völkischen Bund Bayreuth/Völkischer Block*. Im Dez. 1924 Wahl S.s zum Bayreuther NSDAP-Ortsgruppenleiter; bis 1927 mit Hilfe seines Rednertalents u. einfallsreicher Initiativen Aufstieg zur führenden Persönlichkeit der NSDAP in Ostoberfranken als Gegengewicht zum fränk. GL → Streicher, wodurch S. am Ende eine Unterordnung dieses

Gebiets unter Streicher verhindern konnte. Im Mai 1928 Wahl in den bayer. Landtag; im gleichen Jahr Ernennung zum Ltr. des NSDAP-Untergaues Oberfranken, den er bald darauf als selbständigen Gau führte. Seit 1927 bemühte sich S. um die Gründung einer natsoz. Lehrervereinigung; Gründung des *Nationalsozialist. Lehrerbundes* schließlich im April 1929; Herausgabe der *Nationalsozialistischen Lehrerzeitung* u. reichsweite Anerkennung des NSLB auf dem NSDAP-Reichsparteitag vom Aug. 1929. 1930 MdR u. kulturpolit. Sprecher der natsoz. Reichstagsfraktion. Seit Okt. 1930 Hrsg. der Wochenzeitung *Kampf f. dt. Freiheit u. Kultur*, im Juli 1931 Gründung des *Nationalsozialistischen Kulturverlags Bayreuth*, in dem er seit 1. 10. 1932 die Gauzeitung *Fränkisches Volk* herausbrachte. Am 19. 1. 1933, nach Zusammenlegung von Niederbayern u. Oberfranken, Ernennung S.s zum GL des neuen Gaues Bayerische Ostmark. Am 12. 4. 1933 folgte die Ernennung zum Bayerischen Staatsminister f. Unterricht u. Kultus, am 7. 6. 1933 zum Vorsitzenden des *Deutschen Lehrervereins*. Als Reichsleiter des NSLB am 1. 9. 1934 in Personalunion auch Ltr. des *Hauptamts für Erzieher* in der Reichsleitung d. NSDAP. Am 5. 3. 1935 Unfalltod nach Absturz seines Flugzeuges nach Fehler d. Piloten. Die Effektivität S.s zeichnete Hitler mit der Vergrößerung des Gaues Oberfranken zum Gau Bayerische Ostmark aus. Bayreuth wurde durch ihn zum Zentrum des natsoz. Lehrerverbandswesens. Sein früher Tod, um den sich schnell Legenden rankten, erhielt ihm den Nimbus eines anständigen u. beliebten NS-Funktionärs, was durch das negative Gegenbild Streichers noch verstärkt wurde.
We

Schepmann, Wilhelm Stabschef der SA
geb. 17. 6. 1894 in Bark bei Hattingen,
gest. 26. 7. 1970 in Gifhorn.
Als Lehrer in Hattingen tätig. Teilnehmer am 1. WK als Infanterieoffizier. 1922 Eintritt in d. NSDAP. S. organisierte mit Viktor → Lutze den Aufbau d. SA im Ruhrgebiet. 1928 Parteiredner; NSDAP-Stadtverordneter u. SA-Führer in Hattingen. 1930 Mitglied des preuß. Landtags; 1933 MdR. 1931 aus polit. Gründen aus d. Schuldienst entlassen; berufsmäßiger Fhr. d. SA-Untergruppe Westfalen-Süd im Rang eines SA-Oberführers, Febr. 1933 Fhr. d. SA-Gruppe Westfalen u. Polizeipräsident von Dortmund. Am 1. 4. 1934 Ernennung zum Fhr. der SA-Obergruppe X (Niederrhein u. Westfalen). In Zusammenhang m. d. »Röhm-Putsch« seit Nov. 1934 Fhr. d. SA-Gruppe Sachsen

Nach dem Unfalltod v. Viktor Lutze am 2. 5. 1943 Berufung zum Stabschef d. SA (bis Kriegsende). Nach Kriegsende lebte S. unter falschem Namen in Gifhorn u. arbeitete als Materialverwalter im dortigen Kreiskrankenhaus. April 1949 wurde er v. brit. Sicherheitsdienst verhaftet u. Ende Juni 1950 v. Dortmunder Schwurgericht wg. Nötigung im Amt im Falle der Liquidierung des Dortmunder *Generalanzeigers* zu neun Monaten Gefängnis verurteilt. 1954 wurde S. von diesem Vorwurf freigesprochen. Das Entnazifizierungsverfahren gg. ihn wurde im April 1952 eingestellt. Die Ausübung des Lehramtes verweigerte ihm das niedersächs. Kultusministerium. 1952 wurde S. über d. BHE-Liste im Kreis Gifhorn in den Kreistag u. in die Gemeindevertretung gewählt; 1956 stellv. Bürgermeister der Stadt Gifhorn, seine Wiederwahl 1961 erregte jedoch öffentlichen Anstoß, woraufhin S. von seinem Amt zurücktrat.
AK

Schirach, Baldur v. Reichsjugendführer, Gauleiter
geb. 9. 5. 1907 in Berlin,
gest. 8. 8. 1974 in Kröv/Mosel.
Sohn eines Rittmeisters d. Garde-Kürassier-Regiments u. einer wohlhabenden Amerikanerin. Kindheit in Weimar, wo sein Vater, Karl Baily Norris-von Schirach, seit 1908 Generalintendant am Hoftheater war. Das Waldpädagogium auf dem Hexenberg bei Bad Berka (Thüringen) nach den Erziehungsprinzipien d. antisemit. Reformpädagogen Hermann Lietz (neben Wissensvermittlung Schwerpunkt auf Körper- u. Charaktererziehung) war Grundlage für S.s späteres dürftiges Erziehungskonzept. 1918 Entlassung seines Vaters; Herbst 1919 Rückkehr ins Elternhaus wg. d. Selbstmordes seines Bruders Karl; soziale Deklassierungskomplexe in d. Familie; Privatunterricht. Sommer 1924 Eintritt in die Knappschaft einer v. Hans Severus → Ziegler geleiteten Wehrjugendgruppe; einschlägige antisemit. Lektüre (Adolf → Bartels, Houston Steward Chamberlain u.a.). Sommer 1925 Begegnung mit Adolf → Hitler im Hause Schirach; am 29. 8. 1925 Eintritt in die NSDAP mit der Mitglieds-Nr. 17251. Seit Frühjahr 1927 Student d. Germanistik u. Kunstgeschichte in München; 1928 als Zwanzigjähriger Berufung in die NSDAP-Reichsleitung als Fhr. des NSDStB. Jan. 1929 Gründung einer d. größten völk. Zeitschriften (*Akademischer Beobachter*, Vorläuferorgan von *Die Bewegung*, 1929ff.). Daneben Veröffentlichung von Gedichtbänden, v.a. *Die Fahne der Verfolgten* (1933). Am 30. 10. 1931 Ernennung zum Reichsjugendführer d. NSDAP, der OSAF unter-

stellt, daher zugleich Verleihung eines hohen SA-Ranges. Im März 1932 Heirat mit Henriette Hoffmann, Tochter von → Hitlers Leibfotografen Heinrich → Hoffmann; Hitler u. Ernst → Röhm waren Trauzeugen. Mit Hoffmann gemeinsame Herausgabe einer Reihe von Bildbänden, u.a. *Der Triumph des Willens. Kampf und Aufstieg Adolf Hitlers u. seiner Regierung* (1933); *Jugend um Hitler* (1934); *Hitler, wie ihn keiner kennt* (1935). Sommer 1932 jüngster Abgeordneter im Reichstag. Stilisierung d. ermordeten Hitlerjungen Herbert Norkus zum Märtyrer der HJ. Als Reichsjugendführer Usurpierung aller Jugendverbände d. NSDAP, zunächst des *Dt. Jungvolks*, im Juni 1932 der bisher von v. → Renteln geführten *Hitlerjugend* (*HJ*) u. des *Bundes Dt. Mädchen* (*BDM*). 2. 10. 1932 Reichsjugendtag in Potsdam mit 70000 Jugendlichen. 29. 1. 1933 Verkündung des »Manifests der Jugend« mit Anspruch d. HJ auf Übernahme d. Jugendführung im Dritten Reich. 5. 4. 1933 Besetzung d. Geschäftsstelle des *Reichsausschusses d. dt. Jugendverbände* u. Übernahme d. Vorsitzes durch S. Am 17. 6. 1933 Ernennung zum *Jugendführer d. Dt. Reiches*, zuständig für d. gesamte außerschulische Jugenderziehung. Hand in Hand ging d. Zerschlagung anderer Jugendverbände (*Großdeutscher Bund*, kath. Jugendverbände). Eingliederung d. evang. Jugendverbände im Dez. 1933. Im Sept. 1935 Gründung d. Kulturamtes in d. Reichsjugendführung. Mit dem Jugendgesetz (HJ-Gesetz) v. 1. 12. 1936 Ernennung S.s zum StSekr. u. Aufwertung d. Reichsjugendführung zu einer Obersten Reichsbehörde; damit gesamte dt. Jugend in der HJ zusammengefaßt; neben Eltern u. Schule ist die HJ dritter Erziehungsfaktor. Mit Durchführungs-VO zum HJ-Gesetz v. 25. 3. 1939 Einführung d. Jugenddienstpflicht u. d. Pflichtmitgliedschaft d. Jugendlichen in den einzelnen Unterorganisationen d. HJ. Im Dez. 1939 freiwillige Meldung S.s zum Kriegsdienst, als Ltn. kurzer Einsatz an der Westfront; Auszeichnung mit dem EK II. Anschließend Rücktritt als Reichsjugendführer u. am 7. 8. 1940 Ernennung zum Reichsstatthalter u. GL des Gaues Wien (unter Belassung seines Rangs als Reichsleiter) u. Ernennung zum *Beauftragten f. d. Inspektion d. gesamten HJ*; ab Sept. 1940 auch zuständig f. d. Kinderlandverschickung. Anfang 1941 Organisation v. Judendeportationen in seinem Verantwortungsbereich als GL. Juli 1942 Ausrichtung des *Europäischen Jugendkongresses*. Erfolgreiche, aber parteiintern angefeindete Kulturpolitik in Wien. S.s Eintreten für bessere Behandlung d. osteurop. Völker u. Kritik seiner Frau an den Umständen d. Ju-

dendeportationen ggüb. Hitler am 24. 6. 1943 führten zum Bruch mit Hitler u. zum Verlust v. polit. Einfluß. Bei Kriegsende Untertauchen in Tirol. Seit 20. 11. 1945 Angeklagter im *Hauptkriegsverbrecherprozeß* in Nürnberg. 1. 10. 1946 Verurteilung zu 20 Jahren Haft wg. »Verbrechen gg. die Menschlichkeit«. Okt. 1950 Scheidung. Vergebliche Gnadengesuche seiner drei Söhne u. seiner Tochter. Nach Entlassung aus dem Spandauer Kriegsverbrechergefängnis am 30. 9. 1966 Publikation seiner Erinnerungen *Ich glaubte an Hitler* (1967).
S., jugendbewegter Lyriker (u.a. Verfasser des HJ-Liedes *Unsere Fahne flattert uns voran*) u. einstmals Idol der deutschen Jugend, bekannte vor dem Nürnberger Militärtribunal reumütig, die Jugend einem »millionenfachen Mörder« zugeführt zu haben. Mit Parolen wie »Jugend führt die Jugend«, und diese Jugend bilde einen autonomen Staat für sich, hatte er in der HJ eine Massenorganisation geschaffen, die ohne Vorbild war (1936 rd. 6 Mio Mitglieder). Er ließ die Jugend des Dritten Reiches im Sinne des NS zu Gehorsam, Gefolgschaft, Kampf u. Opfertod erziehen, v.a. aber zu bedingungslosem Glauben an Hitler, dem er selbst blind ergeben war. Konkurrenzkämpfe, Führungsschwächen u. Differenzen mit Hitler, von dessen Gunst der in der Partei umstrittene S. ganz u. gar abhängig war, führten schon vor Kriegsbeginn zu wachsendem Machtverlust. In Nürnberg konnte ihm die Anklage keine paramilitärische Vorbereitung der Jugend auf die nationalsozialistischen Eroberungskriege nachweisen. Seine Verurteilung beruhte vielmehr auf der erwiesenen Beteiligung an den Judendeportationen in seinem Wiener Gau.
Froe

Schlegelberger, Franz Jurist, Staatssekretär im Reichsjustizministerium
geb. 29. 10. 1876 in Königsberg,
gest. 14. 12. 1970 in Flensburg.
Der Kaufmannssohn legte 1894 d. Abitur ab u. studierte Rechtswissenschaften in Königsberg. 1899 Promotion an d. Univ. Leipzig. 1901 Gerichtsassessor. 1904 Landrichter in Lyck, 1908 in Berlin. 1909 Hilfsrichter beim Kammergericht in Berlin. 1914 Kammergerichtsrat. Im 1. WK militärdienstuntauglich. 1918 Geh. u. Vortragender Rat im Reichsjustizamt. 1920 MinRat, 1921 MinDirig. im Reichsjustizministerium (RJM). 1922 Honorarprofessor d. Univ. Berlin. 1927 MinDir. im RJM, 11. 10. 1931 StSekr., 29. 1. 1941–20. 8. 1942 mit der Führung der Geschäfte des RJM beauftragt. Als nationalkonservativer Befürworter einer autoritären Staatsordnung kritisierte S. das Gesetzgebungsverfahren in der Weimarer

Republik, da es wg. der wechselnden parlamentarischen Mehrheiten keine kontinuierliche Justizgesetzgebung ermögliche, und begrüßte daher 1933 die Hitlerregierung. Nach anfänglichen erfolglosen Versuchen, gegenüber den gesetzlosen NS-Gewaltmethoden rechtsstaatliche Prinzipien zu behaupten, söhnte er sich mit dem Regime aus. Im Jan. 1938 wurde er in die NSDAP aufgenommen. Der u.a. für Wirtschafts- und Handelsrecht sowie für freiwillige Gerichtsbarkeit international angesehene Wissenschaftler widmete sich der Anpassung des Zivilrechts an die Ziele der NS-Führung und legte ihr auch die gewünschten Strafgesetze vor, so u.a. 1941 die berüchtigte *Polenstrafrechtspflegeverordnung*. Die ungesetzlichen Tötungen der Euthanasie-Aktion und ihre Tarnung unterstützte er durch Unterbindung der Strafverfolgung. Im Laufe des Krieges unterwarf er sich völlig → Hitlers rechtsstaatswidrigen Methoden, ließ auf dessen Befehle hin rechtskräftig zu Freiheitsstrafen Verurteilte der Gestapo zur Exekution überstellen oder durch den Besonderen Senat des Reichsgerichts zum Tode verurteilen. Trotz seines willfährigen Bemühens, Hitlers Willen zu erfahren und zu erfüllen (Einführung der für Hitler bestimmten *Führerinformationen* und »Steuerung der Rechtsprechung« unter Eingriff in die richterliche Unabhängigkeit), konnte er Hitlers Angriffe auf die Justiz (Reichstagsrede vom 26. 4. 1942) und die Ernennung seines nationalsozialistischen Kontrahenten Otto → Thierack zum Justizminister nicht verhindern, die er zum Anlaß nahm, seine Versetzung in den Ruhestand zu beantragen. S. wurde 1947 im Nürnberger *Juristenprozeß* vom US-Militärgerichtshof III zu lebenslänglicher Haft verurteilt, 1950 jedoch aus Gesundheitsgründen freigelassen.

Publ. u.a.: *Das Recht der Neuzeit* (1914–44); *Zur Rationalisierung der Gesetzgebung* (1928, neu 1959); *Rechtsvergleichendes Handwörterbuch für das Zivil- und Handelsrecht des In- und Auslands* (1929ff.); *Die Entwicklung des deutschen Rechtes in den letzten 15 Jahren* (1930); *Vom Beruf unserer Zeit zur Gesetzgebung* (1934); *Jahrbuch des deutschen Rechts* (Hrsg., 1934–42); *Ein Volk erlebt sein Recht* (1936); *Abschied vom BGB* (1937); *Das Recht der Gegenwart* (1955ff.). *Gch*

Schleicher, Kurt von General und Politiker

geb. 7. 4. 1882 in Brandenburg a.d.Havel,

gest. 30. 6. 1934 in Potsdam (ermordet).

Herkunft aus einer alten Beamten- u. Soldatenfamilie. Als Ltn. im 3. Garde-Rgt. z. Fuß war er Kamerad von Kurt v. Hammerstein u.

Oskar v. Hindenburg (Sohn d. späteren Reichspräsidenten). 1910 zur Kriegsakademie kommandiert. Im Großen Generalstab zunächst in der Eisenbahnabteilung unter Gen. Groener tätig, mit dem er nach dessen Ernennung z. Generalquartiermeister bei Kriegsbeginn weiter zusammenarbeitete. Nach kurzem Einsatz als Stabsoffz. einer Division 1916 wieder in d. OHL als AbtLtr. beim Generalquartiermeister II. 1918 Major. Übernahme in d. Reichswehr; im Truppenamt unter Gen. v. Seeckt 1922 Ltr. d. polit. Abt. 1926 zum Ltr. d. neugebildeten Wehrmachtsabteilung im Reichswehrministerium berufen, übernahm er im März 1929 unter seinem Mentor u. Minister Groener als beamteter StSekr. das aus d. Wehrmachtsamt neu geschaffene Ministeramt; im Juni 1929 GenMaj. Seit Juni 1932 Reichswehrminister im Kabinett v. → Papen. Dez. 1932–Jan. 1933 für 57 Tage letzter Reichskanzler d. Weimarer Republik.

Von großem Organisationstalent u. beachtlichem politischen Gespür, gelang es S. schon früh in seiner Karriere, seine Vorgesetzten zu beeindrucken und zu beeinflussen. Wegen seiner Taktik, Kontakte zu den unterschiedlichsten Gruppierungen zu pflegen, sich selbst im politischen Geschäft aber im Hintergrund zu halten und Wege und Ziele seiner Politik nicht preiszugeben, hing ihm früh der Ruf des Intriganten an. Dank seines Einflusses auf Minister Groener, an dessen Wiedereintritt ins politische Leben er mitgewirkt hatte, und auf den Reichspräsidenten, GFM v. → Hindenburg, fiel ihm vor allem in den Jahren der Präsidialkabinette, deren wichtige Stütze die Reichswehr war, eine Schlüsselrolle im politischen Leben der Weimarer Republik zu, die er bei der Berufung seines Freundes → Hammerstein zum Chef des Truppenamtes ebenso wie bei Berufung und Sturz der Kanzler Brüning u. von → Papen ausnützte. Die Troika Brüning – Groener – S. scheiterte nicht zuletzt an S.s Festhalten am Primat der Innenpolitik unter einem Kanzler Brüning, der bei der Lösung nicht nur internationaler, sondern auch nationaler Probleme der Außenpolitik den Vorrang gab. Während seiner eigenen Kanzlerschaft hoffte S., durch eine Zusammenarbeit mit dem Straßer-Flügel (→ Straßer, Gregor) die NSDAP spalten und Hitler mit seiner Anhängerschaft von der Regierungsverantwortung fernhalten zu können. Straßer und S. überlebten diesen Versuch nur um eineinhalb Jahre. Auch S. wurde im Zusammenhang mit dem sog. Röhm-Putsch zusammen mit seiner Frau im eigenen Haus von SS-Leuten ermordet.

Froe

Schmeling, Max Boxer, Züchter, Kaufmann
geb. 28. 9. 1905 in Klein-Luckow/ Uckermark,
lebt in Hamburg-Harburg.

S.s Familie siedelte schon früh nach Hamburg über, wo der Vater als Steuermann bei der Hapag beschäftigt war. S. absolvierte eine kaufmänn. Ausbildung in einer Annoncen-Expedition. 1923 trat er in den Boxclub Köln-Mühlheim ein u. begann bereits ein Jahr später seine Profikarriere in Düsseldorf. 1926 holte er sich erstmals den dt. Meistertitel im Halbschwergewicht, ein Jahr später wurde er Europameister dieser Klasse. 1928 errang er d. dt. Meisterschaft im Schwergewicht. Am 12. Juni 1930 besiegte er in New York den Schwergewichtler Jack Sharkey u. wurde als erster Nichtamerikaner Weltmeister aller Klassen. S. hielt den Titel bis zum Revanchekampf gegen Sharkey im Juli 1932. Die Nationalsozialisten wollten den erfolgreichen, populären u. international angesehenen Spitzensportler S. zum Nationalheros stilisieren, S. selbst hielt sich aber aus der Politik heraus u. trat auch nicht in d. NSDAP ein. Nach dem sensationellen Sieg S.s über den als unbesiegbar geltenden »braunen Bomber« Joe Louis, den er in New York am 19. Juni 1936 in der 12. Runde k.o. geschlagen hatte, empfing → Hitler S. u. dessen Frau, die tschechische Schauspielerin Anny Ondra. S. nutzte d. persönliche Aussprache, um sich – erfolgreich – für seinen jüd. Manager Joe Jacobs einzusetzen. Tatsächlich blieb Jacobs bis zu seinem Tod 1940 in S.s Dienst. 1938 kam es zu einem zweiten Kampf S.s mit Louis um den Weltmeistertitel. In nur wenig mehr als zwei Minuten entschied Louis den Fight für sich. S. wurde zwar 1939 noch einmal Schwergewichtseuropameister, zog sich aber mit seiner Frau auf sein Gut Ponikkel in Pommern zurück, bis er 1940 zum Kriegsdienst eingezogen, 1941 bei der Eroberung Kretas als Fallschirmjäger verwundet u. 1943 aus d. Wehrmacht entlassen wurde. Nach Kriegsende zunächst mittellos, versuchte S. sein Glück wieder mit dem Boxen, als Dreiundvierzigjähriger stand er 1948 zum letztenmal im Ring. Danach besaß er eine Pelztierfarm, gründete dann eine Getränkefirma u. wurde Konzessionär von Coca-Cola. S., den Walter Scheel einmal »Deutschlands Sportler Nummer 1 auf Lebenszeit« nannte, galt immer als fairer und aufrichtiger Mensch, der sich auch während der NS-Zeit nicht von seinen Prinzipien hatte abbringen lassen. Zu seinen internationalen Ehrungen gehörte – neben d. Ehrenbürgerschaft von Los Angeles – auch der amerikanische *Sport-Oscar*, den er 1967 erhielt, dem Jahr, in dem seine Lebenser-

innerungen *Ich boxte mich durchs Leben* erschienen.
KK

Schmidt, Paul-Otto Chefdolmetscher im Auswärtigen Amt
geb. 23. 6. 1899 in Berlin,
gest. 21. 4. 1970 in München.
Nach einem Sprachstudium in Berlin kurze Tätigkeit im Fremdsprachenamt d. Reichsregierung. Seit 1924 als Dolmetscher im Ausw. Amt beschäftigt. Unter Stresemann Aufstieg zum Chefdolmetscher (bis 1945). 1933 Legationssekretär, 1938 Gesandter, 1940 Ministerialdirigent, Gesandter 1. Klasse. 1943 Eintritt in die NSDAP. Im Mai 1945 v. d. Amerikanern verhaftet, 1948 entlassen. 1950 v. d. Spruchkammer Miesbach als »Entlasteter« eingestuft. Tätigkeit als Übersetzer, seit 1952 Ltr. eines Dolmetscher- u. Spracheninstituts in München. Bei d. Bundestagswahl 1953 Kandidatur für d. rechtskonservative Deutsche Partei. S.s Erinnerungen erschienen unter den Titeln *Statist auf diplomatischer Bühne* (1949) u. *Statist auf der Galerie* (1951).
S. wirkte über 21 Jahre bei vielen der großen Konferenzen und Abkommen mit und war so wichtiger Ohrenzeuge, blieb allerdings immer nur eine Randfigur des politischen Geschehens.
Ri

Schmitt, Carl Staats- und Völkerrechtler
geb. 11. 7. 1888 in Plettenberg,
gest. 7. 4. 1985 ebd.
Sohn eines Kaufmanns. 1907 Studium d. Rechtswissenschaft in Berlin, München u. Straßburg; 1910 Promotion; 1916 Habilitation für Staats- u. Verwaltungsrecht, Völkerrecht u. Staatstheorie; Privatdozent für Staatsrecht in Straßburg. 1918 Handelshochschule München. 1921 Ordinarius für öffentl. Recht in Greifswald, 1922 in Bonn. 1926 Staatsrechtslehrer an der Handelshochschule Berlin. 1932 Professur in Köln, 1933–45 in Berlin. 1. 5. 1933 Eintritt in die NSDAP, Fachgruppenleiter im *NS-Juristenbund*, preuß. Staatsrat. Ab 1934 Hrsg. der *Deutschen Juristen-Zeitung*. 1936 erzwungener Rückzug aus d. Politik.
Die Aufgabe des Staates in der Ausnahmesituation und die Abgrenzung des Notstandes zum Normalzustand waren die Gegenstände, mit denen S. sich wissenschaftlich auseinandersetzte. Den zur Zeit des Kaiserreiches die Staatsrechtslehre bestimmenden Rechtspositivismus lehnte er ab. Das Wesen der Politik definierte S. als Entscheidung über Freund oder Feind und beeinflußt mit der Einführung dieser Kategorien die staatsrechtliche Entwicklung bis heute. In der Weimarer Republik war er ein scharfer Kritiker der par-

lamentarischen Demokratie, lehnte aber auch den NS ab. 1932 vertrat er die Reichsregierung vor dem Staatsgerichtshof im Verfahren um den »Preußenschlag«. Nach 1933 biederte sich S. mit vorher bei ihm nicht nachweisbarem Antisemitismus in seinen Vorlesungen und wissenschaftlichen Arbeiten bei den Nationalsozialisten an. Als führender Staatsrechtstheoretiker in den ersten Jahren des NS begrüßte er öffentlich die Säuberung des deutschen Rechts vom »jüdischen Geist« u. nach dem 30. 6. 1934 Hitlers Vorgehen gegen die SA-Führung. Im Dezember 1936 wurde er in der SS-Zeitung *Das Schwarze Korps* anonym bezichtigt, den NS nur aus Opportunismus zu unterstützen. Daraufhin Rückzug S.s aus dem öffentlichen Leben; er rechtfertigte aber noch 1940 die nationalsozialistischen Eroberungskriege als »Raumrevolution« und »Raumordnungskrieg«. Ab 1950 publizierte er wieder, blieb aber ohne Amt. Trotz seiner positiven Haltung zum NS u. zum Dritten Reich ist sein Rang als Staatsrechtstheoretiker international anerkannt.
KAL

Schmitt, Kurt (Paul) RWirtschMin.
geb. 7. 10. 1886 in Heidelberg,
gest. 22. 11. 1950 ebd.
Studium der Rechte u. Promotion zum Dr. jur. 1913 Eintritt in den Allianz-Konzern in München. Als Reserveoffz. im 1. WK schwer verwundet u. deshalb dienstentlassen. 1916 f. d. Allianz nach Berlin versetzt, 1917 stellv. Vorstandsmitglied u. 1921 Berufung zum Generaldirektor. Mitgliedschaft in zahlreichen Wirtschaftsorganisationen. Am 29. Juni 1933 von → Hitler als Nachfolger → Hugenbergs zum Reichswirtschaftsminister ernannt, um den Ängsten d. Industrie vor wirtschaftspolit. Veränderungen entgegenzutreten. Vorsitzender zahlreicher Aufsichtsräte. Seit Aug. 1933 Bevollmächtigter Preußens im Reichsrat, im Sept. Ernennung zum preuß. Staatsrat. Seit Okt. 1933 Mitglied der *Akademie f. Dt. Recht*. Am 30. Juli 1934 als RWirtschMin. durch → Schacht abgelöst. Rückzug in d. private Wirtschaft. Sein Entnazifizierungsverfahren vor d. Spruchkammer Starnberg endete im Sept. 1947 mit seiner Einstufung als »Minderbelasteter«. Die Berufungskammer für Oberbayern erklärte ihn 1948 für entlastet.
AK

Schmundt, Rudolf Chefadjutant der Wehrmacht beim Führer
geb. 13. 8. 1896 in Metz,
gest. 1. 10. 1944 in Rastenburg/Ostpreußen.
Offizierssohn. Nach Gymnasialzeit in Brandenburg a. d. Havel u. Notabitur im Aug. 1914 als Fahnenjun-

ker Teilnahme am 1. WK. 1915 Ltn. 1921 in die Reichswehr übernommen, 1931 Hptm., 1936 Major. Als Nachfolger → Hoßbachs seit 29. 1. 1938 militär. Chefadjutant → Hitlers. 1942 Generalmajor. Im Okt. 1942 zusätzlich zur Chefadjutantur Chef d. *Heerespersonalamts*. Am 1. 4. 1943 Generalleutnant. Beim Attentat vom 20. Juli 1944 schwer verletzt, starb S., der am 27. Juli noch zum General d. Inf. befördert worden war, im Lazarett in Rastenburg an den Folgen seiner Verletzungen.
S. war bis zu seinem Tod überzeugter Nationalsozialist und Hitler bedingungslos ergeben. Nachdem er die Leitung des Heerespersonalamtes übernommen hatte, wurde das Offizierskorps nur noch nach Gesichtspunkten der politischen Verläßlichkeit ausgewählt. Neben dem Ziel einer Verjüngung des Offizierskorps galt sein besonderes Interesse der Heranbildung einer wehrhaften und im nationalsozialistischen Sinne erzogenen Jugend. *JR*

Schniewind, Otto Ministerialdirektor im Reichswirtschaftsministerium
geb. 15. 8. 1887 in Köln,
gest. 26. 2. 1970 in Starnberg.
Nach Beendigung des Jurastudiums ab 1913 Gerichtsassessor. Nach dem 1. WK Tätigkeit im Reichsschatzamt, seit 1922 in d. Wirtschaft. 1925 Beamter im Handelsministerium, 1927 Ministerialrat. 1928–31 Finanzberater d. persischen Regierung. 1933 *Reichskommissar f. d. Bankgewerbe*. 1935 MinDir. im Reichswirtschaftsministerium. Ab Juni 1937 Reichsbankdirektor. 1938 Ausscheiden aus d. Staatsdienst aus Protest gg. die Rüstungsfinanzierung. Privatbankier. Nach dem 20. Juli 1944 verhaftet. Bei Kriegsende aus d. KZ Ravensbrück befreit. Im April 1948 Ernennung zum Chef d. dt. Marshall-Plan-Behörde. Mitbegründer u. bis 1958 Präsident der *Kreditanstalt f. Wiederaufbau*. *Ri*

Schnitzler, Georg von *IG Farben*-Vorstandsmitglied
geb. 29. 10. 1884 in Köln,
gest. 24. 5. 1962 in Basel.
S.s Vater war Teilhaber eines Kölner Bankhauses u. Aufsichtsratsmitglied bei Hoechst. Schulbesuch in Köln, Studium d. Rechte in Bonn, Leipzig u. Berlin. Ltn. bei den Straßburger u. Bonner Husaren. 1906 Referendar, 1907 Promotion. Prakt. Ausbildung im Kölner *Bankhaus J. H. Stein*, 1912 Eintritt bei *Hoechst*, 1914 Militärdienst, 1919 Prokurist b. *Hoechst*, dort 1920 stellv. Vorstandsmitglied, Ltr. des Farbenverkaufs. 1924 ordentliches Vorstandsmitglied. 1925 Mitarbeit an den Fusionsverträgen zur Bildung d. *IG Farben*-Konzerns. 1926 (–1945) ordentliches Vorstandsmit-

glied bei *IG Farben*, 1929 Reichskommissar für die Weltausstellung in Barcelona. Seit 1934 SA-Mitglied, wo er den Rang Hauptsturmfhr. erreichte. Mitglied der DAF. 1937 Betriebsführer des IG-Verwaltungsgebäudes in Frankfurt a.M. 1938 Eintritt in d. NSDAP, 1942 Wehrwirtschaftsführer, 1943 Vorsitzender des Chemikalienausschusses. Mitglied mehrerer Aufsichtsräte, Vizepräsident d. Schiedgerichtshofs d. *Internationalen Handelskammer.* S. war Hauptverantwortlicher für die Ausbeutung der poln. u. frz. Chemieindustrie unter dt. Besatzung, die der *IG Farben* die europ. Führungsrolle auf dem Farbstoff- u. Chemiemarkt sichern sollte. Das US-Militärtribunal VI verurteilte ihn am 30. 7. 1948 im Nürnberger *IG-Farben-Prozeß* unter dem Anklagepunkt Plünderung u. Raub zu vier Jahren Haft, aus der er 1949 vorzeitig entlassen wurde. S. konvertierte 1950 zum kath. Glauben. Er war Präsident d. *Deutsch-Ibero-Amerikanischen Gesellschaft.*
PW

Schnurre, Karl Gesandter I. Klasse
geb. 24. 11. 1898 in Marburg,
gest. 29. 6. 1990 in Bonn.
Nach dem Studium der Rechtswissenschaften war S. zunächst preuß. Landrichter u. Attaché beim dt.-englischen Gemischten Schiedsgericht in London. 2. 1. 1928 Einberufung in das Ausw. Amt. Vom 16. 8. 1930 bis zum März 1936 war er an der Gesandtschaft in Budapest tätig, seit 5. 3. 1936 als GesR II. Klasse. Seit dem 20. 4. 1936 übernahm er leitende Funktionen in der Handelspolitischen Abteilung des Ausw. Amts; am 9. 6. 1936 wurde er zum Vortragenden Legationsrat und am 11. 3. 1940 als Ministerialdirigent zum Gesandten I. Klasse befördert. 1942 kommissarischer, ab 28. 9. 1944 Ltr. d. Handelspolitischen Abteilung. Im Sommer 1939 führte S. d. Geheimverhandlungen mit dem Ltr. der sowjet. Handelsvertretung in Berlin, Barbarin, über einen Kredit- u. Wirtschaftsvertrag mit der UdSSR, der am 19. 8. 1939 unterzeichnet wurde u. einen entscheidenden Schritt auf dem Weg zum sog. Hitler-Stalin-Pakt darstellte. Am 23./24. 8. 1939 begleitete S. Reichsaußenminister v. → Ribbentrop zum Paktabschluß nach Moskau u. blieb später bis in das Jahr 1941 hinein für Wirtschaftsverhandlungen mit d. UdSSR zuständig. Bei Kriegsende stellte er sich noch d. Regierung → Dönitz in Mürwick zur Verfügung, wo er im Mai 1945 verhaftet wurde. Bis zum 1. 5. 1947 blieb S. interniert. 1948 sagte er im *Wilhelmstraßenprozeß* sowohl zugunsten des StSekr. Ernst Frhr. v. → Weizsäcker als auch zugunsten seines langjährigen Chefs, des Botschafters z. bes. Verw. Karl Ritter, aus. Nach dem Krieg war er in der Industrie

tätig u. verfaßte 1986 eine Autobiographie, die unveröffentlicht blieb.
RAB

Schörner, Ferdinand Generalfeldmarschall
geb. 12. 6. 1892 in München,
gest. 2. 7. 1973 ebd.
Sohn eines Polizeioberinspektors. 1911 Abitur. 1911/12 Einj.-Freiw. im Leib-Regiment. 1912 Studium d. Philosophie u. Neuphilologie. Als Vizefeldwebel im Aug. 1914 eingezogen; Nov. 1914 Ltn. 1917 Orden *Pour le mérite* f. d. Erstürmung des *Monte Colovrat* an der Isonzo-Front; ließ sich danach in den aktiven Stand versetzen. 1918 Obltn. 1919 Angehöriger des *Freikorps Epp*, Übernahme in die Reichswehr. 1923 während des Hitler-Putsches regierungstreu. Seit 1931 Sympathien für den NS unter d. Einfluß Eduard → Dietls. 1934 Major. 1935–37 Gruppenleiter in der Abt. *Fremde Heere* des Generalstabs des Heeres. 1937–40 Regimentskommandeur. 1939 Oberst. 1940 Kdr. d. 6. Geb.-Div. 1. 8. 1940 GenMaj., 27. 1. 1942 GenLtn., 1. 6. 1942 Gen. d. Gebirgstruppen, 1. 4. 1944 GenObst. 13. 3. bis 15. 5. 1944 Chef des *NS-Führungsstabes im OKH*. Heeresgruppen-Oberbefehlshaber an der Ostfront: 30. 3. bis 23. 7. 1944 *Südukraine*, 23. 7. 1944 bis 17. 1. 1945 *Nord*, 17. 1. bis 25. 1. 1945 *A*, 25. 1. bis 8. 5. 1945 *Mitte*. 28. 8. 1944 Eichenlaub mit Schwertern zum Ritterkreuz. 5. 4. 1945 zum GFM befördert. Durch → Hitlers Testament zum OB des Heeres bestimmt. Am 9. 5. 1945 Verlassen seiner Heeresgruppe in der Tschechoslowakei u. Flucht in Zivil nach Tirol, dort am 15. 5. 45 von US-Truppen gefangengenommen. Auslieferung an die Sowjetunion, bis 1955 Haft in Gefängnissen u. Kriegsverbrecherlagern. 15. 11. 1957 in München wg. Totschlags zu viereinhalb Jahren Haft verurteilt, nach Scheitern d. Revision (1958) bereits 1960 aus Gesundheitsgründen entlassen.
S. war seit Anfang der dreißiger Jahre ein bedingungsloser Anhänger Hitlers und seiner Ideen. Im Zweiten Weltkrieg beschleunigte sein entscheidender Beitrag zum schnellen Sieg über Griechenland seine Karriere. Nach der Wende des Krieges gegen die Sowjetunion galt S. als derjenige, der an allen Fronten Krisen meistern konnte. Seine harten, das Kriegsrecht mißachtenden und teilweise unsinnigen Disziplinierungsmaßnahmen hatten jedoch nur kurzzeitig Erfolg. Zwar setzte S. bei Hitler auch notwendige Rückzugsmaßnahmen durch, war aber nicht fähig, die politisch-strategische Lage zu durchschauen, sondern erschöpfte sich in Durchhalteparolen und Repressionen gegen seine eigenen Soldaten.
KAL

Scholtz-Klink, Gertrud (geborene *Treusch*) Reichsfrauenführerin geb. 9. 2. 1902 in Adelsheim/Baden. Vater Vermessungsbeamter. 1928 Eintritt in die NSDAP. Angeregt durch ihren ersten Mann, den Lehrer u. NSDAP-Bezirksleiter Fr. K., baute sie 1929 in Offenburg u. bald in weiteren Teilen SW-Dtschld.s eine NS-Frauenorganisation auf. Seit Okt. 1930 Führerin des seit Jan. 1928 als NSDAP-Gliederung anerkannten *Dt. Frauenordens* in Baden. Nach d. Zusammenschluß d. natsoz. Frauenorganisationen im Okt. 1931 Leiterin der bad. u. dann auch d. hess. *NS-Frauenschaft* (*NSF*). Am 24. 2. 1934 Ernennung zur Reichsführerin der *NSF* u. des *Deutschen Frauenwerks* unter d. Oberleitung des Leiters d. *NS-Volkswohlfahrt*, Erich → Hilgenfeldt. Seit Jan. 1934 auch Leiterin d. *Dt. Frauenarbeitsdienstes* (bis April 1936) sowie ab Juli 1934 auch des Frauenamtes der DAF. Seit Juni 1934 Leiterin d. *Reichsfrauenbundes des DRK*. Dank d. Fürsprache d. bad. GL Robert → Wagner im Nov. 1934 Berufung zur *Reichsfrauenführerin*. Inhaberin weiterer Ehrenämter. Im Nov. 1936 Verleihung d. Goldenen Ehrenzeichens d. NSDAP. Nach d. Krieg u. kurzer Internierung in einem sowjet. Lager lebte sie mit ihrem vierten Mann (seit 1940), dem ehem. SS-Ogruf. August → Heißmeyer, drei Jahre unter falschem Namen, unter dem sie auch entnazifiziert wurde. Deshalb v. einem frz. Militärgericht 1948 mit 18 Monaten Gefängnis bestraft. 1949 verurteilte sie eine Tübinger Spruchkammer als ehem. Reichsfrauenführerin zu ebenfalls 18 Monaten Haft, die aber als bereits verbüßt galten. Im Mai 1950 fügte eine Revisionsinstanz dem relativ milden Urteil Auflagen hinzu, die S.-K. lebenslänglich politische Betätigung und für zehn Jahre die Berufsausübung als Journalistin und Lehrerin verboten, ihr ferner das Wahlrecht sowie die Beitrittsfähigkeit zu Parteien u. Gewerkschaften aberkannten sowie eine Geldstrafe auferlegten.

S. besaß innerhalb der Männerherrschaft des Dritten Reiches zwar einen nominell hohen Status, verfügte aber, der NS-Ideologie entsprechend, als Frauenführerin nur über eine sehr begrenzte Entscheidungsgewalt. Da sie diese Unterordnung von Anfang an anerkannt hatte, konnte sie sich schon zu Beginn ihrer Karriere gegen weniger anpassungsfähige Konkurrentinnen durchsetzen und die scheinbar ansehnliche Machtfülle der politisch nahezu bedeutungslosen obersten Repräsentantin der NS-Frauen bis Kriegsende behaupten. Sie blieb auch nach dem Zusammenbruch des Dritten Reiches eine ebenso naive wie fanatische Anhängerin des NS, wie in ihrem

1978 erschienenen Buch *Die Frau im Dritten Reich* deutlich wird, das eher einem dem »Führer« vorzulegenden Tätigkeitsbericht als einer reflektierten Lebensschau gleicht.
Ri

Schroeder, Hans Ministerialdirektor
geb. 20. 10. 1899 in Brüel/Mecklenburg,
gest. 8. 1. 1965 in Konstanz.
Nach Mittlerer Reife u. kaufmänn. Ausbildung 1923 Inspektorenprüfung u. im April 1925 Dienstantritt im Ausw. Amt. Ab Dez. 1928 Konsulatssekretär in Kairo. Dort Bekanntschaft mit d. Familie Heß, v.a. mit den Söhnen Rudolf u. Albrecht. Eintritt in d. NSDAP am 1. 3. 1933; Ortsgruppenleiter in Alexandrien; 1934 Landesgruppenleiter Ägypten der NSDAP-AO. Dem *Stellvertreter des Führers*, Rudolf → Heß, verdankte S. eine steile Karriere in Berlin: Jan. 1937 Legationsrat in d. Personal-Abt. mit Zuständigkeit f. d. mittleren Dienst, Aug. 1938 als Personaldezernent f. d. höheren Beamten im Rang eines Vortragenden Legationsrats. April 1939 Gesandter I. Klasse u. stellv. Ltr. d. Personal- u. Verwaltungsabteilung, ab Febr. 1941 Ltr. dieser Abt., Rang: MinDir. Gemeinsam mit seinem Stellv., dem später in sowjet. Gefangenschaft verschollenen Ministerialdirigenten Helmut Bergmann, setzte sich S. für die »alte Beamtenschaft« der »Wilhelmstraße« ein u. sogar couragiert über Anordnungen d. Ministers v. → Ribbentrop hinweg. Im März 1943 gab er auch d. Zustimmung für eine rechtzeitige Evakuierung d. Aktenbestände d. Politischen Archivs des Ausw. Amts. Nach dem 2. WK war S. zunächst in der Wirtschaft tätig u. während d. 50er Jahre Personalchef d. BND.
RAB

Schröder, Kurt Frhr. v. Bankier
geb. 24. 11. 1889 in Hamburg,
gest. 4. 11. 1966 ebd.
Sohn eines Bankiers. Nach abgebrochenem Jurastudium 1909 Soldat. Teilnahme am 1. WK, zuletzt als Hptm. 1921 Mitinhaber d. Kölner Bankhauses J.H. Stein (bis 1945). Zahlreiche Aufsichtsratsposten. 1928 Mitglied d. Deutschen Volkspartei. Seit 1932 Einsatz f. d. Kanzlerschaft → Hitlers. Mitglied d. → Keppler-Kreises. Arrangierte das Treffen zwischen Hitler u. → Papen v. 4. 1. 1933 in seinem Hause. Im Febr. 1933 Eintritt in d. NSDAP. Seit 1934 Ltr. d. Fachgruppe Privatbanken i.d. *Reichsgruppe Banken*. Zahlreiche Ehrenposten. Im Sept. 1936 Eintritt in die SS im (Ehren-)Rang eines Brif. Mitglied d. *Freundeskreises RFSS* u. d. *Akademie f. Dt. Recht*. Spenden an d. NSDAP in Millionenhöhe. Präsident d. Industrie- u. Handelskam-

mer Köln. Ab Mai 1942 Präsident d. Gauwirtschaftskammer Köln-Aachen. Nach d. Krieg in einem frz. Gefangenenlager entdeckt. Am 12. 11. 1947 v. Spruchgericht Bielefeld zu drei Monaten Haft verurteilt. Im ersten Berufungsverfahren 1948 Erhebung eines Bußgeldes v. 500000 Reichsmark. Im zweiten Berufungsverfahren nach d. Währungsreform wurde das Bußgeld auf einen Bruchteil reduziert.
S. lebte nach dem Krieg längere Zeit zurückgezogen in Eckernförde.
Ri

Schröder, Walter SS- u. Polizeiführer in Riga
geb. 26. 11. 1902 in Lübeck,
gest. 31. 10. 1973 ebd.
Nach Abitur u. Maschinenbaulehre ab 1922 Studium. Im Herbst 1924 Staatsexamen. Bis 1932 Tätigkeit als Ingenieur. 1922–25 Mitglied d. *Freikorps Oberland*. Im Mai 1925 Eintritt in die NSDAP, 1925–29 in der SA. 1928–30 NSDAP-Ortsgruppenltr. in Lübeck. 1929–33 Mitglied d. Lübecker Bürgerschaft. 1930–34 Bezirksleiter d. NSDAP, dann Gauamtsleiter. Mai 1933 Ernennung zum Polizeiherrn u. Senator in Lübeck, nach d. Eingliederung Lübecks in Preußen ab April 1937 Polizeipräsident. MdR 1932–36 u. ab 1938. 1936–38 NSKK-Standartenführer. April 1938 Übernahme in SS u. SD als SS-Oberführer, Tätigkeit im RSHA. Sept. 1941 SS-Brif. u. GenMaj. d. Polizei. Ab Aug. 1941 SS- u. Polizeiführer (SSPF) in Riga. Ab Jan. 1945 wieder Polizeipräsident in Lübeck. Über das Nachkriegsschicksal S.s wurde nichts in Erfahrung gebracht.
S. gehörte als SSPF in Riga zu den unbarmherzigen Exekutoren d. NS-Vernichtungspolitik, der allein im Ghetto der Stadt Riga etwa 30000 Juden zum Opfer gefallen sein dürften.
Ri

Schuhmann, Walter Reichsleiter der NS-Betriebszellenorganisation
geb. 3. 4. 1898 in Berlin,
gest. 2. 12. 1956 in Berlin-Neukölln.
Nach d. Ausbildung zum Landwirt an d. Theodor-Fritsch-Siedlung *Heimland* seit 1922 Monteur. Im 1. WK Kriegsfreiwilliger, verwundet. 1925 Mitglied d. NSDAP; 1926–29 Fhr. d. NSDAP-Sektion Berlin-Neukölln; 1930 Organisationsltr. des Gaues Groß-Berlin u. Reichsobmann d. *NS-Betriebszellenorganisation (NSBO)*. 1931 Ltr. der Reichsbetriebszellenabt. in d. Parteileitung; 1932 Mitglied d. *Reichswirtschaftsrates d. NSDAP* u. 1933 Ltr. der NSBO im Range eines Hauptamtsleiters sowie Wirtschaftsbeauftragter d. Reichsleitung mit d. Aufgabengebiet »sozialpolitische Fragen«. 1929–33 Stadtverordneter in Berlin, seit 1930 MdR; preuß. Staatsrat; SS-Staf. S., führend am Aufbau d.

NSBO beteiligt, übernahm 1931 deren Vertretung in der Parteiführung. Gleichzeitig war er Ltr. des *Gesamtverbandes der Arbeiter*, der 1933 in die DAF eingegliedert wurde. 1933 Mitglied d. *Akademie f. Deutsches Recht*. Neben → Ley war er Mitorganisator d. gewaltsamen Gleichschaltung der Gewerkschaften am 2. 5. 1933. Die arbeitnehmerorientierte NSBO u. S.s linke sozialpolitische Linie waren jedoch nach d. Gleichschaltung d. Gewerkschaften nicht mehr gefragt. Im Zuge dieser Änderung d. arbeitspolitischen Kurses u. infolge d. Durchsetzungsvermögens des Leiters d. DAF, Robert Ley, verlor seit 1934 ständig an Einfluß und wurde am 1. 3. 1936 auf d. Posten d. Reichstreuhänders d. Arbeit f. d. Wirtschaftsgebiet Schlesien abgeschoben, nach d. Teilung d. Provinz am 1. 4. 1941 auf den des Reichstreuhänders f. d. Wirtschaftsgebiet Niederschlesien; gleichzeitig nahm S. die Geschäfte d. Präsidenten d. Landesarbeitsamtes Niederschlesien wahr (1942 Präsident). 1943 Beförderung zum NSDAP-Hauptstellenleiter u. Ministerialdirigenten beim Generalbevollmächtigten f. d. Arbeitseinsatz. Über S.s Nachkriegsschicksal ist nichts bekannt.

Publ.: *Sozialpolitik im neuen Staat* (zusammen mit L. Brucker, 1934); *Wir zerbrechen den Marxismus* (um 1932).

JW

Schulenburg, Friedrich Bernhard Graf von der General

geb. 21. 11. 1865 in Bobitz/Mecklenburg,
gest. 19. 5. 1939 in St. Blasien/Schwarzwald.

Aus protestantischer altmärkischer Adelsfamilie; Verwandter des Botschafters Friedrich Werner v. d. → S. u. Vater des Widerständlers Fritz-Dietlof v. d. → S. Nach Abitur in Gütersloh Jurastudium in Heidelberg. 1888 Eintritt in d. preuß. Heer, Offizier im Gardes du Corps-Regiment Potsdam, seit 1899 im Generalstab. 1902–06 Militärattaché in London. 1913 Regimentskommandeur der Gardes du Corps u. Flügeladjutant des Kaisers. 1914 Generalstabschef des Gardekorps, dann versch. Armeen, seit Nov. 1916 der Heeresgruppe *Deutscher Kronprinz*. 1917 mit dem Orden *Pour le mérite* ausgezeichnet. 1919 als Generalmajor Abschied vom Militärdienst. Gutsbesitzer in Tressow, DNVP-Mitglied u. Vorsitzender d. *Verbandes d. Mecklenburgischen Ritterschaft*. Einsatz für die Belange der alten Armee u. für d. Rückgewinnung der Wehrhoheit. Ende 1924–28 MdR für d. DNVP; 1931 mit Billigung → Schleichers Wechsel zur NSDAP, Sept. 1934 bis 1939 für d. NSDAP im Reichstag. Seit Aug. 1933 SA-Angehöriger, um 1935 SA-Oberführer im Stab der OSAF. 1936 Wechsel zur SS; SS-Gruf. u. Gauamtsleiter d. NSDAP. Anläß-

lich seines 50jährigen Dienstjubiläums 1938 wurde der angesehene, für die NS-Bewegung prestigebringende S., ein enger Freund von Gen. Ludwig → Beck, durch Verleihung des Charakters eines Generals d. Kavallerie u. des Goldenen Parteiabzeichens der NSDAP geehrt.
MV

Schulenburg, Friedrich Werner Graf von der Botschafter
geb. 20. 11. 1875 in Kemberg/ Sachsen,
gest. 10. 11. 1944 in Berlin-Plötzensee (hingerichtet).
Aus protestantischer altmärkischer Adelsfamilie. Sohn eines preuß. Offiziers. 1894 Abitur in Braunschweig, dann Jurastudium in Lausanne, München u. Berlin. 1897–1900 Gerichtsreferendar u. -assessor in Braunschweig; 1901 Eintritt in den konsular. Dienst im Ausw. Amt. 1903–06 leitende Konsulatstätigkeit in Barcelona, Lemberg, Prag u. Neapel. 1907 Vizekonsul in Warschau, 1911 Konsul in Tiflis. 1914–18 Offizier, seit Mitte 1915 Konsul bzw. Konsulatsverweser im Nahen Osten, u.a. in Erzerum, Beirut, Damaskus; 1918 bei d. dt. Delegation im Kaukasus. 1919 Referent, 1921 Vortr. Legationsrat in d. Politischen Abt. des Ausw. Amtes. 1922 Gesandter in Teheran, 1931–34 in Bukarest. 1934 NSDAP-Beitritt. 1934–41 Botschafter in Moskau; bemühte sich um Normalisierung der gespannten dt.-sowjet. Beziehungen u. warnte seit 1937 in Vorträgen u. Botschaftsberichten vor einem Krieg gg. d. UdSSR, betonte deren Defensivcharakter u. trat für d. Intensivierung d. gegenseitigen polit. u. wirtschaftl. Beziehungen ein. Beteiligt am Zustandekommen d. dt.-sowjet. Nichtangriffspakts v. 23. 8. 1939. Versuchte noch im April 1941 vergeblich, → Hitler persönl. von seinen Kriegsplänen abzubringen; daraufhin Warnung an d. sowjet. Regierung. Seit Juli 1941 Ltr. d. Rußland-Referats in d. Politischen Abt. u. Mitglied d. Rußland-Gremiums im Ausw. Amt. V.a. unter dem Eindruck d. dt. Besatzungspolitik und -praxis in der UdSSR näherte sich S. (nicht zuletzt über seinen Verwandten Fritz-Dietlof v. d. → S.) seit 1942 militär. u. zivilen Kreisen (→ Goerdeler) des Widerstands an u. erklärte sich bereit, mit Stalin über eine dt.-sowjet. Verständigung nach Hitler zu verhandeln. S. beteiligte sich aktiv an d. Vorbereitung d. Attentats vom 20. Juli 1944, v.a. an d. Ausarbeitung des außenpolit. Programms der Verschwörer, u. war zeitweise für den Posten des Außenministers in einer neuen bürgerl. Regierung vorgesehen. Nach d. Scheitern des Attentats im Aug. 1944 verhaftet, am 23. 10. 44 vom VGH zum Tod verurteilt u. bald darauf in Plötzensee erhängt.
MV

Schulenburg, Fritz-Dietlof Graf von der Verwaltungsbeamter
geb. 5. 9. 1902 in London,
gest. 10. 8. 1944 in Berlin-Plötzensee (hingerichtet).
Offizierssohn aus einem alten Adelsgeschlecht mit Großgrundbesitz in Mecklenburg. Jurastudium in Göttingen u. Marburg, Verwaltungsjurist im Landratsamt in Recklinghausen; seine Sympathie u. Aufgeschlossenheit den Problemen der dortigen Arbeiterschaft gegenüber brachten ihm den Spitznamen »der rote Graf« u. eine Versetzung ein. 1932 Eintritt in d. NSDAP, von der sich S. die Schaffung eines tatkräftigen u. nicht korrumpierten Staats erhoffte. Seit 1933 Beamter im Oberpräsidium in Königsberg, Verbindungen zu polit. Kreisen mit Verbindungen zu Gregor → Straßer. Zunehmende Distanzierung vom NS, v.a. nach d. Ermordung G. Straßers am 30. Juni 1934. 1937 stellv. Polizeipräsident v. Berlin. Seit 1939 stellv. Präsident d. Provinzen Ober- u. Niederschlesien im Rang eines Regierungspräsidenten (→ Wagner, Josef). Während des Krieges Offz. in d. Wehrmacht, u.a. Mitarbeiter von Gen. v. Unruh (»Heldenklau«), der Heimatdienststellen nach frontverwendungsfähigen Leuten durchkämmte. Kontakte zu versch. oppositionellen Gruppen um → Goerdeler, → Stauffenberg u. seinen alten Freund → Moltke. Mitarbeit beim Verfassungsentwurf von → Popitz u. → Beck. Nach dem Scheitern des Attentats am 20. Juli 1944 hielt sich S. in der Zentrale d. Verschwörer in d. Bendlerstraße auf u. wurde dort festgenommen. Am 10. 8. 1944 VGH-Prozeß u. Todesurteil.
Den

Schultze, Walther Reichsdozentenführer
geb. 1. 1. 1894 in Hersbruck/Mittelfranken,
gest. 16. 8. 1979 in Krailling b. München.
Teilnahme am 1. WK, zuletzt als Obltn. Danach Mitglied im *Freikorps Epp*. Medizinstudium, Führer einer rechten Studentenorganisation. Im Frühjahr 1919 Eintritt in die NSDAP. Teilnahme am Hitler-Putsch 1923. Im gleichen Jahr Stellvertreter des SA-Reichsarztes. 1926–31 Amtsarzt, NSDAP-Ortsgruppenleiter u. Stadtrat in Speyer. Seit 1931 Tätigkeit als Amtsarzt in München. 1932–33 MdL in Bayern. 1933 SS-Ogruf, Leiter d. Abt. Gesundheitswesen im bayer. Justizministerium. Im Nov. 1933 Einsetzung als Staatskommissar u. Leiter d. Abt. Gesundheitswesen im bayer. Innenministerium; im gleichen Ministerium 1934–45 MinDir. Seit Sept. 1934 Honorarprof. an d. Univ. München. 1935–43 *Reichsdozentenführer*. 1938 MdR. Im Mai 1960 Verurteilung zu vier Jahren

Haft durch ein Münchner Schwurgericht wg. Mitwirkung an mindest. 380 Euthanasiefällen.
Neben seiner Beteiligung an der Euthanasie war S. in seiner Eigenschaft als Reichsdozentenführer mitverantwortlich für die Verdrängung mißliebiger Gelehrter aus den Universitäten und für die Gleichschaltung der deutschen Hochschulen.
Ri

Schultze-Naumburg, Paul

Architekt, Maler, Schriftsteller
geb. 10. 6. 1869 in Almrich/Naumburg a.d. Saale,
gest. 19. 5. 1949 in Jena.
Sohn des Porträtmalers Gustav S. Nach dem Abitur 1887–93 Studium an d. Akademie Karlsruhe, 1891–93 Schüler im Meisteratelier Ferdinand Keller. Reisen durch Italien u. Frankreich. Freier Architekt u. Maler in München u. Berlin. Mitbegründer der *Münchener* u. d. *Berliner Sezession*. 1901–03 Professor an der Kunstschule Weimar. 1902 Gründung d. *Kunstwerkstätten Saaleck* b. Bad Kösen. 1907 Mitbegründer d. *Dt. Werkbundes*. 1930 Mitglied der *Preuß. Akademie der Künste* Berlin. 1930 Berufung zum Direktor d. *Staatlichen Hochschule f. Baukunst u. Handwerk* in Weimar; führende Beteiligung an d. Entfernung von Werken d. modernen, »entarteten« Kunst aus staatlichen Museen u. Galerien in Thüringen (Bildersturm). 1931/32 Verlust d. Direktorenpostens, Ausschluß aus dem *Dt. Künstlerbund* wg. der Anstiftung zum »Bildersturm« v. 1930. 1932 nach Wahlerfolgen der NSDAP in Thüringen Rückkehr an d. Weimarer Hochschule, deren Ltr. er bis 1940 blieb. 1932 MdR f. d. NSDAP im Wahlkreis Merseburg. 1939 *Goethe-Preis der Stadt Frankfurt*.
S., der in rassistischer Weise nordische und antisemitische Vorstellungen in der Kunst vertrat, wandte sich gegen jede Form moderner Kunst und pries eine nationale, »bodenständige« Bau- und Kunstpflege. Als einflußreicher Kunstberater des zeitweiligen Volksbildungsministers → Frick in Thüringen und mit dem Rosenbergschen *Kampfbund f. Dt. Kultur* hinter sich, spielte er seit 1929/30 eine führende kulturpolitische Rolle in d. NSDAP. So gründete er die *Kunstwerkstätten Saaleck* bewußt als Gegenbewegung zum *Bauhaus*, veröffentlichte zahlreiche polemische Vorträge und Schriften und initiierte den »Weimarer Bildersturm« des Jahres 1930 praktisch unter dem staatlichen Schutz der nationalsozialistischen Regierung in Thüringen. Wegen der geringen Wertschätzung, die → Hitler dem Architekten S. entgegenbrachte, und der kläglichen Rolle des *Kampfbunds für Deutsche Kultur* in der Kulturlandschaft des Dritten Reiches war

der Stern S.s als Kunstpapst des Dritten Reiches schon einige Jahre nach der Machtergreifung wieder im Sinken.
Publ. u.a.: *Kunst u. Rasse* (1928); *Rassegebundene Kunst* (1934); *Nordische Schönheit* (1937).
AS

Schulze-Boysen, Harro

Oberleutnant, Widerstandskämpfer
geb. 2. 9. 1909 in Kiel,
gest. 22. 12. 1942 in Berlin-Plötzensee (hingerichtet).
Vater war Fregattenkpt., Neffe v. Großadmiral Tirpitz u. während d. 2. WKs Chef d. Stabes beim Marinebefehlshaber Niederlande. Harro S. besuchte ein Duisburger Realgymnasium, trat nach d. Reifeprüfung dem *Jungdt. Orden* bei. Jurastudium in Freiburg/Br. Politisch zunächst den Nationalrevolutionären nahestehend, u.a. als Hrsg. d. Zschr. *Der Gegner*, wandte er sich nach 1933 dem Kommunismus zu u. sammelte seit 1935 einen Kreis linksintellektueller Künstler, Pazifisten, auch kommunist. Funktionäre um sich, der durch Verteilung illegaler Schriften u. Flugblätter antinazistische Propaganda betrieb. S. war nach Fliegerausbildung bei d. Marineluftwaffe zunächst als Dolmetscher tätig. Über seine Frau Libertas Haas-Heye, Enkelin d. Fürsten Philipp Eulenburg, verwandt mit Hermann → Göring, der ihm eine Anstellung als Auswerter b. d. Pressegruppe d. Reichsluftfahrtministeriums verschaffte. S., der seit 1938 Kontakt zu Arvid → Harnack u. seinem Kreis hatte, war neben Harnack, Adam Kuckhoff, Wilhelm Guddorf u. John Sieg Mitverfasser der seit 1940 verbreiteten AGIS-Flugblätter, in denen auf Verbrechen des NS-Regimes hingewiesen wurde, und der bis 1944 verbreiteten Untergrundzeitschrift »Innere Front«, die sich zum Sprachrohr der aus Anhängern verschiedenster politischer Lager zusammengesetzen Gruppe um Harnack u. S. entwikkelte. 1941 kam S. als Obltn. in den Luftwaffenführungsstab u. hatte dort Zugang zu geheimen Dokumenten. Über die in Westeuropa aufgebaute sowjet. Spionageorganisation »Rote Kapelle« – den Namen prägte die Gestapo –, über die auch Informationen der Gruppe um Harnack u. S. gefunkt werden sollten, kam die Gestapo im Sommer 1942 auf ihre Spur. Anfang Sept. 1942 waren die meisten Mitglieder verhaftet. S. wurde zusammen mit seiner Frau u. dem Ehepaar Harnack am 22. 9. 1942 zum Tode verurteilt. Vor allem an d. Person S.s entzündete sich nach dem Krieg bei der Beurteilung von Widerstandshandlungen gegen den NS-Staat die Diskussion über die Tatbestände Hoch- bzw. Landesverrat, die auf der Grundlage des

von den NS-Verfolgerbehörden gezielt erhobenen Landesverratsvorwurfes noch Jahrzehnte nach dem Ende des NS-Staates die autonome Widerstandstätigkeit der S.-Harnack-Gruppe überdeckte.
We

Schumann, Gerhard Dichter, Bühnenautor
geb. 14. 2. 1911 in Esslingen, gest. 29. 7. 1995 in Bodman-Ludwigshafen.
Sohn eines Seminarlehrers. Besuch d. humanistischen Seminare Schöntal u. Urach; Kontakte zur Jugendbewegung, Teilnahme an Wehrsportübungen. 1930 nach Abitur Studium d. Germanistik, Philosophie, Geschichte u. Anglistik in Tübingen. 1929 veröffentl. S. vereinzelt erste Gedichte. 1930/31 Mitglied d. NSDAP u. der *NS-Studentenschaft d. SA*. Nov. 1930 Propaganda- u. Pressewart d. NSDAP. 1931 SA-Scharführer. 1932 Hochschulgruppenfhr. des *Nationalsozialistischen Dt. Studentenbundes* (*NSDStB*) Tübingen; SA-Sturmfhr. 1933 Veröffentlichung des ersten Gedichtbandes *Ein Weg führt ins Ganze*. Im gleichen Jahr Landesführer d. *NSDStB* Württemberg; Gaureferent f. Hochschulfragen d. Gaues Württ.-Hohenzollern, SA-Hochschulamtfhr., SA-Sturmbannführer. 15. 10. 1933 Kreisführer Württ. des *NSDStB* u. d. *Dt. Studentenbundes*, Mitglied d. Reichsleitung des *NSDStB*. 1935–37 Gauobmann der *NS-Kulturgemeinde*. 1935 Mitglied d. *Reichskultursenats* u. des Präsidialrats d. *Reichsschrifttumskammer*; Mitglied d. *Arbeitsgemeinschaft junger Künstler*. 1935–38 Kulturreferent im Reichspropagandaamt Württemberg u. Gaukulturwart d. NSDAP. 1936 SA-Staf., Mitglied d. Kulturkreises d. SA. 1938–41 Abteilungsleiter in d. *Reichsschrifttumskammer*. 1939–44 b. d. Wehrmacht, Ltn., zeitweise uk.-Stellung. Ab 1. 1. 1942 Chefdramaturg an den Württemb. Staatstheatern; stellv. Generalintendant; Präsident d. *Hölderlin-Gesellschaft*. Ehrenzeichen d. *Reichskultursenats*. 1942 SA-Oberführer. Bis zum Kriegsende Mitarbeiter in d. Kulturabt. des SS-Hauptamtes. 1944 Aufnahme in die SS, als Freiwilliger in d. SS-Panzergrenadier-Div. *Horst Wessel*, 1945 SS-Obersturmführer. 1945–48 Kriegsgefangenschaft u. Internierungslager. 1950 Prokurist u. Geschäftsführer d. *Europäischen Buchklubs*. 1962 Gründung d. *Hohenstaufen-Verlages*. 1935 *Schwäbischer Dichterpreis* für den Band *Fahne u. Stern* (1934) u. Lyrikpreis d. *Dame*; 1936 *Nationaler Buchpreis* für den Band *Wir aber sind das Korn*; 1971 *Lyrik-Ehrenring d. Dt. Kulturwerks*; 1974 *Dichtersteinschild v. Offenhausen*; 1981 *Ulrich-von-Hutten-Preis*; 1983 *Schiller-Preis d. Dt. Volkes*.
S. war einer der am meisten gefeier-

ten nationalsozialistischen Schriftsteller. Als junger Idealist ersehnte er sich die »Wiedergeburt eines geistigen deutschen Reiches«. Sich einer literarischen Elite zugehörig fühlend, sah S. in deutschen Dichtergrößen wie Goethe, Schiller, Hölderlin seine Vorbilder. Aus der Selbststilisierung eines »Ritters am heiligen Gral Deutscher Kultur« heraus idealisierte er Hitler u. den NS in seiner Lyrik. Auch nach 1945 war S. unfähig zu realisieren, daß seine Träume eines Deutschen Reiches an der Wirklichkeit des »Dritten Reiches« gescheitert waren.
AS

Schwarz, Franz Xaver Reichsschatzmeister der NSDAP
geb. 27. 11. 1875 in Günzburg,
gest. 27. 11. 1947 in Regensburg.
Sohn eines Bäckermeisters. Volksschule u. Berufsfortbildungsschule in Günzburg. Volontär f. d. mittlere Beamtenlaufbahn am Amtsgericht Günzburg. 1894–99 Dienst im Leib-Regiment in München, als Unteroffz. verabschiedet. 1900–25 Beamter der Stadtverwaltung München, zuletzt als Oberinspektor, nachträglich zum Oberamtmann ernannt. 1914–18 eingezogen, zuletzt Feldwebelleutnant. 1918 Eintritt in den *Völkischen Schutz- und Trutzbund.* 1922 Eintritt in die NSDAP. 1924 Kassenwart der *Großdeutschen Volksgemeinschaft*, einer Tarnorganisation der verbotenen NSDAP. Seit 21. 3. 1925 Schatzmeister der wiedergegründeten NSDAP. 1929 Stadtrat in München. Seit 16. 9. 1931 einziger notariell beglaubigter Generalbevollmächtigter → Hitlers in allen finanziellen Angelegenheiten d. Partei. 1933–45 MdR. Mit der *Verordnung zur Durchführung des Gesetzes zur Sicherung der Einheit von Partei und Staat* vom 29. 3. 1935 wurde er allein verantwortlich für alle Vermögensfragen der NSDAP und ihrer sämtlichen Untergliederungen. 1945–47 interniert. Im Sept. 1948 von einer Münchner Spruchkammer posthum als »Hauptschuldiger« eingestuft und zu Vermögenseinzug verurteilt.
S. war ein begabter Organisator, dessen Ordnungsliebe oft in Kleinlichkeit überging. Die von ihm aufgebaute gut funktionierende Finanzverwaltung der NSDAP war eine der Grundlagen für den Aufstieg der Partei zwischen 1925 und 1933. Als treuer Gefolgsmann Hitlers legte S. bei seinen Mitarbeitern großen Wert auf deutliche ideologische Ausrichtung und Motivation. Innerparteilich unumstritten, mischte er sich in die politischen Auseinandersetzungen innerhalb der Partei kaum ein und trat erst in den letzten Kriegsjahren vermehrt mit Durchhalteparolen an die Öffentlichkeit.
KAL

Schwede-Coburg, Franz Gauleiter und SA-Obergruppenführer
geb. 5. 3. 1888 in Drowöhnen/ Kr. Memel,
gest. 19. 10. 1966.
Sohn eines Försters. Nach Volksschule Lehre als Schlosser in einer Schiffbau- u. Maschinenfabrik in Memel. Nach Abschluß 1907 Maschinist b. d. Kriegsmarine in Wilhelmshaven, 1908–13 versch. Bordkommandos. Teilnahme an Skagerrakschlacht 1916, EK I. Bei Kriegsende Maschinisten-Deckoffizier. Nach Selbstversenkung seines Kreuzers in Scapa Flow von Juni 1918 bis Jan. 1920 in brit. Kriegsgefangenschaft. März 1921 aus d. Reichsmarine entlassen. 1922 Werkmeister bei Städt. Elektrizitätswerken Coburg. Nov. 1922 NSDAP-Mitglied, Mitbegründer d. Coburger Ortsgruppe, Dez. 1923 deren Ltr. Während des Verbots d. NSDAP Betätigung im Völkischen Block u. in d. Natsoz. Freiheitspartei, für die er 1925 in den Coburger Stadtrat einzog. 1925 Gründung d. natsoz. Zeitung *Der Weckruf* in Coburg. Okt. 1930 Einzug in den bayer. Landtag, am 31. 1. 1932 Wahl zum Vizepräsidenten. Bereits im Okt. 1931 zum Ersten Bürgermeister v. Coburg gewählt, am 12. 5. 1933 zum Oberbürgermeister ernannt. Seit 12. 11. 1933 MdR. Im gleichen Jahr Bundesfhr. des *Reichstreuebundes ehem. Berufssoldaten.* 1933 SA-Staf., Mai 1937 SA-Gruf., 1942 SA-Ogruf. 1. 7. 1934 Regierungspräsident v. Niederbayern-Oberpfalz in Regensburg. Am 21. 7. 1934 GL, Ende Juli 1934 Oberpräsident v. Pommern, im Sept. 1934 preuß. Staatsrat; S. war ferner Vorstandsmitglied d. *Dt. Gemeindetages* u. Mitglied d. *Akademie f. Dt. Recht.* Bei Kriegsausbruch Ernennung zum RVK, zunächst im Wehrkreis II, ab Nov. 1942 für den Gau Pommern. Bei Kriegsende zum Volkssturm. Kriegsgefangenschaft bzw. Internierung seit Mai 1945, im Febr. 1948 v. Spruchgericht Bielefeld zu 10 Jahren, nach Revision am 25. 11. 1948 zu 9 Jahren Haft, am 29. 9. 1951 schließlich vom LG Coburg erneut zu 10 Jahren Haft verurteilt.
S. erfreute sich nach seinen großen Erfolgen für die NSDAP in Coburg der besonderen Wertschätzung → Hitlers, die auch durch seine Verwicklung in verschiedene, von → Himmler 1942 an → Bormann weitergemeldete Korruptionsfälle nicht beeinträchtigt wurde. Zeitweise war S. sogar als Nachfolger des 1944 verstorbenen Gauleiters Adolf → Wagner in München im Gespräch.
We

Schweitzer, Hans Herbert (Ps.: *Mjölnir*) Grafiker
geb. 25. 7. 1901 in Berlin,
gest. 15. 9. 1980 in Landstuhl.
Sohn eines Mediziners, der bei d. Großmutter mütterlicherseits auf-

wuchs. 1918 Studium an d. Kunsthochschule Berlin. Erziehung u. Erlebnisse in Berlin 1918/19 machten ihn zum haßerfüllten Feind d. Kommunismus u. Sozialismus. 1926 NSDAP-Beitritt, Aufträge f. d. NS-Presse u. f. → Goebbels, mit dem er seit 1927 befreundet war. Sein 1926 gewähltes Künstler-Pseudonym *Mjölnir* (Bezeichnung des Hammers der german. Gottheit *Thor*) steht für seinen Einsatz für die »arische« Rassenideologie. 1935 Ernennung zum *Reichsbeauftragten für künstlerische Formgebung*. 1937 Professorentitel. Bis Kriegsende blieb S., der auch Vorsitzender d. *Reichsausschusses der Pressezeichner* war, einer d. populärsten politischen Karikaturisten in Dtschld. Als Mitglied des *Präsidialrates* der *Reichskammer d. bildenden Künste* war S. mitverantwortlich f. Beschlagnahmungen u. Verhöhnung v. Werken d. »entarteten Kunst«. Im Entnazifizierungsverfahren vor d. Spruchgericht Bergedorf wurde S. am 1. 4. 1948 wg. seiner Zugehörigkeit zur SS zu einer Geldstrafe von 500 DM verurteilt. Als Illustrator blieb er im Nachkriegsdeutschland glücklos.

Den

Schwerin v. Krosigk, Lutz Graf

Reichsfinanzminister
geb. 22. 8. 1887 in Rathmannsdorf/Anhalt,
gest. 4. 3. 1977 in Essen.

Nach d. Studium d. Rechts- u. Staatswissenschaften, u.a. in Oxford u. Lausanne, seit 1909 im preuß. Staatsdienst. 1914 Referendarexamen. Im 1. WK Reserveoffizier. Danach Verwaltungsjurist in Oberschlesien. Seit 1919 als Monarchist der DNVP nahestehend. 1920 Regierungsrat in der Reparationsabt. d. Reichsfinanzministeriums, seit 1923 Referent in d. Haushaltsabt., 1925 Generalreferent. 1929 MinDir. u. Ltr. d. Haushaltsabt., 1931 auch d. Reparationsabt. 1921–31 Sachverständiger bei versch. internationalen Konferenzen. 2. 6. 1932–45 Reichsfinanzminister. Ab dem 2. Mai 1945 Chef der geschäftsführenden Reichsregierung unter → Dönitz. Am 23. 5. 1945 von alliierten Truppen verhaftet u. am 11. 4. 1949 im *Wilhelmstraßenprozeß* in Nürnberg zu 10 Jahren Haft verurteilt, jedoch bereits im Jan. 1951 entlassen. Rege schriftstellerische Tätigkeit, u.a. *Es geschah in Deutschland* (1951); *Staatsbankrott. Die Gesch. d. Finanzpolitik d. Deutschen Reiches 1920–1945* (1974); *Memoiren* (1977).

Autoritären Vorstellungen im Sinne der Deutschnationalen nicht abgeneigt, trat S. v. K. in das Kabinett → Hitler erst auf ausdrücklichen Wunsch → Hindenburgs ein. Unter Hinweis auf negative internationale Auswirkungen konnte er Hitler hin und wieder von radikalen Entschlüssen abbringen. Als

Reichsfinanzminister war er verantwortlich für die Finanzierung der deutschen Wiederaufrüstung. Er gehörte nicht der NSDAP an und hatte während des Krieges Verbindung zu Widerstandskreisen, blieb aber im Reichskabinett noch nach Kenntnis der Kriegsvorbereitungen und der Verfolgung der Juden.
Ri

Schwerin v. Schwanenfeld, Ulrich-Wilhelm Graf Gutsbesitzer
geb. 21. 12. 1902 in Kopenhagen,
gest. 8. 9. 1944 in Berlin (hingerichtet).
Sohn eines Diplomaten. Studium der Landwirtschaft in München u. Breslau, dort 1925 Diplom u. Beginn der Freundschaft mit Graf → Yorck v. Wartenburg. Bewirtschaftung der Familiengüter in Westpreußen u. Mecklenburg. S., der 1923 in München den Hitler-Putsch miterlebt hat, war als früher Gegner der Nationalsozialisten bereits 1935 davon überzeugt, daß nur ein Attentat auf → Hitler Deutschland retten könne. Während der Sudetenkrise trafen sich am Vorabend der Münchner Konferenz bei S. Verschwörer wie → Oster u. → Witzleben, deren Putschpläne durch die Zugeständnisse Großbritanniens ihre Grundlage verloren. Im Krieg als Offz. im Polenfeldzug, danach Ordonnanzoffizier bei GFM von Witzleben, mit dem er 1942 wg. politischer Unzuverlässigkeit abgelöst wurde. Von Oster nach Berlin geholt, hielt S. Kontakte zum sozialdemokrat. Widerstand. Wg. aktiver Beteiligung am Attentat vom 20. Juli 1944 Festnahme noch am Tag des Attentats; vom VGH am 21. 8. 1944 zum Tode verurteilt.
Den

Seldte, Franz Politiker, Reichsarbeitsminister.
geb. 29. 6. 1882 in Magdeburg,
gest. 1. 4. 1947 in Fürth.
Sohn eines Fabrikbesitzers. Kaufm. Lehre. Studium d. Chemie an der TH Braunschweig. 1906 Einj.-Freiw. 1908 Übernahme d. väterlichen Mineralwasser- u. Likörfabrik. 1914–18 Kriegseinsatz, zuletzt als Hptm. 1916 durch Verwundung Verlust des linken Arms, danach in der milit. Abt. des Ausw. Amtes, später Frontberichterstatter. 25. 12. 1918 Gründer des *Stahlhelm, Bund der Frontsoldaten*. 1924 Erster Bundesführer des *Stahlhelm*. 1929/30 Mitinitiator des Volksbegehrens gg. d. Young-Plan. 11. 10. 1931 Bildung der *Harzburger Front* mit → Hugenberg (DNVP) u. → Hitler (NSDAP). 30. 1. 1933 bis 1945 Reichs- und preuß. Arbeitsminister. 1933–45 MdR. März 1933 bis Juli 1934 *Reichskommissar für den Freiw. Arbeitsdienst*. Aug. 1933 SA-Ogruf. März 1934 bis 1935 Führer des *Nationalsozialistischen deutschen Frontkämpferbundes*.

Die von S. gegründete Kriegsteilnehmer-Vereinigung *Stahlhelm* entwickelte sich von einer ursprünglich reinen Interessenvertretung zum politischen Machtfaktor in der Weimarer Republik. 1928 stellte sich die Stahlhelm-Führung mit der von ihr verantworteten »Fürstenwalder Haßbotschaft« eindeutig gegen Republik und Demokratie. Als Reichsarbeitsminister umgab sich S. in erster Linie mit Fachleuten und verlor erst nach Kriegsbeginn Teile seiner Kompetenzen, hatte aber auf die Regierungspolitik keinen Einfluß. Der Versuch, den *Stahlhelm* unter dem Namen *Nationalsozialistischer deutscher Frontkämpferverband* als geschlossenen, unabhängigen Verband zu erhalten, scheiterte. Ein Rücktrittsangebot S.s lehnte Hitler 1935 ab. S. sollte in Nürnberg als Kriegsverbrecher angeklagt werden, starb aber vorher in einem amerikanischen Militärlazarett.

KAL

Seyß-Inquart, Arthur Reichskommissar für die besetzten niederländischen Gebiete
geb. 22. 7. 1892 in Stannern/Mähren,
gest. 16. 10. 1946 in Nürnberg (hingerichtet).

Sohn eines Gymnasialprofessors. Ab 1910 Jurastudium. Nach Teilnahme am 1. WK in Wien als Rechtsanwalt tätig. 1925 im Parteivorstand d. *Deutsch-Österreichischen Volksbundes*. Mitglied d. *Steirischen Heimatschutzes*. Auf Drängen Dtschld.s seit Juni 1937 im österr. Staatsrat u. Ernennung zum österr. Innenminister (16. 2. 1938). Am Tag des Grenzübertritts d. dt. Wehrmacht (11. 3. 1938) österr. Bundeskanzler, am 13. 3. 1938 Übernahme d. Machtbefugnisse d. Bundespräsidenten. Durchsetzung des »Anschlusses« im Parlament. 15. 3. 1938 Ernennung z. SS-Gruf. Reichsstatthalter d. »Ostmark« vom 16. 3. 1938–30. 4. 1939. Seit Mai 1939 Reichsminister ohne Geschäftsbereich. Am 12. 10. 1939 Ernennung zum Stellvertreter d. Generalgouverneurs Hans → Frank im ehem. Polen. Mai 1940–45 *Reichskommissar in d. besetzten niederländischen Gebieten*. 20. 4. 1941 SS-OGruf. Im Nürnberger *Hauptkriegsverbrecherprozeß* am 1. 10. 1946 zum Tod verurteilt.

S.-I. spielte eine wichtige Rolle beim »Anschluß« Österreichs. Als Reichskommissar in d. Niederlanden trug er die oberste Verantwortung für die Zwangsrekrutierung von Arbeitskräften, die Ausbeutung der niederländischen Wirtschaft und die Verfolgung und Deportation der Juden, die er, wie auch die Verfolgung von Mitgliedern des niederländischen Widerstands, rigoros durchführen ließ.

Ri

Simon, Gustav Gauleiter und NSKK-Obergruppenführer
geb. 2. 8. 1900 in Malstatt-Burbach/ Kr. Saarbrücken,
gest. 18. 12. 1945 in Paderborn (Selbstmord?).
Von Kleinbauernfamilien abstammender Sohn eines Bahnbeamten. 1914–20 Ausbildung zum Volksschullehrer am Merziger Lehrerseminar. Nach versch. Aushilfsarbeiten Nachholen des Abiturs u. seit 1922 Studium d. Volkswirtschaft in Frankfurt/M. 1927 Abschluß als Diplom-Handelslehrer, anschließend Tätigkeit als Lehrer in Völklingen. Seit Aug. 1925 NSDAP-Mitglied, Mitbegründer d. Hochschulgruppe des NS-Deutschen Studentenbundes an d. Univ. Frankfurt, 1927 Wahl zum ersten natsoz. ASTA-Vorsitzenden einer dt. Univ. 1928 NSDAP-Bezirksleiter für Trier-Birkenfeld, dann f. d. Bezirk Koblenz-Trier. Im Nov. 1929 Stadtverordneter d. NSDAP in Koblenz u. Mitglied des Rhein. Provinziallandtages. Im Sept. 1930 Wahl in den Reichstag. Am 1. 6. 1931 Gauleiter des Gaues Koblenz-Trier. 1933 Bundesleiter d. Saarvereine Dtschld.s; preuß. Staatsrat. Herausgeber des *Coblenzer Nationalblattes*. 1939 NSKK-Ogruf. Nach Kriegsausbruch Reichsverteidigungskommissar im Wehrkreis XII. Am 2. 8. 1940 Bestellung zum Chef d. Zivilverwaltung im besetzten Großherzogtum Luxemburg u. rigorose Germanisierungspolitik S.s. Am 30. 8. 1942 Verschmelzung Luxemburgs mit dem Gau Koblenz-Trier zum neuen Gau *Moselland* unter S.s Führung. Nov. 1942 S.s Ernennung zum Reichsverteidigungskommissar. Gegen S.s Rat erfolgte am 30. 8. 1942 d. Einführung d. allg. Wehrpflicht auch für Luxemburger, was in Luxemburg zu einer weitverbreiteten Streikbewegung, Hinrichtungen u. Deportationen führte. Nach der Besetzung seines Gaues durch alliierte Truppen setzte sich S. im April 1945 Richtung Berlin ab. Unter falschem Namen konnte er nach d. dt. Kapitulation zunächst untertauchen, am 13. 12. 1945 wurde er von brit. Soldaten in d. brit. Besatzungszone verhaftet. Über S.s Tod gibt es mehrere Versionen; ob er, wie behauptet, von luxemburg. Widerstandskämpfern auf d. Überführungsfahrt nach bzw. in Luxemburg ermordet wurde oder ob er im Gefängnis in Paderborn Selbstmord beging, ist nicht geklärt.
We

Six, Franz (Alfred) Hochschullehrer, Amtsleiter im Reichssicherheitshauptamt, Gesandter
geb. 12. 8. 1909 in Mannheim,
gest. 9. 7. 1975 in Bozen.
Höh. Schule in Mannheim, 1927 handwerkl. Ausbildung unterbrochen, 1930 Abitur. 1929 HJ-Mitglied, 1930 Eintritt in d. NSDAP u. SA. 1930–34 Studium d. Staatswis-

senschaften, Geschichte u. Publizistik in Heidelberg, Abschluß 1935 mit Promotion zum Dr. phil. 1933–34 Assistent am Publizistik-Institut d. Univ. Heidelberg. 1934–35 Amtsleiter in der *Dt. Studentenschaft*. Seit Nov. 1934 Lehrauftrag f. Publizistik am Presseinstitut d. Univ. Königsberg. April 1935 Übertritt zur SS, Tätigkeit im SD-Hauptamt der SS, Ausbau d. Pressereferats; 1937 Leitung d. Zentral-Abt. II; 1939 unbesoldeter Ltr. v. Amt VII (weltanschauliche Forschung u. Auswertung) des neugegründeten RSHA (hauptamtl. Tätigkeit v. Six blieb weiterhin sein Amt als Hochschullehrer). 1936 Habilitation an d. Univ. Heidelberg. 1938 a.o. Professor in Königsberg. Okt. 1939 Berufung an d. Univ. Berlin, Dekan d. auslandswissenschaftl. Fakultät, Direktor des Auslandswissenschaftl. Instituts. Im Frühjahr 1940 meldete sich S. zur Waffen-SS; am 16. 7. 1941 wurde er zum Führer des *Vorkommandos Moskau* ernannt, das als Archiv-Kdo. die sowjet. Archive in d. russ. Hauptstadt sichern u. auswerten sollte; wg. d. erfolgreichen sowjet. Gegenoffensive im Winter 1941/42 hinfällig geworden. Seit Nov. 1941 unter Beförderung zum SS-Oberfhr. 1943 wieder Chef v. Amt VII im RSHA (bis März 1943). Im Aug. 1942 Beauftragung mit d. Leitung d. Nachwuchswesens im Ausw. Amt; seit April 1943 Ltr. d. Kulturpolit. Abt. im Ausw. Amt u. Ernennung zum Gesandten I. Kl. Nach dem Krieg wurde S. verhaftet, im Nürnberger *Einsatzgruppenprozeß* angeklagt u. wg. Kriegsverbrechen, Verbrechen gg. d. Menschlichkeit u. wg. seiner SS-Zugehörigkeit am 10. 4. 1948 zu 20 Jahren Haft verurteilt, später auf 10 Jahre herabgesetzt; vorzeitig entlassen am 30. 9. 1952.
We

Skorzeny, Otto SS-Obersturmbannführer
geb. 12. 6. 1908 in Wien,
gest. 6. 7. 1975 in Madrid.
Studium d. Ingenieurwiss., 1938 Abschluß m. Diplom. Mitglied d. Studentenfreikorps u. der Heimwehr. 1930 Eintritt in die NSDAP. 1939 in die *SS-Leibstandarte Adolf Hitler* berufen. 1940–43 Teilnahme am Frankreich-, Serbien- u. Rußlandfeldzug mit der SS-Division *Das Reich*. Im April 1943 Berufung in das Amt VI – Auslandsnachrichtendienst – des RSHA, dort zuständig für die Aufstellung von Einheiten für Agenteneinsätze (*Sonderverband Oranienburg*), 1944/45 auch f. d. Ausbildung v. Angehörigen der Untergrundorganisation *Werwolf*. Am 12. 9. 1943 Beteiligung an der Befreiung Mussolinis am Gran Sasso in den Abruzzen, EK I, Beförderung zum SS-Sturmbannführer. Am 20. 7. 1944 mit einer SS-Abt. im Bendlerblock an d. Niederschlagung d. Staatsstreichs betei-

ligt. Im Okt. 1944 Festnahme d. ungar. Staatschefs Horthy auf d. Budapester Burg u. Überstellung nach Dtschld. Während der Ardennen-Offensive im Dez. 1944 befehligte S. die SS-Panzerbrigade 150, eine Sondereinheit mit amerik. Uniformen u. Ausrüstung (*Operation Greif*), die trotz ihres Mißerfolgs d. Agentenfurcht bei den Alliierten erhöhte. Im Frühjahr 1945 Beförderung zum Obersturmbannführer, Einsatz bei d. Verteidigung von Schwedt/Oder. Am 15. Mai 1945 geriet S. in der Steiermark in amerik. Gefangenschaft. Die Anklage vor einem amerik. Militärtribunal in Dachau endete am 9. 8. 1947 mit Freispruch; einer Bestrafung durch dt. Behörden entzog sich S. im Juli 1948 durch Flucht aus d. Internierungslager Darmstadt. S. war mutmaßlicher Organisator der *Spinne*, die NS-Funktionären zur Flucht verhalf, u. führend in der 1948 gegründeten Nachfolgeorganisation *ODESSA* tätig. S. tauchte in Spanien wieder auf, wo er 1951 in Madrid eine Import-Exportfirma eröffnete. 1960 gründete er in Spanien die noch heute agierende neofaschistische *CEDADE* (Circulo Español de Amigos de Europa).
JW

Söderbaum, Kristina
Schauspielerin und Fotografin
geb. 5. 9. 1912 in Stockholm,
lebt in München.

Tochter des Präsidenten der Kgl. Schwedischen Akademie d. Wissenschaften in Stockholm u. zeitweiligen Vorsitzenden d. Nobelpreiskomitees. Besuch d. Lyzeums in Stockholm, Schauspielunterricht in Berlin. 1937 entdeckt durch Regisseur Veit → Harlan, der ihre weitere Filmkarriere bestimmte u. sie 1939 heiratete. In den Filmen ihres Mannes verkörperte sie den Typus der Naiven und Sentimentalen, der ganz dem vom NS-Regime propagierten Bild der germanischen Frau entsprach. Als solche avancierte sie zu einem der bekanntesten Ufa-Stars, vom Volksmund als »Reichswasserleiche« charakterisiert, obwohl nur zwei ihrer Melodramen mit tödlichem Ausgang endeten. Unter den zahlreichen propagandistischen NS-Filmen des Ehepaares hatte es auch den antisemitischen Hetzfilm *Jud Süß* u. den natsoz. Durchhaltefilm *Kolberg* zu verantworten. Nach einer nur 5jährigen Filmpause von 1945–50, während der gg. Harlan ein Verfahren wg. »Verbrechens gegen die Menschlichkeit« anhängig gewesen war, filmte das Ehepaar wieder gemeinsam, konnte aber an die früheren Erfolge nicht anknüpfen. Nach dem Tode ihres Mannes begann S. eine neue berufliche Existenz als Fotografin.
Froe

Sonnleithner, Franz Edler von
Gesandter I. Klasse
geb. 1. 6. 1905 in Salzburg,
gest. 18. 4. 1981 in Ingelheim.
Sohn eines österr. Offiziers. Studium der Rechtswissenschaften in Wien u. Innsbruck, wo er 1928 zum Dr. jur. promoviert wurde. Anschließend war er Polizeikommissär in Wien und Salzburg, danach im Bundeskanzleramt in Wien tätig. Wg. seines Eintretens für einen Anschluß Österreichs an das Dt. Reich und seiner illegalen Aktivitäten für die in Österreich verbotene NSDAP wurde er am 26. 9. 1934 in Wien verhaftet u. 1936 wg. Hochverrats u. Mißbrauchs der Amtsgewalt verurteilt; er blieb bis zum 12. 2. 1938 in Haft. 2. 12. 1938 Einberufung in das Ausw. Amt. S. wurde am 9. 3. 1939 Legationsrat u. am 13. 7. 1940 Legationsrat I. Klasse im Ministerbüro, später im persönl. Stab des Reichsaußenministers. Seit 18. 4. 1941 Vortragender Legationsrat u. seit 31. 3. 1943 Gesandter I. Klasse als Ministerialdirigent, fungierte S. als *Ständiger Vertreter des Auswärtigen Amts im Führerhauptquartier*; in dieser Eigenschaft hatte er auch hin und wieder den *Beauftragten des Reichsaußenministers beim Führer*, Botschafter Walther → Hewel, zu vertreten. Von April 1945 bis 1948 befand sich S. in amerik. Internierungslagern. Seit 1. 9. 1949 war er in der Privatindustrie in Ingelheim am Rhein tätig. In seiner 1989 posthum veröffentlichten Autobiographie *Als Diplomat im ›Führerhauptquartier‹* behauptete der bis Ende der 60er Jahre um seine Ruhegehaltsbezüge und um seine Anerkennung als Gesandter sich – schließlich erfolgreich – bemühende S., daß er »das alte AA vor einer praktischen Auflösung durch → Hitler beschützt« habe.
RAB

Spann, Othmar Nationalökonom, Soziologe und Philosoph
geb. 1. 10. 1878 in Wien,
gest. 8. 7. 1950 in Neustift/Burgenland.
Studium der Philosophie u. d. Volkswirtschaft in Wien, Zürich u. Tübingen; 1903 Promotion. 1908 Privatdozent in Brünn; 1909 a.o., 1911 o. Prof. 1919–38 Ordinarius in Wien. 1938 mehrere Monate Haft im KZ Dachau, danach Lehrverbot.
In seinem 1921 publizierten Hauptwerk *Der wahre Staat. Vorlesungen über Abbruch und Neubau der Gesellschaft* entwickelte S. das Konzept einer konservativen Revolution mit Rückgriff auf den katholischen Universalismus des Mittelalters. Seine antimarxistischen u. antidemokratischen Ideen wurden zur ideologischen Grundlage des austrofaschistischen Ständestaats. Sein religiös u. nicht rassistisch begründeter Antisemitismus u. die

Betonung des Katholizismus stießen bei den Nationalsozialisten auf Ablehnung.
KAL

Speer, Albert Architekt, Reichsminister für Rüstung und Kriegsproduktion
geb. 19. 3. 1905 in Mannheim,
gest. 1. 9. 1981 in London.
Herkunft aus liberalem Elternhaus, Sohn eines Architekten. Architekturstudium in Karlsruhe, München u. Berlin, wo ihn → Hitler 1930 mit einer Rede faszinierte. 1931 Eintritt in d. NSDAP u. SA. Seit 1932 Aufträge f. d. Partei; 1933 Übertragung d. Verantwortung für die Planung u. Gestaltung von großen NS-Massenkundgebungen. Sein Organisationstalent u. seine Begabung wurde von Hitler bewundert, der ihm u.a. die Planung der Neuen Reichskanzlei in Berlin u. d. Parteitagsgeländes in Nürnberg übertrug. 1937 Ernennung zum *Generalbauinspekteur für die Reichshauptstadt Berlin*, 1938 Verleihung des Professorentitels, Ernennung zum preuß. Staatsrat u. Auszeichnung mit dem Goldenen Parteiabzeichen. Leitung des Amtes *Schönheit der Arbeit* der DAF. Seit 1941 MdR für Berlin-West. Am 9. 2. 1942 Berufung zum *Reichsminister für Bewaffnung und Munition* (ab 2. 9. 1943 umbenannt in *Reichsminister für Rüstung und Kriegsproduktion*), *Generalinspekteur für d. Straßenwesen* sowie *Generalinspekteur f. Wasser u. Energie*. S. gelang als Nachfolger → Todts die Umstellung d. Rüstungsindustrie auf totale Kriegswirtschaft mit beeindruckenden Produktionszahlen trotz zunehmender Auswirkung des alliierten Bombenkrieges auf d. Infrastruktur u. Rohstoffversorgung der dt. Wirtschaft. Die hohe Industrieproduktion, die 1944 ihren Höhepunkt erreichte, kam nicht ohne bedenkenlose Ausnützung der Arbeitskraft von KZ-Häftlingen u. Fremdarbeitern zustande, wobei S. eng mit den in Nürnberg zum Tod verurteilten Verantwortlichen → Pohl u. → Sauckel zusammenarbeitete. S. will erst Anfang 1945 erkannt haben, daß d. Krieg f. d. Achsenmächte verloren war. Für seine Behauptung, daß er daraufhin Hitler durch einen Giftanschlag beseitigen wollte, gibt es keine überzeugenden Belege. Im Nürnberger Hauptkriegsverbrecherprozeß war S. einer der wenigen, die eine Mitschuld einräumten u. Reue zeigten. Er wurde wg. Verbrechen gg. die Menschlichkeit zu 20 Jahren Haft verurteilt. Die Sowjets, die für ein Todesurteil votiert hatten, bestanden bei S. auf vollständiger Haftverbüßung. Entlassung aus Spandau im Okt. 1966. Bereits während der Haft arbeitete S. an Memoiren, die 1969 unter dem Titel *Spandauer Tagebücher* veröffentlicht wurden. Darin räso-

nierte er über seine Freundschaft mit Hitler u. kommt zum Fazit: »Alles Nachdenken macht ihn (Hitler) unfaßbarer.«
Den

Speidel, Hans General
geb. 28. 10. 1897 in Metzingen,
gest. 28. 11. 1984 in Bad Honnef.
Nach d. Abitur im Nov. 1914 Kriegsfreiwilliger, nach Kriegsende Reichswehroffizier. Studium d. Volkswirtschaft u. Geschichte. 1925 Promotion. Anschließend Kriegsakademie, seit 1930 Tätigkeit im Generalstab. 1933–35 Mitarbeiter des dt. Militärattachés in Paris. 1936 Bataillonskdr., dann Berufung ins OKH, Ltr. der Abt. Fremde Heere West. Einsatz am Westwall. 1940–41 Stabschef b. Militärbefehlshaber Frankreich. 1942–43 auf eigenen Wunsch an d. Ostfront eingesetzt, zunächst Chef des Stabes des V. Armeekorps, später Chef d. Stabes der Hgr. Süd. Ab 14. 4. 1944 als GenLtn. (seit 1. 1. 1944) in gleicher Funktion b. d. Hgr. B unter Rommel in Frankreich. Dort in Pläne d. Widerstandsbewegung eingeweiht. Im Zusammenhang mit dem 20. Juli 1944 am 7. 9. 1944 verhaftet. Bis Kriegsende in Haft. Nach d. Krieg Dozent an d. Univ. Tübingen. Militär. Berater Adenauers b. d. Aufstellung d. Bundeswehr. 1954/55 Vertreter der Bundesrepublik bei d. Verhandlungen über d. Eintritt in die NATO. 1955–56 Ltr. der Abt. Gesamtstreitkräfte im Bundesministerium für Verteidigung. 1957–63 als General der Bundeswehr OB der NATO-Landstreitkräfte in Mitteleuropa. 1963–64 Sonderbeauftragter der Bundesregierung f. Fragen d. atlantischen Verteidigung.
Publ.: *Invasion 1944. Ein Beitrag zu Rommels und des Reiches Schicksal* (1949); *Aus unserer Zeit. Erinnerungen* (1977).
JW

Sperr, Franz Gesandter
geb. 12. 2. 1878 in Karlstadt/Unterfranken,
gest. 23. 1. 1945 in Berlin-Plötzensee (hingerichtet).
Sohn eines Eisenbahnbeamten. Nach Abitur mit Auszeichnung 1897 Militärlaufbahn, 1899 Ltn., 1906–09 Besuch d. Kriegsakademie, 1911 Abordnung zum Generalstab in München, 1913 Hptm., 1914 Verwendung als Beauftragter des Chefs d. Feldeisenbahnwesens, bis 1917 im Fronteinsatz. März 1917–März 1918 in der Armeeabteilung des Kriegsministeriums in München. Jan. 1919 stellv. bayer. Bevollmächtigter zum Bundesrat, ab Sept. 1919 als MinRat und stellv. Bevollmächtigter zum *Reichsrat.* Sept. 1927 MinDir. Dez. 1932 m. d. Führung d. Geschäfte d. Bayer. Gesandtschaft in Berlin beauftragt, ab März 1933 bayer. Gesandter in Berlin. Nov. 1934 Versetzung in den

einstweiligen Ruhestand. Tätigkeit b. d. Wehrwissenschaftlichen Gesellschaft u. Aufbau v. Verbindungen zum Widerstand. Im Aug. 1944 Verhaftung im Zusammenhang mit Attentat vom 20. Juli, Jan. 1945 Todesurteil d. VGHs u. Hinrichtung.
S.s Tätigkeit als letzter Militärbevollmächtigter Bayerns wie als letzter bayer. Gesandter in Berlin fiel bereits in die Zeit der fortschreitenden Aushöhlung bayer. Eigenstaatlichkeit gegenüber dem Reich. Während des Dritten Reichs hatte er in Verbindung mit Kronprinz Rupprecht eine Art Auffangorganisation für die Zeit nach dem nationalsozialistischen Zusammenbruch geplant. Das Todesurteil gegen ihn erging nicht wegen dieser konspirativen Widerstandstätigkeit, sondern wegen eines Treffens mit Graf → Stauffenberg.
Froe

Sperrle, Hugo Generalfeldmarschall,
geb. 7. 2. 1885 in Ludwigsburg/Württemberg,
gest. 2. 4. 1953 in München.
Sohn eines Brauereibesitzers. 1904 Ltn. im 8. württemb. Infanterie-Rgt. Nr. 126, 1913 zur Kriegsakademie kommandiert. 1914–18 Teilnahme am 1. WK, 1918 Kdr. der Fliegerbeobachterschule, Köln. 1919 Kdr. der Fliegertruppe des *Freikorps Lüttwitz*. Übernahme in die Reichswehr als Hptm., Kdr. der Kraftfahr-Abt. 13, seit 1925 u.a. Tätigkeit im Reichswehrministerium. 1933 Oberst, 1935 Befehlshaber im Luftgau V (München), 1. 11. 1936–31. 10. 1937 GenMaj., Kdr. der *Legion Condor*, 1938 General, Chef der Luftflotte 3, 19. 7. 1940 GFM, am 23. 8. 1944 seines Kommandos enthoben. 1948 vom Internationalen Militärgerichtshof in Nürnberg und in einem anschließenden Entnazifizierungsverfahren freigesprochen.
S., der schon früh Führungsqualitäten und technisches Interesse zeigte, galt als ein rauhbeiniger Soldat, der sich jedoch ungeachtet aller Grobheiten für die ihm unterstellten Soldaten einsetzen konnte. Seit 1940 in Frankreich stationiert, war S. mit kontinuierlich abnehmendem Erfolg für die deutsche Luftkriegsführung gegen Großbritannien verantwortlich. In der Atmosphäre der besetzten Westgebiete erlag der wohlbeleibte S. mehr und mehr seinem Hang zum Hedonismus, so daß die ihm unterstellte Luftflotte 3 ungeachtet ihrer zahlenmäßigen Größe bei der alliierten Invasion im Juni 1944 völlig versagte.
CH

Spitzy, Reinhard persönlicher Referent von Reichsaußenminister Ribbentrop, Mitarbeiter der Abwehr
geb. 11. 2. 1912 in Graz,
lebt in Maria Alm/Österreich.

Nach Matura in Wien Besuch einer Fliegerschule, anschließend Offiziersschule. Bis 1934 Universitätsstudium in Österreich, dann bis 1936 Besuch d. Pariser École des Sciences Politiques mit Diplomabschluß. 1936–38 Sekretär d. dt. Botschafters v. → Ribbentrop in London, mit dem er 1938 ins Ausw. Amt zurückkehrt. Tätigkeit im Ministerbüro Ribbentrops; 1939 Attaché, Adjutant u. persönl. Referent d. Ministers. Nach Kriegsausbruch Vertretung amerik. Firmen in Dtschld. Anschließend Sonderfhr. in d. Zentralabteilung d. OKW-Amtes Ausland/Abwehr, zeitweise innerhalb des *Regiments Brandenburg* d. Abwehr. Im Aug. 1942 als Vertreter d. Firma Skoda nachrichtendienstliche Tätigkeit in Spanien. Nach Kriegsende konnte sich S., der auf d. alliierten Fahndungsliste stand, in span. Klöstern verstecken. 1948 Flucht nach Argentinien, wo er bis zur Rückkehr nach Österreich im Jan. 1958 als Farmer lebte.

Publ.: *So haben wir das Reich verspielt* (1986); *So entkamen wir den Alliierten* (1989).

We

Sprenger, Jakob Gauleiter und SA-Obergruppenführer
geb. 24. 7. 1884 in Oberhausen/Rheinpfalz,
gest. 8. 5. 1945 in Kössen (Selbstmord).

Der Bauernsohn besuchte 1895–1901 das Progymnasium in Bergzabern u. arbeitete ab 1902 im Verwaltungsdienst d. Reichspost. Zuletzt Oberinspektor in Frankfurt/M. Im Aug. 1914 Kriegsfreiwilliger, seit 1916 Ltn., Kompanieführer; mehrere Kriegsauszeichnungen. Nach Kriegsende wieder Postbeamter in Frankfurt/M., Mitglied der NSDAP seit 1922, in deren Verbotszeit Vorsitzender d. Deutschen Partei in Frankfurt, einer Ersatzorg. d. NSDAP, mit der er 1925 wieder in die NSDAP zurückkehrte. Im gleichen Jahr Stadtverordneter (Frankfurt), dann Bezirksleiter d. NSDAP für Hessen-Nassau-Süd, ferner SA-Führer von Frankfurt. Am 1. 3. 1927 Ernennung zum Gauleiter von Hessen-Nassau-Süd. 1929 Fraktionsvorsitzender d. NSDAP im Frankfurter Stadtrat u. im Provinziallandtag. Im Sept. 1930 Wahl in den Reichstag. 1930 Mitbegründer d. NS-Tageszeitungen *Frankfurter Volksblatt* u. *Nassauer Volksblatt*; Gründer d. *Natsoz. Beamtenzeitung*. Leiter d. NS-Beamtenabteilung in d. Reichsleitung d. Partei, für deren RT-Fraktion Sachbearbeiter f. Beamtenfragen, im Mai 1933 mit d. Ehrenpräsidentschaft d. Dt. Beamtenschaft geehrt. 1930–33 im Verwaltungsrat d. Dt. Reichspost. Ab 1. 9. 1932 Landesinspekteur Süd-West d. NSDAP; kommissar. Führer des Gaues Hessen-Darm-

stadt; nach der Machtübernahme 1933 GL des aus d. Gauen Hessen-Nassau-Süd u. Hessen-Darmstadt entstandenen Großgaues Hessen-Nassau; am 5. 5. 1933 auch Reichsstatthalter in Hessen. Mit Wirkung v. 1. 3. 1935 mit d. Führung d. hess. Landesregierung beauftragt. 1938 SA-Ogruf. Am 1. 9. 1939 Reichsverteidigungskommissar im Wehrkreis XII, im Dez. 1943 auf den Gau umgestellt. Am 1. 7. 1944 Oberpräsident d. Provinz Nassau. Vor den amerikan. Truppen Flucht am 25. 3. 1945 nach Tirol, dort gemeinsamer Selbstmord mit seiner Frau.
Durch eine Verwaltungsreform beseitigte S. als Reichsstatthalter die Provinzialverwaltung des Landes Hessen u. besetzte die Dienststellen der Gauverwaltung u. der Landesverwaltung in Personalunion, auch wenn die Grenzen der beiden Verwaltungsbereiche nicht übereinstimmten. Nach dem Attentat vom 20. Juli 1944 ließ S. von Trupps aus Parteifunktionären (*Politische Leiterstaffeln*) vermeintliche Sympathisanten der Attentäter u. sonstwie Verdächtige überwachen u. einschüchtern. Wie auch andere seiner Gauleiterkollegen entschied sich S. nicht für den Tod im Kampf mit den in seinen Gau eindringenden alliierten Truppen, sondern für den Freitod am letzten Tag des Dritten Reiches.
We

Springorum, Fritz Industrieller
geb. 6. 6. 1886 in Duisburg,
gest. 16. 4. 1942 in Laar.
Studium d. Eisenhüttenkunde, Volkswirtschaft u. Finanzwissenschaft. 1910 Promotion zum Dr. Ing. Tätigkeit bei versch. in- und ausländischen Hüttenwerken, bis er 1915 zum *Eisen- u. Stahlwerk Hoesch* wechselte, das sein Vater als Generaldirektor leitete. 1917 Direktor, 1925 Generaldirektor bei *Hoesch*. Mitglied der DNVP. S. nahm eine zentrale Stellung im ruhrindustriellen Verbandswesen ein, seit 1930 Vorsitzender d. Langnamvereins u. d. Nordwestlichen Gruppe des *Vereins Deutscher Eisen- und Stahlindustrieller*. Während d. Weltwirtschaftskrise trat er als Verfechter privatwirtschaftlicher Krisenlösungsstrategien auf u. unterstützte die Regierung → Papen politisch u. finanziell. Papen genoß auch nach dem Machtantritt der Nationalsozialisten, dem S. wohlwollend gegenüberstand, seine größte Sympathie. Als die NSDAP gg. seine Absichten d. Rücktritt des Hauptgeschäftsführers des Langnamvereins durchsetzte, trat er von allen Ämtern zurück. Er wurde Vorsitzender des »unpolitischen« *Vereins Deutscher Eisenhüttenleute* u. 1937 des Aufsichtsrates v. *Hoesch*, wodurch er eine einflußreiche Persönlichkeit in der Ruhrindustrie blieb.
AK

Srbik, Heinrich Ritter v. Historiker
geb. 10. 11. 1878 in Wien,
gest. 16. 2. 1951 in Ehrwald/Tirol.
Vater war höherer Beamter. Nach Geschichtsstudium 1902 Promotion über ein mediaevistisches Thema. 1907 Habilitation, 1910 auch f. Staatswissenschaften. 1912 Extraordinarius in Graz, 1917 dort Ordinarius f. Neuere Gesch. u. Wirtschaftsgeschichte; 1922–45 Professur in Wien. Seinen Ruf begründete die große Metternich-Biographie (1925), in der er versuchte, dem nicht mehr zeitgemäßen konservativen Realpolitiker Metternich eine überhöhende Staatsidee nachzuweisen. In späteren Jahren Wendung v. 17./18. Jh. zur Staaten- u. Revolutionsgeschichte des 19. Jh.s, auch in Editionen. 1929–30 österr. Minister f. Unterricht u. Kultur. Ende d. 20er Jahre entwickelte sich S. zum Exponenten einer universalistischen »gesamtdt.« Geschichtsauffassung, mit der er die Gegensätze zwischen »kleindt.« u. »großdt.« Geschichtsbetrachtung durch Einbeziehung der alten Reichsidee zu überwinden hoffte. 1938–45 Präsident der Akademie d. Wissenschaften in Wien. Deutlich im Fahrwasser der »Anschluß«-Zeit schwamm seine 4bändige *Dt. Einheit. Idee u. Wirklichkeit vom Hl. Römischen Reich bis Königgrätz*, veröffentlicht 1935–42. Indem er über konfessionelle u. klassenbedingte Gegensätze die Idee d. Einheit stellte, wies er den Deutschen eine damals durchaus zeitgemäße Ordnungsmacht-Rolle in ganz Mitteleuropa zu; antisemitische Züge sind dem Werk nicht fremd. 1945 wurde S. aus seinen Ämtern entlassen. In seinen späten Werken revidierte er manche seiner früheren Überzeugungen; u.a. berücksichtigte er nun gegenüber der übergreifenden Reichsidee die Rechte des Individuums, legitimiert durch eine gemeinsame christlich-humanistische Wertetradition.
We

Stang, Walter Leiter der NS-Kulturgemeinde
geb. 14. 4. 1895 in Waldsassen/Oberpfalz,
gest. im Frühjahr 1945 auf d. Flucht vor alliierten Truppen.
1915–18 Frontsoldat, 1919 Mitglied im *Freikorps Epp*. Nach einem Germanistikstudium Betätigung als Literaturhistoriker. Gründer d. *Großdeutschen Ring-Verlages*, 1922–23 Hrsg. d. *Deutschen Akademischen Stimmen*, der *Deutschen Presse* u. des *Trommlers*. 1923 Teilnahme am Hitler-Putsch. Nach d. Promotion 1926 als Kritiker u. Schriftsteller tätig. 1929 feste Anstellung als Dramaturg bei d. Münchner Theatergemeinde. Aug. 1930 Eintritt in die NSDAP. Ab Herbst 1930 Referent für Theaterfragen im *Kampfbund f. dt. Kultur*

(*KfdK*), 1933 Mitbegründer u. Ltr. d. *Reichsverbands Deutsche Bühne*. Ltr. der im Juni 1934 aus *KfdK* und *Deutscher Bühne* gebildeten *NS-Kulturgemeinde* bis zu ihrer Zusammenlegung mit der Organisation *Kraft durch Freude* unter → Ley im Juni 1937. Seit Juli 1934 Leiter d. Amts Kunstpflege (seit 1941 Hauptamt) in der *Dienststelle Rosenberg*. Reichsamtsleiter 30. 7. 1935. Oberdienstleiter 20. 4. 1941. MdR seit 1936. 1943 vorzeitige Versetzung in den Ruhestand aufgrund interner Schwierigkeiten im Zusammenhang mit der Umstrukturierung der *Dienststelle Rosenberg*.

St. war über Jahre einer der wichtigsten Mitarbeiter Rosenbergs und besaß als Leiter der *NS-Kulturgemeinde* bis etwa Mitte der 30er Jahre eine nicht unbedeutende Position im nationalsozialistischen Kulturleben.

Ri

Stangl, Franz Kommandant des Vernichtungslagers Treblinka
geb. 26. 3. 1908 in Altmünster/Österreich,
gest. 28. 6. 1971 in Düsseldorf.

Vater Nachtwächter. Ausbildung zum Webmeister, ab 1931 bei der österr. Polizei (ab 1935 bei der Kriminalpolizei) beschäftigt. Im Mai 1938 Eintritt in die NSDAP (unter Rückdatierung des Eintrittsdatums auf 1936). Nach d. »Anschluß« Österreichs Wechsel zur Stapo Linz, zeitweise Tätigkeit im dortigen Judenreferat. 1940 Aufsichtsbeamter in d. Euthanasie-Anstalt Hartheim, ab Okt. 1941 in Bernburg. Im März 1942 Versetzung nach Lublin. Aufbau u. Leitung des Vernichtungslagers Sobibor seit Mai 1942. Aug. 1942–Aug. 1943 Kdt. des Vernichtungslagers Treblinka. Febr. 1943 SS-Hauptsturmführer. Aug. 1943 Versetzung zur Partisanenbekämpfung nach Italien. 1945 von den Amerikanern interniert, wg. Beteiligung an d. Euthanasie Ende 1947 in Linz inhaftiert. Im Mai 1948 Flucht über Italien nach Syrien. Arbeit als Ingenieur in einer Textilfabrik. 1951 Emigration nach Brasilien. Von Simon Wiesenthal aufgespürt, wurde S. im Juni 1967 an die Bundesrepublik Deutschland ausgeliefert. Am 22. 12. 1970 vom Landgericht Düsseldorf zu lebenslanger Haft verurteilt.

S. wurde die Ermordung von mindestens 900000 Juden während seiner Zeit als Kommandant des Vernichtungslagers Treblinka zur Last gelegt. Auch Tausende von Sinti und Roma wurden unter seiner Herrschaft in Treblinka ermordet.

Ri

Stark, Johannes Physiker, Universitätsprofessor
geb. 15. 4. 1874 in Schickenhof/Bayern,
gest. 21. 6. 1957 in Traunstein.

Bauernsohn. Nach Physikstudium an Univ. München Assistent u. Privatdozent in Göttingen von 1900 bis 1906, dann bis 1909 Dozent an TH Hannover. 1909–22 Professuren an TH Aachen u. den Univ. Greifswald u. Würzburg. 1919 Nobelpreis f. d. Entdeckung sowohl des Doppler-Effekts an Kanalstrahlen wie der Aufspaltung d. Spektrallinien im elektr. Feld (»Stark-Effekt«). Zunächst erkannte S. die Richtigkeit d. speziellen Relativitätstheorie an. Nach d. Formulierung d. Bohrschen Theorie, die der »Stark-Effekt« experimentell bestätigte, erfolgte ein plötzlicher Umschwung. In sehr persönlichen Attacken, u.a. in dem Buch *Die gegenwärtige Krisis der dt. Physik* (1922), wandte er sich v.a. gg. Einstein u. Sommerfeld, machte sich durch sein Auftreten u. seine wissenschaftl. Sondertouren aber auch bei seinen Fachkollegen an d. Univ. Würzburg so unbeliebt, daß er Frühjahr 1922 d. Lehramt aufgab. Gegen d. Zunftgeist verstieß auch, daß er seine Nobelpreisgelder zum Ankauf einer Porzellanfabrik verwendet hatte. Trotz aller Bemühungen konnte er vor 1933 an keiner Univ. mehr Fuß fassen, was seine Verbitterung gg. den »verjudeten« Universitätsbetrieb nur verstärkte. Lediglich bei einem ähnlichen Außenseiter, Philipp → Lenard, konnte er Verständnis erwarten. Nach d. Machtergreifung im April 1933 zum Präsidenten d. Physikalisch-Technischen Reichsanstalt, 1934 auch zum Präsidenten d. *Notgemeinschaft d. Dt. Wissenschaft* ernannt, hoffte er, die als »Statthalter des Judentums« apostrophierten Kollegen, zu denen er inzwischen auch Max v. → Laue u. Werner → Heisenberg rechnete, um ihr wissenschaftl. Ansehen bringen zu können. Wg. seines streitbaren Charakters schuf er sich auch im natsoz. Wissenschaftsbetrieb genügend Feinde, wozu ihm parteiintern auch d. Mitgliedschaft im *Institut zur Erforschung d. Judenfrage* in Frankfurt verhalf (→ Frank, Walter). Er verlor einen Teil seiner Ämter u. wurde 1939 pensioniert, ohne sein Ziel wirklich erreicht zu haben. Nach dem Krieg stufte ihn d. Spruchkammer Traunstein im Sommer 1947 als »Hauptschuldigen« ein u. verurteilte ihn zu vier Jahren Arbeitslager.

S. war als Forscher der Meinung, die Natur und ihre Gesetze könnten nur experimentell richtig erkannt werden; theoretische Modelle waren ihm suspekt, ihre Erfinder auch. Als mit → Planck u. Einstein Theoretiker in den Vordergrund traten, fürchtete er um den Fortbestand der »richtigen« Physik, wozu allerdings auch seine geringen theoretischen Kenntnisse beitrugen. Seine streitbare Veranlagung u. die Tatsache, daß zahlreiche Theoretiker in der physikal. Wis-

senschaft Juden waren, machten ihn zum militanten Antisemiten.
We

Stauffenberg, Claus Graf Schenk v. Oberst, Widerständler
geb. 15. 11. 1907 auf Schloß Jettingen b. Günzburg,
gest. 20. 7. 1944 in Berlin (hingerichtet).
Abstammung aus einem alten schwäbisch-kath. Adelsgeschlecht. In d. Jugend Einfluß des elitär-konservativen Kreises um den Dichter Stefan → George. 1926 Eintritt in das Bamberger Reiter-Rgt. 17. 1936 an d. Kriegsakademie in Berlin, 1938 Berufung in den Stab d. Panzerdivision des späteren Mitverschwörers → Hoepner, 1939 Teilnahme am Polenfeldzug u. 1940 am Frankreichfeldzug. Ursprünglich Monarchist, begrüßte S. 1933 die Machtergreifung d. Nationalsozialisten; spätestens seit d. »Reichskristallnacht« 1938 erkannte er den verbrecherischen Charakter d. neuen Regimes. Juni 1940 Versetzung in das OKH. Während d. Rußlandfeldzuges, in dem er u.a. für die Aufstellung landeseigener Freiwilligenverbände zuständig war, erfuhr er v. d. Verbrechen an d. Juden u. der russ. Zivilbevölkerung, knüpfte Kontakte zu → Tresckow u. Schlabrendorff u. öffnete sich sozialistischen Ideen. Er fand Anschluß an die versch. Widerstandsgruppen u. wurde bald zum zentralen Bindeglied zwischen konservativen, militärischen u. sozialistischen Kreisen. Im Febr. 1943 Versetzung zur 10. Panzerdiv. in Tunesien; nach schwerer Verwundung durch Landminen, u.a. verlor S. ein Auge u. d. rechte Hand, reiften während der Genesung seine Widerstandspläne u. Attentatsabsichten. Er plante, das Stichwort *Walküre*, mit dem die militärischen Gegenmaßnahmen im Falle innerer Unruhen ausgelöst werden sollten, für den Umsturz zu verwenden, wozu ihm seit 1. 10. 1943 seine neue Dienststellung als Chef d. Stabes im *Allgemeinen Heeresamt* vielfältige Möglichkeiten bot. Die Beförderung zum Oberst u. Ernennung zum Stabschef des *Befehlshabers des Ersatzheeres*, GenObst. → Fromm, ermöglichte ihm auch noch den direkten Zugang zu → Hitler in dessen Hauptquartier *Wolfsschanze* b. Rastenburg/Ostpreußen. Am 20. Juli 1944 legte S. während einer Lagebesprechung die Bombe persönlich in unmittelbarer Nähe Hitlers ab. Es gelang ihm nach der Explosion, die Hitler leicht verletzt überlebte, die ihm zugedachte Rolle in der Berliner Zentrale der Verschwörer als eine der treibenden Kräfte im weiteren Verlauf des Putsches einzunehmen. Als die Meldung, daß Hitler das Attentat überlebt hatte, den Aufstand der Militärs sowohl im OKH wie in den Wehrkreisen zusammenbre-

chen ließ, gelang es einer Gruppe regimetreuer Offiziere im Bendlerblock, die Gruppe um S. zu überwältigen. Der durch den Putsch selbst kompromittierte GenObst. Fromm ließ ihn mit drei Mitverschwörern, darunter Gen. → Olbricht, noch in d. Nacht des 20. Juli im Hof des Bendlerblocks standrechtlich erschießen. Neben Henning v. Tresckow u. dem im Hintergrund tätigen General Olbricht war S. in der Endphase des Krieges die treibende Kraft des militärischen Widerstandes. Prototyp des dt. Offiziers, der sich als Frontoffizier wie in Generalstabsverwendungen vielfach ausgezeichnet hatte, verfiel S. nicht in Resignation u. stellte die Ehrenrettung eines besseren Deutschland über alle einkalkulierten Unsicherheiten eines auch unter außenpolitischen Gesichtspunkten wenig chancenreichen Putsches.
Den

Stauß, Emil Bankier
geb. 6. 10. 1877 in Friedrichsthal/Württemberg,
gest. 11. 12. 1942 in Berlin.
Der Sohn eines Lehrers arbeitete nach einer Banklehre ab 1898 bei d. Deutschen Bank in Berlin. 1906 mit d. weltweiten Wahrnehmung der Petroleuminteressen der Bank betraut. 1915–32 im Vorstand, dann im Aufsichtsrat der inzwischen mit der Disconto-Gesellschaft fusionierten Bank (*DeDi-Bank*). Aufsichtsratsvorsitzender zahlreicher Unternehmen der Automobil- u. Flugzeugindustrie u. der Ufa. 1930–33 MdR für die Dt. Volkspartei, ab Nov. 1933 »Gast« d. NSDAP-Reichstagsfraktion. Seit Dez. 1933 Vizepräs. d. Reichstags, preuß. Staatsrat. Beiratsmitglied d. Reichsbank. Leiter d. *Stiftung f. d. Opfer d. Arbeit*. Senator d. *Kaiser-Wilhelm-Gesellschaft*. Im Okt. 1942 Verleihung d. Goethe-Medaille.
Durch seine seit 1932 bestehende Verbindung zu → Hitler half S. mit, die NSDAP gesellschaftlich aufzuwerten; auch bei ihrer Finanzierung spielte er eine Rolle.
Ri

Steengracht von Moyland, Adolf Baron Staatssekretär
geb. 15. 11. 1900 in Moyland/Kreis Kleve,
gest. 7. 7. 1969 ebd.
Sohn eines Rittergutsbesitzers. Nach landwirtschaftlicher Tätigkeit im Memelgebiet Studium d. Rechtswissenschaft, d. Landwirtschaft u. d. Volkswirtschaft; Abschluß mit Promotion zum Dr. jur. Eintritt in die NSDAP im April 1933. Kreisbauernführer in Kleve u. Bürgermeisteramt Till in Hasselt. 1936 Eintritt in d. *Dienststelle Ribbentrop* u. anschließend Landwirtschaftsattaché in London. Okt. 1938 Einberufung ins Ausw. Amt als Legationssekretär; Juli 1941 Ge-

sandter I. Klasse als Ministerialdirigent im Persönlichen Stab d. Reichsaußenministers. Nach dem Putschversuch des Leiters der Deutschlandabteilung, → Luther, gg. → Ribbentrop wurde St., den → Goebbels als »besseren Sekretär« ohne Einfluß auf die Außenpolitik einstufte, am 31. 3. 1943 als Nachfolger Frhr. v. → Weizsäckers zum StSekr. des Ausw. Amts ernannt. Im Mai 1946 wurde er verhaftet und im Nürnberger *Wilhelmstraßenprozeß* im April 1949 wg. Verbrechen gg. d. Menschlichkeit – billigende bürokratische Mitwirkung an Judendeportationen aus besetzten Staaten nach Auschwitz – zu sieben Jahren Gefängnis verurteilt. Nach einer Herabsetzung des Strafmaßes auf 5 Jahre am 12. 12. 1949 und vorzeitiger Haftentlassung am 28. 1. 1950 wegen guter Führung lebte er auf Schloß Moyland.
RAB

Steguweit, Heinz (Ps. *Lambert Wendland*) Schriftsteller
geb. 19. 3. 1897 in Köln,
gest. 25. 5. 1964 in Halver-Hellersen/Lüdenscheid.
Sohn eines Kaufmanns. Nach dem Abitur Besuch einer Handelshochschule. 1915–18 Teilnahme am 1. WK. 1918–25 Bankbeamter. Teilnahme an den Rheinkämpfen, Redner in Versammlungen. 1923 Veröffentlichung eines ersten Gedichtbandes *Du – die Sonne kommt*. 1925 Drama *Sooneck* als Festspiel d. Tausendjahrfeier des Rheinlands. Seit 1925 freier Schriftsteller. 1929 *Erzählerpreis des Türmers*. 1932 Kriegsroman *Der Jüngling im Feuerofen*. 1. 5. 1933 Eintritt in die NSDAP. 1933 Mitglied der *Reichspressekammer*; kulturpolitischer Schriftleiter am *Westdt. Beobachter*, Köln. 1935–38 Landesleiter der RSK, Entlassung aus gesundheitl. Gründen. 1938 *Rheinischer Literaturpreis*. 1939 *Erzählerpreis des Verlags Velhagen & Klasing*. Nach dem Krieg 1960 *Zweiter Erzählerpreis der Bundeszentrale für Heimatdienst und des Westdt. Autorenverbandes*. Ehrenbürger der Wartburg.
Als Autor von Gedichten, volkstümlichen Schwänken und Laienspielen, die zum großen Teil im Rheinland spielen, erwarb sich S. durch seine nationalistische Haltung die Wertschätzung der Partei. Obwohl er sich in der Presse öffentlich zum Führer bekannte und nach der Machtergreifung in die Partei eintrat, gilt S. zumeist als unpolitischer Autor, der heute mehr durch seinen Lebenslauf als durch sein Werk zeittypisch erscheint.
AS

Stehr, Hermann Schriftsteller
geb. 16. 2. 1864 in Habelschwerdt/Schlesien,
gest. 11. 9. 1940 in Oberschreiberhau/Schlesien.

Sohn eines Sattlermeisters. Besuch der Präparandenanstalt in Landeck u. des Lehrerseminars in Habelschwerdt. Ab 1887 Volksschullehrer. 1898 erster Novellenband *Auf Leben und Tod*, 1900 erster Roman *Leonore Griebel*. 1910 *Bauernfeld-Preis*. 1911 aus gesundheitlichen Gründen Aufgabe des Lehrberufs. Ab 1915 freier Schriftsteller in Warmbrunn im Riesengebirge. Ab 1926 in Oberschreiberhau. 1933 Senator der *Dt. Akademie der Dichtung*. Ehrendoktorwürde der Universitäten Breslau und Berlin, 1919 *Fastenrath- u. Schiller-Preis*, 1929 *Rathenau-Preis*, 1934 *Goethe-Preis d. Stadt Frankfurt*, *Adlerschild des Dt. Reiches*.

S. schrieb sein Hauptwerk lange vor 1933. Er versuchte an Traditionen schlesischer Mystik anzuknüpfen (Angelus Silesius, Jakob Böhme). Im Konflikt mit der kirchlichen Orthodoxie standen einfache Menschen in ihrer Suche nach dem Göttlichen und der Lösung ihrer seelischen Konflikte im Mittelpunkt seiner Werke. Wie viele seiner heimatbewegten Kollegen, bekannte sich auch S. zum NS und ließ sich als Aushängeschild nationalsozialistischer Kunst mißbrauchen. 1934 veröffentlichte er die Autobiographie *Mein Leben*, der er 1936 *Das Stundenglas, Reden, Schriften, Tagebücher* folgen ließ.

AS

Steimle, Eugen

Einsatzkommando-Führer, SS-Standartenführer

geb. 8. 12. 1909 in Neu-Bulach/Schwarzwald,
gest. 6. 10. 1987 in Baden-Württemberg.

Schulzeit in Pforzheim bis zum Abitur 1929. Dann bis 1935 Studium v. Geschichte, Germanistik u. Französisch in Tübingen u. Berlin. 1936 Assessorexamen. 1934 Gaustudentenbundfhr. v. Württembg.-Hohenzollern. Seit Jan. 1936 SD-Mitarbeiter, ab April hauptamtlich. Okt. 1936 bereits Ltr. d. SD-Unterabschnitts Württembg.-Hohenzollern. 1939 (bis Jan. 1943) Fhr. d. SD-Leitabschnitts Stuttgart. Sept.–Dez. 1941 Fhr. d. Sonderkommandos 7a der Einsatzgruppe B (9. Armee); ab 24. 7. 1942 bis 15. 1. 1943 Fhr. d. Sdr.-Kdos. 4a der Einsatzgruppe C (2. u. 6. Armee). Ab Febr. 1943 als Gruppenltr. VI B (Westeuropa) wieder im Amt VI des RSHA tätig, zusätzlich Übernahme d. Abt. Mil. B, das die militär. Fernaufklärung gg. die Westalliierten bearbeitete. Im Nürnberger *Einsatzgruppenprozeß* angeklagt u. vom amerik. Militärgericht am 10. 4. 1948 zum Tod verurteilt; S. wurde später zu 20 Jahren Haft begnadigt und 1954 vorzeitig entlassen. In den folgenden Jahren war er an Privatgymnasien des Bundeslandes Baden-Württemberg u.a. als Lehrer für Geschichte tätig.

Als Führer der beiden Sonderkommandos war S. für die Exekution tausender jüdischer Zivilisten, einschließlich Frauen und Kindern, verantwortlich. Trotzdem konnte er in der Nachkriegszeit Gymnasiasten wieder in Geschichte unterrichten.
We

Steinbrinck, Otto Industrieller
geb. 19. 12. 1888 in Lippstadt,
gest. 16. 8. 1949 in Landsberg/Lech.
Sohn eines Lehrers. Ab 1907 Berufssoldat bei d. Marine, seit 1911 Dienst auf U-Booten. Im 1. WK einer der erfolgreichsten U-Boot-Kommandanten, 1916 mit dem Orden *Pour le mérite* ausgezeichnet. 1919 als Kapitänleutnant entlassen. Zunächst Geschäftsführer d. *Verbandes dt. Eisen- u. Stahlindustrieller.* Seit 1924 im Flick-Konzern beschäftigt, seit 1925 erster Mitarbeiter in dessen Privatsekretariat. Später Vizepräsident. Vorstandsmitglied zahlreicher Firmen. Im Mai 1933 Eintritt in d. NSDAP u. in d. SS als Standartenführer. April 1935 SS-Oberführer. Mitglied d. *Freundeskreises RFSS* (sog. *Keppler-Kreis*). 1937–39 Generalbevollmächtigter d. Flick-Konzerns. April 1938 Wehrwirtschaftsführer. Jan. 1939 SS-Brif. Im Sommer 1939 Ausscheiden aus d. Flick-Konzern; seit Dez. Treuhänder d. Thyssen-Vermögens. Reaktivierung als Fregattenkapitän. Mai 1940–Juli 1942 *Generalbevollmächtigter für die Stahlindustrie in Luxemburg, Belgien und Nordfrankreich.* Ab April 1941 im Präsidium d. *Reichsvereinigung Kohle.* Vom März 1942 bis zur Räumung der westl. Besatzungsgebiete im Herbst 1944 *Generalbeauftragter d. Reichsvereinigung Kohle f. den Bergbau u. die Kohlewirtschaft in Holland, Belgien u. Frankreich* (Beko West). April 1945 Verbindungsmann zw. d. Ruhrindustrie und d. Heeresgruppe B unter Feldmarschall → Model. Verhaftung im August 1945. Im Flick-Prozeß in Nürnberg am 22. 12. 1947 zu fünf Jahren Haft verurteilt. S. starb vor der allgemeinen Begnadigungswelle in der Haft.
Als hochdekorierter Berufssoldat des Ersten Weltkrieges machte S. seit den 20er Jahren eine erstaunliche Karriere in der Industrie. Über den *Keppler-Kreis* und den *Freundeskreis Reichsführer SS* konnte er die Beziehungen zu Führungskreisen des Dritten Reiches fruchtbringend ausbauen. S.s führende Position innerhalb des Flick-Konzerns und seine Rolle bei der Einbeziehung der Zechen und der Schwerindustrie in den besetzten westeuropäischen Ländern in die deutsche Kriegswirtschaft brachten ihn schließlich 1947 in Nürnberg vor Gericht.
Ri

Steuben, Fritz (eigtl.: *Erhard Wittek*) Schriftsteller
geb. 3. 12. 1898 in Wongrowitz/Posen,
gest. 4. 6. 1981 in Pinneberg/Holstein.
Sohn eines Bauern. Notabitur in Posen. 1917 als Freiwilliger im 1. WK., 1918–20 frz. Kriegsgefangenschaft. Nach dem Krieg Übersiedelung von Posen nach Stuttgart, Ausbildung als Buchhändler; Abteilungsleiter in der *Frankhschen Verlagsbuchhandlung*. 1933 Veröffentlichung des Kriegsbuchs *Durchbruch anno achtzehn. Ein Fronterlebnis*. Seit 1937 als freier Schriftsteller in Neustrelitz/Mecklenburg. 1937–41 Hrsg. der *Bücherei der Jugend*. 1940 Teilnahme am 2. WK. Im Auftrag des OKW Veröffentlichung der *Berichte von Mitkämpfern im Westfeldzug* u.d.T. *Die soldatische Tat*. 1937 *Berliner Literaturpreis* für die Novelle *Bewährung des Herzens*. 1938 *Preis der Reichshauptstadt*. 1939 *Hans-Schemm-Preis* des NS-Lehrerbundes für das Jugendbuch *Tecumsehs Tod*, 1941 *Clausewitz-Preis*.
S. wurde von den Nationalsozialisten aufgrund seiner völkisch-nationalen Kriegsbücher geschätzt und gefördert. So erschien u.a. in der Schriftenreihe d. NSDAP *Der Marsch nach Lowitsch*, eine Beschreibung des Polenfeldzuges im nationalsozialistischen Sinne. Nach dem Krieg verkauften sich Witteks unter dem Pseudonym Fritz Steuben verfaßten Kinderbücher weiterhin mit hohen Auflagen.
AS

Stöhr, Franz Fraktionsgeschäftsführer d. NSDAP, Reichstagsvizepräsident
geb. 19. 11. 1879 in Weiten-Trebetitsch/Böhmen,
gest. 13. 11. 1938 in Schneidemühl.
Nach d. Schulausbildung in versch. kaufmänn. Berufen in Industrie u. Handel tätig, unterbrochen v. aktiven Militärdienst. 1900 Mitglied der Alldt. Partei Schönerers. Jan. 1903 Umzug von Böhmen nach Sachsen, Beitritt z. *Deutschnationalen Handlungsgehilfenverband* (*DHV*). Ab 1906 hauptamtlich für diesen tätig, Geschäftsführer in Chemnitz, Gauvorsteher in Thüringen. Mitglied d. Deutschsozialen Partei. 1914–18 als Unteroffz. d. österr. Heeres an d. Front. Danach Gauvorsteher d. *Deutschen Handlungsgehilfen-Verbands* in München. 1924–28 MdR auf d. völkischen Liste (Nationalsozialistische Freiheitsbewegung), 1927–38 MdR für die NSDAP. 1930/31 Reichstagsvizepräsident. Geschäftsführer d. natsoz. Fraktion von März 1927 bis Okt. 1932. Mitbegründer d. NS-Pressekonferenz. SS-Stubaf. 1932–36 Gauinspekteur. Mai 1933 außerdem Leiter d. DAF-Amtes f. soziale Fragen. Ab 1934 Oberbürgermeister in Schneidemühl.
Ri

Stöhr, Willy Gauleiter
geb. 6. 11. 1903 in Wuppertal-Elberfeld,
Verbleib unbekannt.
Nach dem Abitur Studium d. Staatswissenschaften an d. Univ. in Köln u. Frankfurt a.M. u. kaufmänn. Angestellter. 1932 nach Beteiligung an Studentenunruhen Studienabbruch. 1923–24 Mitglied der NSDAP, Wiedereintritt 1929. 1932 Ortsgruppenleiter, HJ-Oberbannfhr. 1933 Stadtverordneter d. NSDAP in Frankfurt/M. 1933–37 Adjutant v. GL → Sprenger u. Gauinspekteur d. NSDAP. 1937 Leiter d. Landesstelle Hessen-Nassau d. Reichspropagandaamts u. Landeskulturwalter. Jan. 1944 zur Vorbereitung auf Führungsaufgaben Kommandierung zur Parteikanzlei nach München. Nachdem GL → Bürckel sich gg. den Ausbau d. Befestiungen in seinem Gau (Westmark) gewendet hatte, wurde S. als Mann → Bormanns zum Beauftragten f. d. Stellungsbau im Gau Westmark bestellt u. in zusätzlicher Aufpasserfunktion zu Bürckel entsandt. Nach dessen Tod seit 4. 10. 1944 amtierender GL, am 30. 1. 1945 Ernennung zum GL, etwas später auch zum RVK. Nach d. dt. Kapitulation tauchte S. in Süd-Dtschld. unter u. wanderte später nach Kanada aus. In den frühen 80er Jahren soll er noch gelebt haben.
We

Straßer, Gregor Reichsorganisationsleiter der NSDAP, Apotheker
geb. 31. 5. 1892 in Geisenfeld/Niederbayern,
gest. 30. 6. 1934 in Berlin (ermordet).
Sohn eines Justizbeamten. Nach d. Abitur 1910–14 Lehre als Drogist. 1914 Studium der Pharmazie in München. 1914 Kriegsfreiwilliger; EK I u. II; 1918 Entlassung als Obltn. Fortsetzung d. Studiums in Erlangen. 1919 Angehöriger des *Freikorps Epp*, Staatsexamen. 1920 Apotheker in Landshut, Gründung des *Sturmbataillons Niederbayern*. 1921 Eintritt in die NSDAP. 1923 Fhr. der *Sturmabteilung Niederbayern*; wg. Teilnahme am Hitler-Putsch zu 18 Monaten Festungshaft verurteilt. 1924 aus der Haft heraus zum MdL für d. *Völkischen Block* in Bayern gewählt; Fraktionsvorsitzender. Teilnahme am Einigungsparteitag d. völk. Parteien in Weimar 15.–17. Aug. 1924, Mitglied d. Reichsführerschaft der Nationalsozialistischen Freiheitsbewegung zusammen mit Erich → Ludendorff u. Albrecht von Graefe. Dez. 1924–33 MdR (Nationalsozialistische Freiheitspartei, nach Wiedergründung ab Febr. 1925 NSDAP) unter Niederlegung d. Landtagsmandats. 1925–29 GL des NSDAP-Untergaues Niederbayern. 1926/27 Reichspropagandaleiter, 1928–32 Reichsorganisations-

leiter der NSDAP. 10. 5. 1932 Verkündung des Wirtschaftspolitischen Sofortprogramms der NSDAP. Am 8. 12. 1932 Rücktritt von allen Parteiämtern nach Auseinandersetzung mit → Hitler u. führenden Parteigenossen über d. zukünftigen Kurs d. Partei. Febr. 1934 Verleihung des Goldenen Parteiabzeichens, Erster Vorsitzender d. *Reichsfachschaft d. Pharmazeutischen Industrie.* 30. 6. 1934 von d. Gestapo verhaftet, an ein SS-Kdo. übergeben u. erschossen.
S. war vom »Fronterlebnis« geprägt, demzufolge die Kameradschaft anscheinend alle sozialen und ökonomischen Probleme überwunden hatte. Streng antikapitalistisch und antimarxistisch eingestellt, war »deutscher Sozialismus« sein Ideal. Im Gegensatz zu den meisten Führern der NSDAP war es S. gelungen, nach dem Ersten Weltkrieg eine intakte bürgerliche Existenz aufzubauen. Seine Mitwirkung bei der Reorganisation der völkischen Kräfte nach dem gescheiterten Hitler-Putsch verschaffte ihm eine eigene politische Basis. Seinem Organisationstalent verdankte die Partei die reichsweite Ausdehnung; sein Versuch, die Organisation immer mehr zu straffen, widersprach jedoch Hitlers Führungsmethoden. Im Gegensatz zu Hitler war S. kooperations- und kompromißfähig. Die Frage einer Regierungsbeteiligung der NSDAP bzw. S.s unter Reichskanzler v. → Schleicher 1932 führte zum Bruch mit Hitler; S. zog sich anschließend völlig aus der Partei zurück. Einen Versuch, sich gegen Hitler zu stellen, unternahm er nicht.
KAL

Strauß, Emil Schriftsteller
geb. 31. 1. 1866 in Pforzheim,
gest. 10. 8. 1960 in Freiburg im Breisgau.
Sohn eines Schmuckwarenfabrikanten, Enkel eines Hofkapellmeisters. Besuch d. Gymnasien in Pforzheim, Mannheim, Karlsruhe, Köln. Nach Abitur 1885–90 Studium d. Philosophie, Germanistik u. Nationalökonomie in Freiburg, Berlin u. Lausanne. In Berlin Kontakte zu den Brüdern Hart, dem *Friedrichshagener Kreis*, Gerhart → Hauptmann, Max Halbe, Dehmel. 1890–92 Arbeit als Landwirt. Ab 1892 zehnjähriger Aufenthalt in Brasilien als Siedler, später in São Paulo Vorsteher eines Knabeninternats. 1899 Veröffentlichung der südamerik. Erzählungen. 1901 erster Erfolg mit der schwäbischen Geschichte *Engelwirt.* Rückkehr nach Dtschld. als Landwirt. Ab 1925 freier Schriftsteller in Freiburg. 1926 Ehrendoktor d. Univ. Freiburg i. Br. Mitglied der *Dt. Akademie der Dichtung* u. des *Reichskultursenats.* 1936 *Goethe-Preis d. Stadt Frankfurt.* Ehrenbürger der Stadt Freiburg i. Br.; *Erwin-v.-*

Steinbach-Preis. 1941 *Johann-Peter-Hebel-Preis*. 1942 *Grillparzer-Preis der Stadt Wien*. 1956 Verleihung des Professorentitels.
Die Nationalsozialisten drückten ihre Wertschätzung gegenüber dem heimatverbundenen und traditionsbewußten nationalistischen Schriftsteller S. durch zahlreiche Ehrungen aus. S. hatte sich nicht nur passiv als Vorzeigeautor dem NS zur Verfügung gestellt, sondern auch aktiv den nationalsozialistischen *Kampfbund für dt. Kultur* unterstützt. 1955 veröffentlichte S. seine Autobiographie *Ludens. Erinnerungen und Versuche*.
AS

Strauss, Richard Komponist und Dirigent
geb. 11. 6. 1864 in München,
gest. 8. 9. 1949 in Garmisch-Partenkirchen.
Sohn eines bekannten Hornisten des Münchner Hoforchesters. 1882–83 Studium d. Philosophie u. Ästhetik an d. Univ. München. 1885 Entdeckung als »musikalisches Wunderkind« durch den gefeierten Dirigenten Hans v. Bülow. Schnell wechselnde Engagements als Kapellmeister bzw. Musikdirektor in Meiningen, München, Weimar u. Berlin; dort 1908 Generalmusikdirektor. 1917–20 Prof. für Komposition an d. Berliner Akademie d. Künste. 1919–24 Leiter d. Wiener Staatsoper. Ab 1925 freischaffender Komponist u. Dirigent in Wien u. Garmisch-Partenkirchen. 1933–35 Präsident d. natsoz. *Reichsmusikkammer*. Als solcher setzte er sich für seinen jüdischen Librettisten Stefan Zweig (*Die schweigsame Frau*) ein, was zum politischen Eklat führte u. 1935 seiner öffentlichen Tätigkeit als einer der musikalischen Protagonisten des Dritten Reichs ein Ende setzte. Als politikferner Künstler mag er sich politisch in den Dienst genommen haben lassen, seinem künstlerischen Ruhm tat dies aber keinen Abbruch. Im Entnazifizierungsverfahren wurde er am 8. 6. 1948 als »Entlasteter« eingestuft.
Auf allen drei Gebieten seines künstlerischen Schaffens, auf denen er mit überragendem Erfolg bereits in den Jahren vor dem Dritten Reich tätig geworden war, der Tondichtung (*Don Juan, Till Eulenspiegel, Don Quixote, Tod u. Verklärung, Also sprach Zarathustra*), der Oper (*Elektra, Der Rosenkavalier, Ariadne auf Naxos, Frau ohne Schatten*, alle in Zusammenarbeit mit Hugo v. Hofmannsthal als Librettisten entstanden) u. des Kunstliedes leuchtete sein Ruhm weit über d. Grenzen Dtschld.s hinaus u. sicherte ihm auch im internationalen Rahmen den Platz des bedeutendsten Repräsentanten des dt. Musikschaffens seit der Jahrhundertwende.
Froe

Streicher, Julius Gauleiter
geb. 12. 2. 1885 in Fleinhausen b. Augsburg,
gest. 16. 10. 1946 in Nürnberg (hingerichtet).
Wie sein Vater ergriff S. den Beruf d. Volksschullehrers. Seit 1904 in versch. bayerischen Orten als Lehrer tätig, seit 1909 in Nürnberg, unterbrochen v. Militärdienst als Einjährigfreiwilliger. 1912 Mitglied d. Demokratischen Partei. 1914 Kriegsdienst, im Juli 1917 Beförderung zum Ltn. Seit 1918 Mitglied des *Dt.-Völkischen Schutz- u. Trutzbundes* u. Betätigung als antisemitischer Hetzredner. Im Jan. 1920 Eintritt in d. gleichfalls antisemitische Deutschsoziale Partei (DSP), seit Juni 1920 Hrsg. ihrer Parteizeitung *Der Dt. Sozialist*. 1921–22 Mitglied bei der *Deutschen Werkgemeinschaft* u. Hrsg. v. deren Organ *Deutscher Volkswille* seit Okt. 1921. Nach einer Rede Hitlers in Nürnberg trat S. mit 2000 Mitgliedern der DSP im Okt. 1922 zur NSDAP über. Erscheinen d. ersten Nummer von S.s antisemit. Wochenzeitung *Der Stürmer* am 16. 4. 1923, dessen Hrsg. er bis 1945 blieb. Als Teilnehmer am Münchner Hitler-Putsch im Nov. 1923 vom Schuldienst suspendiert (nach Einlegung v. Rechtsmitteln 1928 endgültig ausgeschieden) u. einmonatige Haft in Landsberg. 1924 zusammen mit H. → Esser Mitbegründer d. Großdeutschen Volksgemeinschaft, im Juli 1924 zu deren Erstem Vorsitzenden gewählt. Bereits im April 1924 Wahl in d. bayer. Landtag (MdL bis 1932). 1925 NSDAP-Stadtrat u. Ortsgruppenleiter in Nürnberg. Auf S.s Initiative Bildung einer NSDAP-Fraktion im bayer. Landtag aus früheren Abgeordneten d. Großdt. Volksgemeinschaft bzw. des Völkischen Blocks. Am 2. 4. 1925 Ernennung zum GL der NSDAP in allen fränk. Regierungsbezirken, ohne sich in Ober- u. Unterfranken auf Dauer durchsetzen zu können. 1928 nach Teilung des Gaugebiets Franken GL im zentralen Gebiet (Untergau) Nürnberg-Fürth. Nach Verselbständigung d. anderen fränk. Gaue Mainfranken u. Oberfranken 1930 GL v. Mittelfranken (1936 in Franken umbenannt). 1933 Hrsg. d. *Fränkischen Tageszeitung*. Seit 12. 1. 1933 MdR. Ab 28. März 1933 Leiter des *Zentralkomitees zur Abwehr der jüd. Greuel- u. Boykotthetze,* das die antijüd. Boykottmaßnahmen vom 1. April 1933 durchführte. Im Mai 1934 Ernennung zum Leiter d. Regierung v. Ober- u. Mittelfranken; SA-Gruf. Auf Betreiben d. Nürnberger Bürgermeisters Liebel u. seines Polizeipräs. Martin seit Frühjahr 1939 Untersuchungen gg. S. wg. umfassender Korruption (Bereicherung an »arisiertem« jüd. Besitz, Mißhandlung v. Gefangenen u. anstößiger Lebenswandel). Trotz d. Zögerns → Hitlers, gg. S. vorzugehen,

wurde S. nach übler Nachrede gg. → Göring u. einem Parteigerichtsverfahren v. Hitler am 13. 2. 1940 seiner Ämter enthoben, ohne den Titel GL zu verlieren u. die Herausgeberschaft am *Stürmer* abgeben zu müssen. Rückzug S.s auf sein Gut Pleikershof b. Cadolzburg. Im Apr. 1945 floh S. mit seiner Frau vor den anrückenden amerik. Truppen in Richtung Alpen u. lebte nach der dt. Kapitulation einige Wochen unerkannt in einem österr. Dorf b. Berchtesgaden, wo er am 23. 5. 1945 verhaftet wurde. In Nürnberg vor Gericht gestellt, wurde er am 20. 9. 1946 wg. Verbrechen gegen d. Menschlichkeit zum Tod verurteilt u. am 16. 10. 1946 gehängt. Er starb als fanatischer, unbelehrbarer Antisemit.

In der Person S.s zeigt sich die Ideologie des NS sowohl von ihrer primitivsten wie rüdesten Seite. So, wie die Aufsässigkeit des Junglehrers gegenüber den Schulbehörden bei der Bekämpfung politischer, auch innerparteilicher, Gegner früh in brutale Aggressivität umschlug, mündete auch sein Denken in einem einfältigen monokausalen Antisemitismus, der das Judentum zum bösen Prinzip der Weltgeschichte erklärte u. andere Erklärungsmuster nicht zuließ. Persönlich korrupt und unaufrichtig, umgab er sich mit Leuten seines Schlages, was zu jahrelangem Unfrieden u. Auseinandersetzungen v.a. mit der Führerschaft der fränkischen SA führte. Das von ihm in Auftrag gegebene antisemitische Bilderbuch für Kinder *Der Giftpilz*, das in den Volksschulen Frankens zeitweise kostenlos verteilt wurde, fing mit der Verbreitung des Antisemitismus bei den ABC-Schützen an. Mit dem Hetzblatt *Der Stürmer*, das S. seit 1935 im eigenen Verlag herausbrachte, setzte er die Indoktrinierung der Erwachsenen auf nicht weniger primitivem Niveau fort. Wegen seiner Kaltstellung schon vor dem Rußlandfeldzug war er an der sog. Endlösung der Judenfrage nicht selbst beteiligt, obschon er der wohl hartnäkkigste, unbarmherzigste u. zugleich stumpfsinnigste Prediger des Judenhasses in Deutschland war, wie noch sein Schlußwort vor der Hinrichtung belegt.

We

Stroop, Jürgen (bis 1941: *Josef*)
SS-Gruppenführer, Höherer SS- und Polizeiführer
geb. 26. 9. 1895 in Detmold,
gest. 8. 9. 1951 in Warschau (hingerichtet).

Sohn eines Polizisten. Nach d. Volksschule machte er eine Vermessungslehre. Kriegsfreiwilliger im 1. WK, Vizewachtmeister, EK I. 1932 Eintritt in d. NSDAP u. SS. 1934 Beförderung zum SS-Hauptsturmführer, 1939 zum SS-Oberführer u. Obersten d. Polizei. An-

hänger → Ludendorffs u. seiner antisemitischen Weltanschauung. Sept. 1939 Selbstschutzführer in Polen (→ Alvensleben). 1942 SSPF in Lemberg. Bekannt wurde S. durch den Auftrag vom 19. 4. 1943, den Aufstand im Warschauer Ghetto niederzuschlagen, was ihn bis zum 16.5. beschäftigte. Dem Bericht, den er für → Himmler aus seinen Tagesmeldungen anfertigen ließ, gab er den Titel *Es gibt keinen jüd. Wohnbezirk in Warschau mehr* (unter diesem Titel 1976 in Dtschld. kommentiert veröffentlicht). Für d. Tötung v. Tausenden v. Juden wurde S. mit dem EK I ausgezeichnet u. zum SSPF Warschau ernannt. Von Sept.–Nov. 1943 HSSPF Griechenland. Nov. 1943–45 HSSPF Rhein; Beförderung zum SS-Gruf. Am 21. 3. 1947 in Dachau von einem amerik. Militärgericht wg. des Befehls zur Erschießung v. Kriegsgefangenen zum Tode verurteilt. Auslieferung an Polen, wo er in Warschau als »Henker von Warschau« zum Tode durch den Strang verurteilt wurde.
Den

Struve, Wilhelm SA-Oberführer, Beauftragter des Generalbevollmächtigten für den Arbeitseinsatz im Generalgouvernement
geb. 21. 12. 1895 in Kassel,
gest. 24. 4. 1971 in Hamburg.
Sohn eines Privatsekretärs. 1910–14 Tätigkeit als Hilfsarbeiter. 1914–17 Kriegsdienst. 1919/20 Mitglied d. Grenzschutzes in Schlesien u. der *Brigade Ehrhardt*. 1920–23 Reisen, kaufmänn. Selbststudium. 1923–26 Büroangestellter u. Filialleiter, 1926–30 selbständiger Kaufmann. Ende 1927 Eintritt in d. NSDAP u. d. SA. Mai 1930–Mai 1931 NSDAP-Bezirksleiter, dann Gauorganisationsleiter im Gau Koblenz-Trier. 1933 MdL in Preußen. 1933–40 Landrat in Koblenz. April 1933–42 Gauamtsleiter f. Kommunalpolitik. Ab 1940 Ltr. des Landesarbeitsamtes Rheinland. Jan. 1942 SA-Oberführer. 15. 10. 1942 *Beauftragter d. Generalbevollmächtigten f. d. Arbeitseinsatz im Generalgouvernement*, im Jan. 1943 auch Ltr. d. Hauptamtes Arbeit in d. Regierung des Generalgouvernements. Über das spätere Schicksal S.s konnte nichts in Erfahrung gebracht werden.
Ri

Stuckart, Wilhelm Staatssekretär im Reichsinnenministerium
geb. 16. 11. 1902 in Wiesbaden,
gest. 15. 11. 1953 bei Hannover (Autounfall).
Mitglied des *Freikorps Epp*. Ab 1922 Jurastudium. Im Dez. 1922 Eintritt in die NSDAP. Ab 1926 Rechtsberater d. Partei. 1930 als Richter tätig; 1931 wg. Begünstigung d. NSDAP entlassen. 1932–März 1933 Anwalt u. Rechtsreferent d. SA in Pommern. 1933 MdL

in Pommern. April u. Mai 1933 kommissar. Bürgermeister in Stettin. Ab Juni 1933 StSekr. im preuß. Kultusministerium. Sept. 1933 preuß. Staatsrat. Nach Zerwürfnissen mit seinem Vorgesetzten → Rust Anfang 1935 kurzzeitig Oberlandesgerichtspräsident in Darmstadt, ab März 1935 StSekr. im RMdI, zuständig für Verfassung u. Gesetzgebung. Enge Zusammenarbeit → Hitlers mit S. bei der Formulierung d. *Nürnberger Gesetze*, zusammen mit Hans → Globke Autor des *Kommentars zur dt. Rassengesetzgebung* (1936). Vorsitzender d. *Kommission zum Schutz d. dt. Blutes*. 1936 Eintritt in die SS als Standartenfhr. Beteiligung an d. rechtstechnischen Vorbereitungen beim »Anschluß« Österreichs, der Eingliederung d. Sudetenlandes u. Danzigs u. d. Errichtung des Protektorats Böhmen u. Mähren. Am 20. 1. 1942 nahm S. als Vertreter d. RMdI an der *Wannsee-Konferenz* teil. Jan. 1942 SS-Gruf., Jan. 1944 SS-Ogruf. 1948 im *Wilhelmstraßenprozeß* in Nürnberg angeklagt, am 11. 4. 1949 aufgrund mangelnder Beweise lediglich zu vier Jahren verurteilt, die als bereits verbüßt galten. Politische Betätigung im Block d. Heimatvertriebenen u. Entrechteten. Im Aug. 1952 von einer Westberliner Spruchkammer zu 50000 DM Strafe u. Sühnemaßnahmen, über drei Jahre verteilt, verurteilt. Zuletzt Geschäftsführer des *Instituts z. Förderung d. niedersächsischen Wirtschaft*.

S. bemühte sich, ähnlich seinem Minister → Frick, wiederholt, die Rechtsnormen d. NS-Staates gegen die Willkür einzelner Funktionäre zu verteidigen. In der Frage der rechtlichen Behandlung jüdischer Mischlinge trat er für die mildere Fassung ein, auch in anderen Rechtsfragen vertrat er einen mittleren, normativen Standpunkt. Trotzdem rettete ihn nur der im Nürnberger *Wilhelmstraßenprozeß* nicht geführte Beweis seiner persönlichen Beteiligung am NS-Unrecht vor einer härteren Strafe. Denn keines der wichtigen Rassengesetze war ohne seine faktische Beteiligung zustande gekommen. Auch die meisten Durchführungsbestimmungen zu den *Nürnberger Gesetzen* trugen seine Unterschrift.

Publ. u.a.: *Nationalsozialistische Rechtserziehung* (1935); *Führung und Verwaltung im Kriege* (1941); *Neues Gemeinderecht* (1942); *Rassen- u. Erbpflege in d. Gesetzgebung d. Reiches* (3. Aufl. 1942); *Der Staatsaufbau d. Dt. Reiches in systematischer Darstellung* (1943).

Ri

Stülpnagel, Carl Heinrich v.

Militärbefehlshaber in Frankreich, General der Infanterie
geb. 2. 1. 1886 in Berlin,
gest. 30. 8. 1944 in Berlin-Plötzensee (hingerichtet).

Sohn eines Generals. Nach Abitur 1904 als Fahnenjunker in ein hess. Leibgarde-Infanterieregiment eingetreten, als Ltn. auf preuß. Kriegsakademie. 1915 Hptm. i.G., Verwendung in versch. Stabsstellungen. 1920 Beteiligung am Kapp-Putsch. 1925–27 ins Reichswehrministerium versetzt. 1927 Major i. G. 1931–32 Mitarbeit an der Dienstvorschrift *Truppenführung*. 1932 Oberst, Abteilungsleiter *Fremde Heere West*. 1936 GenMaj., Kdr. d. 30. Division. 1938 Oberquartiermeister II im Generalstab des Heeres. 21. 10. 1938–Juni 1940 als Nachfolger Gen. → Halders Oberquartiermeister I im Generalstab d. Heeres. 1. 4. 1939 Gen. d. Inf. Juni 1940–Dez. 1940 Vorsitzender d. dt.-frz. Waffenstillstandskommission in Wiesbaden. 20. 2. 1941–25. 11. 1941 Befehlshaber der 17. Armee. 13. 2. 1942–21. 7. 1944 Militärbefehlshaber in Frankreich. 22. 7. 1944 nach Selbstmordversuch erblindet, 30. 8. 1944 vom VGH zum Tode verurteilt.

1935 erkannte S. → Hitlers Kriegsabsichten und übte verhalten Kritik. Während der Sudetenkrise schloß er sich aktiv dem militär. Widerstand an. Als Militärbefehlshaber in Frankreich war er zunächst noch für Deportationen u. Geiselerschießungen verantwortlich, bis sie ab Mai 1942 in die Zuständigkeit des HSSPF (→ Oberg) fielen. Den Kampf gegen die Résistance führte er mit großer Härte. Auf die Nachricht vom Attentat auf → Hitler ließ S. in Paris die SS-, SD- und Gestapoführer verhaften. Nach d. Scheitern d. Staatsstreichs in Berlin zur Berichterstattung ins FHQ bestellt, versuchte er sich auf den Schlachtfeldern v. Verdun zu erschießen.

KAL

Stülpnagel, Joachim (Fritz Constantin) v. Befehlshaber des Ersatzheeres, General der Infanterie

geb. 5. 3. 1880 in Glogau,
gest. 17. 5. 1968 in Oberaudorf.

Sohn eines Generals. Gymnasium in Königsberg u. Breslau. Kadettenkorps Potsdam u. Groß-Lichterfelde. 1898 Ltn. im 1. Garderegiment zu Fuß; 1914 Hptm. i.G., beim Sturm auf Lüttich verwundet. Sept. 1918 Abteilungschef in der OHL. 1919 Bataillonskommandeur in Hannover. 1920 Abteilungschef im Reichswehrministerium. 1926 Rgt.-Kdr. in Braunschweig. 1. 2. 1927 Chef des Heerespersonalamts im Reichswehrministerium. 1. 10. 1929 GenLtn., Kdr. der 3. Division u. Befehlshaber im Wehrkreis III (Berlin). 31. 12. 1931 Verabschiedung als Gen. d. Inf. Jan. 1932 Geschäftsführer der *Berliner Börsenzeitung*, für die er bereits während seiner Dienstzeit geschrieben hatte. Juni 1932 Kontakt mit → Hit-

ler. 1935 Aufgabe d. publizist. Tätigkeit u. Gründung eines Militärverlags. 22. 8. 1939 bis 31. 8. 1939 reaktiviert u. Ernennung zum Befehlshaber des Ersatzheeres u. Chef d. Heeresrüstung. 16. 8. bis 2. 11. 1944 in Sippenhaft (→ Stülpnagel, Carl Heinrich v.).
S. war 1930 aussichtsreicher Kandidat für das Amt des Chefs der Heeresleitung, wurde aber vom Reichspräsidenten v. → Hindenburg abgelehnt. Nach 1933 brachen seine Kontakte zum Führungskreis der NSDAP ab. S.s kurzzeitige Reaktivierung unmittelbar vor Ausbruch des Zweiten Weltkrieges erfolgte entsprechend seiner Mobilmachungsverwendung; nach wenigen Tagen wurde er durch Gen. → Fromm ersetzt.
KAL

Stülpnagel, Otto (Edwin) v.
Militärbefehlshaber in Frankreich
geb. 16. 6. 1878 in Berlin,
gest. 6. 2. 1948 in Paris (Selbstmord).
Offizierssohn. 1898 Ltn. in einem Garde-Rgt. 1907 Hptm. i.G. Im 1. WK zuletzt Erster Generalstabsoffz. der HGr. *Herzog Albrecht.* 1920 in d. Reichswehr übernommen. 1921 Major. 1929 Inspekteur d. Verkehrstruppen. 1931 GenLtn. 1. 4. 1931 Abschied. 1932 Verleihung des Charakters eines Gen. d. Inf.; Mitglied des Verwaltungsrats d. Reichspost. 1935 reaktiviert u. am 1. 11. 1935 Kdr. der Luftkriegsakademie. 1936 Gen. d. Flieger. 1. 3. 1939 erneut verabschiedet, nach Kriegsbeginn wiederum reaktiviert. Stellv. Kommandierender General im Wehrkreis XVII, Wien. 25. 10. 1940–16. 2. 1942 Militärbefehlshaber in Frankreich. 16. 2. 1942 durch seinen Vetter Carl Heinrich v. → S. abgelöst u. in die Führerreserve versetzt. 1946 in der brit. Besatzungszone verhaftet u. an Frankreich ausgeliefert, vor Prozeßbeginn Selbstmord im Militärgefängnis Paris.
S. war ein eigenwilliger, selbstbewußter Charakter. Die ihm aus Berlin gegebenen Befehle hielt er zwar für falsch und protestierte bei seinen vorgesetzten Dienststellen, führte sie aber dennoch aus. Daher trug er die Verantwortung für die drakonischen Repressalien gegen die französische Bevölkerung während seiner Zeit als Militärbefehlshaber. Wegen der fortgesetzten Spannungen mit dem OKW bat er um seine Ablösung.
KAL

Stürtz, Emil Gauleiter
geb. 15. 11. 1892 in Wiebs/Ostpreußen,
gest. in sowjetischer Gefangenschaft/Haft (?).
Nach Besuch d. Oberrealschule in Königsberg Seemann. 1914 als Einjährig-Freiwilliger Kriegsteilnehmer

bei d. Marine, u.a. bei der U-Boot-Waffe. 1918 nach schwerer Erkrankung Kriegsinvalide. Berufliche Tätigkeit als Schlosser u. Kraftfahrer. Im Dez. 1925 Mitglied d. NSDAP. 1926 NSDAP-Kreisleiter v. Dortmund, 1929 Bezirksleiter d. Partei f. d. Siegerland u. Mitglied d. westfäl. Provinziallandtages, Fraktionsvorsitzender. Am 15. 6. 1930 zum Gaugeschäftsfhr., am 1. 10. 1930 zum stellv. GL des Gaues Westfalen-Süd ernannt. Bereits im Sept. 1930 MdR. Redakteur d. NS-Zeitungen *Westfalenwacht* u. *Rote Erde*. Nach d. Absetzung von GL Wilhelm → Kube am 7. 8. 1936 Ernennung zu dessen Nachfolger als GL d. Gaues Kurmark (1938 umbenannt in Mark Brandenburg). Im gleichen Jahr NSKK-Oberführer. Seit Sept. 1936 kommiss. Oberpräsident d. Kurmark u. d. (1938 aufgelösten) Prov. Posen-Westpreußen, im Febr. 1937 endgültige Berufung. 1. 9. 1939 Ernennung zum RVK im Wehrkreis III, 16. 11. 1942 geändert auf Gau Mark Brandenburg. Beim Zusammenbruch d. Dritten Reichs verschwand S. in sowjet. Gefangenschaft.
We

Syrup, Friedrich Staatssekretär, Reichsarbeitsminister
geb. 9. 10. 1881 in Lüchow,
gest. im Sommer 1945 im Lager Sachsenhausen-Oranienburg
Besuch d. Realgymnasiums (Hannover), 1899 Abitur. Machinenbaustudium an den THs Hannover u. München. 1903 Dipl.Ing. Anschließend Studium d. Rechts- u. Staatswiss. in Rostock u. München. 1905 Promotion u. bis 1918 im preuß. Staatsdienst, zuletzt als Referent im preuß. Ministerium f. Handel u. Gewerbe. 1918–19 Beurlaubung zum Demobilisierungsministerium als sozialpolitischer Referent. 1920 Präsident d. Reichsarbeitsverwaltung. 1927 Präsident d. *Reichsanstalt f. Arbeitsvermittlung u. Arbeitslosenversicherung*. Am 17. 7. 1932 Ernennung zum *Reichskommissar f. d. Freiwilligen Arbeitsdienst* (bis Jan. 1933). 3. 12. 1932–Jan. 1933 Reichsarbeitsminister im Kabinett → Schleicher. Nach d. Rücktritt Schleichers wieder Präsident d. Reichsanstalt, seit Okt. 1936 zugleich Verwendung in d. Gruppe Arbeitseinsatz beim Beauftragten f. d. Vierjahresplan. Seit 24. 11. 1938 StSekr. im RArbMin. unter Übernahme der Funktionen Arbeitsbeschaffung u. Arbeitslosenhilfe aus d. Reichsanstalt. Am 4. 3. 1939 verfügte S. in einer Verordnung, daß bei arbeitslosen Juden – abgesondert von nichtjüdischen Arbeitern – die Dienstverpflichtung vorzunehmen sei. Nach Kriegsende v. d. Sowjets verhaftet u. wenige Monate später verstorben.
Publ.: *Der Arbeitseinsatz u. die Arbeitslosenhilfe in Dtschld.* (1936);

Hundert Jahre Staatliche Sozialpolitik 1839–1939 (1957); zahlreiche kleinere Schriften.
JW

T

Tank, Kurt Flugzeugkonstrukteur
geb. 24. 2. 1898 in Bromberg,
gest. 5. 6. 1983 in München.
Sohn eines Strombauwarts. Soldat im 1. WK. Danach Studium d. Elektrotechnik u. des Maschinenbaus. April 1924–Dez. 1929 Ltr. d. Aerodynamischen Abt. u. d. Flugerprobung bei d. Firma *Rohrbach* in Berlin. Jan. 1930–Okt. 1931 Ltr. des Projektbüros d. *Bayer. Motorenwerke*. Seit 1931 techn. Leiter u. Chefkonstrukteur d. *Focke-Wulf-GmbH* in Bremen. Wehrwirtschaftsführer, NSDAP-Mitglied. Konstrukteur des Standardjagdflugzeuges Fw 190 (neben der Messerschmitt Me 109). 1945 Berufsverbot. 1947–56 Flugzeugingenieur in Argentinien u. Indien, ab 1968 in Ägypten. Ab 1969 Vertragsberater bei d. *Messerschmitt-Bölkow-Blohm GmbH*.
Ri

Telschow, Otto Gauleiter
geb. 27. 2. 1876 in Wittenberg,
gest. 1945 (Selbstmord?).
Der Sohn eines Bauern u. Gerichtsdieners wandte sich als Zögling d. staatl. preuß. Militärinstituts Schloß Annaburg zunächst d. Soldatenberuf zu u. diente 1893–1902 bei versch. Reiterregimentern; 1902 Unteroffz. Im gleichen Jahr Wechsel als Verwaltungsbeamter z. Hamburger Polizei. Zu Beginn d. 1. WKs Lazarettinspektor, Okt. 1914–17 Soldat an d. Westfront u. in Rumänien. 1917–18 wieder in d. Lazarettverwaltung in Bremen tätig. 1919 bis zur Pensionierung 1924 b. d. Hamburger Polizeiverwaltung. Bereits 1905 Mitglied der (alten) Deutsch-Sozialen Partei, u.a. als Mitarbeiter an den *Dt.-Sozialen Blättern*. 1924 Eintritt in d. Deutsch-völkische Freiheitspartei, Ersatzorganisation d. verbotenen NSDAP; nach deren Neugründung 1925 Übertritt zur NSDAP u. gleichzeitig Ernennung zum GL des Gaues Lüneburg-Stade (Okt. 1928 umbenannt in Ost-Hannover), den er bis zum Zusammenbruch d. Dritten Reiches leitete. Hrsg. d. Gau-Zeitung *Niedersachsen-Stürmer*. Seit Sept. 1930 MdR. Nach d. Machtübernahme 1933 Präsident des Hannoverschen Provinziallandtages; preuß. Staatsrat. Am 16. 11. 1942 Ernennung zum RVK in seinem Gau. Im Mai 1945 versteckte er sich zunächst unerkannt in einem Forsthaus, nach d. Verhaftung durch brit. Soldaten beging er während des Abtransports Selbstmord.
T., der zu den älteren Gauleitern gehörte, überließ die Geschäfte d. Gauleitung zunehmend seinem Stellvertreter Peper u. bemühte

sich erst wieder im Herbst 1944 unter dem Eindruck der drohenden dt. Niederlage, seiner Stellung als RVK auf Kosten Pepers, der seinen Platz räumen mußte, gerecht zu werden.
We

Terboven, Josef Gauleiter, Reichskommissar für die besetzten norwegischen Gebiete, SA-Obergruppenführer
geb. 23. 5. 1898 in Essen,
gest. 8. 5. 1945 in Oslo (Selbstmord).
Sohn eines Landwirts. Seit 1915 Teilnahme am 1. WK, zuletzt Ltn. 1921 Abbruch eines Studiums d. Rechts- u. Staatswissenschaften in Freiburg u. München. Seit 1923 Banklehre. Mitglied d. NSDAP seit 1923; Beteiligung am Hitlerputsch. 1925 Gründer d. NSDAP-Ortsgruppe Essen, Aufbau d. örtlichen SA. Ab März 1925 kurzzeitig Bankbeamter. Juni 1925 Eröffnung eines kleinen NS-Zeitungs- u. Buchvertriebes. Hrsg. d. *Neuen Front*. 1927 NSDAP-Bezirksleiter, Aug. 1928 GL von Essen. 1930 MdR. 1933 preuß. Staatsrat. Ab Febr. 1935 Oberpräsident d. Rheinprovinz. 1936 SA-Ogruf. Mit Kriegsbeginn Ernennung zum RVK f. d. Wehrkreis VI (Münster). Seit 24. 4. 1940 RKom. in Norwegen; am 7. 5. 1945 von → Dönitz abgesetzt.
T. unterstützte einerseits die Kollaborationsregierung unter Vidkun Quisling, betrieb andererseits die wirtschaftliche Ausbeutung des Landes im Interesse der deutschen Kriegswirtschaft u. eine Politik großer Härte gegen den zunehmenden Widerstand der norwegischen Bevölkerung.
Ri

Thierack, Otto Georg Jurist, Reichsjustizminister
geb. 19. 4. 1889 in Wurzen,
gest. 22. 11. 1946 im Lager Eselheide/Sennelager (Selbstmord).
Der Kaufmannssohn studierte nach d. Abitur am humanistischen Gymnasium seit 1910 in Marburg u. Leipzig Jura. 1913 erste jurist. Staatsprüfung, 1914 Promotion in Leipzig. 1914–18 Kriegsteilnehmer, zuletzt Ltn. 1920 Assessor, 1921 Staatsanwalt beim Landgericht Leipzig, 1926 beim Oberlandesgericht Dresden. Aug. 1932 NSDAP-Mitglied (1942 Oberbefehlsleiter). Nach mehrjähriger Zusammenarbeit mit d. SA 1934 SA-Mitglied (1942 SA-Gruf.). 10. 3. 1933 mit der Führung d. Geschäfte des sächs. Justizministers beauftragt, 12. 5. 1933–31. 3. 1935 Staatsminister der Justiz in Sachsen, ab 1. 1. 1935 gleichzeitig Beauftragter d. Reichsjustizministers zur Überleitung d. Rechtspflege auf das Reich, ferner Leiter der Abt. Sachsen-Thüringen des Reichsjustizministeriums. 1. 4. 1935 Vizepräsident des Reichsgerichts. 1. 5. 1936 Präsident des

Volksgerichtshofs. Seit 1937 Leiter des Ausschusses für dt.-ital. Rechtsbeziehungen. August 1939–April 1940 u. April 1941 Wehrdienst, Hptm. 20. 8. 1942–30. 4. 1945 Reichsjustizminister, Präsident der *Akademie für Deutsches Recht*, Ltr. des Rechtsamtes der NSDAP u. des *NS-Rechtswahrerbundes.*
Als Präsident des VGH versuchte der Nationalsozialist T. dieses Gericht → Hitler unmittelbar zu unterstellen, verschärfte dessen Rechtsprechung u. erwies seine Willfährigkeit gegenüber SS- u. Polizeiführer → Himmler, indem er im Oktober 1941 hinter dem Rücken des Reichsjustizministeriums mit dem Chef der Sicherheitspolizei u. des SD und amtierenden Reichsprotektor in Prag, Reinhard → Heydrich, vereinbarte, daß bei dem Prozeß gegen den tschechischen Ministerpräsidenten Eliás unter Mißachtung der bestehenden gesetzlichen Vorschriften ein Gestapo-Beamter statt des Oberreichsanwalts die Anklage vertrat. Auf Vorschlag des Leiters der Parteikanzlei, Martin → Bormann, ernannte ihn Hitler im August 1942 zum Reichsjustizminister mit der Ermächtigung, »eine nationalsozialistische Rechtspflege aufzubauen und ... hierbei vom bestehenden Recht abzuweichen«. Zur Überwindung der »Justizkrise« wechselte T. die meisten leitenden Beamten seines Ministeriums u. die regionalen Spitzen der Justiz aus. Er verschärfte die »Lenkung« der Rechtsprechung durch die Herausgabe der vertraulichen *Richterbriefe*, in denen Urteile gelobt u. getadelt wurden, sowie durch die Einführung der »Vorschau« u. »Nachschau«, d.h. der Vor- u. Nachbesprechung wichtiger Urteile mit den Richtern. T. bewirkte, daß die Todesurteile sprunghaft anstiegen. Mit Himmler vereinbarte er die Abtretung der Justizzuständigkeit für die Strafverfolgung von »Fremdvölkischen« (Juden, Roma, polnischen u. russischen Zwangsarbeitern u.a.) an die Polizei sowie die Auslieferung »asozialer« Strafgefangener der Justiz »zur Vernichtung durch Arbeit« im Konzentrationslager. Die »Urteilskorrektur« durch polizeiliche Exekutionen u. die Lynchjustiz an notgelandeten alliierten Piloten fanden seine Billigung. Einer Anklage im Nürnberger *Juristenprozeß* entzog sich T. im November 1946 durch Selbstmord in brit. Gefangenschaft.
Gch

Thorak, Josef Bildhauer
geb. 7. 2. 1889 in Salzburg,
gest. 26. 2. 1952 in Hartmannsberg/Bayrisch-Gmain.
T. erlernte zunächst wie sein Vater d. Töpferhandwerk, wandte sich dann der Bildhauerei zu u. studierte bis 1914 an d. Wiener Kunst-

akademie, anschließend in Berlin. In den 20er Jahren machte er sich v.a. durch Plastiken in Wachs einen Namen. 1928 erhielt er den Staatspreis d. *Preußischen Akademie der Künste.* T.s Hang zur Monumentalplastik brachte ihm seit den 30er Jahren eine Reihe von Staatsaufträgen, v.a. in d. Türkei, ein. 1934 schuf er das nationale türkische Befreiungsdenkmal in Eskischehir. Seine künstl. Handschrift entsprach den Vorstellungen d. offiziellen NS-Kunst, so daß er während des Dritten Reichs zu einem d. meistbeschäftigten und -geförderten Künstler avancierte. 1935 zeigte das *Amt Rosenberg* eine große Werkschau T.s in Berlin. Bei der *Weltausstellung* in Paris 1937 gestaltete T. zwei Figurengruppen vor dem dt. Pavillon, im selben Jahr wurde er von → Hitler zum Leiter einer Meisterklasse an d. Münchner Kunstakademie berufen; weitere Staatsaufträge, wie die Gestaltung einer Siegesgöttin für das Märzfeld auf dem Nürnberger Reichsparteitagsgelände folgten. Noch vor Kriegsausbruch ließ Hitler dem bevorzugten Bildhauer in Baldham/Obb. ein riesiges Atelier nach den Plänen Albert → Speers bauen, in dem bis zu 17 Meter hohe Plastiken aus einem Stück hergestellt werden konnten. Unvollendet blieb das riesige *Denkmal der Arbeit*, das an d. Reichsautobahn errichtet werden sollte. T. überstand die Entnazifizierung unbeschadet: Die Spruchkammer München sprach ihn im Mai 1948 als »nicht betroffen« frei, u. Berufungsverfahren endeten 1949 u. 1951 gleichlautend. Bereits 1950 trat T. in Salzburg wieder mit einer Einzelausstellung an die Öffentlichkeit u. erhielt bis zu seinem Tod auch immer wieder öffentliche Aufträge.

KK

Thyssen, Fritz Großindustrieller
geb. 9. 11. 1873 in Styrum b. Mülheim a. d. Ruhr,
gest. 8. 2. 1951 in Martinez/ Argentinien.

Studium der Ingenieurwissenschaften in Lüttich, London u. Berlin. 1896/97 Einjährig-Freiwilliger, Ltn. 1898 Eintritt in d. Vorstand d. August-Thyssen-Hütte *Gewerkschaft.* 1914 EK II; 1917 Rittmeister; 1923 Beteiligung am Widerstand gg. d. Ruhrbesetzung, von frz. Kriegsgericht deshalb zu hoher Geldstrafe verurteilt. 1926 Nachfolger seines Vaters an d. Spitze d. Thyssen-Konzerns und Vorsitzender d. Aufsichtsrats d. Vereinigten Stahlwerke A.G.; Vorsitzender d. internationalen Rohstahlgemeinschaft. Im Dez. 1931 Wechsel v. d. DNVP zur NSDAP. 1933 Mitglied des *Generalrats der Wirtschaft*; preuß. Staatsrat. Ständestaatlich orientiert, wurde T. 1933 mit d. Gründung eines *Instituts f. Ständewe-*

sen beauftragt. Nov. 1933–39 MdR. 1934–39 Aufsichtsratsvorsitzender der August Thyssen-Hütte AG. Aus Enttäuschung über d. NS-Kirchen- u. Judenpolitik floh T. nach dem Hitler-Stalin-Pakt 1939 in d. Schweiz. 1940 Ausbürgerung, Verhaftung im unbesetzten Frankreich, Auslieferung an Dtschld. 1940–45 Haft in verschiedenen KZs. 1948 im Spruchkammerverfahren in Königstein als »minderbelastet« eingestuft u. zu begrenztem Vermögenseinzug verurteilt. 1950 Rückerstattung des 1939 beschlagnahmten Vermögens.

T. war Gegner der Weimarer Republik und bekämpfte sie nach Kräften. Er wurde u.a. als Kronzeuge für die These herangezogen, → Hitler sei das Werkzeug der Großindustrie gewesen. Das 1941 in New York unter seinem Namen erschienene Buch *I paid Hitler* wurde jedoch von einem Ghostwriter verfaßt und ist als Quelle für T.s tatsächliches Handeln und seine Rolle bis 1939 nur bedingt heranzuziehen. Seine Bedeutung als Finanzier beim Aufstieg der NSDAP wurde lange Zeit überschätzt. Sein Übertritt von den Deutschnationalen zu den Nationalsozialisten entsprach dem Verhalten vieler seiner deutschnationalen Standesgenossen.

KAL

Todt, Fritz Reichsminister f. Bewaffnung u. Munition
geb. 4. 9. 1891 in Pforzheim,
gest. 8. 2. 1942 bei Rastenburg (Flugzeugabsturz).

Sohn eines Fabrikanten. Ab 1911 Studium d. Ingenieurswissenschaften. Teilnahme am 1. WK als Offizier, danach Abschluß d. Studiums 1920 an der TH Karlsruhe. Tätigkeit als Straßenbauingenieur. Seit Jan. 1922 NSDAP-Mitglied. 1931 SA-Staf. Fachberater im *Amt f. Wirtschaftstechnik u. Arbeitsbeschaffung* d. NSDAP. Ab 30. 6. 1933 *Generalinspektor f. d. dt. Straßenwesen* (seit Nov. mit dem Status einer Obersten Reichsbehörde), Ltr. des *Hauptamts f. Technik* in der RL d. NSDAP. Seit Dez. 1938 *Generalbevollmächtigter f. d. Regelung d. Bauwirtschaft*; verantwortlich f. d. gesamte Bauwesen, u.a. den Bau d. Reichsautobahnen u. die militär. Befestigungen. Schaffung d. *Organisation Todt* (*OT*) mit rd. 350000 Arbeitskräften zum Bau des Westwalls. Während d. Krieges Ausbau d. *OT* in den gesamten besetzten Gebieten zu einer Organisation von 800000 dt. u. ausländischen Arbeitskräften. Am 17. 3. 1940 Ernennung T.s zum RMin f. Bewaffnung u. Munition, am 29. 7. 1941 auch zum *Generalinspekteur f. Wasser u. Energie*. Als erstem Deutschen wurde T. f. seine Verdienste beim Bau d. Autobahnen u. des Westwalls der von → Hitler gestiftete

Deutsche Orden verliehen. Ernennung zum Generalmajor d. Luftwaffe, SA-Ogruf. Nach einer Inspektionsreise an d. Ostfront im Herbst 1941 schätzte der nüchtern denkende T. die Kriegslage sehr pessimistisch ein u. forderte v. Hitler erfolglos Maßnahmen zur besseren Versorgung d. Wehrmacht.
T. oblag als Leiter aller im Rahmen des Vierjahresplans durchzuführenden Baumaßnahmen und aller Straßen-, Kanal- u. Eisenbahnbauvorhaben – sowohl im Reich als auch in den besetzten Gebieten – ein riesiges Arbeitsfeld, zu dem nach dem Frankreichfeldzug der Bau des sog. *Atlantikwalls* u. bombensicherer U-Boot-Stützpunkte hinzukamen. Ein zurückhaltender Technokrat, hielt sich T. aus den politischen Machtkämpfen der Hitler-Diadochen heraus, was seiner Stellung dank Hitlers Wertschätzung selbst bei einigen Auseinandersetzungen mit dem Beauftragten f. d. Vierjahresplan, → Göring, nicht schadete. Weil er sich auch gegenüber Hitler mit Kritik nicht zurückhielt u. es bei seinem letzten Besuch im Führerhauptquartier zu einer lautstarken Auseinandersetzung zwischen Hitler u. ihm kam, gab der Absturz seiner Maschine am nächsten Morgen Anlaß zu Gerüchten, die von flugtechnischer Seite allerdings nicht bestätigt wurden.
Ri

Trenker, Luis (Franz Alois)

Schriftsteller, Filmregisseur, Schauspieler
geb. 4. 10. 1892 in St. Ulrich/ Südtirol,
gest. 12. 4. 1990 in Bozen.
Sohn eines Malers, Schnitzers u. Bildhauers. 1903–05 Besuch d. Bau- u. Kunsthandwerkerschule Bozen, 1905–12 Realschule in Innsbruck; während d. Ferien Bergsteiger u. Skilehrer. Nach dem Abitur 1912 Architekturstudium in Wien. 1914–18 Teilnahme am 1. WK zunächst als Kanonier in Galizien, dann Offz. in einer Bergführerkompanie in den Dolomiten. 1920–24 Abschluß d. Architekturstudiums in Graz. 1924–27 als Architekt in Bozen, Bergführer, Skilehrer. 1923 erste Kontakte zum Film. 1924 erste Hauptrolle *Berg d. Schicksals*. 1927–40 als Regisseur, Schauspieler u. Schriftsteller in Berlin; erste Regiearbeit in d. Stummfilm *Kampf ums Matterhorn* (1928). T. zeichnete auch für zahlreiche Romane u. Sachbücher verantwortlich. 1935 Preis in Venedig für den ausländischen Film mit der »wichtigsten moralischen Aussage« in *Der verlorene Sohn*. 1936 *Mussolini-Pokal* in Venedig f. d. besten ausländischen Film *Der Kaiser von Kalifornien*, NS-Prädikat »staatspolitisch und künstlerisch besonders wertvoll«. 1940 Annahme der dt. Staatsbürgerschaft. 1. 10. 1940 Aufnahme in die NSDAP. 1942 *Germanin*, letzter Film T.s im nat-

soz. Dtschld. Weitere Filmprojekte in Italien. Nach Kriegsende Wohnsitz in Südtirol u. München. Zahlreiche nationale u. internationale Auszeichnungen.
In seinen Filmen, Büchern und Hauptrollen vermittelte T. Heimatverbundenheit und ein urwüchsiges, der Natur verpflichtetes Leben in den Bergen in Gegenüberstellung zur dekadenten Stadtwelt. Solche Themen trafen sich mit nationalsozialistischen Idealen und wurden propagandistisch genutzt. T.s Antrag auf Übersiedelung ins Reich und auf dt. Staatsbürgerschaft wurde vom Reichsführer SS, Heinrich Himmler, nur widerstrebend stattgegeben. T. wurde vor dem Hintergrund der Auseinandersetzungen um Südtirol nach dem Kriege vorgeworfen, sich »deutschfeindlich«, »italienfreundlich« und den Nationalsozialisten gegenüber opportunistisch verhalten zu haben. Vergeblich bemühte sich T. in den folgenden Jahren um Genehmigungen für Projekte und Verträge in Deutschland. T. veröffentlichte 1967 Memoiren u.d.T. *Alles gut gegangen: Geschichten aus meinem Leben*, und wenige Jahre vor seinem Tod *Vom Glück eines langen Lebens* (1988).
AS

Tresckow, Henning v.

Generalmajor
geb. 10. 1. 1901 in Magdeburg, gest. 21. 7. 1944 bei Ostrów/ Polen (Selbstmord).
Sohn eines Offiziers u. Gutsbesitzers. Nach Notabitur 1917 stieg er als Kriegsfreiwilliger rasch zum Offz. auf. 1920 Jura-Studium in Berlin u. Kiel, nebenbei Börsenhandel. 1926 Wiedereintritt in d. Armee. T. stand d. Weimarer Demokratie skeptisch gegenüber u. begrüßte d. natsoz. Machtergreifung 1933. Nach dem »Röhm-Putsch« 1934 u. dem Novemberpogrom 1938 (»Reichskristallnacht«) vollzog sich bei ihm jedoch eine zunehmende Distanzierung vom NS bis zur entschiedenen Gegnerschaft. Bereits vor Kriegsausbruch nannte T. seinem Vetter Schlabrendorff gegenüber → Hitlers Tod als einzige Möglichkeit d. Rettung Dtschld.s. Im Krieg Einsatz als Generalstabsoffz. im Polen- u. Frankreichfeldzug. 1942 Beförderung zum Oberst. Als Erster Generalstabsoffz. d. HGr. Mitte unter GFM v. → Kluge organisierte er ab Ende 1942 Attentatsversuche auf → Hitler, die jedoch scheiterten oder nicht ausgeführt werden konnten. Seit Juli 1943 plante er mit → Stauffenberg den Umsturz. Verzögerung bedeutete im Nov. 1943 seine Versetzung zur 2. Armee als deren Chef d. Stabes, wo er Jan. 1944 zum GenMaj. befördert wur-

de. Als sich herausstellte, daß das Attentat vom 20. Juli 1944 gescheitert war, beging er nach einem vorgetäuschten Feuerüberfall Selbstmord. Die Absicht, damit weitere Mitwisser unter seinen Offizieren u. seine Familie zu schützen, mißlang jedoch. Auch sein Bruder Gerd entschied sich in der Haft für den Freitod.
Den

Troost, Gerdy (geb. *Andersen*)
Architektin
geb. 3. 3. 1904 in Stuttgart,
lebt in Oberbayern.
Vater war Inhaber v. Holzkunstwerkstätten in Bremen, in denen sie nach ihrer Schulausbildung 1910–20 arbeitete. Dort lernte die 19jährige den 26 Jahre älteren Architekten Paul Ludwig → Troost kennen, den sie 1925, ein Jahr nach ihrer Übersiedlung nach München, heiratete. 1930 machte T. über ihren Mann die Bekanntschaft Adolf → Hitlers u. trat 1932 der NSDAP bei. Nach d. Tod ihres Mannes 1934 führte sie zusammen mit Prof. Leonhard Gall dessen Architekturatelier weiter u. betreute u.a. den Bau des *Hauses der Dt. Kunst*, die Umgestaltung des *Königsplatzes*, die *Führerbauten* u. *Ehrentempel*. Später war sie mehr auf kunstgewerblichem Gebiet tätig, fertigte Geschenke für → Göring, Mussolini u.a. an u. gestaltete Ritterkreuz-Urkunden. 1935 kam sie in den Vorstand des *Hauses der Dt. Kunst*; 1937 ernannte Hitler sie zur Professorin. 1938 wurde sie Mitglied im künstlerischen Beirat der *Bavaria-Filmkunst GmbH*. Sie bewegte sich bis zum Ende d. Kriegs im Umfeld von Hitler. Im Spruchkammerverfahren vor d. Hauptspruchkammer München wurde sie im März 1950 als »Minderbelastete« eingestuft, zu 500 DM Strafe u. 10 Jahren Berufsverbot verurteilt. Danach arbeitete sie wieder u. lebt seitdem in Oberbayern.
Den

Troost, Paul Ludwig Architekt
geb. 17. 8. 1878 in Wuppertal-Elberfeld,
gest. 21. 1. 1934 in München.
Besuch des Realgymnasiums Elberfeld, Studium an der TH Darmstadt als Schüler von Ludwig Hoffmann; 1902 Habilitation. Als selbständiger Architekt wurde er vor allem durch die Innenausstattung d. großen Lloydschiffe bekannt. 1925 heiratete er Gerhardine (Gerdy) Andersen (→ Troost, Gerdy). 1929 machte er b. d. Verlegerfamilie Bruckmann die Bekanntschaft Adolf → Hitlers, der fortan zu seinem Bewunderer wurde u. ihn f. d. Gestaltung d. natsoz. Repräsentationsbauten in München gewann (*Haus der Deutschen Kunst*, Umgestaltung des *Königsplatzes*, sog. *Führerbauten*, *Ehrentempel*). T.s neoklassizist. Stil galt in den frü-

hen 30er Jahren als offizieller Stil des NS. Seine Frau Gerdy führte nach T.s Tod 1934 sein Werk weiter.
Den

Trott zu Solz, Adam Diplomat
geb. 9. 8. 1909 in Potsdam,
gest. 26. 8. 1944 in Berlin-Plötzensee (hingerichtet).
Sproß einer Diplomatenfamilie, Vater war preuß. Kultusminister. Schulzeit in Kassel u. Hannoversch-Münden, 1927–30 Jura-Studium in München, Göttingen u. Berlin, 1931–33 als Rhodes-Stipendiat in Oxford, wo er Kontakte knüpfte, die später noch wichtig werden sollten. 1933–36 Referendariat, danach Studienaufenthalte in Ostasien u. in den USA. 1940 Eintritt in die Informationsabteilung des Ausw. Amtes. Aus v. d. Mutter geprägten christl. Motiven heraus Gegnerschaft zum NS; Anschluß an den *Kreisauer Kreis*. Juli 1939 in Großbritannien Treffen mit Chamberlain; Okt. 1939 Verhandlungen in Washington. 1943/44 Treffen mit brit. u. amerik. Diplomaten in der Schweiz, März u. Juni 1944 in Schweden Kontakte zu führenden Staatsmännern. In seinen Verhandlungen mit alliierten Persönlichkeiten bemühte T. sich zunächst um Anerkennung des dt. Widerstands, im Verlauf des Krieges schließlich v.a. um einen Frieden, der Dtschld. genug Lebensmöglichkeiten für einen Wiederaufbau bot. Die Einbeziehung der Sowjetunion in die Verhandlungen u. d. Festhalten an für d. Alliierten inakzeptablen Gebietsforderungen waren neben dem grundsätzlichen Mißtrauen gg. einen im Dienst d. Dritten Reiches stehenden Diplomaten die wesentlichen Gründe für d. Scheitern von T.s diplomatischen Missionen im Auftrag dt. Widerstandskreise. Als Beteiligter an d. Verschwörung vom 20. Juli 1944 wurde T. am 15. 8. 1944 vom VGH zum Tod verurteilt.
Den

Tschammer und Osten, Hans v. Reichssportführer
geb. 25. 10. 1887 in Dresden,
gest. 25. 3. 1943 in Berlin.
Sohn eines kgl. sächs. Kammerherrn. 1907 sächs. Fähnrich. 1914 schwere Verwundung, dauernde Lähmung d. rechten Hand. 1917 Nachrichtenoffiz. im Großen Hauptquartier. 1919 als Hptm. verabschiedet. 1920–24 in der Landwirtschaft tätig. 1922 Eintritt in den *Jungdeutschen Orden*. 1923–26 Komtur der Großballei Sachsen. 1930 Eintritt in die NSDAP. Januar 1931 SA-Staf., März 1932 SA-Gruf., Führer der SA-Gruppe Mitte. 1932–45 MdR. April 1933 Sonderkommissar der OSAF im Reichsministerium d. Innern. 28. 4. 1933 Reichssportkommissar. 19. 7. 1933 Reichssportführer im Range eines StSekr. im

Reichsministerium d. Innern, in Personalunion Fhr. des *Dt. Reichsbundes f. Leibesübungen*. Ltr. des Hauptamtes Kampfspiele der HJ und SA. Präsident der Reichsakademie f. Leibesübungen. Präsident des *Dt. Olympischen Ausschusses* u. d. *Nationalen Olympischen Komitees*.
T. wird einerseits als redegewandt und gewinnend, andererseits als reizbar u. rücksichtslos geschildert. Der bedingungslose Gefolgsmann → Hitlers organisierte die Gleichschaltung des deutschen Sports u. die Verdrängung oder Aussonderung jüdischer Sportler, die z.B. im *Dt. Reichsbund f. Leibesübungen* nicht Mitglied sein durften.
KAL

U

Udet, Ernst Generalluftzeugmeister, Generaloberst
geb. 26. 4. 1896 in Frankfurt a. M., gest. 17. 11. 1941 in Berlin (Selbstmord).
Sohn eines Ingenieurs. Abitur an Münchner Gymnasium. 1914 Kriegsfreiwilliger b. d. Motorradfahrertruppe. 1915 als Jagdflieger an d. Front. 1918 Ltn., Staffelkapitän, Verleihung d. *Pour le mérite* nach d. zweithöchsten Zahl v. Flugzeugabschüssen während d. 1. WKs. 1919 Abschied als Obltn. 1922 Gründung der *Udet-Flugzeugbau GmbH*. 1925 Kunstflieger u. Testpilot. Mitwirkung an mehreren Filmproduktionen. Dadurch weltweite Popularität. 1933 Fliegerkommodore im *Dt. Luftsportverband*. Nach d. Enttarnung d. dt. Luftrüstung 1935 Oberst im Reichsluftfahrtministerium. 1936 Inspekteur d. Jagd- u. Sturzkampfflieger. Am 10. 6. 1936 Chef des Technischen Amts d. Luftwaffe. 4. 2. 1938 bis zu seinem Tod Generalluftzeugmeister. 1939 Generalmajor. 1940 Verleihung d. Ritterkreuzes. 19. 7. 1940 GenObst. d. Luftwaffe. U.s Selbstmord nach einer heftigen Auseinandersetzung mit → Göring wurde gegenüber d. Öffentlichkeit als Flugunfall dargestellt. Göring hielt d. Totenrede beim Staatsbegräbnis.
Das von U. zwar nicht entwickelte, aber vertretene Konzept, die Luftwaffe auf Jäger, Sturzkampfflugzeuge u. leichte Bomber zu beschränken, die Entwicklung schwerer strategischer Bomber aber zurückzustellen, hatte in der Blitzkriegsphase Erfolg. In der Luftschlacht um England war d. Luftwaffe ihrer Aufgabe materiell u. personell schon nicht mehr gewachsen. Göring, der sich um die Belange d. Luftwaffe selbst nur ungenügend gekümmert hatte, machte U. für die völlige Unzulänglichkeit d. Luftwaffe im Krieg gegen die Sowjetunion verantwortlich u. trieb ihn damit in den Selbstmord. U. diente Carl Zuckmayer als Vor-

bild für den Titelhelden seines Dramas *Des Teufels General.*
KAL

Uiberreither, Siegfried Gauleiter, SA-Obergruppenführer
geb. 29. 3. 1908 in Salzburg,
gest. um 1980.
Sohn eines höh. Beamten. Nach Abschluß d. Oberrealschule in Salzburg 1927–33 Studium d. Rechte in Graz; Mitglied einer Burschenschaft. Im Juli 1933 Promotion zum Dr. jur. Bereits 1924 Mitglied d. *Schilljugend.* Betätigung im *Steirischen Heimatschutz.* 1931 Aufnahme in die SA; 1937 SA-Schulungsleiter, März 1938 SA-Brigadefhr. u. kurze Zeit Polizeipräsident v. Graz. Nach dem »Anschluß« Österreichs Eintritt in d. NSDAP im Okt. 1938, im Nov. 1938 Beförderung zum SA-Gruf. Im gleichen Jahr MdR. Mai 1939 Ernennung zum GL, Juni 1939 auch Landeshauptmann d. Steiermark; am 15. 3. 1940 Reichsstatthalter in d. Steiermark. Okt. 1939–Juli 1940 Wehrdienst, zuletzt Ltn. Nach Besetzung großer Teile Jugoslawiens im Verlauf des Balkanfeldzuges Ernennung U.s am 14. 4. 1941 zum Chef d. Zivilverwaltung d. von Dtschld. beanspruchten Untersteiermark. Am 16. 11. 1942 RVK für sein Gaugebiet. Nov. 1943 Ernennung zum SA-Ogruf. Nach d. dt. Kapitulation geriet U. in brit. Gefangenschaft u. sagte bei den Nürnberger Prozessen als Zeuge aus. Aus d. Internierung in Darmstadt floh er nach Südamerika u. soll um 1980 gestorben sein.
We

V

Veesenmayer, Edmund Diplomat, SS-Brigadeführer u. Bevollmächtigter d. Großdeutschen Reiches in Ungarn
geb. 12. 11. 1904
in Bad Kissingen,
gest. 24. 12. 1977 in Darmstadt.
1923–26 Studium d. Staatswissenschaften in München, 1926–28 Promotion bei Adolf Weber. Dozent an d. TH München u. d. Wirtschaftshochschule Berlin. V. lernte Anfang 1932 → Hitlers späteren Wirtschaftsbeauftragten, Wilhelm → Keppler, kennen. Seit Febr. 1932 Mitglied d. NSDAP, seit Juni 1934 d. SS. Wirtschaftsreferent im Verbindungsstab d. NSDAP, ab April 1934 Referent bei Keppler. Durch seinen Förderer Keppler knüpfte V. zahlreiche Beziehungen zu einflußreichen Wirtschaftskreisen. Keppler wurde im Juli 1937 m. d. Vorbereitung d. österr. Anschlusses beauftragt, V. war sein Stellvertreter u. hatte maßgeblichen Anteil an d. Ausschaltung d. österr. Landesleiters d. NSDAP, Josef → Leopold, u. am »Anschluß«. Zw. März u. Juni 1938 Referent bei Keppler,

dem *Reichsbeauftragten f. Österreich.* Danach holte der im Febr. 1938 zum Reichsaußenminister ernannte J. v. → Ribbentrop Keppler u. V. ins Ausw. Amt. Zw. Nov. 1938 u. März 1939 mehrmals als Informant u. Verbindungsmann nach Bratislava gesandt. Im Gegensatz zu → Seyß-Inquart u. → Bürckel plädierte V. schon frühzeitig f. Josef Tiso als zukünftigen slowak. Staatspräsidenten. Im Aug. 1939 war V. in Danzig, um als Agent provocateur d. dt.-poln. Spannungen zu erhöhen. Ab März 1940 bis Anfang 1944 m. d. Bearbeitung d. Fragenkomplexes Irland beauftragt. V. plante Geheimunternehmen, um d. Iren zu einem Aufstand gegen Großbritannien zu bewegen. Kurz vor d. dt. Angriff auf Jugoslawien im April 1941 wurde V. nach Zagreb gesandt, um d. kroatische Selbständigkeit zu forcieren. Nachdem sich d. dt. Wunschpartner, Vladko Macek, versagte, unterstützte V. d. kroatische Ustasa u. Ante Pavelic. In d. Jahren 1941/42 hielt sich V. mehrere Male in Kroatien u. Serbien auf, um die dt. Gesandtschaften, u.a. in d. Partisanenfrage, zu beraten. V. forderte dabei vehement d. Deportation serbischer Juden. 1943 versuchte er vergeblich, Tiso zur Wiederaufnahme d. Judendeportationen in d. Slowakei zu bewegen. Ebenfalls 1943 war V. im Frühjahr u. Herbst in Ungarn, um d. politische Situation zu erkunden. V. warnte Ribbentrop u. Hitler vor einem Ausscheren Ungarns aus d. Front der Achsenmächte u. riet zum Eingreifen. Vor d. dt. Intervention in Ungarn wurde er im März 1944 als Gesandter I. Kl. zum *Bevollmächtigten des Großdeutschen Reichs in Ungarn* u. SS-Brigadeführer ernannt. Neben d. Überwachung d. ung. Regierungen (Sztójay, Lakatos, Szálasi) u. Admiral Horthys sowie d. Durchsetzung dt. Interessen arbeitete V. auch an d. Deportation d. ung. Juden mit. Im März 1945 verließ er Ungarn u. stellte sich Mitte Mai bei Salzburg den US-Truppen. Im Nürnberger *Wilhelmstraßenprozeß* wurde V. am 2. April 1949 zu 20 Jahren Gefängnis verurteilt, im Dez. 1951 durch den amerik. Hochkommisar McCloy jedoch begnadigt. Anschließend war V. als Generalvertreter f. Dtschld. d. frz. Fa. Pennel & Bulgomme tätig u. lebte bis zu seinem Tod in Darmstadt.

V. war eines d. wichtigsten diplomatischen Werkzeuge, wenn es galt, den Zerfall von Staaten, v.a. in Ost- u. Südosteuropa, zu forcieren, Regierungen zu stürzen bzw. neue einzusetzen. Zu den wesentlichen Anliegen seiner diplomatischen Tätigkeit in Jugoslawien, der Slowakei und Ungarn gehörte die Deportation der ansässigen Juden in die Vernichtungslager der SS.

IPM

Vesper, Will (Wilhelm) Schriftsteller
geb. 11. 10. 1882 in Barmen/Wuppertal,
gest. 11. 3. 1962 in Triangel/Sassenburg b. Gifhorn.
Sohn einer Bauernfamilie. Humanistisches Gymnasium in Barmen. Nach Abitur Germanistik- u. Geschichtsstudium in München. 1906 literar. Beirat des *C. H. Beck Verlags*. Ab 1911 freier Schriftsteller in Hohenschäftlarn. 1913–14 Aufenthalt in Florenz. 1915–18 Teilnahme am 1. WK, zuletzt als wiss. Hilfsarbeiter im Generalstab. 1918–20 Feuilletonleiter der *Dt. Allgemeinen Zeitung*. Ab 1920 freier Schriftsteller in Meißen. 1923–43 Hrsg. der Monatszeitschrift *Die Schöne Literatur* (ab 1931 *Die neue Literatur*). Jährliche Herausgabe des Weihnachtskatalogs *Der Buchberater*. 1933 Mitglied der *Dt. Akademie der Dichtung*; Gauobmann d. *NS-Reichsverbandes dt. Schriftsteller*. 10. 5. 1933 Redner anläßlich der Bücherverbrennung in Dresden. Nach dem Krieg kaum öffentliche Auftritte. 1951 Teilnahme an Hans → Grimms *Lippoldsberger Dichtertreffen*.
V. erwies sich durch eine zutiefst nationalistische, antisemitische und nationalsozialistische Haltung als wichtiges Aushängeschild der NS-Literaturpolitik. Dies spiegelte sich nicht nur in seinen Werken wider. Vor allem dank seiner Artikel und Kritiken in der *Neuen Literatur* galt V. den Nationalsozialisten als »Gewissen d. Nation«, als »unermüdlicher Bewahrer und Erneuerer dt. Geistesschätze« sowie als »volksbewußter Dichter«.
AS

Vögler, Albert Großindustrieller und Politiker
geb. 8. 2. 1877 in Borbeck an der Ruhr,
gest. 14. 4. 1945 bei Dortmund.
Als Sohn eines Zechen-Betriebsführers geboren, nach Realgymnasium u. Lehre in einer Maschinenfabrik Studium an d. TH Karlsruhe; 1901 Promotion. 1901–06 Tätigkeit als Hütteningenieur, 1906 Oberingenieur b. d. Dortmunder Union. 1910 v. Stinnes sen. zur Dt.-Luxemburgischen Bergwerks- und Hütten AG geholt, dort 1915–26 Generaldirektor. 1917 Vorsitzender d. *Vereins dt. Eisenhüttenleute*. Zusammen mit Stinnes Gründung d. *Rhein-Elbe-Union* u. 1920 der *Siemens-Rhein-Elbe-Schuckert-Union*. Nach dem Tod v. Stinnes sen. stimmte er d. Auflösung beider Firmen zu u. wurde 1926 Mitbegründer d. *Vereinigten Stahlwerke*, des größten europ. Stahlkonzerns, dessen Leitung er im gleichen Jahr übernahm u. bis 1935 innehatte. Vorsitzender u. Mitglied in zahlreichen Aufsichtsräten. 1919 Abgeordneter d. *Verfassungsgebenden Nationalversammlung*, 1920–24 Reichstagsabgeordneter der

DVP. In Opposition gg. den Kurs Stresemanns engagierte er sich ab März 1924 in d. *Nationalliberalen Vereinigung*, einer innerparteilichen Oppositionsgruppe, die sich der DNVP annäherte, und verließ schließlich die DVP im gleichen Jahr. 1929 gehörte er zur dt. Delegation b. d. Reparations-Sachverständigenkonferenz in Paris, die den Young-Plan verhandelte. V. verweigerte seine Zustimmung zu dem Plan u. verließ d. Delegation nach drei Monaten. In d. Endphase d. Weimarer Republik gehörte V. zu den Kreisen d. Großindustrie, die → Hitler förderten u. finanzierten, u.a. als Mitglied der *Ruhrlade*, einem abseits der Öffentlichkeit agierenden Gremium von zwölf führenden Großindustriellen. Er war Mitglied im 1932 entstandenen → *Keppler-Kreis*, der der Kontaktpflege zwischen NSDAP u. Industrie diente. V. befürwortete Ende 1932 die Ernennung Hitlers zum Reichskanzler. Er war am 20. 2. 1933 Teilnehmer am Geheimtreffen führender Wirtschaftsvertreter mit Hitler, zu dem → Göring eingeladen hatte. 1933 zog er über die NSDAP-Einheitsliste wieder in den Reichstag ein, ohne Partei-Mitglied zu sein. In der letzten Phase des Krieges übernahm V. koordinierende Funktionen für die Kriegswirtschaft. → Speer ernannte ihn im Dez. 1944 zu seinem *Generalbevollmächtigten für das Rhein-Ruhr-Gebiet*. Als Chef des *Ruhrstabes* leitete er gleichzeitig die im Ruhrgebiet arbeitenden Dienststellen von Speers Ministerium u. konnte in eigener Regie Maßnahmen ergreifen, um d. Produktion aufrechtzuerhalten. Am Ende des 2. WKs nahm er Gift, um d. Verhaftung durch amerik. Soldaten zu entgehen.

PW

W

Wächtler, Fritz Gauleiter und SS-Obergruppenführer
geb. 7. 1. 1891 in Triebes/Thüringen,
gest. 19. 4. 1945 in Herzogau/Bayerischer Wald (ermordet).

W., Sohn eines Uhrmachers, wurde 1905–11 auf dem Weimarer Lehrerseminar zum Volksschullehrer ausgebildet. Nach 2jähr. Lehrertätigkeit u. Wehrdienst als Einjährig-Freiwilliger 1914 Kriegsteilnehmer, 1915 Beförderung zum Ltn., versch. Kriegsauszeichnungen. Nach Kriegsende wieder Lehrer in Thüringen. Seit April 1926 NSDAP-Mitglied, Gründer u. Leiter d. Ortsgruppe u. Fhr. d. SA seines Wohnorts; Bezirksleiter d. Partei für Weimar-Nord. 1929 MdL in Thüringen, Gauorganisationsleiter u. stellv. GL f. d. Gau Thüringen. Aug. 1930 Volksbildungsminister im Kabinett → Sauckel, Mai 1933 auch Innenminister. Nov. 1933 MdR. 1934 Übertritt zur SS als SS-Oberfhr. Als Nachfolger d. tödlich verunglückten GL → Schemm wurde W. am 5. 12. 1935 zum GL des Gaues Bayerische Ostmark u. zum Ltr. d. NSDAP-*Hauptamtes f. Erziehung*, ferner zum kommissar. Leiter d. *NS-Lehrbundes* ernannt; seit Jan. 1936 auch Sachbearbeiter f. Volksschulfragen im Stab → Heß. 1937 SS-Gruf. u. preuß. Staatsrat. Am 16. 11. 1942 Ernennung zum RVK in seinem Gau. Im Aug. 1944 SS-Ogruf. Nach dem Vorstoß amerikan. Truppen auf die Gauhauptstadt Bayreuth wurde W. wg. vorzeitigen Verlassens seiner Befehlsstelle in Bayreuth von einem SS-Kdo. in der Gauleitungs-Ausweichstelle b. Waldmünchen erschossen, angeblich auf Grund eines Hitler-Befehls, vermutlich aber nach einer Intrige seines Stellvertreters Ruckdeschel mit → Bormann.

Als Alkoholiker neigte W. zu unbeherrschten Ausbrüchen u. Bloßstellungen auch gegenüber Untergebenen, war deshalb auch von → Hitler wenig geschätzt, blieb aber doch bis 1945 unangetastet.

We

Wagener, Otto Generalmajor, Wirtschaftsberater Hitlers
geb. 29. 4. 1888 in Durlach,
gest. 9. 8. 1971 in Chieming.
Sohn eines Industriellen. Nach d. Gymnasium ergriff W. die Offizierslaufbahn. Kriegsteilnehmer, seit 1916 im Generalstab. Nach d. Krieg Planung eines Überfalls auf das besetzte Posen, wg. drohender Verhaftung Flucht ins Baltikum. Hier 1919 an der Zusammenfassung aller Freikorps zur *Deutschen Legion* beteiligt, nach dem Tod Siewerts ihr Leiter. Anschließend Mitglied v. Freikorps in Oberschlesien, Sachsen u. im Ruhrgebiet. Seit 1920 Wirtschaftsstudien, Auslandsreisen u. Tätigkeiten in der Wirtschaft. Seit 1923 Mitglied d. SA, seit 1929 auch d. NSDAP. Okt. 1929–Dez. 1930 *Stabschef d. SA*. 1929 und 1933/34 Mitglied des Reichstags. Ab Jan. 1931 Leiter d. *Wirtschaftspolitischen Abt.* in d. RL d. NSDAP, seit Sept. 1932 im Stab → Hitlers Berater z.b.V. April–Juni 1933 *Reichskommissar f. d. Wirtschaft*. Interne Konflikte führten 1933/34 zu einem Verfahren v. dem Parteigericht. Kurzzeitige Inhaftierung nach der Röhm-Krise 1934. Rückkehr zum Heer. Im 2. WK Frontdienst. Gg. Ende d. Krieges GenMaj. u. Divisionskommandeur. Nach d. Krieg in engl., 1947–52 in ital. Gefangenschaft; hierbei bereits 1946 Gelegenheit, seine Erinnerungen an Hitler u. die Frühgeschichte d. NSDAP (1929–33) niederzuschreiben (hrsg. v. H. A. Turner, *Hitler aus nächster Nähe*, 1977).

Ri

Wagner, Adolf Gauleiter von München-Oberbayern, bayerischer Minister, SA-Obergruppenführer
geb. 1. 10. 1890 in Algringen/ Lothringen,
gest. 12. 4. 1944 in Bad Reichenhall.
Besuch v. Oberrealschulen in Metz u. Pforzheim. 1909–10 Dienst als Einjährig-Freiwilliger in Straßburg. Bis 1911 Studium d. Naturwissenschaften u. Mathematik in Straßburg, dann bis Kriegsausbruch 1914 Bergbau-Studium an d. TH Aachen. Als Inf.-Ltn. Kompanieführ. u. Ordonnanzoffz. im 1. WK. Mehrfach verwundet (Beinverlust), zahlreiche Kriegsauszeichnungen. 1919–29 Direktor versch. Bergwerksgesellschaften in d. Oberpfalz u. in Österreich; danach Verleger. 1923 Eintritt in die NSDAP, Teilnehmer am Hitler-Putsch; 1924 Mitglied des Bayerischen Landtags. GL des NSDAP-Gaues Oberpfalz seit 1. 9. 1928, seit 1. 11. 1929 zusätzlich auch d. Gaues Groß-München. Nach d. Zusammenlegung d. Gaue Groß-München u. Oberbayern zum Gau München-Oberbayern GL des neuen Gaues (»Traditionsgau«) seit 1. 11. 1930. 1933 MdR. Seit März 1933 Staatskommissar für Bayern u. kommissar. Innenminister, seit 14. 4. 1933 bayer. Innenminister u. stellv. Ministerpräsident, seit 1. 12. 1936 zusätzlich noch bayer. Kultusminister. Während d. »Niederschlagung« des sog. Röhm-Putsches Juni 1934 spielte W. eine bedeutende Rolle. Im Stab d. Stellvertreters d. Führers (Rud. → Heß) war er *Beauftragter f. d. Neuaufbau d. Reiches*. Bei Kriegsbeginn Ernennung zum RVK für die Wehrkreise VII u. VIII. Schlaganfall im Juni 1942, von dem er sich bis zu seinem Tod im April 1944 nicht wieder erholte. → Hitler erschien persönlich zu seinem Staatsbegräbnis u. zeichnete d. Toten mit d. Goldenen Kreuz mit Eichenlaub des Deutschen Ordens aus. Beisetzung bei den Ehrentempeln am Münchner Königsplatz.
W. erfreute sich der besonderen Wertschätzung Hitlers u. blieb bis zu seiner Erkrankung einer der wichtigsten Gauleiter u. innerparteilichen Stützen Hitlers. Gefürchtet wegen seines despotischen Führungsstils zeigte er sich besonders unverhüllt als typischer NS-Funktionär der älteren Generation in seiner Ablehnung der Kirchen (Entfernung der Kruzifixe aus den bayerischen Schulen) u. in seinem fanatischen Antisemitismus.
Den

Wagner, Gerhard Reichsärzteführer
geb. 18. 8. 1888 in Neu-Heiduk/ Oberschlesien,
gest. 25. 3. 1939 in München.
Sohn eines Chirurgieprofessors. Medizinstudium in München. 1914–18 Frontdienst als Arzt, Kriegsauszeichnungen (EK I u.a.). Seit 1919

Allgemeinpraktiker. 1921–23 Mitglied der *Freikorps Epp* u. *Oberland*; bis 1924 Ltr. d. *Deutschtumsverbände Oberschlesiens*. Seit Mai 1929 in d. NSDAP. Mitbegründer, seit 1932 Führer d. *Nationalsozialistischen Dt. Ärztebundes* (*NSDÄB*). Seit Nov. 1933 MdR (Pfalz). 1934 Bestellung zum *Reichsärzteführer*. Außerdem *Beauftragter d. Führers f. Fragen d. Volksgesundheit*. Ab 1933 Ltr. des *Hauptamts f. Volksgesundheit* in der Reichsleitung d. NSDAP, ab 1936 im Rang eines Hauptdienstleiters. Seit Dez. 1935 Leiter d. Reichsärztekammer. 1937 SA-Ogruf.; ferner Beauftragter f. Hochschulfragen im Stab d. Stellv. d. Fhrs., Rudolf → Heß.
W. war mitverantwortlich für Euthanasie u. Sterilisation von Juden und Behinderten und zeigte sich auf dem Nürnberger Parteitag 1935 als entschiedener Befürworter der Nürnberger Gesetze und damit der Rassengesetzgebung und Rassenpolitik des Dritten Reiches.
Ri

Wagner, Josef Gauleiter
geb. 12. 1. 1899 in Algringen/ Lothringen,
gest. Ende April 1945 in Berlin (ermordet).
Der Sohn eines Bergmanns kam nach der Volksschule 1913 auf d. Lehrerseminar in Wittlich. Im Juni 1917 zum Kriegsdienst eingezogen, geriet er im Mai 1918 verwundet in frz. Gefangenschaft, aus der er fliehen konnte u. üb. d. Schweiz im Aug. 1918 nach Dtschld. zurückkehrte. Nach Abschluß d. Lehrerausbildung im Okt. 1920 fand er 1921 in Fulda zunächst Arbeit als Finanzbeamter, dann bis 1927 beim Bochumer Verein, wo er als Hilfsarbeiter, Korrespondent u. Sachbearbeiter in d. Bergbauabteilung tätig war. Im Mai 1927 Anstellung im Lehrerberuf, wg. seiner polit. Betätigung f. d. NSDAP jedoch bereits im Okt. 1927 wieder entlassen. W. war 1922 in d. Partei eingetreten, gründete 1923 d. Ortsgruppe Bochum d. NSDAP u. wurde 1927 Bezirksleiter. Im Mai 1928 MdR, am 1. 10. 1928 zum GL für den Gau Westfalen ernannt. 1930 Gründung d. Wochenzeitung *Westfalenwacht*, 1931 d. Tageszeitung *Rote Erde*. 1932 zur Schulung d. Parteinachwuchses Arbeit an einer Hochschule f. Politik der NSDAP, für die er einen Leitfaden verfaßte. 1933 Mitglied d. preuß. Staatsrats, dessen Erster Vizepräs. Nach d. Absetzung GL → Brückners erhielt W. im Jan. 1935 zu seinem bisherigen Gau auch Gau Schlesien übertragen u. wurde am 12. 6. 1935 Oberpräsident der Provinzen Ober- u. Niederschlesien. Eine weitere staatl. Aufgabe übernahm er am 29. 10. 1936 innerhalb der Behörde des Beauftragten f. d. Vierjahresplan als Reichskommissar f. d. Preisbildung mit Sitz in Berlin, seit 1940 als StSekr.

Bei Kriegsbeginn Ernennung zum RVK. Am 9. 1. 1941 Aufgabe d. Gauleitung für Schlesien, vermutlich wg. Häufung d. Aufgaben. Jedoch schon im Nov. 1941 Absetzung W.s als GL für Westfalen-Süd, nachdem ein Brief seiner Frau an d. Tochter bekannt geworden war, in dem Frau W. die Ehepläne d. Tochter mit einem SS-Offizier aus religiösen Gründen abgelehnt hatte. Als W. in einem Verfahren vor einem Sondersenat d. Obersten Parteigerichts (OPG) unter RL → Buch u. den GL → Hellmuth, → Jordan, Robert → Wagner u. → Röver als Beisitzer am 6. 2. 1942 nicht dem Wunsch → Hitlers gemäß aus d. Partei ausgeschlossen wurde, disziplinierte Hitler das OPG durch d. Auflage, künftig seine Urteile durch → Bormann genehmigen zu lassen u. stieß W. im Okt. 1942 trotzdem aus d. Partei aus. W. wurde auf Befehl Hitlers seit Okt. 1943 von d. Gestapo überwacht u. kam vermutlich wg. d. Zugehörigkeit von Mitarbeitern aus W.s früheren Dienststellen als *Reichskommissar f. d. Preisbildung* (Peter → Yorck v. Wartenburg) bzw. als Oberpräsident von Schlesien (Fritz-Dietlof v. d. → Schulenburg) zum Verschwörerkreis des 20. Juli 1944 nach dem Attentat auf Hitler in Gestapohaft u. gehörte wahrscheinlich zu d. Gruppe v. Häftlingen aus den Gestapo-Kellern in d. Prinz-Albrecht-Straße, die in d. Nacht v. 21./22. Apr. 1945 v. einem SS-Kdo. an einem Bombentrichter in d. Berliner Puttkammerstraße »hingerichtet« wurden.

Isa Vermehren und Hjalmar → Schacht erlebten als Mithäftlinge im Febr./März 1945 in W. einen »weißen Raben« unter den Gauleitern (Schacht), der gegenüber seinen Mithäftlingen Hitlers seit 1936 auf Krieg abzielende Politik u. dessen seit 1938 feststellbaren Realitätsverlust kritisierte.

We

Wagner, Robert Gauleiter und Chef der Zivilverwaltung im Elsaß

geb. 13. 10. 1895 in Lindach/Baden,

gest. 14. 8. 1946 in Straßburg (hingerichtet).

Sohn eines Landwirts. Nach abgebrochener Lehrerausbildung im Aug. 1914 Meldung z. Wehrdienst, bei Kriegsende Obltn. Danach bis 1924 bei der Reichswehr. 1923 Beteiligung am Hitlerputsch, mit → Hitler 1924 vor dem Münchner Volksgericht angeklagt u. zu 18 Monaten Festungshaft verurteilt, jedoch bereits nach wenigen Tagen wieder auf freiem Fuß. Seit März 1925 GL in Baden. 1929–33 MdL in Baden. Ab 1933 MdR. März–Mai 1933 kommissar. MinPräs. von Baden, seit Mai 1933 auch Reichsstatthalter. Vom 2. 8. 1940 bis zur Besetzung des Elsaß durch alli-

ierte Truppen Ende 1944 Chef d. Zivilverwaltung im Elsaß. Auf seine Veranlassung bereits im Okt. 1940 Deportation von rd. 6500 Juden aus Baden u. d. Saarpfalz in d. unbesetzte Frankreich (Internierung im Lager Gurs). 1942 RVK für den Gau Baden. 1944 Versuch, mit brutaler Durchhaltepolitik den Vormarsch d. frz. u. amerikan. Truppen aufzuhalten. Nach d. Krieg einige Monate versteckt, von d. US-Militärpolizei verhaftet u. an Frankreich ausgeliefert. Todesurteil eines frz. Kriegsgerichts im Mai 1946. Hinrichtung in Straßburg. Im Sept. 1950 posthumes Verfahren vor d. Zentralspruchkammer Nordbaden, Einstufung W.s als »Hauptschuldiger«, Einziehung d. Vermögens.
W. führte im Elsaß ein hartes Regiment mit dem Ziel der völligen »Eindeutschung«, die als Vorstufe einer späteren Annexion anzusehen ist. Als einer der ersten Gauleiter begann er damit, durch das Abschieben der Juden aus seinem Befehlsbereich in das unbesetzte Frankreich seinen Gau »judenfrei« zu machen.
Ri

Wagner, Wieland Bühnenbildner und Regisseur
geb. 5. 1. 1917 in Bayreuth,
gest. 17. 10. 1966 in München.
Der Enkel Richard Wagners machte bereits im Alter von sechs Jahren die Bekanntschaft → Hitlers, welcher seit 1923 häufig in Bayreuth zu Gast war u. eine intensive Freundschaft zu seiner Mutter Winifred → W. pflegte. In der Erinnerung W.s war Hitler d. »Herr im Trenchcoat mit einer Hundepeitsche«, der sich gegenüber den vier Wagner-Enkeln als »Spaßmacher an den Kinderbetten« präsentierte u. sich nach dem Tod ihres Vaters Siegfried 1930 d. vaterlosen Kinder annahm. Nach der Schulausbildung studierte W. zunächst in München an der Hochschule f. Bildende Künste u.a. bei dem Bühnenbildner Emil Praetorius Malerei, ehe er sich dem Theater u. d. Musik zuwandte. 1938 trat er in d. NSDAP ein. Im 2. WK ließ ihn Hitler persönlich vom Wehrdienst befreien. 1941 heiratete W. die Choreographin Gertrud Ressinger. 1942–45 arbeitete er am Altenburger Theater u. gab sein Debüt als Regisseur mit d. Inszenierung des vierteiligen *Ring des Nibelungen*, für die er auch das Bühnenbild entwarf. Kurz vor Kriegsende wurde W. zu Arbeiten in einem Rüstungswerk verpflichtet. Als d. US-Truppen im April 1945 das Bayreuther Festspielhaus besetzten u. W.s Mutter Winifred Hausverbot erhielt, zog sich auch W. für zwei Jahre zurück. In dieser Zeit setzte er sich intensiv mit seiner Vergangenheit auseinander und distanzierte sich völlig von seiner Mutter,

einer nach wie vor glühenden Verehrerin Hitlers. Zusammen mit seinem Bruder Wolfgang plante W. die Fortsetzung der Festspiele, und 1951, zwei Jahre nach der Rückgabe des Theaters an die Familie W., fanden erstmals wieder Wagner-Festspiele statt. W.s avantgardistische Neuinszenierungen des *Ring des Nibelungen*, des *Parsifal*, der *Meistersinger von Nürnberg* u. d. *Tannhäuser* waren äußerst umstritten. Die schnörkellosen, auf das Wesentliche reduzierten Inszenierungen u. d. hauptsächlich mit Lichteffekten gestalteten Bühnenbilder waren eine klare Absage an die aufwendigen u. überladenen früheren Bayreuther Inszenierungen, wie sie von Richard Wagner selbst u. später auch von Winifred W. gezeigt worden waren. Die Kritik reichte von größter Anerkennung bis zur totalen Ablehnung; die »Alt-Wagnerianer« schlossen sich 1953 zur *Vereinigung für die werktreue Wiedergabe der Dramen Richard Wagners* zusammen. Dennoch stieg W. rasch zu einem der bedeutendsten u. international anerkannten Opernregisseure auf, der neben d. Werken seines Großvaters auch Stücke von Alban Berg, Carl → Orff, Verdi u. Bizet auf die Bühne brachte. 1966, kurz nachdem W. in den Orden *Pour le mérite* für Wissenschaften und Künste aufgenommen worden war, erkrankte er an einer schweren Blutkrankheit. Noch vom Krankenhaus aus leitete er die Proben für die *Bayreuther Festspiele*, deren Aufführung er aber nicht mehr erlebte.
KK

Wagner, Winifred geb. *Williams*
geb. 23. 6. 1897 in Hastings/ England,
gest. 5. 3. 1980 in Überlingen/ Bodensee.
Die gebürtige Engländerin verlor bereits mit zwei Jahren ihre Eltern (der Vater war Journalist, die Mutter Schauspielerin gewesen); Adoption durch den Musikpädagogen u. ehem. Liszt-Schüler Karl Klindworth. W. wuchs in Berlin auf; über ihren Adoptivvater kam sie mit dem Werk Wagners in Berührung. 1914 erster Besuch der Festspiele in Bayreuth, wo sie den Sohn Richard Wagners, Siegfried, kennenlernte, den sie ein Jahr später trotz des hohen Altersunterschieds von 28 Jahren heiratete. Aus der Ehe gingen d. vier Kinder → Wieland, Wolfgang, Friedelind und Verena hervor. Bis zum Tod Siegfrieds (1930) trat W. nicht an die Öffentlichkeit, assistierte ihrem Mann aber bei den Inszenierungen. W., die sich stets als unpolitisch ausgab, war bereits seit 1923 mit dem Wagnerverehrer → Hitler bekannt. Auch im politischen Bereich gab es viele Berührungspunkte zwischen Hitler und W., deren Schwager Houston Stewart

Chamberlain seine völkisch-nationalistischen Ideen auch in Bayreuth verbreitete. Nach dem gescheiterten November-Putsch von 1923 spendete W. den Angehörigen der inhaftierten Nazis Geld und besuchte Hitler mehrmals in d. Landsberger Festungshaft, wobei sie ihn mit Manuskriptpapier für *Mein Kampf* versorgte. Daraus entwickelte sich eine enge Verbindung; 1926 trat W. in die NSDAP ein, wofür sie später das Goldene Parteiabzeichen erhielt. Da Hitler in den späten 20er Jahren häufig zu Gast in Bayreuth war, gab es nach dem Tod Siegfrieds Gerüchte über eine Heirat Hitlers mit W. 1930 übernahm W. die Leitung d. Festspiele. Sie holte sich hochrangige Musiker und Künstler nach Bayreuth, wie den Regisseur Heinz Tietjen, den Dirigenten Wilhelm → Furtwängler u. den Bühnenbildner Emil Praetorius. Zu den großen Erfolgen d. *Bayreuther Festspiele* unter Leitung W.s trug aber v.a. bei, daß Hitler sich d. Sache persönlich annahm und d. Festspiele, die ab 1933 jährlich stattfanden, zu einem NS-Kultereignis machte, das er mit einem jährl. Zuschuß von 55000 RM u. Steuererleichterungen förderte. Nach 1945 wurde W. von den Amerikanern mit Festspiel- u. öffentlichem Redeverbot belegt. Im Juli 1947 wurde sie von der Spruchkammer Bayreuth als »Belastete« zu 450 Tagen Sonderarbeit und 60%igem Vermögenseinzug verurteilt. Das Berufungsverfahren im Dezember 1948 in Bayreuth endete mit der Einstufung W.s als »Minderbelasteter«, einer Bewährungsstrafe von 2 1/2 Jahren u. einer Geldstrafe von 6000 DM. Schuldmindernd rechnete man W. ihre zahlreichen Hilfeleistungen zugunsten v. Gegnern des NS an, die sie allerdings oftmals eigennützig vornahm, z.B., um hervorragende Musiker in Bayreuth zu halten. W. zog sich anschließend ganz aus d. Öffentlichkeit zurück. Für Skandale sorgten 1975 die Äußerungen über ihre unverbrüchliche Treue zum »guten Freund« Hitler in dem Film *Winifred Wagner u. die Geschichte des Hauses Wahnfried 1914–75* von Hans Jürgen Syberberg. W. entpuppte sich darin als unbelehrbare Frau, die ihr eigenes Erleben des Dritten Reichs zum absoluten Maßstab ihrer egozentrischen Bewertung machte.

KK

Wahl, Karl Gauleiter und SS-Obergruppenführer

geb. 24. 9. 1892 in Aalen,

gest. 18. 2. 1981 in Augsburg-Göggingen.

Sohn eines Lokomotivführers. Nach Volksschule Schlosserlehre u. Weiterbildung an einer Fortbildungsschule. Nach d. Gesellenprüfung 1910 Militärlaufbahn in d. bayer. Armee; Ausbildung als Sanitäter, 1912 Unteroffz., 1913 Tätigkeit an d. Heeres-Sanitätsschule in Landau. Nach Kriegsausbruch als Sanitäter an Front, 1914 schwere Verwundung. Nach erneutem Fronteinsatz 1917 Beförderung zum Sanitätsfeldwebel, versch. Kriegsauszeichnungen. 1919–21 Tätigkeiten in Lazaretten in Göggingen u. Augsburg. Seit Nov. 1921 städt. Beamter in Augsburg. Seit 1922 Mitglied in NSDAP u. SA, SA-Fhr. v. Augsburg. Während d. Verbotszeit d. NSDAP Mitglied des Völkischen Blocks, 1925 zunächst Ortsgruppenleiter, dann Kreisleiter v. Augsburg. Im Mai 1928 Einzug in d. bayer. Landtag. Am 1. 10. 1928 Ernennung zum GL des neugegründeten Gaues Schwaben. Im Febr. 1931 Erscheinen d. NSDAP-Gauzeitung *Neue National-Zeitung*. Nach dem sog. Röhm-Putsch am 1. 7. 1934 Ernennung zum Regierungspräs. v. Schwaben, im Sept. Eintritt in d. SS, nach drei Tagen Beförderung zum SS-Gruf. Nach dem Frankreichfeldzug vergebliche Bemühungen, GL f. d. Elsaß zu werden. Am 16. 11. 1942 RVK im Gau Schwaben. Aug. 1944 SS-Ogruf. Am 10. 5. 1945 Verhaftung durch amerik. Truppen, anschließend als Zeuge bei den Nürnberger Prozessen u. Internierung. Im Spruchkammer-Urteil v. 16. 12. 1948 wurden dreieinviertel Jahre Haft auf seine Strafe v. dreieinhalb Jahren angerechnet, sein Vermögen größtenteils eingezogen; u.a. machte d. Spruchkammer W.s gutes Verhältnis zu Kindern strafmildernd geltend. Nach längerem Lazarettaufenthalt wurde W. im Sept. 1949 entlassen. Ein jahrelanger Rechtsstreit um ein ihm v. d. Stadt Augsburg vor 1945 geschenktes 1800 qm großes Grundstück endete 1955 mit einem Vergleich, durch den W. für seinen Verzicht auf d. Grundstück finanziell mit einem Viertel v. dessen aktuellem Wert entschädigt wurde. Seinen Lebensunterhalt verdiente er zeitweise als Textilvertreter, 1958–68 als Bibliothekar bei der Augsburger Fa. Messerschmitt.

We

Waldeck-Pyrmont, Josias Erbprinz von

SS-Obergruppenführer

geb. 13. 5. 1896 in Arolsen/ Waldeck,

gest. 30. 11. 1967 ebd.

Im August 1914 Eintritt in d. Armee. Berufssoldat, Verwundung im 1. WK. Freikorpsoffizier in Oberschlesien, danach Studium d. Agronomie. 1923–27 Mitglied im *Jungdeutschen Orden*. Am 1. 11. 1929 NSDAP- u. SS-Beitritt, seit März 1930 Mitglied d. SS. Adjutant von Sepp → Dietrich und Heinrich → Himmler. Schneller Aufstieg in d. SS. 1932 SS-Gruf. 1933 MdR. Nach kurzer Tätigkeit im Ausw. Amt ab 1934 wieder bei der SS. 1936

SS-Ogruf. u. Fhr. des SS-Oberabschnitts Rhein, 1937 Fhr. d. SS-Oberabschnitts Fulda-Werra. 1939 HSSPF im Wehrkreis IX (zuständig f. d. KZ Buchenwald). Unter seiner Jurisdiktion Exekution des Lagerkommandanten von Buchenwald, Karl → Koch, wg. privater Bereicherung (April 1945). Nach dem Krieg Internierung, am 14. 8. 1947 von einem amerikanischen Militärgericht in Dachau zu lebenslänglicher Haft verurteilt, am 8. 6. 1948 auf 20 Jahre verkürzt. Am 29. 11. 1950 aus gesundheitlichen Gründen entlassen.
Ri

Warlimont, Walter General
geb. 3. 10. 1894 in Osnabrück,
gest. 9. 10. 1976 in Kreuth/Oberbayern.
Sohn eines Buchhändlers. 1913 Eintritt in d. Armee, im 1. WK Ltn. 1925 Kommandierung ins Reichswehrministerium. 1935 Obstltn. 1936/37 Bevollmächtigter d. Reichskriegsministers bei General Franco. Febr. 1938 Oberst. Mitvorbereitung d. Reorganisation d. Wehrmacht 1937/38. Ab 10. 11. 1938 Chef d. Abt. Landesverteidigung im OKW, bis zum 18. 10. 1939 außerdem mit der Wahrnehmung d. Geschäfte des Chefs d. Wehrmachtführungsamts beauftragt. 1940 Generalmajor. Ab dem 14. 12. 1941 Dienstbezeichnung *Stellv. Chef d. WFSt*, im April 1942 Ernennung zum Gen-Ltn., im April 1944 zum Gen. d. Art. Nach d. Krieg verhaftet, am 27. 10. 1948 im *OKW-Prozeß* in Nürnberg zu lebenslänglicher Haft verurteilt. Im Jan. 1951 zu 18 Jahren begnadigt, 1957 Entlassung. Ein Verfahren v. d. Spruchkammer München wurde im Nov. 1952 eingestellt.
W., als Leiter d. Abteilung Landesverteidigung bzw. Stellvertretender Chef d. WFSt im Oberkommando der Wehrmacht ein »Bürogeneral«, war vor allem mit organisatorischen Fragen betraut, wozu u.a. auch Planungen im Zusammenhang mit dem Angriff auf die Sowjetunion gehörten. Obwohl ihm die Kriegslage nicht verborgen bleiben konnte, blieb er bis zum Ende des Krieges loyal im Dienst der Dritten Reichs.
Ri

Weber, Christian Ratspräsident, SS-Brigadeführer
geb. 25. 8. 1883 in Polsingen/ Mittelfranken,
gest. 10./11. 5. 1945 Schwäbische Alb (Autounfall).
Nach Volksschule Knecht auf einem Gut. 1901–04 u. 1906 Militärdienst. Anschließend Pferdeknecht, u.a. 1913 in München. Ab Aug. 1914 Kriegsteilnehmer, Jan. 1919 als Sergeant entlassen, dann Besitzer eines Pferdeverleihs in München, 1925 Betreiber einer Tankstelle. 1920 Bekanntschaft mit → Hitler u. Dietrich → Eckart; im Aug. 1921 Eintritt in d. NSDAP. 1921/22 einer

der Sicherheitsbegleiter Hitlers, seit Herbst 1921 bis zum Parteiverbot Leiter d. Fuhrparks d. Partei. Nach Neugründung d. Partei Einstieg in Münchner Lokalpolitik u. seit 1926 Mitglied d. Münchner Stadtrats (ab 1934 Ratsherr), später Vorsitzender d. NSDAP-Stadtratsfraktion; seit März 1933 Präsident d. Kreistags v. Oberbayern. Präsident d. *Wirtschaftsbundes Dt. Reitstallbesitzer u. Vollblutzüchter*; Präsident d. *Kuratoriums f. d. Braune Band v. Dtschld.* Juli 1936 SS-Brif.; seit 1. 11. 1937 Inspekteur d. SS-Reitschulen. Am 1. 5. 1945 v. US-Truppen verhaftet; während d. Transports nach Heilbronn wurde das Armeefahrzeug, das ihn transportierte, in einen Unfall verwikkelt, bei dem er tödlich verletzt wurde.

W. war der für die NSDAP nicht gerade charakteristische Typ des Kriegsgewinnlers und reichlich primitiven Neureichen, der seine Macht schamlos zum eigenen Vorteil ausnützte. Überaus geschäftstüchtig und unbedenklich in seinen Mitteln, setzte er sich fast immer durch, auch wenn er sich in München durch sein parvenuehaftes Auftreten auch in Parteikreisen viele Feinde machte. Bereits der Parteigründer Anton → Drexler beklagte sich 1923 über das Bonzentum in der Partei und meinte damit W.; der angesehene und einflußreiche Parteischatzmeister F. X. → Schwarz legte sich 1939 quer, als W. sich an dem Weiterverkauf jüdischer Immobilien bereichern wollte. Enthüllte sich W. im praktischen Alltagsgeschäft wie in der Politik oft als primitiver, aber brutaler Machtmensch, so zeigte er sich andererseits aus Anlaß des von ihm kreierten Pferderennens um das *Braune Band von Deutschland* von seiner operettenhaften Seite, wenn er als Initiator historischer Umzüge und Sommerfeste auf den Teichen des Nymphenburger Schloßparks von kaum bekleideten Darstellerinnen »lebende Bilder« mehr oder weniger mythologischen Inhalts gestalten ließ, die vom Publikum teils belächelt, teils als anstößig kritisiert wurden. Himmler sammelte fleißig Unterlagen aus den zahlreichen Parteigerichtsverfahren, in die W. verwickelt war, wagte aber trotz sich bietender Möglichkeiten nicht, gegen ihn in irgendeiner Weise vorzugehen.

We

Wegener, Paul Gauleiter und SS-Obergruppenführer

geb. 1. 10. 1908 in Varel.

Der Sohn eines Arztes besuchte versch. Gymnasien u. beendete d. Studium an d. Kolonialschule in Witzenhausen als Diplom-Kolonialwirt. Anschließend bis 1930 bei einer Import/Export-Handelsfirma in Bremen angestellt. Mitglied d. NSDAP seit Aug. 1930, in der SA seit 1931. Im gleichen Jahr (jüngster) Ortsgruppenleiter d. NSDAP in Varel u. Fhr. einer SA-Standarte. Im März 1933 Kreisleiter in Bremen, Wahl in d. Bremer Bürgerschaft, Bremer Staatsrat. Im Nov. 1933 MdR. Von Juli 1934 bis Aug. 1936 Tätigkeit im Stab → Heß in München. Am 8. 8. 1936 Ernennung zum stellv. GL d. Gaues Kurmark. Im Apr. 1940 Wechsel v. d. SA zur SS im Rang eines SS-Brif. u. Wechsel in den Stab des Reichskommissars f. d. besetzten norw. Gebiete, → Terboven; am 15. 7. 1940 Einsetzung als Gebietskommissar f. die besetzten Gebiete Nord-Norwegens; Stellvertreter v. RK Terboven. Im April 1941 Teilnahme am Balkanfeldzug als Dienstgrad in d. Waffen-SS-Div. *Leibstandarte »Adolf Hitler«*. Am 16. 5. 1942 zum Nachfolger des verstorbenen GL → Röver im Gau Weser-Ems u. zum Reichsstatthalter in Oldenburg u. Bremen ernannt. Nov. 1942 SS-Gruf. u. RVK, Aug. 1944 SS-Ogruf. Am 22. 4. 1945, zwei Wochen vor dem Ende d. Dritten Reiches, auf Veranlassung d. OB d. Kriegsmarine, → Dönitz, zum *Obersten Reichsverteidigungskommissar f. Norddtschld.* berufen; am 2. 5. 1945 folgte die Ernennung zum St-Sekr. u. Chef d. Zivilkabinetts in d. Reg. Dönitz. Der Verhaftung mit d. noch geschäftsführenden Reichsregierung in Flensburg am 22. 5. 1945 folgte d. Internierung W.s. Nach einem Verfahren im Juni 1949 vor d. Schwurgericht Oldenburg verurteilte ihn d. Spruchgericht Bielefeld am 28. 11. 1949 zu sechseinhalb Jahren Gefängnis. Mitte März 1950 wurde W. v. Entnazifizierungsausschuß beim Präs. des Niedersächsischen Verwaltungsbezirks Oldenburg in Gruppe III (Minderbelastete) eingestuft. Nach d. Haftentlassung war er in Hessen als Kaufmann tätig, zuletzt als Prokurist. Weitere Angaben über sein Nachkriegsschicksal konnten nicht ermittelt werden.

We

Weichs an der Glon, Maximilian Reichsfreiherr von u. zu Generalfeldmarschall

geb. 12. 11. 1881 in Dessau,
gest. 27. 9. 1954 auf Burg Rösberg b. Köln.

Sohn d. Oberstallmeisters d. Herzogs v. Anhalt. Nach Gymnasialabitur 1902 Eintritt in d. bayer. 2. schw. Reiter-Rgt. 1910–13 an d. Bayer. Kriegsakademie. 1914 Rittmeister. Während d. 1. WKs Ordonnanzoffz. 1919 Übernahme in d. Reichswehr. Bekämpfung d. Spartakisten in Würzburg u. Stabsoffz. im Einsatz gg. d. Rote Armee im Ruhrgebiet. 1920–23 Hptm. im Stab d. 3. Kav.-Division in Weimar. 1923–25 Eskadronschef in Stuttgart; Beförderung zum Maj. 1925–27 Taktiklehrer an d. Infanterieschule Dresden. 1928 Obstltn.,

Rgt.-Kdr. in Stuttgart-Bad Cannstadt; 1930 Obst. u. Chef d. Stabes d. 1. Kav.Division in Frankfurt an der Oder. 1933 GenMaj. u. Kdr. d. 3. Kav.Division. 1935 GenLtn., Aufstellung d. 1. Panzerdivision. 1936 Gen. d. Kavallerie. 1937 Kdr. Gen. d. XIII. Armeekorps. Am 20. 10. 1939 OB d. 2. Armee. Juni 1940 Ritterkreuz. 19. 7. 1940 GenObst. 15. 7. 1942 OB d. Heeresgruppe B. 30. 1. 1943 Beförderung zum GFM. Am 10. 7. 1943 zur Führerreserve versetzt. 26. 8. 1943 Ernennung zum OB Südost u. d. Heeresgruppe F auf d. Balkan. 5. 2. 1945 Verleihung des Eichenlaubs zum Ritterkreuz. 25. 3. 1945 wieder zur Führerreserve versetzt. Am 2. 5. 1945 amerik. Kgf. Im Nürnberger *Prozeß gg. d. Südost-Generäle* angeklagt (Kriegsverbrechen u. Verbrechen gg. d. Menschlichkeit). Noch während d. Prozesses »aus Gesundheitsgründen« entlassen.

Der überzeugte Katholik stand dem NS immer reserviert gegenüber. Als Oberbefehlshaber der Heeresgruppe B protestierte W. gegen den Befehl Hitlers, Stalingrad zu halten. Er handelte militärisch selbständig auch gegen Hitler, war aber, wie viele andere, Werkzeug in Hitlers Krieg. Unter seiner Führung gelang die Rückführung eines großen Teils der in Griechenland und Jugoslawien vom Abgeschnittenwerden bedrohten deutschen Truppen.

KAL

Weinheber, Josef Lyriker
geb. 9. 3. 1892 in Wien,
gest. am 8. 4. 1945 in Kirchstetten/Niederösterreich.

Sohn eines Metzgers, Viehhändlers u. Gastwirts. Nach dem frühen Tod der Eltern sechs Jahre im Waisenhaus Mödling bei Wien. Nach Abbruch der Gymnasiumsausbildung Beschäftigung in der Metzgerei einer Tante. 1911–32 Postbeamtenlaufbahn, zuletzt als Inspektor d. Post- u. Telegraphendienstes. 1920 erster Lyrikband *Der einsame Mensch*. 1925–38 Reisen durch Italien, Frankreich, Dalmatien, Dtschld. u. die Schweiz. 1927 Übertritt z. Protestantismus. 1931 Mitglied d. NSDAP bis zum Verbot der Partei in Österr. im Jahr 1934. Seit 1932 freier Schriftsteller. 1933 Leiter der Fachschaft f. Literatur beim natsoz. *Kampfbund für dt. Kultur*. 1934 Erfolg mit dem Lyrikband *Adel und Untergang*. Verleihung der Professorentitels. Seit 1936 Landsitz in Kirchstetten. 1942 Ehrendoktorwürde der Univ. Wien. 1943 Ehrenmitglied der *Akademie der Künste Wien*. 1944 Erneuerung der Mitgliedschaft der NSDAP. Hrsg. d. Zeitschrift *Der Augarten*. 1925 *Literaturpreis der Stadt Wien*, 1936 *Mozartpreis der Goethe-Stiftung*, 1940 *Großer Dichterpreis d. Stadt Wien*, 1941 *Grillparzer-Preis*. *Ehrenring d. Stadt Wien*.

W. galt den Nationalsozialisten als »bedeutendster lebender Lyriker

der Gegenwart«, als »der großdeutsche Dichter«. Nicht zuletzt die Erfolge W.s im Dtschld. der 30er Jahre führten dazu, daß sich der Lyriker dem NS verbunden fühlte. Nach anfänglichem Enthusiasmus anläßlich d. Anschlusses Österreichs an das Reich 1938 begann W. vorsichtige Zweifel zu äußern und sich innerlich von der Partei zu distanzieren. Depressionen, Alkohol- und Tablettenprobleme bestimmten W.s letzte Lebensjahre.
AS

Weinrich, Karl Gauleiter
geb. 2. 12. 1887 in Molmack/Harz, gest. 22. 7. 1973.
W.s Vater war Schuhfabrikant. Er selbst besuchte eine Bergfachschule in Hettstedt u. war als Praktikant in versch. Erz- u. Kohlebergwerken tätig. Ab 1906 jedoch Verwaltungslaufbahn bei d. Armee. Während d. 1. WKs Beamter in einem Heeresproviantamt i.d. Heimat. Nach Verabschiedung aus dem Militärdienst 1920 Beamter beim Reichsverpflegungsamt in Landau/Pfalz. Eintritt in den *Dt.-völkischen Schutz- u. Trutzbund*. Seit Febr. 1922 Mitglied d. NSDAP; wg. nationalist. Betätigung u. antifrz. Agitation wurde W. im Mai 1923 von einem frz. Militärgericht zu vier Monaten Gefängnis u. anschließender Ausweisung aus d. Pfalz verurteilt; darauf Flucht in d. unbesetzte rechtsrheinische Gebiet. Nach schwieriger beruflicher Situation 1924 Hilfsarbeiter bei d. Reichsentschädigungsstelle in Kassel. Nach d. Wiedergründung d. NSDAP in verschiedenen Parteifunktionen tätig. Am 13. 9. 1928 Ernennung zum GL im Gau Hessen-Nassau (1934 umbenannt in Kurhessen). Seit Nov. 1929 Stadtverordneter in Kassel u. Mitglied des hess. Provinziallandtages. 1930 preuß. Staatsrat. MdR seit Nov. 1933. RVK in seinem Gaubereich seit 16. 11. 1942. Wegen seines Versagens bei d. Vorbereitung auf den Luftkrieg u. d. Bewältigung seiner Folgen v.a. nach dem Luftangriff auf Kassel v. 22. 10. 1943 fiel W. nach einem entsprechend ungünstigen Bericht von → Goebbels bei → Hitler in Ungnade u. wurde abgelöst. 1945–50 befand sich W. in Internierungshaft. Im April 1953 verlor W. vor dem Amtsgericht Kassel eine Beleidigungsklage gegen den Vorsteher d. jüdischen Kultusgemeinde in Kassel, der von W. angezeigt worden war, weil er aus Protest gegen W.s Anwesenheit bei einer Sportveranstaltung diese verlassen hatte. Etwa seit 1965 lebte W. in Hausen bei Offenbach.
We

Weiß, Bernhard Generalbevollmächtigter des Flick-Konzerns
geb. 26. 3. 1904 in Siegen.
Sohn eines Fabrikanten, die Mutter war Schwester d. Ehefrau Friedrich → Flicks. Besuch d. Real-

gymnasiums in Siegen, ab 1922 kaufmännische Lehre. 1925 zwei Semester Studium an der Handelshochschule Köln. 1927 Eintritt in die Firma d. Vaters, die *Siegener Maschinenbau AG* (*Siemag*). Ab 1928 Prokurist, 1932 stellv. Vorstandsmitglied, ab 1940 Vorstand. Gleichzeitig ab 1939 Generalbevollmächtigter d. *Friedrich Flick KG*. Der Reichswirtschaftsminister ernannte ihn im gleichen Jahr zum Wehrwirtschaftsführer. Seit 1940 Mitarbeiter d. Leitung d. Flick-Konzerns im Ressort Steinkohle u. verarbeitende Industrie. Daneben Vorsitzender von vier u. Mitglied in weiteren sieben Aufsichtsräten. Mitverantwortlich für den Einsatz von KZ-Häftlingen u. Kriegsgefangenen, die zwischen 1939 u. 1945 als Sklavenarbeiter unter unmenschlichen Bedingungen sowohl bei Siemag wie in Betrieben, die sich im Eigentum oder unter d. Kontrolle Flicks befanden, ausgebeutet wurden. W. war mit Friedrich Flick 1947 vor dem Amerikanischen Militärgerichtshof IV in Nürnberg u.a. wg. »Kriegsverbrechen und Verbrechen gg. d. Menschlichkeit« angeklagt. Das Militärtribunal verurteilte ihn wg. Versklavung von Kriegsgefangenen und KZ-Häftlingen am 22. 12. 1947 zu zweieinhalb Jahren Haft. Nach d. Entlassung aus d. Haft war W. Geschäftsführer der *Siemag Maschinenbau* und der *Siemag Feinmechanische Werke*, Mitglied in fünf Aufsichtsräten, Präsident der Industrie- und Handelskammer Siegen und Vizepräsident des *Bundesverbandes der Dt. Industrie* (*BDI*).
PW

Weiß, Wilhelm Chefredakteur des *Völkischen Beobachters* und SA-Obergruppenführer
geb. 31. 3. 1892 in Stadtsteinach/ Oberfranken,
gest. 24. 2. 1950 in Wasserburg am Inn.
Gymnasium in München. 1911 Fahnenjunker, 1913 Ltn. 1915 bei d. Fliegertruppe, Verwundung u. Verlust d. linken Beins. 1917 Oberltn. 1918 zum bayer. Kriegsministerium kommandiert. 1920 als Hptm. verabschiedet. 1919 Mitglied der Landesleitung der Bayerischen Einwohnerwehr. 1921 Schriftleiter d. Zschr. *Heimatland* der Bayerischen Heimatwehr. 1922 Eintritt in die NSDAP, Teilnahme am Marsch auf d. Feldherrnhalle. 1924–26 Chefredakteur d. *Völkischen Kuriers*. Seit dem Jan. 1927 Chef vom Dienst in d. Redaktionsleitung d. *VB*. 1930 SA-Oberführer im Stabe der OSAF, Leiter des Presseamts d. SA. 1931 Chefredakteur d. antisemitischen Zschr. *Brennessel*. 1932 Ltr. d. Zentralschriftleitung des Zentralverlages der NSDAP. 1933 stellv. Chefredakteur, 1938 Nachfolger von Alfred → Rosenberg im Amt des Chefredakteurs des *VB*. Ende

1933–45 Leiter d. Reichsverbands d. dt. Presse. 1933–45 MdR. Februar 1934 SA-Gruf. Juli 1934 Mitglied des Volksgerichtshofs. 1935 Mitglied des Reichskultursenats. 1936 Hauptamtsleiter in d. Reichsleitung d. NSDAP. 1937 SA-Ogruf. 1945 Internierung. Von Münchner Spruchkammer am 15. 7. 1949 zu drei Jahren Arbeitslager, 30%igem Vermögenseinzug u. 10 Jahren Berufsverbot verurteilt.
Durch seine Tätigkeit in der Presseabteilung des bayerischen Kriegsministeriums kam W. nach dem Ersten Weltkrieg zum Journalismus. Er engagierte sich früh in der völkischen Bewegung u. wurde glühender Anhänger von → Hitlers Ideen. Vor 1933 wurde er mehrfach wegen politischer Vergehen rechtskräftig verurteilt. Nach 1933 organisierte er die Gleichschaltung der Presse, doch er sorgte auch dafür, daß einzelne Journalisten trotz des Schriftleitergesetzes ihren Beruf behalten konnten. Das NS-System stellte er jedoch nicht in Frage.
KAL

Weitzel, Fritz HSSPF West und Nord
geb. 27. 4. 1904 in Frankfurt a. Main, gest. 19. 6. 1940 auf Heimaturlaub in Düsseldorf (Bombenangriff).
Nach einer Schlosserlehre in der *Sozialistischen Arbeiterjugend* aktiv. Seit 1925 in d. NSDAP, seit 1926 bei d. SS. 1930 f. d. NSDAP in den Reichstag gewählt. Dez. 1931 SS-Gruf. Sept. 1933 preuß. Staatsrat. Seit Juni 1933 Polizeipräsident v. Düsseldorf. 9. 9. 1934 SS-Ogruf. 1934–40 Führer des SS-Oberabschnitts West. 1938 HSSPF West. April–Juni 1940 HSSPF Nord.
W. war im Alter von 22 Jahren zur frühen SS gestoßen und durch die Gunst der Stunde mit 29 Jahren Polizeipräsident einer Großstadt geworden, auch innerhalb der Partei eine selbst für die Umbruchzeit der frühen 30er Jahre ungewöhnlich rasche Karriere.
Ri

Weizsäcker, Ernst Freiherr von
Staatssekretär, Botschafter
geb. 25. 5. 1882 in Stuttgart, gest. 4. 8. 1951 in Lindau.
Sohn d. württemberg. Staatsmannes Carl v. W. Seit 1900 Seeoffiz., zuletzt Vertreter d. Seekriegsleitung bei d. OHL, 1918 Marineattaché in Den Haag. Februar 1920 Einberufung in d. Ausw. Amt. Nach Auslandsverwendungen in Basel u. Kopenhagen wurde W. 1928 Ltr. d. Referats Völkerbund im Ausw. Amt. Juni 1931 Gesandter in Oslo; Juli 1933 Gesandter in Bern. Aug. 1936 Ltr. d. Politischen Abt. des Ausw. Amts, dann im Zuge des Revirements v. Februar 1938 am 19. 3. 1938 StSekr. Im Apr. 1938 Eintritt in d. NSDAP. W. übernahm den neuen Posten mit dem selbst-

gesteckten Ziel d. außenpolit. Obstruktion: den großen Krieg u. damit »Finis Germaniae« wollte er verhindern, gleichzeitig aber Groß-Dtschld. unter Einschluß Österreichs, Südtirols, Danzigs u. d. »Korridors« als Vormacht auf dem europ. Kontinent errichten. Mit zum Teil an Landesverrat grenzenden Aktionen wollte er über offizielle u. geheime Kontakte nach London sowohl im Herbst 1938 als auch im Sommer 1939 d. Einfluß d. »Kriegstreibers« → Ribbentrop auf den »Führer« konterkarieren. Als einer d. Architekten d. Münchener Abkommens v. 29. 9. 1938 führte seine Politik der »chemischen Lösung« des tschechoslowakischen Staatenverbandes zu einem großen außenpolit. Erfolg → Hitlers. Nach Kriegsbeginn 1939 blieb W. im Amt und wurde im Frühjahr 1941 bei d. natsoz. Führung wg. des geplanten Rußlandfeldzuges vorstellig. Im Zuge des durch den Putschversuch d. Unterstaatssekretärs Martin → Luther gg. Ribbentrop Anfang 1943 ausgelösten Revirements im Ausw. Amt wurde W. zum Botschafter beim Vatikan ernannt. Dort unterstützte er seit Dienstantritt am 24. 6. 1943 d. Bemühungen des Papstes Pius XII., Rom zu einer »offenen Stadt« zu erklären u. damit vor d. Zerstörung zu bewahren. Im Sommer 1946 nach Dtschld. zurückgekehrt, verfaßte er seine *Erinnerungen*, die 1950 v. seinem Sohn Richard v. W. hrsg. wurden. Im Nürnberger *Wilhelmstraßenprozeß* wurde er am 14. 4. 1949 wegen Mitarbeit an d. Plänen zur Zerschlagung der Rest-Tschechoslowakei im März 1939 u. wg. der billigenden bürokratischen Mitwirkung an d. Judendeportationen aus d. besetzten Frankreich nach Auschwitz zu sieben Jahren Gefängnis verurteilt. Der d. Tschechoslowakei betreffende Anklagepunkt wurde am 12. 12. 1949 aufgehoben u. d. Strafmaß auf 5 Jahre reduziert. W. wurde am 16. 10. 1950 vorzeitig aus der Haft in Landsberg entlassen.

RAB

Welk, Ehm (eigtl.: *Thomas Trimm*), Schriftsteller
geb. 29. 8. 1884 in Biesenbrow/Uckermark,
gest. 19. 12. 1966 in Bad Doberan.
Sohn eines Landwirts. Volontär bei d. *Stettiner Abendpost*. Nach Parteinahme f. streikende Seeleute 1903 entlassen. Seemann auf einem Handelsschiff. Im 1. WK Sanitätssoldat. Nach d. Krieg Mitbegründer d. Deutschen Demokratischen Partei in Braunschweig. Gründer d. *Braunschweigschen Morgenzeitung*. 1920–22 Chefredakteur d. *Leipziger Tagblattes*, Mitarbeiter bei verschied. Dresdner Blättern. Entlassung wg. eines sozialkritischen Artikels, Ausschluß aus d. *Reichsverband d. Dt. Presse*. 1923 Reise durch

d. amerik. Kontinent. 1928–34 Chefredakteur d. *Grünen Post* in Berlin. 1934 Konflikt mit → Goebbels wg. eines Artikels gegen die Beschneidung d. Pressefreiheit. Entlassung, Haft im KZ Oranienburg. Wg. d. großen Aufsehens unter Berliner Journalisten Entlassung aus d. Lager, Schreibverbot. Lektor beim Dt. Verlag. 1937 Erlaubnis zu unpolit. Schriften. Erfolgreicher Autor von Tierbüchern u. Romanen. 1945–49 Einsatz im Volksbildungswesen d. sowjet. Besatzungszone, Leiter d. Kulturamts Ückermünde u. d. Volkshochschule Schwerin. Prominenter Schriftsteller d. DDR. März 1954 Nationalpreis II. Klasse d. DDR, März 1955 Aufnahme in d. *Akademie d. Künste* in Ost-Berlin. Publ. u.a.: *Belgisches Skizzenbuch* (1913); *Kreuzabnahme* (1928); *Die Heiden von Kummerow* (1937); *Die Lebensuhr d. Gottlieb Grambauer* (1943).
Ri

Wessel, Horst SA-Sturmführer
geb. 9. 10. 1907 in Bielefeld,
gest. 23. 2. 1930 in Berlin.
Sohn eines ev. Pfarrers. 1922 Mitglied der *Bismarck-Jugend*, 1923 Wechsel zum *Wiking-Bund*. 1926 Abitur u. Beginn d. Jura-Studiums in Berlin, Studienabbruch zum Wintersemester 1929/30. 1926 NSDAP- u. SA-Beitritt. Seit Mai 1929 Fhr. eines SA-Sturms in der kommunist. Hochburg Friedrichshain in Berlin. W. hatte Kontakte zu → Goebbels u. wurde von diesem gefördert. Als Redner beeindruckte er auch polit. Gegner u. provozierte mit SA-Propagandamärschen in ausgesprochenen Arbeitervierteln die politische Linke. Ein Konflikt mit der Vermieterin W.s, der Witwe eines KPD-Funktionärs, war d. Anlaß dafür, daß eine Gruppe junger Kommunisten W. am 14. 1. 1930 in seiner Wohnung aufstöberte u. durch einen Schuß in den Mund schwer verletzte. Als er einige Tage später dieser Verletzung erlag, machte Goebbels daraus einen polit. Mord. W. wurde zum asketischen Helden stilisiert, sein Tod propagandistisch vermarktet, die Legende v. beispielhaften Leben u. Sterben W.s. schließlich in einem Film unter d. Volk gebracht. Ein Gedicht von W., von ihm bereits mit einer eingängigen Marschmelodie versehen u. vom *Angriff* erstmals am 23. 9. 1929 ohne große Wirkung veröffentlicht, wurde nach seiner Ermordung als »Horst Wessels Gruß an d. kommende Dtschld.« vom *VB* erneut abgedruckt u., von d. SA verbreitet, noch 1930 als Parteihymne anerkannt, nach d. Machtübernahme als *Horst-Wessel-Lied* schließlich zur (inoffiziellen) zweiten Nationalhymne aufgewertet.
Den

Wessely, Paula Schauspielerin
geb. 20. 1. 1907 in Wien,
gest. 11. 5. 2000 in Wien.
Tochter eines Fleischermeisters, Nichte d. Burgschauspielerin Josefine W. Schulzeit in Wien, 1922–25 Schauspielausbildung an d. *Wiener Akademie für Musik u. darstellende Kunst* u. am *Max-Reinhardt-Seminar.* Debüt 1924 am Dt. Volkstheater in Wien. 1926 am Neuen Dt. Theater in Prag, 1927 wieder am Dt. Volkstheater. 1929–45 (u. seit 1946) am Theater in der Josefstadt, 1934–45 auch Ensemblemitglied am Dt. Theater Berlin, wo W. 1932 mit → Hauptmanns *Rose Bernd* ihren großen Durchbruch hatte. Im Olympiajahr 1936 am Dt. Theater als *Heilige Johanna* v.a. wegen ihres natürlichen, »erdhaft«-schlichten Spiels gefeiert. 1934 Filmdebüt u. internat. Bekanntheit mit Willi → Forsts Melodram *Maskerade.* In d. Folge avancierte W., seit 1935 mit Attila Hörbiger verheiratet, zu einer der populärsten u. höchstdotierten Schauspielerinnen des Dritten Reiches. Wirkte zwischen 1933 u. 1945 in zahllosen filmischen Komödien u. Melodramen mit, in denen sie – bewußt zum bodenständigen, naiv-integren Gegenstück der mondänen Hollywoodstars stilisiert – das ungekünstelte, »urdeutsche Volkswesen«, »voll elementarer Kraft u. schlichter Größe« verkörperte (*So endete eine Liebe*, 1934; *Episode*, 1935; *Die Julika*, 1936; *Ein Leben lang*, 1940; *Späte Liebe*, 1943; *Das Herz muß schweigen*, 1944). Daneben auch Rollen in polit. Propagandafilmen, so in G. Ucickys als »staatspolitisch u. künstlerisch bes. wertvoll« eingestuftem »Film der Nation« *Heimkehr* (1941), der am Schicksal einer Wolhyniendeutschen (W.) die natsoz. Volkstumspolitik u. das dt. Vorgehen im Osten legitimieren sollte. Nach vorübergehendem Berufsverbot nach 1945 bald wieder (seit 1953 als Ensemblemitglied des Wiener Burgtheaters) Theater- u. Filmerfolge in ihrem klass. Repertoire (*Der Engel mit der Posaune*, 1948; *Vagabunden der Liebe*, 1949; *Ich und meine Frau*, 1953; *Wenn du noch eine Mutter hast*, 1954; *Anders als du und ich*, 1957 u.a.). 1949–59 Leitung d. *Paula Wessely-Filmproduktion.* Vielfach ausgezeichnet, u.a.: Volpi-Preis d. Biennale Venedig (1935); Max-Reinhardt-Ring (1949); Bambi (1962); Großes Silbernes Ehrenzeichen d. Republik Österreich (1976); Bundesfilmpreis/Filmband in Gold (1984).
MV

Wiechert, Ernst Schriftsteller
geb. 18. 5. 1887 Forsthaus Kleinort b. Sensburg/Ostpr.,
gest. 24. 8. 1950 in Uerikon/Schweiz.
Nach dem Freitod d. Mutter wurde W. von seinem Vater allein erzogen.

Kindheit u. Jugend in d. waldreichen masurischen Landschaft waren prägend für W.s Leben und Werk. W. besuchte d. Gymnasium u. d. Universität in Königsberg u. war dort von 1911 bis 1930 im höheren Schuldienst tätig. Im 1. WK diente er als Soldat in Rußland u. Frankreich. 1916 erschien W.s erstes Buch *Die Flucht.* Die Kriegserlebnisse verarbeitete W. in den beiden Romanen *Der Totenwolf* (1924) u. *Jedermann, Geschichte eines Namenlosen* (1931), für den er 1932 ausgezeichnet wurde. Im gleichen Jahr gelang W. der literar. Durchbruch mit *Die Magd des Jürgen Doskocil.* Nach der Machtergreifung wurde W. aus dem Staatsdienst entlassen, zunächst aber in seiner schriftstellerischen Laufbahn nicht gehindert. W. zog sich auf einen Bauernhof ins oberbayerische Wolfratshausen zurück. 1934 erschien d. vielbeachtete Roman *Die Majorin,* der von den Nationalsozialisten allerdings als »zu pazifistisch« kritisiert wurde. Daß W. sich trotz d. Bemühungen natsoz. Kulturpolitiker nicht für deren Zwecke einspannen ließ, machte er 1935 u. 1937 in zwei Redeauftritten vor d. Münchner Studentenschaft klar, in denen er offen Kritik am NS-Regime übte. Seit dieser Zeit wurde W. von der Gestapo überwacht u. hatte auch erstmals Schwierigkeiten, ein Manuskript zu veröffentlichen. Dennoch hielt er an seiner Opposition gegen das NS-Regime fest, wofür er 1938 mehrere Monate KZ-Haft in Buchenwald über sich ergehen lassen mußte. Als Schwerkranker freigelassen, hielt sich W. fortan von jeder öffentlichen Kritik am NS fern, konnte noch 1939 seinen Roman *Das einfache Leben* veröffentlichen, u. auch seine anderen Werke erschienen bis Kriegsende in teilweise hohen Auflagen. Nach dem Ende des Dritten Reichs trat W. als einer der bedeutendsten Vertreter der »inneren Emigration« schon im Winter 1945 wieder in d. Öffentlichkeit auf. Über die Zeit im KZ schrieb W. den Roman *Der Totenwald* (1946), postum erschien *Häftling 7188* (1966). 1948 übersiedelte W. in die Schweiz, wo seine Autobiographie *Jahre und Zeiten* (1949) u. d. Roman *Missa sine nomine* (1950) erschienen.
KK

Wiedemann, Fritz Hauptmann, Adjutant Hitlers
geb. 16. 8. 1891 in Augsburg,
gest. 17. 1. 1970 in Fuchsgrub/Bayern.
Nach Abitur 1910 Fahnenjunker b. d. bayer. Infanterie, nach Besuch d. Kriegsschule 1912 Ltn. Nach Unfall erst Okt. 1915 einsatzfähig, Adjutant im Rgts.-Stab des 16. bayer. InfRgt., in dem → Hitler als Meldegänger eingesetzt war u. beide sich kennenlernten. Zuletzt

Hptm. Nach 1. WK als Landwirt im Allgäu, dann in Fuchsgrub. Mitbegründer d. Zentralmolkerei Pfarrkirchen. Zufälliges Zusammentreffen mit Hitler beim Regimentstreffen 1921, wo Hitler ihm d. Führung d. SA anbot. Erst nachdem W. 1933 wg. der Molkerei in wirtschaftl. Schwierigkeiten geraten war, bat er über → Amann Hitler um d. Vermittlung einer Beschäftigung. W. wurde Ende 1933 eine Adjutantenstelle b. Rudolf → Heß angeboten, die er am 1. 2. 1934 antrat; Eintritt in NSDAP. Am 1. 1. 1935 Übernahme in die Persönliche Adjutantur Hitlers. Einführung einer professionelleren Büro-Organisation durch W. NSKK-Brif. 1938 MdR. Betrauung mit versch. Auslandsmissionen, u.a. in Österreich zur Vorbereitung des »Anschlusses« u. bei Lord Halifax in London. Durch die Reisen u. Auslandskontakte kam es zu einer gewissen Distanzierung W.s von außenpolit. Plänen Hitlers. Als Hitler, der W. als »Ultra-Pessimisten« zu bezeichnen pflegte, den Eindruck erhielt, daß W. nicht mehr voll hinter seiner Politik stand, entließ er ihn Anfang Jan. 1939 auf den Posten d. Generalkonsuls in San Franzisko (21. 1. 1939–Juni 1941). Dort engere Kontakte zur Prinzessin Hohenlohe. Nach Schließung d. dt. Konsulate in den USA mußte W. im Juli 1941 die Staaten verlassen u. wurde im Nov. 1941 Generalkonsul in Tientsin. Am 18. 9. 1945 ließ ihn d. US-Armee nach Washington bringen, seit 7. Okt. sagte er als Zeuge bei den Nürnberger Prozessen aus. Am 5. 5. 1948 wurde er entlassen.
We

Winkler, Max Bürgermeister, Reichstreuhänder, Reichsbeauftragter für die deutsche Filmindustrie
geb. 7. 9. 1875 in Karresch/Westpreußen,
gest. 12. 10. 1961 in Düsseldorf.
Vater Lehrer. Ab 1891 im Reichspostdienst beschäftigt. 1914 Stadtrat, Nov. 1918 Bürgermeister in Graudenz. 1919 MdL in Preußen für die Deutsche Demokratische Partei. 1920–33 *Reichstreuhänder f. d. abgetretenen dt. Gebiete*. Chef d. *Cura-Revisions u. Treuhand GmbH* mit der Aufgabe der wirtschaftlichen u. kulturellen Unterstützung d. Auslandsdeutschtums u. d. Stärkung dt. Minderheitenzeitungen. Nach d. Machtergreifung Hitlers Mitwirkung bei d. Gleichschaltung d. Presse. 1937 NSDAP-Mitglied. Im gleichen Jahr *Reichsbeauftragter f. d. dt. Filmindustrie*. 1939–45 Leiter d. *Haupttreuhandstelle Ost* (*HTO*). Nach d. Krieg Internierung. Von der Hauptspruchkammer Lüneburg am 11. 8. 1949 als »Entlasteter« eingestuft. Arbeit bei einer Filmfirma. Beteiligt an d. Entflechtung der Ufa im Auftrag der Bundesregierung.

W. war sowohl bei der Durchführung der Gleichschaltung der Presse als auch bei der Verstaatlichung der Filmindustrie aktiv beteiligt. Als Leiter der *Haupttreuhandstelle Ost* war er für die Verwaltung des beschlagnahmten staatlichen und privaten Industrie- und Grundbesitzes im eroberten Polen verantwortlich.
Ri

Winnig, August Gewerkschaftsfunktionär, Schriftsteller
geb. 31. 3. 1878 in Blankenburg/Harz,
gest. 3. 11. 1956 in Bad Nauheim.
Sohn eines Totengräbers. Als Maurer in der Gewerkschaft engagiert, SPD-Mitglied. Ab 1905 Hrsg. des Organs d. Bauarbeiterverbandes *Der Grundstein*; 1912 stellv. Vorsitzender, ein Jahr später Vorsitzender d. *Bauarbeiterverbandes*. Im 1. WK unterstützte W. den rechten Flügel der Mehrheits-SPD. 1918 *Reichskommissar für Ost- u. Westpreußen* u. *Bevollmächtigter f. d. Baltikum*. Juni 1919 Oberpräsident v. Ostpreußen. Nach Beteiligung am Kapp-Putsch im März 1920 Verlust aller Ämter und Ausschluß aus d. SPD. 1922–24 Studium d. Geschichte u. Volkswirtschaft. Liebäugeln mit nationalbolschewistischen Ideen führte zur Beteiligung an d. Gründung d. Altsozialistischen Partei (1927); 1930 schloß er sich den Volkskonservativen an. Nach 1945 war W. weiter als Schriftsteller tätig. 1953 erhielt er den theolog. Ehrendoktor. W.s Lebensweg vom Marxismus zum Christentum brachte ihn seit 1931 auch in Berührung mit der NSDAP u. ihrer Ideologie. W.s immer stärker hervortretende christliche Grundhaltung veranlaßte ihn jedoch nach 1933 zum Rückzug in die innere Emigration. Seine zahlreichen autobiographischen u. essayistischen Werke legen über diese politische u. persönliche Wanderung v. den marxistischen Anfängen bis zum Sichfinden im Christentum Rechenschaft ab: *Frührot* (1919, erweitert 1924); *Vom Proletariat zum Arbeitertum* (1930); *Der weite Weg* (1932); *Heimkehr* (1935); *Europa-Gedanken eines Deutschen* (Essays 1937); *Die Hand Gottes* (1938); *Das Buch d. Wanderschaft* (1941); *Aus zwanzig Jahren. 1925–1945* (1948).
Ri

Wirsing, Giselher Journalist
geb. 15. 4. 1907 in Schweinfurt,
gest. 23. 9. 1975 in Stuttgart.
Nach dem Studium d. Volkswirtschaft u. Promotion war W. bis 1933 Assistent am Inst. f. Sozialwissenschaft in Heidelberg. Bereits seit 1930 (bis 1941) war er Mithrsg. u. Redakteur d. Monatsschrift *Die Tat*, Organ des *Tat-Kreises* um Hans → Zehrer, der seinen Zirkel als »Zentrum d. rechten Intelli-

genz« verstand. 1928–32 regelmäßige Reisen W.s nach Osteuropa, deren Ergebnisse er unter dem Blickwinkel des im *Tat-Kreis* entwickelten konservativen u. zugleich antikapitalist. Denkens in sein Buch *Zwischeneuropa u. die dt. Zukunft* (1932) einfließen ließ. 1933 trat W. d. SS bei, brachte es bis zum SS-Sturmbannführer u. war zeitweise auch Mitarbeiter an → Rosenbergs *Institut zur Erforschung d. Judenfrage*. Seit 1934 Chefredakteur d. *Münchner Neuesten Nachrichten*, wirkte er als Spezialist für Außenpolitik u. Staatssoziologie v. 1939 bis 1944 als Hrsg. d. Zschr. *Das XX. Jahrhundert*; 1943–45 betätigte er sich als Chefredakteur d. technisch hervorragenden Auslandsillustrierten *Signal*. Negative Einstellungen ggüb. England u. den USA bestimmten v.a. seine schriftstellerische Arbeit. 1938 erschien *Engländer, Juden, Araber in Palästina* über die brit. Orientpolitik u. eine größere kritische Artikelserie über die USA. Weitere Werke: *Dtschld. in d. Weltpolitik* (1933), *Köpfe der Weltpolitik* (1934), *Hundert Familien beherrschen das Empire* (1940), *Der maßlose Kontinent* (1942), *Das Zeitalter des Ikaros* (1943). Nach Kriegsende u. Internierung (1945) befaßte sich W. mit den Entwicklungen in der Dritten Welt. Er publizierte u.a. das Drama *Scarone* (1950), *Forschung bringt Arbeit und Brot* (1950) u. *Schritte aus dem Nichts* (1951) sowie *Die Rückkehr des Mondo-Mogo/Afrika von Morgen* (1954). Der 1957 erschienene Band *Die Menschenlawine–Bevölkerungsbewegung u. Weltpolitik* behandelt Fragen der Bevölkerungspolitik. 1954–70 war W. Chefredakteur d. konservativ-christl. Wochenzeitung *Christ und Welt* (später *Deutsche Zeitung*), seit 1959 Hrsg. der vierteljährl. im Auftrag der *Deutsch-Indischen Gesellschaft* erscheinenden Zschr. *INDO ASIA*. Zum gleichen Thema veröffentlichte W. *Indien-Asiens gefährliche Jahre* (1968). Posthum erschien d. zukunftsträchtige Buch *Der abwendbare Untergang. Die Herausforderung an Menschen und Mächte* (1975), W.s Vermächtnis.

W. erwies sich zeitlebens als wendiger journalist. Denker, der, mit den radikal-konservativen politischen Konzepten des *Tat-Kreises*, beruflichem Können u. Ehrgeiz ausgestattet, keine Schwierigkeiten hatte, sich erfolgreich in den Dienst des NS zu stellen. Mit gleichem Geschick löste er sich nach dem Krieg von seiner Vergangenheit, ohne seine stets intelligent vorgebrachte Grundeinstellung zu ändern. Mit Instinkt für die Zukunft wandte er sich dabei mehr und mehr Themen der Dritten Welt und globalen Problemen der Menschheit zu.

JW

Wirth, Christian Inspekteur der Vernichtungslager, Kriminalrat
geb. 24. 11. 1885 in Oberbalzheim/ Südwürttemberg,
gest. 26. 5. 1944 im Raum Triest/ Fiume (gefallen).
Ursprünglich Holzhandwerker, 1910 zum Polizeidienst. Kriegsteilnehmer im 1. WK, zuletzt Unteroffz. Nach dem Krieg zunächst Baumeister, dann Dienst b. d. Kriminalpolizei. Jan. 1931 Mitglied d. NSDAP, Juni 1933 der SA. 1939 als Polizist v. d. SS übernommen, Beförderung zum Kriminaloberkommissar. Ende 1939 an Euthanasieanstalt Grafeneck versetzt, wo W. die ersten Vergasungen an unheilbar erkrankten Insassen durchführte; wenig später Verwaltungsleiter d. Euthanasieanstalt Brandenburg. 1940 Inspekteur der Euthanasieanlagen in Dtschld. Im Sommer 1941 von RL → Bouhler mit etwa 100 Mann des *T4*-Euthanasie-Personals (→ Brack) in das Generalgouvernement entsandt, um im Rahmen d. *Aktion Reinhard* das Vernichtungslager Belzec b. Lublin zu errichten. Seit Aug. 1942 *Inspekteur der Vernichtungslager.* 1943 Beförderung zum Kriminalrat. Mit dem Abschluß d. *Aktion Reinhard* im Herbst 1943 wurde deren kampffähiges Personal unter SS-Gruf. → Globocnik, darunter auch W., zur Partisanenbekämpfung nach Istrien verlegt, wo W. von Partisanen getötet worden sein soll. Allein in Belzec wurden über 600000 Menschen, fast ausschließlich Juden, die meisten aus Polen, ermordet. Die Gesamtzahl der bei der *Aktion Reinhard* Getöteten wird auf rd. 1,75 Mill. geschätzt.
We

Witzleben, Erwin von Generalfeldmarschall
geb. 4. 12. 1881 in Breslau,
gest. 9. 8. 1944 in Berlin-Plötzensee (hingerichtet).
Offizierssohn. 1901 Ltn. in einem westpreuß. Grenadier-Rgt. 1914–18 Teilnahme am 1. WK, u. a. als Generalstabsoffz., 1919 Übernahme in die Reichswehr als Hptm., 1918–31 versch. Truppen- u. Stabskommandos, 1929 Obstltn., 1931 Oberst, Kdr. des Infanterie-Rgt.s Nr. 8; 1934 GenMaj., Kdr. der 3. Infanteriedivision, 1935 Kdr. General des III. Armeekorps, 1936 General, 1938 OB des Gruppenkommandos 2; 1. 9. 1939 OB der 1. Armee, 1940 GFM, OB der Heeresgruppe D, 1. 5. 1941 OB West, 15. 3. 1942 Versetzung in die Führerreserve. Am 21. 7. 1944 verhaftet, 4. 8. 1944 Ausstoßung aus d. Wehrmacht, hingerichtet.
Innerhalb der Wehrmacht gab es nur wenige Offiziere, die so konsequent und geradlinig gegen den NS Stellung bezogen wie W. Daß selbst dies seine Karriere nicht beeinträchtigte, verdeutlicht W.s hohes fachliches Können und seine großen

menschlichen Qualitäten. Eigentlich mehr Truppenoffizier als Generalstäbler, wurde W. schon bald zur Hoffnung der national-konservativen Opposition, v.a. seitdem er als Kommandierender General den Berliner Wehrkreis befehligte. Dies betraf die sog. Septemberverschwörung 1938 und die Führungskrise des Herbsts 1939 ebenso wie die Verschwörung des 20. Juli 1944, bei der W. als potentieller Oberbefehlshaber der Wehrmacht eingeplant war. W., der sich über das Scheitern des Staatsstreichs keine Illusionen machte, wurde damit zum ranghöchsten militärischen Angeklagten vor dem Volksgerichtshof.
CH

Woermann, Ernst Unterstaatssekretär, Botschafter
geb. 30. 3. 1888 in Dresden,
gest. 5. 7. 1979 in Heidelberg.
Vater Prof. f. Kunstgeschichte, Direktor d. Dresdner Gemäldegalerie. Nach Humanist. Gymnasium Rechtsstudium in Heidelberg, München, Freiburg u. Leipzig. Promotion u. Erste jurist. Staatsprüfung, dann 1914–18 an d. Front, zuletzt Obltn. Anstellung im hamburgischen Staatsdienst. Übertritt in den Auswärtigen Dienst; im Febr. 1920 Mitglied d. dt. Friedensdelegation in Paris. 1925 der Gesandtschaft in Wien zugeteilt. Seit Febr. 1929 wieder im Ausw. Amt, Beförderung zum vortr. Legationsrat, Ltr. d. europäischen Gruppe in der Polit. Abt.; Aug. 1936 Gesandter I. Klasse; im Herbst 1936 an d. Botschaft in London versetzt. Am 1. 4. 1938 Ernennung zum Ministerialdirektor mit d. Amtsbezeichnung Unterstaatssekretär u. Ltr. d. Polit. Abt. im Ausw. Amt. W. beschloß seine diplomat. Karriere mit dem Botschafterposten b. d. nationalchinesischen Regierung in Nanking, den er 1943 antrat. W. wurde nach Kriegsende interniert u. stand seit Nov. 1947 im Nürnberger *Wilhelmstraßenprozeß* vor Gericht. Der IV. Amerik. Militärgerichtshof verurteilte ihn am 14. 4. 1949 zu sieben Jahren Haft, die durch den Berichtigungsbeschluß v. 12. 12. 1949 auf fünf Jahre herabgesetzt wurden, weil die Verurteilung wg. des ersten Anklagepunkts »Verbrechen gg. d. Frieden« in Wegfall kam. Wie viele d. in Nürnberg Verurteilten wurde auch W. vorzeitig freigelassen.
We

Wolff, Karl Chef des Persönlichen Stabes Reichsführer SS, SS-Obergruppenführer
geb. 13. 5. 1900 in Darmstadt,
gest. 15. 7. 1984 in Rosenheim.
Sohn eines Landgerichtsrats aus wohlhabender Familie. Nach Kriegsabitur im April 1917 Einsatz als Freiwilliger an d. Westfront. Zahlreiche Auszeichnungen, darunter EK I, Groß-Offizierkreuz der Krone v. Italien. Dez. 1918 bis Mai 1920

Ltn. im Freikorps Hessen, für kurze Zeit auch Angehöriger d. Reichswehr. 1920–1925 kaufm. Angestellter in verschiedenen Firmen; 1925–1933 Inhaber eines Anzeigenbüros in München. Okt. 1931 Eintritt in die NSDAP u. SS. Blitzkarriere als SS-Offizier: 1933 SS-Hauptsturmführer, 1934 SS-Staf., 1935 SS-Brigadefhr., 1937 SS-Gruf., 1940 Gen-Ltn. d. Waffen-SS, 30. 1. 1942 SS-Ogruf. u. Gen. d. Waffen-SS. März–Juni 1933 Adjutant d. Reichsstatthalters v. Bayern, Ritter v. → Epp. Seit Juli 1933 persönl. Adjutant von RFSS → Himmler; ab 1936 Chef des persönlichen Stabes des RFSS; 1939 Verbindungsoffz. Himmlers im Führerhauptquartier. Am 30. 1. 1939 Auszeichnung durch d. Goldene Parteiabzeichen. Nach Kritik → Hitlers an W. am 23. 9. 1943 Wegbeförderung als Höchster SSPF in Italien, 26. 7. 1944 Bevollmächtigter Gen. d. Dt. Wehrmacht in Italien. Seit Febr. 1945 aus eigener Initiative Geheimverhandlungen mit Amerikanern (Alan Dulles) u. Briten mit dem Ergebnis der vorzeitigen Kapitulation der dt. Truppen in Italien am 2. 5. 1945. 1945/46 Zeuge der Anklage beim Nürnberger Prozeß gg. die Hauptkriegsverbrecher. 1949 Verurteilung durch eine Hamburger Spruchkammer zu vier Jahren Gefängnis. 1949 Entlassung unter Anrechnung der vier Jahre Untersuchungshaft. Anschließend in Westdtschld. erfolgreiche Tätigkeit als Werbeagent. 18. 1. 1962 Verhaftung u. Anklage wg. Judendeportationen in das Vernichtungslager Treblinka sowie wg. Erschießung von Partisanen u. Juden bei Minsk. Am 30. 9. 1964 Verurteilung zu 15 Jahren Zuchthaus u. Verlust d. bürgerlichen Ehrenrechte auf zehn Jahre durch ein Münchner Schwurgericht wg. Beihilfe zum Mord an über 300000 Juden. 1971 vorzeitige Entlassung wg. Haftunfähigkeit. Abwechslungsreiches Leben noch bis 1984.

Vielleicht erfolgreichster SS-Karrierist im NS-Regime, zur rechten Hand Himmlers u. engem Vertrauten Hitlers avanciert, verstand es W., durch seine hinter deren Rükken geführten Kapitulationsverhandlungen bei den Alliierten den Eindruck zu erwecken, als sei er einer der wenigen führenden Nationalsozialisten, die sich einen Rest an Humanität bewahrt hatten. Sein persönlicher Beitrag zur Kriegsverkürzung fand insofern Anerkennung, als er in Nürnberg nicht, wie ursprünglich vorgesehen, angeklagt wurde. Dies wirkte selbst noch im Urteil von 1964 strafmildernd. Den Beteuerungen des »SS-Generals mit der weißen Weste«, an der sog. Endlösung nicht beteiligt gewesen zu sein, ja nicht einmal davon gewußt zu haben, wurde allerdings vom Gericht kein Glauben geschenkt.

Froe

Woyrsch, Udo v. Höherer SS- und Polizeiführer, SS-Obergruppenführer
geb. 24. 7. 1895 in Schwanowitz b. Brieg/Schlesien,
gest. 1982.
Sohn eines Rittergutsbesitzers. 1908–14 Kadettenanstalt, im Frühj. 1914 Fähnrichsexamen, Aug. 1914 Ltn. Kriegsteilnehmer 1914–18, bei Kriegsende in russ. Gefangenschaft. 1919/20 beim Grenzschutz in Schlesien. Seit 1921 Lehre in der Landwirtschaft, 1923 Übernahme d. elterlichen Gutes. 1929 Mitglied in d. NSDAP, SS-Mitgliedschaft seit 1930. März 1932 SS-Gruf.; 1933 MdR; Fhr. d. SS-Oberabschnitts Südost (Schlesien) in Breslau (vermutlich seit 1934); am 1. 1. 1935 SS-Ogruf.
Offensichtlich im Zusammenhang mit d. Verantwortung W.s als oberster SS-Kdr. in Schlesien für die um den 30. 6. 1934 (»Röhm-Putsch«) erfolgten zahlreichen Morde nicht nur an SA-Führern, sondern auch an völlig Unbeteiligten, wurde er am 19. 1. 1935 überraschend seines Postens enthoben u. dem Persönl. Stab des RFSS zugeteilt. Während d. Polenfeldzugs 1939 Fhr. d. Einsatzgruppe z.b.V., die Hunderte v. poln. Zivilisten ermordete. 1940–Febr. 1944 HSSPF Elbe; April 1941 Beförderung zum Gen. d. Polizei; Febr. 1944 wg. mangelnder Eignung als HSSPF erneut amtsenthoben u. durch L. v. → Alvensleben ersetzt; auf geheimen Befehl → Himmlers auf sein Gut verbannt. 1945–48 in alliierter Haft. 1948 zu 20jähr. Haft verurteilt, bereits 1952 entlassen. Im sog. zweiten Röhm-Prozeß vom Schwurgericht Osnabrück am 2. 8. 1957 wg. seiner Verantwortung f. d. »Säuberungen« vom 30. Juni 1934 zu 10 Jahren Haft verurteilt. Wg. Verhandlungsunfähigkeit wurden 1977 weitere Verfahren gg. W. eingestellt.
W. folgte ohne rechtliche oder moralische Bedenken den während des sog. Röhm-Putsches über SS-Kanäle aus Berlin eintreffenden Befehlen zur Ermordung von SA-Führern und deckte auch willkürliche lokale Morde, die auf persönliche Feindschaften zurückzuführen waren. Offensichtlich hielt Himmler ihn deshalb für den geeigneten Mann, im Polenfeldzug das Einsatzkommando z.b.V. zu übernehmen, das erstmals die Praxis der Ermordung »unliebsamer Elemente« über die Grenzen des Deutschen Reiches hinaustrug.
We

Wüst, Walther Professor für Indogermanistik, Kurator der SS-Forschungsgemeinschaft *Ahnenerbe*
geb. 7. 5. 1901 in Kaiserslautern,
gest. 21. 3. 1993 in München.
1923 Promotion, seit 1926 Privatdo-

zent, 1932 a.o. Prof., 1935 Ordinarius in München für Arische (Indo-Iranische) Kultur- u. Sprachwissenschaft. Referent d. GL München-Oberbayern, Gaureferent d. NSLB. Lehrer d. NS-Volksbildungsstätte d. DAF-Gaues Oberbayern, Mitglied d. Reichsdozentenführung. NSDAP-Mitglied (Nr. 3 208 696). 30. 1. 1937 Eintritt in die SS als Hauptsturmführer, im selben Jahr Beförderung zum Sturmbannführer u. bis 1942 SS-Oberführer. 1935 SD-Vertrauensmann u. kommissar. Dekan an d. Univ. München. Im Sommer 1937 wurde W. zum stellv. Präsidenten d. *Deutschen Akademie* ernannt, am 5. 7. 1941 fand die Amtseinführung W.s als Rektor d. Universität München statt; außerdem war er Mitglied d. Bayer. Akademie der Wissenschaften in München. 1936 berief → Himmler W. zum Ltr. der Abt. Wortkunde im *Ahnenerbe*, im Febr. 1939 Ernennung zum Kurator (1. 4. 1942 Amtschef) der SS-Forschungs- u. Lehrgemeinschaft *Das Ahnenerbe*, damit Amtschef im *Persönlichen Stab RFSS*. Im Frühjahr 1942 Mitglied des *Freundeskreises Reichsführer SS*, im Juni hielt W. die Grabrede für → Heydrich.

1945 Verhaftung u. Internierung bis 1948 in Dachau. In 2. Instanz von einer Münchner Entnazifizierungskammer als »minderbelastet« eingestuft, als Rektor der Univ. München zwangsemeritiert.

Publ.: *Wortkundliche Beiträge zur arischen Kulturgeschichte u. Welt-Anschauung* (1934), *Vergleichendes u. etymologisches Wörterbuch des Alt-Indoarischen* (1935), *Das Reich. Gedanke und Wirklichkeit bei den alten Ariern* (1937).

JW

Wurm, Theophil Landesbischof
geb. 7. 12. 1868 in Basel,
gest. 28. 1. 1953 in Stuttgart.

Aus einer schwäbischen Pfarrerfamilie stammend, wurde W. nach d. Studium d. evangelischen Theologie in Tübingen 1887–91 u. Vikariatsjahren 1899 zum Pfarrer in Stuttgart ordiniert. Nach weiterem Pfarramt in Ravensburg (1913) wurde W. 1920 Dekan in Reutlingen u. 1927 Prälat in Heilbronn. Ab 1929 stand er als Kirchenpräsident bzw. ab 1933 als Landesbischof an d. Spitze der *Württembergischen Evangelischen Landeskirche*. Der konservative Theologe begrüßte im Frühjahr 1933 die »Nationale Erhebung« u. beteiligte sich am Projekt einer nationalen staatsnahen »Reichskirche«, getragen von den *Deutschen Christen*, geriet aber bald in Konflikt mit d. Kurs des natsoz. »Reichsbischofs« Ludwig → Müller u. gehörte ab Sommer 1933 zur kirchlichen Opposition. Nach einer Beschwerde über die Politik d. Reichsbischofs wurde W. zusammen mit seinem bayer. Amtsbruder Hans Meiser am 13. 3. 1934 von

→ Hitler empfangen, ohne daß sie sich verständigen konnten. Der Versuch d. Reichsbischofs, W. mit Hilfe d. Vorwurfs, er habe Gelder veruntreut, des Amtes zu entheben, scheiterte u. löste am 22. 4. 1934 nach einer Predigt W.s im Ulmer Münster eine große Protestdemonstration gg. die *Reichskirche* aus. Gläubige u. Vertreter d. kirchlichen Opposition aus anderen Landeskirchen bekräftigten in Ulm d. Anspruch, die »rechtmäßige *Evangelische Kirche Deutschlands*« zu sein. Weitere Versuche, W. (wie seinen bayerischen Kollegen Meiser) abzusetzen u. unter Hausarrest zu stellen, erwiesen sich angesichts d. Haltung der Gläubigen als ebenso untauglich wie die, die württembergische (u. d. bayerische) Landeskirche in einer Nationalkirche gleichzuschalten. Vielmehr verstärkten sie Protest u. Widerstand d. *Bekenntnissynode* gg. d. *Deutschen Christen*. Ein Empfang Hitlers am 30. 10. 1934 bestätigte schließlich W. u. die Bischöfe Meiser (Bayern) u. Marahrens (Hannover) im Amt.

Obwohl W. der im Kirchenkampf der dem NS-Regime Widerstand leistenden *Bekennenden Kirche* nicht angehörte, vielmehr einen Mittelweg der Koexistenz suchte, die Kirchenspaltung in Württemberg vermied u. seine Landeskirche als »intakte Landeskirche« führte, artikulierte er theologisch fundierte Einwände gg. Maßnahmen des NS-Staats u. verteidigte die Rechte d. Kirche. Kritisiert wurde er, weil seine Eingaben an Behörden des Staates u. der Partei mit großer Anpassungsfähigkeit an die Diktion der Adressaten formuliert waren. Unmißverständlich protestierte W. ab 1941 aber gg. den Judenmord. Die Gründung des kirchlichen Einigungswerks 1941 prädestinierte ihn im Aug. 1945 zur Wahl als Vorsitzenden des *Rats der Evangelischen Kirche in Deutschland*; er verkündete im Okt. 1945 in Stuttgart das Schuldbekenntnis der evangelischen Kirche. W.s Amtszeit endete 1949, seine Lebenserinnerungen erschienen im Todesjahr 1953. Martin → Niemöller als Exponent der *Bekennenden Kirche* charakterisierte W. 1948: »Er war unter den Kirchenführern seit der Ulmer Kundgebung derjenige, der in den zerstörten Kirchen das größte Vertrauen genoß und der sich durch seinen rücksichtslosen Einsatz und durch seine brüderliche Offenheit in kurzer Zeit die Zustimmung und Verehrung der gesamten *Bekennenden Kirche* erwarb.«

Bz

Y

Yorck v. Wartenburg, Peter Graf Verwaltungsbeamter, Widerständler
geb. 13. 11. 1904 in Klein-Oels (Schlesien),
gest. 8. 8. 1944 in Berlin-Plötzensee (hingerichtet).
Nachkomme einer angesehenen dt. Adelsfamilie. 1923–26 Rechts- u. Staatswissenschaftsstudium in Bonn u. Breslau, 1927 Promotion. Tätigkeiten im Staatsdienst b. Oberpräsidium in Breslau u. v. 1936–41 b. *Reichskommissar für die Preisbildung* (→ Wagner, Josef), zuletzt Oberregierungsrat. Als ObLtn. 1939 Teilnahme am Polenfeldzug. Ab 1942 im *Wehrwirtschaftsamt* des OKW tätig. Aus christlicher Überzeugung war Y. von Beginn an ein Gegner des NS, er war Mitbegründer des *Kreisauer Kreises* u. hatte seit 1943 regen Kontakt zu seinem Vetter Claus v. → Stauffenberg. Obwohl er aus religiösen Gründen den Tyrannenmord ablehnte, beteiligte er sich an der Vorbereitung des Staatsstreichs vom 20. Juli 1944 u. wurde in d. Nachkriegsplänen d. Verschwörer als StSekr. in der Reichskanzlei vorgesehen. Unmittelbar nach dem Attentat verhaftet, wurde Y. vom VGH am 8. 8. 1944 zum Tode verurteilt u. sofort hingerichtet.
Den

Z

Zangen, Wilhelm Leiter d. Reichsgruppe Industrie
geb. 30. 9. 1891 in Duisburg,
gest. 25. 11. 1971 in Düsseldorf.
Vater Maschinist. Nach kaufmänn. Lehre Karriere in versch. Unternehmen. 1925–29 im Vorstand d. *Schieß-Defries AG*, Duisburg. 1927 Mitglied d. NSDAP. 1929–34 im Vorstand der *DEMAG*. 1934–57 Generaldirektor u. Vorstandsvorsitzender d. *Mannesmann-Röhrenwerke AG*. 1937 Wehrwirtschaftsführer; Mitglied d. *Akademie f. dt. Recht*. Ab Nov. 1938 Leiter d. *Reichsgruppe Industrie*. Vizepräs. d. IHK Düsseldorf, stellv. Leiter d. *Reichswirtschaftskammer*. Zahlreiche Aufsichtsratsposten. Im 2. WK Beschäftigung einer großen Zahl von Fremdarbeitern in seinem Geschäftsbereich. Im Sommer 1942 Berufung in d. *Reichsvereinigung Eisen*. Juli–Nov. 1945 automatischer Arrest in alliierten Lagern. Ab 1948 wieder bei *Mannesmann* tätig, 1957–66 Aufsichtsratsvorsitzender d. *Mannesmann AG*.
Der aufgrund seiner Tüchtigkeit früh in führende Positionen d. Wirtschaft aufgestiegene Z. kam bereits Jahre vor der Machtübernahme zur NSDAP. Ohne besondere Parteikarriere nutzte er die Möglichkeiten, die die staatliche Expansion während des Dritten Reiches der deutschen Industrie

bot, als Vorsitzender der wirtschaftspolitisch gewichtigen *Reichsgruppe Industrie* wie als leitender Manager der Firma Mannesmann besonders geschickt aus. Nach dem Krieg knüpfte er mit gleichem Geschick an seine frühere Karriere in der Wirtschaft an. Bereits 1965 erhielt er das Bundesverdienstkreuz mit Stern.
Ri

Zehrer, Hans Publizist
geb. 22. 6. 1899 in Berlin,
gest. 23. 8. 1966 ebd.
1917–18 Kriegsteilnehmer. Während d. Kapp-Putsches schwer verwundet. Studium d. Medizin, Philosophie u. Soziologie. 1923–29 Redakteur (Außenpolitik) d. *Vossischen Zeitung*. 1929 wurde Z. Hrsg. u. Chefredakteur d. Monatsschrift *Die Tat*, die er zusammen mit Ferdinand Friedrich Zimmermann, Ernst Wilhelm Eschmann u. Giselher → Wirsing zu einem Organ junger, bürgerlicher, rechter Intellektueller machte (*Tat-Kreis*). Seit 1932 auch Chefredakteur d. *Täglichen Rundschau* (Berlin) u. Mitarbeiter d. Zeitschrift *Paneuropa*. Z. vertrat einen nationalen Sozialismus u. prognostizierte das Ende des Kapitalismus. Die vorhergehende Unterstützung Reichswehrminister → Schleichers führte nach d. Machtübernahme der Nationalsozialisten 1933 zur Einstellung der *Tat* u. der *Täglichen Rundschau* sowie zum Berufsverbot für Z. Er zog sich für einige Jahre auf Sylt zurück, veröffentlichte unter Pseudonym Romane, arbeitete an Filmmanuskripten u. fertigte Übersetzungen an. 1930–35 Vorstandsvorsitzender d. *Gerhard Stalling* AG, Oldenburg. Ab 1939 dort Verlagslektor. 1943 wurde er zur Luftwaffe eingezogen.
1946 am Aufbau der brit. Zonenzeitung *Die Welt* beteiligt, wg. seiner Vergangenheit auf Druck d. Hamburger SPD zum Rücktritt gezwungen. 1948/49 erschienen seine auf Sylt verfaßten Werke *Der Mensch in dieser Welt* u. *Stille vor dem Sturm*. Seit 1947 Pressebeauftragter d. Landesbischofs von Niedersachsen. 1948–53 Chefredakteur d. *Sonntagsblatts*. 1953 Übernahme der *Welt* durch Axel Springer, mit dem Z. bereits 1943/44 Kontakt hatte. Als Chefredakteur 1953–66 prägte Z. die konservative Linie der Zeitung entscheidend. 1952–61 fand er in Glossen, die u.d.T. *Hans im Bild* regelmäßig in der *Bild-Zeitung* erschienen, noch einmal ein Sprachrohr für seine konservativ-restaurativen Ansichten.
JW

Zeitzler, Kurt Chef des Generalstabs des Heeres, Generaloberst
geb. 9. 6. 1895 in Cossmar/ Brandenburg,
gest. 25. 9. 1963 in Hohenaschau/ Chiemgau.

Sohn eines Pastors, 1914 Ltn. in einem thüringischen Infanterie-Rgt. 1914–18 Teilnahme am 1. WK. 1919 Übernahme in die Reichswehr als Obltn., versch. Truppen- u. Stabsverwendungen; 1937 Obstltn. im OKH; 1939 Oberst, Kdr. des Infanterie-Rgt. Nr. 60, dann Chef d. Stabes des XXII. Armeekorps, dann der Panzergruppe v. Kleist, 1940/41 Chef d. Stabes der Panzergruppe 1, seit 6. 10. 1941 1. Panzerarmee, 1942 Generalmajor, Chef des Generalstabs der Heeresgruppe D; 22. 9. 1942 General, Chef des Generalstabs d. Heeres, 30. 1. 1944 Gen-Obst.; 1. 7. 1944 aus gesundheitlichen Gründen beurlaubt; 31. 1. 1945 Entlassung aus dem Wehrdienst. 1945–47 brit. Kgf.

Der Truppengeneralstäbler Z. kam als Nachfolger → Halders eher zufällig auf den einst hoch angesehenen Posten des Generalstabschefs des Heeres. Vom Optimismus und dynamischen Führungsstil des als »Kugelblitz« bezeichneten Z. erhoffte sich → Hitler eine entsprechende Wirkung auf die zunehmend skeptischer werdende Wehrmachtsführung. Angesichts der militärischen Entwicklung war jedoch abzusehen, wann diese Zusammenarbeit verbraucht sein würde; nachdem Z. seit Januar 1944 mehrfach um seinen Abschied gebeten hatte, wurde er von Hitler am 1. 7. 1944 schließlich beurlaubt.

Publ.: *Die Panzer-Gruppe von Kleist im Westfeldzug 1940* (In: *Wehrkunde* 6, 1959, S. 182–188, 239–245, 293–298, 366–372).

CH

Ziegler, Adolf Präsident der Reichskammer der Bildenden Künste

geb. 16. 10. 1892 in Bremen,
gest. 18. 9. 1959 in Varnhalt b. Baden-Baden.

Sohn eines Architekten. 1911–24 Studium an d. Kunstakademie Weimar (mit Unterbrechung durch den 1. WK). 1924–33 freischaffender Künstler. 1925 Begegnung mit → Hitler, Eintritt in die NSDAP. Sachberater f. Bildende Kunst in der RL d. Partei. Seit Nov. 1933 Prof. an d. Münchner Kunstakademie. Nov. 1936–43 Präsident d. *Reichskammer der Bildenden Künste*. Mitglied d. *Reichskultursenats*. 1937 im Auftrag Hitlers »Reinigung« der deutschen Museen u. Galerien von »entarteter Kunst«. Gestaltung d. Münchner Ausstellung *Entartete Kunst* im Juni 1937. Mehrere eigene Ausstellungen im *Haus d. dt. Kunst* in München. 1937 Veröffentlichung des Buches *Die Kunst im Dritten Reich*.

Z., ein mittelmäßiger, technisch versierter Maler, rief mit seinen mit minutiöser Genauigkeit dargestellten allegorischen Frauenakten und Porträts die Bewunderung Hitlers hervor und wurde schnell zum

führenden Vertreter der offiziellen Parteikunst. Als Präsident der *Reichskammer d. Bildenden Künste* trug er die Verantwortung für die Diskriminierung moderner, kritischer Kunst. Allein die Aktion *Entartete Kunst* führte zur Beschlagnahmung von über 16000 Werken, die nicht in das Kunstverständnis der Nationalsozialisten paßten.
Ri

Ziegler, Hans Severus Generalintendant
geb. 13. 10. 1893 in Eisenach.
gest. 1. 5. 1978 in Bayreuth.
Sohn eines Bankiers. Nach Gymnasium in Dresden u. Zittau Studium d. Germanistik, Geschichte, Kunstgeschichte u. Philosophie in Jena, Cambridge u. Greifswald. Promotion 1922. Einjährig-Freiwilliger vor Ausbruch d. 1. WKs, wg. Krankheit jedoch dienstunfähig u. Lazarettdienst bis Jan. 1919. 1922/23 Redakteur d. Monatsschrift *Dt. Schrifttum* in Weimar. 1924 Gründer u. Hrsg. d. polit. Wochenzeitung *Der Völkische* u. der daraus entstandenen Tageszeitung *Der Nationalsozialist*. 1925–1931 stellvertretender GL des NSDAP-Gaues Thüringen. 1930–1931 Referent im thüringischen Volksbildungsministerium unter → Frick, seit April 1933 Generalintendant d. Nationaltheaters in Weimar u. Staatskommissar f. d. thüringischen Landestheater. Seit 1. 10. 1933 als Staatsrat Mitglied d. thüringischen Staatsregierung. Präsident d. *Deutschen Schillerstiftung*, Reichskultursenator. Über d. Nachkriegsschicksal Z.s konnte bis auf sein → Hitler-Buch nichts in Erfahrung gebracht werden.
Im Rahmen d. Reichsmusiktage 1938 in Düsseldorf organisierte Z. d. Ausstellung »Entartete Musik«, in der gg. Jazzmusik und v.a. gegen jüdische Künstler u. Komponisten polemisiert u. deren Entfernung aus dem dt. Musikleben propagiert wurde.
Publ.: *Praktische Kulturarbeit im Dritten Reich* (1931, mehrere Aufl.); *Entartete Musik. Eine Abrechnung* (1939); *Adolf Hitler aus dem Erleben dargestellt* (1964).
We

Zöberlein, Hans Schriftsteller
geb. 1. 9. 1895 in Nürnberg,
gest. 13. 2. 1964 in München.
Von Beruf Maurer u. Steinhauer. Im 1. WK hochdekoriert, nach Kriegsende Mitglied im *Freikorps Epp*. 1921 Eintritt in die NSDAP u. SA, Beteiligung am Hitler-Putsch 1923. 1931 Erscheinen v. Z.s Kriegsroman *Glaube an Deutschland* mit einem Geleitwort → Hitlers. Für seine weiteren rassist. Propagandaromane wie *Der Befehl des Gewissens* (1937) erhielt er zahlreiche natsoz. Literaturpreise u. Orden. Der sich mittlerweile Architekt nennende Z. wurde 1943 SA-Briga-

deführer. Als wenige Tage vor Kriegsende in der oberbayer. Bergwerksstadt Penzberg Bürger vorzeitig kapitulieren wollten u. sich der »Freiheitsaktion Bayern« anschlossen, ließ Z. als Anführer eines vom RVK entsandten Kommandos 15 »Aufrührer« erschießen. Z. wurde deshalb in einem von Juni–Aug. 1948 geführten Prozeß in Penzberg zum Tod verurteilt. Eine Revision d. Urteils wurde später v. OLG München abgewiesen, das jedoch wg. mittlerweile veränderter Rechtslage das Urteil in lebenslängliche Haft u. dauernden Ehrverlust umwandelte. Eine Münchner Spruchkammer vertagte wg. des Revisionsverfahrens das im Dez. 1948 in München eröffnete Verfahren. Nach der Wiederaufnahme d. Spruchkammerverfahrens im Juni 1952 wurde Z. am 25. 11. 1952 als »Belasteter« eingestuft u. mit Vermögenseinzug, Berufsverbot für zehn Jahre u. zwei Jahren Arbeitslager, die bereits als verbüßt galten, bestraft. 1958 erhielt Z. aus Gesundheitsgründen Haftverschonung bis zu seinem Tod.

Den

Anhang

Rangübersicht I*

Wehrmacht (Marine)	SS (Waffen-SS)	SA	RAD
Reichsmarschall	–	–	–
Generalfeld-marschall (Groß-admiral)	Reichsführer SS	Stabschef	Reichsarbeitsführer
Generaloberst	Oberstgruppen-führer	–	Obergeneral-arbeitsführer
General (Admiral)	Obergruppenführer	Obergruppenführer	Generalarbeits-führer
Generalleutnant (Vizeadmiral)	Gruppenführer	Gruppenführer	–
Generalmajor (Konteradmiral)	Brigadeführer	Brigadeführer	–
–	Oberführer	Oberführer	–
Oberst (Kpt. z. See)	Standartenführer	Standartenführer	Oberstarbeitsführer
Oberstleutnant (Fregattenkapitän)	Obersturmbann-führer	Obersturmbannfhr.	Oberarbeitsführer
Major (Korvetten-kapitän)	Sturmbannführer	Sturmbannführer	Arbeitsführer
Hauptmann (Kapitänleutnant)	Hauptsturmführer	Hauptsturmführer	Oberstfeldmeister
Oberleutnant (Obltn. z. See)	Obersturmführer	Obersturmführer	Oberfeldmeister
Leutnant (Leutnant z. See)	Untersturmführer	Sturmführer	Feldmeister
Stabsfeldwebel	Sturmscharführer	Haupttruppführer	Unterfeldmeister
Oberfeldwebel	Hauptscharführer	Obertruppführer	Obertruppführer
Oberfähnrich (Oberfähnrich z. See)	(Standartenober-junker)	–	–
Feldwebel (Bootsmann)	Oberscharführer	Truppführer	Truppführer
Unterfeldwebel (Ober[boots-manns]maat)	Scharführer	Oberscharführer	–
Fähnrich	(Standartenjunker)	–	–
Unteroffizier ([Boots-manns]Maat)	Unterscharführer	Scharführer	Untertruppführer
Fahnenjunker	SS-Junker		–
Stabsgefreiter			Hauptvormann
Obergefreiter			Obervormann
Gefreiter	Rottenführer	Rottenführer	Vormann
Oberschütze	Sturmmann	Obersturmmann	–
Schütze (Matrose)	SS-Mann (SS-Grenadier)	Sturmmann	Arbeitsmann

Rangübersicht II*

Wehrmacht	Hitlerjugend				NSDAP
	HJ	DJ	BDM	Jungmädel	
Reichsmarschall	–	–	–	–	
Generalfeldmarschall	Reichsjugendführer				Reichsleiter
Generaloberst		–			Gauleiter
General	Obergebietsführer	–	Obergauführerin	–	Hauptbefehlsleiter
Generalleutnant	Gebietsführer	–	Gauführerin	–	Oberbefehlsleiter
Generalmajor	Hauptbannführer	–	–	–	Befehlsleiter
–	Oberbannführer	–	–	–	Hauptdienstleiter
–	–	–	–	–	Oberdienstleiter
	–	–	–	–	Dienstleiter
Oberst	Bannführer	–	Untergauführerin	–	Hauptbereichsleiter
Oberstleutnant	Oberstammführer	Oberjungstammführer	–	–	Bereichsleiter
Major	Stammführer	Jungstammführer	Mädelringführerin	–	Hauptabschnittsltr.
–	Hauptgefolgschaftsführer	Hauptfähnleinführer	–	–	Oberabschnittsleiter
–	Obergefolgschaftsführer	Oberfähnleinführer	–	–	Abschnittsleiter
–	–	–	–	–	Hauptgemeinschaftsleiter
–	–	–	–	–	Obergemeinschaftsleiter
–	–	–	–	–	Gemeinschaftsltr.
Hauptmann	Gefolgschaftsführer	Fähnleinführer	Mädelgruppenführerin	Jungmädelgruppenführerin	Haupteinsatzltr.
–	–	–	–	–	
Oberleutnant	Oberscharführer	Oberjungzugführer	–	–	Obereinsatzltr.

Wehrmacht	**Hitlerjugend**				**NSDAP**
	HJ	**DJ**	**BDM**	**Jungmädel**	
Leutnant	Scharführer	Jungzugführer	Mädelscharführerin	Jungmädelscharführerin	Einsatzleiter
Stabsfeldwebel	–	–	–	–	Hauptbereitschaftsleiter
Oberfeldwebel	–	–	–	–	Oberbereitschaftsleiter
Feldwebel	–	–	–	–	Bereitschaftsleiter
Unterfeldwebel	Oberkameradschaftsführer	Oberjungenschaftsführer	–	–	Hauptarbeitsltr.
Unteroffizier	Kameradschaftsführer	Jungenschaftsführer	Mädelschaftsführerin	Jungmädelschaftsführerin	Oberarbeitsltr.
Stabsgefreiter	–	–	–	–	Arbeitsleiter
Obergefreiter	–	Oberhordenführer	–	–	Oberhelfer
Gefreiter	–	Hordenführer	–		Helfer
Oberschütze	–	–	–	–	–
Schütze	Hitlerjunge	Pimpf	BDM-Mädel	Jungmädel	Polit.Ltr.-Anwärter

* Die NSDAP und – teilweise – ihre Gliederungen sowie der RAD lassen sich nur ungefähr in das Ranggefüge der Wehrmacht einfügen, das in beiden Tabellen als Vergleichsmöglichkeit vorgegeben ist.

Verzeichnis der Mitarbeiterinnen und Mitarbeiter

AK Dr. Angelika *Königseder*, geboren 1966, 1986–1990 stud. Hilfskraft am Institut für Zeitgeschichte, München, anschließend Doktorandin am Zentrum für Antisemitismusforschung der TU Berlin, seit 1996 dort wiss. Mitarbeiterin.

AS Angela *Stüber* MA, geboren 1962, 1988–1990 Hilfskraft, 1992–1995 Mitarbeiterin am Institut für Zeitgeschichte, München.

Bz Professor Dr. Wolfgang *Benz*, geboren 1941, 1962–1990 wiss. Mitarbeiter am Institut für Zeitgeschichte, seit 1990 Leiter des Zentrums für Antisemitismusforschung der TU Berlin.

CH Dr. Christian *Hartmann*, geboren 1959, seit 1993 wiss. Mitarbeiter am Institut für Zeitgeschichte, München.

Den Dipl. Bibl. (WB) Monika *Deniffel*, geboren 1966, seit 1989 Archivangestellte am Institut für Zeitgeschichte, München.

Froe Dr. Elke *Fröhlich-Broszat*, geboren 1944, seit 1970 wiss. Mitarbeiterin am Institut für Zeitgeschichte, München.

Gch Dr. Lothar *Gruchmann*, geboren 1929, 1960–1992 wiss. Mitarbeiter am Institut für Zeitgeschichte, München.

HG Hermann *Graml*, geboren 1928, 1960–1993 wiss. Mitarbeiter am Institut für Zeitgeschichte, München.

IPM Igor Philip *Matic* MA, geboren 1969.

JR Dr. Jana *Richter*, geboren 1966, seit 1991 wiss. Hilfskraft, 1996–2000 wiss. Mitarbeiterin am Institut für Zeitgeschichte, München. Seit 2001 Lehrbeauftragte an der Verwaltungsfachhochschule in Wiesbaden

JW Dr. Juliane *Wetzel*, geboren 1957, 1987–1991 wiss. Hilfskraft, dann wiss. Mitarbeiterin am Institut für Zeitgeschichte, München, anschließend wiss. Mitarbeiterin am Zentrum für Antisemitismusforschung der TU Berlin.

KAL Dr. Klaus A. *Lankheit*, geboren 1961, seit 1992 wiss. Mitarbeiter am Institut für Zeitgeschichte, München.

KK Dr. Katja *Klee* MA, geboren 1968, 1995 wiss. Mitarbeiterin am Institut für Zeitgeschichte, München.

MR Dr. Mathias *Rösch*, geboren 1966, 1990–1993 wiss. Hilfskraft am Institut für Zeitgeschichte, München.

MV Ulla-Britta *Vollhardt* MA, geboren 1969.

PW Dipl. Pol. Peter *Widmann*, geboren 1968, seit 1996 wiss. Mitarbeiter am Zentrum für Antisemitismusforschung der TU Berlin.

RAB Dr. Rainer *Blasius*, geboren 1952, von 1990 bis 2000 Leiter der Außenstelle des Instituts für Zeitgeschichte im Auswärtigen Amt in Bonn; seit dem verantwortlicher Redakteur für das Ressort ›Politische Bücher‹ bei der FAZ.

Ri Eva *Rimmele* MA, geboren 1968, seit 1995 Archivangestellte am Institut für Zeitgeschichte, München; Doktorandin.

We Hermann *Weiß*, geboren 1932, 1970–1997 wiss. Mitarbeiter am Institut für Zeitgeschichte, München.